Edmund Kösel

Die Modellierung von Lernwelten

Band I

Die Theorie
der Subjektiven Didaktik

Die Subjektive Didaktik ist eine neue interessante Theorie über das Lehren und Lernen. Sie geht davon aus, dass jeder Mensch eine eigene einmalige Struktur entwickelt hat. Diese Struktur ist auch die Folie für Lernprozesse bei Lernenden und für Lehrprozesse bei Lernenden.

Wenn man sich diese Tatsache einmal klar gelegt hat, gibt es viele Konsequenzen für ein anderes Lehr- und Lernverhalten in den Schulen und in den übrigen Bildungssystemen.

Lernen ist nicht mehr Übernahme von vorgefertigten Gedankenmuster der Lehrenden, die man oft als Lernender gar nicht versteht. Lernen ist eigenes Konstruieren von Wissen und von Sinn für das Leben.

Die Subjektive Didaktik hat sich sowohl als Theorie - systemischer Ansatz - als auch für Didaktisches Handeln – als neue Handlungstheorie - bewährt, weil sie Orientierung und Autonomie gegenüber unerfüllbaren Forderungen und Erwartungen aus der Gesellschaft professionell abgrenzen und erklären kann.

Sie kann aber auch eigene Didaktische Entscheidungen durchsichtig und damit mitteilbar machen.

Für die tägliche Arbeit gibt sie viele Hinweise und Konstruktionsvorschläge.

Die Modellierung von Lernwelten

Edmund Kösel

Band I

Die Theorie der Subjektiven Didaktik

Mit 39 Abbildungen

4. umgearbeitete und auf 4 Bände erweiterte Auflage

SD-Verlag für Subjektive Didaktik, Bahlingen a. K.

Titelbild	Bärbel Heinrichs
„Chreode":	Rochus
Grafiken und Symbole	Peter Ludorf, Barbara Lutz-Sikora, Stefan Saur, Frank Wolter
Redaktion und Layout	Barbara Lutz-Sikora
	Barbara Lutz-Sikora, Frank Wolter

Die deutsche Bibliothek – CIP-Einheitsaufnahme

Edmund Kösel: Die Modellierung von Lernwelten.
4. umgearbeitete und auf 4 Bände erweiterte Auflage

Band I: Die Theorie der Subjektiven Didaktik
Bahlingen a. K., SD-Verlag für Subjektive Didaktik, 2002
ISBN 3-8311-3224-0

©1993 Laub-Verlag, Elztal-Dallau, ISBN 3-88260-057-8
2. Auflage 1995
3. Auflage 1997
4. Auflage SD-Verlag für Subjektive Didaktik, Bahlingen a. K., ISBN 3-8311-3224-0

Alle Rechte vorbehalten. Die Verwertung jeder Art nur mit schriftlicher Genehmigung des Verlages.

Herstellung: Books on Demand GmbH, Norderstedt

In Erinnerung an meine Vorbilder

Alfons Simon

Martin Keilhacker

Niklas Luhmann

Inhaltsverzeichnis

Einleitung 13

TEIL A Paradigmenwechsel in der Didaktik 19

   Vorbemerkung 20

   1. Die alten Mythen und ihre problematischen Auswirkungen 21
      a) Mythen über Gesellschaft und Kultur 22
         Der Mythos des linear-kausalen Denkens 22
         Der Mythos von der zentralen Ordnungskraft der Organisationen 24
         Der Mythos von der Politik als verantwortlichem Handeln 25
         Der Mythos von der Theologie als Werte-Instanz 26
         Der Mythos von der Wissenschaft als Garant des Fortschritts 26
         Der Mythos von der Kunst - Ästhetisch-moralische Bildung 26
         Der Mythos der Gesundheit 27
      b) Der Mythos vom Kind 28
      c) Mythen über Didaktik und Bildung 30
         Der Mythos von der Didaktik als Möglichkeit,
         den Menschen direkt zu verändern 30
         Der Mythos des Bildungs-Tauschmarktes
         und die zweite Bildungs-Katastrophe 33
         Der Mythos vom Einheitswissen des deutschen Volkes 34

   2. Didaktisches Denken und Handeln in der Postmoderne 36
      a) Die Charakteristika der Postmoderne Ihre Bedeutung
         für eine Subjektive Didaktik 37
      b) Die Entdeckung des Beobachters 42
      c) Risikodenken 43

TEIL B Wissenschaftliche Grundlagen der Subjektiven Didaktik 45

   1. Wissenschaftstheoretische Position der Subjektiven Didaktik 46
      a) Die Subjektive Didaktik als systemische Didaktik 48
      b) Die Subjektive Didaktik als heuristische Theorie 50
         Basis-Theorien 50
         Referenz-Theorien 51
      c) Modellbildung als Beschreibungsmethode für Unterricht 52
      d) Transversale Vernunft als Verständigungsplattform 52

   2. Basis-Theorien 54
      a) Die Theorie der Autopoiese 54
         Die prinzipielle Autonomie des Menschen 55
         Perspektiven des Beobachters 56
         Abgeschlossenheit und Autonomie 57

      Strukturdeterminiertheit und Strukturelle Koppelung 57
      Habitus und Lernkultur 59
      Verständigungs-Didaktik 59
      Sprache des Beobachters – Sprache des Handelnden 60
      „Als-ob-Didaktik" 61
      Ganzheitliches Denken 63
      Zusammenfassung: Die Theorie lebender Systeme 65
   b) Der Radikale Konstruktivismus als Grundlage
      für eine Epistemologie in der Subjektiven Didaktik 68
      Wissenschaftliche Auseinandersetzung mit dem Konstruktivismus ... 68
      Die Kritik am Konstruktivismus 69
      Der Radikale Konstruktivismus als Erkenntnistheorie 74
      Sozialer Konstruktivismus 82
   c) Die Habitus-Theorie 84
      Eine neue Sicht von Intervention, Einfluss und Veränderbarkeit 86
   d) Theorie der sozial-autopoietischen Systeme 87
   e) Die Theorie der funktionalen Differenzierung 89

 3. Referenz-Theorien 92
   a) Integrierte Persönlichkeitstheorie 92
   b) Die Transaktions-Analyse (TA) 94
      Das Menschenbild der TA 94
      Grundbedürfnisse 100
      Das Drama-Dreieck 102
      Botschaften 104
      Unsere „Schattenperson" 105
   c) Psychodrama (PD) 106
   d) Themenzentrierte Interaktion (TZI) 109
   e) Das Konzept der Neurolinguistischen Programmierung (NLP) ... 111
   f) Kommunikations-Konzepte 115
      Die nicht-direktive Gesprächsführung 115
      Die 4 Seiten einer Nachricht 117

TEIL C Didaktische Formenbildung 121

 1. Das Didaktische Sinnsystem 123
   a) Der Bildungs-Tauschmarkt 123
   b) Die didaktische Landschaft 124
   c) Das Didaktische Feld 126
      Didaktische Resonanz 128

d) Die Basis-Komponenten des Unterrichts 131
   Zu einer Theorie des ICH-Bereichs 134
      Die Konstruktion der Realitäts-Theorie einer Person 135
      Die biographische Selbstreflexion 139
   Zu einer Theorie des SACH-Bereichs 155
   Zu einer Theorie des WIR-Bereichs 169
e) Die Bildung von Leit-Differenzen 178
   Leit-Differenzen im Bereich der Raum-Organisation 179
   Leit-Differenzen im Bereich der Zeit-Strukturierung 1811
   Leit-Differenzen im Bereich des Inhalts: Wissen und Handeln 182
   Leitdifferenzen aus dem Alltags-Denken und Alltags-Handeln 186
   Leitdifferenzen im Bereich von Sozialen Konstruktionen 186
   Leitdifferenzen im Bereich der Prozess-Steuerung 188
   Modellierung von Unterricht auf der Grundlage
      subjektiver Leitdifferenzen 191
   Kommunikations-Stile 193
f) Prinzipien und Postulate 194
   Prinzipien im ICH-Bereich 197
   Prinzipien im WIR-Bereich 207
   Prinzipien im SACH-Bereich 215
   Prinzipien der Prozess-Steuerung 225
   Die didaktische Kompetenz 228

2. Der Lehrende – Morphem-Bildung 229
Einführung 229
a) Die Trennung der Phänomenbereiche I und II 230
   Phänomenbereich I: Theoriebewusstsein 231
   Phänomenbereich II: Das Didaktische Handeln 241
   Ebenen des Didaktischen Handelns 244
b) Die Planung von Morphemen 253
   Die Basis-Komponenten als Steuerungsinstrument 253
   Die Entscheidung über Leitdifferenzen und Prinzipien 254
   Die Planung der epistemologischen Architektur 262
   Morphem-Bildung unter dem Aspekt der Chreoden-Strukturen 270
   Prozessieren als Planungs-Dimension 271
   Kommunikation als Planungs-Dimension 272
   Normierung als Planungs-Dimension 274
   Bedingungen des relevanten Systems als Planungs-Dimension 277
c) Der Einfluss subjektiver Strukturen des Lehrenden
   auf die Morphem-Bildung 278
   Biographische Selbstreflexion als berufliches Handeln 278

3. Die Driftzone 280
   a) Der Begriff „Driftzone" 281
   b) Die Entstehung der Driftzone 283
   c) Didaktisches Handeln und Didaktische Reflexion in der Driftzone. 285
   d) Kommunizieren in der Driftzone 289
      Negation als Differenz zur Konstruktion in der Driftzone 293
      Interpunktionen 295
      Transaktionen 296
   e) Das Prozessieren und Entscheiden in der Driftzone 301
      Didaktisches Entscheiden als Grundlage für die Bildung
        von Korridoren 302
      Korridorbildung in der Driftzone 308
      Normierung als Standarderwiderung für gesellschaftliche Mythen
        und Muster 315
   f) Das Konstruieren und Interpretieren von Wissens-Produkten
      in der Driftzone 316
      Aspekte der Bewusstseinsbildung 317
   g) Temporalisierung von strukturellen Koppelungen 320
   h) Die Didaktische Resonanz in der Driftzone 321
      Arten von Resonanzen 323
   i) Enttäuschungslagen in der Driftzone 323

4. Der Lernende - Chreoden-Entwicklung 326
   a) Die Chreode 326
      Begriff und Struktur 326
      Arten von Chreoden 332
   b) Die Entstehung von Chreoden in gesellschaftlichen Lebenswelten. 334
      Kindliche Lebenswelten in der postmodernen Gesellschaft 334
      Der Erwachsene als Beobachter und Bewerter von Kindern 336
      Kinder als autopoietische Systeme 336
      Mythen über die Kindheit 338
      Kindliche Milieus in postmodernen Lebenswelten 358
   c) Chreoden-Entwicklung in der Driftzone 367
      „Erwartungen" als Kondensat von Chreoden-Sinnsystemen 367
      Die Postulats-Hierarchie bei der Chreode 369
   d) Chreoden-Analyse 373
      Chreoden aus der Sicht des Beobachters und des Handelnden 373
      Der Lehrende als Beobachter 373
      Chreoden-Analyse auf der Grundlage Humanistischer Konzepte 375
      Lern-Chreoden: Typisierung in der Zuordnung
        zu den Basis-Bereichen 384

Literatur 415
Abbildungsverzeichnis 431
Register 432

Vorwort zur 4. Auflage

Seit der Konzipierung der Subjektiven Didaktik sind über 10 Jahre vergangen. Das Echo war positiv, d. h. viele Lehrende in den verschiedensten Bildungsbereichen empfanden diesen Ansatz sowohl für die eigene theoretische Orientierung als auch im Didaktischen Handeln hilfreich.

Es dabei deutlich geworden, dass für Lehrende, die nach neuen Wegen für ihre eigene Standortbestimmung suchen, die Subjektive Didaktik eine Hilfe sein kann. Sie ist möglicherweise weniger hilfreich für solche Lehrende, die auf der ontologischen Positionen stehen oder von ihrer Biographischen Struktur her eher traditionellen Positionen verpflichtet sind.

Mir geht es geht nicht darum, wieder einen Monoanspruch und eine Monowahrheit zu postulieren, sondern ich möchte verschiedene Blickwinkel in der Allgemeinen Didaktik bereitstellen. Wie dem auch sei, ich freue mich sehr, dass in der Didaktischen Landschaft meine Subjektive Didaktik zur Professionalisierung der Didaktiker und zur Standortbestimmung der Didaktik in unserer postmodernen Gesellschaft beigetragen hat.

Was ich mir sehr wünsche, ist, dass unser Berufsstand sich wieder auf wissenschaftstheoretische und erkenntnistheoretische Positionen besinnt und darin solide Forschungsarbeit leistet, zumal ich beobachte, dass ein Teil der Kollegen sich lieber im H1-Bereich (handeln, handeln, handeln) und R1-Bereich (Reflexion aus der Beobachtung 1. Ordnung: Ich beobachte, was ich beobachte) bewegen, statt sich auch selbst an solide theoretische Konstruktionen zu wagen.

Nicht zuletzt ist diese Arbeit auch in der Auseinandersetzung mit anderen gesellschaftlichen Gruppen und Interessenten, die an die Didaktik unerfüllbare Forderungen stellen, als Abgrenzung dringend notwendig.

Kritiker an der Subjektiven Didaktik kommen meist aus dem Lager der Ontologisten, oft mit verkürztem Blickwinkel. So wird meine Theorie der Subjektiven Didaktik z. B. immer wieder einseitig als konstruktivistische Didaktik etikettiert. Davon kann man zwar unter epistemologischen Gesichtspunkten sprechen, insgesamt aber ist sie ein systemisches und integratives Konzept.

Inzwischen erfahre ich viel Solidarität zwischen den Lehrenden, die der Subjektiven Didaktik gefolgt sind. Es bilden sich Netzwerke zum gegenseitigen Austausch und zur Sicherung des eigenen Standpunktes.

Diese vierte Auflage der „Modellierung" ist das Ergebnis eines langjährigen Forschungs- und Suchprozesses im Bereich der Allgemeinen Didaktik. Es bleibt noch viel zu tun. Die jetzige Ausgabe ist ein Zwischenbericht zu weiteren Differenzierungen.

Mir ist bewusst, dass die Texte eine manchmal erschlagende Komplexität aufweisen. Für den Leser habe ich deshalb in diesem Band Lesehilfen und außerdem eigene Publikationen („ABC der Subjektiven Didaktik" und „ABC der Wissens-Konstruktion") entwickelt, damit er nicht vor lauter Komplexität der Theorie und vor relativ vielen Fachbegriffen den Mut zum Lesen und zur eigenen didaktischen Reflexion verliert.

Die vierte Auflage ist folgendermaßen aufgebaut:

Im Band I sind die wichtigsten theoretischen Grundlagen zusammengefasst und erweitert worden. Die Bereiche „Wissenskonstruktion" und „Leistungs-Bewertung" gehören zwar aus systematischen Gründen in den Band I, mussten aber aus Platzgründen im Band II untergebracht werden.

Im Band II sollen vor allem die epistemologischen Fragen einer allgemeinen postmodernen Wissens-Konstruktion bearbeitet werden.

Im Band III untersuche ich das Bildungssystem mit seinen Ausdifferenzierungen unter dem Aspekt eines sozial autopoietischen Systems. Die Möglichkeiten der Bildung von postmodernen Lernkulturen und die darin zu entwickelnden Bewusstseins-Strukturen werden dargestellt. Die Humanistischen Konzepte, z. B. Transaktions-Analyse (TA), Neurolinguistische Programmierung (NLP), Psychodrama (PD) und Themenzentrierte Interaktion (TZI) werden im Unterschied zum einbändigen Handbuch der Subjektiven Didaktik (1. bis 3. Auflage) in Band III ausführlich dargestellt.

Im Band IV sollen konkrete Beispiele aus dem Bereich des Didaktischen Handelns vorgestellt werden, vor allem auch Beispiele aus der Humanistischen Didaktik.

Bei der sprachlichen Gestaltung habe ich auf geschlechtsspezifische Doppelformen zugunsten der Lesbarkeit verzichtet und die Rechtschreibung behutsam der neuen Regelung angepasst.

Ich danke Frank Wolter für seine kompetente Mitarbeit bei der Herstellung des Buches.
Mein besonderer Dank gilt meiner treuen und langjährigen Mitarbeiterin
Frau Barbara Lutz-Sikora.

Ich wünsche meinen Leserinnen und Lesern, dass sie trotz Fachsprache und hoher Komplexität des Themas viel Gewinn beim Lesen haben werden.

Edmund Kösel, im Jahr 2002

Einleitung

Liebe Leserin, lieber Leser!

Jahrelang habe ich mich mit dem, was Unterricht ist, auseinandergesetzt. Dabei bin ich zu der Überzeugung gelangt, dass jeder Pädagoge, gleich ob er im Kindergarten, in der Grundschule, Hauptschule, Realschule, im Gymnasium, in der Berufsschule oder in der beruflichen Aus- und Fortbildung tätig ist, das Recht hat, so zu unterrichten, wie er es für richtig hält, und dass er seine eigene Subjektive Didaktik offen und selbstverständlich darstellen und einbringen kann.

In diesem Buch möchte ich mit Ihnen einen Dialog führen darüber, wie es mir in meiner Geschichte mit der Didaktik ergangen ist und wie wir gemeinsam uns ermuntern können, unsere Didaktischen Entscheidungen reflektierter und autonomer zu treffen und sie professionell zu rechtfertigen.

Die bisherige „objektive Didaktik"

Seit 40 Jahren beschäftige ich mich mit folgenden Fragen:

Wie kann Unterricht beschrieben werden?

Mit welchen Unterscheidungen kann seine Komplexität reduziert werden?

Welche Referenzbereiche und Dimensionen sind dabei anzulegen?

Welche Prozesse laufen eigentlich ab?

Welche Sinnorientierung kann Unterricht enthalten?

In meinem Studium als Lehrer habe ich verschiedene Versuche einer Theoriebildung des Unterrichts kennengelernt. Meine wichtigsten Begegnungen mit Didaktikern waren die mit Paul Heimann und Wolfgang Klafki. Sie waren in den 60er und 70er Jahren für mich die Vertreter einer Bildungsarbeit, die sowohl objektive als auch subjektive Faktoren in ihren Theorien berücksichtigt und eingebaut hat.

Aber ich war immer dann von diesen Ansätzen enttäuscht, wenn ich später als Hochschullehrer versuchte, meinen Studenten im Unterricht klar zu machen, was „richtig" und was „falsch" war. Dabei hatte ich immer ein ungutes Gefühl, denn ich wusste selbst nicht ganz genau, was „objektiv" richtig oder falsch war. Es wollte mir nicht gelingen, dem Anspruch zu genügen, Unterricht wissenschaftlich, also losgelöst von individuellen und situativen Konstellationen, zu erfassen, darzustellen und Anfängern eine theoretische und - wenn möglich - eine praktische Grundlage für den Beruf des Didaktikers zu vermitteln.

Ich habe eine Zeitlang versucht, alle am Unterricht beteiligten Faktoren zu identifizieren und in ein theoretisches Gerüst einzuordnen. Bei ca. 10 000 Faktoren habe ich aufgegeben, weil mir plötzlich klar wurde, dass dieser Weg nicht zu einer Verbesserung des Unterrichts und der Unterrichtskultur führen kann. Was für den einen richtig und durchführbar ist, ist für den Anderen entweder nicht verständlich, nicht wahrnehmbar oder nicht durchführbar.

Der Weg in die Objektivität war falsch, weil er weder die Situation noch die Person in ihrer jeweiligen Lage auch nur annähernd beschreiben kann. Das Ergebnis war unbefriedigend, weil die meisten sich nicht verstanden fühlten.

Die Beschäftigung mit dem, was im Unterricht jeweils abläuft und was bei jedem Lehrer und Schüler anders wahrgenommen und verarbeitet wird, ist meines Erachtens ungeheuer wichtig, ja es ist das zentrale Feld des Unterrichts. Es genügt nicht, das Haus in seiner Struktur zu kennen - das Leben darin ist entscheidend.

Was ist „Unterricht"?

Genauso verhält es sich mit dem, was wir heute als „Unterricht" bezeichnen: Es genügt nicht, dass wir eine Struktur des Unterrichts konstruieren, dass wir Ziele, Methoden und Verfahrensweisen identifizieren, ordnen und addieren.

Es kommt darauf an, zu verstehen, welche Prozesse in welcher Situation gemeinsam und individuell ablaufen. Weiterhin kommt es darauf an, zu erkennen, welche Informationen vom Einzelnen wahrgenommen, angenommen oder abgestoßen werden. Dieser Vorgang ist ein Teil dessen, was wir als „Unterricht" bezeichnen. Darüber hinaus ist bedeutsam, zu fragen, von welcher Sinnorientierung Unterricht begleitet wird. Damit ist gemeint:

Welche Energien werden darauf verwendet, ob und in welcher Weise Informationen, Meinungen, Einstellungen usw. normiert, d. h. festgelegt werden, die für alle geheim oder öffentlich verbindlich sein sollen?

Wo sind individuelle Entwicklungsmöglichkeiten für jeden einzelnen Lernenden herstellbar?

Wir haben uns bisher viel zu wenig Gedanken darüber gemacht, wie der Einzelne lernt, wie er am Besten überleben kann und was die Schule und das einzelne Fach dazu beitragen kann.

Die gegenwärtige politische und gesellschaftliche Situation

Entwicklungen in der Postmoderne

Die politische Entwicklung zeigt, dass die Gesellschaft sich zu neuen Formen hin entwickeln muss. Europa und die Welt der Zukunft wird eine übergeordnete Einheit darstellen, innerhalb derer sich die einzelnen Regionen selbstständig und dezentral einordnen werden. Die sozialen Probleme der Gemeinschaft müssen auf verschiedenen Ebenen gelöst werden. Diese soziale und regionale Orientierung erfordert auch ein Umdenken des Einzelnen. Hier hätte das gesamte Bildungssystem eine entscheidende neue Aufgabe. Heute, in der Zeit der sogenannten „Postmoderne", ist es nicht mehr möglich, das eigene Welt- und Menschenbild als allein verbindlich anzusehen. In einer interkulturellen und multisprachlichen Gesellschaft sind die einzelnen Kulturen als gleichwertig anzuerkennen. Die verschiedenen Kulturen in Europa und der Welt, zudem die sozialen Probleme, wie z. B. die Massenarbeitslosigkeit, die politisch und ökonomisch motivierten Wanderströme, sind Aufgaben, denen sich das deutsche Bildungssystem neu stellen sollte. Es ist unseres Erachtens die Aufgabe der Erziehungswissenschaften, diese Kulturen, speziell die Lernkulturen, zu identifizieren und sie im Hinblick auf ihre Integrationsfähigkeit zu überprüfen.

Folgende Fragen sind dabei relevant:

> *Welche fördernden und stabilisierenden Aspekte haben die einzelnen Kulturen in Bezug auf die Persönlichkeits-Entwicklung und Qualifikation des zukünftigen Europäers und Weltbürgers?*

Aber auch: Welche gefährdenden Momente zeigen sich?
Hier liegt eine gewaltige Aufgabe für die Einzeldisziplinen der Erziehungs- und Gesellschaftswissenschaften vor.
Da unsere heutige Gesellschaft tiefgreifenden Veränderungen ausgesetzt ist, müssen auch die Bildungsinstitutionen sich einer gründlichen Neubesinnung unterziehen:

> *Sind sie noch Orte der Persönlichkeitsentwicklung?*
>
> *Welche Qualifikationen können sie vermitteln?*
>
> *Welche postmoderne Lernkulturen sind angesichts der rasanten Entwicklung in den virtuellen Welten neu zu konzipieren?*
>
> *Zunehmend wichtig ist es, dass sie Raum bieten, um eine neue Weise des Umgangs mit Menschen zu verwirklichen.*

Dieser Aspekt von Schule wird am besten mit dem Begriff *Lernkultur* erfasst.

Die andere Seite ist aber, dass sich der Berufsstand des Lehrenden in einer ausweglosen Situation befindet, wenn er sich nicht selbst eine Subjektive Didaktik erarbeitet, die ihn autonomer, professioneller und kompetenter gegenüber den Erwartungs-Erwartungen im eigenen System und gegenüber den Erwartungen von Außensystemen macht.

Wie geschieht „Lernen"?

Unterricht und schulisches Lernen werden durch eine Reihe von Faktoren bestimmt, wie z. B. von Strategien, um Konflikte zu bearbeiten, von Kommunikationsverhalten, von Methoden der Lern- und Leistungskontrolle. Allgemeine Faktoren dieser Art, die den Ablauf und die Effektivität von Unterricht bestimmen, werden in der Lehreraus- und -fortbildung, in den einzelnen Fachdidaktiken und in den Erziehungswissenschaften zwar allgemein untersucht und man versucht, sie im Didaktischen Handeln zu berücksichtigen. Es bleibt aber ein großer theoretischer und handlungsmäßiger Rückstand aufzuarbeiten. Besonders Aspekte, die sich eher auf die lehrenden und lernenden Subjekte beziehen, wie z. B. die Rückkoppelungsprozesse, die Bedingungsgefüge von Elementen in ihrer Wechselwirkung, die Regeln der Interaktionen, die Wertestruktur einer Person, die Summe ihrer Überzeugungen, die individuelle Zeit- und Raumstrukturierung, die Formen, wie Anerkennung und Wertschätzung gezeigt werden, das Feiern von Festen, das Gefüge von Ritualen, ästhetische Aspekte - all diese Faktoren bleiben in der Schule z. T. unter dem Diktat des Bildungs-Tauschmarktes unberücksichtigt, ja sie werden u. U. sogar ignoriert.

Subjektive Didaktik

Diesen Veränderungen will eine eigene Konzeption von Didaktik, eine Subjektive Didaktik, Rechnung tragen. Grundgedanke dabei ist, dass deren Basis-Komponenten in einem lerngegenstands-bezogenen Aneignungsprozess bei Lehrern und Schülern entstehen, sich weiterentwickeln und gegebenenfalls stabilisieren. In der Lern-Forschung wird in zunehmendem Maße ein komplexes und vernetztes

Strukturkonzept gefordert, in dem mehr Prozess-Forschung ermöglicht werden kann. Dabei ist zu beachten, dass in den meisten Studien zwar prozessuale Daten erhoben werden, der prozessuale Charakter des beobachteten Lehrer-Schüler-Verhältnisses im Allgemeinen aber dadurch zum Verschwinden gebracht wird, dass man die ursprünglich *zeitraum*-bezogene Variation der Prozess-Maße durch Randsummenbildung über die Zeitausdehnung hinweg in *zeitpunkt*-bezogene Produkt-Maße transformiert.

Unser Ansatz will dieses Defizit beheben. Dabei geht er noch einen Schritt weiter, indem er die Subjektiven Theorien von Lehrern und Schülern zu einer gemeinsamen Didaktik in Gestalt einer Subjektiven Didaktik zusammenführt.

Dort sollen die Interaktionsprozesse auf der Grundlage von metaphorischen Analogien verdeutlicht werden:

- Die *Didaktische Landschaft* ist ein Bild für Entwicklungsprozesse.
- Das *Didaktische Morphem* ist eine Gestaltungsform des lehrenden Subjekts.
- Die *Chreoden* sind Entwicklungslinien bzw. Entwicklungskanäle im lernenden Subjekt.

Diese Analogie ist für didaktische Problemstellungen deshalb besonders interessant, weil sie eine erfolgversprechende Möglichkeit darstellt, das Prozessgeschehen beim Lernvorgang und die Modellierung didaktischer Einheiten, der Morpheme, zu beschreiben und zu verstehen.

So ist eine Didaktische Formenbildung deutlicher als bisher darstellbar. Es lassen sich auch Möglichkeiten zeigen, die Eigenlogiken der Lernenden als Entwicklungslinien zu erkennen und ihre Wechselbeziehungen in der *Driftzone* des Unterrichts zu beschreiben.

Bei dieser Betrachtung werden die lehrenden und lernenden Subjekte als *Lebende Systeme*[1] verstanden, die autonom und *selbstreferentiell*, d. h. rückbezüglich sind und jeweils eine subjektive Wirklichkeit für sich konstruieren. Für die Entwicklung dieser Systeme in Richtung Ko-Evolution sind die Prinzipien der *Selbstorganisation* und der *Selbstdifferenzierung* entscheidend. Neben dem Standpunkt des *Beobachters*, der versucht, Beschreibungen zu liefern, ist eine wichtige Komponente für das Verstehen von Unterricht die Binnensicht der wahrnehmenden und handelnden Personen im Unterricht - der Lehrer und der Schüler - vom Standpunkt des *Handelnden* aus zu verstehen. Die aus Didaktischem Handeln entstehenden *Didaktische Felder* im Sinne energetischer Bewusstseins-Felder sind Gegenstand der Analyse. Um die Komplexität von Differenzen und Aspekten des Unterrichts auf eine neue Grundlage zu stellen, benötigen wir auch neue Grundlagen-Theorien und Konzepte. Wir wollen unseren Ansatz in den der *systemischen Ansätze* einreihen. Er eröffnet ganz neue Sichtweisen und Verstehensansätze.

---

[1] im Sinne von Maturana, Varela und Jantsch

Lesehilfen

Die Arbeit an einer angemessenen Fachsprache

Ich weiß aus meiner eigenen Erfahrung, dass die Einarbeitung in neue Begrifflichkeiten und eine neue Theorie zunächst Widerstand und z. T. Ärger auslösen kann, weil die bisherigen Sprachmuster doch bisher offenbar auch ausreichend waren. Sobald man aber die wichtigsten Grundaxiome einer Theorie verstanden hat und sie als weiterführend empfunden werden, sind auch neue Begriffe kein Hindernis mehr, ja sie sind dann plötzlich befreiend, sie zeigen eine neue Wirklichkeit auf. Die eigene Kompetenz und das eigene Handeln können weit differenzierter dargestellt und gerechtfertigt werden.

- Fachsprache bedeutet eine spezifische Ausdifferenzierung von komplexen Wirklichkeiten, Abhängigkeiten und Zusammenhängen. In unserer hochkomplexen Welt sind die Ausdifferenzierungen auf allen Gebieten weit vorangeschritten. So sind auch die Bereiche einer Theorie der Allgemeinen Didaktik immer weiter auszudifferenzieren, damit wir als Fachleute hochkomplexe Bereiche und Probleme besser erklären, verstehen, kommunizieren und evtl. sogar besser steuern können.

- Fachsprache ist ein wichtiger Attraktor für die Kernbildung eines sozialen Systems im Rahmen der funktionalen Differenzierung gesellschaftlicher Teilsysteme, wie es auch das Bildungssystem darstellt. Wenn wir Lehrende keine Fachsprache und damit ein hochdifferenziertes Bewusstsein über Lehren und Lehren haben, besitzen wir auch keinen internen rationalen Kern, der uns als Didaktiker in unser Gesellschaft ausweist.

- Fachsprache dient neben der Konstruktion eines gemeinsamen Sinns auch der Abgrenzung nach außen, z. B. der Abgrenzung gegenüber Laien oder gegenüber Menschen mit Alltagstheorien und Alltagserklärungen.

- Eine Fachsprache muss allerdings - will sie wissenschaftlichen Ansprüchen gerecht werden, in sich kohärent, an den neuesten Forschungsergebnissen orientiert und kommunikativ sein. Das großes Defizit an plausiblen Theorien und Begriffen in der didactic community behindert teilweise massiv diese Fachkommunikation, weil Pädagogik und Didaktik in der eigenen beruflichen Sozialisation eher negativ, sofort präskriptiv, z. T. unverständlich und für das eigene didaktische Handeln wenig ergiebig waren. Mir erging es nicht anders.

Ich kann nur hoffen, dass die hier vorgelegte Begrifflichkeit der Subjektiven Didaktik sowohl für die didaktische Reflexion als auch für das eigene didaktische Handeln hilfreich, aufschlussreich und professionell klärend, gegenüber Laien abgrenzend und aufklärend zugleich sein wird.

Folgende Aspekte scheinen mir wesentlich zu sein:

> *Sprache bildet Bewusstsein. Ohne Sprache gibt es auch kein Bewusstsein. Lehrende, die Fachsprache ablehnen, haben auch weniger didaktisches Bewusstsein und viele „blinde Flecke".*
>
> *Fachsprache gibt Orientierung und Sicherheit in einer postmodernen Zeit, in der jeder alles ohne Bezugsrahmen und Handlungs-Verantwortung diskutieren kann.*
>
> *Fachsprache bringt Ordnung in hochkomplexe Strukturen und Probleme.*
>
> *Fachsprache schützt vor Allerweltsinterpretation.*
>
> *Fachsprache verhindert Missverständnisse.*
>
> *Fachsprache schützt den Berufsstand vor undifferenzierten und unerfüllbaren Erwartungen von außen.*

Welche Bedeutung haben die Begriffe?

> *Die Begriffe sind Fachbegriffe, d. h. sie sind auf ein bestimmtes Gebiet und eine bestimmte Theorie bezogen.*
>
> *Die Begriffe sind die Grundbausteine der Theorie der Subjektiven Didaktik.*
>
> *Die Begriffe bieten Klarheit und Ordnung.*
>
> *Die Begriffe sind so beschrieben, dass sie Differenzen zu anderen Begriffen und Unterscheidungen deutlich machen.*
>
> *Die Begriffe sind keine Wesensbeschreibungen, sondern sie können in unterschiedlichen Kontexten verwendet werden.*
>
> *Die Begriffe bieten professionelle Sicherheit inmitten von Unsicherheit.*

TEIL A

Paradigmenwechsel in der Didaktik

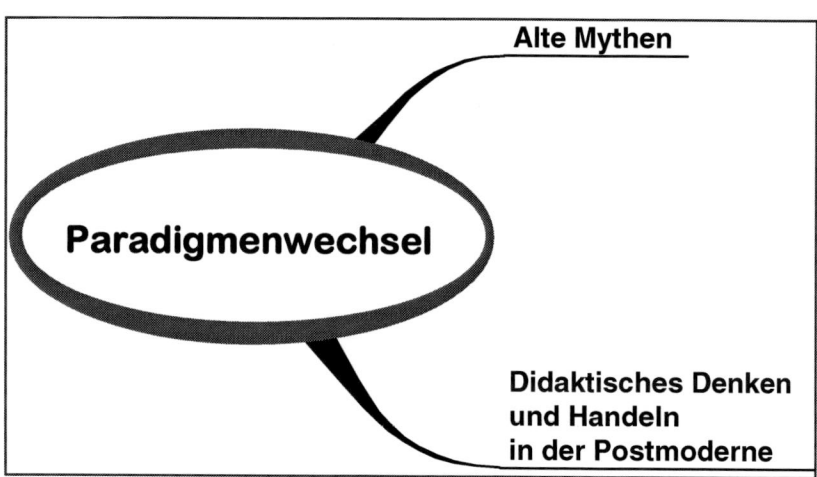

Vorbemerkung

Wir stehen in allen Wissensgebieten an einer Wende: Das „alte" Denken erweist sich als unzulänglich für den Umgang mit unseren Problemen, ja, es hat diese Probleme geradezu erst geschaffen.

Grundlage dieses „alten" Denkens ist die mechanistische Weltsicht. Darin scheint es, als ob auch lebende Systeme nach kausal-linearen Gesetzmäßigkeiten von außen her determinierbar und steuerbar wären. Dazu tritt die Vorstellung, dass alles, was unsere Großhirnrinde wahrnehmen, verarbeiten und speichern kann, auch verhaltenswirksam sei. Man müsse nur wissen, was das Richtige sei, um es auch zu tun.

Die Geschichte der Kognitions-Forschung zeigt, dass dieser Glaube eine Illusion ist, ein Mythos, den wir aufgeben müssen. Statt dessen erkennen wir immer mehr, dass lebende Systeme, seien es Pflanzen, Tiere, Menschen, aber auch soziale Systeme wie Organisationen, Institutionen, Unternehmen nach anderen Regeln, Gesetzen und Denkweisen existieren und sich entsprechend auch anders verhalten, als wir bisher angenommen haben. Daraus ergeben sich Konsequenzen auch für die Sicht von Lehren und Lernen, von Beeinflussung und Verhaltensänderung.

Wichtige Beiträge zu dieser Sichtweise und Erkenntnisse über die Vorbedingungen der Lernfähigkeit des Menschen liefern Wissenschaftler aus verschiedenen Forschungsbereichen:

aus den anthropologischen Wissenschaften:

- Neurobiologie
- Evolutionstheorie
- Gehirnforschung

aus den Sozial-Wissenschaften:

- Soziologie
- Kommunikationswissenschaft

Die entsprechenden theoretischen Grundlagen bieten

- die neueren Systemtheorien
  nach G. Bateson, H. Maturana und F. J. Varela, N. Luhmann, H. Willke, A. Nassehi, K. Gergen, J. Baecker
- der Radikale Konstruktivismus
  nach H. v. Foerster, E. v. Glasersfeld, P. Watzlawick, S. J. Schmidt
- die Habitustheorie
  nach P. Bourdieu

1. Die alten Mythen und ihre problematischen Auswirkungen

Da es Anzeichen dafür gibt, dass wir in der Betrachtung von Unterricht, Erziehung und Gesellschaft an einer Wende stehen, sehe ich bei einer Orientierung darüber, was Erziehung und Unterricht sind, zur Zeit folgende grundlegende Bereiche und Fragestellungen:

Welches Menschenbild habe ich in unserer Gegenwart und für die Zukunft?
Wie sehe ich das Verhältnis zwischen Denken, Fühlen und Handeln?
Wie komme ich zu Wissen?
Wer ist der Andere?
Welche Einstellung habe ich zur Verständigung zwischen Menschen?
Welche Theorie habe ich über das Bildungssystem?
Wie kann ich meine Umgebung, die Gesellschaft, „die Welt" wahrnehmen?
Welche Werthaltungen sind möglich und notwendig?
Welche stehen zur Diskussion?
Wie können wir die Erde vor der Zerstörung retten?

Durch die Ereignisse der letzten Jahrzehnte und besonders in unserer unmittelbaren Gegenwart wird uns allen sehr bewusst, dass wir uns offenbar in einer weltweiten kulturellen, gesellschaftlichen und geistigen Krise befinden. Wir haben kein geschlossenes Weltbild mehr, in dem wir die vielen auf uns einströmenden Ansichten und Ereignisse ordnen könnten, und wir haben keine einheitlichen und verbindlichen Maßstäbe, wie wir sie beurteilen sollen.

In der Diskussion um neue Positionen im wissenschaftlich-philosophischen Bereich bezeichnet der Begriff „Postmoderne"[2] eine neue Möglichkeit, diese Gegebenheiten angemessen zu untersuchen und mit ihnen umzugehen. Es wird nicht als Verlust empfunden, keine einheitliche Weltsicht mehr haben zu können, sondern Pluralität zu bejahen wird zur Chance; die Vielheit der Wirklichkeiten zu akzeptieren eröffnet neue Dimensionen im Umgang mit sich selbst und mit Anderen.

„Postmodern denken" bedeutet nicht nur das Aushalten von Pluralität, sondern ihre Bejahung; der Verzicht auf eindimensionale Welterklärung bedeutet gleichzeitig den Verzicht auf einen Machtanspruch, der heute nicht mehr zu rechtfertigen ist.

Wenn wir uns bewusst machen, dass wir viel mehr wissen als frühere Generationen, dass wir vielfältigere und effektivere Kommunikationsmittel haben und dass wir viel schneller an Informationen herankommen - dann ist es auffallend, wie wenig ergiebig wir diese Möglichkeiten im Bereich Lehren und Lehren nutzen.

Ebenso auffallend ist, dass trotz einer Flut von Publikationen über den Menschen, seine Entwicklung und seine Kultur die Probleme in Schule und Unterricht wachsen und dass wir alle, die professionell auf diesem Feld tätig sind, in größte Verlegenheit geraten, wenn es um ganz praktische Alltagssituationen in der Schule und in anderen didaktischen Feldern geht.

---

[2] siehe Kapitel A

Wie können wir unser Handeln rechtfertigen angesichts unterschiedlichster Meinungen, Mythen und Positionen, die allein schon in diesem einen begrenzten Handlungs- und Entscheidungsbereich auftreten?

Natürlich können wir keine Gesamt-Analyse unserer Welt und unseres Denkens vornehmen: Auf den Anspruch, eine „totale" Sicht der Dinge und damit eine stimmige Erklärung finden zu können, müssen wir verzichten. Grundsätzlich müssen wir uns verabschieden von dem Wahn, wir könnten durch *einen* Standpunkt, durch *eine* Theorie, durch *eine* Wahrheit unsere Probleme lösen.

Im didaktischen Bereich geht es m. E. vor allem darum, zu erkennen, welche geheimen Annahmen wir bisher über die Welt, über den Menschen, über uns selbst und über Gott gemacht haben, denn diese Überzeugungen haben wir als Mythen für Lehren und Lernen übernommen und daraus eine in sich stimmige Didaktik zu entwerfen versucht.

Wir haben bestimmte Mythen darüber entwickelt, was „Wahrheit" und „Objektivität" sein soll, darüber, was wir unter „Gerechtigkeit", „Ordnung", „Frieden", „Leistung", „Zeit", „Staat", „Begabung", „Schularten" usw. verstehen. Schließlich haben sich auch Mythen darüber entwickelt, was der lernende Mensch als Kind, als Jugendlicher und als Erwachsener sei. Im Laufe der Jahrhunderte wurden diese Mythen zu einem System verfestigt, aus dem sich eine besondere Art von Didaktik entwickelt hat, die ich „Als-ob-Didaktik" nenne.

Im Folgenden versuche ich einen Überblick zu geben über die verschiedenen Ausformungen der „alten Mythen", die wir neu sehen und relativieren müssen, von denen wir uns unter Umständen sogar verabschieden müssen, um neue Sichtweisen zu entwickeln, wenn wir den Anforderungen der zukünftigen Entwicklung gerecht werden wollen.

a) Mythen über Gesellschaft und Kultur

Der Mythos des linear-kausalen Denkens

Direkter Einfluss und Machbarkeit?

Das linear-kausale Denken versteht und behandelt die Welt und den Menschen als Objekte, die nach einem mechanischen Modell funktionieren. Es ist der Glaube an die Objektivität als Weg, zur Wahrheit zu kommen. Es ist der Glaube, der Verstand und die Erkenntnis seien Steuerungsinstrumente für menschliches Verhalten und es gäbe auch da eine gültige Wahrheit. Daraus folgt der Glaube, das Erbringen von Leistung garantiere Lebensglück und Lebenssinn.

Wir leben in einer Welt von scheinbarer Gewissheit. Wir „wissen", unter welchen Bedingungen welches Ereignis eintreten wird. Wir „wissen", wie die Gesetze der Natur für technologische Systeme nutzbar und so für uns verwertbar gemacht werden können.

Die Allianz aus der Mathematik, dem wissenschaftlich verfeinerten Beobachten zusammen mit anerkannten Methoden zur Festlegung anerkannter Kontroll-Kriterien hat eine Technologie hervorgebracht, die mit einer beispiellosen und verwirrenden Geschwindigkeit unser aller Leben in fast jeder Hinsicht laufend verändert.

Wir wollen in einer Welt von Gewissheit leben, die unbestreitbar ist, in der unsere Überzeugungen bewiesen werden können und wo die Dinge nur so sind, wie wir sie sehen. Wir wollen Sicherheit haben und feste Maßstäbe, um uns in der Welt auszukennen und die Dinge bewerten zu können. Die Konsequenz dieser Haltung ist: Was uns gewiss erscheint, kann keine Alternative haben!

Dieser Glaube hat uns eine besondere Schwierigkeit gebracht: Wir erleben unsere Situation in der Gegenwart nicht mehr vorrangig als *Akteure*, sondern bei uns ist der Blick des *Beobachters* geschult worden. Wir können - von außen - beobachten, ordnen, strukturieren, ohne Verantwortung zu übernehmen. Wir können, mit einem Satz gesagt, die Welt verändern, ohne dass wir dafür gerade stehen müssen.

Nach dem vorher Gesagten ist es eine notwendige Folge, dass wir auf der Basis von Gewissheit und Objektivität uns selbst nicht mehr trauen, sondern an die Stelle des eigenen Wissens, der eigenen Intuition und Verantwortung tritt das Urteil der Experten: „Der muss es ja wissen."

Es wird dabei - wie meistens in der objektivistischen Denkweise - vergessen, dass wissenschaftliches Denken immer von bestimmten Annahmen, Axiomen ausgehen muss, die als Voraussetzungen von Hypothesen nicht hinterfragt werden können.

In den meisten Fällen aber sind wir nicht mehr imstande, diese Voraussetzungen nachzuvollziehen, sondern wir übernehmen dann schlicht die Ergebnisse und übertragen sie ungeprüft auf unsere Entscheidungssituation. Damit entmündigen wir uns selbst. Im Zeitalter des Computers, wo wir nicht mehr wissen, auf welcher Grundlage der Computer uns Daten liefert, ist dies die größte Gefahr für uns.[3]

Eine weitere Konsequenz des Mythos von der Objektivität scheint paradox:

In einer Welt von Strukturen, Schemata und Matrizen leben wir scheinbar ohne Strukturen in uns selbst. Die innere Struktur des Menschen bildet sich nicht infolge von äußeren Erscheinungen, sondern wesentlich über Interaktionen mit anderen Menschen, durch Botschaften von Bezugspersonen, durch Bewertung und Beurteilung von anderen.

Dass wir in einer Welt von „Objektivität" und „Sachzwängen" leben, wo Bereiche wie „Wärme", „Wertschätzung" usw. gering eingestuft werden oder kaum einen Platz finden, hat schlimme Folgen für die Ausbildung innerer Strukturen bzw. ist mitverantwortlich für Verwirrungen in der Identitätsentwicklung.

„Wissenschaftlichkeit", „Objektivität" und „Verwertbarkeit" im materiellen Sinne sind die Leittexte eines Lebensplanes, der Reichtum, Wohlbefinden und „Unsterblichkeit" verspricht. Statt den Tod als Vollendung des Lebens zu begreifen, wird er mit vielerlei Zauber und Ritualen so weit wie möglich ferngehalten.

Mit diesem engen Weltbild - man kann es als Ergebnis des „cartesianischen", d. h. des linear-kausalen, „spaltenden", trennenden Denkens bezeichnen – können wir die vielen miteinander verbundenen Probleme der Welt nicht mehr lösen. Die lineare Denkweise schiebt die Probleme in dem Netz der gesellschaftlichen und ökologischen Systeme und ihrer Beziehungen nur hin und her. Ein Konflikt z. B. bedeutet auf der Ebene, auf der er entsteht, gegenseitige Vernichtung; nur auf einer höheren Ebene kann er gelöst werden.[4] Dies bedeutet eine radikale Transformierung unserer Vorstellungen, Mythen, unserer Wertbegriffe und der gesellschaftlichen Institutionen.

Der alte Mythos, das linear-kausale Denken mit seinem Anspruch, ein totales Erklärungsmodell liefern zu können, löse Probleme und mache unser Leben

---

[3] Roszak, o. J., Verlust des Denkens

[4] vgl. auch den Kampf gegen den weltweiten Terrorismus

1. Die alten Mythen und ihre problematischen Auswirkungen

„glücklich", muss ergänzt werden durch das Bewusstsein, dass wir in Vernetzungen leben. Wir sind selber eine Ganzheit, gleichzeitig aber leben wir in inneren Pluralitäten. Das ganzheitliche, systemorientierte Denken und Handeln ist die notwendige moderne Position.

Der „postmoderne" Paradigmenwechsel ist eine radikale und dramatische Veränderung unseres Bewusstseins. Meinungen, Gedanken und Werte, derer wir uns jahrhundertelang gewiss waren und die uns ein Gefühl der Sicherheit gegeben haben, erweisen sich immer mehr als unzulänglich, ja sogar als falsch. Statt Probleme zu lösen, schaffen wir uns laufend neue, und zwar solche, die unsere Entscheidungs- und Handlungskompetenz übersteigen. Die Vorstellung, die objektiv-wissenschaftliche Methode sei der einzig gültige Zugang zu Wissen, die Annahme, Geist und Materie seien getrennte Wesenheiten, die Welt sei also gespalten, die Natur sei ein Mechanismus, der nach unwandelbaren, erkennbaren Gesetzen funktioniere, das Leben in der Gesellschaft sei bestimmt von Leistung und Konkurrenz, also von Kampf, und vor allem der Glaube an den Fortschritt, der materiell, wirtschaftlich und technisch vom Menschen machbar sei und ein glückliches und sinnvolles Leben ermögliche - alle diese Mythen haben sich als fragwürdig erwiesen.[5]

Heute gehört es schon fast zum guten Ton, sich über den technischen Fortschritt zu beklagen und einer Idylle nachzutrauern. Dem wollen wir gewiss nicht folgen; schließlich ist die technischen Entwicklung die Basis unserer physischen Existenz.

Andererseits wäre es aber auch verfehlt, wollte man über dieser grundsätzlich positiven Bewertung von Technik und Wissenschaft die Vielzahl der Probleme übersehen, die sich mit jeder Entwicklung ergeben. Im Sinne der Evolution aber wäre es höchst fraglich, wollte man wegen der negativen Folgen einer technischen Entwicklung grundsätzlich auf Fortschritt verzichten und alle Neuerungen von vornherein abblocken. In der Evolution ist jede Neuerung mit dem Risiko, ja der Notwendigkeit des Untergangs von Altem verbunden. Wir Menschen könnten schädliche Entwicklungen durch Einsicht korrigieren. Wir müssten eigentlich nicht erst aus Katastrophen, durch den drohenden Untergang der Welt lernen.

Wenn wir allerdings die konkreten Entwicklungen verfolgen, dann stellen wir zu unserer Überraschung fest, dass wir trotz guter Einsicht in die Zusammenhänge, trotz unseres Wissens um bestimmte schädliche Folgen oft wie gelähmt dastehen und nichts, d. h. nicht das Richtige zur Fehlerbeseitigung *rechtzeitig*, also *vor* Eintreten der Katastrophe, unternehmen.

Da wir heute wissen, dass wir in einer vernetzten Welt leben, müssen wir unsere Denk- und Handlungsperspektive verändern. Um unsere Welt zu begreifen und sinnvoll handeln zu können, benötigen wir eine ökologische Perspektive, wir müssen also lernen, global zu denken.

Der Mythos von der zentralen Ordnungskraft der Organisationen

Dieser zweite Mythos bestimmt unser Leben, vor allem das der jungen Generation, in einem z. T. unerträglichen Maß. Da wird geglaubt, dass wir unsere Welt und unsere Gesellschaft angesichts des drohenden Chaos und Zerfalls von Ordnungen nur durch große zentrale Organisationen in Schach halten und weiterentwickeln könnten. Die Angst vor dem Anderen, dem Fremden, vor den vielen Perspektiven zwingt offenbar

---

[5] Varela & Thompson haben einen „mittleren" Weg zwischen Theorie und Erfahrung vorgeschlagen

zur Zentralisierung, damit man Kontrolle ausüben kann und die Macht behält.
Auch der Bildungsbereich hat diesen Glauben übernommen, und wir erleben heute eine immer stärkere Verfestigung und Eigendynamik der Zentralisierung:
Angeblich können Bildung, Erziehung und Lernen nur noch durch zentrale Organe und durch eine zentrale Bildungsverwaltung, z. B. das Kultusministerium, gewährleistet und durchgeführt werden.[6] Die Vorstellung, dass durch Dezentralisation und Bildung regionaler Zentren in einem überschaubaren Bereich mit vielen selbstständigen Entscheidungs-„Inseln" wieder viel mehr an Lebendigkeit und Entwicklung ermöglicht werden kann, setzt sich nur schwer durch. Wir haben keine engagierten und visionären Bildungspolitiker, Bildungsgruppen und Bildungsexperten, die sich kompetent für eine neue Schule mit neuen Systemfaktoren in einer anderen Organisationsform einsetzen. Alles bleibt beim Alten, Veränderungen in kleinen Nischen werden als große Reformen ausgegeben. Unsere Gesellschaft will offensichtlich keine Veränderung der Bildungsstruktur.
Im Bereich der Organisation bleibt der Mythos des Bewährten erhalten.
Zu den vielfältigen „künstlichen Organen"[7], die wir Menschen geschaffen haben, gehören auch die Organisationen mit ihrem Behördenapparat, Schulen, Post, Verwaltung u. dgl. Da hinter ihnen Menschen mit ihren Bestrebungen stehen, ihre Aufgaben zu erfüllen und Macht zu bekommen, entwickeln solche Organisationen ein Eigenleben und eine Dynamik, über die sie sich verselbstständigen und vom „Diener" zum „Herrn" werden können. Wir beobachten, dass die Organisationen bestrebt bleiben, im Sinne ihrer ursprünglichen Aufgabe weiterzuwirken, auch wenn ihr Wirken schädlich geworden ist.

Der Mythos von der Politik als verantwortlichem Handeln

Wenn wir uns fragen, welche Bedeutung die Politik für eine Didaktik haben könnte, so ist ein erschreckendes Bild zu sehen: Machterhalt um jeden Preis, eine Kommunikationskultur, die mehr Störungen aufweist als fließende Kommunikation, Verletzung der primitivsten Regeln der Höflichkeit, außenorientierte Identitäten der Politiker mit einem masochistischen Zwang zur Selbstdarstellung, eine onkelhafte Herablassung den Bürgern gegenüber, manchmal eine dümmlich strotzende Arroganz der Macht anstelle integrierter und integrer Politiker, Schlagwort-Politiker anstelle von Struktur-Politikern. Wir haben wenige engagierte und kompetente BildungspolitikerInnen in Bund[8] und Ländern, die sich für einen strukturellen Umbau des Bildungssystems einsetzen. Sie können auch die gesellschaftlichen Teilsysteme nicht für eine neue Vision von Bildung und Qualifizierung der jungen Generation gewinnen und entsprechende Strukturen und Ressourcen neu bereitstellen.
Wenn man im Bereich von Schule und Ausbildung nachsieht, so zeigt sich dort ein ähnliches Bild: ein funktional-differenziertes System, das in sich geschlossen ist und den eigentlichen ursprünglichen Sinn der Bildung aus dem Auge verloren hat. Wenn man auf Prinzipien der Lebendigkeit verzichtet und sich weigert, persönliche Verantwortung zu übernehmen, kann zwischen Lehrenden und Lernenden weder Lebendigkeit entstehen noch wird die Entwicklung zur Selbstbestimmung gefördert.

---

[6] vgl. den Lehrplan-Mythos

[7] v. Gehlen, 1966

[8] z. B. die Bundesforschungsministerin Buhlmann

Der Mythos von der Theologie als Werte-Instanz

Die moderne Theologie als zweite offizielle Instanz, die unser Bild vom Menschen geprägt und beurteilt hat, bringt es nicht fertig, eine universale Verständigung unter den Religionen zu erreichen: Kampf der Kirchen gegeneinander und Bestrafung ihrer Mitglieder beim Überschreiten von Grenzen sind geblieben. Die Theologen sind ohnmächtig geworden, weil sie angesichts der Tatsache, dass die Menschen die Möglichkeit haben, sich selbst total zu vernichten, nicht mehr zwischen Sündern und Gerechten unterscheiden können.

Das Rationale, verwandelt in materialistisches Wissen, und das Moralische, verwandelt in totale Relativität, sind gleichbedeutend geworden mit dem Schrecken der Vernichtung nicht durch Gott, sondern durch uns selbst. Der Zufall ist eines der Attribute der Vernunft geworden, die wir anbeten. Die Moral hat ihm ihre Unterdrückungsgewalt abgetreten, und gleichzeitig hat sich jeder moralische Anspruch von dieser übermenschlichen Macht zurückgezogen.

Der Mythos von der Wissenschaft als Garant des Fortschritts

Die Macht der Experten?

Im alten Denken haben wir mit der „Wenn-Dann-Grammatik" großartige Leistungen hervorgebracht. Die moderne Wissenschaft hat Epidemien beseitigt und uns plausible Erklärungen für Naturkatastrophen geliefert. Sie hat neue Informations- und Kommunikationssysteme geschaffen, die unser Wissen rascher und umfassender transportieren können. Sie hat aber auch alles dafür vorbereitet, dass nicht eine Natur-Katastrophe, sondern die Menschheits-Katastrophe - die eigene Vernichtung - möglich geworden ist.

Jedoch hat sie kaum dazu beigetragen, die Menschheit von den durch Jahrtausende erworbenen Vorurteilen, falschen sozialen Gefühlen wie Neid, Hass, Eifersucht, Machtgier usw. zu befreien. Sie hat ebenfalls kaum etwas dazu beigetragen, eine menschliche Gemeinschaft zu entwickeln, wo jedes Mitglied auch nur annähernd seinen Platz finden könnte, an dem es arbeiten, leben und angemessen sterben kann.

Die Wirkung dieses Denkens hat aber eigenartigerweise immer nur eine bestimmte Zeitlang angedauert: bis die Idee „geboren" oder „gestorben" war oder sich durchgesetzt hatte. Sobald dieser Zustand erreicht war, hörte diese Grammatik auf zu wirken. Folgen einer Idee oder einer Entwicklung wurden bestenfalls noch in ihren kurzfristigen linearen Wirkungen gesehen. Langfristige, umfassende und vernetzte Wirkungszusammenhänge waren nicht erkennbar; sie zu erkennen lag auch nicht im Interesse der Forscher.

Der Mythos von der Kunst - Ästhetisch-moralische Bildung

Kultur als Alibi?[9]

Besonders im 18. Jahrhundert wurde - in Anlehnung an antikes Denken - die Theorie vertreten, der Mensch könne durch Vorbilder zur wahren Humanität gelangen. Diese Vorbilder könne ihm die Kunst geben, und im Mit-Erleben, in der „Katharsis" werde er sich zu höherer Sittlichkeit läutern und sich damit seinem inneren Gesetz gemäß

---

[9] Max Frisch

selbst verwirklichen. Diese idealistische Vorstellung von der „ästhetischen Erziehung"[10] verflachte im Laufe der Zeit zu einem oberflächlichen „Bildungsideal", einem „Humanismus", der sich in der Kenntnis von Bildungsgut aller Art beweisen konnte.[11] So kam es zu einer Trennung zwischen Ideal und Realität im Leben des Menschen: Ideale zu vertreten, Kunst zu verstehen und auszuüben schloss also nicht aus, dass der „humane" Mensch die größten Verbrechen begehen konnte. Denken und Handeln traten auf erschreckende Weise auseinander. Die Verbrecher im Dritten Reich waren größtenteils „normale", „gebildete" Bürger[12]. Wären es Monster gewesen, könnten wir heute leichter damit fertig werden; wir könnten sagen: „Das waren ja keine Menschen." Wir sehen also mit Erschrecken, dass eine sogenannte „humanistische Bildung" in keiner Weise verhindern kann, dass ein Mensch unmenschlich handelt.

Von dieser Warte her gesehen ist der Begriff des „gebildeten" Menschen höchst suspekt geworden.

Der Mythos der Gesundheit

Garantie für gelingendes Leben?

In den letzten Jahren ist es zu einer Mode geworden, alles mögliche speziell für seinen Körper zu tun, auch auf die Gefahr hin, sich damit zu schaden. Mit extremer Selbstverleugnung und Selbstkontrolle versuchen Menschen, mit der Macht über ihren Körper auch Macht über ihr Leben und damit eine Art „Garantie" für gelingendes Leben zu erreichen.

Viele übersehen dabei, dass Gesundheit in einer Ausgewogenheit, einer Balance besteht: Ein „kranker" Geist macht auch den Körper krank. Der Mythos von der Gesundheit hängt wohl auch damit zusammen, dass „Jung-Sein" in einer alternden Gesellschaft wie der unseren einen besonderen Stellenwert in der Identitätsfindung bekommen hat. Zudem macht es die „Apparate-Medizin" möglich, das Leben eines Menschen unabhängig von der eigenen Körpertätigkeit fast beliebig zu verlängern. Die Möglichkeit eines Organ-Austauschs wie bei einer Maschine suggeriert, dass Gesundheit machbar sei. Zur Zeit sind die Begriffe „Wellness" und „Lifestyle" ein Zeichen dafür, wie Gesundheit vermarktet wird.

Wir können aber „Krankheit" nicht – mono-kausal und linear-kausal - als Defekt ansehen, der einfach zu bescitigen wäre, sondern wir müssen sie als Symptom für eine Störung im Gesamtsystem „Mensch und Umwelt" verstehen. Mit einseitigen und isolierten Maßnahmen machen wir uns immer mehr krank. Wir müssen eine neue „Demut" vor der Natur entwickeln, sie gewähren lassen und ihre Entwicklungen hinnehmen. Im Bildungssystem bedarf es einer grundsätzlichen Neuorientierung in der Balance zwischen den Bedürfnissen eines lebendigen jungen Körpers und den rigiden Erwartungen aus dem Bildungs-Tauschmarkt.

---

[10] Friedrich Schiller

[11] Fischer und Schwanitz sprechen auch von „Bildung", erzählen aber lediglich über die Geschichte der Geistes- und Naturwissenschaften.

[12] H. Arendt, H. Kipphardt u. a. sprechen z. B. von „Hitler in uns", „Bruder Eichmann", „Banalität des Bösen"

b) Der Mythos vom Kind

Das „schwache Kind" bzw. der „Noch-Nicht-Erwachsene"

In den letzten 30 Jahren haben viele Pädagogen geglaubt, wenn wir unsere junge Generation planmäßig in allen Denk- und Lernstrukturen schulten und trainierten, könnten wir uns von dem „Sputnik-Schock" erholen, und es würde eine neue Blüte kultureller und industrieller Entwicklung entstehen. Erinnert sei an das Programm der kognitiven Frühschulung im Kindergarten und in den Familien.

Einhergehend mit dem Glauben an das programmierte Lernen und die Eigen-Lehrfähigkeit der Unterrichtsmedien sind wir in eine Bildungs-Euphorie geraten, in der wir eigentlich alles für möglich gehalten haben.

Mütter und Väter, Erziehungswissenschaftler und Pädagogen sind solchen Propheten nachgelaufen und haben gläubig diese Zaubersprüche von einer nächsten Generation verkündet, wo man sich in Gestalt der eigenen Kinder als größer, intelligenter und wertvoller wiederfinden könnte. „Meine Kinder sollen es einmal besser haben", so hieß der Zauberspruch, der eine Ersatzperspektive für die eigene Identität bieten sollte.

Es wurde dabei vergessen, dass Kinder - wie alles junge Leben - eine bestimmte Entwicklungszeit brauchen, die die Natur über Jahrmillionen hinweg herausexperimentiert hat. Es wurde dabei vergessen, dass kognitive Entwicklung zugleich auch emotionales Wachstum benötigt und umgekehrt. Die Folgen kennen wir mehr oder weniger genau: Narzisstisch besetzte Persönlichkeitsstrukturen oder die panische Verfolgungsjagd der Kognition in einem jungen Menschen, der nicht mehr „nichts denken" kann und darf, sondern über alles nachdenken *muss*.

Alice Miller macht auf das „Drama des begabten Kindes" aufmerksam und stellt dar, wie die fatale Leistungsideologie schon kleinen Kindern zum Verhängnis wird. Kinder sind lebende Botschaften, die wir einer Zeit übermitteln, an der wir selbst nicht mehr teilhaben werden. Eine Kultur, die vergisst, dass sie sich reproduzieren muss, ist, biologisch gesehen, in ihrem Bestand krank, in moralischer Hinsicht undankbar und verantwortungslos.

Die Idee der Kindheit ist eine der großen Erfindungen der Renaissance. Zusammen mit der Wissenschaft, dem Nationalstaat und der Religionsfreiheit hat sich „Kindheit" als soziale Struktur und als psychologisches Bedingungsgefüge im 16. Jhd. herausgebildet und bis zu unserer Zeit weiterentwickelt. Aber wie bei allen gesellschaftlichen Institutionen der Fortbestand durchaus nicht gesichert ist, so ist auch der Fortbestand der Kindheit nicht gesichert, ja, sie verschwindet in einem erschreckenden Maß.

Diese Entwicklung steht in verschiedenen Zusammenhängen:

> *Der Zusammenhalt in den Religionsgemeinschaften fehlt.*
> *Die Intimität und Poesie mündlicher Überlieferung wird allmählich zerstört.*
> *Regionale Loyalitätsbeziehungen werden seltener.*
> *Ein unpersönliches Industriesystem macht auch vor der Kindheit nicht Halt.[13]*
> *Die Schule hat das Kind zu einem Leistungs-Erwachsenen besonderer Art gemacht.*
> *Das Kind wird andererseits als „Noch-nicht"-Erwachsener angesehen.*

Diese und sicherlich noch andere Paradoxien tragen zum „Verschwinden der Kindheit"[14] bei. Wie so manche Organisation, die dem Wohl des Menschen, also auch dem des Kindes verpflichtet ist, haben auch die Gewerkschaften in ihrer Aufgabe, Arbeitnehmern und ihren Kindern Schutz und Solidarität zu gewähren, versagt. Wir haben weder eine Elterngewerkschaft, die die Interessen der arbeitnehmenden Eltern dadurch wahrnimmt, dass sie z. B. in Betrieben und anderen Organisationen eine Ganztagsbetreuung verlangt und dem Staat und den Teilsystemen der Gesellschaft gegenüber „Kinder-Assistenten" durchsetzt, noch haben wir eine Schülergewerkschaft, die die Interessen einer arbeitenden jungen Generation wahrnimmt. Eintritt ins Schul- d. h. Arbeitsleben mit 6 bis 7 Lebensjahren, Mindest-Wochenarbeitszeit von 32 bis 40 Stunden, meist fremdbestimmt, nicht vereinbart, keine Entlohnung, zusätzlich 2 bis 4 Stunden täglich Hausaufgabenzeit - diese Bedingungen werden von den Erwachsenen nicht ernsthaft in Frage gestellt, und ebenso wenig wird versucht, den Größenwahnsinn einer Lernfabrik, wie sie heute besteht, zu bekämpfen und abzubauen. Z. B. sollen Schüler nicht selten innerhalb von 6 Unterrichtsstunden 6 verschiedene Lehrer mit jeweils unterschiedlichem Lernstoff, unterschiedlichen Methoden bei einem Aufmerksamkeitsanspruch von jeweils 45 Minuten – das bedeutet 270 Minuten lang - optimale Leistungen auf einem Einheitsniveau ohne Rücksicht auf individuelle „Lern-Landkarten" und unterschiedliche Lernstrukturen erbringen, obwohl wir heute wissen, dass auf Grund unserer hirnphysiologischen Voraussetzungen nur eine maximale Aufmerksamkeitsspanne von 5 Minuten möglich ist. Zudem kann ein Lehrer mit seiner Persönlichkeit, seiner didaktischen Einstellung und seiner methodischen Kompetenz immer nur einen Teil der Schüler in ihrer jeweils eigenen Lebens- und Lernsituation erreichen. Wie kann eine Generation, der so viel Kränkung, Fremdbestimmung und „Als-ob-Verhalten" abverlangt worden ist, unbefangen ihrer eigenen nächsten Generation begegnen? Der Verlust der eigenen Kindheit wird nicht vergessen werden! Er wird sich in Neid auf die nächste Generation umsetzen. Ich erlebe junge Studenten, die ausgebrannt und leer geworden sind, weil sie ihr Leben lang das nachbeten mussten, was die Erwachsenen von ihnen verlangt haben.

---

[13] vgl. die Praktiken, die in der Werbung und von den Banken angewendet werden, um das Käuferpotential bei den Jugendlichen abzuschöpfen.

[14] Postman, 1982

c) Mythen über Didaktik und Bildung

Der Mythos von der Didaktik als Möglichkeit, den Menschen direkt zu verändern

Input-Output-Denken?

Welche Folgen hatten und haben nun diese Mythen für die Didaktik? Meines Erachtens hat vor allem der Mythos der Objektivität z. T. verheerende Folgen für die Entwicklung der jungen Generation nach sich gezogen, weil der Pol „Subjektivität" lediglich als „Restgröße" wahrgenommen wurde.

Für die Bewusstseins-Bildung und -Strukturierung sind bisher im wesentlichen, vor allem durch die Forderung nach wissenschaftstheoretischem Unterricht, Schemata nach dem Muster „Ursache-Wirkung" programmiert worden, die sich besonders in der Denkweise von linearen oder Differential-Gleichungen ausdrücken. Der Versuch, unstetige Vorgänge zwar in Form von nicht-linearen Gleichungen zu erfassen, diese aber wiederum in das lineare Schema zu pressen, hat sich in Folge der explosionsartigen Computer-Entwicklung natürlich verstärkt. Dieser Glaube an die Linearität verhindert eine angemessene Erfassung der Wirklichkeit. Es wird „vergessen", dass die Veränderung einer einzigen Variablen unvorhersehbare, in mancher Hinsicht katastrophale Folgen für andere Variable haben kann.

Mit Gymnasiasten werden in der herkömmlichen Bewusstseins-Bildung die „schönen", glatten Kurven auf Grund linearer Gleichungen geübt. Dieses Denken wird als Fundamentum für logisches Denken überhaupt angesehen und so der Mythos des Fortschritts und der eigenen Kompetenz aufrechterhalten und weitergegeben.

Dabei wurde bis heute im wesentlichen vergessen, dass alle lebenden Systeme sich nach ihrer eigentümlichen Struktur verhalten müssen; sie weisen Schleifen, Lücken, Rekursionen, Turbulenzen, Instabilitäten auf, so dass Vorhersagen und Prognosen für die Zukunft keine sicheren Aussagen sein können. Es gibt keine verlässlichen „Bausteine" für ein unverrückbares Weltbild. Trotzdem wird versucht, Lebendiges mit Hilfe der Vorstellung von „Rückkoppelungen" in linearen Gleichungen zu erfassen. In der Schule hat sich dieses Denken in vielen Fachbereichen und Fach-Didaktiken auch außerhalb der Mathematik durchgesetzt. Mehr oder weniger heimlich prägt es vor allem den Bereich der Leistung und der Leistungsmessung, der Kontrolle und Beurteilung.

Als Vision stelle man sich einmal vor, jeder Schüler dürfe sich gemäß seiner Struktur und seiner Entwicklung selbst überprüfen; er dürfe die Rekursivität seiner eigenen Entwicklung als Maßstab für die Beurteilung seiner Leistung ansehen. Der Mythos der Objektivität und der Vergleichbarkeit von Leistung würde sich als Illusion entlarven, seine Anhänger in ein „schwarzes Loch" fallen.

Bildungspolitiker und Schein-Bildungspolitiker vertreten aber nach wie vor die Postulate „Schwarzer Pädagogik", nämlich die

„Verachtung und Verfolgung des schwachen Kindes sowie die Unterdrückung des Lebendigen, Kreativen, Emotionalen im Kind und im eigenen Selbst".[15]

---

[15] Miller, 1980

Im Bildungsbereich findet sich überall die Tendenz, das „kindliche", d. h. das schwache, hilflose, abhängige Wesen in sich so schnell wie möglich loszuwerden, um endlich die große, selbstständige, tüchtige Person zu werden, die Achtung verdient. Begegnen wir diesem schwachen Wesen in unseren Kindern wieder, so verfolgen wir es mit ähnlichen Mitteln, wie wir es bei uns bereits getan haben, und nennen das „Erziehung".

Alice Miller nennt folgende Prinzipien und Hintergründe der sog. „Schwarzen Pädagogik:[16]

- dass die Erwachsenen Herrscher - statt Diener! -
 des abhängigen Kindes sind
- dass sie über Recht und Unrecht wie Götter bestimmen
- dass ihr Zorn aus ihren eigenen Konflikten stammt
- dass sie das Kind dafür verantwortlich machen
- dass die Eltern immer zu schützen sind
- dass die lebendigen Gefühle des Kindes für den „Herrscher"
 eine Gefahr bedeuten
- dass man dem Kind so früh wie möglich seinen „Willen nehmen" muss
- dass alles sehr früh geschehen soll, damit das Kind „nichts merke"
 und den Erwachsenen nicht „verraten" könne

Mittel der Unterdrückung des Lebendigen sind nach Alice Miller

Ängstigung	Isolierung	Misstrauen
Beschämung	Liebesentzug	Spott
Demütigung	List-Anwendung	Verachtung
Fallen stellen	Lügen	Gewaltanwendung bis zur Folter[17]
Verschleierung	Manipulation	

Die politische und gesellschaftliche „Un-Kultur", die wir oben beschrieben haben, ist ein Teil der Lebenswelt unserer jungen Generation, und mancher Politiker wundert sich da noch, dass ein Teil unserer Jugend sich radikal von der Politik abwendet, ja, ihr sogar feindlich gegenübersteht. Das cartesianische Denken hat bei dieser „Kultur" vollends seinen negativen Höhepunkt erreicht: Trennung von Verantwortung,

---

[16] Miller, 1980

[17] Miller, 1980, S. 77

Trennung von Handeln, Trennung von Denken, Trennung von der Lebenswelt der jungen Generation, d. h. Nicht-Befassen mit den Versuchen der jungen Generation, zu einem Wandel und zu einer Zirkularität im sozialen Zusammenleben unserer Gesellschaft zu kommen.

> Beispiel: Klassenteiler
>
> Der Klassenteiler, die Richtlinie, die vorschreibt, ab welcher Klassenstärke die Klasse zu teilen ist, wurde in Baden-Württemberg für das 1. Schuljahr mit 33 festgelegt, obwohl die Kinder sich heute völlig anders verhalten als früher.
> Hinzu kommt noch die immer größer werdende Zahl von Kindern aus anderen Kultur-, Religions- und Sprachgemeinschaften.

Dieser Zustand ist, bildungspolitisch gesehen, eine Katastrophe, didaktisch gesehen, eine Versündigung an den jungen Seelen der Kinder und an den Lehrerinnen und Lehrern, die die junge Generation in die Lernkultur des 21. Jahrhundert einführen sollen mit allen Erwartungen, die die Gesellschaft auf sie richtet, und die sich dabei völlig verausgaben und teilweise sogar verzweifelt sind, weil sie ihre Aufgabe nicht mehr entsprechend erfüllen können. Es fehlen zum großen Teil die primitivsten Voraussetzungen wie z. B. ein Gruppenraum oder eine Rückzugsecke, aber es mangelt auch an Konzeptionen für Weiterbildungsmöglichkeiten hinsichtlich einer modernen Sozial-, Methoden- und Sachkompetenz.
Viele Interessenverbände der Lehrerinnen und Lehrer bleiben nach wie vor dem alten Muster verhaftet, Anwalt für die materiellen Interessen ihrer Klientel zu bleiben.
Dies ist sicherlich eine wichtige Aufgabe; die Verbände tragen aber zu wenig bei zu einer Erneuerung der Lern- und Schulkultur. Das ist die vorrangigste Aufgabe des eigenen Berufsstandes, wie sie für unsere Gegenwart und Zukunft dringend nötig ist.
Im Gegenteil: Die Schule ist die einzige öffentliche Institution, die noch auf der Annahme beruht, dass es wichtige Unterschiede zwischen Kindheit und Erwachsensein gäbe und dass die Erwachsenen den Kindern etwas Sinnvolles zu vermitteln hätten. Aus diesem Grund - so schreibt Neil Postman in seinem Buch „Das Verschwinden der Kindheit" - gebe es immer noch Optimisten, die Bücher schreiben, in denen sie Pädagogen praktische Ratschläge erteilen. Aber der Autoritätsverfall der Schulen ist unverkennbar, und inmitten einer radikal veränderten Kommunikationsstruktur sind sie eher „Haftanstalten" als „Bildungsanstalten". Bei den Pädagogen breitet sich Verwirrung aus, weil sie nicht mehr so recht wissen, was man von ihnen als Lehrern erwartet, und weil sie selbst in vielen Bereichen unserer komplexen Welt sowohl in den Methoden einer individuellen und sozialen Aneignung von Stoffgebieten, Themen und Problemen als auch in den Methoden der Verständigung mit der jungen Generation überfordert sind. Hinzu kommt noch, dass wir in den Lehrerbildungsstätten immer noch die Prinzipien der „Schwarzen Pädagogik" versteckt oder offen antreffen und dass von dort kaum Impulse für eine neue Lernkultur kommen. Schließlich hat auch die Unterrichtswissenschaft und -forschung zum Ausbau einer neuen Lern- und Lebenskultur an den Schulen und zum Erhalt einer förderlichen Kindheit und Jugend kaum etwas beigetragen. Vielmehr wird nach wie vor der quantitativen und rein empirischen Forschung der Vorzug gegeben.[18]

---

[18] Man kann das z. B. in der Arbeit der Deutschen Forschungsgemeinschaft sehen.

Zwei Positionen kann man einnehmen, um über die Entwicklungsfähigkeit des Menschen Aussagen zu machen: Die *Gleichgewichts-Theorie* sagt, alles Lebendige befinde sich in einem ständigen Gleichgewicht zwischen Entwicklung, Aufbau und Tod. Wenn wir uns überlegen, welche Entwicklungen und Trends sich in der Erziehung und im Unterricht in den letzten zweihundert Jahren ergeben haben, so können wir behaupten: Es war alles schon einmal da. Ideen sind gekommen und wieder verschwunden. Geblieben ist die alte Vorstellung von der Erziehbarkeit und Erziehungsnotwendigkeit des Menschen. Ich glaube, diese Idee wird bleiben, die Realisierung allerdings völlig anders aussehen müssen als heute.

Eine andere Ansicht betont: Wir leben im *Strom der Geschichte und der Zeit*. Daher haben viele Utopisten geglaubt, der Mensch sei von heute auf morgen veränderbar. Ich erinnere an die 60er und 70er Jahre, in denen neue gesellschaftliche und soziale Ideen aufkamen und als wir geglaubt haben, diese Ideen könnten sofort umgesetzt werden oder sie müssten sofort bekämpft werden, weil sie unser System gefährden würden.

Beide Positionen sind m. E. zu einseitig: Wir Menschen sind viel beständiger und unflexibler, als wir glauben wollen. Wir leben im Zusammenhang der biologischen und sozialen Vererbung, in dem es Veränderungen gibt und geben kann, aber diese werden - leider - nicht so umwerfend sein, dass unser bisheriges Denken, Fühlen und Handeln vollständig revidiert würde.

Der Mythos des Bildungs-Tauschmarktes und die zweite Bildungs-Katastrophe

Wir sehen das Bildungssystem in Deutschland u. a. unter der Metapher des Tauschmarktes, der sich als Folge der funktionalen Differenzierung der Gesellschaft entwickelt hat: Schüler erbringen Gegenleistungen für Leistungen der Lehrer in einem vom Staat und der Gesellschaft festgelegten Rahmen. Diese Symbolik beschreibt ein in sich perfekt geschlossenes Regelsystem, das überzeugend wirkt.

Grundbedingung für einen Tauschmarkt im herkömmlichen Sinn ist der materielle Austausch: Ware für Ware, Ware für Geld, Geld für Ware.

Der Aktienmarkt ist eine Variante des Tauschmarktes, in der ein zusätzlicher Faktor eingebaut ist: die virtuelle Einschätzung von Aktien zu einem aktuellen, nicht mehr reversiblen Zeitpunkt. Es wird entschieden und gekauft. Die materielle Distanz ist jetzt größer, weil man keinen unmittelbaren Wert mehr in Händen hat. Nur zum Zeitpunkt des Kaufes besitzt man einen virtuellen Wert als Schätzwert. Die Folgen sind grundsätzlich riskant, denn die Einlösung der Aktien steht noch in der Zukunft und die Außensysteme sind nicht konstant.

Die Konstruktion des Bildungs-Tauschmarktes ist ähnlich: Das Muster „Ware gegen Ware" oder „Ware gegen Geld" taucht auch hier wieder auf. Das formale Prinzip heißt: „Wissensvorgabe" gegen „Wissensreproduktion" oder „Unterricht" des Lehrenden gegen „Leistung" des Lernenden.

Die Konstruktion im Bildungs-Tauschmarkt ging von einem Mythos aus, der da heißt:

„Wenn du alle Aktienmärkte mit guten Aktien durchlaufen hast (von der Grundschule bis zur Universität), wirst du vom Staat, der Gesellschaft und dem Arbeitsmarkt belohnt durch eine hoch bezahlte Position, durch einen sicheren Arbeitsplatz und überhaupt durch ein glücklicheres Leben, als es deine Eltern hatten!"

Die Grundkategorien „Lebenslange Sicherheit", „Gewissheit" und „Anspruch" sind in diesem Mythos eingebaut. Er sollte das intellektuelle Gewebe, den geistigen Rahmen eines kollektiven Bewusstseins der zukünftigen Generationen garantieren. Er hat von einer besseren Welt erzählt und erzählt es immer noch: Der entsprechende Grundcodierungsbegriff heißt „Bildung". Solange dieser Begriff nicht als Illusion entlarvt wird, erzählt dieser Mythos immer weiter vom einheitlichen Denken als nationalstaatlicher Wissens-Einheit. In der didactic community hat es sich größtenteils als sozial verpflichtendes Denken etabliert.

Die zweite Bildungskatastrophe hat sich längst angekündigt: Wieso staunen wir jetzt über Einzelergebnisse aus den TIMMS- und PISA-Studien? Wir kennen längst die Defizite, die jetzt mosaikhaft ans Tageslicht gebracht werden.[19] Ein Umbau des Bildungssystems – sowohl in grundlegenden Strukturen als auch in den inhaltlichen und didaktischen Bereichen ist dringend geboten. Unsere Gesellschaft wagt es aber nicht, strukturelle Veränderungen am Bildungssystem vorzunehmen.[20] Auch das „Forum Bildung" ist leider – trotz der Mitgliedschaft von KulturministerInnen - nicht mehr als ein selbstreferentielles Empfehlungs-Gremium.

Der Lehrplan als übergeordneter und letztfundierter Sinnrahmen

In den letzten Jahrzehnten hat sich fast wie ein kulturelles Gedächtnis ein Mythos des gemeinsamen Wissens gebildet, der „Lehrplan" genannt wird. Die Frage nach seiner inneren Gültigkeit und seiner gesellschaftlichen Relevanz wird nicht gestellt, viel eher die Frage nach seiner Abgrenzung nach außen, der inneren Ausdifferenzierung und seiner Überlieferung. Er ist eine „didaktische Religion" geworden, die den verpflichtenden Charakter für alle an der didactic community beteiligten Gruppenmitglieder hervorhebt. Die Grundcodierung des Bildungssystems hat sich weg von dem hehren Begriff „Bildung" zur Zentralkategorie „bestanden - nicht bestanden" hinentwickelt. Er bezeichnet den allgemeinen funktional bestimmten Rahmen des Bildungs-Tauschmarktes.

Der Mythos vom Einheitswissen des deutschen Volkes

In engem Zusammenhang mit dem Bildungs-Tauschmarkt steht der Mythos vom nationalen „Einheitswissen". Man tut so, als ob ein Grundwissen als kulturelles Gedächtnis des deutschen Volkes für alle gleich und verbindlich wäre. Dieser Mythos soll die Erinnerung und die Bewältigung von Unsicherheit des Systems garantieren. Zugleich soll er – was unmöglich ist - Weltkenntnis und Verfügbarkeit der Welt vermitteln. Die scheinbare Stabilität inmitten von Unsicherheit soll durch „Themen" bzw. Lehrpläne garantiert werden, die das Gedächtnis des Systems bilden.

Diese „Themen" können aber wegen der operationalen Geschlossenheit von sozialen Systemen niemals Themen der Außenwelt, sondern immer nur Zustände des eigenen Systems sein. Damit Unsicherheit gemildert bzw. herabgesetzt werden kann, werden Lernprodukte mit Hilfe von Typisierung und Verfahren im Bildungs-Tauschmarkt symbolisiert und mit Hilfe des Staates zu ontologischen Entitäten erhoben mit der Grundcodierung „staatlich anerkannt – staatlich nicht anerkannt". Entscheidend dabei ist immer noch der Glaube, dass das Abstraktum „Staat" diese Wissens-Einheit als höchste Rationalität erkannt hätte und garantiere.

---

[19] siehe auch die Diskussion um die Greencard

[20] Dieses Nicht-Handeln trotz Einsicht lässt sich aus der Systemtheorie als synreferentielles Muster erklären.

Inzwischen haben wir aber ein funktional hochdifferenziertes Bildungssystem, das aus vielen Teilsysteme mit deren Tendenz zur operativen Schließung besteht, die im wesentlichen *eigen-sinnig*[21], also nach ihrer spezifischen Sinn-Setzung, ihre eigenen Themen mit allen Symbolisierungen relativ autonom und selbstreferentiell bearbeiten. Zudem hat der Staat längst die Einheitskompetenz verloren.

Ferner ist plötzlich ein neuer Konkurrent aufgetreten, der die bisher gewohnten Formen der Konstruktion und Distribution von Wissen von Grund auf erschüttert: das Internet und die virtuelle Welt.

Wir sehen am Beispiel der Kultusministerin von Baden-Württemberg, wie sehr sich Bildungspolitiker zwischen den Teilsystemen ihres eigenen Systems, der Partei, und den Teilsystemen des Bildungssystems durchlavieren und mit den Erwartungs-Erwartungen aus den übrigen funktional differenzierten Teilsystemen der Gesellschaft umgehen müssen. Was dabei für die Selbsterneuerung der einzelnen Teilsysteme des Bildungssystems herauskommt, sind hilflose Versuche einer Reform von oben statt einer sinnvollen Umstrukturierung.

---

[21] nach Luhmann

2. Didaktisches Denken und Handeln in der Postmoderne

Das mechanistische Weltbild, das entsprechend den Gesetzen der Newtonschen Mechanik „funktioniert", begreift die Welt als eine Ansammlung isolierter und isolierbarer Objekte, die weiterhin in ihre Grundbausteine zerlegbar sind.

Die Spaltung der Welt, der Dualismus des Denkens, die Trennung von „Geist" und „Körper", von „Wissen" und „Glauben", von „Rationalität" und „Spiritualität" hat die Menschen in eine unausweichliche Rivalität, in ein grundsätzliches Konflikt-Denken verstrickt. Gerade in den letzten Jahren erfuhren wir dies durch die politischen und militärischen Ereignisse in besonders makabrer Weise. In einer Krise fallen wir sofort in die „Wenn-dann"-Grammatik zurück. Das Anwenden von linearen Denkmustern erzeugt Katastrophen: Es baut sich eine unausweichliche Abfolge von Drohung, Gegendrohung, Ultimatum und schließlich Krieg auf. Mit unserem von Dualismus und von Reduktion bestimmten Denken - zu dem dann noch machtpolitische, wirtschaftliche, psychologische, sogar moralische Motive kommen - treiben wir uns selbst in die Falle der Gewalt und Zerstörung von Mensch und Welt. Das Verhängnisvolle dabei ist, dass wir mit diesem Denken bisher gigantische Fortschritte in Technologie und Naturwissenschaften gemacht haben, was jetzt als Rechtfertigung fürs Weitermachen angeführt wird.

Allerdings merken wir immer mehr, dass wir mit diesem Denken allein die Probleme, die wir uns durch den „Fortschritt" schaffen, nicht mehr lösen können. Im Bereich des Handelns, in Bezug auf Moral und Verantwortung, haben wir keineswegs ähnliche Fortschritte gemacht. Wir können das, was wir „erschaffen", weder „beherrschen" noch verantwortlich anwenden. Die Welt ist unüberschaubar geworden, wir wissen nicht mehr, welche Wirkungen wir womit auf lange Sicht hervorrufen.[22] Inzwischen wollen wir es oft gar nicht mehr wissen. Schon seit langer Zeit ist das „Newtonsche Denken" als Inbegriff des „alten" Denkens einem tiefgreifenden Wandel unterworfen. Wenn wir - postmodernem Denken entsprechend - wieder lernen, den Kosmos als Ganzheit, als untrennbar miteinander zusammenhängende organisch-dynamische Wirklichkeit, als komplexes Netz von Beziehungen zu verstehen und gleichzeitig *Pluralität* und *Vielheit* als Ausdruck dieses lebendigen Kosmos zu begreifen, werden wir den Weg in die Zukunft rascher und nachhaltiger auch im didaktischen Bereich beschreiten können.

Eine ganzheitliche Sichtweise, die die Verbundenheit und gegenseitige Abhängigkeit aller Erscheinungen erkennt und damit die höchste Stufe des Bewusstseins und des Verantwortungsgefühls erreicht, sieht den Menschen als „Teil" des Kosmos, der diesen Kosmos wiederum in sich abbildet. Wir sprechen heute von einem „holographischen Weltbild, weil bei einem Hologramm jeder „Teil" im Ganzen und das Ganze in jedem „Teil" vorhanden ist, die Vorstellung von Isolierung und Trennung also hinfällig wird.

Wir Didaktiker sollten also die Entwicklung unserer Gesellschaft, das neue Nachdenken über Struktur und Veränderung der Welt, die Neubesinnung auf das persönliche, innere Wachstum des Individuums zu unserem Anliegen machen und diese Themen einerseits in den Fachdidaktiken behandeln, andererseits im

---

[22] Beck, 1986

Unterrichtsgeschehen wirksam werden lassen und als vorrangiges Ziel unserer Bemühungen ansehen. Mit dem *neuen Denken* bezeichnen wir die Entstehung eines ganzheitlichen Weltbildes zwischen Naturwissenschaft und Mystik oder, anders ausgedrückt: Es geht um eine menschliche Welt und eine menschenwürdige Zukunft.

Die einen sehen den Ausweg im Aufbau einer asketischen Weltkultur, weil das Grundkapital unserer Erde nicht aufgezehrt werden darf. Daraus ist ein Plädoyer für eine bessere Technik erwachsen. Wir müssen uns um Techniken bemühen, die die Existenzbasis unserer Enkel nicht gefährden. Carl Friedrich v. Weizsäcker tritt für eine Pflege der asketischen Tugenden ein, wie z. B. die der Mäßigung und der Selbstbeherrschung.

Hans Jonas fordert in seinem Buch „Das Prinzip Verantwortung", man müsse eine Handlung unterlassen, wenn über ihre Folgen irgendwelche Zweifel bestünden. Wir dürften nicht um unseres eigenen Vorteils willen die Lebenschancen unserer Nachkommen schmälern. Wir brauchten eine neue „Überlebens-Ethik", die die Generationen übergreife. Der Wissenschaftstheoretiker Karl Popper meint, der Mensch könne sein Bestreben, an alten, überholten Gedankengebäuden festzuhalten, dadurch überwinden, dass er trainiere, Hypothesen „sterben" zu lassen. Dadurch würde die eigentliche Ursache für dieses Festhalten, nämlich die Angst vor dem Tod, in symbolischer Weise vollzogen, und der Weg für Veränderung würde frei. War früher in der Menschheit und bei allen Lebewesen bei Fehlanpassung der Tod die unausweichliche Folge, so könnte durch ein solches künstliches System des „Sterbens von Hypothesen" diese Unausweichlichkeit aufgehoben werden.

Jedenfalls ist meines Erachtens die Zeit der Verschleierung zu Ende, dass also viele Menschen das Problem zwar erkennen, sich aber scheuen, es beim Namen zu nennen und Verantwortung dafür zu übernehmen.

a) Die Charakteristika der Postmoderne
Ihre Bedeutung für eine Subjektive Didaktik

In letzter Zeit hat sich eine Denkrichtung verdichtet, sich in vielen Disziplinen und bei vielen Menschen ins Gedächtnis und ins Gehirn eingenistet: *das postmoderne Denken und Handeln. Die* Postmoderne gibt es nicht, es ist auch nicht eine Zeit *nach* der Moderne, sondern - wie Welsch dies sagt - es ist eine Geistes- und Bewusstseinshaltung, die sich schon längst angebahnt hat. Wir glauben nicht mehr an die großen, auf totalitäre Wahrheitsansprüche angelegten Theorien und Wissenssysteme. Sie haben ihre Kraft verloren, obwohl sie noch ständig vorhanden sind, in uns noch weiterwirken, im Wissenschaftsbetrieb und auch in den Schulen und im Lehrbetrieb noch eine mächtige Bastion verteidigen. Sie haben für *eine* Dimension gepasst, *anderen* Denkweisen, Lebensformen und Positionen gegenüber aber waren und sind sie heute noch intolerant und verstehen sich als „besser".

Wesentliches Kennzeichen der Postmoderne ist ein Ernstnehmen der *Pluralität* von unterschiedlichen Denk-, Lebens-, Lehr-, Lern- und Wertformen und deren gleichzeitigem Auftreten in der Gesellschaft, in Unternehmen, in Schulen, Institutionen usw. Aber nicht nur das Ernstnehmen der Pluralität als etwas Notwendigen, etwas, was eben sein muss, ist charakteristisch für das postmoderne Denken, sondern das *Begrüßen dieser Pluralität* als etwas Neuen, das uns von alten Zwängen befreien kann.

„Die Postmoderne bejaht den Übergang in die Pluralität und bewertet ihn positiv, sie erprobt den Gedanken, dass Vielheit vielleicht eine Glücksgestalt sein könnte. Dieser Wechsel von Einheitssehnsucht zu Vielheitsplädoyer ist die einschneidendste der Veränderungen im Übergang von Moderne zur Postmoderne."[23]

Ein dritter Aspekt der Postmoderne ist das *Wissen um die Vielheit der Wirklichkeiten* und deren problembeladene Dimensionen. Dieses Wissen wird aber nicht reduziert, sondern man arbeitet mit Einsicht und Intellekt an diesen Vielheiten und ihren Problemen, wissend, dass es keine absolute, objektiv bessere und moralisch einzige Lösung gibt. D. h. eine einheitliche Sinnstiftung ist nicht mehr möglich, weder im gesellschaftlichen noch im familiären Rahmen.

Diese Entwicklungen haben natürlich Folgen auch für die Didaktik. Sie muss jetzt sowohl im Faktenwissen, z. B. bei mathematischen Operationen, als auch im „Gesinnungswissen", also bei folgenden Fragen plural, vieldimensional und unterschiedlich operieren:

Welchen Sinn hat dieser Stoff?

Welche gesellschaftliche Bedeutung messe ich diesem Problem bei?

Dies ist aber noch nicht alles. Die Tatsache der Pluralisierung betrifft nicht nur die Gesellschaft und einzelne Gruppen, sondern das *Individuum* selbst: Auch hier ist nicht mehr nur eine Identität anzutreffen, sondern viele unterschiedliche Lebensformen, Wissenstypen, auch kulturelle Unterschiede sind vorhanden, möglicherweise als Ausdruck der Wahrnehmung unterschiedlicher Lebensformen draußen in den Lebenswelten des einzelnen Menschen. Zu dem hohen Freiheitsgewinn, den das Individuum dadurch gewonnen hat, kommt aber zugleich ein enormer Entscheidungsdruck auf den Einzelnen zu. Bei labilen Strukturen erzeugt diese Situation erhebliche Ängste, Aggressionen und Hilflosigkeit.

Durch den Verlust von stabilen Bezugsgruppen wie Familie, Gruppe usw. ist ein solcher individueller Entscheidungsdruck wohl eines der Hauptmerkmale der individuellen Lebensführung geworden.[24] Das Sich-Entscheiden - oder dessen Verweigerung - ist verstärkt zum Problem für die junge Generation geworden. Gleichzeitig aber wird die Jugend auf dem Feld der Unterweisung durch eine rigide Didaktik und eine rigide Schule in eine schizophrene Situation gebracht, weil Entscheidungsverhalten, Entscheidungssituationen und Entscheidungsnormen überwiegend vom Lehrenden oder von einer umgebenden rigiden Lernkultur festgelegt sind. Sein eigenes Leben allein und verantwortlich in die Hand zu nehmen und innerhalb der vielen Lebenswelten zurechtzukommen ist wohl eines der Hauptlernziele bereits im Kindergarten, dann in der Schule und in der beruflichen Ausbildung, das die junge Generation für sich selbst und allein erproben muss. Die Diskussionen um die sog. „Schlüsselqualifikationen" - z. B. Flexibilität, Teamfähigkeit - kreisen um dieses Problem. Schüler glauben den Lehrern nicht mehr, sie „verneigen" sich nicht mehr vor den „Wahrheiten" der Lehrer, weil sie längst erfahren haben, dass *eine* Sache *viele* Gesichter, *viele* Zugangswege, *viele verschiedene* Normen und Gesinnungsstrukturen haben kann und weil sie selbst widersprüchliche Erfahrungen darin gesammelt haben. Die Erfahrung der

---

[23] Welsch, 1987, S. 121

[24] Beck, 1986

Verschiedenheit in der Sache, in sich selbst und in der Gruppe und schließlich in den Vermittlungsformen erfordert eine neue *offene Integrationsleistung* des Individuums und viel offenere Unterrichtskonzepte.

Für uns Didaktiker bedeutet dies eine radikale Abkehr von dogmatischen Wissenshaltungen und von dem Verharren auf nur *einer* Sicht. Wir verzichten auf das Monopol der Leistungsbeurteilung, wir verwenden nicht mehr nur eine Methode und Zugangsweise. Eine völlig neue didaktische Aufgabe kommt hinzu: Es kann nicht mehr sein, dass sozusagen nebenbei und ohne Hilfe diese vielfache Identitätssuche der jungen und jüngsten Generation auch während der Zeit des Lernens privat und heimlich geschehen muss, sondern die Didaktiker aller Felder haben zusätzlich eine deutliche persönlichkeitsbildende Aufgabe bekommen: Sie müssen Anreizstrukturen schaffen, in denen eine gemeinsame *Biographische Selbstreflexion*, also das Reden und Reflektieren über sich selbst und das Einüben in die Vielheit in einer Gruppe mit ihren verschiedensten Werte-, Norm- und Wissenssystemen professionell möglich wird, damit eine solide Kern- und Randbildung für die Lernenden ermöglicht wird.[25]

In einem *offenen didaktischen Bezugssystem* bedeutet dies auch, dass wir Unterrichtsplanung und Unterrichtsbewertung nicht mehr nur nach *einem* Einheitsmuster vornehmen dürfen, sondern zugleich in eine umfassende *offene* und *geschlossene Lernkultur* einbetten müssen. Offen sollte eine Lernkultur sein im Sinne von *Pluralität*, geschlossen im Hinblick auf die *Verbindlichkeit* und das Einhalten von vereinbarten Regeln und Werten.

Ein weiterer wichtiger Aspekt ist: *Unterrichten heißt Modellieren.*
Jeder am Lernprozess Beteiligte besitzt seine eigenen didaktischen Modellierungsinstrumente und muss sie entsprechend seiner biographischen Verfasstheit anwenden dürfen. Das gilt also nicht nur einseitig für den Lehrenden, sondern diese Modellierung geht gleichzeitig und gleichrangig auch vom Lernenden aus. Entsprechende Modelle gibt es schon, und sie sind erprobt.[26] Diese Haltung des Modellierens muss im *beruflichen Habitus* der Lehrenden verankert werden, weil wir alle auf Grund unserer beruflichen Sozialisation noch in anderen Bewusstseins-Strukturen und Haltungen verharren. Auf dem Feld der Unterrichtsforschung wird dieser Situation teilweise in der Biographieforschung und in der Methodik Rechnung getragen: Verschiedenartige Muster von Lebensformen, Sinnstrukturen und didaktischen Formen werden jetzt wieder unter phänomenologischen Betrachtungsweisen neu untersucht.[27]

„Gerade verschiedenartige Muster der Sinnkonstitution sind in gleichsam phänomenologischer Betrachtungsweise zu studieren, um sich der Vielschichtigkeit und Heterogenität zu vergewissern, die Bildungsprozesse in der Moderne aufweisen können. Ein solcher Konsens würde in einer multikulturellen Gesellschaft gerade die Dignität der Differenz zu seinem Gegenstand haben können."[28]

Dieses postmoderne, plurale Denken hat aber noch lange nicht in allen Köpfen und Gesellschaften Einzug gehalten. Zwar hat das lineare Denkmuster weiterhin eine

---

[25] siehe Methoden der Sozialen Aneignung, Methoden der Biographischen Selbstreflexion

[26] vgl. Freiarbeit, Offener Unterricht, Projektarbeit, Lernparcours, Open-Space usw.

[27] z. B. Objektive Hermeneutik, Szenisches Verstehen

[28] Marotzki, 1991, Seite 222

wichtige Funktion, es ist aber nur als *eine* Dimension in der Vielheit anzusehen und als solche anzuerkennen. Wir leben in Pluralitäten und haben keine andere Wahl, als im Sinne einer transversalen Vernunft[29] die Vielheiten durch Aushandeln zu einer Basisverständigung zu führen. Daher ist es kaum verständlich, dass Didaktiker immer noch bei Konstruktionen und Präskriptionen 1. Ordnung bleiben, statt „polykontexturale" Versionen von didaktischen Theorien zu erarbeiten.

---

[29] nach Welsch

Relativismus
Gleichzeitigkeit von Ungleichzeitigem

Aufmerksamkeit
Nüchternheit
Sensibilität
Metaphorische Arbeit

Autonomie
Subjektive Verantwortung

Transversalität
Leitlinien
Metaphorische Arbeit

Ästhetik
„auf fließendem Wasser
Produziert-Sein
Erzeugungsmittel
schwebender Charakter

Postmoderne

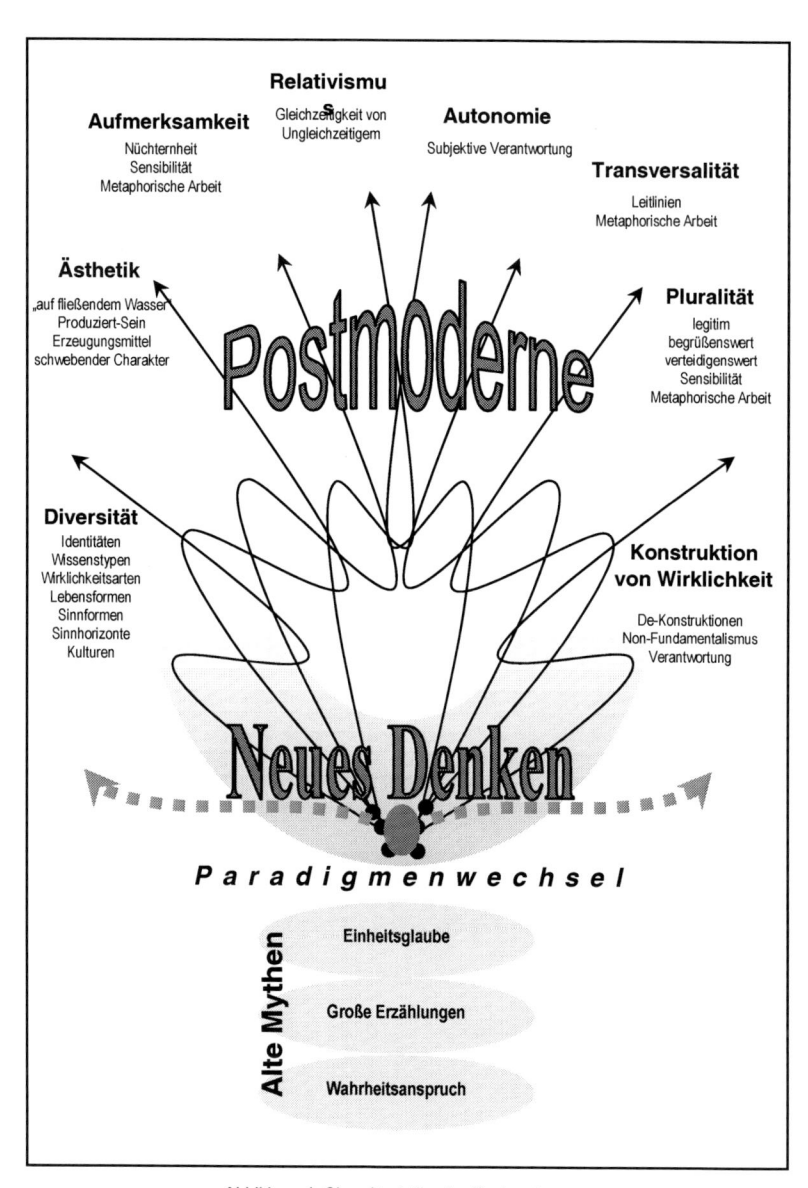

Pluralität
legitim
begrüßenswert
verteidigenswert
Sensibilität
Metaphorische Arbeit

Diversität
Identitäten
Wissenstypen
Wirklichkeitsarten
Lebensformen
Sinnformen
Sinnhorizonte
Kulturen

Konstruktion von Wirklichkeit
De-Konstruktionen
Non-Fundamentalismus
Verantwortung

Neues Denken

Paradigmenwechsel

Alte Mythen
Einheitsglaube
Große Erzählungen
Wahrheitsanspruch

Abbildung 1: Charakteristika der Postmoderne

2. Didaktisches Denken und Handeln in der Postmoderne

b) Die Entdeckung des Beobachters

Da wir Menschen in Sprache leben, können wir als Beobachter Beschreibungen von „Realität" anfertigen, und zwar von *zwei Positionen* aus:
Einerseits können wir den Bereich der inneren Zustände eines *Individuums* beschreiben als den Bereich seiner Zustandsveränderungen. Für die Entwicklung der inneren Dynamik ist dann die Umgebung irrelevant.
Beschreiben wir andererseits den Bereich, in dem das Individuum mit seiner *Umwelt* interagiert, und die Beziehungen zwischen bestimmten Eigenschaften des Milieus und dem Verhalten des Individuums, dann ist die innere Dynamik des System irrelevant.
Wenn wir es aber darauf absehen, nicht mehr aus dem Status des Beobachters heraus zu denken und zu handeln, sondern wenn wir uns selbst als Produkt derselben Mechanismen begreifen, nach denen wir uns Menschen selbst begreifen können, und wenn wir erkennen, dass wir nur über *die* Welt verfügen, die wir miteinander hervorbringen und zu verantworten haben, dann können wir in unserer Situation und Umgebung *handelnd* eingreifen.
Als handelnde Subjekte in einem jeweiligen Milieu oder System können wir beide Positionen einnehmen: Wir analysieren die Beziehungen der Einheiten untereinander, und zugleich berücksichtigen wir die innere Dynamik als Strukturelement. Dann können wir angemessen darauf reagieren. Diese Haltung setzt aber eine professionelle *Biographische Selbstreflexion* voraus. Gemeinsame Aufgaben zu bewältigen heißt eben auch, dass wir nicht auf dem Beobachter-Standpunkt bleiben dürfen, sondern vom ICH zum WIR kommen, z. B. von unserer Situation ausgehen müssen und sie auch zu verantworten haben. Wir müssen, um den Ansatz von Ken Wilber, Fritjof Capra und Humberto Maturana zu benützen, wieder eine *ganzheitliche* und *kosmische* Sichtweise erlernen.
Wenn wir uns all' diese Gedanken für den Aus- und Fortbildungsbereich zu eigen machen, so sind unweigerlich Konsequenzen für die Entwicklung einer neuen Didaktik angezeigt. Eine objektivistische Didaktik können wir nicht mehr verantworten, wo nur die Sachkompetenz als Richtschnur für unsere Welt, die wir in Unterricht und Schule hervorbringen, gelten darf. Wenn wir so große Worte wie „Erziehung zum selbstständigen Menschen" oder „Verantwortung vor Gott und den Menschen" in den Mund nehmen, so bleiben wir genauso im Beobachter-Status, wie ich es vorhin verdeutlicht habe.
Wir benötigen eine Subjektive Didaktik, die jedem verantwortungsvollen Lehrer und Ausbilder seine eigene Welt und seine eigenen Werte und Schatten zugesteht, so wie sie grundsätzlich auch den Schüler in seiner Welt anerkennt. Wenn der Lehrende gelernt hat, sich selbst in seiner eigenen didaktischen Struktur zu erkennen und auch zu sehen, welche Schatten ihn dabei begleiten, ohne die Angst vor Vernichtung durch die anderen zu erfahren, so wird sich ein Klima der Verständigung und der symmetrischen Innovation ergeben.

c) Risikodenken

Das bisherige Denken hat gerade dazu ausgereicht, eine Produktion zu ermöglichen und sie zu steigern. Es reicht aber *nicht* dafür aus, die *Folgen*, die diese Produktion nach sich zieht, abzusehen oder sie gar zu beherrschen.

Eine differenzierte Darstellung der Charakteristika und der Funktionen von Wissenschaft in der Postmoderne liefert Helmut Beck in seinem Buch „Risikogesellschaft":

„Handelte es sich früher um ‚extern' bedingte Gefahren (Götter, Natur), so liegt die historisch neuartige Qualität der Risiken heute in ihrer zugleich wissenschaftlichen und sozialen Konstruktion begründet, und zwar in einem dreifachen Sinne: Wissenschaft wird (Mit-) Ursache, Definitionsmedium und Lösungsquelle von Risiken und öffnet sich gerade dadurch neue Märkte der Verwissenschaftlichung. Im Wechselspiel von selbst erzeugten und selbst-mitdefinierten Risiken und deren öffentlicher und sozialer Kritik wird die wissenschaftlich-technische Entwicklung widerspruchsvoll. [...]

Entscheidend dafür, ob die Wissenschaft derart zur Selbstkontrolle ihrer praktischen Risiken beiträgt, ist dabei nicht, ob sie über ihren eigenen Einflussradius hinausgreift und sich um (politische) Mitsprache bei der Umsetzung ihrer Ergebnisse bemüht. Wesentlich ist vielmehr, welche Art von Wissenschaft bereits im Hinblick auf die Absehbarkeit ihrer angeblich unabsehbaren Nebenfolgen betrieben wird. Ausschlaggebend ist in diesem Zusammenhang, ob es bei der Überspezialisierung bleibt, die aus sich heraus Nebenfolgen produziert und damit deren ‚Unvermeidbarkeit' immer wieder zu bestätigen scheint, oder ob die Kraft zur Spezialisierung auf den Zusammenhang neu gefunden und entwickelt wird; ob die Lernfähigkeit im Umgang mit praktischen Folgen wiedergewonnen wird und ob im Absehen von den praktischen Folgen Irreversibilitäten geschaffen werden, die auf der Unterstellung der Irrtumslosigkeit beruhen und auch das Lernen aus praktischen Fehlern vom Ansatz her unmöglich machen [...][30]

Entscheidend für unsere Betrachtung ist, dass wir im Bereich der Didaktik auf eine neue Dimension des Lernens stoßen, die sich überall laut oder leise ankündigt: eine neue Art von *Methodenkompetenz*, die so grundlegende Leitdifferenzen enthält wie etwa

- Folgedenken für absehbare und unabsehbare Folgen
- Denken in Zusammenhängen existenzieller Art
- Die Integration von Abstraktion, Gefühlen und individueller wissenschaftlicher Verantwortung
- Spiegelungsfähigkeit
- Projektionsreflexion

---

[30] Beck, 1986, S. 254 ff.

Wir benötigen in diesem Bereich einen Sprung auf eine höhere Verstehensebene, die den zukünftigen Anforderungen an den Einzelnen, an Gruppen und Institutionen entsprechen kann. Diese *neue Habitusbildung* ist auf allen Bildungsstufen, im Kindergarten, in der Schule, der beruflichen Aus- und Fortbildung und der Erwachsenenbildung, nötig, damit u. a. die Kraft der Mechanismen des Discounting so schnell wie möglich verringert wird.

Einige didaktische Methoden für ein neues Risikodenken seien hier erwähnt:

- Szenario-Technik
- Methoden des lateralen Denkens
- Zukunftswerkstätten
- Psychodramatische Szenarios
- Wissens-Zentren

In Zukunft muss eine Subjektive Didaktik noch weitere neue Methoden entwickeln, damit die genannten Defizite aufgehoben werden können.[31]

---

[31] siehe Kösel, Band III

TEIL B

Wissenschaftliche Grundlagen der Subjektiven Didaktik

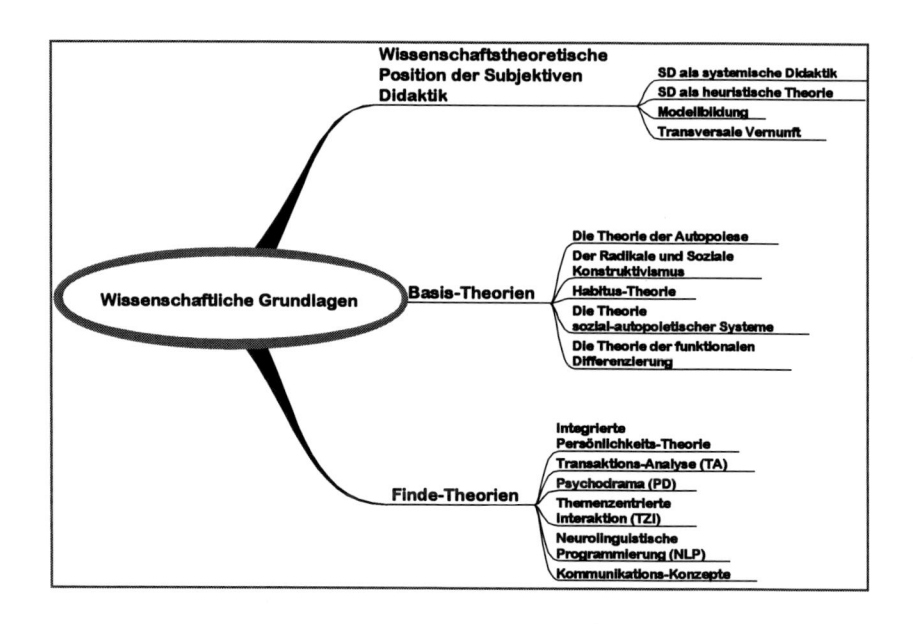

Wissenschaftliche Grundlagen
- Wissenschaftstheoretische Position der Subjektiven Didaktik
  - SD als systemische Didaktik
  - SD als heuristische Theorie
  - Modellbildung
  - Transversale Vernunft
- Basis-Theorien
  - Die Theorie der Autopoiese
  - Der Radikale und Soziale Konstruktivismus
  - Habitus-Theorie
  - Die Theorie sozial-autopoietischer Systeme
  - Die Theorie der funktionalen Differenzierung
- Finde-Theorien
  - Integrierte Persönlichkeits-Theorie
  - Transaktions-Analyse (TA)
  - Psychodrama (PD)
  - Themenzentrierte Interaktion (TZI)
  - Neurolinguistische Programmierung (NLP)
  - Kommunikations-Konzepte

1. Wissenschaftstheoretische Position der Subjektiven Didaktik

Die Theorie der Subjektiven Didaktik verzichtet darauf, ihren Gegenstand durch Wesensannahmen zu bestimmen, weil solche Annahmen zu unlösbaren Meinungsverschiedenheiten führen, sobald verschiedene Beobachter das, was sie für das Wesen der Sache halten, verschieden definieren.

Wir halten uns an eine zirkuläre Definition: Subjektive Didaktik ist ein System, das sich selbst als Subjektive Didaktik erzeugt.

Wir folgen Luhmanns Positionierung einer systemischen Theorie:[32] Die basale Einheit dieser Theorie hat die Zeitform eines Ereignisses, also eines Vorfalls, der zwischen „Vorher" und „Nachher" einen Unterschied macht. Er kann nur beobachtet werden, wenn man die Unterscheidung Vorher / Nachher zugrunde legt. Der Vorfall ist auch nur als Ereignis, nicht als Substanz zu beachten. Die Theorie ist an das Axiom der Vermutung der Diskontinuität, an die Vermutung des ständigen Zerfalls gebunden und hält Kontinuität, d. h. Dinghaftigkeit, Substanz, für erklärungsbedürftig.

Wir lehnen jeden Essentialismus ab und sehen, wie jedes didaktische Ereignis das darauf folgende wiederum einem Folgeereignis überlässt. Sog. „Wesensformen" sind nur Anweisungen für eine Wiederholung der Selektion. Die Subjektive Didaktik legt Wert auf die Beobachtung der Beobachtung, also die Beobachtung 2. Ordnung. Sie diagnostiziert ständig die eigenen Beobachtungen. Sie beobachtet ein sich selbst beobachtendes System. Sie kann daher ihre Beobachtung auch auf Sachverhalte erstrecken, die einer Selbstbeobachtung normalerweise unzugänglich sind. Wir kommen evtl. dazu, die latenten Strukturen und Funktionen der Theorie selbst zu erkennen.

Die Theorie der Subjektiven Didaktik ist ein Konstrukt u. a. deshalb, weil sie sich nicht auf die traditionellen Vorstellungen von „Objektivität" bezieht. Sie gibt auch nicht vor, ein „Abbild" der didaktischen Wirklichkeit anzustreben oder gar diese in ihrem Wesen zu erkennen. Sie will vielmehr spezifische Beiträge zur Erzeugung von neuen Realitätskonstruktionen liefern. Wir wollen Hinweise auf die innere Logik der Beteiligten und deren gegenseitige Abhängigkeit mit all den nach außen erscheinenden seltsamen Schleifen und komplizierten Verwicklungen gegenseitiger Wahrnehmung und Dynamik erarbeiten.

Die Subjektive Didaktik legt Wert auf die *Differenz der Differenz*, d. h. die gegenseitige Kohärenz und Verträglichkeit der Begrifflichkeit muss gewährleistet sein. Bei der Integration von Teilen einer anderen Theorie ist nicht Sprachtrennung das Ziel, sondern wir bemühen uns um überbrückende Modellaussagen. Monolithische Kennzeichnungen würden diesem Ansatz widersprechen.

Problemlösekapazität, Konsistenz und gegenseitige Verknüpfbarkeit mit Modellen aus anderen Disziplinen sind die wesentlichen Konstruktionskriterien der Subjektiven Didaktik. Wir sehen dies als ständige Aufgabe an und überprüfen die Verträglichkeit von Modellen aus anderen Bereichen mit diesem Ansatz.

Die Theorie der Subjektiven Didaktik versucht die Komplexitätsreduktion durch unterscheidbare Prozesse zu beschreiben. In dem Maße, in dem es gelingt, solche Unterscheidungen zu differenzieren, muss demnach auch die Begrifflichkeit

---

[32] Luhmann, 2000

differenziert und verändert werden. Die bisherige Sprache der Allgemeinen Didaktik ist m. E. auf weiten Strecken verbraucht und lässt sich nur schwer weiter auszudifferenzieren. Sie bleibt zu sehr auf der Beobachtungsebene und Präskriptionsebene 1. Ordnung: „Es ist so, wie es ist, und es soll so sein, weil es so sein soll."

Die Subjektive Didaktik fühlt sich der transversalen Vernunft verpflichtet, in der Pluralisierungen von Rationalitätstypen vorkommen, in der sich Aussagen keineswegs auf das beschränken, was zuvor als verlässlich umgrenzter Raum bezeichnet war. Sie dehnt ihre Option auf humanistische Konzepte und auf neuro- und gehirnphysiologische Bereiche aus.[33] Diese fortschreitende Pluralisierung geht einher mit der Anbahnung neuer Verbindungen. Sie führt nicht einseitig zu Atomisierung, sondern zugleich zu vielfältigen Verknüpfungen.

Die Theorie der Subjektiven Didaktik geht mit Unsicherheit um. Sie kann nicht die eingebaute Unsicherheit in Sicherheit umwandeln. Diese „Unsicherheitsabsorption"[34] kann nur eine Transformation der jeweils aktuellen Form von Unsicherheit sein als Anpassung an wechselnde Zustände. Dies wird ganz besonders deutlich bei den Differenzbegriffen wie z. B. Planung, Entscheidung, Driftzone, Korridorbildung. Dies hat für alle Teilbereiche und Relationen in der Theoriebauweise zu gelten.

Die Theorie der Subjektiven Didaktik ist keine präskriptive Theorie, die vorschreibt, was zu tun ist, sondern sie ist eher eine Theorie des Nachhinein, d. h. sie entwickelt sich im Rückblick, in der Retrospektive auf schon vorliegende didaktische Ereignisse.

Die Theorie der Subjektiven Didaktik muss sich selbst unterscheiden von ihrer didaktischen Umwelt und sie muss angeben können, was sie selbst bezeichnet. Insofern müssen Konsistenz, Verträglichkeit gewahrt und bei Hinzunahme anderer Theorien und Konzepte immer neue Bestimmungen im Rahmen ihrer Identität erarbeitet werden. So gesehen, ist sie einerseits eine heuristische Theorie, andererseits hat sie einen soliden Relativismus sich selbst gegenüber einzuhalten.

Sie will im Rahmen ihrer Systemreferenz polykontexturale Anschlüsse herstellen und Anschlussfähigkeit in Aussicht stellen. Es geht dabei immer um die Erzeugung und Reproduktion einer Differenz im System.

Die Folge dieser Bestimmung ist, dass ständig Paradoxien der Ereignisse und Produkte auftreten müssen, die in der Theorie jede weitere Operation blockieren würden. Dennoch müssen sie - wie Luhmann es ausdrückt - eingeschlossen werden, indem sie bewusst ausgeschlossen sind.

Schließlich sollte – so weit wie möglich - die Theorie der Subjektiven Didaktik redundant sein, d. h. sie muss Überraschungen einschränken, es muss erwartet und erraten werden können, was sie bearbeiten möchte und was nicht.

Sie benötigt eine elaborierte Kommunikation, die in sich kontingent und variabel ist, zugleich aber den Rahmen von Erwartungs-Erwartungen absteckt.

Dies ist gegenüber vulgären relativistischen Aussagen, wo man über alles und nichts ohne Referenzrahmen reden kann - Alltagssprache, verbrauchte Fachsprache und die Logik des ständigen Überspringens von Referenzen in einem didaktischen Kontext - ein entscheidender Unterschied.[35]

---

[33] siehe Denecke, 2001, Hüther, 2001, Roth, 1994
[34] nach Luhmann
[35] siehe Peterßen, 2001; Terhart, 1999

Die Subjektive Didaktik hat auch keine „hermetische Abriegelung"[36], sondern das methodologische Postulat einer Systemreferenz. Die Perspektive dieser neuen Didaktik ist die Akzeptierung einer Vervielfachung der Rationalitäten, die Strukturen dieser Rationalitäten aber dürfen nicht einfach übersprungen oder ignoriert werden.

Wenn man dies alles zusammenfasst, träumen wir von einer didaktischen Vernunft, die einerseits auf Rationalität bezogen ist, zugleich aber den Bereich des Handelns und des Alltags mit seinen Paradoxien nicht aus dem Auge verliert.

a) Die Subjektive Didaktik als systemische Didaktik

Unterricht und Lernen werden normalerweise als etwas angesehen, das nach wissenschaftlichen Kategorien geordnet, systematisiert, analysiert und in einen theoretischen Rahmen gestellt wird. Dieser Blick untersucht und plant, wie Menschen am effektivsten die vorgegebenen Lernziele erreichen können. Es ist der Blick des *Beobachters*, der Situationen oder Probleme analysiert und sie zu Objekten macht. So kann er sie unter verschiedenen Gesichtspunkten sammeln und in Kategorien einordnen; schließlich zerlegt er die Objekte in Bestandteile, um sie besser „verstehen" zu können. Der Beobachter erklärt Strukturveränderungen auf der Grundlage des linearen Denkens mit kausalen Mustern.

Wenn wir dieses Paradigma[37] anwenden, werden wir auch versuchen, mit Hilfe von kausalen Verknüpfungen Voraussagen darüber zu machen, wie Subjekte sich in bestimmten Situationen verhalten werden.

Wir haben uns angewöhnt, Unterricht nach diesem Prinzip in mehr oder weniger strenger Weise zu planen, durchzuführen und vor allem im Nachhinein die Ergebnisse danach zu interpretieren. Die Allianz zwischen diesem Objektivierungs-Instrumentarium und den wissenschaftlich verfeinerten Methoden des Beobachters zusammen mit der Festlegung von anerkannten Analyse- und Auswertungs-Kriterien hat den festen Glauben hervorgebracht, man könne mit dieser Art von Unterrichts-Wissenschaft das Lernen in allen Feldern und das gesamte Schulleben effektiv gestalten und anfallende Probleme bewältigen. Wir neigen dazu, in einer Welt von Gewissheit zu leben. Es soll unbestreitbare Tatsachen geben, Überzeugungen sollen beweisbar sein, und unsere eigenen Ansichten sollen von anderen übernommen werden. Was uns selbst als gewiss erscheint, darf keine Alternative haben. Weil aber jeder so denkt, kann es in einer Auseinandersetzung eigentlich nur Sieger und Verlierer geben. Statt eine Verständigung im Sinne eines vorläufigen Konsenses herzustellen, erzeugen wir in der Pädagogik und Didaktik die Antinomie von Sieg und Niederlage. Unser Denken, Fühlen und Handeln ist darauf ausgerichtet, das eigene Bezugssystem unter allen Umständen aufrechtzuerhalten.

Es gibt zudem gute Gründe dafür, anzunehmen, dass wir, um uns bei Meinungsverschiedenheiten über Spannungen hinwegzuhelfen, in erster Linie Muster aktivieren, die wir schon in unserer Kindheit entwickelt haben, um in widersprüchlichen Zuständen, die in jeder Kommunikationssituation auftreten können, unser emotionales Gleichgewicht zu bewahren. Affektiv-kognitive

---

[36] Holzbrecher, 1999

[37] „Paradigma": „Die Gesamtheit der Gedanken, Wahrnehmungen und Wertvorstellungen, die eine besondere Sicht der Wirklichkeit formt, eine Anschauung, die die Grundlage dafür liefert, wie Gesellschaft sich selbst organisiert ...", Capra, 1987, S. 250

Instabilitäts- und Spannungssituationen lösen wir herkömmlicherweise nicht dadurch auf, dass wir Ungewissheit zulassen, sondern wir streben nach irgendeiner spannungslösenden Ordnung. Diese erreichen wir auf Grund unserer dualistischen Denksozialisation hauptsächlich dadurch, dass wir zeitweilige Abspaltungen vornehmen: Wir entwickeln Gut-Schlecht-Raster, und wir nehmen Abwehrmanöver vor, wie z. B. Negierung, Verdrängung, *projektive* oder *introjektive* Verdrehung ins Gegenteil und Discounting.

In einer Subjektiven Didaktik wollen wir diesen Weg nicht gehen. Wir wollen die notwendigen Widersprüche nicht negieren, sondern sie aushalten. Wir wollen versuchen, die andere Seite zu beachten: Unser Weg ist es, uns selbst als „Produkt" von Entwicklungen zu begreifen, die uns das Stellen von Fragen erlauben, z. B. die Frage, wie die Menschen sich und ihre Welt begreifen können. Wir wollen uns mit der Struktur von Bewegungen und der Dynamik von Beziehungen beschäftigen.

Wir werden erkennen, dass wir nur über *die* Welt verfügen, die wir mit anderen zusammen hervorbringen und die wir daher auch gemeinsam zu verantworten haben.[38] Wir begreifen unseren didaktischen Ansatz im Unterschied zu traditionellen wissenschaftlichen Positionen, wie z. B. in den hermeneutischen und empirisch-analytischen Wissenschaften, als *systemischen Ansatz*. Zur Ausdifferenzierung benötigen wir dazu Basistheorien, wie z. B die *Theorie lebender* Systeme (Autopoiesis*)*, den *radikalen* und *sozialen Konstruktivismus*, die *Habitustheorie*, verschiedene *Gesellschaftstheorien* u. a.

Sie alle tragen zur Theorie einer Subjektiven Didaktik bei, sie haben aber keine Defintionsgravität. Daher sind Behauptungen wie z. B., die Subjektive Didaktik sei eine konstruktivistische Didaktik, nicht richtig, denn sie heben nur einen einzigen Aspekt hervor.

Zunächst ist die Organisation von lebenden Systemen zu betrachten: Wenn man auf der Ebene einer gradlinigen Beschreibung von Ursache-Wirkung bleibt, so muss jede Wirkung gewissermaßen als Ursache ihrer eigenen Ursache betrachtet werden. Dies kann man dann als zirkuläre Organisationsform beschreiben, d. h. als die Art und Weise, in der die Elemente einer Interaktionen miteinander funktionell verbunden sind. Lehrende und Lernende sind im unterrichtlichen Interaktionsprozess funktionell miteinander verbunden. Was immer einer dieser Interaktionspartner macht, es wirkt auf ihn zurück. Im Unterschied zu kausalen Erklärungen wird dabei nicht einem Ereignis oder Zustand oder auch dem Verhalten eines Beteiligten die Verantwortung oder Schuld für andere Ereignisse, Zustände oder Verhaltensmuster irgendwelchen partiellen Verhaltens zugeschrieben.

Es wird eine Ganzheit betrachtet, deren Elemente in einem Bedingungsgefüge miteinander in Wechselbeziehung stehen, d. h. jedes Mitglied des Systems bestimmt die Bedingungen aller anderen mit.

Es werden *Systeme* statt isolierter Objekte, *Beziehungen* statt Eigenschaften und *dynamische Bewegungen* statt statischer Dinglichkeit erfasst.

Wissenschaftstheoretisch werden *rekursive und prozessorientierte Logiken* anstelle linear kausaler Logiken verwendet.

Unterrichtliche Phänomene werden durch Beschreiben von *Wahrscheinlichkeiten*, *Driftbereichen* und *Situationskontexten* statt durch deterministische Aussagen erfasst.

---

[38] Maturana & Varela, 1987

Das erkennende Subjekt steht nicht mehr einer Welt der Objekte gegenüber, sondern er ist *teilnehmender Beobachter*, es ist Teil des beobachteten Systems. Seine Erkenntnisse und seine Handlungen sind stets Elemente eines allumfassenden Organisationsprozesses.

Es geht um die Kommunikation und Realitätskonstruktion über bzw. von Beziehungsdefinitionen der Beteiligten. Die Handlungsorientierung der Einzelnen gilt als rekursive Antwort auf die Herstellung der Gesamtdynamik des unterrichtlichen Systems. Der Begriff „System" steht für ein Abstraktum. Es bleibt dem Benutzer dieses Begriffs überlassen, welche und wie viele Elemente und Relationen er dem „System" zuschreiben will. Der Beobachter und Konstrukteur entscheidet, was er als System betrachten und wo er dessen Grenzen ziehen will. Wenn also über Systeme gesprochen wird, muss, wie Luhmann betont, immer vorausgesetzt oder definiert werden, was als *System* und was als *Umwelt* bezeichnet werden soll. Wir verstehen Menschen und Institutionen, die am Unterricht beteiligt sind, als *Systeme*, d. h. als handelnde Subjekte in einem bestimmten System und seiner Umwelt.

Wir müssen eine grundlegende Spannung aushalten: Die Vorgaben einer „objektiven" Welt, in der sich Situationen von Augenblick zu Augenblick verändern können, und der Anspruch auf die Autonomie der einzelnen „Subjekte" geraten notwendigerweise miteinander in Konflikt. Die verschiedenen Ansprüche müssen immer wieder neu ausgehandelt und in eine Balance gebracht werden.

b) Die Subjektive Didaktik als heuristische Theorie

Gemäß unserem Wissenschaftsverständnis können wir nicht mehr auf eine einzige Theorie als Universaltheorie und Universalfundierung bauen, sondern wir müssen Metatheorien suchen, die plurale Ansätze und Bereiche berücksichtigen und für sie passen. Dabei ist es wichtig, dass diese theoretischen Grundlagen im Hinblick auf didaktische Ausdifferenzierungen und mögliche Lösungsvorschläge sich gegenseitig nicht ausschließen. Wir vertreten die Position, dass theoretisches Wissen zunächst in sich geordnet und verträglich sein muss. Es dient zur systematischen Reflexion mit dem Ziel der größtmöglichen Ausdifferenzierung des Gegenstandes, ist zugleich aber immer gebunden an die Regeln der *Relationalität* und *Unterschiedsbeachtung*. Didaktische Handeln hat nach unserer Auffassung einen eigenständigen Status. Man kann also Theorie und Didaktisches Handeln nicht von vornherein vermischen. Dazu sind die Differenzen z. T. zu groß.

Basis-Theorien

Als eine grundlegende anthropologische Fundierung für Lehr- und Lernprozesse ist die *Theorie lebender Systeme*, also die *Theorie der Autopoiese* von Humberto Maturana und Francisco Varela sehr gut geeignet. In den letzten Jahren hat die Integration dieser Theorie in die *Theorie sozialer Systeme* nach Niklas Luhmann erhebliche Fortschritte gemacht. Diese kann jetzt als *Theorie sozial-autopoietischer Systeme* auch in den Bereichen des Bildungssystems fruchtbare neue Differenzen schaffen.

Für Wissens-Konstruktionen und erkenntnistheoretische Fragen im Rahmen einer didaktischen Epistemologie benötigen wir ebenso eine neue unverbrauchte Theorie, die neue Differenzen im Bereich von Wissen schaffen kann. Dazu ist der *Radikale Konstruktivismus* nach Heinz v. Foerster und Ernst v. Glasersfeld, Paul Watzlawick und Siegfried J. Schmidt hervorragend geeignet.

Schließlich benötigen wir eine Theorie für eine neue Fundierung gesellschaftlicher und kultureller Perspektiven innerhalb des Bildungssystems. Dazu können die *Habitustheorie* von Pierre Bourdieu, die soziologischen Theorien der funktional differenzierten Gesellschaften und die sozial-autopoietische Theorie nach Niklas Luhmann interessante Differenzen liefern.

Referenz-Theorien

Diese Basistheorien geben für uns zunächst einen allgemeinen Rahmen, der durch Referenztheorien wie die *Transaktionale Analyse (TA)*, das *Psychodrama (PD)*, die *Neurolinguistische Programmierung (NLP)* und andere humanistische Ansätze in einzelnen Bezugspunkten ergänzt wird. Sie sind besonders im methodischen Bereich hilfreich und können zur Entwicklung bzw. zu konkreten Operationen, Entscheidungen und Handlungen führen. Als Referenztheorien - mittlerer und kurzer Reichweite - heben sie bestimmte Bezugspunkte stärker heraus und machen sie damit für lebensweltliche Bereiche und konkrete Didaktische Handlungen fassbarer.

Für den Aufbau *Struktureller Koppelungen* im Unterweisungsprozess ist neben den bereits erwähnten Theorien besonders die *Themenzentrierte Interaktion (TZI)* von Ruth Cohn ein wichtiges Gestaltungs-Instrument für das Unterrichtsgeschehen geworden.

Auch die *Kommunikationstheorie* hat inzwischen sehr differenzierte Konzepte und Methoden entwickelt. Ausgehend von den grundlegenden theoretischen Positionen, die Niklas Luhmann und Paul Watzlawick erarbeitet haben, hat sich das Kommunikations-Modell von Friedemann Schulz v. Thun in der Praxis - Unterrichts-Planung, Unterrichts-Gestaltung, Supervision und Unterrichts-Analyse - als besonders produktiv für die Gestaltung einer neuen Kommunikations-Kultur erwiesen. Wir treten dafür ein, zunächst nicht Homogenität zwischen allen diesen Ansätzen zu suchen, sondern sich erst einmal mit partikularistischen Versionen, mit unterschiedlichen Sinnsystemen, unterschiedlichen Rationalitätsformen und sittlichen Beurteilungsrahmen auseinanderzusetzen. Wir konstruieren also nicht eine Einheits-Theorie, sondern eine heuristische Theorie für Didaktisches Handeln.

Im Verlauf der Entwicklung einer Subjektiven Didaktik werden wir auch auf Metaphern und Analogien zurückgreifen, um für diese neue Didaktische Theoriebildung und Modellierung auf Grund bekannter Bilder ein anregendes und auf neue „Ränder" abzielendes Konzept zu entwickeln.[39]

---

[39] siehe Teil C

c) Modellbildung als Beschreibungsmethode für Unterricht

Bei Unterrichts-Planung, Unterrichts-Bewertung und Leistungs-Interpretation werden für Didaktiker, die dem subjektiven Ansatz folgen, diese Aspekte sein:
Modellierung von Unterricht
- Vernetztes Denken
- Zirkularität
- operative Geschlossenheit

Wenn es stimmt, dass wir Unterricht als einen hochkomplexen Geschehens-Zusammenhang ansehen und daher akzeptieren müssen, dass wir dieses Geschehen nur als *Beobachter* mit Hilfe der zur Verfügung stehenden Begrifflichkeit beschreiben können, benötigen wir neue Modellierungs-Techniken, die für uns ein hohes Maß an *Komplexität* abbilden können, die andererseits aber auch eine *Reduktion* erlauben, wenn wir im Phänomenbereich des Didaktischen Handelns zu Aussagen oder gar Empfehlungen kommen wollen.

Auf der Basis der konstruktivistischen Erkenntnistheorie wird *Modellbildung* zur allgemeinen Grundlage didaktischen Planens und Handelns. Jede Form der Wahrnehmung basiert auf der Konstruktion von Modellen, die folgende Eigenschaften besitzen: Sie sind *selektiv*, *perspektivistisch* und *zweckorientiert*.

Wir nehmen unsere Wirklichkeit gemäß unserer subjektiven Annahmen wahr, wir konstruieren daraus Modelle, und diese Modelle wiederum bestimmen die Auswahl dessen, was wir zur Wirklichkeitsbildung heranziehen. Weil wir Menschen auf Sprache angewiesen sind, gelten für uns besondere Prinzipien:[40]

- *Das Prinzip der Nicht-Identität*:
  Modelle, „Karten", sind nicht identisch mit den Originalen, „Territorien".

- *Das Prinzip der Nicht-Vollständigkeit*:
  Das Modell gibt niemals alle Aspekte der Wirklichkeit wieder.
  Man kann nie alles erfassen und nie alles beobachten und nie alles optimal erzeugen. Deshalb kann man beim Modellieren von Unterricht nur auf eine *sinnvolle Abgrenzung* achten.

Jede Wirklichkeits-Konstruktion ist in Bezug auf den Beobachter relativ. Lehrende und Lernende müssen deshalb ihre jeweiligen Bedingungen bei der Erzeugung von Wissen mit-konstruieren und sich gegenseitig mitteilen.[41]

d) Transversale Vernunft als Verständigungsplattform

Als Ziel der Theoriebildung streben wir eine postmoderne Reflexionskultur an, die unterschiedliche Auffassungen und Versionen begrüßt. Lehrende und Lernende gemeinsam analysieren ihre je unterschiedlichen Rationalitäts-Muster. Mit dem Grundverständnis einer Basisgemeinschaft mit Basisverständigung und Basispartizipation versuchen sie, eine Basisgerechtigkeit zu leben, die sich im

---

[40] nach Korzybski, 1933

[41] siehe „Referenzbereiche" und „Referenzebenen", „Methoden der Verständigung"

Verstehen und Anerkennen anderer Sinnsysteme und anderer Grammatiken von Wissens- und Lebensformen zeigt. Zugleich ist dieses gemeinsame Sich-Kümmern und Engagieren für eine konkrete Gerechtigkeitsarbeit eine Tat von Individuen; es ist Netzwerkarbeit auf der Grundlage informeller Vernünftigkeit und Transversaler Vernunft[42] in einer postmodernen Lerngemeinschaft und Lernkultur in einer funktional-differenzierten Gesellschaft.[43]

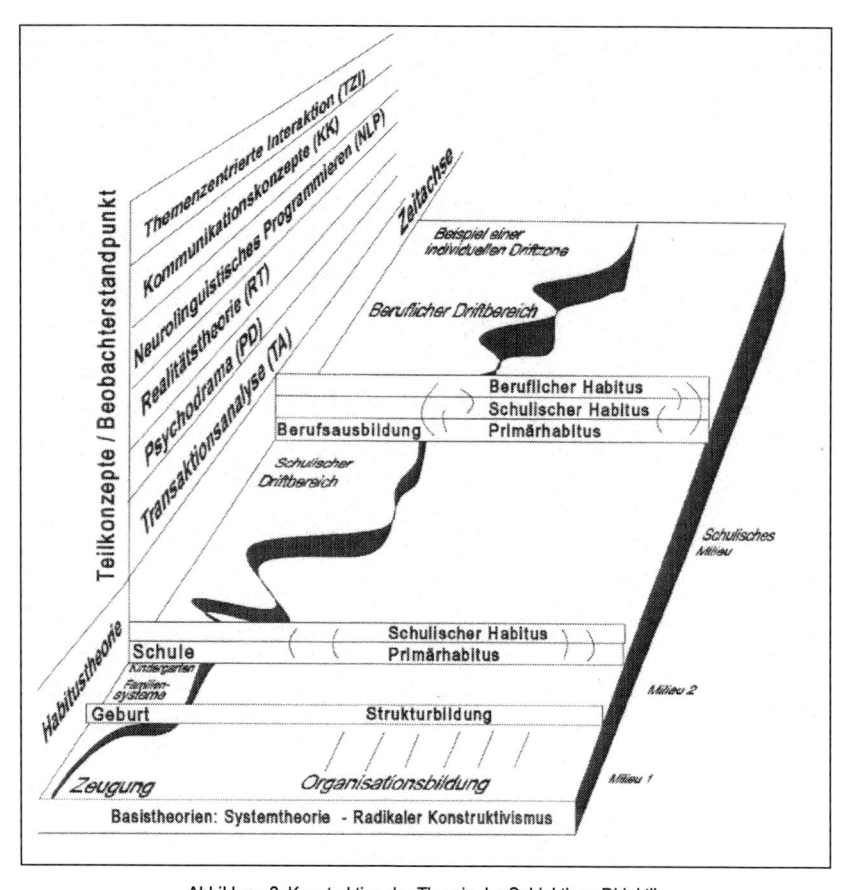

Abbildung 2: Konstruktion der Theorie der Subjektiven Didaktik

---

[42] Welsch, 1992

[43] vgl. „Solider didaktischer Relativismus"

2. Basis-Theorien

a) Die Theorie der Autopoiese

In Abweichung von der biologischen Tradition begann Maturana[44], die *zirkuläre Organisation* lebender Systeme zu erkennen und sie als Prozess zu verstehen, der die *Autopoiese* verwirklicht, statt sie durch die Beziehungen zu ihrer Umwelt zu erklären. Radikal stellte er die Theorie vom repräsentationalen Funktionieren des Nervensystems[45] in Frage und kam zu dem Schluss, dass Erkennen ein dauerndes Hervorbringen einer Welt ist, nämlich durch den Prozess des Lebens selbst.

Kernaphorismen im gemeinsamen Buch von Maturana und Varela „Der Baum der Erkenntnis" lauten:[46] *„Jedes Tun ist Erkennen, und jedes Erkennen ist Tun."*

Die grundsätzliche *Rekursivität* allen Erkennens wird auch in der zweiten zentralen Aussage festgestellt: *„Alles Gesagte ist von jemandem gesagt."*

Maturana und Varela sprechen von der „Verkettung von Handlung und Erfahrung", von der *„Untrennbarkeit einer bestimmten Art zu sein von der Art, wie die Welt uns erscheint"*. Im Mittelpunkt jeglichen Erkennens und jeglicher Realitätsauffassung steht das erkennende Tun des Beobachters, eines Lebewesens in der Sprache, der seinen Beobachtungen Existenz verleiht, indem er Unterscheidungen trifft. *Realität* erweist sich hierbei als Konstrukt, das erst durch die Abstimmung mit anderen Menschen den Charakter einer unabhängigen, außerhalb von uns existierenden Welt erhält. Varela nennt diesen kognitiv-kreativen Prozess das „Ontieren" - Daseinschaffen - einer Welt.[47]

Die Subjektive Didaktik legt einen systemischen Ansatz zugrunde. Dieser Ansatz begreift die Menschen und Institutionen, die sich am Unterricht beteiligen, als handelnde Subjekte in einem bestimmten Milieu und kommt von dort aus zum Konzept eines geschlossenen Systems, in dem das einzelne Subjekt handelt.

Eine ganzheitliche Sichtweise, nach deren Annahmen wir uns als lebende Systeme entwickeln können, orientiert sich an den Prinzipien der *Selbststeuerung* und *Selbstorganisation*, wie sie von Maturana, Varela und Jantsch als Kennzeichen alles Lebendigen, auch des Menschen, erarbeitet worden sind. Ausgehend von der grundlegenden Position des *Strukturdeterminismus* und der *Autopoiese lebender Systeme* ist ein Input-Output-Denken, bei dem vorausgesetzt wird, dass jeder Lernende alles lernen könne, nicht mehr denkbar. Entsprechend der veränderten Sichtweisen müssen Lernen und Lernorganisation ausschließlich vom Standpunkt des jeweiligen lernenden und lehrenden Subjekts aus gesehen werden. Es geht darum, die aus der Lebensgeschichte des Einzelnen stammende biographische Struktur und Dynamik zu erkennen, zu verstehen und zu akzeptieren. Nach den Untersuchungen des Schweizer Schizophrenie-Forschers Luc Ciompi besteht die Psyche aus hierarchisch organisierten affektlogischen Bezugssystemen, wobei jedes Bezugssystem „... *ein aus dem jeweiligen Erleben im Austausch mit einer ganz*

---

[44] Maturana, 1960

[45] Repräsentationstheorie; vgl. Portele, 1989, S. 43 ff.

[46] Maturana & Varela, 1987, S. 28 ff.

[47] Maturana & Varela, 1987, S. 13

bestimmten Umwelt organisch gewachsenes und allmählich in ein subtiles Gleichgewicht gebrachtes Gefüge von internalisierten Fühl-, Denk- und Handlungsanweisungen ..."[48] darstellt. Diese Affektlogiken determinieren „[...] *als (größtenteils erworbene) Raster unser ganzes Fühlen, Denken, Wahrnehmen, Verhalten, indem sie es entsprechend der in ihnen gespeicherten Erfahrung immer wieder in ganz bestimmten Relationen und Zusammenhänge bringen"[49]*.

Jeder Mensch besitzt somit seine eigenen Wahrheiten, die nur zum Teil - soweit sie erlebnismäßige Übereinstimmungen haben - mit denjenigen von anderen Menschen konvergieren.

Die prinzipielle Autonomie des Menschen

Nach den Erkenntnissen von Maturana und Varela sind Menschen prinzipiell autonom und frei, zusammen mit anderen, in *Ko-Ontogenese*, ihre Welt hervorzubringen. Anstatt nur auf Vorgegebenes reagieren zu müssen, ist jeder Mensch entscheidend an der Erschaffung seiner nur scheinbar objektiven Wirklichkeit beteiligt.

„Jeder Akt des Erkennens bringt eine Welt hervor". „Jede kognitive Erfahrung bezieht den Erkennenden in sehr persönlicher, da in seiner Struktur verwurzelten Weise ein."[50]

Das, was wir sehen, z. B. die Farben, ist keine Eigenschaft der Dinge, sondern untrennbar verbunden mit der Art und Weise, wie wir Sehende beschaffen sind:

„Wir sehen nicht den Raum der Welt, sondern wir erleben unser visuelles Feld."

Um dies verstehen zu können, müssen wir die Arbeitsweise des Nervensystems näher betrachten. Auch das Nervensystem arbeitet, weil es ein integraler Bestandteil des Organismus ist, strukturdeterminiert. Es wird von Maturana und Varela charakterisiert als

„...ein Mechanismus ineinander vernetzter Kreisläufe, der jene inneren Zustände, die für die Erhaltung der Organisation als Ganzes wesentlich sind, konstant hält."[51]

Mittels eines Neuronennetzes wird eine bestimmte sensomotorische Korrelation zwischen dem Wahrnehmungsvorgang und der internen Organisation aufrechterhalten. Dem Nervensystem sind nur die eigenen Zustände neuronaler Aktivität zugänglich, die äußere Realität ist ihm verschlossen. Nervenzellen, die Neuronen, geben eine elektrische „Störung", *Perturbation* weiter, wobei Neuronenaktivität immer nur zu Neuronenaktivität führt. Für das Nervensystem selbst gibt es kein Innen und Außen, kein Input und kein Output. Insofern ist das Nervensystem ein abgeschlossenes Netzwerk interagierender Neuronen. Weil das System abgeschlossen ist, kann nur der *Beobachter*, der sich im Medium der Umwelt befindet, zwischen „Innen" und „Außen" unterscheiden."[52]

Für eine Subjektive Didaktik ist dies sehr bedeutsam, vor allem im Hinblick auf die Betrachtung der *Chreodenentwicklung*, der *Morphem-Bildung* und der je individuellen

---

[48] Ciompi, 1992, S. 199

[49] Ciompi, 1992, S. 94

[50] Ciompi, 1992, S. 20 ff.

[51] Maturana & Varela, 1987, S. 179 f.

[52] Portele, 1989, S. 47

Strukturierung von Wissen und Erfahrung, weil nicht die Umgebung als wichtigster „Kausalfaktor" bedeutungsvoll ist, sondern weil jeder Organismus, wie auch jeder lehrende und lernende Mensch, seine Wahrnehmungen nach den eigenen inneren Bedürfnissen und den eigenen inneren Strukturen selektiert.[53] Er kann gar nicht anders.

„Wahrnehmungen im Dienste der Verhaltenssteuerung ist stets Auswahl und Bewertung, niemals Erkennen ‚objektiver' Gegebenheiten. Das Wahrnehmungssystem muss die Prozesse der Umgebung ordnen und Regelmäßigkeiten aufdecken".[54]

Was wir vom Standpunkt des Beobachters aus als „Verhalten" bezeichnen, ist nichts anderes als „die äußere Sicht des Tanzes der internen Relationen des Organismus"[55], der im Zuge der wechselseitigen Verkoppelung der Struktur des Organismus mit der Struktur der Umwelt das innere Gleichgewicht in jedem Augenblick aufrechterhält.

Was wir demnach vom Standpunkt des Beobachters aus als Verhalten beschreiben, sind die Zustandsveränderungen eines Systems beim Kompensieren der vom Milieu ausgehenden Perturbationen.

Wie schon oben erwähnt, arbeitet das Nervensystem als Bestandteil des Organismus strukturdeterminiert und trägt als solches zur Erhaltung der autonomen Einheit in einem bestimmten Milieu bei. Der Organismus bzw. das Nervensystem wird nicht durch die Umwelt determiniert, sondern durch seine eigene innere Struktur. Was dem Beobachter von außen als determiniert erscheint, ist bei dem geschlossenen Netzwerk „Nervensystem" eine Veränderung der Struktur, die von den Interaktionen mit dem umgebenden Milieu nur ausgelöst, jedoch nicht festgelegt wurde. *Verhalten* ist nicht etwas, was das Lebewesen an sich tut, sondern etwas, worauf wir als Beobachter von außen hinweisen. Das autonome Lebewesen, der Mensch, verhält sich entsprechend seiner Struktur, wobei - nach Maturana und Varela - immer eine Verträglichkeit, „Kommensurabilität" mit dem jeweiligen Milieu besteht. Die Festlegung, ob eine bestimmte Verhaltensweise „richtig" oder „falsch" ist, trifft die Umgebung.

Perspektiven des Beobachters

Wir Menschen, die wir in Sprache leben, können als *Beobachter* Beschreibungen von beiden Bereichen anfertigen:

Einerseits können wir den Bereich der inneren Zustände eines Individuums als den Bereich seiner Zustandsveränderungen beschreiben. Dafür - für die interne Dynamik - ist die Umgebung irrelevant.

Andererseits können wir den Bereich betrachten, in dem das Individuum mit seiner Umwelt interagiert. Dann können wir als Beobachter Beziehungen zwischen bestimmten Eigenschaften des Milieus und dem Verhalten des Individuums beschreiben. In diesem Bereich ist die innere Dynamik der Einheit irrelevant.

Maturana und Varela sprechen von einer *„klaren logischen Buchhaltung"*[56], die es einzuhalten gelte. Als Beobachter können wir auf Grund der gleichzeitigen Betrachtung Beziehungen zwischen beiden Bereichen herstellen. Wir können

---

[53] Vgl. die Raster der Transaktions-Analyse

[54] Roth, 1986, S. 317

[55] Maturana & Varela, 1987, S. 180

[56] Maturana & Varela, 1987, S. 148

feststellen, dass die Struktur des Individuums seine Interaktionen determiniert, indem wir diejenigen Konfigurationen des Milieus ausmachen, die Strukturveränderungen im Individuum auslösen. Und wir können erkennen, dass Einwirkungen des Milieus Strukturveränderungen in der autonomen Einheit weder spezifizieren noch vorschreiben können.

Beide Perspektiven sind notwendig, um die Entwicklung eines Individuums umfassend verstehen zu können.

Abgeschlossenheit und Autonomie

Was die beiden Autoren in ihrer Darstellung von lebenden Systemen zum Ausdruck bringen, ist die These, dass alle Lebewesen - und damit auch wir Menschen - prinzipiell autonom sind, d. h. autonom determiniert durch ihre Struktur. Auch wenn unser Handeln so ausgerichtet ist, als wären wir von außen determinierbar und als könnten wir andere Menschen von außen determinieren und kontrollieren, sind wir doch prinzipiell autonom. Gesellschaftliche Strukturen, zu denen auch die Sozialisation in Familie, Schule und Beruf gehören, vermitteln uns zwar das Gefühl, fremdbestimmt zu sein, durch die gesellschaftlichen Strukturen determiniert zu werden, aber prinzipiell entscheidet unser inneres System darüber, welche strukturellen Veränderungen möglich sind und realisiert werden.

Dadurch, dass lebende Systeme ihre autopoietische Organisation durch alle Produktionsprozesse hindurch aufrechterhalten, besitzen sie eine spezifische Identität und Individualität. Dies macht denn auch ihre Abgeschlossenheit aus, denn autopoietische Systeme organisieren und erhalten die ihnen eigene Gestalt unabhängig von der Umwelt, von Input und Output. Sie sind daher *selbstreferentiell*, d. h. selbstrückbezüglich. Portele definiert „Selbstreferentialität" als *„[...] die Eigenschaft eines Systems, das rekursiv oder zirkulär mit den eigenen Zuständen interagiert, so dass jeder Zustand aus den Interaktionen früherer Zustände resultiert"*.[57]

Die organisatorische Abgeschlossenheit generiert ihrerseits die Autonomie autopoietischer Systeme, denn *„sie unterwerfen all ihre Veränderungen der Erhaltung ihrer eigenen Organisation"*. Ihre Autopoiese bestimmt, wie sie mit externen Einflüssen umgehen. Maturana und Varela betonen in ihrem Konzept der Autopoiese die Tatsache, dass Lebewesen autonom sind. Nach ihrer Ansicht ist die Autopoiese derjenige Mechanismus, der Lebewesen zu autonomen Systemen macht. Die autopoietische Organisation ist es, die das Lebewesen als Einheit definiert und in der es sich gleichzeitig verwirklicht.

Strukturdeterminiertheit und Strukturelle Koppelung

Während die *Organisation* das gesamte Leben lang erhalten bleibt, ist die *Struktur* eines autopoietischen Systems offen für Veränderung. Die jeweilige Struktur eines Individuums verwirklicht in konkreter Weise seine Organisation. Eine gegebene Organisation kann durch verschiedene Strukturen verwirklicht werden. Die jeweils individuelle Geschichte des strukturellen Wandels einer Einheit ohne Verlust ihrer Organisation ist ihre *Ontogenese*.

---

[57] Portele, 1989, S. 59

„Dieser Wandel findet in der Einheit in jedem Augenblick statt: entweder ausgelöst durch aus dem umgebenden Milieu stammende Interaktionen oder als Ergebnis der inneren Dynamik der Einheit."[58]

Bei den Interaktionen zwischen Lebewesen und dem sie umgebenden *Milieu* verhält es sich so, dass die Struktur des Milieus in der autopoietischen Einheit weder Strukturveränderungen determinieren noch instruieren, vorschreiben kann, sondern: *„... Es ist vielmehr die Struktur des Lebewesens, die determiniert, zu welchem Wandel es infolge der Perturbationen in ihm kommt."*[59]

Aus der Strukturdeterminiertheit autopoietischer Systeme folgt, dass die Struktur des Milieus Strukturveränderungen im Lebewesen nur *auslösen* kann; diese werden zwar von dem „perturbierenden Agens" hervorgerufen, aber von der Struktur des „perturbierten Systems" determiniert.

Dasselbe gilt umgekehrt auch für das Milieu, in dem das Lebewesen Veränderungen auslösen, dem es sie jedoch nicht vorschreiben kann. Das Milieu besitzt eine eigene strukturelle Dynamik, die operational verschieden ist von der des Lebewesens. Lebewesen und Milieu wirken füreinander als gegenseitige Quelle von *Perturbationen*, „Störfaktoren", die beim jeweils anderen Zustandsveränderungen auslösen können. Dieser Prozess wechselseitiger Strukturveränderungen wird als *Strukturelle Koppelung* bezeichnet.

Der entscheidende Aspekt besteht jedoch darin, dass bei Lebewesen auf Grund ihrer *strukturellen Plastizität* Veränderungen dieser Struktur stattfinden, wenn auch immer nur unter der Bedingung der Strukturdeterminiertheit. Jeglicher strukturelle Wandel ist durch die Erhaltung der Autopoiese eingeschränkt. Die ständigen Strukturveränderungen eines Lebewesens, ausgelöst entweder durch interne Zustandsveränderungen oder durch das umgebende Milieu unter Erhaltung seiner Autopoiese bezeichnen Maturana und Varela als das „Pulsieren allen Lebens".[60] Alle Interaktionen mit dem umgebenden Milieu können lediglich solche Strukturveränderungen auslösen, die mit dieser Erhaltung in Einklang stehen. Da sich jedes lebende System nur entsprechend seiner Struktur verhalten kann, ist es zwar durch externe Bedingungen beeinflussbar, nicht aber steuerbar.

Interaktionen mit der Umwelt können also keine Veränderungen vorschreiben, instruieren, sondern nur Anstöße zu strukturellen Veränderungen geben, die das System gemäß seiner internen Struktur vollzieht.

Eine Didaktik hat dann, wenn sie sinnvoll sein und wirkliches Lernen ermöglichen will, die Aufgabe, als „Außensystem" strukturelle Anreize zu geben, strukturelle Koppelungen zu ermöglichen und einen konsensuellen Bereich aufzubauen, damit die einzelnen Menschen als lebende Systeme ihrer Struktur entsprechend Informationen aufnehmen und diese mit Hilfe ihrer Organisation in ihr „Universum" integrieren können.

Folgende Fragen stellen sich in diesem Zusammenhang:

Wie gehe ich mit dem „Chaos" der Umwelt um?

---

[58] Maturana & Varela, 1987, S. 84

[59] Maturana & Varela, 1987, S. 106. Unter „Perturbationen" verstehen die Autoren alle Interaktionen, die Zustandsveränderungen auslösen. vgl. Maturana & Varela, 1987, S. 108

[60] Maturana & Varela, 1987, S. 111

Welche Wahrnehmungsstrukturen erkenne ich bei mir?
Wie strukturiere ich wiederum meine Wahrnehmungen?
Welche Theorie der Realität konstruiere ich für mich?

Für eine Verständigung im Rahmen einer Subjektive Didaktik ist also das Wissen der Person über sich selbst unabdingbar. Dann kann z. B. der Lehrende die „Landkarten" seiner Schüler erkennen, ihnen ihr Eigenrecht, ihre Autonomie lassen und sie im Rahmen seiner Subjektive Didaktik sinnvoll in den Lernvorgang einbeziehen.

Habitus und Lernkultur

Innerhalb einer „streng begrenzten Generierungsfähigkeit"[61] kann eine bestimmte Handlungsgrammatik unendlich viele „richtige" Handlungen generieren, die dem Dispositionssystem des Verhaltens entsprechen. Trotzdem kann sich ein individueller und persönlicher Handlungs-Stil entwickeln.

Der *Schulhabitus* wird genauso durch Handeln erworben wie der *Primärhabitus*, und zwar durch die alltäglichen Handlungen wie z. B. das Schreiben von Diktaten und Aufsätzen, die täglichen Rituale des Unterrichts, die Belohnungs- und Strafsysteme. Dabei kommen Verhaltensautomatismen, die in der frühen Kindheit erworben wurden, auch im *Sekundärhabitus* zur Geltung.

Im Rahmen der herkömmlichen Unterrichtspraktiken wird sich der in der Primärsozialisation erworbene Habitus der Schüler kaum verändern lassen. Dies wäre nur möglich in einer ganzheitlichen Lernkultur, in der unter Berücksichtigung der jeweiligen subjektiven Standpunkte gemeinsame individuelle und soziale Strukturen erarbeitet werden könnten.

Wir operieren als Bestandteile der Strukturkopplung. Im Unterricht können wir sozusagen selbst *handelnde* Einheit sein, oder wir sehen von draußen, als *Beobachter*, wie sich Beziehungen zwischen Objekten verändern, verfestigen oder kompensieren. Beide Standpunkte sind für die Ausgangslage der Subjektiven Didaktik nötig.[62]

Der subjektive Weg ist neu und in manchen Bereichen noch nicht als genügend wissenschaftlich anerkannt. Ich denke vor allem an die naturwissenschaftlichen Fachdidaktiker, die ja in diesem Widerspruch zwischen Objektivitätsanspruch und subjektiver individuell-persönlicher Spannung in einer wie auch immer gearteten Paradoxie stehen und sie aushalten müssen, solange sie im dualistischen Denken verhaftet sind und die lineare Logik benützen, um Beziehungen zwischen „Ursache" und „Wirkung" zu beschreiben.

Wenn kausale Abläufe jedoch zirkulär werden, wie das in der Welt des Lebendigen der Fall ist, dann erzeugt ihre Beschreibung mit den Mitteln der Logik Paradoxa. Eine Änderung der Beschreibung ist dringend notwendig, weil damit die Distanz zwischen Wissenschaftsposition, Alltag und Unterricht geringer gehalten werden kann und wir Unterricht anderes zu begreifen lernen, als dies bisher der Fall war.

Verständigungs-Didaktik

In einer solchen Didaktik gibt es keine Verlierer und Gewinner mehr, sondern wir bewegen uns in einer weit größeren Symmetrie der Kommunikation und der

---

[61] Bourdieu, 1987

[62] siehe Phänomenbereiche I und II

Verständigung als bisher. Wir brauchen keine „Stimmigkeits-Didaktik", die unterschiedliche Auffassungen, Wertesysteme etc. als etwas sofort zu Bekämpfendes ansieht, damit wieder Harmonie hergestellt wird, sondern sie werden als notwendig gleichgewichtige, wenn auch widersprüchliche Interpretationsweisen der Wirklichkeit akzeptiert.

Wir erkennen das Paradoxon der Verständigung im Unterricht an als ein Phänomen des Aufeinandertreffens von zwei jeweils in sich stimmigen, aber miteinander oft unvereinbaren affektlogischen Bezugssystemen.[63/] Daher sprechen wir von einer *Verständigungs-Didaktik*. Dann erreichen wir sicherlich Intersubjektivität und Übereinstimmung zwischen Lehrenden und Lernenden durch kognitive Parallelität des jeweiligen Bewusstseins, wobei diese Homogenität sich zunächst nur auf einen Makrobereich beziehen kann, weil im Mikrobereich je individuelle Strukturen zum Vorschein kommen. Wir können diese Art von Verständigung als Ko-Konstruktion bezeichnen, die zur Konsensfähigkeit führen kann.

Nach unserer Position ist es dann auch kein Widerspruch, wenn es in einer solchen Subjektive Didaktik erlaubt ist, logisch zu denken, sich zu ärgern, zu analysieren, sich anzustrengen, zu planen, Frustrationen hinzunehmen, sich zu widersetzen oder sich zu wehren, zu strukturieren usw. Wir leben nicht in einer „Widerspruchs-Didaktik", sondern in einer „Verständigungs-Didaktik". Als handelnde Subjekte in einem geschlossenen System können wir auf der einen Seite die Beziehungen der Einheiten untereinander handelnd *und* analysierend angehen und andererseits zugleich die innere Dynamik als Strukturelement berücksichtigen.

Gemeinsame Veränderungen im Unterricht zu bewältigen bedeutet, dass wir eine neue wissenschaftliche und didaktische Position einnehmen, in der wir beide Pole - Objektivität und Subjektivität - sehr wohl miteinander verbinden können. Vielleicht gelingt es bald, den alten Dualismus zu überwinden, wie es bereits in der aktuellen Diskussion um Capra, Wilber, Maturana u. a. geschieht.

Sprache des Beobachters – Sprache des Handelnden

Einen großen Teil unserer *Sprache* verwenden wir in objektivistischer Weise, obwohl der Inhalt subjektiv gemeint ist. Dies wird durch die häufige Verwendung von „man" anstelle von „ich" besonders deutlich. Es ist nicht einfach, die eingefahrenen Sprachgewohnheiten von heute auf morgen auf ein neues, oft erst noch zu entwickelndes Sprachsystem umzustellen, dies gilt ganz besonders in der Sprache der Didaktik. Wir werden auch in unserer Darstellung immer wieder zwischen „Objekt-Begriffen" und „Subjekt-Begriffen" abwechseln müssen. Wenn wir die Sprache der Objektivität benutzen: „Lernstrategie", „Lernplanung", „Lernorganisation" usw., so beschreiben wir evtl. einen Zustand vom *Beobachter-Standpunkt* aus. Dies bringt Ordnung, Klarheit, Beschreibbarkeit eines Systems in seiner Struktur als „Objekt". Diese Beschreibung leistet aber nicht die Darstellung von internen Beziehungen eines Systems und seiner subjektiven Einheit. Dazu bedürfen wir einer Sprache, die vom Ich, vom Wir, von der Konstruktion der Sache ausgeht - *Standpunkt des Handelnden* - und dann zu den jeweiligen Korrelationen im System führt, wobei der Anspruch auf Vorhersagbarkeit im universellen Sinn ausgeschlossen werden muss.

Wir betrachten die Natur und den Menschen nicht als eine Ansammlung von

---

[63] vgl. Ciompi, 1992

fundamentalen Einheiten mit gewissen fundamentalen Eigenschaften, sondern als ein dynamisches Gewebe innerlich zusammenhängender Geschehnisse. Keine der Eigenschaften des Gewebes ist fundamental. Alle ergeben sich aus den Eigenschaften des Gewebes; dessen Teile und die umfassende Stimmigkeit ihrer Zusammenhänge bestimmen die Struktur des ganzen Gewebes.[64] Es ist die *kosmische Sichtweise*, in der wir als lebende Systeme uns entwickeln können, auch im Unterricht. Wenn wir als Ziele des Unterrichts „Veränderung" und „Entwicklung" unter den Prinzipien der Selbststeuerung und der Selbstorganisation anerkennen, so folgt daraus eine Fülle möglicher Koppelungen, die jeweils durch das System oder durch eine Einheit im Milieu entstehen.

Wenn wir die grundlegende Position des Strukturdeterminismus und das damit verbundene Prinzip der Autopoiese lebender Systeme anerkennen, so muss unsere Didaktik wirklich eine Subjektive Didaktik auf allen Ebenen sein, d. h. Lernen und Lernorganisation müssen dann vom jeweiligen lernenden oder lehrenden Subjekt aus und nur von ihm aus gesehen werden. Input-Output-Denken ist dann unmöglich.

Was geschieht aber, wenn das Bewusstsein des Didaktikers vom Gedanken der Heteronomie ausgeht und er davon überzeugt ist, dass er sehr wohl „erziehen", d. h. den Lernenden in irgendeiner Form unter Druck setzen kann und muss, damit gelernt wird? Diese heteronome Didaktik ist dann also der Faktor, das Milieu, das den Lernenden in seiner Neugierde und seinem natürlichen Lernen nicht unterstützt, sondern ihn ständig in eine Zwischenzone schiebt, in der die Vorgänge für ihn teilweise fremd, unverständlich, nicht nachvollziehbar sind, ihn sogar zur Verzweiflung treiben können.

Dazu kommt noch, dass die Lehrenden bisher kaum Instrumente erarbeiten konnten, um die jeweils aus der Lebensgeschichte des Einzelnen stammende biographische Struktur und Dynamik zu erkennen, zu verstehen und zu akzeptieren und eine Einstellung dazu zu gewinnen, die diese Faktoren, Strukturen und Prozesse ernstnehmen kann. Dabei ist es von entscheidender Bedeutung, zu erkennen, dass jeder Mensch ein hierarchisch organisiertes, affektiv-kognitives Bezugssystem, d. h. ein Fühl-, Denk und Handlungssystem besitzt, das je nach Kontext Auslösefaktoren aktiviert und damit auch für den Lernprozess verhaltenswirksam wird.[65] Die bisher ausbalancierten Systeme aus dem Alltagsleben eines Kindes oder Jugendlichen - und wenn sie noch so widersprüchlich waren - spiegeln in jedem Lebensalter Erfahrungen wider. Jeder Mensch besitzt somit seine eigenen „Wahrheiten", die nur zum Teil - soweit sie erlebnismäßige Übereinstimmungen haben - mit denjenigen von anderen Menschen, Altersstufen, Rassen, Zeiten usw. übereinstimmen.[66]

„Als-ob-Didaktik"

Eine „Als-ob-Didaktik" bewegt sich ständig in einem widersprüchlichen Feld: Lehrende wie Lernende müssen sozusagen „systematisch" verschleiern, dass in der Schule gelernt werden muss, anderseits aber auch, dass viele Schüler die vermittelten Informationen nicht verstehen, nicht einordnen und strukturieren können, so wie es dem Lehrenden vorschwebt. Auf diese Weise entstehen affektlogische und

---

[64] Chew in Capra, 1988, S. 54

[65] siehe Chreoden-Entwicklung

[66] Ciompi, 1992, S. 118

kognitive Botschaften, die sich gegenseitig widersprechen.

Die Folgen im Schul- und Lernklima sind Missverständnisse, Gedächtnislücken, fortwährende Verengungen und Erweiterungen des emotional-kognitiven Aufmerksamkeitsfokus weg von übergeordneten Bereichen hin auf völlig untergeordnete Bereiche. Das Verhalten wird abwechslungsweise von positiv und dann wieder völlig negativ getönten Bezugssystemen gesteuert, d. h. von Harmonie bis hin zu bitterer Aggression und Ablehnung können alle Gefühle auftreten. Dieses paradoxe affektlogische System führt dann zu einer negativen Generalisierung von all dem, was „Lernen" und „Schule" heißt.

Der Einzelne muss eine Reihe von widersprüchlichen Elementen abkapseln, damit er kognitiv-affektlogische Systeme hervorbringen kann, die einigermaßen harmonisiert und in ein mittleres Gleichgewicht gebracht worden sind und die er internalisiert, damit er die ihm begegnende Wirklichkeit möglichst ökonomisch bewältigt. Diese dann erreichte „Stimmigkeit" ist nichts anderes als - psychisch gesehen - eine homöostatische Trägheit und Gleichgültigkeit, die unter dem Druck von außen entsteht. Diese Widersprüche haben einen insgesamt störenden und spannungsschaffenden, destruktiven Effekt.

Andererseits - und das ist die oft versteckte Legitimation für die Beibehaltung der „Als-ob-Didaktik" - kann dieses spannungsgeladene Potential plötzlich bei einzelnen Lernenden zu hohen schöpferischen Leistungen führen. Wenn die Zeit reif dafür ist, kann es sein, dass diese Widersprüche, Spannungen und Paradoxien plötzlich zu einer Weiter- und Höherentwicklung des Menschen führen.[67]

Für denjenigen, dem diese schöpferische Leistung nicht zuteil wird, bleiben die Schule als Ganzes und viele Fächer fremd, in seinem affektlogischen System sogar kalt, feindlich, für seine Person bedrohlich, und der Zugang dazu ist für das weitere Leben verschlossen. Das kann speziell im Bereich der Erwachsenenbildung oft katastrophale Folgen für Berufskarrieren haben.

Wenn zwei oder mehrere solche widersprüchliche Bezugssysteme in der Interpretation der Welt oder eines Stoffes im Lernbereich kollidieren, kommt es zu einer ständigen paradoxen Situation, die bei solchen Lernenden, die sich nicht an die Denk-Lern-Vermittlungsstruktur des Lehrenden anpassen und aus dem System nicht entfliehen können, strukturelle Enttäuschung hervorrufen und möglicherweise allmählich zu einem traumatischen Kontext führen. Es bildet sich ein paradoxer Schulhabitus, der sich zwischen Hoffnung, Lähmung, Resignation und Hass bewegt. Diese schulische Habitusbildung ist zugleich der Grundstock oder die Verstärkung für depressive oder schizophrene Strukturen im späteren Leben.

Wenn wir also von einer ständigen „Interferenz" zwischen wirklich lebendigem und natürlichem Lernen und dem „Als-ob"-Lernen sprechen, so meinen wir damit, dass wir in Wirklichkeit bei vielen Schülern eine *Double-bind-Situation* schaffen, in der sie in einem ständigen Wechselbad zwischen eigenem wirklichem Lernen und einem aufgezwungenen, fremden und oft nicht verstehbaren Lernen pendeln und entsprechende Strategien entwickeln müssen, um im Lernfeld zu „überleben".

Dies ist eine Realität, und wir können sie nicht generell beseitigen. Was wir aber tun können, ist, dass wir diese paradoxe Spannung durch Metakommunikation und kommunikative Methoden reduzieren und soweit wie möglich die subjektive Struktur

---

[67] „Majorisierende Äquilibration" nach Piaget

eines jeden Einzelnen gelten lassen. Die Subjektive Didaktik versteht sich als Anwalt für den absoluten Vorrang der jeweiligen individuellen Struktur aller am Lernprozess beteiligten Menschen. Leider ist die „Als-ob-Didaktik" in der Realität überall vorhanden und wird dauernd praktiziert. Es wird prinzipiell auch nicht möglich sein, sie auszuschalten, allein schon deshalb, weil wir uns in unserem System, in unseren internen und externen Rahmenbedingungen, bezogen auf jeden Lehrenden und Lernenden, nicht von heute auf morgen ändern können. Es kommt aber darauf an, zu erkennen, dass wir unsere Lehr- und Lernstruktur im Sinne einer Habitus-Bildung sowohl bildungspolitisch als auch individuell verbessern können.

Ganzheitliches Denken

Wenn wir davon ausgehen, dass Menschen lebende Systeme sind und also auch die inneren Zusammenhänge der belebten Natur darstellen, müssen wir uns fragen:
Ist unsere herkömmliche Didaktik weit davon entfernt, oder hat sie Anteile, die mit diesem Denkansatz übereinstimmen?
Vernetztheit, *Isomorphie* und *Holismus* sind Begriffe des ganzheitlichen Denkens, die für die Erkenntnis von entscheidender Bedeutung sind. Mit dem Begriff *Vernetztheit* wird die Vorstellung verknüpft, dass kein Teil bzw. Element eines Systems unabhängig von anderen Teilen des Systems ist und deshalb auch nicht isoliert verändert werden kann. Mit *Isomorphie* werden die Beziehungen der Strukturen eines Systems im Hinblick auf ihre Korrespondenz untereinander beschrieben. *Holismus* ist die Denkweise, die im Gegensatz zu einem atomistisch-analytischen Ansatz kausal-lineare Denkwege ablehnt.
Verfechter dieses ganzheitlichen Denkens glauben nicht mehr, dass man über das Studium von Details einer zerlegten Welt auf der Suche nach monokausalen Wirkungsketten nach dem Schema „unabhängige Variable" - „abhängige Variable" zu einer umfassenden Erkenntnis des Ganzen kommen könne. Im holistischen Denken geht es vielmehr um die Erkenntnis von Wechselwirkungs-Zusammenhängen in zirkulären Prozessen. Unser bisheriges didaktisches Denken und Handeln ist in einem starken Maß von der Überzeugung geprägt, es gebe eine natürliche Hierarchie, also die Notwendigkeit von Macht, Zwang und Unterordnung, von Heteronomie. Dass diese Auffassung von Lebewesen nicht gilt, wurde schon sehr früh erkannt.[68] Prigogine[69] hat nachgewiesen, dass das Prinzip der Selbstorganisation sogar im Bereich des Nichtlebendigen, nämlich z. B. im Bereich der Thermodynamik, gilt. In der Natur geschieht Entwicklung ohne Eingriff, und es bedarf nicht eines Erzwingens von Gehorsam unter Auferlegung von Sanktionen. Bateson[70] stellt dar, dass Lebewesen sich von Nicht-Lebewesen insofern unterscheiden, als ich bei einem Nicht-Lebewesen determiniere, während ich bei einem Lebewesen nur etwas „auslösen" kann.
Maturana und Varela definieren Lebewesen als „autopoietische Systeme", d. h. sie nehmen an, dass die zentralen Kriterien für Leben die innere *Selbstorganisation* und *Autonomie* seien, nicht die Reproduktionsfähigkeit, wie man bisher - ausgehend von einem mechanischen Denkmodell - annahm. *Autopoiese* heißt „Selbst-Produktion".

---

[68] Köhler, 1920

[69] Prigogine, 1985

[70] Bateson, 1990

Sie ist nach dieser Theorie des oberste Prinzip des Lebendigen.

Prinzipien des Lebendigen
- Selbst-Herstellung
- Selbst-Organisation
- Selbst-Erhaltung
- Selbst-Referentialität

Die Evolutionstheoretiker beschreiben *Autopoiese* als Ausdruck des Bedürfnisses nach Selbsterhaltung, d. h. alle biologischen Prozesse und damit auch alle kognitiven Operationen sind letztlich keine Angelegenheit einer Motivation von außen, sondern sie dienen der Erhaltung des Lebewesens im Sinne einer Überlebens-Schlussfolgerung. In diesem Zusammenhang wird erst seit relativ kurzer Zeit das Prinzip der *Selbstreferentialität* erkannt. Selbstreferentielle Systeme sind solche, deren Zustände zyklisch miteinander interagieren, sich *rekursiv* verhalten, so dass jeder Zustand eines Systems an der Hervorbringung des jeweils nächsten Zustandes konstitutiv beteiligt ist. Selbstreferentielle Systeme sind intern *zustands-determiniert* oder *struktur-determiniert, operational geschlossen* und nach dem Prinzip der *Rückbezüglichkeit* aufgebaut.

"Selbsterhaltende Systeme bestehen aus einer zyklischen Verknüpfung selbstorganisierender Systeme, die so organisiert ist, dass das erste selbstorganisierende System genau die Anfangsbedingungen für ein zweites selbstorganisierendes System (oder Prozess) erzeugt, welches wiederum die Anfangsbedingungen für eine weiteres selbstorganisierendes System herstellt usw., bis schließlich eines der selbstorganisierenden Systeme die Anfangsbedingungen für ein selbstorganisierendes System der Klasse des ersten selbstorganisierenden Systems erzeugt und sich der Zyklus schließt."[71]

Abbildung 3: Das Prinzip der Rekursivität

Sie sind also durch äußere Ereignisse zwar modellierbar, aber nicht steuerbar. Die Wirkung der Einflüsse oder „Störungen", Perturbationen, von außen wird vollständig vom inneren Zustand des Systems bestimmt.

---

[71] Hejl, 2000, S. 114

Daher sind für uns Lehrende folgende Fragen von entscheidender Bedeutung:

> *Wie kommen wir mit Rückbezüglichkeit und Abgeschlossenheit von Systemen zurecht?*
>
> *Wie können wir solche zyklischen Prozesse beeinflussen?*
>
> *In welcher Weise müssen wir auf Grund dieser Erkenntnisse unsere Sicht von Lebewesen und sozialen Systemen im Bereich der Humanwissenschaften insbesondere in Bezug auf die Didaktik und speziell im Hinblick auf eine Erziehung in der Schule ändern?*

Dieser Denkansatz ist für uns Didaktiker und Pädagogen zunächst eine große Provokation, für die Zukunft aber eine Chance.

Zusammenfassung: Die Theorie lebender Systeme

Selbstorganisation

Lebende Systeme organisieren sich selbst, d. h. sie organisieren Prozesse, die aus sich selbst heraus entstehen, also nicht von außen aufgezwungen werden. Aus inneren Konstellationen und Zuständen entstehen dem Individuum gemäße und aus ihm selbst entspringende Ordnungen.

Individuen können sich entsprechend ihrer Organisation selbst ändern, und zwar ohne besondere Umschaltungen oder Eingriffe durch einen anderen „Geist".

Struktur-Determiniertheit

Lebende Systeme sind strukturdeterminiert, d. h. Struktur- und Zustandsveränderungen werden vom jeweils gegebenen Strukturzustand selbst bestimmt.

Struktur- und Zustandsveränderungen werden im wesentlichen nicht von den Ereignissen und Merkmalen der Umwelt bestimmt, sondern von der Organisation des Systems.

Die organisatorische oder operationale Geschlossenheit, die ein System aufrechterhalten muss, um zu überleben, macht seine Autonomie aus.

Zustandsänderungen als Veränderung ihrer Struktur mit Identitätsverlust führen zur Auflösung.

Operationale Geschlossenheit[72] – Operative Schließung
Autopoietische Systeme sind operativ geschlossen, energetisch der Umwelt gegenüber aber offen, d. h. sie sind angewiesen auf Zufuhr von Ressourcen sehr spezifischer Art (Nahrung, Kommunikation usw.).
Operationale Geschlossenheit hat mit der Erhaltung des Systems zu tun. Dadurch ist Ausdifferenzierung und interne Komplexität möglich, zugleich aber auch Reduktion von Komplexität gegenüber der Umwelt.
Operative Geschlossenheit ist die Voraussetzung für die Offenheit eines Systems.
Operative Schließung heißt, dass das System nur im Kontext eigener Operationen operieren kann und dabei auf mit eben diesen Operationen erzeugte Strukturen angewiesen ist. In diesem Sinne spricht man auch von Selbstorganisation oder, was Operationen betrifft, von *Strukturdeterminiertheit*.
Alle Lernprozesse im Menschen sind als ein in sich geschlossenes Netzwerk anzusehen, das sich autonom verhält und in dem die ablaufenden Prozesse rekursiv voneinander abhängen.
Diese Zirkularität von Lernprozessen macht eine Selbstorganisation aus, die sich aus sich selbst heraus zusammenhält.
Ein Beobachter kann Beobachtungen anfertigen, aber nur so, dass er voraussetzt, dass die Differenz zur Umwelt vom System selbst erzeugt und mit systemeigenen Operationen reproduziert wird.
Er kann aber nicht von einem System sprechen, dem er nicht angehört, er kann nur Beobachtungen anstellen auf Grund seiner eigenen operativen Schließung. [73]

---

[72] Luhmann, 2000, S. 56

[73] Dies hat weitreichende Folgen für eine Subjektive Didaktik, siehe z. B. Chreoden-Analyse, Wissens-Konstruktionen, Leistungs-Interpretation.

Selbst-Referentialität

Lebende Systeme sind selbstreferentiell, d. h. rückbezüglich und im Hinblick auf ihre eigene Struktur abgeschlossen.

Selbstreferentielle Systeme definieren selbst, welche Umweltereignisse in welcher Weise auf die Erzeugung ihrer Zustandsfolgen und - Veränderungen wirken können. Die Wirkung der Einflüsse oder Störungen von außen wird vollständig von der Organisation bestimmt.

Strukturelle Koppelung und Konsensueller Bereich

Die Struktur eines Lernwesens bestimmt, welche Interaktionen mit seiner Umwelt es für angemessen hält und welche Reaktionen seinerseits möglich sind. Die Möglichkeiten des Kontaktes bzw. einer Verbindung zu anderen Systemen (Menschen, Gruppen, Unternehmen) ist als Strukturelle Koppelung zu sehen. Bei der Interaktion handelt es sich nicht um etwas Statisches, sondern mit jeder Interaktion kann sich etwas verändern.

Durch die Beziehung zu anderen Systemen erhalten Systeme die Fähigkeit, eine gemeinsame soziale Wirklichkeit zu schaffen, und zwar als Folge von Interaktionen mit sich selbst, mit ihrer Umgebung oder mit anderen strukturell plastischen Systemen.

Wenn Menschen ein Netzwerk von Interaktionen bilden, ist eben dieses Netzwerk ein Milieu. Durch die Anpassung an dieses Milieu können sie als lebende Systeme ihre autopoietische Organisation verwirklichen und aufrechterhalten.

b) Der Radikale Konstruktivismus als Grundlage für eine Epistemologie in der Subjektiven Didaktik

Wissenschaftliche Auseinandersetzung mit dem Konstruktivismus

Es ist hier nicht der Platz, die ganze bisherige wissenschaftliche Diskussion um den Radikalen und Sozialen Konstruktivismus zu referieren.[74] Innerhalb der pädagogischen und erziehungswissenschaftlichen Diskussion in Bezug auf Systemtheorie und Radikalen Konstruktivismus zeichnen sich verschiedene Richtungen ab:

Die eine Richtung begrüßt und bearbeitet Ergebnisse dieser Sichtweise positiv in dem Sinne, dass sie neue Perspektiven innerhalb der Pädagogik eröffnen will: Huschke-Rhein hat inzwischen in seinen Publikationen zur Systemtheorie und Pädagogik sehr stark auch die Konzeption Luhmanns - dessen Theorie sozialer Systeme - mit einbezogen. Es ist sein Verdienst, diesen Ansatz erstmals in der Pädagogik-Landschaft ernsthaft und systematisch vorgestellt zu haben. Zur eigenen kritischen Position sei besonders auf diese Literatur hingewiesen.

Inzwischen zeigt sich eine reichhaltige Entwicklung im Bereich der systemisch-konstruktivistischen Didaktik, sowohl in der Allgemeinen Didaktik, in den Fachdidaktiken, in der beruflichen Bildung und in der Erwachsenenbildung. Hier seien nur einige Autoren genannt, die im deutschsprachigen Raum sehr unterschiedliche Versuche einer systemisch-konstruktivistischen Pädagogik bzw. Didaktik unternommen haben.[75]

Die andere, entgegengesetzte Richtung lehnt die Systemtheorie und den Radikalen Konstruktivismus ganz ab, z. B. Groeben und Girgensohn-Marchand.[76] Vor allem die Letztere geht radikal mit dem Konstruktivismus und der Systemtheorie um. Sie nimmt als Psychologin ein fachfremdes Feld, die Pädagogik, für sich in Anspruch, ohne zu erklären, was sie darunter versteht. Sie polemisiert gegen Maturana, Varela und Watzlawick mit dem Grundmuster „Du bist nicht o. k., ich bin o. k.", ohne dass sie selbst auch nur den Ansatz einer Theoriekonstruktion wagt. Zudem setzt sie ständig „Pädagogik" mit „Therapie" gleich.

Im Lager der Schulpädagogen und Allgemeine Didaktiker selbst gibt es inzwischen eine Gruppe, die vor allem mit dem Radikalen Konstruktivismus nicht zurechtkommt, weil sie ihn für didaktische Bereiche zu weit interpretiert. Der Radikale Konstruktivismus wird als Monotheorie für didaktische Perspektiven von Externen und Internen missbraucht, indem man jetzt bereits von „konstruktivistischer Didaktik" spricht. Der Radikale Konstruktivismus ist jedoch eine reine Erkenntnistheorie und keine didaktische Theorie. Was er in exzellenter Weise für den Bereich der Didaktik liefern kann, ist die längst fällige Neukonzipierung einer didaktischen Epistemologie, die eine lehrbare Wissensarchitektur für eine Wissensgesellschaft zu entwerfen hat. Er liefert weder eine für unsere Verhältnisse angemessene Theorie über den Menschen

---

[74] Eine ausführliche kritische Auseinandersetzung findet sich bei Schmidt, 1992, 2. Aufl., Rusch & Fischer, 1991, Riegas & Vetter, 1990, Portele, 1989, Diesbergen, 2000.

[75] Reich, 1996, Krüssel, 1993, Arnold & Siebert, 1995, Duit, 1995, Gerstenmaier & Mandl, 1995, Dubs, 1995, Aufschnaiter & Fischer & Schwedes, 1992, Voss, 1997, Wyrwa 1996

[76] Girgensohn-Marchand, 1992

noch eine über soziale Systeme noch eine über unsere gesamte Welt.

Meine hier vorgelegte neue Konstruktion einer Subjektiven Didaktik mit Hilfe dieser Theorie soll eine Anreizstruktur für den Bereich der Allgemeinen Didaktik sein: Es bedarf auf diesem Gebiet dringend neuer Konstruktionen und Visionen.

Die Kritik am Konstruktivismus

Der Konstruktivismus erfuhr neben Wertschätzung in verschiedenen Wissenschaftsdisziplinen auch weitreichende Kritik, welche jedoch oftmals auf Missverständnisse, Fehlinterpretationen und Überstrapazieren konstruktivistischer Aussagen zurückzuführen ist. Die bisherige Kritik am Konstruktivismus durch Erziehungswissenschaftler ist überwiegend bruchstückhaft und missversteht grundlegende Aussagen dieser Theorie.[77] Die folgende Analyse am Beispiel Diesbergens entwickelte Andreas Feller[78]

Diesbergens Thesen[79]

Diesbergens Kritik fußt hauptsächlich auf der Annahme, dass der Konstruktivismus nicht nur auf ontologische Grundannahmen verzichte, sondern eine Ontologie im Sinne einer Lehre über das Sein vollkommen negiere.

(1) So stellt er fest, dass eine Konstruktion (lat. construere – zusammenfügen, aufbauen) nur erfolgen könne, wenn etwas da sei, das zusammengefügt werden könne, d. h. dass bei einer Konstruktion schon zumindest eine vorherige da gewesen sein müsse. Ja selbst beim ersten Konstruieren müsse etwas da gewesen sein, also etwas „Nicht-Konstruiertes" hätte „als Konstruktionsmaterial zur Verfügung" stehen müssen. (Diesbergen, 1999, S. 193).

(2) Ferner „*stellt sich die Frage nach dem Konstrukteur, welcher die Konstruktion vollzieht. Der Konstruktionsakt setzt ein agens und insofern eine Art von Subjekt voraus.*" (ebd., S. 194).

(3) Auch hätte jede Konstruktion ein Ziel oder einen Zweck, den man bei einer Negation der Außenwelt jedoch nicht bestimmen könne, wodurch jede Konstruktion zwangsläufig beliebig sei, denn wäre auch das Ziel nur Konstruktion, gerate man in einen „*infiniten Regress oder es muss ein erster Konstruktionsprozess stattgefunden haben, dessen Ziel keine bloße Konstruktion gewesen war.*" (ebd., S. 195).

(4) Dies alles mündet in der Frage, „*woher der Konstrukteur die Vorstellung hat, gemäß welcher er seine Konstruktion vollzieht*" (ebd., S. 196), was Diesbergen gesondert unter dem Viabilitätskonzept diskutiert.

Trennung von Epistemologie und Ontologie

Die Punkte (1) und (2) erübrigen sich, da unmissverständlich klar ist, dass bei epistemologisch–konstruktivistischen Erörterungen auf eine Außenwelt nicht

---

[77] Die Kritik an der Theorie der Subjektiven Didaktik von Peterßen und Holzbrecher zeigt deutlich, wie man mit Assoziationen, Halbwissen, Alltagssprache und pseudowissenschaftlichen Begriffen in der Erziehungswissenschaft einen vulgären Relativismus praktiziert. Von dieser „Position" aus scheint nur noch abwertende Kritik möglich zu sein. Eine solche Haltung aber im Bereich der Lehrerausbildung ist eine Katastrophe!

[78] Feller, Diss. Freiburg, 2002

[79] Ich beziehe mich auf Diesbergen, 1999, 2. Aufl.

verzichtet wird, d. h. dass ohne weiteres Konstruktionen angenommen werden können, auf die – ontologisch betrachtet – weitere aufbauen können, oder dass „Material" vorhanden sein kann, mit welchem Konstruktionen, also auch eine erste, gemacht werden können.

Ebenso kann von der Existenz eines Subjekts ausgegangen werden, welches diese Konstruktionen erstellt. Diesbergen selbst zitiert Glasersfeld, der schreibt, er versuche Epistemologie und Ontologie zu trennen (vgl. Von Glasersfeld 1994, S. 411; Diesbergen 1999, S. 196), und trennen heißt nicht negieren!

Wenn ich Glasersfeld richtig verstehe, dann bedient er sich dieser Trennung, um dem Akt der Wahrnehmung bzw. der Erkenntnis seine Aufmerksamkeit zu widmen und eben nicht deren ikonischer Übereinstimmung mit der Realität. Letztendlich keine Aussage über Letztere treffen zu können liegt daran, dass die Realität *die* Realität ist und unsere Wahrnehmung *unsere* Wahrnehmung bzw. unsere Erkenntnis *unsere* Erkenntnis, d. h. es besteht ein deutlicher Unterschied, die Karte ist nicht das Territorium. Zwischen Realität und Wahrnehmung / Erkenntnis herrscht keine Korrespondenz und kein abbildtheoretisches Verhältnis, sondern es handelt sich um zwei grundsätzlich verschiedene Dinge, deren Verhältnis lediglich über Transformationen von Unterschieden bestimmt werden kann, wobei diese Transformationen einem subjektiven Bewertungs-oder Auswahlsystem unterliegen.

Solange man sich auf das Verhältnis zwischen Realität und Wahrnehmung / Erkenntnis konzentriert und nach Übereinstimmungen sucht, bleibt man für den Akt der Wahrnehmung / Erkenntnis an sich blind.

Diesbergen und andere Konstruktivismuskritiker stürzen sich genau auf dieses klassische epistemologische Problem – wie das Verhältnis von Wahrnehmung / Erkenntnis und Realität geartet ist -, welches Konstruktivisten in ihren Prämissen aber als sekundär setzen.[80] Konstruktivistisches Interesse ist darauf gerichtet, wie Wahrnehmung / Erkenntnis vonstatten geht[81], und nicht darauf, welche Übereinstimmung diese mit der Realität hat.

Natürlich kann die Konstruktion im konstruktivistischen Sinn ohne weiteres das Ziel bzw. den Zweck für den Konstrukteur haben, sich in der Welt zurechtzufinden, so dass auch Diesbergens Argument (3) auf die irrige Annahme einer totalen Negation der Realität zurückzuführen ist, ebenso wie sich Punkt (4) auflöst, da die Vorstellung des Konstrukteurs, gemäß deren er eine Konstruktion entwickelt, ohne weiteres an deren Realitätsviabilität gemessen werden kann.

Viabilität

Bezüglich der Viabilität sei hier noch erwähnt, dass diese im konstruktivistischen Sinne eben nicht nur an der Realität gemessen wird, sondern an der Wirklichkeitskonstruktion an sich, d. h. eine Konstruktion muss viabel zur Vorherigen sein, darüber muss sie im sozial konstruktivistischen Sinn sozusagen konsensfähig sein. Unklar ist, wie Diesbergen hier von einem „Regressproblem" (Diesbergen 1999,

---

[80] Es sei abermals betont, dass Konstruktivisten dieses Verhältnis nicht negieren, und somit stellt der Konstruktivismus keine reine instrumentalistische Position dar, wenngleich er instrumentalistische Züge hat.

[81] Gerade deswegen ist der Konstruktivismus für die Didaktik von herausragender Bedeutung. Nur wenn wir wissen, wie wahrgenommen / erkannt wird, können wir sinnvolle und erfolgversprechende Konzepte und Methoden entwickeln.

S. 195) sprechen kann, wenn Konstruktionen auf Konstruktionen auf Konstruktionen folgen usw.: Die Annahme und Erklärung zirkulärer interner Anschlussfähigkeit sollten heute keine Probleme mehr bereiten[82], ferner kommt das Konstruieren spätestens mit Eintritt des Todes zum Ende. Doch die Annahme einer real existierenden Determination von Konstruktionsprozessen lassen einige Konstruktivismuskritiker auf Grund ihrer Fehlinterpretation nicht zu.

Referenz-Verletzungen

Systemtheoretisch beobachtet, lassen sich v. a. bei Diesbergen Referenzverletzungen nachweisen, d. h. er argumentiert zwischen verschiedenen Referenzebenen (was an sich durchaus sinnvoll sein kann, siehe Transversale Vernunft).

Jedoch im Sinne des Soliden Relativismus und vor allem der Didaktischen Epistemologie müssen unterschiedliche Bezugssysteme erkannt und bei einer Argumentation kenntlich gemacht werden. Ohne selbst den Wechsel zu erkennen und ihn kenntlich zu machen, läuft man Gefahr, Argumente, die in einem Bezugssystem zutreffen, auf ein anderes zu übertragen und auch dort vollkommene und unumschränkte Gültigkeit zu fordern.

Ontologie von Epistemologie zu trennen, wie es Radikale Konstruktivisten tun, bedeutet nicht, Ontologie zu negieren oder eine existente Außenwelt zu leugnen und somit zu behaupten, es gäbe nur Konstruiertes.

Die Trennung weist allerdings deutlich darauf hin, dass Argumente ontologischer Art für Konstruktivisten nicht ohne weiteres epistemologisch übersetzt werden können, die Trennung soll gerade diesen Unterschied unterstreichen. Konstruktivisten blicken auf die Epistemologie im Sinne, *wie* erkannt wird, und dies ist die Referenz.[83] Wenn Aussagen dieser Ebene auf die Ontologie übertragen werden, müssen sie eingehend geprüft werden, was von den Kritikern allzu gerne unterlassen wird.

So weisen Konstruktivisten mit ihrer binären Unterscheidung von Ontologie und Epistemologie darauf hin, dass zwischen der Realität und der Erkenntnis ein grundlegender Unterschied herrscht. Man kann die Erkenntnis weder ein „Abbild" noch als „korrespondente Relation" bezeichnen, sondern als „Transformation" der Realität, wobei klar ist, dass diese vorhanden sein muss, denn ohne sie gäbe es nichts zu transformieren.

Unerkennbarkeit der Realität

Implizit bei dieser Annahme ist jedoch tatsächlich, dass die Außenwelt dann in einem strengen Sinn unerkennbar wird, d. h. das, was ich erkenne, kann nie das sein, was ich erkenne. Niemals habe ich einen vollständigen Eindruck oder eine 1:1-Entsprechung

---

[82] Diesbergen beruft sich z. B. auf Roth, der Maturana vor die Entscheidung eines Anfangs der Zirkularität bei der Entstehung eines Beobachters stellt: „*entweder muss mit erkenntnistheoretischen Erwägungen oder mit einer objektivistischen Erklärung der Organisation lebender Systeme begonnen werden. Maturana versuchte jedoch beides zugleich, was scheitern muss, weil objektivistische Elemente dem Konstruktivismus widersprechen.*" (Diesbergen 1999, S. 216). Ungeachtet dessen, dass Letzteres nach meinem konstruktivistischen Verständnis nicht korrekt ist, stellt sich bei jeder Zirkularität nur die Frage nach der Interpunktion, d. h. danach, wo und warum die Zirkularität durchbrochen wird. Ist dies geklärt, kann ohne weiteres von einem zumindest zur Interpunktion (solide) relativen Anfang gesprochen werden.

[83] Inwieweit sie damit eine kohärente Theorie entwickeln, sei dahingestellt, zumal „Kohärenz" seit Gödel neu zu deuten ist, weil seit Lyotard alleine daraus keine Legitimation mehr abgeleitet werden kann, ferner es sich dabei grundsätzlich um eine Konstruktion handelt.

von Erkenntnis und Realität. Eine Karte bleibt eine Karte, und das Territorium bleibt das Territorium; niemals habe ich einen Tisch im Kopf, gleichgültig, wie lange ich ihn betrachte und wie gut ich meine ihn zu erkennen.

Würde die grundlegende Unterscheidung Batesons zwischen Karte und Territorium von den Konstruktivismuskritikern beherzigt und nicht fälschlicherweise auf eine postulierte Nichtexistenz der Realität geschlossen, dann würden sich einige Widerlegungsversuche erübrigen. So kann man ohne weiteres der „Geschlossenheitsthese" (vgl. Diesbergen 1999, S.218 ff.) bezüglich des Nervensystems zustimmen, denn die Unterschiede, die einen Unterschied machen, sind durch die Geschlossenheit des Nervensystems determiniert. Es kann nur wahrnehmen, was es wahrnehmen kann, wobei das Wahrgenommene nie das ist, was wahrgenommen wird, auch wenn ein Zusammenhang zwischen Reiz- und Empfindungsstärke nachgewiesen werden kann. Denn: Gleichgültig, wie gut es auf dem Territorium riecht, wir haben die Geruchsstoffe nicht im Kopf, sondern diese lösen Transformationsprozesse aus. Selbst wenn wir uns des Geruches bewusst werden, handelt es sich um Transformationen, wobei es sich hier, wenn von Bewusstsein oder Geist gesprochen wird, um mehr handelt als um die Summe der Teile im Sinne der einzelnen Transformationen.

Verfälschung von Metaphern

Bei Diesbergen lassen sich noch zwei weitere Faux-pas ausmachen, die mit dem Konstruktivismus jedoch nur am Rande zu tun haben: Zum einen strapaziert er die zu Erklärung der Konstruktion von Wirklichkeit und der Viabilität im Konstruktivismus benutzten Metaphern gewaltig (vgl. Diesbergen 1999, S. 198, 217), um in ihnen Widersprüche aufzuzeigen. Dass diese Widersprüche auf seiner irrtümlichen Annahme der konstruktivistischen Negation der Außenwelt beruhen, sei hier dahingestellt. Metaphern sind stets Bilder, und sie stehen für etwas mit dem Zweck, dieses Etwas zu erklären, d. h. sie sind mit dem Erklärten erklärterweise – es sind Metaphern – nicht identisch, sie dienen didaktischen Zwecken.[84] Durch die Nichtübereinstimmung zwischen der Metapher und dem durch sie bildhaft Beschriebenen kommt es zwangsläufig zu Ungereimtheiten, denn es handelt sich um Verschiedenes. Bei der Verwendung von Metaphern macht es Sinn danach zu fragen, wieweit ihre bildhafte Übereinstimmung mit dem eigentlichen Sachverhalt geht, d. h. danach zu fragen, was und wie gut sie abbildet.

Es kann jedoch fatal sein, in sie ganz einzutauchen und sie zu erweitern, um nach Übereinstimmungen mit dem Abgebildeten zu fragen und bei dann auftretenden Problemen oder Widersprüchen das Abgebildete zu kritisieren. An einem solchen Punkt ist allerhöchstens die Funktion der Metapher beendet, das Abgebildete wird dadurch nicht tangiert. Mag ersteres, da Metaphern der Verständlichkeit komplexer Sachverhalte dienen und man sich ihrer daher natürlich gerne bedient, allzu leicht geschehen, ist folgendes formal wissenschaftlich bzw. zitiertechnisch kritischer anzusehen: Diesbergen implementiert ein Zitat v. Glasersfelds in die Metapher, welches aus einem Text stammt, in dem von der Metapher keine Rede ist (vgl. Diesbergen 1999, S. 199). Natürlich soll die Metapher inhaltlich unter anderem die Viabilität und Zielgerichtetheit in Bezug auf das Verhältnis zwischen einer

---

[84] Natürlich benutzt auch Diesbergen die Metaphern in didaktischer Funktion, dennoch ist sein Umgang damit, um seine Kritik zu platzieren, meines Erachtens nicht ganz redlich.

Wirklichkeitskonstruktion und der Realität veranschaulichen, doch das von Diesbergen verwendete Zitat bezieht sich nur auf die interne Viabilität der Wirklichkeitskonstruktion und das sogar sehr deutlich. V. Glasersfeld schreibt:

„Zielstrebigkeit hat in diesem Zusammenhang freilich nichts mit Zielen in der Außenwelt zu tun. Die hier gemeinten Ziele entstehen lediglich dadurch, dass der kognitive Organismus seine Erlebnisse bewertet und darum die einen zu wiederholen, die anderen zu vermeiden trachtet." (Von Glasersfeld 1991, S. 31). Diesbergen schließt daraus, dass die *„Zielstrebigkeit [...] also nichts mit der Außenwelt zu tun haben", sondern sich lediglich auf die Erlebnisse des kognitiven Organismus beziehen"* soll. (Diesbergen 1999, 199)

Hier lässt sich abermals eine Bezugssystemverletzung erkennen, Diesbergen bezieht von Glasersfelds epistemologische Aussage auf die Ontologie, um seinen Vorwurf zu erhärten, dass der Konstruktivismus die Existenz einer Außenwelt leugnet.

Konstruktivismus und Didaktik

Diesbergens „Kritik der radikal-konstruktivistischen Pädagogik" (Diesbergen 1999, S. 233 ff.)[85] fußt ebenfalls teilweise auf der Unterstellung einer anti-realistischen Haltung des Konstruktivismus bzw. von Pädagogen und Didaktikern, die sich des Konstruktivismus bedienen. Natürlich ist es unmöglich, ohne Realitätsbezug Unterrichtsprozesse zu gestalten und Subjekte, wie sie in der „Subjektiven Didaktik" als zentral angenommen werden, zu beobachten und zu fördern. Ohne Realität können tatsächlich keine didaktisch motivierten Perturbationen veranlasst werden, geschweige denn kann bei einem Ausschluss der Realität für einen erkennenden Didaktiker kein Versuch einer gezielten Perturbation oder einer Chreoden-Analyse gemacht werden. Ferner können die auch in der Didaktik relevanten Phänomene Macht, Kontrolle und Gewalt nicht ohne Bezug auf die Realität sinnvoll beschrieben werden. Doch es wurde oben schon dargelegt, dass es sich hier meines Erachtens um das Resultat eines Missverständnisses handelt.[86] Trotz der meiner Ansicht nach bestehenden Tatsache, dass sich konstruktivistische Thesen sehr wohl überprüfen lassen und obwohl Bateson nachweist, dass wir gerade an die Wahrnehmungen am meisten glauben – da sie sich letztendlich nicht beweisen lassen – weist Diesbergen mit dieser Äußerung auf den wichtigsten Punkt pädagogischer / didaktischer Bemühungen hin, nämlich die Einflussnahme auf Lernende zu legitimieren bzw. sie zu reflektieren. Doch gerade durch den Konstruktivismus wird klar, dass, wenn Konstruktivität, Relativität und Subjektivität als Ausgangspunkt dienen oder z. B. in der Lehrerbildung als Zielkategorien bestimmt werden, auch der Konstruktivismus nicht absolut gesetzt werden kann.

Kösel kann hier für die Didaktik richtungweisend sein, indem er den Konstruktivismus, eingebettet in ganzheitliches systemisches Denken, neben der biologischen Systemtheorie von Maturana & Varela und der Habitustheorie von Bourdieu als eine der „Basis-Theorien" bezeichnet, jedoch die Referenz-Theorien der Transaktions-Analyse, des Neurolinguistischen Programmierens und der Gestaltpädagogik als Hilfen für Didaktisches Handeln hinzuzieht."

---

[85] Diesbergen verwendet den Begriff „Pädagogik" leider vollkommen unspezifisch.

[86] Im nächsten Teil der Arbeit wird aufgezeigt, wie didaktische Prozesse unter konstruktivistischen Gesichtspunkten geplant, durchgeführt und reflektiert werden können.

Der Radikale Konstruktivismus als Erkenntnistheorie

Der „Radikale Konstruktivismus" wird in unserem Zusammenhang als Kognitions-Theorie verstanden. Er beschäftigt sich mit den Vorgängen bei der Wahrnehmung und bei der Entstehung von Erkenntnis und Bewusstsein. Die Kernaussage lautet:
Es gibt keine Beobachtung, die unabhängig vom Beobachter ist.
Wir gehen nie mit der Wirklichkeit „an sich" um, sondern wir bilden unsere Erfahrungen mit Hilfe von Perzeptions-Systemen, die in unserer Gehirnstruktur angelegt sind. Einzelne Erkenntnisse müssen in diese Systeme hineinpassen, viabel sein. *Realität* ist also ein subjektives Konstrukt, das erst durch die Abstimmung mit den Konstrukten anderer Beobachter den Charakter einer „objektiven" Welt erhält, die scheinbar unabhängig von Wahrnehmung existiert. Wir müssen die tradierten Vorstellungen von „absoluter Wahrheit" und „Objektivität" aufgeben. Die Konsequenz daraus ist die *subjektive Verantwortung* für das eigene Handeln..
Die Theorie des Radikalen Konstruktivismus, wie er u. a. von P. Watzlawick, E. v. Glasersfeld, S. J. Schmidt und H. v. Foerster vertreten wird, behauptet dass die Wirklichkeit, die wir zu entdecken und zu erforschen glauben, unsere eigene Konstruktion ist, ohne dass wir uns des Aktes der Erfindung bewusst sind. E. v. Glasersfeld[87] entwickelt in seinem Aufsatz „Einführung in den Konstruktivismus" eine These, die unsere bisherigen Denkgewohnheiten radikal in Frage stellt, nämlich, *„... dass wir von der Wirklichkeit immer und bestenfalls nur wissen, was sie nicht ist".*

Der Konstruktivismus steht mit seinen Einsichten in radikalem Gegensatz zum bisherigen traditionellen Denken, wonach etwas wahr ist, *„... wenn es mit einer als absolut unabhängig geltenden objektiven Wirklichkeit übereinstimmt".*
Das erkenntnistheoretische Problem besteht jedoch darin: Wie können wir wissen, ob das Bild, das unsere Sinne uns von der Wirklichkeit vermitteln, der objektiven Wirklichkeit entspricht?
E. v. Glasersfeld bringt das anschauliche Beispiel eines Apfels, den wir als glatt, duftend, süß etc. wahrnehmen. Doch wie können wir wissen, ob der Apfel diese Eigenschaften wirklich besitzt? Diese Frage sei unbeantwortbar, so meint v. Glasersfeld, da wir unsere Wahrnehmungen von dem Apfel lediglich mit anderen Wahrnehmungen, aber niemals mit dem Apfel selbst vergleichen können, so wie er gewesen sei, bevor wir ihn wahrgenommen haben. Die Vorstellung einer objektiven Realitätserkenntnis ist damit in Frage gestellt.
Doch wie kommt es dazu, dass wir in einer stabilen und verlässlichen Welt leben, an der wir uns ausrichten und orientieren, die unser Wissen und Handeln bestätigt, obwohl wir der „objektiven" Welt irgendwelche wahrgenommenen Eigenschaften nicht mit Sicherheit zuschreiben können?
Die Antwort des Konstruktivismus macht diese Frage sinnlos.

„Wenn ... die Welt, die wir erleben und erkennen, notwendigerweise von uns selbst konstruiert wird, dann ist es kaum erstaunlich, dass sie uns relativ stabil erscheint".

Die Welt, die wir konstruieren, ist eine Welt des Erlebens, die aus Erlebtem besteht und keinen Anspruch auf „Wahrheit" im Sinne einer Übereinstimmung mit der Wirklichkeit an sich erhebt. V. Glasersfeld betont, jegliches Bewusstsein könne nur

---

[87] folgende Zitate in Watzlawick, 1991, S. 30 ff.

auf Grund eines Vergleichs, durch ein In-Beziehung-Setzen von Erlebtem, durch Wiederholung, Konstanz und Regelmäßigkeit „erkennen", mit anderen Worten: eine verlässliche und stabile Wirklichkeit erleben, wobei schon vor dem eigentlichen Vergleich entschieden werden müsse, was als existierende Einheit und was als Beziehung zwischen Gegenständen betrachtet werde. Auf diese Weise schaffe sich der Mensch „Struktur im Fluss des Erlebens".

„Diese Struktur ist, was der bewusste Organismus als Wirklichkeit erlebt, und weil sie (bisher) fast ausschließlich unwillkürlich geschaffen wurde und wird, erscheint sie als Gegebenheit einer unabhängigen selbstständig existierenden Welt."

„Die wirkliche Welt erschließt sich nur da, wo unsere Konstruktionen scheitern."

Neurophysiologische Grundlagen einer Subjektiven Didaktik

Gerhard Roth[88] hat in seinen Forschungen über das Großhirn und das Nervensystem zu diesen Erkenntnissen entscheidende Aspekte beigetragen: Die durch die Ereignisse und Situationen der Umwelt hervorgerufenen neuronalen Erregungen, die Vorstellungen von Objekten und Prozessen, sind kognitive Leistungen des Gehirns, das als in sich abgeschlossenes System operieren muss.

Es muss Bewertungen vornehmen, und die Identität eines Gegenstands, die Gleichheit, Gleichartigkeit, Ähnlichkeit oder Verschiedenheit im Rhythmus von Ereignissen erkennen. Es nimmt Akte der *Generalisierung*, *Abstrahierung* und *Kategorisierung* vor und setzt sie im Sinne einer Selbstorganisation in Verhalten um, das dem Individuum in erster Linie zum Überleben und dem Zurechtfinden im Milieu dient. Diese kognitiven Leistungen erbringt das Nervensystem unabhängig davon, ob der Wissenserwerb unbewusst oder als bewusster Akt des Erkennens vor sich geht.

Lange Zeit hat man angenommen, dass Lebewesen über ihr Wahrnehmungssystem in direktem Kontakt mit der Welt stünden. Zwar wusste man, dass die Sinne selektieren und auch Täuschungen unterliegen, man glaubte jedoch an die grundsätzliche Erkennbarkeit der Welt.

Heute gilt diese Ansicht als widerlegt: Man geht davon aus, dass das Gehirn ein geschlossenes funktionales System ist, dessen Verbindung zur Welt Rezeptoren sind, die unspezifische, bedeutungsfreie elektrische Impulse an das Gehirn weiterleiten. Der Ort im Gehirn, an dem solche Impulse eintreffen, bestimmt die Art der Sinnesempfindung und deren Qualität. *Wahrnehmung* ist also eine Bedeutungszuweisung zu neuronalen Prozessen, sie ist Interpretation von Nervimpulsen und damit Konstruktion von „Realität". Grundlage solcher Interpretationen bilden interne stammesgeschichtliche Festlegungen und frühere Erfahrungen. Für die Bewältigung der komplexen Welt hat das *Gedächtnis* eine fundamentale Bedeutung: Es speichert und aktiviert frühere sensorische Erfahrungen und die mit ihnen verbundenen Bewertungsmuster.

Die Selbstreferentialität des Gehirns

Das Gehirn ist *semantisch* und *funktional* selbstreferentiell. Funktional selbstreferentiell ist es, weil es mit seinen eigenen Zuständen rekursiv oder zirkulär interagiert. Jeder Zustand ist also eine Folge der Interaktionen früherer Zustände. In den Zustands-Sequenzen ist das selbstreferentielle System Gehirn *autonom*, d. h. es ist

---

[88] Roth, in Schmidt, 1992, S. 277-336

nicht von außen steuerbar. Zwar ist es über die Sinnesorgane von außen beeinflussbar, die Art der Beeinflussung bestimmt es aber selbst.

Semantisch selbstreferentiell ist es, denn es weist seinen Wahrnehmungen Bedeutungen zu, die es den eigenen Zuständen entnimmt. Es ist aber– nach Heijl - nicht autopoietisch, weil es sich nicht selbst erhalten kann.

Das Gehirn ist also ein kognitiv geschlossenes System, das Einflüsse von außen entsprechend seiner eigenen Zustände verarbeitet. Andernfalls wäre das Gehirn der Welt ausgeliefert und durch die ständige Masse von Informationen überfordert. Um überleben zu können, muss es seine Wahrnehmungen überprüfen und auswählen.

Dies geschieht auf dreifache Weise:

- durch Lernprozesse
- durch „parallele Konsistenz-Prüfung", z. B. durch den Gesichts- und den Gleichgewichts-Sinn
- durch „konsekutive Konsistenz-Prüfung", Gedächtnis-Vergleich

„Das Gehirn ist in der gleiche Lage wie ein Mensch, der durch ein fremdes Land reist und dabei auf die Hilfe des Übersetzers angewiesen ist, dessen Tun für ihn überlebensrelevant ist. Er hat nun die Möglichkeit, sich auf Grund einer allgemeinen Einschätzung auf den Übersetzer zu verlassen. Beim Gehirn entspricht dies der Tatsache, dass durch Lernprozesse eine verlässliche Zuordnung von Sinnesorganen und bestimmten Sinneszentren und von Sinnesqualitäten zu bestimmten lokalen Erregungsmustern im Gehirn garantiert ist. Andererseits könnte der Fremde auch zwei oder mehrere Übersetzer bemühen. Auch das tut das Gehirn. Bei der parallelen Konsistenzprüfung werden die Mitteilungen der verschiedenen Sinnesareale verglichen und auf ihre innere Widerspruchslosigkeit überprüft [...] Hat der Reisende aber nur einen Übersetzer zur Verfügung, so kann er dessen Leistung auf innere Stimmigkeit hin betrachten. Dies leistet das Gehirn mit Hilfe des Gedächtnisses.: Es kann die eingehende Erregung mit früheren Erregungen und deren Interpretationsfolgen vergleichen."[89]

Unsere Sinnesorgane arbeiten *selektiv*. Die Ergänzungen der Wahrnehmungen durch die Konstruktionen des Gehirns ermöglichen es dem Menschen, in überlebenswichtigen Situationen schnell zu handeln. Diesen Sachverhalt spricht das Konzept der *Skripts* in der Transaktionalen Analyse an.

Eine große Leistung des Gehirns, die bisher noch wenig erforscht ist, ist die *kognitive Konstanz-Leistung*. Sie ermöglicht das Identifizieren bestimmter „Objekte" unter ganz verschiedenen Aspekten und Bedingungen, z. B. das Wiedererkennen von Sprache oder Gesichtern. Überlebenswichtige Leistungen sind also die Abstraktion und die Bildung von Invarianten oder Objekt-Konstanzen. Diese erfolgen z. T. auf der Basis von angeborenen Mustern oder von frühen Prägungen. Das Gehirn erschafft einerseits die „kognitive Umwelt" und andererseits den „kognitiven Körper" durch gegenseitiges Ausschließen: Alles, was sensorisch direkt rückgekoppelt ist, wird „Körper", alles andere „Umwelt". Auch geistige Prozesse sind an neuronale Aktivitäten gebunden. Dabei wird eine weitere Unterscheidung gemacht zwischen

---

[89] Schumacher, B. (1993): Ansätze zu einer postmodernen Lernkultur in der Grundschule, unveröff. Manuskript, Pädagogische Hochschule Freiburg/Br. / Roth, Schmidt, 1992, S. 241 ff.

„Denken" und „Fühlen", zwischen „Vorstellung" und „Realität".

Der Zusammenhang von Wahrnehmung, Bewusstsein und Sprache

Das „Ich" lässt sich im Gehirn zwar nicht lokalisieren, man hat jedoch herausgefunden, dass vier Systeme am Aufbau der *Identität* beteiligt sind:

- ein System, das Wachheit und Aufmerksamkeit steuert
- die Systeme der Sensorik und Sensomotorik, die für die bewusste Wahrnehmung zuständig sind
- der Gedächtnisbereich
- das System, das für die Handlungs-Planung und Koordination zuständig ist

Diese vier Systeme sind miteinander reziprok verknüpft und konstituieren so das Ich-Identitäts-Gefühl.

Maturana und Varela betonen die Bedeutung, die das soziale Leben wie auch die damit verbundene sprachliche Interaktion für die Bildung von Bewusstsein haben.

Sprache ermöglicht Reflexion; sie ermöglicht dem Menschen eine Beschreibung seiner selbst und seiner Existenz. So kann er zugleich beide Standpunkte einnehmen: den des *Handelnden* und den des *Beobachters*.

Dieser Gesichtspunkt ist grundlegend für die Beschreibung didaktischer Prozesse und für die Modellierung und Bewertung von Unterricht; damit können Lehrende und Lernende ein neues Bewusstsein in einer didaktischen Gemeinschaft und Lernkultur gewinnen.

> ### Aspekte des konstruktivistischen Denkens[90]
>
> Konstruktivistisches Denken
> - erhöht die Sensibilität für erkenntnistheoretische Grundlagen und Probleme jeder Wissenschaft
> - betont die Selbstorganisation und Autonomie, nicht nur die Steuerung und das Reagieren
> - sieht wissenschaftliche Tätigkeit menschenbezogen und anwendungsorientiert
> - betrachtet Prozesse und Systeme als komplementär zu Strukturen
> - erlaubt die Auflösung reduktionistischer Forschungsansätze
> - löst fixierte Denkmuster auf
> - denkt in „Wirkungsnetzen"
> - fördert den komplementären Methodeneinsatz
> - zieht ethische Konsequenzen aus der Einsicht, dass Wissen und Werte subjekt-generiert und konstruiert sind
> - führt zur Übernahme von personaler und autonomer Verantwortung

Fundamental für den Konstruktivismus ist die Theorie selbstorganisierender - autopoietischer - System, die wir oben dargestellt haben. Sie fordert die Abkehr vom linearen In-Put / Out-Put-Denken, von der Fixierung auf das Ursache / Wirkungs-Denken. Stattdessen erfordert sie zirkuläres und rekursives Denken.

Die Folgen dieser Um-Orientierung sind weitreichend: Die konsequente Anwendung des systemischen und konstruktivistischen Denkens führt notwendig zu einer Relativierung des je eigenen Bezugssystems und des eigenen Wahrheits-Begriffs.

Statt der Suche nach „Wahrheit" wird die *Nützlichkeit* von Wissen, seine Bedeutung für Problemlösungen und die Intersubjektivität von Erfahrungen betont.

Lassen wir uns darauf ein, diesen Weg zu beschreiten, wird uns zunächst einmal der Boden unter den Füßen weggezogen, die vermeintliche Sicherheit, die wir zu haben glaubten, geht verloren. Maturana und Varela sprechen von einem Schwindelgefühl „durch die gänzlich zirkuläre Situation"[91], das uns überkommt, wenn wir unsere Gewissheiten, das solide Fundament unserer gewohnten Überzeugungen, aufgeben und uns in unbekanntes Terrain vorwagen. Jede Erfahrung der Gewissheit ist demnach „nur" ein individuelles Phänomen, das gegenüber der kognitiven Handlung des Anderen blind ist. Diese „Einsamkeit des Erkennenden" ist nach Meinung der Autoren nur in einer Welt zu überwinden, die wir gemeinsam mit den Anderen schaffen.[92]

---

[90] Schmidt, 1992, S. 72 f.; vgl. Kapitel A II

[91] Schmidt, 1992, S. 148

[92] Schmidt, 1992, S. 20; dazu die Formulierung von H. v. Foerster: Wirklichkeit ist Gemeinschaft, d. h. „Wir konstruieren aus einer Wirklichkeit in Zusammenhang unsere Wirklichkeit", in Watzlawick, 1981, S. 59

Maturana und Varela gehen von der Feststellung aus,

„dass alles Erkennen ein Tun des Erkennenden ist und dass jedes Erkennen von der Struktur des Erkennenden abhängt"[93].

Diese Prozesse sind im Ganzen des Lebewesens, in seiner Organisation verwurzelt. Grundlegende Begriffe in diesem Zusammenhang sind *Autopoiese*, *Strukturdeterminiertheit* und *Selbstreferentialität* lebender Systeme, also auch des Menschen, und die daraus folgende *Abgeschlossenheit* eines Systems, die wiederum seine *Autonomie* bedingt. Wenn der Mensch autonom, d. h. nicht von außen, sondern von innen durch seine Struktur bestimmt ist, dann hat das im pädagogischen Bereich weitreichende Konsequenzen.

Der Begriff „Wahrheit"

Eine Subjektive Didaktik will jedem Lehrer und Ausbilder, aber auch jedem Schüler und Auszubildenden seine eigene Welt, seine eigenen Werte und Schatten zugestehen. Wenn wir verstanden haben, dass wir alle ein einmaliges Universum in uns tragen, dass jeder Mensch anders wahrnimmt, denkt, fühlt, handelt und lernt, können wir nicht umhin, uns gegenseitig in unserem Universum anzuerkennen und uns zu verständigen. Indem wir uns unsere Lebenspläne, das innere Ordnungsgefüge, nach dem wir unser Leben ausrichten, bewusst machen, werden wir zum Autor unserer Handlungen.[94] Auf diesem Wege können wir wieder die Verantwortung für unser Denken, Fühlen, Wollen und Handeln übernehmen und gelangen so zur personalen Autonomie. Aus der Erkenntnis der Wechselwirkung und Verbundenheit aller Phänomene resultiert eine neue *Epistemologie*, die jedes typisierende, bruchstückhafte Denken überwinden will und sich den Beziehungen und dem Kontext zuwendet, in den wir eingebunden sind.[95] Letztendlich geht es um die Frage: Wie können wir das wissen, was wir wissen?[96] Auf der Suche nach einer möglichen Antwort stoßen wir auf das erkenntnistheoretische Problem:

Wie kommen wir zu unserer Sicht der Realität, d. h. wie erkennen wir?

Welcher Wahrheitsbegriff liegt dem systemischen Denken zugrunde?

Bereits Schopenhauer schreibt:

„Die Welt als Vorstellung also, in welcher Hinsicht allein wir sie hier betrachten, hat zwei wesentliche, notwendige und untrennbare Hälften. Die eine ist das Objekt: Dessen Form ist Raum und Zeit, durch diese die Vielheit. Die andere Hälfte aber, das Subjekt, liegt nicht in Raum und Zeit: Denn sie ist ganz und ungeteilt in jedem vorstellenden Wesen [...] Diese Hälften sind daher unzertrennlich, selbst für den Gedanken: denn jede von beiden hat nur durch und für die andere Bedeutung und Dasein, ist mit ihr da und verschwindet mit ihr. Sie begrenzen sich unmittelbar: Wo das Objekt anfängt, hört das Subjekt auf."[97]

---

[93] Maturana & Varela, 1987, S. 40

[94] vgl. English, 1991; Time-Line-Analyse in der NLP

[95] Bateson, 1984, S. 15

[96] Bateson in: „Psychologie heute", 11/78, S. 58

[97] Schopenhauer, A., Die Welt als Wille und Vorstellung; siehe auch das „Prinzip der Viabilität, Passfähigkeit"

Einstein soll in einem Gespräch mit Heisenberg gesagt haben:

„Die Theorie bestimmt, was wir beobachten können."

Hinzu kommt, dass unser Verstand sich meist nicht der Tatsache bewusst ist, dass er konstruiert. Die Folge ist, dass er dann eine von ihm unabhängig bestehende Realität als die wirkliche Welt ausgibt und dass daher folgerichtig die Welt in ein erkennendes Subjekt und ein erkanntes Objekt zerfällt.

Der Philosoph Hans Vaihinger hat bereits 1911 eine wichtige Unterscheidung zwischen Fiktion und Hypothese getroffen: Eine *Hypothese* sei eine Aussage, die zwei Beschreibungen zueinander in Beziehung bringe, die richtig sein könne oder deren Richtigkeit zumindest glaubhaft sei oder gehofft werde.

Eine *Fiktion* sei, wenn wir wüssten, dass eine Annahme falsch sei. Ihr Wert liege darin, dass sie etwas Praktisches ermögliche, und nicht darin, ob sie im Sinne einer „objektiven Wahrheit" wahr oder falsch sei.[98]

In der Subjektiven Didaktik geht es also *nicht* darum, ob Inhalte, Probleme und Themen als Konstruktionen des Lehrenden in einem „objektiven" Sinne wahr oder falsch sind. Dies festzulegen ist, wie wir gesehen haben, überhaupt nicht möglich. Sondern wir fragen, ob Inhalte so konstruiert sind, dass sie einerseits gegenüber der Welt „da draußen" passfähig, viabel sind, und zugleich, ob sie anschlussfähig sind im Hinblick auf die Strukturdeterminiertheit jedes einzelnen Lernenden.

Eine didaktische Ethik

Ein „wahres" Wissen, unabhängig vom erkennenden Subjekt, kann es also nicht geben. Dieses Modell der Erkenntnis bei kognitiven Lebewesen, die sich auf Grund ihres eigenen Erlebens eine mehr oder weniger verlässliche Welt bauen, hat ethische Konsequenzen.

Konstruktivistisches Denken führt dazu, uns Menschen selbst für unser Denken und Tun verantwortlich zu machen, für die Wirklichkeit, die wir selbst erschaffen und die wir in eigener Verantwortung und in Zusammenhang verändern können, wenn wir unsere Konstruktionen der Wirklichkeit erschließen und sie uns bewusst machen können. Dies gibt uns einen Schlüssel in die Hand, uns selbst nicht mehr als hilflose Opfer von schicksalhaften Ereignissen, sondern als handelnde, kreative und lebendige Menschen zu erleben.

Auch bei Maturana und Varela begegnen wir konstruktivistischem Denken, und sie ziehen die gleichen Folgerungen in Bezug auf das Selbstverständnis des Menschen.

Wir werden lernen, das „Subjekt" in seiner Welt als geschlossenes, autonomes System zu begreifen. Es ist also ein Bezugspunkt, auf den hin alle „objektiven" Gegebenheiten relativiert werden. Dabei ist jedoch die Gefahr nicht zu unterschätzen, dass die Perspektive der „Nicht-Objektivität" folgendes bedeuten kann:

Alles erscheint möglich, es gibt keine festen Bezugspunkte und Sicherheiten mehr, Wertungen werden nach subjektiven Befindlichkeiten vorgenommen, so dass der Eindruck von Willkür und Chaos entstehen kann.

Wir müssen uns vor Augen halten, dass in unserem Alltagshandeln das systemische Paradigma nie absolut durchgehalten werden kann, sondern letztlich eine Idealvorstellung bleiben muss.

---

[98] Auch der Didaktiker Herbarth hat sich bereits mit diesem Problem beschäftigt.

Systemisches Denken in der Didaktik versucht, die Aufhellung der inneren und internen Beziehungen der Beteiligten in einem geschlossenen System zu erreichen. Dazu bedürfen wir der Sprache des ICH und des WIR. Wir wollen versuchen, uns als eine Einheit in einem System zu betrachten, in dem sich vielerlei Koppelungen ergeben, die nicht mehr in kausal-analytischen Beschreibungen allein erklärt werden können. Diese Koppelungen besitzen jeweils eine eigene innere Dynamik, und sie führen zu ganz individuellen Korrelationen.

Ist beim Beobachter die Aufgabe vorrangig, die Struktur eines Systems festzustellen, und hat er damit auch die Aufgabe, die jeweilige Konfigurationen in einem System zu analysieren, so müssen wir als subjektive Einheit die interne Dynamik betrachten.

Leider sind wir in unserer Gesellschaft und in der Welt der Erziehung und der Lern-Organisation oft noch sehr weit von der Beachtung dieser Axiome, d. h. der Grundvoraussetzungen entfernt. Wir haben eine „Als-ob-Didaktik" entwickelt, die so tut, „als ob" jeder Schüler jeden Vormittag alles „in sich hineinstopfen" könne, was etwa 4 bis 5 Lehrer an diesem Vormittag sagen und vermitteln wollen und was sie dann am nächsten Tag wiederum von den Schülern reproduzieren lassen.[99]

Die hochschuldidaktische Situation ist nicht anders. An den Hochschulen werden überwiegend Strategien der „Als-ob-Didaktik" verwendet und gepflegt. Z. B. im Vorlesungsbetrieb: Wer mitkommt, kommt mit, die anderen sind zu dumm, oder sie müssen nacharbeiten. Auch Seminare werden oft noch mit dieser Strategie geführt und auch so erlebt. Das Muster ist stets das gleiche, gelernt wird so: Kurze Einführung des Dozenten, Referat der Studenten und Studentinnen, Aussprache, Kritik und Planung der nächsten Sitzung. Dozenten und Studenten tun so, als ob gelehrt und gelernt worden sei. Wenn, dann bestenfalls für die Großhirnrinde!

Von beiden Seiten werden Strategien des „Als-ob-Lernens" entwickelt, die die Illusion eines tatsächlichen Lernens aufrechterhalten sollen: Weghören, simplifizieren, abstumpfen, mogeln, andere bewerten, andere abfragen mit der Illusion, dass man doch etwas gelernt habe, eine genau vorbereitete und lineare Unterrichtsplanung, in der Spontaneität und Kreativität keinen Platz haben, ja sogar stören, „weg-wahrnehmen", nicht wahrnehmen, sich nur auf den Stoff berufen, Stoff- und Zeitdruck vorschieben, Gefühle - eigene und die anderer - nicht zulassen und auch nicht zeigen. „Killerphrasen" benützen, „Rabattmarken kleben", Psychospiele und Maschen pflegen[100], Entscheidungen nicht offenlegen, mit Schuldzuweisungen arbeiten usw. Welch groteskes Bild!

---

[99] In der Schule muss vieles nur deswegen gelernt werden, damit es abgefragt werden kann.

[100] „Tanzlieder" heißt das bei Halpern

Demgegenüber haben Methoden einer lebendigen Didaktik folgende Kennzeichen:

assimilieren	trösten	inkorporieren
einfühlen	akkommodieren	akzeptieren
begleiten	inspirieren	im Hier und Jetzt lehren und lernen
person- und situationsorientiert lehren und lernen	Selbststeuerung und Selbstorganisation beachten und zugrundelegen	Wachsenlassen und nicht vergewaltigen

und vor allem: den Lernprozess als ein sich entwickelndes Ganzes ansehen

Sozialer Konstruktivismus

Im Sozialen Konstruktivismus geht es, wie Baecker u. a.[101] ihn darstellen, darum, dass individuelle Wirklichkeitskonstruktionen von Menschen zu einem großen Teil im Diskurs kommunal hergestellte Wirklichkeiten sind. Wenn wir Didaktik verstehen als ein verantwortetes Handeln in unserer Welt, so müssen wir begreifen, dass wir nur über *die* Welt verfügen, die wir mit anderen zusammen hervorbringen und zu verantworten haben. Dieses Hervorbringen einer Welt geschieht aber nicht allein auf der Ebene der Objektivität und der technologischen Systeme, sondern wesentlich auch auf der Ebene der individuellen „Landkarten" oder Realitäts-Theorien, die sich herausbilden und ein gemeinsames Milieu hervorbringen.

Der soziale Konstruktivismus[102] geht von der Bezogenheit und Koordination der Personen untereinander aus. Individualität ist nicht der Untersuchungs-Gegenstand.

Menschliche Wirklichkeit wird in den Prozessen der Kommunikation gesellschaftlich konstruiert und dann als historisch – synreferentiell - weiter im sozialen System erhalten. Der Sprache kommt darin eine besondere Bedeutung zu: Sie ist das *Medium* der Prozesse und zugleich das *Produkt* davon. Der soziale Konstruktivismus bezieht dabei Bilder und Erinnerungen mit ein, die durch den sozialen Austausch hervorgebracht und wieder durch Sprache vermittelt werden.[103] Erst durch eine fortwährende Kommunikation gewinnt der Einzelne ein Gefühl von Identität und Existenz.

Didaktisch gesehen, ergeben sich daraus narrative Situationen, die vor allem durch Metaphern hervorragend genützt werden können. Es kann aber auch geschehen, dass durch Regeln festgelegte Denkformen zu verschiedenen Auswirkungen führen: Einerseits erzeugen sie Stabilität[104], andererseits aber entsteht oft eine starres, eng begrenztes Bewusstsein.[105]

Wir haben die Chance, neue Netzwerke im Unterricht zu weben, in denen sich unser menschliches Verhalten strukturieren und neu entfalten kann. Bewusstsein und Geist eines jeden Systems oder einer jeden Einheit in einer sozialen Koppelung ergeben

---

[101] Baecker, Borg-Laufs, Duda, Matthies in: Schmidt, 1992, S. 128

[102] vor allem Gergen, Berger & Luckmann

[103] Wir gehen im Kapitel „Driftzone" genauer auf Kommunikation ein.

[104] siehe Lernkulturen

[105] siehe Reproduktion von Wissen

eine Dynamik, die einen Pfad für die nächste Entwicklung öffnen kann. Solche Strukturen erzeugen Stabilität, sie verpflichten die Menschen und ergeben damit ein positives soziales Milieu, in dem der Einzelne und damit auch die Gruppe oder Gesellschaft sich neu gestalten und entwickeln kann. Wenn wir in den Teilsystemen des Bildungssystems mehr Offenheit zuließen, würden Netzwerke in ihnen und mit anderen entstehen, die unterschiedlichste Verzweigungen und spezielle Relationen zwischen den Einheiten und ihrem Milieu hervorbringen könnten. Es würden viele überraschende Formen und Möglichkeiten im Laufe der Zeit auftreten. Eine Anreizstruktur zu einer offenen Kommunikation von Seiten der Führungskräfte würde eine Lernkultur hervorbringen, von der man heute nur träumen kann. Leider sind nämlich die Abwehrmechanismen gegen derartige neue Strukturen so stark, dass eine Umsetzung in Schule und Betrieb auf allen Ebenen, angefangen bei Schulleitern, über Lehrende, Lernende und Eltern intensiv angegangen werden müsste.

Charakteristika des Konstruktivismus[106]

empirische Basis

argumentative Stringenz

Anerkennung grundlegender ethischer Implikationen

Anwendungsorientierung

Orientierung von Beschreibungen und Erklärungen von Verhalten am Konzept der Autopoiese

Verbindung mit dem evolutionären Ansatz

Verbindung mit der kognitiven Psychologie

Berücksichtigung von Erkenntnissen der Gehirnphysiologie

Orientierung an Konstruktivität statt an Ontologie

---

[106] Schmidt, 1992, S. 75

c) Die Habitus-Theorie

Theorie der inkorporierten Strukturen
Nach Maturana und Varela sind die Erhaltung der Autopoiese und die Erhaltung der Anpassung eines Individuums an sein Milieu notwendige Bedingungen seiner Existenz. Solange es lebt, ist ein Lebewesen an sein Milieu angepasst. In jedem Moment geschieht ein Austausch mit dem umgebenden Milieu, mit Gegenständen und Mit-Menschen, die ihrerseits gesellschaftlich geformt sind. Somit ist jede Interaktion auch Sozialisation im Sinne der Reproduktion gesellschaftlicher Strukturen.

Nehmen wir die Theorie der Autopoiese ernst, kann ein lebendes System durch gesellschaftliche Strukturen, d. h. durch Sozialisation nicht einseitig beeinflusst werden. Dies ist ein gegenseitiger Prozess, wobei jede Interaktion gleichzeitig auch Sozialisation ist. Die Interaktionen können Strukturveränderungen, die der Beobachter als „Sozialisation" bezeichnet, nicht auslösen, nur „anreizen", weil Veränderungen, die aus der Interaktion zwischen Individuum und Milieu entstehen, von der Struktur des Individuum determiniert werden.

Wie gesellschaftliche Strukturen vor allem in der Primärsozialisation reproduziert werden, veranschaulicht das Habituskonzept von Pierre Bourdieu. Danach sind unsere Handlungen bis tief in den Körper hinein gesellschaftlich geformt. Jedes Kind erwirbt durch den Umgang mit gesellschaftlich geformten Gegenständen, z. B. in der Wohnung oder auf dem Spielplatz, und durch die alltäglichen Handlungen der Erwachsenen und Spielkameraden, die es nachahmt, Wahrnehmungs-, Denk-, Urteils- und Handlungsschemata, die man insgesamt als „Habitus" bezeichnet, als eine „Handlungsgrammatik"[107] , die im wörtlichen Sinn „einverleibt" ist in den Geschmacksnerven, im Gang, in der Körperhaltung usw.

„Der wilde Körper wird zum habituierten, zeitlich strukturierten Körper, zum Referenzschema für die Ordnung der Welt."[108]

Die prinzipielle Autonomie des Menschen als Lebewesen wird durch Sozialisation eingeengt. Bereits in der Schwangerschaft sind Mutter und Kind eingebunden in ein Netzwerk von Interaktionen und verbunden durch die Koordination von Aktion und Sprache. Der Fötus hat es bereits mit gesellschaftlich geformten Lebewesen zu tun. Trotzdem gilt auch für die nächsten Sozialisationsstufen:

Das Lebewesen ist *strukturdeterminiert*; eine Aktion von außen löst eine Aktion von innen aus, aber sie bestimmt nicht eine Strukturveränderung, die nach der herkömmlichen Auffassung vom Standpunkt des Beobachters aus als Sozialisation bezeichnet werden würde. Die frühen Interaktionen, vor allem in der plastischen Phase in den ersten drei Lebensjahren, die nach kulturellen Mustern und Regeln, Normen und Verhaltensweisen verlaufen, ergeben beim Lebewesen „inkorporierte Strukturen" als Einverleibung von Strukturen und Bedeutungen, die dann in die zirkuläre Strukturdeterminiertheit im Lebewesen „Mensch" einmünden und so zum selbstreferentiellen System gehören. Alle Kulturen haben ein Interesse daran, mit bestimmten Ritualen diese Inkorporation von Strukturen beim Individuum

---

[107] nach Bourdieu

[108] Bourdieu in Portele, 1989, S. 96

auszulösen.[109] Bourdieu stellt dar, wie Geschmack, Präferenzen und damit Wünsche, Bedürfnisse, Urteile und deshalb alle unsere Handlungen und Tätigkeiten gesellschaftlich bis tief in den Körper hinein geformt sind. Dem Bewusstsein sind sie daher während der Interaktionen kaum oder gar nicht zugänglich. Diese „Gewohnheiten" sind einerseits erwünscht, weil sie eine innere Ordnung, damit Vorhersagbarkeit und Stabilität des Verhaltens ermöglichen.

Andererseits bestätigen sie aber im Interagieren dauernd sich selbst und sind daher schwer veränderbar oder gar aufzulösen. Der Veränderung, Umgestaltung des „Primär-Habitus" in einem späteren „Sekundär-Habitus", z. B. „Schul-Habitus", erfolgt demnach im Sinne einer Rekonstruktion des ursprünglichen Habitus bis tief in den Körper hinein und nicht in Form eines ganz anderen zweiten oder dritten Habitus.[110] Einschärfungen und Scham-Programmierungen aus der frühen Kindheit z. B. werden also immer wieder in dieser „Rekonstruktion" auftauchen. Die Veränderung von - oft geheimen - Lebensplänen ist Arbeit an der Rekonstruktion des Primärhabitus. Dieser zweite Habitus wird im wesentlichen durch Handeln in einer entsprechenden Gesamtkultur erworben.[111]

Leider wird die Bedeutung, die diese Ausbildung von Verhaltensstrukturen in einer Schul- und Lernkultur für die Strukturdeterminiertheit und den Aufbau eines speziellen Habitus als „Handlungsgrammatik" bei einem Menschen hat, noch kaum oder gar nicht gesehen. Aber gerade für die Didaktik haben diese Erkenntnisse entscheidende Konsequenzen: Eine heteronome Didaktik, die von der Überzeugung ausgeht, den Lernenden erziehen zu müssen, setzt ihn unter Druck. Sowohl Lehrende als auch Lernende müssen die eigenen, subjektiven Ansprüche, Lebensmuster und Zugangsweisen verleugnen, um den „objektiven" Ansprüchen von Lehrplänen und wissenschaftlich geprüften Vorgehensweisen gerecht zu werden. Dies schafft Missverständnisse, das Gefühl von Bedrohung und entsprechende Abwehrreaktionen, also ein tatsächlich lernfeindliches Klima.

Die Subjektive Didaktik will diese paradoxe Spannung reduzieren und so weit wie möglich die subjektive Struktur jedes Einzelnen gelten lassen. Können wir die individuellen Realitätstheorien und die subjektive Epistemologie aller Beteiligten berücksichtigen, bedeutet dies einen wichtigen Schritt in Richtung auf ein Lehren und Lernen, das den Menschen angemessener ist und ihren Bedürfnissen und Fähigkeiten gerechter wird.

Wir Menschen denken und handeln als „lebende Systeme"

- strukturdeterminiert
- autopoietisch
- relbstreferentiell
- habitualisiert und muster-orientiert

Dies hat weitreichende Konsequenzen für die Didaktik und Erziehung.

---

[109] Initiations-Rituale, Beschämungs-Rituale usw. Auch unsere christlichen Rituale gehören dazu, wie z. B. Firmung, Konfirmation.

[110] Portele, Bateson

[111] Rituale, Feiern, Mythen, Amulette, Belohnungs- und Strafsysteme, Gesetze, Witze, die Art der Zeitstrukturierung in einem geschlossenen System

Eine neue Sicht von Intervention, Einfluss und Veränderbarkeit

Wie müssen für unser didaktisches Verstehen und Handeln viele Konsequenzen ziehen: Der naive Glaube an die Veränderbarkeit menschlichen Verhaltens muss aufgegeben werden. Postmoderne Menschen träumen trotz Paradiesverlustes vom Paradies als einem verlorenen Zustand und erstreben einen neuen utopischen Glückszustand, angefangen von Marshall McLuhan, der das Pfingstwunder weltweiter Verständigung und Einheit träumte, bis zu Hans Moraveç, der als suggestiver Experte für Roboter der artificial intelligence gilt und unser Gehirn auf eine datenprozesssierende Maschine übertragen will. Solche utopische Träume werden von anderen Teilsystemen der Gesellschaft auch auf das Bildungssystem übertragen durch den wundersamen Glauben, die Struktur des Menschen – vor allem seine Primärstruktur- durch Technologien, z. B. neuerdings durch Multimediasysteme, die virtuelle Realitäten erzeugen, und durch das Bildungssystem hin zu einer Vollkommenheit in Form von Kompetenzen und Schlüsselqualifikationen in allen Berufssituationen und Lebenslagen verändern zu können.

Wir werden an anderer Stelle näher darauf eingehen. So viel bleibt festzuhalten: Wir Didaktiker dürfen solchen Glückvisionen nicht kritiklos nachrennen und offen oder versteckt den Eindruck verstärken, diese Träume und Erwartungen anderer Teilsysteme der Gesellschaft seien durch das Bildungssystem erfüllbar. Im Gegenteil: Primärerfahrungen können nicht einfach durch Methoden und Systeme umgebaut oder weggeredet werden. Diese Grundprinzip der prinzipiellen Strukturdeterminiertheit gilt auch für unsere professionelle Arbeit. Das Prinzip der Selbst-Referentialität muss realistisch gesehen und anerkannt werden.

Nur bestimmte Themen und Unterrichtsziele zu formulieren und im Unterricht zu behandeln ist noch keine didaktische Leistung. Es wäre unfair, dem Lehrerstand die Hypothek einer „effektiven" Erziehung aufzubürden, ohne ihm angemessene Denkansätze zu vermitteln und ihn über das Prinzip der Selbst-Referentialität aufzuklären. Wir müssen zur Kenntnis nehmen, dass wir auf Grund der Struktur-Determiniertheit des Menschen und der jeweils individuellen Vernetzung von Erfahrungen und Informationen eine neue Art von Didaktik benötigen, die die subjektiven Strukturen berücksichtigt und sich an diesen orientiert: eine Subjektive Didaktik. Ohne eine ganzheitliche Lernkultur im geschlossenen System „Schule" bzw. „Betrieb" wird sich der in der Primär-Sozialisation erworbene Habitus der Schüler nicht ändern. Der Aufbau eines zweiten Habitus im obigen Sinne lässt sich nur in einen bestimmten Netzwerk von Interaktionen bilden, in dem die einzelnen Mitglieder - in unserem Falle Lehrer und Schüler - als autopoietische Systeme sich ihre Organisation und ihre Anpassungshaltung selbst geben können, einem Netzwerk, in dem individuelle und soziale Imperative gemeinsam entstehen können.

Das persönliche Engagement und die Vorbildwirkung der Lehrenden einerseits, vorformulierte Lernziele und konventionelle Lehr- und Lernmethoden andererseits genügen in keinem Falle dem Anspruch an eine Didaktik. Es müssen neue Bewusstseinsstrukturen, entsprechende Konzeptionen und Methoden entwickelt werden.

Systemische Methoden, wie sie z. B. die Transaktions-Analyse, das Psychodrama, die Neurolinguistische Programmierung entwickelt haben, Meditation und Projekte mit Realcharakter sind weitaus günstiger und bieten erfolgversprechendere Ansätze zum Aufbau eines zweiten Habitus als ein ausschließlich intellektuell und kognitiv orientierter Unterricht, der viel kognitive Überproduktion und Kognitives Geräusch erzeugt. Wenn es uns gelingt, in der Schule angemessene Kontexte zu schaffen, sinnvolle, sich wiederholende Strukturen zu etablieren und so eine positive und effektive Lernkultur aufzubauen, haben wir eine realistische Chance, eine Erziehung zu ermöglichen, die wir auch wirklich verantworten können. Krankmachende Faktoren wie Angst, Bedrohung, Entfremdung haben darin keinen Platz. Bloße Reflexion darüber reicht in keinem Falle aus. Entsprechend dem oben Gesagten würden wir naiv, unprofessionell und ineffektiv unsere Ressourcen verschleudern. Die vordringliche Bildungsaufgabe ist es, Lehrer zu professionellen Begleitern von Lernprozessen bei den Chreoden der Lernenden aus- und weiterzubilden. Dann können wir in unserer Gesellschaft wirklich ein neues Bewusstsein von und für Erziehung entwickeln.

Wenn es so ist, dass Autopoiese und Habitus das Bewusstsein und damit das Lernen determinieren, dann können wir auf eine „Input-Output-Didaktik" nicht akzeptieren, die Wissensvermittlung und Erziehung an den einzelnen Subjekten „vornimmt", indem sie während eines Schulvormittags, eines Weiterbildungs-Kurses oder einer Management-Schulung in naiver Weise „Fließbandarbeit" leistet.

Wir wissen, dass die Struktur eines Menschen darüber bestimmt, welche Interaktionen mit seiner Umwelt er für angemessen hält und welche Reaktionen seinerseits ihm möglich sind. Wir wissen, dass Struktur- und Zustandsveränderungen nicht in erster Linie von Merkmalen und Ereignissen in der Umwelt bestimmt werden.

Wir wissen ebenfalls, dass die Geschlossenheit der Organisation eines autopoietischen Systems zugleich seine Autonomie bedeutet und dass dieses System nur - gesund - überleben kann, wenn wir diese akzeptieren.

d) Theorie der sozial-autopoietischen Systeme

Seit der ersten Auflage der Modellierung von Lernwelten haben sich durch die Arbeiten Luhmanns die Ansätze einer Theorie der sozialen Systeme i. S. von sozial-autopoietischen Systemen erheblich differenziert. Dies hat auch für die Position der Subjektiven Didaktik weitreichende Folgen. Die Makro-Ansätze der soziologischen Gesellschaftstheorien befassen sich mit größeren sozialen Gebilden, Prozessen und Kommunikationsstrukturen.[112] Die Mikro- Ansätze sind eher auf Individuen und kleineren Gruppen abgestellt. Dort werden vor allem die Interaktionen, Transaktionen und Erwartungs-Erwartungen bearbeitet.[113]

Beiden Richtungen ist gemeinsam, dass sie das Verhältnis von Individuum und Gesellschaft untersuchen, wobei die Gesellschaft sich nur über soziales Handeln konstituiert. Bei Luhmann ist eine „Radikalität" eingetreten, d. h. sein Theorem ist, dass die Gesellschaft nicht aus Menschen, Individuen und auch nicht aus Handlungen bestehe, sondern aus Kommunikationen. In einer didaktisch-systemischen Betrachtungsweise gehen wir nicht so weit.

Für unsere Betrachtungsweise ist relevant: Autopoietische bzw. selbstreferentielle Systeme sind ebenso wie Individuen operational geschlossene Systeme, die ihre Elemente bzw. Bestandteile selbst produzieren und reproduzieren.

---

[112] z. B. Habermas, Offe, Wallerstein, Beer, Luhmann

[113] z. B. Coleman, Blumer, Schütz, Berger & Luckmann, Goffmann, Berne, Cohn, Grindler

„Da jedes System nur sich selbst aus seiner Umwelt ausnimmt, ist die Umwelt für jedes System eine andere. In dieser Umwelt befinden sich unzählige andere Systeme, die Gegenstand von Systemoperationen werden können, so wie umgekehrt das System selbst Gegenstand von Beobachtungen anderer Systeme werden kann. Daraus folgt, dass die Umwelt jedes Systems immer komplexer ist als das System selbst. Für das System ist deshalb eine isomorphe Übereinstimmung mit der Welt unmöglich."[114]

Wir gehen davon aus, dass soziale Systeme, wie z. B. das Bildungssystem, ähnlich wie das Gehirn kein „umweltoffenes Reflexsystem" ist, sondern ein geschlossenes System, das nur seine eigene „Sprache" versteht. Das Gehirn operiert nicht in der Weise, dass es Abbildungen wirklicher Außenweltereignisse verarbeiten würde, sondern es ist gegenüber seiner Umwelt autonom und durch die Struktur und Operationsweise seiner Bestandteile determiniert.

Dies bedeutet nicht, dass die Vertreter dieser Theorie grundsätzlich leugnen, dass autopoietische Systeme eine Umweltbeziehung hätten. Die Verbindung zur Welt bleibt durch Außenkontakte, durch Austausch von Energie, durch Kommunikation und Sinn gewahrt. Aber bei dem „Übersetzungsprozess", bei dem Ereignisse aus der Umwelt durch das System verarbeitet werden, geht das „Original" verloren. Autopoietische Systeme – z. B. Personen, Institutionen, Unternehmen - werden zwar von außen zu Operationen angeregt, jedoch determinieren diese Einwirkungen nicht die Zustandsfolgen des Systems. Wesentlich ist, dass *Sinn* als Steuerungskriterium bei sozialen Systemen anzusehen ist.

Entsprechend dieser Theorie fasst Luhmann soziale Systeme als autopoietisch auf, insofern sie die Fähigkeit besitzen, Beziehungen zu sich selbst herzustellen und diese Beziehungen gegenüber Beziehungen zu ihrer Umwelt zu differenzieren. Die gemeinsamen Interaktionen im System werden vor allem durch verinnerlichten Konventionen und Musterbildungen gesteuert und so zur sozialen Realität im System konstruiert. So sind auch die vom einzelnen Mitglied des Systems benutzten, gedachten und gefühlten Prozesse, Dinge usw. letztlich Ergebnisse eines sozialen Konstruktionsprozesses, der sich über Sprache und über die sprachlich vermittelten Verständigungsformen realisiert.

Zudem kann man auch sagen, dass die individuellen Wirklichkeitskonstruktionen von Mitgliedern eines Systems zu einem großen Teil im Erleben der Strukturgeschichte, dem Gedächtnis, des Systems hergestellt sind. Gerade im Bildungssystem werden durch die Parallelisierung von interindividuell übereinstimmenden Wirklichkeitskonstruktionen Bedeutungen zugewiesen und mit Hilfe erzwungener Resonanz, vor allem in Prüfungssituationen, inkorporiert. Diese Wirklichkeitskonstruktionen werden durch Kommunikation, Ritualisierung, Habitualisierung, Verfahren, durch eine gemeinsame Insider-Sprache und durch eine gemeinsame Lernkultur geschaffen und verankert. Daraus entstehen in den einzelnen Teilsystemen formalisierte Rollen- und Kommunikationsstrukturen mit jeweiligen Sinnstrukturen und Resonanzen. Entsprechend ergeben sich Entscheidungsprozesse und Entscheidungswege durch Habitualisierung, Verfahren und energetische Felder, die aber operational geschlossen und synreferentiell gebunden sind, d. h. alle Operationen laufen rekursiv immer mit der Systemgeschichte und werden durch sie bestimmt. Vor allem in „alten" Systemen, in denen eine lange Strukturgeschichte

---

[114] Luhmann, in: Eimer, 2001

vorliegt, z. B. im Bildungssystem, ist durch den Mechanismus der Synreferentialität einerseits die individuelle Kommunikation im Sinne von lateralen Relationen bedeutsam, sie ist zugleich aber den internen Rollendefinitionen unterworfen.
Durch diese Prozesse bilden sich in den Systemen ein Rand und ein Kern.
Kernbildung dient dabei der Stabilisierung des Systems. Ein System beruft sich immer auf die binäre Codierung *Zugehörigkeit* oder *Umwelt*. Am Systemrand kommt es zu einer Hierarchisierung der Sinnstrukturen. Diese Präferenzordnung erhöht die Identifikation der Systemmitglieder mit dem System und führt zur Bildung einer Bewusstseinsgemeinschaft.
Die Abgrenzung nach außen ist der *Rand*. Dieser Rand prozessiert die Grenze zur Umwelt und kontrolliert, was dazugehört und was nicht. Der Rand ermöglicht durch die Abgrenzung zur Umwelt eine Ausdifferenzierung im Inneren und zugleich eine Komplexitätsreduktion nach außen. Ganz besonders Gewicht erhalten dabei die Aspekte der Kommunikation und der gegenseitigen Erwartungen und Erwartungs-Erwartungen *innerhalb* des Systems und andererseits die von *außen* gestellten Erwartungen an das System.
Die Theorie der sozial-autopoietischen Systeme wird uns im weiteren Verlauf der inneren Ausdifferenzierung der Subjektiven Didaktik[115] eine Hilfe zur Analyse sein.
Sie ist auch relevant für die Untersuchung der Bildung postmoderner Lernkulturen und Bewusstseinsgemeinschaften.

e) Die Theorie der funktionalen Differenzierung

Wir werden an anderer Stelle verschiedene Ansätze von Gesellschaftstheorien besprechen.[116] In unserem Zusammenhang sehen wir als grundlegende Orientierung für die gegenwärtige Lage im Bildungssystem besonders die Theorie der funktionalen Differenzierung an.
Kennzeichen der heutigen Gesellschaft sind u. a. die einzelnen funktional differenzierten Teilsysteme wie Wirtschaft, Recht, Politik und Erziehung usw.
Sie entwickeln nach innen eine systemimmanente Logik und beziehen sich in erster Linie immer auf sich selbst.
Die gesellschaftliche Wirklichkeit ist nicht mehr durch den Begriff „Integration", sondern durch den Begriff „Differenzierung" zu beschreiben und zu kennzeichnen.
Integration wäre die Abstimmung der Teilsysteme im Sinne von Einschränkung zugunsten eines Ganzen.
Differenzierung verläuft umgekehrt: Die funktional sich durchsetzenden Teilsysteme sind größtenteils in sich bereits so operational geschlossen, „eigensinnig"[117], dass sie sich gegenseitig nur noch irritieren können. War in der Frühphase der Moderne die Differenzierung der funktionalen Teilsysteme durch eine traditionelle gesellschaftliche Zentrallegitimation der Garant für die geschichtlich gesehen einzigartige exponentielle Steigerung von Möglichkeiten und Handlungsoptionen, hat sich heute gerade der Erfolg der eigensinnigen Entwicklung funktionaler Teilsystem zur größten Gefahr für die moderne Gesellschaft entwickelt, weil es mit

---

[115] im Kapitel „Bildungs-Tauschmarkt" und in Lernwelten, Band III

[116] siehe Lernwelten, Band II

[117] nach Luhmann

durchgesetzter funktionaler Differenzierung immer undenkbarer wird, einen gesellschaftlichen Koordinationsort zu finden.[118]

Auch das Bildungssystem „Schule" hat sich in vielen Teilen zu einem „eigensinnigen" funktional differenzierten Teilsystem entwickelt. Das Individuum findet seinen Platz in der Gesellschaft immer als Teil unterschiedlicher Funktionssysteme.

Deshalb ist eine entscheidende Kompetenz die *Unterscheidungskompetenz* im Sinne von Unterscheidungsvermögen und Urteilsvermögen. Wer schnell unterscheiden kann, in welchem gesellschaftlichen Teilsystem oder Gedankensystem er sich gerade befindet, hat einen wesentlichen Vorteil in allen vertikalen und horizontalen Konstellationen. Teilsysteme übernehmen nach Luhmann eine Universalzuständigkeit für ihre je spezifische Funktion.

Dies führt zu einer immensen Steigerung des Auflöse- und Rekombinationsvermögen sowohl in Bezug auf die eigenen Operationen als auch in Bezug auf die gesellschaftsinterne und auf die gesellschaftsexterne Umwelt der Funktionssysteme. Hier gewinnt „Organisation" eine eigenständige Bedeutung.

Innerhalb der Funktionssysteme sind zwei Begriffe auch für die Fragestellung der Subjektiven Didaktik von Bedeutung: *Inklusion* und *Exklusion*. Über den eigentümlichen Inklusions- und Exklusionsmechanismus der Mitgliedschaft kann das Verhalten der Mitglieder in hochgradig spezifischer Weise geregelt und konkret angewiesen, das heißt durch Kommunikation beeinflusst werden, und dies relativ unabhängig von den sonstigen Verpflichtungen der Mitglieder in der Umwelt des jeweiligen Organisationssystems, also unabhängig von ihren eigenen anderen Rollen.

Das heißt zunächst, dass im Bildungssystem und damit speziell bei der Leistungs-Bewertung nur das gemessen werden kann, was das System sich selbst als Orientierung und Norm vorgibt. Dies ist bisher auch auf der Basis der in Gang gebrachten eigenen Produktion von Wissen - Lehrplan, zentrale Leistungstests, IQ-Messung etc. - geschehen. So ist der einfache Aspekt „Leistung" durch systemeigene Elemente zur Komplexität des Problems „Wissens-Leistung" im Teilsystem „Bildung" geworden. Der Begriff „Wissen" bzw. „Bildung" wird so zur generalisierten Form der Selbstbeschreibung des Bildungssystems. Wie man dazu kommt, „gebildet" oder „gewisset" zu werden, unterliegt der funktionalen Differenzierung in diesem Teilsystem.

Die Regelung der Inklusion und Exklusion wird dem Teilsystem „Bildung" selbst überlassen, wobei die Platzierung der Individuen nicht mehr konkret geschieht, sondern nach Funktionsbereichen bzw. nach erwarteten Leistungen vorgenommen wird.[119] Die Gesellschaft bietet dem Einzelnen keinen sozialen Status mehr, der definiert, was er nach Herkunft und Qualität „ist".

Moderne Gesellschaften erreichen eine Einheitlichkeit dadurch, dass alle Menschen zunächst durch das Bildungssystem „zu Menschen gemacht" werden, indem man sie mit Chancen versorgt. Diese „totalitäre Logik"[120] ist auch der Grund dafür, dass in den Schulen immer nach Einheitlichkeit der Leistung gedrängt wird, obwohl offenkundig ist, dass es sie nicht mehr gibt oder noch nie gegeben hat.

---

[118] nach Nassehi

[119] siehe Bildungsaktien

[120] nach Luhmann

Wer das Gegenteil oder Alternativen darstellt, wird nach dem Schema „Exklusion" in andere dafür vorgesehen Ersatzsysteme abgeschoben. Der Lehrplan macht es auch möglich, „zurückgebliebene" Schüler als „Restproblem" zu behandeln, indem man ihnen zusätzliche Hilfen zukommen lässt.

So kann die totalitäre Logik des Lehrplans nicht in Frage gestellt werden. Durch eine solche Semantik gleichsam als offizielles Gedächtnis der Gesellschaft werden Individuen getestet, ob sie diesen Inklusionsmechanismen mit entsprechenden Inklusionsbedingungen entsprechen. Natürlich muss man jetzt in der postmodernen Situation wissen, wer man ist und wie weit andere in der Lage sind, richtig einzuschätzen, mit wem man es zu tun hat. Man kann aber nicht *wissen*, wer man ist, sondern muss *herausfinden*, ob eigene Projektionen Anerkennung durch andere finden oder nicht.

Finden sie keine Anerkennung, z. B. schulische Leistungen aus der Sicht des Lehrenden, so droht dem Zurückgebliebenen die Exklusion. Diese Semantik erfährt jeder Schüler ab dem 1. Schuljahr und sie programmiert schulische Chreoden bei Lernenden in allen Fächern und Schularten. Das ist die totalitäre Normierung 1. Ordnung für alle Schüler. Entsprechen sie - wie auch immer - dieser Semantik, so erfolgt der Inklusionsmechanismus, begleitet aber immer mit der Warnung vor der Exklusion. Jeder kennt diese Beispiele. Daraus ergibt sich auch, dass im Exklusionsbereich viele Experten darauf angesetzt sind, Nachhilfe zu geben oder die „Ursachen" der Exklusion erklären sollen. In Befragungen von exkludierten Schülern – z. B. von Hauptschülern, Sonderschülern, Behinderten – wird deutlich, dass weder sie selbst erklären können noch jemand anders erklären kann, warum sie der totalitären Logik des Lehrplan nicht entsprechen konnten.

In den Augen solcher Schüler funktioniert der Bildungs-Tauschmarkt so: „Wir haben nicht genug gute Bildungsaktien sammeln können, also sind wir jetzt hier." Die Frage stellt sich: Warum gerade sie und andere nicht?

3. Referenz-Theorien

Die Subjektive Didaktik ist keine Einheitstheorie, sondern sie konstruiert mit Hilfe von Basis-Theorien und Referenz-Theorien *Unterscheidungen* im Reflexionsbereich und gibt Anregungen für Didaktisches Handeln. *Referenz-Theorien* der Subjektiven Didaktik als Hilfe für Didaktisches Handeln im Phänomenbereich II stammen vor allem aus folgenden Humanistischen Konzepten:

Integrierte Persönlichkeitstheorie	Transaktions-Analyse (TA)	Psychodrama (PD)
Neurolinguistische Programmierung (NLP)	Themenzentrierte Interaktion (TZI)	Gestaltpädagogik
Nichtdirektive Gesprächsführung	Kinesiologie	Suggestopädie

a) Integrierte Persönlichkeitstheorie[121]

Realitäts-Theorie und Sub-Theorien

Epstein sagt, jeder Mensch könne schon ab dem ersten Tag seiner Existenz nicht umhin, eine *Theorie über sich selbst, über die Umwelt* und *über die Wechselwirkung* dieser beiden Theorien zu entwickeln, sonst würde er im Chaos von Eindrücken, Informationen, Erlebnissen usw. untergehen. Wir Menschen seien dabei bestrebt, durch unser Verhalten Positives zu erleben und Schmerz zu vermeiden. Wir bildeten also im Laufe der Zeit ein festes konzeptionelles Gerüst unserer Person, oft natürlich unbewusst und nur teilweise nach wissenschaftlicher Theoriebildung. Epstein nennt dieses Gerüst die *Realitäts-Theorie* des Ichs.

Die Prinzipien zur Konstruktion dieser Realitäts-Theorie sind zum Teil die gleichen wie bei wissenschaftlichen Theorien - psychologisch, widerspruchsfrei usw., stammen aber auch aus den Alltags-Theorien, wie z. B.:

Synkretische Denkweise: Analogien, zufällige Übereinstimmungen, rasches Aufblitzen von Intuitionen	Überlebens-Schlussfolgerungen: „Wie kann ich am besten überleben?"	Biographische Lebenslinien
Latente und aktuelle Gefühlszustände	Soziale und gesellschaftliche Kontrollmechanismen	Vorahnungen, alte Gefühle Panikzustände Magische Ursache-Wirkungs-Zusammenhänge

---

[121] Epstein, 1983; ausführliche Darstellung im Kapitel „Zu einer Theorie des Ich-Bereichs"

Um Positives zu erleben und Schmerz zu vermeiden, hat der Mensch sein Leben lang eine wesentliche Aufgabe zu erfüllen, zumal das Streben nach positiver Erfahrung und die Einsicht in die Realität oft unvereinbar erscheinen. Wie die Welt tatsächlich ist und wie wir sie haben möchten, dazwischen ist oft ein himmelweiter Unterschied. Wir konstruieren daher eine Realitäts-Theorie, die unser inneres Universum bildet und zugleich einen Kontakt zur Außenwelt erlaubt.

Diese Theorie umfasst auch eine hierarchische Ordnung von sogenannten *Postulaten*. Ein „Postulat", also ein Wert im Sinne der Selbsterhaltung des Ichs, kann sehr konkret im Sinne einer unteren Ordnung sein oder aber ein sehr bedeutsames universelles Postulat im Sinne höchster Ordnung für das Ich darstellen, z. B. um die Selbstwertschätzung aufrechtzuerhalten.

Diese Postulate sind von entscheidender Bedeutung dafür, welche Erfahrungen wir *aufsuchen*, welche wir *vermeiden*, wie wir sie *interpretieren*, und schließlich dafür, wie wir *lernen*.

Die Realitäts-Theorie wird durch drei wesentliche Steuerungs-Determinanten beeinflusst:

- Die Maximierung von Lust/Unlust- oder Freud-/Leid-Zuständen
- Die Assimilation von Erfahrung im Laufe der Entwicklung
- Die Aufrechterhaltung des Selbstwertgefühls

Der Umgang mit mir selbst: Die Entwicklung des Selbstkonzepts

Um ihren Alltag zu bewältigen, formulieren und überprüfen die Menschen Hypothesen in Bezug auf sich selbst und ihre Umwelt. In diesem Sinne stellt das *Selbstkonzept* eine *Selbst-Theorie* dar, die notwendig ist zum Aufbau einer geordneten Welt, einer Wirklichkeit also, mit der sie zurechtkommen können.

Wie auch der Konstruktivismus sagt, wird also vom Subjekt eine Realität konstruiert. Dieses *Realitätskonzept* entsteht auf Grund der Interaktionen der Person mit ihrer Umwelt. Besonders wichtig für die Ausbildung dieses Konzeptes sind emotional bedeutsame Erfahrungen. Dieses Konzept organisiert und lenkt das Verhalten.

Jeder Mensch baut also ein einmaliges *inneres Universum* auf, das nach bestimmten Gesetzmäßigkeiten dynamische und zugleich feste Konturen für die Identität der Person abgibt.

Wir brauchen dieses Gerüst, um inmitten der tausendfachen Informationen, Probleme, Sichtweisen und Prozesse als Person in der Wechselbeziehung zur Welt in Kontinuität und Stabilität bestehen zu können. Diese Fähigkeit ist wahrscheinlich unsere evolutionäre Kompensation für die Instinkte, wie sie die Tiere besitzen.

Sie ist einerseits wichtig und notwendig für die Selbsterhaltung des Ichs, andererseits aber hinderlich für Innovationen und Veränderungen in der Person, also bei Lernprozessen. So ist es z. B. für den Unterrichtenden oft ärgerlich, wenn er mit Widerständen konfrontiert wird.

Unsere *Selbst-Theorie* ist uns normalerweise kaum bewusst, und wir - Geist, Seele und vor allem der Körper! - bilden sie allmählich in der Interaktion mit der Umwelt heraus. Je weniger uns diese Theorie bewusst ist, umso mehr glauben wir, unser Leben sei unser Schicksal, wir würden von außen kontrolliert und könnten es nicht beeinflussen. Diese Schicksalsgläubigkeit wird von dem Bedürfnis nach einer vertrauten Umwelt bestimmt, die mit unseren eigenen Annahmen übereinstimmt. Dies wird gerade in den Sozial-Berufen oft zum Teufelskreis. Die Konstruktion unserer

Selbst-Theorie stellt nach EPSTEIN keinen Selbstzweck dar, sondern sie liefert ein stabiles Gerüst mit der Funktion, *Erfahrungsdaten zu assimilieren*, die *Lust-Unlust-Balance* über vorhersehbare Zeiträume zu *maximieren* und das *Selbstwertgefühl aufrechtzuerhalten*.

b) Die Transaktions-Analyse (TA)

Das Menschenbild der TA

Die TA als Persönlichkeits-Modell

Dieses humanistische Konzept bietet philosophische, psychologische, therapeutische und didaktische Aspekte und Anwendungsmöglichkeiten und ist daher für didaktisches Verstehen und Handeln besonders relevant.

Die TA vertritt - als *philosophisches Modell* - ein positives Menschenbild. Ihre Grundannahme ist, dass alle Menschen „o. k." sind und einen liebenswerten Kern haben. Jeder Mensch hat den Wunsch nach Wachstum und Selbst-Aktualisierung, und in jedem Menschen steckt das Potential dazu:
Die innere Natur des Menschen ist gut.
Jeder Mensch, dessen biologische und psychologische Grundbedürfnisse erfüllt werden, ist aus eigener *Verantwortung* heraus zur *Selbsteinsicht*, zur *Selbstverwirklichung* und zur *Entfaltung* der in ihm liegenden Möglichkeiten fähig.
Ich lebe immer nur im gegenwärtigen Augenblick.
Auch Konflikt, Schmerz, Kummer, Zorn und Schuld gehören zum Leben Solche Gefühle dürfen nicht abgewertet, versteckt und verdrängt werden. Wertvolle Erlebnisse sind solche, die mein inneres Wachstum fördern, d. h. mein Leben bereichern, meine Möglichkeiten entfalten und mich positiv verändern.
Jeder Mensch ist wichtig mit der ihm eigenen Vergangenheit, Gegenwart und Zukunft, mit seinen eigenen Bedürfnissen und Gefühlen.

Als *Sprach- und Denkmodell* ist die TA eine Persönlichkeitstheorie, die sich mit *intrapsychischen Funktionen* und *interpersonalem Verhalten* beschäftigt und zum Verständnis von *Kommunikations-Prozessen* beiträgt. Sie ist ein integratives Konzept und kann auf vier Ebenen gleichzeitig eingesetzt werden: auf der *Verhaltens-, Kognitions-, Erlebens- und Körper-Ebene*.
Das Modell der TA bietet weniger ein Methoden-Inventar als vielmehr ein Verständnissystem für menschliches Verhalten.

Dieses Konzept gliedert sich in vier Bereiche mit den entsprechenden analytischen Methoden

Struktur-Analyse	Transaktions-Analyse	Spiel-Analyse	Skript-Analyse
Persönlichkeits-Theorie	Kommunikations-Theorie	Verhaltens- und Erlebensmuster	Das Lebens-„Drehbuch" „Rollenbuch" des Lebens
Was geht innerhalb eines Menschen vor?	Was spielt sich zwischen Menschen ab?	Welche untergründigen Beziehungen, die mit unguten Gefühlen verbunden sind, bestehen zwischen Menschen?	Welchem unbewussten Lebensplan folgt der einzelne?
Analyse der Persönlichkeit, der Ich-Zustände	Analyse dessen, was Menschen miteinander reden und tun	Analyse von äußeren Transaktionen, die zu einem Nutzeffekt führen. „Rabattmarken"	Analyse spezifischer „Lebensdramen", die Menschen immer wieder zwanghaft darstellen.

Die Theorie der TA hat mich besonders fasziniert, weil sie auf der Basis ihrer Philosophie über den Menschen eine grundlegende Aussage macht, die ich voll und ganz akzeptieren kann: Der Mensch ist bei seiner Geburt o. k., d. h. er ist von Natur aus gut und hat kein Verlangen, den Anderen oder die Natur zu zerstören.

Ferner gefällt mir die sehr einleuchtende konkrete und für eine Subjektive Didaktik besonders relevante Perspektive hinsichtlich der Entwicklung eines *Lebensplans* und hinsichtlich der Untersuchung, wie wir Menschen mit der *Umwelt* in einen Dialog, in eine Interaktion oder Transaktion kommen. Außerdem ist die TA m. E. bestens dazu geeignet, unsere *eigenen Zustände* in der Interaktion mit Lernenden uns klarzumachen und von da aus möglicherweise zu versuchen, „Skripts" zu ändern.[122]

Struktur-Analyse

Ein *Ich-Zustand* ist ein Persönlichkeits-Aspekt, ein Energie-Zentrum, aus dem heraus wir aufnehmen, fühlen, körperlich erleben, denken, reagieren und handeln. Er ist ein zusammenhängendes System oder Muster, eine Haltung. Kommunikation geschieht immer aus einem Ich-Zustand heraus, und es kann auch ein innerer Dialog zwischen verschiedenen Ich-Zuständen stattfinden.

---

[122] Siehe „Morphem-Bildung", „Chreoden-Analyse", „Biographische Selbstreflexion"

Jeder Ich-Zustand ist eine Art „Speicher" von Wahrnehmungen auf verschiedenen Persönlichkeits-Ebenen. Die TA unterscheidet drei „Ich-Zustände", die bei jeder Person ein einheitliches System zwischen Denken, Fühlen und Handeln darstellen. Es sind bei jedem Menschen drei Grund-Zustände erkennbar und im Verhalten sichtbar. Jeder der drei Ich-Zustände hat für den menschlichen Organismus eine lebenswichtige Bedeutung. Jedem der drei Ich-Zustände sind ganz bestimmte Gesten, Körperhaltungen, Stimmungen, Gesichtsausdrücke, bestimmte Wörter und Sprüche und wiederkehrende Abfolgen zuzuordnen:

- Kindheits-Ich   K
- Eltern-Ich   EL
- Erwachsenen-Ich   ER

In der sogenannten „Strukturanalyse" werden diese Ich-Zustände und ihre Interaktionen untersucht und beschrieben.

Kind-Ich-Zustand: K

Dies ist der Bereich der Vitalität und Kreativität. Im K entstehen kreative Denkakte, frühe Reaktionsbildungen, ein konsistentes Muster von Gefühlen und Erfahrungen und von damit korrespondierenden Verhaltensweisen; die K-Muster sind affektiv, körperlich und kognitiv erworben.

Der Kind-Ich-Zustand ist ein Verhaltensmuster, das sich zwar in der Kindheit gebildet hat, es zeigt sich aber immer wieder auch beim Erwachsenen, und wir sind oft erstaunt, dass wir so gehandelt haben, uns sagen: „Das Kind im Manne" oder „die emotionale Frau". Im K sind alle Bedürfnisse, Gefühle und Triebe „enthalten". Wir handeln oft - unbewusst -, wie wir als Kinder gern gehandelt haben oder hätten:

Wir spielen, weinen, lachen, sind neidisch, haben Sehnsucht, trauern, tanzen, sind enttäuscht, lieben uns usw.

Das K ist der emotionale Bereich der starken, unzensierten Gefühle. Es kann sich spontan, neugierig, sinnenfroh, respektlos zeigen, auch rücksichtslos und grausam.

Das K zeigt sich unter zwei Aspekten: Das „freie" oder „natürliche", „innengeleitete" Kind - fK - lebt spontan seinen Bedürfnissen. Wenn dem K die Spontaneität fehlt und es auf Autorität reagiert, spricht man vom „angepassten, reaktiven" Kind - aK.

Jeder Aspekt kann sowohl positiv wie auch negativ geprägt sein.

Ist der K-Anteil eher „angepasst", „fügsam", so äußert er sich im negativen Sinn als das „ärgerliche", „rebellische", „trotzige" Kind. In positiver Richtung bilden sich Einsicht, Vernunft, Freundlichkeit. Das aK hat gelernt: sich benehmen, gehorchen, auswendig lernen, sich schuldig fühlen, schmollen, höflich sein, rebellisch sein, reumütig sein, ohne eigene Initiative und Meinung sein; Schamgefühl und Gewissen bilden sich aus.

Im fK sehen wir das unbeeinflusste Kind: Es ist faul, es freut sich, ärgert sich, ist neugierig, spontan, schamlos, es weint und lacht, wie es ihm gerade zumute ist, weiß nichts von Recht, Moral und „richtigem" Verhalten.

„Das freie Kind drückt sich also selber spontan aus, ohne sich um die Reaktionen all der Elternfiguren in der Welt zu kümmern, während wir unser angepasstes Kind dann zeigen, wenn wir uns eingeschliffener Verhaltensweisen bedienen, mit deren Hilfe wir immerhin mit anderen Menschen auskommen und sogar für uns wichtige Menschen auf uns aufmerksam machen können."[123]

Der intuitive - schöpferische, neugierige, pfiffig-manipulative - Teil des Kind-Ich Zustandes wird in der TA öfters „Der kleine Professor" genannt. Von diesem Zustand aus stellt das Kind die natürlichsten und offenen Fragen, die uns Erwachsenen - in unserem Eltern-Ich - EL - so oft in Verlegenheit bringen: „Mutti, was ist Sex?" - „Vati, warum musst du immer eine Frau küssen?" usw. „Der kleine Professor", „Menschenkenner", „Künstler", „Rechtsanwalt", „Pfiffikus" ist Ausdruck des Erwachsenen-Ich (ER) des Kindes (ER 1). Dieses K stellt offene und natürliche Fragen, die oft Tabus verletzen und den Lehrenden aus der Fassung bringen. Es ist naiv intuitiv, kreativ, manipulativ, eigenbezüglich, magiegläubig, es hat auch Schuldgefühle.

Gerade dieser Anteil bringt uns Pädagogen so oft in eine Zwickmühle: Einerseits sind wir im Lernprozess auf diesen neugierigen Anteil angewiesen, gleichzeitig aber sind wir, wenn wir im kritischen Eltern-Ich bleiben, schockiert, wenn Kinder und Schüler „unmögliche" Fragen stellen.

K-Verhalten ist hör- und sichtbar: Lautes, herzhaftes Lachen, in die Hände klatschen, kichern, springen, hüpfen, mit den Füßen aufstampfen, sich auf den Boden werfen, an den Nägeln kauen, in der Nase bohren, weinen, schreien, schmollen. Im K liegen auch diejenigen Persönlichkeits-Anteile, die wir als „Schatten" verleugnen, verdrängen oder auf andere projizieren: z. B. „der kleine Faschist" oder „der kleine Sadist". Er kann unter der sozialisierten Oberfläche durchbrechen. Er darf nicht verdrängt oder verleugnet werden. Unser Schatten ist integraler Bestandteil unserer Persönlichkeit, etwas Normales, und prägt entscheidend unsere Beziehungen zu Anderen und zu uns selbst. In einer Subjektiven Didaktik ist die Auseinandersetzung mit dem eigenen Schatten eine wesentliche Voraussetzung für Verständigung.

Das K ist der „wertvollste", weil lebendigste Persönlichkeitsanteil. Es ist der einzige, der genießen kann: Spontaneität, Sexualität, Lebensfreude, Kreativität drücken sich darin aus. Die Verständigung in einer Subjektiven Didaktik muss also darauf angelegt sein, das ursprüngliche unbefangene Kind-Ich zuzulassen. Gemeinsame Gefühle schaffen Vertrautheit und sind eine gute Basis für Verständigung.

Eltern-Ich-Zustand: EL

In dieser Haltung kommt kein eigenständiges Denken und Verhalten zum Ausdruck.

Das EL besteht im Kern aus Nachahmungen von Verhaltensmustern erwachsener Autoritäts-Personen. Ein Kind nimmt wahr, was z. B. die Eltern sagen und tun und speichert es dauerhaft im EL. Ermahnungen, Regeln, Gebote und Verbote sind unentbehrliche Hilfen zum psychischen und sozialen Überleben. Diese Imitation zeigt sich auch in Mimik, Gestik und bestimmten sprachlichen Wendungen: Ein Kind spricht „altklug". Es neigt auch zu einem norm-orientierten Urteilen, zu fürsorglichem Bemühen um andere.

---

[123] Rogoll, 1991, S. 15

Den EL-Zustand teilt man ein in einen „nährenden-fürsorglichen", „wohlwollenden", andererseits in einen „normativen", „kritischen" oder „kontrollierenden" und einen „sabotierenden" Teil (fEL / kEL / sEL).

Der *nährend-fürsorgliche* Anteil (fEL) übernimmt folgende Seiten: in positiver Hinsicht pflegen, hegen, loben, unterstützen, helfen, ernähren, umsorgen usw. Das teilnehmende, wohlwollende, gewährende fürsorgliche EL schützt, betreut.
Negativ kann es sich auswirken, wenn sich dieses Verhalten als „over-protection,, äußert.

Der *kritisch-kontrollierende* Teil (kEL) hat ebenfalls zwei Gesichter: ein positives und ein negatives. Es kritisiert, befiehlt, wertet ab, straft, züchtigt, schimpft, kontrolliert, beherrscht, hält aber auch alles in Ordnung. Das normative, voreingenommene, kritische, einschränkende, von Vorurteilen ausgehende EL ist verantwortlich, gebietet, korrigiert, belehrt, tadelt, bestraft, kritisiert, aber es belohnt und ermutigt auch und setzt Rahmen. Fehlformen dazu sind Sadismus und Machtstreben, Arroganz und Intoleranz.

Der *sabotierende* Anteil (sEL) verkündet eine Todesbotschaft[124]: „Sei nicht!" – „Du bist nichts wert!" – „Es wäre besser, du wärst nicht geboren." – „Weil du da bist, geht es mir schlecht." Schon Kinder verfügen über ein EL. Es ändert sich zwar im Laufe des Lebens, aber die frühe Ausprägung bleibt wichtiger als alle späteren Modifizierungen. Im wesentlichen werden in diesem Zustand imitierte Verhaltensweisen der Eltern oder anderer Autoritätspersonen ganz und ohne Veränderung reproduziert - wie auf einer Platte oder einem Videoband. Die Weitergabe von Werten und traditionellen Mustern ist die Hauptaufgabe dieses „Zustandes". Hier liegt seine Bedeutung für das Überleben von Kindern und für das Fortbestehen der Gesellschaft bzw. Zivilisation.

Wir Lehrende haben professionell hauptsächlich diesen Zustand zu übernehmen, mit allen positiven wie negativen Folgen für uns persönlich. Wenn wir nicht auf uns selbst aufpassen, verfestigt sich dieser Zustand in uns, und wir sind z. B. nicht mehr in der Lage, von der Rolle des Lehrers aus in unseren Kind-Ich-Zustand zu gehen und beispielsweise mit den Schülern Unsinn zu machen.

Das Verhaltensrepertoire des Eltern-Ich kann im Laufe des Lebens je nach den Erfahrungen der betreffenden Person erweitert oder verengt werden. Bis ins hohe Alter kann sich dieser Zustand verändern oder aber auch verfestigen: Wenn wir mit Situationen konfrontiert werden, die elterliches Verhalten erfordern, werden wir nur auf bisherige Muster von Autoritätspersonen zurückgreifen oder Teilmuster von bewunderten Personen, die uns im Laufe des Lebens begegnet sind, übernehmen und so auch im Eltern-Ich-Zustand erfahrungsfähig und damit in gewissem Umfang flexibel bleiben.

Wir befinden uns dabei in einer besonderen Gefahr: Wenn sich unser Eltern-Ich-Zustand in der Durchsetzung und Bewährung gegenüber Lehrenden so weit verfestigt hat, dass unser Unbewusstes auf diesen „bewährten" Mustern beharrt, weil sie uns scheinbar besser überleben lassen, werden wir ohne fremde Hilfe kaum noch Muster von später bewunderten Personen stabil und ohne innere Abwehr übernehmen

---

[124] Siehe „Einschärfungen" im Lebens-Skript

können, werden damit in neuen Situationen erfahrungs-unfähig und wehren kategorisch alles ab, was neu sein kann. Deshalb halte ich die Praxisbegleitung in Form von Supervision für das dringendste Gebot für unseren Berufsstand.

Erwachsenen-Ich-Zustand: ER

Man vergleicht diesen Zustand meist mit einem Computer, der Informationen sammelt, verarbeitet und etwas voraussagt. Dabei werden Kategorien, Schemata, Begriffe, Systeme usw. benützt, und so sind wir Menschen in der Lage, eine Sache von verschiedenen Standpunkten aus zu betrachten, zu analysieren und emotional unabhängig zu entscheiden. Allerdings nur dann, wenn wir gelernt haben, innerpsychische Affekte bewusst anzunehmen oder sie bewusst für eine gewisse Zeit auch auszublenden. Dieser Ich-Zustand prüft die Angemessenheit und Zweckmäßigkeit von Handlungen.

Das ER drückt sich in einer sachlichen Haltung aus:

Realitätsprüfung, Erforschung, Berechnung	Transversale Vernunft
Verarbeitung von Informationen	Informationsfragen
Wahrnehmung innerer Prozesse und äußerer Vorgänge	Einschätzung von Möglichkeiten aufgrund der gegebenen Situation und früher gemachter Erfahrungen
Autonome Verantwortung, Zuverlässigkeit, Bereitschaft zu verantwortlichen Entscheidungen	Bedenken von Folgen; Schlussfolgerungen für das Überleben

Diese Ich-Zustände sind stets nur einzeln wirksam, können aber blitzschnell wechseln. Eine Person ist immer nur und ausschließlich in *einem* dieser drei Ich-Zustände.

Der jeweils wirksame Ich-Zustand wird als *handlungsleitender Zustand* bezeichnet. Das heißt nicht, dass die anderen Ich-Zustände nicht vorhanden sind, nur haben sie im Augenblick nicht genügend Energie zur Aktivierung des Bewegungsapparates. Dabei kommt dem ER die Aufgabe zu, die Ich-Zustände zu kontrollieren und entsprechend zu aktivieren. Es ist sozusagen „Beobachter" und kann sogar einen Dialog mit dem gerade aktuellen Ich-Zustand aufnehmen: „Das ist ja ganz schön, was du da machst, aber was sagen da deine Kollegen dazu?"

Oftmals bewirken solche Dialoge, dass das handlungsleitende Ich - meist das Kind-Ich - zugunsten des Eltern-Ich „entthront" wird mit der Folge, dass ein Lehrer beispielsweise ganz schnell eine lustige Situation, die er zusammen mit der Klasse erlebt hat, abbricht und todernst wird: „Jetzt ist aber Schluss mit dem Spaß", vielleicht sogar errötend nach der Tür schaut, ob eventuell ein Kollege oder gar der Schulleiter an der Tür steht. Man kann diesen Dialog auch als „Stimme im Kopf" bezeichnen, die in den meisten Fällen erniedrigende Kommentare spricht: „Du bist blöd, verrückt, hässlich, du spinnst" usw.

Daneben können es auch Stimmen sein, die Misserfolg voraussagen oder Unglück ankündigen: „Du wirst schon sehen, wenn du so weitermachst ... Eines Tages wirst du es bitter bereuen ..." usw.[125]

Wir Pädagogen erleben auch noch eine dritte Seite dieses Dialogs. Diese Stimme sagt uns: „Tu's nicht! Unterlasse das, das gehört nicht zu deinem Berufsbild."

Eine besondere Beziehung herrscht zwischen dem K und dem EL: Das freie K kann nur leben, wenn das wohlwollende EL es zulässt. Wenn wir die Lustlosigkeit und Apathie von Schülern erleben, so können wir mit der TA verstehen, dass dies Haltungen sind, die aus der Unterdrückung des K resultieren. Diese Unterdrückung wiederum wird durch die strukturellen Gegebenheiten von Schule und Betrieb bewirkt.

Grundbedürfnisse

Nach Auffassung der TA werden die Menschen durch drei Grundbedürfnisse bestimmt, die die Grundlage aller menschlichen Aktivitäten darstellen und das Verhalten steuern:

- Der Hunger nach Zuwendung: *Reiz-Hunger*
- Der Hunger nach Anerkennung: *Aufrechterhaltung des Selbstwertgefühls*
- Der Hunger nach Zeitgestaltung: *Struktur-Hunger*

Der Hunger nach Zuwendung: Reizhunger

Diesem Hunger entspricht ein biologisches Bedürfnis nach sinnlichen Reizen, deren Fehlen zu seelischen und organischen Störungen führt. Wie der Hunger nach Nahrung ist diese Art von Hunger überlebensnotwendig.

Der Umgang mit meiner „Streichel-Sparwirtschaft„

Jedes menschliche Wesen hat die Fähigkeit, das Bedürfnis und das Recht, Streicheleinheiten frei und ungehindert auszutauschen. Diese Fähigkeit, dieses Bedürfnis, dieses Recht werden im Namen des „Allgemeinwohls" künstlich beschnitten und knapp gehalten. Diese einschränkende Streichel-Ökonomie gründet sich auf bestimmte gesellschaftliche Regeln: Diese Regeln unterstützen samt und sonders die Leugnung und Manipulation von Grundbedürfnissen nach Austausch, Nähe und Kontakt. Ihre Einhaltung sorgt in der Erziehung von Kindern und im Umgang von Erwachsenen miteinander für gesellschaftlich erwünschtes Verhalten - allerdings um den Preis eines ständigen „Streichel-Defizits".

Das Bedürfnis nach Zuwendung und Beachtung gehört nach Steiner[126] zur anthropologischen Grundausstattung des Menschen, und dieses Bedürfnis ist ein außerordentlich mächtiges Instrument bei der Gestaltung unserer sozialen Beziehungen. Wenn Zuwendung zum Aufbau und zur Erhaltung von Macht eingesetzt wird, entstehen Neid und Eifersucht.

Bei Eltern und Lehrenden begegnet man häufig einem Anspruch auf Zuwendung: Subjektiv aufrichtig wollen sie „ja nur das Beste" für die Kinder. Leider aber heiligt der Zweck oft die Mittel.

---

[125] vgl. „Kopfbewohner oder: Wer bestimmt dein Denken?" von Goulding, 1989

[126] Steiner, 1982

Der Hunger nach Anerkennung: Aufrechterhaltung des Selbstwertgefühls

Im Verlauf unseres Lebens verwandelt sich unser Verlangen nach sinnlichem Kontakt teilweise in symbolische Formen der Zuwendung und in die Sehnsucht nach Anerkennung. Das Bedürfnis nach Zuwendung und Anerkennung, nach Wahrgenommen-Werden kann durch wirkliches körperliches Streicheln[127] befriedigt werden, dann aber auch durch die verschiedensten Formen der Anerkennung: durch einen Blick, ein lobendes Wort.[128] Eine der schönsten Formen des Streichelns ist wohl das „aktive Zuhören".[129] Das Wesentliche dabei ist die Wechselwirkung zwischen den Partnern, die durch Formen des *Feedback* hergestellt wird. Das aktive Zuhören ist einfühlend und verzichtet auf Wertung.

Nach unseren Erfahrungen kann die Art der Zuwendung positiv oder negativ oder beides gleichzeitig sein. Ein Kind, das gelernt hat, dass es „böse" ist, wird häufig die Aufmerksamkeit anderer durch aggressives Verhalten auf sich lenken und lieber die Konsequenzen dafür tragen, als gar keine Zuwendung zu bekommen. Es erträgt „lieber" Schläge als Gleichgültigkeit. Negatives Streicheln drückt eine Missachtung der Person aus und kann eine „Verlierer"-Haltung erzeugen. Positives Streicheln kann helfen, eine „Gewinner"-Haltung aufzubauen.

Der Hunger nach Zeitgestaltung: Strukturhunger

Die Entdeckung dieses „Hungers" ist für uns Didaktiker sehr wichtig geworden.[130] Jeder Mensch hat das Bedürfnis, seine Zeit zu strukturieren und darin eine Ordnung zu finden. Die Art und Weise, wie ein Mensch seine Lebens-Zeit ausfüllt, hängt ab von seiner Grundanschauung, seinem Lebensplan und seinem individuellen Bedürfnis nach Zuwendung. Die TA unterscheidet sechs verschiedene Arten der Zeit-Strukturierung, die nach zunehmender Intensität der Zuwendung geordnet sind.

---

[127] „Streicheleinheit" - „stroke" nennt Berne sehr anschaulich eine Einheit im Transaktions-Prozess.

[128] Oft wird mit Geld versucht, sich Zuwendung zu erkaufen.

[129] Gordon, 1991; siehe Rogers, 1989

[130] siehe Prinzip und Postulat der Zeitstrukturierung, „Temporalisierung2

Sie alle haben sowohl positive wie auch negative Aspekte, die in unten stehendem Schaubild deutlich werden:

ZEITSTRUKTUR	Positiver Aspekt	Negativer Aspekt
Rückzug	Schlaf, Meditation, Tagträume sich selbst streicheln	sich zurückziehen / Selbstvorwürfe machen
Ritual	gesellschaftlich garantierte Form von Zuwendung	sich hinter gesellschaftliche Rituale zurückziehen
Zeitvertreib	Gespräche über den Gartenzaun, im Wartezimmer Spiele, Hobbys, Sport	in Oberflächlichkeiten steckenbleiben
Aktivität	Arbeit, Hobbys, Erfahrungen von Kompetenz Zusammenarbeit mit Anderen	füllt die ganze Zeit aus / verhindert intensivere Begegnungen
Psychologische Spiele	vermitteln intensiven negativen Streichel-Austausch	destruktiv für die Beziehungen und den Einzelnen, setzen negative Skript-Entscheidungen fort
Intimität	offene, vertrauensvolle Begegnung mit Menschen und geistigen Inhalten der Gegenwart und Vergangenheit	Vermeidung der Tatsache, dass zum Nahesein auch die Distanz und das Unterschieden-Sein gehören

Didaktisch ist die Art, wie jemand den Reizhunger, den Anerkennungshunger und den Strukturhunger befriedigt, wichtig für die Entwicklung seiner individuellen *Lernzeit*. Leider ist in vielen didaktischen Situationen die Ausbildung einer individuellen Lernzeit nicht mehr möglich, weil organisiertes Lernen durch *diachrone Zeitabläufe* bestimmt wird.

Das Drama-Dreieck

Drei wiederkehrende Rollen nehmen Menschen in psychologischen Spielen bevorzugt ein: *Retter*, *Verfolger* und *Opfer*.
In der *Retter-Rolle* befangen ist jemand, der, um vor sich selber bestehen zu können, jemanden braucht, dem er helfen kann. Der „Retter" tröstet, gibt Ratschläge, ohne darum gebeten worden zu sein. Er „entwertet" oder „missbraucht" den Anderen dadurch, dass er ihn nicht als eigenständige, autonom problemlösende Person wahrnimmt und akzeptiert, sondern sein eigenes Bedürfnis befriedigt, nämlich sein Selbstwertgefühl zu steigern. Ein „Retter" tendiert dazu, den Anderen in die „Opfer"-Rolle zu drängen, weil er jemanden benötigt, dem er helfen kann. Ein *Opfer* ist jemand, der sich gern abhängig, schüchtern und hilflos zeigt und auch wirklich so fühlt. Der *Verfolger* macht Vorwürfe, klagt an, beschuldigt und kritisiert, er lacht auch aus und straft.
Auch wenn es so aussieht, als hätten „Retter" und „Verfolger" überlegene Positionen, so fühlen sie sich doch, ohne sich dessen bewusst zu sein, unterlegen und unwichtig.

Sie wollen sich - unbewusst - ihre „Daseinsberechtigung" dadurch „verdienen", dass sie sich um andere kümmern bzw. eine „höhere Gerechtigkeit" vertreten. Man kann die einzelnen Gefühlsanteile der Rollen, es sind die *Ersatz-Motivation*en, psychodramatisch darstellen. Dann wird deutlich, dass zur Verfolger-Rolle speziell folgende Aspekte gehören: Wut, Macht, Angst. In der Retter-Rolle fühle ich z. B.: „Mir geht es gut - dem anderen soll es auch gut gehen." „Ich weiß, was für den Anderen gut ist." Das ist der „missionarische" Anteil. „Ich helfe bedingungslos, ohne eine Belohnung dafür zu bekommen." Solche manipulative Rollen kennen wir alle, besonders auch im Lehr- und Lernbereich. Wenn wir nicht aufpassen, verfestigt sich in unserer beruflichen Sozialisation die Retter- und Verfolger-Rolle sehr schnell, und wir sind nicht mehr imstande, uns selbst aus diesen Rollen herauszuholen.

Entscheidend ist: Es geht nicht darum, gelernte Verhaltensweisen zu verurteilen, sondern sie zu durchschauen und die gewohnten Transaktionen zu durchbrechen, sonst ändert sich nichts. Wir müssen als Pädagogen „aufdeckende" Arbeit leisten und erkannte Grammatiken wertfrei annehmen, ohne sie zu verurteilen. Jeder Mensch hat solche Anteile in sich, und wenn wir diese verurteilen, kommt es zu Aggressionen.

Niemand sollte versuchen, den Anderen zu ändern. Jeder muss und wird seine Struktur selbst ändern, wenn er es kann. Wir können dem anderen nur mitteilen, was wir an ihm beobachten - wenn er bereit ist, es sich anzuhören.

Unsere gegenwärtige *Lernkultur* ist geradezu auf die Festschreibung dieser manipulativen Rollen ausgerichtet. Dabei wird der Andere, meist der Lernende - nicht als vollwertige Person respektiert, die ihre eigenen Wesenszüge hat, besonders dann nicht, wenn sie Bedürfnisse, Gefühle und Ansichten äußert, die denen der Lehrenden widersprechen.[131]

- Der *Retter* benötigt jemanden, dem er helfen kann. Diese Rolle hat stark unterdrückenden Charakter.[132]
- Das *Opfer* gibt sich hilflos und trägt selbst dazu bei, eine Situation zu stabilisieren.
- Der *Verfolger* fühlt sich im Recht, wenn er kritisiert und straft.

Diese Rollen sind austauschbar und können bei ein- und derselben Person blitzschnell wechseln. Das System erhält sich durch Rückkopplung selbst. Das Spiel endet, wenn einer der Partner sich weigert, mitzuspielen - das ist dann ein qualitativer Sprung auf eine höhere Ebene, oder wenn der Urheber sein unbewusstes Ziel erreicht hat.

Abbildung 4: Rollenkonfusion im Drama-Dreieck

---

[131] Ein typisches Gesprächs-Muster ist in diesem Falle das „Ja-Aber"-Spiel.

[132] vgl. Schmidbauer, 1991

Botschaften

Man unterscheidet folgende destruktive Verfügungen oder Einschärfungen, auch „Botschaften" genannt, die dem Kind meist non-verbal übermittelt worden sind und die ihm unbewusst bleiben:[133]

Sei nicht!	Werde nicht erwachsen!	Zeige keine Gefühle!
Sei nicht, der du bist!	Hab' keine eigenen Bedürfnisse!	Schaff's nicht!
Sei nicht wichtig!	Sei kein Kind!	Geh' nicht deinen eigenen Weg!
Gehör nicht dazu!	Sei nicht nahe!	Sei nicht gesund!
Denke nicht!	Traue niemandem!	Sei nicht glücklich!
Sei nicht aktiv!		

In Form von Ratschlägen und Ermahnungen, sogenannten *Gegeneinschärfungen*, versuchen Eltern oft, destruktive Grund-Botschaften wieder zu entschärfen.
Oft wird aber gerade durch diese *Antreiber* die Wirkung der negativen Botschaften noch verstärkt.

Solche „Antreiber" können heißen:

Sei perfekt!	Streng dich an!	Beeil' dich!
Sei stark!	Mach es mir recht!	

„Botschaften" wie „Antreiber" wirken stark einschränkend auf das Kind, da sie nur eine bedingte Annahme der Person ausdrücken: „Du bist nur o. k., wenn Du ..."

Wenn eine Persönlichkeit sich autonom entwickelt, zeigt sie folgende Einstellungen:

> *Sie hat den Mut, selbst Verantwortung zu übernehmen.*
> *Sie benutzt keine manipulativen Spiele.*
> *Sie hält sich an Abmachungen.*
> *Sie entscheidet sich dafür, zu den Mitmenschen „redlich" zu sein,*
>   *d. h. sich authentisch zu verhalten[134] und mit sich selbst kongruent zu sein. So wird auch Intimität möglich.*
> *Sie hat den Willen und entwickelt die Fähigkeit, die Realität so zu sehen, wie sie ist.*

---

[133] nach Goulding

[134] vgl. Cohn: „Selektive Authentizität"

Unsere „Schattenperson"

Für unsere Problemstellung ist es dringend erforderlich, dass wir uns im Unterricht weitaus mehr und intensiver mit unserer „Schattenperson" beschäftigen.

Wir sprechen in der Erziehung und im Unterricht von sehr vielen Zielen: Erziehung zu Autonomie, zu Selbstbestimmung, Emanzipation usw. Dies ist alles richtig, aber wir tun so, als ob wir diese Erziehung aus der kognitiven Sicht heraus leisten könnten. Das ist eine gewaltige Täuschung. Wir sind weit mehr durch unsere „Schattenperson" festgelegt, als wir herkömmlicherweise glauben.[135]

Diesen Sachverhalt haben Pädagogen bisher meist ignoriert. Wenn wir die pädagogische Literatur betrachten, so ist es für mich erschreckend, mit welcher Naivität die Bildsamkeit des Menschen vorausgesetzt wird. Daher können wir nicht umhin, in unserer Subjektiven Didaktik die „Schattenperson" als integralen Bestandteil der Beziehungen zwischen den am Unterricht beteiligten Personen zu untersuchen. Erst dann, wenn wir im Besitz des eigenen Bewusstseins sind und die Verantwortung für dieses Besitzrecht selbst übernehmen, wenn wir Autor unserer eigenen Handlungen werden und aufhören, die Autorität über uns selbst anderen zu überlassen, können wir von Erziehung zu Autonomie und Selbstverantwortung sprechen.[136] Wenn es für Lehrende und für Lernende möglich ist, Verantwortung und Urheberschaft für Handlungen und Entscheidungen selbst zu übernehmen und dadurch zu personaler Autonomie zu gelangen, können wir von einem gelungenen Unterricht sprechen. Dies wird aber nur gelingen, wenn wir lernen, unsere Schattenperson anzuschauen und sie auch im sozialen System zu akzeptieren.

Eine „Schattenperson" ist Ausdruck der Weigerung eines Individuums, den Text seines eigenen Lebens, sein eigenes Ich zu besitzen und zu verantworten. Sie ist die Art und Weise, wie ein Individuum Kommunikation vor sich selbst verbirgt; sie ist ein persönlicher Text, dessen Autorschaft abgeleugnet wird, eine Stimme, zu der man sich nicht bekennt: ein unerlaubtes Antlitz. Der „Schatten" repräsentiert persönliche Handlungen und Kommunikationen, deren Sinn das Individuum selbst nicht bewusst begreift. Es weiß nicht, was sie bedeuten, weil es den Text seines eigenen Lebens und dessen erzählende Geschichte unbewusst falsch gedeutet hat. Ein Schatten wird zu einem „versteckten Gesicht", einer geheimen Persönlichkeit, die sich ständig in die bewussten Kommunikationen der Person einschleicht, sie verzerrt und zensiert.

Die TA bietet wichtige Bausteine für Didaktisches Handeln. Sie kann in vielen Situationen Klarheit über vorfindliche Kommunikations- und Persönlichkeits-Strukturen schaffen, ohne dass sie den Menschen unzulässig typisiert oder in bestimmte „Schubladen" steckt. Sie ist für eine Subjektive Didaktik besonders wichtig, weil sie einen Bezugsrahmen zur Bewertung alter Entscheidungen und gewohnter Verhaltensweisen abgibt und damit zur Veränderung dessen beiträgt, was für eine wirkliche Verständigung hinderlich ist.

---

[135] Hermann Hesse schreibt im „Demian": „Wenn wir einen Menschen hassen, so hassen wir in seinem Bild etwas, was in uns selber sitzt. Was nicht in uns selber ist, das regt uns nicht auf.", zitiert nach Schulz v. Thun, 1991, S. 176

[136] Die Unvollkommenheit des Menschen: Ditfurth, 1991, S. 314 f.

c) Psychodrama (PD)

Den Begründer des Psychodramas, J. L. Moreno, interessierten verschiedene Aspekte des menschlichen Verhaltens in unterschiedlichen Bereichen: Er beschäftigte sich mit Soziologie, Philosophie, Religion, Psychologie und Dichtung. Er ist der Begründer der Gruppen-Psychotherapie und der Soziometrie, aus denen er das Psychodrama entwickelte. Seine Theorie beruht auf einem universellen Weltbild und einer ganzheitlichen mikro- / makrokosmischen Weltanschauung: Danach ist jedes, auch das kleinste Lebewesen, ein Spiegelbild des gesamten Universums.

Grundaussagen des Psychodramas

> *Der Mensch ist Schöpfer seiner Welt, seines Seins*
>   *und zugleich Handelnder für sein Leben und seine Existenz.*
> *Ziel des Lebens ist die kreative Gestaltung der Welt durch Interaktion.*
> *Im Rollenwechsel mit dem Anderen gestaltet der Mensch sein Selbst*
>   *und arbeitet an der Gestaltung des Universums mit.*

Das im Psychodrama entwickelte *Stegreif-Theater* bietet einen Platz für die Erprobung des Lebens, einen Platz für die Wahrheit und besonders eine Bühne für alle. Wenn Du auf der Bühne stehst, bist Du frei und kannst alles darstellen, was Du willst und was Deine Wahrheit ist.

Wesentliche Elemente dieser Grundhaltung sind

- das Prinzip der Spontaneität
- das Prinzip der Kreativität

Spontaneität und Selbstverwirklichung sind untrennbar miteinander verbunden. Der Zusammenhang dieser beiden Prinzipien wird verstanden als

- aufmerksames Wahrnehmen im Hier und Jetzt
- bewusstes Leben des Augenblicks
- angemessene Begegnung mit neuen Situationen

Im Psychodrama ist ein Feld für das Aktivieren verschütteter Spontaneität gegeben, wo man sie wieder hervorholen und neu beleben kann. Das Psychodrama ist eine ausgezeichnete Methode, um die *Biographische Selbstreflexion* zu entwickeln, um das Lernen in wesentlich besseren Formen zu bringen und schließlich um in den Bereichen „Beratung", „Supervision" und „Didaktik" wertvolle Arbeit zu leisten.

Dafür hat das Psychodrama ein bestimmtes Instrumentarium entwickelt:[137]

- Bühne, Psychodrama-Leiter, Protagonist, Gruppe, Hilfs-Ich
- Techniken, wie z. B. Rollentausch, Doppeln, Spiegeln

---

[137] siehe Studienbriefe im SD-Verlag, Bahlingen

Die klassische Form ist das Protagonistenspiel; inzwischen aber hat sich das Psychodrama in vielen neuen Formen weiterentwickelt: Soziodrama, Monodrama, *Bibliodrama, Interaktionsdrama* usw.

Didaktisch ist diese Methode höchst interessant, vor allem
- für die Durcharbeitung von sozialen Problemen in der Gruppe
- zur Biographischen Selbstreflexion
- als Methode der Verständigung und sozialen Aneignung
- als Methode zur Bildung von didaktischen Morphemen
- als Methode zur Bildung von Lern-Chreoden
- als Methode zur Herausarbeitung des gegenwärtig bestehenden Didaktischen Universums jeder Lehr- und Lernperson

Für unseren Zusammenhang ist z. B. das „Lerndrama" nach Kösel von besonderem Interesse.

Diese Methode habe ich selbst kennengelernt und eine Zusatzausbildung darin gemacht. Erst danach habe ich begriffen, welch enormes didaktisches Potential darin steckt.

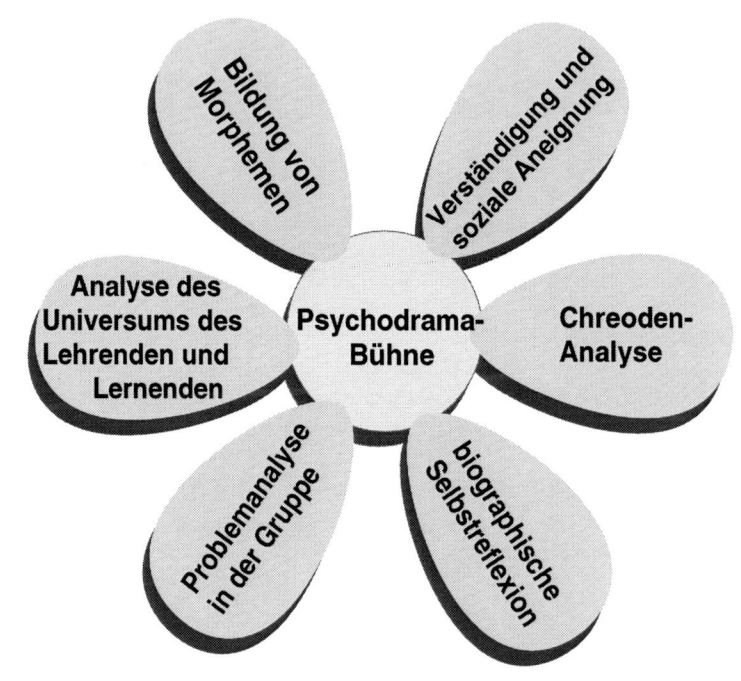

Abbildung 5: Methodische Möglichkeiten des Psychodramas

3. Referenz-Theorien

Das oben beschriebene Instrumentarium soll nun kurz erläutert werden:

Bühne
Die Bühne ist der eigentliche Raum des Psychodramas: ein bewusst abgetrennter Bereich im Gruppenraum, der als fiktive Bühne gilt. Im Spiel begegnen Protagonist und Leiter Personen und Figuren des Protagonisten. Der Protagonist gestaltet die offene Bühne durch seine Schilderungen und Vorstellungen. Wichtig dabei ist die konkrete Situation in einem konkret gestalteten Raum auf der Bühne.

Psychodrama-Leiter
Der Psychodrama-Leiter ist verantwortlich für das Zustandekommen und den Verlauf des Spiels. Er aktiviert die Gruppe und den Protagonisten für das Spiel durch Erwärmung, Warming-up. Er hilft, das Spiel zu strukturieren, und er interveniert, wenn unangebrachtes Rationalisieren zu beobachten ist oder wenn der Protagonist nicht in der Lage ist, eine Gestalt darzustellen.

Protagonist
Der Protagonist ist der Hauptdarsteller eines Spiels. Er spielt in freier Aktion aus dem Stegreif. Es wird vorher nichts geplant, so wie es beim Rollenspiel oft der Fall ist.
Er spielt spontan aus seinem Leben. Dabei erfährt er sich selbst vom Standpunkt seines Ichs aus und sieht sich zudem im *Rollentausch* mit den Mitspielern aus deren Sicht. Eine Bewertung des Protagonisten-Verhaltens von Seiten der Gruppenmitglieder ist verboten. Es ist *seine* „Wahrheit" auf der Bühne. Die einzige Autorität im Hinblick auf den subjektiven Wirklichkeitsgehalt der Darstellung ist der Protagonist. Das Hilfs-Ich muss der Darstellung des Protagonisten zustimmen und akzeptieren, dass dieser subjektiv im Recht ist. Dies ist deshalb möglich, weil jedes Ich von seinem Standpunkt aus recht hat.

Hilfs-Ich
Die Mitspieler des Protagonisten sind Gruppenmitglieder, die vom Protagonisten selbst für Rollen, die in der Szene vorkommen, ausgewählt werden; sie werden „Hilfs-Ichs" genannt. Sie helfen dem Protagonisten in seinem Bemühen, sich darzustellen und sein Verhalten zu verändern. Ferner helfen sie dem Psychodrama-Leiter bei seiner Analyse und Begleitarbeit, und schließlich ermöglichen sie den anderen Gruppenmitgliedern einen Blick in die Welt des Protagonisten und geben ihnen so eine neue Sicht.

Die Gruppe
Die Arbeit im Psychodrama ist Arbeit *mit*, *in* und *für* die Gruppe. Jeder ist während des Spiels und der Arbeit auf der Bühne mit jedem verbunden. Die Gruppenmitglieder sind an die Wahrung des Gruppengeheimnisses gebunden, d. h. sie sollen mit gruppenfremden Personen nicht über das Gruppengeschehen sprechen.

Für eine Subjektive Didaktik ist das Psychodrama eine nahezu ideale Konzeption, um die Vision eines „Lebendigen Lernens" zu realisieren.

d) Themenzentrierte Interaktion (TZI)

Diese Methode hat ihre Wurzeln in der *Existenzphilosophie*[138], in der *Psychoanalyse*, der *Gestaltpsychologie* und dem *Holismus*, der ein organismisches Konzept der Selbstverwirklichung darstellt. Ruth Cohn sieht den Menschen als biologisch-autonomes Ich an, welches in Beziehung zu sich selbst und zugleich zu anderen Menschen und zu der Welt steht. Die drei Faktoren ICH, WIR, ES beeinflussen sich gegenseitig und sind für eine gesunde Entwicklung der Persönlichkeit notwendig. Dafür ist die Balance zwischen diesen Komponenten entscheidend, sie erst macht eine geglückte Interaktion aus.[139]

Die TZI will verborgene Potentiale wieder freilegen. Inzwischen hat sich dieses Konzept auch in der didaktischen Aus- und -Fortbildung als sehr nützlich erwiesen.

Nach Ruth Cohn besteht die Aufgabe des Gruppenleiters darin, immer *den* Faktor des Dreiecks in den Vordergrund zu rücken, der gerade am wenigsten zur Geltung kommt. Überzeugend und für die Praxis sehr hilfreich sind die Grundaxiome, die sie herausgearbeitet hat:

- Sei Dein eigener Chairman!
- Störungen haben Vorrang!

In der Aussage „Sei Dein eigener Chairman" liegt die Aufforderung, sein Leben selbst in die Hand zu nehmen, frei zu entscheiden und das Leben so zu gestalten, wie es einem entspricht. Wichtig dabei ist es, die auftauchenden Störungen und Reibungspunkte zu beachten, sie nicht zu *discounten*.

Hilfsregeln der TZI für Lebendigens Lernen

Vertritt Dich selbst in Deinen Aussagen: Sprich per „Ich", nicht per „Man".

Die persönliche Aussage hat Vorrang vor dem Fragen-Stellen.

Viele Fragen sind unecht und stellen indirekt Ansprüche an die anderen.

*Halte Dich mit Interpretationen von anderen so lange zurück,
bis es Dir möglich ist, Deine eigenen Reaktionen auszudrücken.*

*Störungen haben Vorrang. Sie sind nicht destruktiv,
sondern Signale für die Verständigung.*

*Immer nur ein Gruppenmitglied hat das Wort.
Die Gruppe hört zu, bis der Betreffende ausgesprochen hat.*

Körpersignale haben große Bedeutung und sollten beachtet werden.

---

[138] M. Heidegger, M. Buber

[139] Werthmüller hat aus dem Schema der TZI das Konzept des „Themenzentrierten Theaters" (TZT) entwickelt und viele praktische Anregungen für das Lernen gegeben.

Dieses dreigliedrige Schema habe ich zur Darstellung der Basis-Komponenten für eine Subjektive Didaktik benutzt und zu einer *Didaktischen Spirale* erweitert, da es durch die Dimension der Prozess-Steuerung ergänzt werden muss:

Dadurch wird der Strukturcharakter von Unterricht reduziert und die *Dynamik* des Unterrichts-Geschehens deutlich herausgestellt.[140]

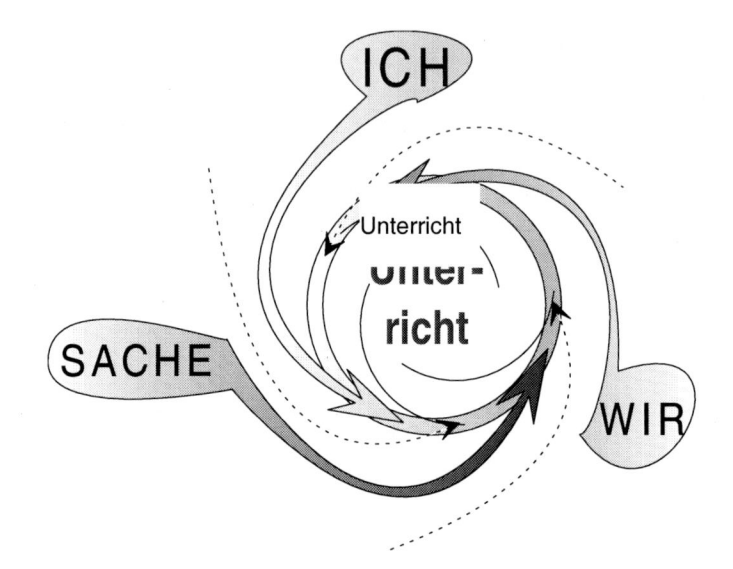

---

[140] siehe Basis-Komponenten

e) Das Konzept der Neurolinguistischen Programmierung (NLP)

Das Besondere von NLP liegt darin, dass die Basis aller Aussagen die *Beobachtung* ist. Beobachtet wird, wie der Lernende seine Informationen auswählt, welche seine bevorzugte Sinneskanäle sind und wie er sein Bild der Welt zusammensetzt.

Die NLP unterscheidet sich von anderen Konzepten durch die starke Betonung unserer fünf Sinne als Grundlage allen Erlebens und durch die konsequente Zielorientierung allen Handelns.

Hauptfragen	Techniken
Wie stelle ich eine tragfähige Beziehung zum Lernenden her? Wie erhalte ich sie aufrecht?	Rapport-Techniken
Wie erkenne ich, wie mein Partner sein „Abbild" der Wirklichkeit gewinnt und verändert?	Repräsentations-Systeme
Wie kann ich Kontakt zu bewussten und unbewussten Persönlichkeits-Anteilen herstellen und für das Lernen nutzbar machen?	Reframing
Welches sind meine eigenen Erfolgs-Strategien?	Ankern von Ressourcen

Die NLP will ein Modell menschlicher Erfahrung und Kommunikation sein.
Bei der Untersuchung von Erfahrungs- und Verhaltensmustern darf die *Beschreibung* nicht ausgeklammert werden. Diese Beschreibung muss anwendungsorientiert sein, also einen **Sinnzusammenhang** herstellen.

Grundprinzipien der NLP
- Nützlichkeit für die Eigenlogik
- Effektivität im Sinne eines Systems
- Anwendungsorientierung
- Subjektive Wahrheit

> ### *Leitfragen der NLP*
> *Welche Struktur haben subjektives Erleben und Erfahrung?*
> *Wie kann man es erkennen und verbessern?*
> *Wie organisieren Menschen ihre Orientierungs-, Denk-, Motivations-,*
>   *Lern- und Entscheidungs-Prozesse?*
> *Welche Veränderungsmöglichkeiten ergeben sich im individuellen Fall?*
> *Mit welchen Prozessen bauen sich Menschen ihr Weltbild,*
>   *ihre Wertvorstellungen und ihr Selbstbild auf?*
> *Durch welche Prozesse schränken sie sich dabei selbst ein?*
> *Wie lassen sich diese Einschränkungen beseitigen*
>   *oder wenigstens reduzieren?*

„Grund-Baustoffe" beim Aufbau des individuellen Weltbildes und der Verarbeitungs- und Kommunikations-Muster sind die
Repräsentations-Systeme
Darunter werden nicht einfach nur die Sinnes-Systeme verstanden, sondern man meint damit die „Inneren Landkarten" eines Menschen, mit deren Hilfe er sich Modelle der Realität erschafft. Diese Landkarten entstehen aus der Interaktion zwischen *internaler* und *externaler* Erfahrung.
Da wir mit der Realität über unsere Sinnes-Systeme in Kontakt kommen, sind die meisten Repräsentations-Systeme in folgenden *Sinnes-Modalitäten* organisiert:

- visuell
- auditiv
- kinästhetisch
- olfaktorisch und gustatorisch
- haptisch / taktil

Von großer Bedeutung ist nun die Erkenntnis, dass die in den Repräsentations-Systemen gespeicherten Informationen über die Welt keine bloße Abbildung der Realität darstellen. Das innere Weltmodell wird aufgebaut durch drei grundlegende *Gestaltungs-Prozesse* : duch *Generalisierung*, *Tilgung* und *Verzerrung*.
Ohne diese Prozesse wäre es den Menschen nicht möglich, sich zu orientieren, zu lernen, sich weiterzuentwickeln, zu verstehen.
Doch wenn dieses innere Modell mit der Wirklichkeit gleichgesetzt wird, wirkt es einschränkend und verarmend. Es können Probleme entstehen, Inkongruenzen und Konflikte können sich zwischen Teilen des Modells aufbauen. Es ist z. B. möglich, dass bestimmte Repräsentations-Systeme „brachliegen" oder unbewusst bleiben; möglicherweise ist das Zusammenspiel dieser Systeme bei Denk-, Lern- oder Orientierungs-Prozessen gestört. Es kommen Konflikte zwischen einzelnen Systemen vor, z. B. nach dem Muster „Ja, aber ...".

> Eine Person kann z. B. im kinästhetischen System, im Gefühl „steckenbleiben".
> Sie blendet daher wichtige Informationen aus anderen Systemen aus.
> Die Folgen davon sind Angst, Phobien, Blockierungen.

Es ist also sehr wichtig, zu erkennen, mit welchen Repräsentations-Systemen die inzelnen Menschen arbeiten und welche der drei Gestaltungs-Prozesse hauptsächlich für ihre Probleme verantwortlich sind. Dafür hat man in der NLP eine ganze Reihe von *Analyse-Methoden* entwickelt bzw. aus anderen Konzepten adaptiert.

NLP-Methoden sind folgendermaßen angelegt:

> *Sie beachten die „Ökologie" des Individuums, d. h. den Zusammenhang und die Zusammenarbeit aller dieser Ebenen.*
>
> *Das heißt auch, dass die Person selbst die Schritte einer Veränderung vollziehen muss.*
>
> *Der Lehrende ist nur der „Katalysator", der gezielte Hilfen gibt. Man kann niemanden direkt verändern.[141]*
>
> *Die Methoden sprechen stets mehrere Ebenen an.*
>
> *Sie holen die Ressourcen zur Bewältigung der vorliegenden Probleme aus einer geeigneten Ebene des Individuums und übertragen sie auf andere Ebenen, um die Person so von äußerer Hilfe unabhängig zu machen und sie zu stabilisieren.*

Einige wichtige Grundsätze für die Kommunikation in der NLP:

> *Die „Landkarte" ist nicht das Territorium.*
>
> *Die Menschen verhalten sich immer nach der besten Wahl-Möglichkeit, die ihnen im Moment zur Verfügung steht.*
>
> *Jedes Verhalten ist in einem bestimmten Kontext sinnvoll.*
>
> *In der Kommunikation gibt es keine Fehler, nur Resultate.[142]*
>
> *Die Ressourcen, die Menschen benötigen, sind alle in ihnen vorhanden: Sie sind nur nicht immer in allen Situationen verfügbar.*
>
> *Wenn etwas nicht „funktioniert", probiere etwas Anderes.*

---

[141] siehe „Die Autonomie von lebenden Systemen"

[142] siehe Selbstreferentialität

Einige wichtige Methoden für die Kommunikation in der NLP

> *Ermitteln des Ziel-Zustandes: Wohin will die Person eigentlich? Was will sie erreichen?*
>
> *Ermitteln des Problem-Zustandes: Was genau ist das Problem? Was hindert die Person daran, das Ziel zu erreichen?*
>
> *Der wichtigste Schritt besteht darin, eine in der Person liegende geeignete Ressource zu finden, die vom Problemzustand zum Ziel-Zustand führen kann.*

Ziele der NLP

> *Aufbau eines „guten Drahtes"*
>
> *Setzen und Erreichen von Zielen*
>
> *Auflösen von Konflikten*
>
> *Umgang mit negativer Kommunikation*
>
> *Kreieren und Synthetisieren von Ressource-Zuständen*
>
> *Verbessern der eigenen Reaktionen in misslichen Lagen*
>
> *Erhöhung der Glaubwürdigkeit*

Für didaktische Fragestellungen, insbesondere für die *Chreoden-Entwicklung* und die *Morphem-Bildung* ist diese humanistische Richtung sehr interessant und vielversprechend.[143]

Im Bereich der Supervision und der Biographischen Selbstreflexion nimmt die NLP einen wichtigen Platz ein.

---

[143] Literatur zu NLP: O'Connor, J., Seymour, J., Neurolinguistisches Programmieren: Gelungene Kommunikation und Persönliche Entfaltung.
Zu NLP in der Schule: Bachmann, W., Das neue Lernen, Cleveland, B., Das Lernen lehren, Grinder, M., NLP für Lehrer, Lloyd, L., Des Lehrers Wundertüte, Nagel, C. u. a., Megateaching.
Alle diese Bücher sind im Verlag für Angewandte Kinesiologie, Freiburg/Br., erschienen

f) Kommunikations-Konzepte

Subjektive Didaktik als Didaktik der Verständigung

In unserer auf Wettbewerb und Leistung ausgerichteten Gesellschaft können wir einander nicht mehr in Ruhe zuhören, aufeinander eingehen und wirkliche, echte Beziehungen aufbauen. Dies trifft auch für den Bereich von Unterricht zu. Daher gehört meines Erachtens das Kommunikationstraining zu jedem Aus- und Fortbildungs-Programm im Lehrbereich. Wird diese Fähigkeit einer angemessenen Verständigung - *Strukturelle Koppelung* - nicht vermittelt, bleiben Gespräche in der herkömmlichen Grammatik stecken, und wir wissen, dass dabei viel Unheil entstehen kann.

Die nicht-direktive Gesprächsführung

Das personenzentrierte Gespräch[144]

Die Beziehung vom ICH zum DU kann verbessert werden, wenn die Partner sich gegenseitig ihre Gefühle zeigen können. Sie geben einander die Erlaubnis dazu. So kann es zu einer hilfreichen Begegnung kommen. Das *partnerzentrierte Gespräch* gibt dem anderen Menschen die Möglichkeit, sich auszusprechen und sein Problem zu bewältigen. *Partnerzentriert* bedeutet, dass sich der „Helfer" ganz auf seinen Gesprächspartner konzentriert und seine eigene Sichtweise der Dinge zurückhält. Menschen, die gelernt haben, partnerzentrierte Gespräche zu führen, erfahren an sich selbst, wie wohltuend und hilfreich es ist, vom Anderen angenommen und verstanden zu werden. Diese Methode ist auch als „Gesprächs-Psychotherapie" (GT) bekannt. Sie ist sehr differenziert ausgestaltet und hilft auch im Lernbereich, ob es um *persönliche Beratung, Supervision* oder *Lernberatung* geht.

Einstellungen und Verhaltensweisen, die hemmen oder fördern

Verhaltensweisen und Einstellungen, die im offenen Gespräch unbedingt vermieden werden sollten:

- dem Schwachen die eigene Stärke zeigen, ihm aufzeigen, wie man selbst mit dem Problem fertig wird
- Ratschläge erteilen: „Ratschläge sind auch Schläge"[145]
- sich die Probleme des Anderen zu eigen machen, die Probleme für den Anderen lösen wollen
- durch Hilfe abhängig machen

Einstellungen, die ein hilfreiches Gespräch fördern

- Bereitschaft, auf den Anderen einzugehen, das eigene Mitteilungsbedürfnis zurückstellen
- aus den sachlichen Darstellungen die konkreten Erlebnisse und Gefühle heraushören, Empathie

---

[144] nach Rogers, Weber, 1991

[145] v. Varga

- Bereitschaft, die Empfindungen des Anderen zu verstehen, sie ernst zu nehmen, zu akzeptieren und ihm dies auch zu verstehen zu geben, „Discounting" vermeiden
- Geduld haben, wenn der Andere viel Zeit braucht, um seine Gedanken und Gefühle zu klären. Oft sind mehrere Gespräche notwendig

Rogers stellt die hilfreiche Beziehung folgendermaßen dar:

Wenn ich eine Beziehung herstellen kann, die auf meiner Seite charakterisiert ist durch

- Authentizität und Transparenz:
  Ich zeige mich in meinen wirklichen Gefühlen

- warmes Akzeptieren und Schätzen des Anderen
  als eigenständiges Individuum

- Einfühlung: die Fähigkeit, den Anderen und seine Welt
  mit seinen Augen zu sehen

dann wird der Andere in dieser Beziehung

- Aspekte seines Selbst, die er bislang unterdrückt hat,
  erfahren und verstehen

- finden, dass er stärker integriert ist; er wird eher in der Lage sein,
  befriedigend und effektiv zu agieren

- dem Menschen, der er sein will, ähnlicher werden

- mehr Selbstständigkeit und Selbstbewusstsein zeigen

- einzigartiger und fähiger zum Selbstausdruck werden

- verständiger und aufnahmebereiter gegenüber Anderen sein

- angemessener und leichter mit den Problemen des Lebens
  fertig werden können

Die 4 Seiten einer Nachricht[146]

Ausgehend von Ansätzen in der Psychologie[147] und auf der Grundlage der Kommunikations-Modelle von Bühler und Watzlawick entwickelt Schulz v. Thun ein psychologisches Modell der Verständigung. Kommunikation wird hier als ein Prozess verstanden, der unter vier Aspekten betrachtet werden kann.

Diese vier Dimensionen, einer Nachricht erfüllen verschiedene Funktionen:
Eine „Nachricht" kann *Informationen* vermitteln, *Appelle* aussprechen, etwas von der Persönlichkeit und Situation des Sprechers *ausdrücken*. Sie, vor allem ihre Form, sagt auch etwas über die *Beziehung* zwischen Sprecher und Angesprochenem aus.

Es kommt in der Kommunikation nun für den Sprecher darauf an, sich dessen bewusst zu sein, dass er mit einer Aussage immer auf allen vier Ebenen Botschaften vermittelt, auch wenn er es gar nicht will oder nicht merkt.

Der Angesprochene nimmt die Nachricht ebenfalls über vier „Ohren" auf. Es ist nicht entscheidend, ob er das will oder ob er es wahrnimmt. Je nach der Situation oder der Einstellung, mit der er die Nachricht hört, überlagert eine Dimension die übrigen.

Verständigungsprobleme auf der Sach-Seite

Werden die vier Verständlichmacher bei der Vermittlung von Sachinformationen nicht berücksichtigt, so ist der Empfänger infolge der Schwerverständlichkeit nicht in der Lage, die Information zu verstehen. Störungen entstehen somit durch Kompliziertheit, Unübersichtlichkeit, Weitschweifigkeit.

Kompliziertheit belastet die Kommunikation durch verschachtelte Sätze, Verwendung von Fremd- und Fachwörtern. Der elaborierte Sprachgebrauch dient oftmals dem eigenen Prestige: „Seht her, was für ein kluger Kopf ich bin!"

Unübersichtlichkeit ergibt sich, wenn zwischen den einzelnen Sätzen und dem Text insgesamt keinerlei Beziehungen erkennbar sind, Absätze fehlen und wichtige Gedanken nicht besonders hervorgehoben werden.

Weitschweifigkeit bedeutet übermäßige Ausführlichkeit und Unverständlichkeit.
Die *sprachliche* Weitschweifigkeit ergeht sich in vielfachen Wiederholungen, wobei lediglich die Wörter ausgewechselt werden. Die *inhaltliche* Weitschweifigkeit greift Nebensächliches auf und holt sehr weit aus. Vor allen Dingen jüngere Schüler sind mit weitschweifigen Texten überfordert, da sie das Wesentliche aus den Augen verlieren. Ihre Aufnahmefähigkeit erschöpft sich schnell, woraus dann Unaufmerksamkeit und Unruhe entstehen.

Keine Stimulanz bedeutet Verzicht auf alles, was einen Text durch die Art der Darstellung interessant und anregend machen könnte.

Ein anderes Problem bei Konflikten auf der Sachebene betrifft die *Sachlichkeit*. Kommunikationspsychologisches Ziel ist das Akzeptieren unterschiedlicher Standpunkte als Ausgangsbasis.

---

[146] Schulz v. Thun, F., 1991, 1992 und 1998; Heyer, 1990, Wege der Verständigung in einer Subjektiven Didaktik, unveröffentlichte Diplomarbeit, Pädagogische Hochschule Freiburg/Br.

[147] Rogers, Cohn, Perls, Watzlawick

Verständigungsprobleme auf der Beziehungs-Seite

Nach Tausch und Tausch sind es vor allen Dingen Herabsetzung und Bevormundung des Empfängers, welche zu einer gestörten Kommunikation führen.

„Fast die Hälfte aller Äußerungen von Lehrenden, mit denen sie die Schüler im Unterricht direkt anreden, sind missachtend und geringschätzend."

Das Sprachverhalten ist nicht reziprok: d. h. es ist nicht umkehrbar: Der Schüler - Empfänger - kann sich dem Lehrenden gegenüber nicht in der gleichen Art und Weise verhalten. Ein anderer negativer Verhaltensstil ist Lenkung, Bevormundung. Hier versucht der Sender, den Empfänger durch Verbote, Vorschriften und Fragen zu beeinflussen. Werden Kinder zu sehr gegängelt und bevormundet, so wirkt sich dies negativ auf die Entwicklung ihrer Selbstständigkeit aus. Andererseits kann es auch zu einer Auflehnung gegenüber starker Lenkung und Kontrolle kommen.

Konstruktive Verständigung hingegen ist an die Wertschätzung einer Person gebunden. Gleichermaßen zählt hierzu das Einräumen von Entscheidungsfreiheit im Gegensatz zu Bevormundung.

Verständigungsprobleme auf der Appell-Seite

Für sogenannte „gut gemeinte" Appelle zeigt sich der Empfänger selten empfänglich. Welche Faktoren spielen für diese Reaktion eine Rolle?

In der *beziehungsbedingten Appell-Allergie* wird deutlich, dass die Wirksamkeit eines Appells stark von der Beziehung zwischen Sender und Empfänger abhängt.

> Die Aufforderung einer Lehrerin: „Schreib' gefälligst mit dem Füller und nicht mit dem Bleistift!" ruft Widerstand beim Kind hervor. Es hat keine Lust, sich von ihr Vorschriften machen zu lassen. Auf der Beziehungsseite teilt die Lehrerin dem Kind mit, dass sie es nicht für fähig hält, allein die richtige Entscheidung zu treffen. Gegen diese Beziehungsdefinition lehnt das Kind sich auf, indem es dem Appell nicht folgt.

Der Appell als *Diebstahl eines Urhebererlebnisses* nimmt dem Empfänger die Möglichkeit, sich „als Urheber der eigenen Handlung" zu fühlen.[148]

> Ein Kind möchte seiner Lehrerin eine Freude bereiten, indem es sich vornimmt, den Schulhof in der nächsten Pause vom angefallenen Unrat zu befreien.
> Beim Läuten sagt die Lehrerin: „Der Pausenhof sieht schrecklich aus! Vielleicht kannst Du die Papierschnitzel aufheben?"
> Die Freude des Kindes wird in Enttäuschung umgewandelt, es kann dem Appell nicht folgen.

Bei einer „*Sei-spontan-Paradoxie*"[149] richtet ein Sender an einen Empfänger den Appell, eine Handlung zu vollziehen, die nur spontan vollzogen werden kann. Daneben gibt es auch untaugliche an uns selbst gerichtete Appelle. So zum Beispiel, wenn wir traurig sind und den Appell an uns richten, fröhlich zu sein.

Für das Leben in unserer Leistungsgesellschaft sind die Appelle, die den „Seelenfrieden" stören, von besonderer Bedeutung. Hier erhält der Empfänger eine Nachricht, deren Inhalt im Widerspruch zu seinen Verhaltensweisen oder Überzeugungen steht.

---

[148] Schulz v. Thun, 1991, S. 217

[149] Watzlawick, in: Schulz v. Thun, 1991, S. 217

Ein sehr konservativ eingestellter Lehrer erhält z. B. auf einer Fortbildungsveranstaltung die Information, dass durch das Einbringen subjektiver Empfindungen und das Kenntlichmachen der eigenen Person der Verständigungsprozess in der Lehr-Lern-Situation gefördert wird.
Aufgebracht reagiert er: „Wo bleibt denn da der Respekt vor der Lehrerperson! Da können wir uns ja gleich mit den Schülern an einen Tisch setzen!!"

Der Empfänger gerät in eine *kognitive Dissonanz*:

„Die neue Nachricht passt ihm nicht in den Kram. Was gut in den Kram passt, sind Nachrichten, die den eigenen Lebensstil und die eigenen Handlungen als gerechtfertigt erscheinen lassen."[150]

Diese Einstellung, Nachrichten, die den eigenen Seelenfrieden stören, nicht zu nah an sich herankommen zu lassen, wirkt sich natürlich auch darauf aus, wie wir die Wirklichkeit sehen.[151] Zudem beeinflusst sie unser Denken und die Art unserer Verständigung.

Das Anliegen einer Subjektiven Didaktik ist es,

„uns von den eingefahrenen, klischeehaft-konventionellen Schnellreaktionen zu befreien und uns stattdessen Reaktionen zu ermöglichen, die nicht nur außengeleitet, sondern auch innengeleitet und gleichsam mit dem ganzen Gewicht der eigenen Persönlichkeit versehen sind."[152]

Im Unterricht kommt es immer wieder zu Missverständnissen dadurch, dass der Lehrende beispielsweise etwas Informatives sagt, dies aber bei den Schülern mit dem Appell- oder Beziehungsohr aufgenommen wird. Umgekehrt ist es genauso.
Es ist also wichtig, zu prüfen, ob ich das, was der Andere mir sagt, auf der richtigen Ebene aufnehme oder ob sich Hörgewohnheiten einschleichen.
Auf Grund der Machtstruktur in Schule und Betrieb hat sich auch eine *Macht der Sprache* herausgebildet. Lehrende und Lernende haben keine reziproke Sprache:
Das, *was* ein Lehrender einem Schüler sagen kann, vor allem auch, *wie* er es sagen kann und darf, ist für den Schüler nicht umkehrbar. Meist ist diese Sprache auch eine Appell-Sprache, wenn sie sich an die Schüler persönlich richtet. Der Lehrende darf auch viel eher seinen Gefühlen Ausdruck geben, ohne Sanktionen befürchten zu müssen. In der Sprachform drückt sich das Oben-Unten-Verhältnis deutlich aus.
Je selbständiger und klarer eine Persönlichkeit ist, desto weniger besteht die Gefahr, immer nur mit einem Ohr zu hören, meist mit dem Appell- oder Beziehungsohr.
Aus Anzeichen und Signalen der nicht-sprachlichen Kommunikation - Körpersprache, Mienenspiel, Tongestaltung - lässt sich schließen, wie etwas, was ich sage, beim Anderen ankommt. Auch der Angesprochene schließt aus diesen nicht-sprachlichen Zeichen auf den „wahren" Inhalt meiner Botschaft.
Wenn wir weniger um unsere eigene Person besorgt sind, können wir mehr mit dem Ausdrucks-Ohr hören: Was sagt der Andere über sich?
Notwendig für eine authentische Verständigung ist das *aktive Zuhören*: mit *Empathie*, *ohne Wertung*.

---

[150] Schulz v. Thun, 1991, S. 219

[151] siehe Selbstreferentialität

[152] Schulz v. Thun, 1991, S. 59

Um meine *kommunikativen Fähigkeiten* zu erkennen und auszubilden, kann ich mir folgende Fragen stellen:

> *Bin ich so, wie ich sein möchte?*
> *Wie wirke ich durch die Art meiner Kommunikation auf andere?*
> *Welche Masken dienen mir dazu, mich zu verbergen?*
> *Habe ich ein spezielles „Ohr": Appell, Beziehung?*
> *Versperre ich mir durch mein Verhalten selbst den Weg*
>   *zu meinen Mitmenschen und zu mir?*
> *Welche Möglichkeiten der Veränderung innerhalb*
>   *der zwischenmenschlichen Kommunikation möchte ich erproben?*

Förderliche Verhaltensweisen

> *aktives Zuhören*
> *einfühlendes Verstehen*
> *Einüben von Feedback*
> *Metakommunikation*
> *Aufgeben von einseitigen Empfangsgewohnheiten*
> *Einräumen von Entscheidungsfreiheiten*
> *konstruktiver Umgang mit mir selbst, mich durchsichtiger machen*
>   *mittels Selbstoffenbarung*
> *Zulassen von Supervision in meinem Unterricht*[153]

---

[153] siehe auch Nicht-direktive Gesprächsführung nach Rogers, Weber 1991

TEIL C

Didaktische Formenbildung

Didaktische Formenbildung

- Das Didaktische Sinnsystem
- Der Lehrende
  Morphem-Bildung
- Die Driftzone
- Der Lernende
  Chreoden-Entwicklung
- Wissens-Konstruktion
  Leistungs-Bewertung
  siehe Band II

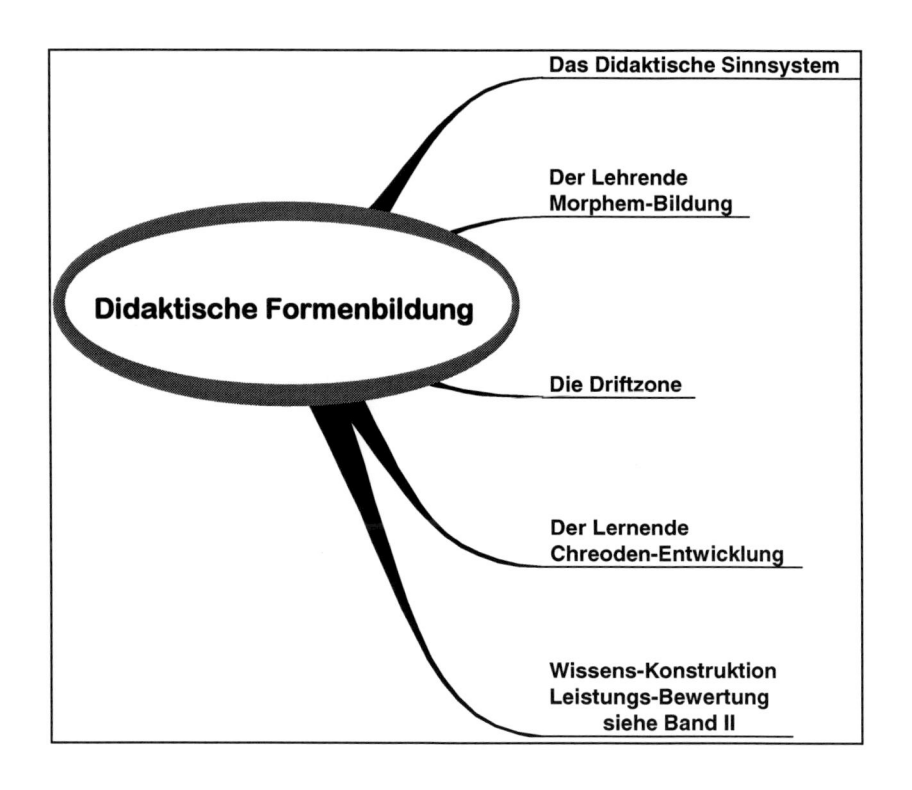

Einführung

Innerhalb der Theorie der Subjektiven Didaktik kommen wir zu Bereichen und Differenzierungen, die zueinander korrelativ sind. Man muss also in einem Bereich erkennen können, was diesem Bereich zugehörig ist und was nicht, bzw. was zu einem anderen Teilbereich der Theorie gehört. So kommt es zu Unterschieden, die aber immer in einem komplementären Verhältnis zueinander stehen.

Wenn wir also von Didaktischer Formenbildung sprechen, so ist damit gemeint, dass von einem Teilbereich aus erkennbar ist, was ein anderer Teilbereich ist und durch welchen Unterschied er sich bestimmt.

Wie wir in TEIL B, Wissenschaftliche Grundlagen der Subjektiven Didaktik, ausführlich darstellen, ist nicht allein die Struktur, sondern die Zeitform die basale Einheit der didaktischen Theorie, also der Unterschied zwischen „Vorher" und „Nachher". Diskontinuität und Zerfall sind der Kontinuität - Dinghaftigkeit, Substanz - eher vorgeordnet. Wir lehnen den in der Allgemeinen Didaktik so häufig vertretenen Essentialismus ab, denn er erklärt die gegenwärtigen Ereignisse im Unterricht nicht, ja er versteckt sich gerade davor.

Die fortschreitende Pluralisierung in der Gesellschaft und im Bewusstsein der Lehrenden und Lernenden erfordert auch in einer Allgemeinen Didaktik die Anbahnung neuer Verbindungen und den Anstoß zu vielfältigen Verknüpfungen.

Die Theorie der Subjektiven Didaktik will keine präskriptive Theorie sein, die vorschreibt, was die anderen tun „müssen", sondern wir werden unsere Betrachtungen in der Retrospektive auf schon vorliegende didaktische Ereignisse konzentrieren.

Die Darstellung der Didaktischen Formenbildung dient in erster Linie dazu, die Komplexität der Allgemeinen Didaktik in der Theorie auszudifferenzieren.

Sie kann aber auch eine Orientierungshilfe für eine professionelle Morphembildung des Lehrenden sein, immer aber mit der Prämisse, dass jeder Lehrende seine eigene Subjektive Didaktik vertritt: Diese entwickelt sich einerseits unter dem Aspekt der grundsätzlichen Freiheit in der Wahl von Leitdifferenzen, Prinzipien und Methoden. Andererseits ist sie den autonomen und selbstverantwortlichen Entscheidungen des Lehrenden unterworfen.

Das heißt dann: Sowohl die subjektiven Anteile des Lehrenden - Skripts, Ich-Zustände, Vortheorien, biographische Erfahrungen usw. - als auch die subjektiven Stoffstrukturen, die entsprechend ausgewählten Quellen - Lehrbücher, Materialien usw. - und genauso die Antizipationen des Lehrenden über die Lern-Chreoden der einzelnen Lernenden werden in einem Modellierungs-Universum zusammengebracht.

1. Das Didaktische Sinnsystem

Sinn-Produktion ist ein wesentlicher Aspekt bei der Kern-Bildung eines funktional differenzierten System. Dieser Sinn kann z. T. von außen als Forderung festgelegt werden, ist aber nur durch die Mitglieder des Systems verwirklichbar.

Sinn kann von außen nicht determiniert werden, wie es viele idealistische Erziehungswissenschaftler meinen. Er ist nur durch die *interne* Kommunikation herstellbar.

In der Subjektiven Didaktik ist daher Sinn-Produktion in folgenden Bereichen nur durch die Mitglieder selbst als subjektive und soziale Konstruktionen denkbar.

Bereiche der Sinn-Produktion
- Art und Struktur der Organisation
- geschichtlich gewordene Muster
- Semantik und Symbolik
- bisher entstandene Normen und Rituale
- Der Bildungs-Tauschmarkt
- Didaktische Landschaft
- Didaktisches Feld
- Basis-Komponenten des Unterrichts
- Leitdifferenzen, Prinzipien und Postulate

Die *Didaktische Formenbildung* bildet das theoretische Gerüst der Subjektiven Didaktik.

a) Der Bildungs-Tauschmarkt

In funktional differenzierten Gesellschaften muss die soziale Komplexität reduziert werden. Dies trifft auch für das Funktions-System „Bildung" zu. Diese Reduktion wird im deutschen Bildungssystem durch den Bildungs-Tauschmarkt erreicht.

Dessen innere Ausgestaltung nimmt das Funktions-System selbst vor. Es muss interne Reduktion und damit handhabbare Ordnung herstellen und sich der überwältigenden Komplexität seiner Umwelt gegenüber behaupten.

Solange die strukturellen Faktoren dieses Bildungs-Tauschmarktes nicht geändert werden, wird sich auch an den vielbeklagten Mechanismen von *Selektion* und *Qualifikation* nichts ändern. Man kann eine kühle und nasse Wohnung nicht einfach durch neue Gardinen verbessern.

b) Die didaktische Landschaft

Diese Metapher soll den Interaktionsraum einer *Lernkultur* mit den relevanten Rahmenbedingungen bezeichnen. Dazu gehören die Tiefenstrukturen des sozialen Systems und die Bewusstseins-Strukturen der Lehrenden und Lernenden.

Die Metapher der Didaktischen Landschaft verdeutlicht die Vieldimensionalität des Lehr- und Lernprozesses im Rahmen eines operational geschlossenen Systems.

Sie beschreibt zunächst die *Rahmenbedingungen* in einer Lernkultur.

Es sind dies die *organisationalen*, *rechtlichen*, *inhaltlichen*, *zeitlichen*, *personellen* und *materiellen* Gegebenheiten und Bedingungen.

In der Tiefenstruktur einer Didaktischen Landschaft sind folgende Dimensionen der *Vergangenheit:* Gedächtnis des Systems, der *Sinnbildung als Kernbildung* und der *Selektionen und Negationen nach außen als Randbildung* zu betrachten, die eigenen *Erwartungs-Erwartungen* im Bezug auf das umgebende Milieu zu beschreiben und zu klären, das *kulturelle und professionelle Gedächtnis* der Mitglieder zu differenzieren, die *ritualisierten Formen* des didaktischen Alltags und die bestehenden *Mythen* über Bildung, Bildungs-Tauschmarkt und Leistungs-Interpretation im System zu beschreiben.

Darüber hinaus sind gesellschaftliche Normen und Mythen in ihrer spezifischen Ausrichtung auf „Bildung" zu beschreiben, die als mächtige, meist verdeckte Attraktoren in der Didaktischen Landschaft auftauchen.

Diese Bereiche werden an anderer Stelle ausführlich dargestellt.[154]

Die *Didaktische Landschaft* als Metapher dient auch zur Veranschaulichung der latenten und offenen Gegebenheiten und Bedingungen, ferner der Darstellung der Faktoren im Unterrichtssystem und schließlich der dann im Unterricht entstehenden Prozesse.

Als erster allgemeiner Prozessbereich sind die energetischen Felder - als *didaktische Felder* - zu betrachten, die im Unterricht auf Grund der Anreizstrukturen des Lehrenden: *Morpheme*, der Bewusstseinsstrukturen der Lernenden: *Chreoden*, deren Strukturgeschichte und Kommunikation entstehen und eine gegenseitige Resonanz erzeugen können.

Zwischen den Morphemen der Lehrenden und den Interpunktionen und Transaktionen der Lernenden entstehen in einem bestimmten zeitlichen Ablauf Energiezonen, die wir in der folgenden Abbildung mit Linien dargestellt haben.

---

[154] siehe Kösel, Lernwelten, Band III

Chreoden **Morphem**

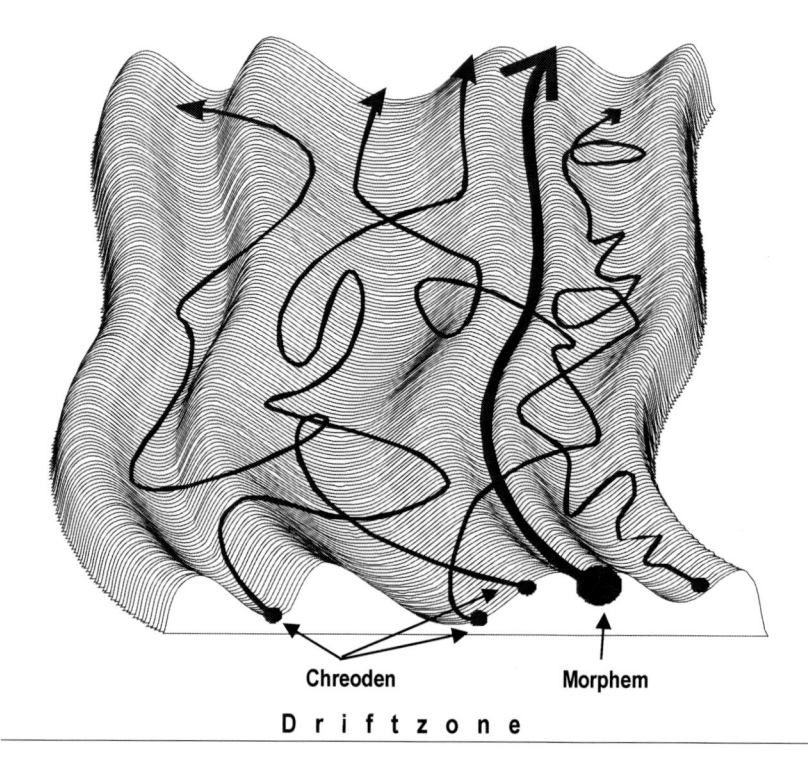

D r i f t z o n e

Abbildung 6: Die Didaktische Landschaft

Diese Abbildung veranschaulicht mögliche Lernprozesse in der Didaktischen Landschaft. Didaktische Morpheme und die bestehende Lernkultur bilden den „Untergrund" für das Driften von Lern-Chreoden. Dabei gibt es einen ganzheitlichen Interaktionsprozess zwischen Art, Grad und Höhe von didaktischen Morphemen und den jeweiligen individuellen Strukturen und aktuellen Lern-Chreoden der einzelnen Lernenden, die sich dann als interne Verhaltens-Imperative und externe Verhaltensmuster auf beiden Seiten manifestieren. In diesem Schaubild wird auch deutlich, wie Lernende driften:

schnell	verzweigt	nicht vorhersehbar
langsam	linear	mit individueller Intensität
mit unterschiedlicher Strukturbildung		

1. Das Didaktische Sinnsystem

c) Das Didaktische Feld

Ausgehend von der Diskussion um den Feld-Begriff in verschiedenen Wissenschaften[155] verwenden wir diesen Begriff auch in der Subjektiven Didaktik.

Während in der Soziologie von „Entwicklungsfeld", in der Biologie von „Morphogenetischem Feld"[156] gesprochen wird, wobei nicht nur die Organisation der normalen Entwicklung, sondern auch die Regulations- und Regenerationsfunktionen nach Verletzungen gemeint sind, benutzen wir diese Analogie für didaktische energetische Prozesse. Unser Leben spielt sich ständig in energetischen Feldern ab. Im Didaktischen Feld geht es um die *Selbstorganisation* und *Selbstregulation* von lebenden Systemen und deren Entwicklung in den spezifischen Prozessen des *Lernens* und des *Lehrens*. Psychische Energie entsteht durch die Ordnungsstrukturen und internen Verhaltens-Imperative des Bewusstseins der Beteiligten.

Didaktische Felder besitzen deshalb Energien, sie haben etwas Kontinuierliches und Ganzheitliches, man kann sie nicht zerstückeln; sie sind nicht von der Materie her erklärbar. Das Didaktische Feld lässt sich also als ein Feld mit Energielinien beschreiben, in dem didaktische Formen in einem gegenseitigen Wirkungszusammenhang stehen.

Der Feldbegriff verdeutlicht die energetische Struktur im Unterricht, die sich zu ganz bestimmten Formen entwickeln kann, z. B. zu hochgradig aktiven Verhaltens- und Lernmustern oder aber zu einer chaotischen oder energielosen Struktur.

Dazu tragen sowohl die *Chreoden* der einzelnen Lernenden als auch die individuelle Struktur des Lehrenden und - wie schon oben angedeutet - die *Tiefenstrukturen* der Bildungseinrichtung als eines sozial-autopoietischen Systems bei. Jede dieser Strukturen birgt latent eine Energie, die in einem aktualisierten Feld Verhalten auslösen kann. Dieses Verhalten ist *strukturdeterminiert* und kann zugleich *Kontingent* oder aber *festgefahren* sein**.** Das bedeutet, zu ganz bestimmten Situationen und Anlässen aktualisiert sich ein aus der Sicht des *Beobachters* vorhersehbares oder unberechenbares Verhalten. Dieses Verhalten ergibt ein ganz bestimmtes Profil von *Interaktionen*, *Interpunktionen* und *Transaktionen* in der *Driftzone*.

Aus diesem Didaktischen Feld heraus entwickelt sich im Laufe einer Unterrichtseinheit oder eines Lernabschnitts eine bestimmte *Lernkultur* und es entsteht die Neigung zu einer *Habitualisierung* in den Lehr- und Lerngewohnheiten.

Da Didaktisches Handeln in erster Linie *Alltagshandeln* ist, geht es dort auch um Routinehandlungen und Gewohnheitsmuster.

Das folgende Schaubild soll die Komponenten des Didaktischen Feldes verdeutlichen: Alles Lernen findet innerhalb der Driftzone entlang einer *Zeitachse* statt. So entsteht eine Lehr- und Lernkultur, die sich aus einer Reihe von unterschiedlichen Aspekten, Zeitabschnitten und Perspektiven zusammensetzt.

---

[155] z. B. bei dem Sozialwissenschaftler Lewin und den Biologen Spaemann, Gurwitsch, Weiss

[156] nach Sheldrake

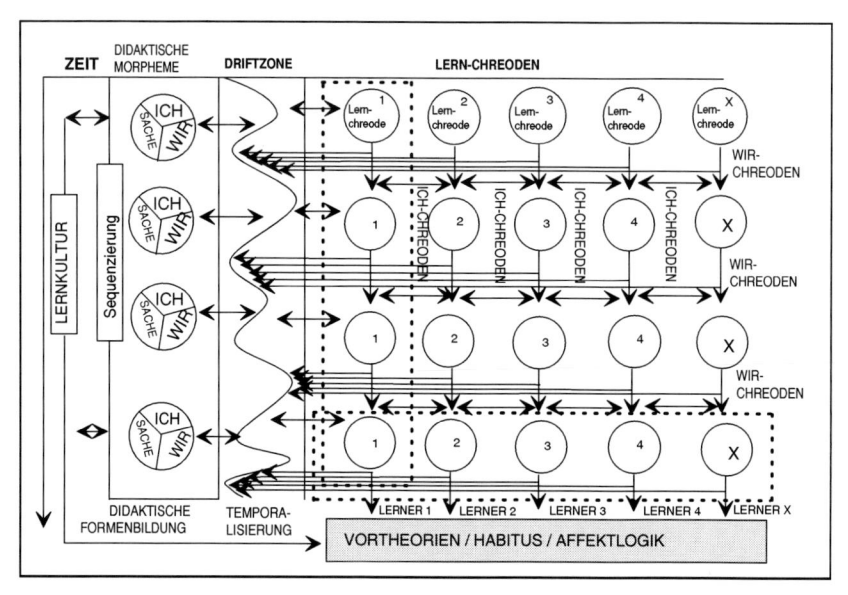

Abbildung 7: Ein Didaktisches Feld

Es gibt zunächst die Energieeinheit, die vom Lehrenden ausgeht: das *Didaktische Morphem*.
Die andere Grundeinheit, in der die Energie eines Lernenden entsprechend der Strukturdeterminiertheit lebender Systeme enthalten ist, nennen wir *Chreode*. Sie wird als spezielle Entwicklungsmöglichkeit durch die jeweilige Biographie des Lernenden festgelegt und bezeichnet damit die jeweilige Bewusstseinstruktur und damit auch die Lernentwicklung des Lernenden.
Beide Einheiten verhalten sich zueinander in der Driftzone, d. h. ein energetisches Feld ist zwar vor Beginn eines Unterrichtsprozesses durch die darin beteiligten autopoietischen Systeme planbar - siehe Morpheme – ist dann aber den Driftmöglichkeiten der Beteiligten im aktuellen Prozess freigegeben. Jeder Beteiligte verhält sich dann gemäß seiner Driftmöglichkeit.
Wenn Lernprozesse initiiert werden, so sehen wir, dass sowohl der Lehrende als auch die Lernenden in einem Interaktions-Feld innerhalb der Driftzone operieren, in dem vom Lehrenden her Didaktische Morpheme als Planungseinheiten bereitgestellt werden, die dann in die Didaktische Driftzone geraten, wo Lernende auf Grund ihrer individuellen Lern-Situation sofort Lern-Chreoden entwickeln. Eine Lern-Chreoden kann als *kanalisierte Entwicklung* zu einem bestimmten Ziel hin gesehen werden, die das Individuum in einer aktuellen Lern-Situation auf Grund seiner Strukturdeterminiertheit entwirft. Aus diesen Bewusstseinslagen zwischen Lehrenden und Lernenden entstehen bestimmte Resonanzen.

Didaktische Resonanz

Didaktische Resonanz hat mit selbstreferentiellen autopoietischen Systemen, mit der Bildung von Bewusstseinsprozessen, mit energetischen Feldern und didaktischen Formen zu tun.

Wenn wir die systemtheoretische Version zur Grundlage nehmen, heißt das: Es handelt sich um einen Prozess wechselseitiger Veränderungen von selbstreferentiellen autopoietischen Systemen, die zu einer partiellen Parallelisierung führen kann. In dem Ausmaß, in dem lebende Systeme Parallelisierungen ausbilden, z B durch Bildung neuer sozialer Bereiche und Muster, oder vorhandene Muster aktualisieren, entsteht eine Realitätskonstruktion mit partieller gegenseitiger Entsprechung.

Im Bereich „Schule" als Zwangssystem kann davon gesprochen werden, wie die einzelnen Beteiligten – in unterschiedlicher Weise - die Erfahrung einer sozialen Realität mit Zwangscharakter machen. Dabei steht aber noch lange nicht fest, in welcher Weise die Konstrukteure dieser sozialen Einheit Definitionen, z. B. *Rollenverhalten*, *Kontingenzrahmen*, *Interpretationsbereiche* usw., übernehmen, verändern oder aus ihrer Strukturgeschichte heraus neu bilden.

Wenn sich parallelisierte Zustände ausgebildet haben, bedeutet dies aber auch, dass jedes Ereignis, das zu dem betreffenden gemeinsam konstituierten Bereich gehört, in ebenfalls parallelisierter Weise interpretiert wird. Diese so gebildete Realität ist dann keine „Realität an sich", sondern eine sozial konstruierte bzw. sozial definierte Realität. Auf eine postmoderne Lernkultur bezogen heißt dies dann, dass die Konstrukteure selbst eine große Variationsbreite zur Bildung von parallelisierten Bereichen unter Wahrung der Autonomie der beteiligten lebenden Systeme - Lehrende und Lernende - ausbilden können. Dies ist die große Schnittstelle, an der sich entscheidet, ob die Bewusstseinsstrukturen der Lehrenden mit den Bewusstseinstrukturen der Lernenden in partiellen Bereichen zu einem parallelisierten Zustand kommen oder nicht. Wichtig dabei ist zu unterscheiden, dass Individuen nicht vollständig Komponenten sozialer Systeme sind, sondern nur im Ausmaß der Ausbildung entsprechender Zustände ihrer eigenen kognitiven Subsysteme.

Wir werden bei der Betrachtung der aversiven und nicht-adaptiven Chreoden bei Lernenden und der Bewusstseinslagen von Lehrenden noch sehen, dass es nur unter bestimmten Bedingungen möglich ist, alle Chreoden-Typen zu parallelisieren.[157]

Mit dem von Hejl geprägten Begriff der *Synreferentialität*, das ist die Systemgeschichte eines sozialen Systems mit den entsprechenden darin gewordenen Bewusstseinsstrukturen, können wir die Resonanzbildung bzw. Resonanzlosigkeit in einem sozialen System folgendermaßen erklären:

Jedes personale oder soziale autopoetische System bildet einen Rand und einen Kern. Sobald sich also ein soziales System gebildet hat, z. B. eine Klasse, beginnt die *operationale Schließung*. Sie macht die System-Mitglieder zu Konstrukteuren ihres Handelns im Rahmen ihres Systems und definiert den Kontakt zwischen seinen Mitgliedern und den relevanten Umwelten durch Resonanzbildung. Systeminterne Resonanzen entstehen durch alte ähnliche oder neue gemeinsam entstandene Muster oder es entsteht ein resonanzloser Raum auf Grund von verschiedenen Sinn-Erwartungen oder Handlungs-Mustern bei den Beteiligten. Resonanzen von außen entstehen im System nur durch gewollte, beabsichtigte oder wahrgenommene neue

---

[157] siehe auch die Entwicklung postmoderner Lernkulturen in Kösel, Lernwelten, Band III

Muster, sogenannte *Perturbationen*. Diese müssen zunächst durch den Filter der systemeigenen Sprache und der System-Geschichte, bevor das System selbst über Konsequenzen oder Integration dieser Anregungen entscheidet. Resonanzprozesse zwischen System und Umwelt stellen eingeschränkte Umweltoffenheit auf dem Gebiet der Informationsbildung dar. Sobald sich ein System oder ein Quasi-System gebildet hat, beginnt die operationale Schließung. Dieser Problemkreis wird besonders relevant beim Versuch, von außen Interventionen vorzunehmen, z. B. durch Eltern, Öffentlichkeit, Schulorganisation usw. [158] Wenn wir Unterricht, d. h. den gegenseitige Wahrnehmungs- und Wiedererkennungsprozess zwischen Lehrenden und Lernenden, beobachten, können wir ziemlich schnell intuitiv feststellen, ob eine Resonanz oder eine Leere zwischen Lehrendem und Lernenden herrscht, ob Anregungen also eine Resonanz erzeugen oder nicht. Dieser Resonanz-Prozess verläuft in der Didaktischen Landschaft im Bereich der Ideen und Vorstellungen in mentaler und affektlogischer Hinsicht und in den Verhaltensfeldern.

Eine Didaktische Resonanz wird erzeugt durch bereits vorhandene Muster bei den Beteiligten oder durch gemeinsam erarbeitete neue Muster. Der Begriff der Didaktischen Resonanz impliziert eine Beziehung von Schwingungsmustern zwischen Lehrendem und Lernendem.

Diese Schwingungsmuster sind nicht für einen bestimmten Zeitpunkt zu definieren, sondern sie laufen in der Zeit aus. Man könnte auch sagen, es sind die Muster und Bewusstseinsstrukturen, die gegenseitig ein korrespondierendes, entweder ein energetisch hoch geladenes oder ein ganz flaches und kurzfristiges Feld bilden. Bei einer Resonanzbildung sind es offenbar die korrespondierenden Anteile, die bestimmte Aktivitätsmuster beim Einzelnen auslösen und gemeinsam zu einer bestimmten didaktischen Form kumulieren.

Eine Didaktische Resonanz ist um so spezifischer und wirksamer, je ähnlicher die in Resonanz stehenden Muster sind. Besonders spezifisch ist die Resonanz dann, wenn ein Wiedererkennen mit den eigenen früheren Zuständen im Sinne einer Eigenresonanz vorliegt,[159] denn diese Zustände sind bereits stabilisiert und in der Erfahrung erprobt. Die eigene Vergangenheit ist ein wichtiger Attraktor für die Resonanzbildung in der Gegenwart. Dies wird besonders deutlich bei Lernenden mit aversiven Chreoden oder bei Lehrenden mit stereotypen Mustern.

Diese Eigenresonanz stabilisiert den Lernenden in seiner charakteristischen Form als *Chreode*, d. h. er balanciert diese Anregungen auf Grund seiner eigenen Strukturmuster zu einem inneren Gleichgewicht aus. Das Gleiche gilt für eine Lerngruppe, deren Mitglieder eine symmetrische Gruppenresonanz entwickelt haben.

Charakteristisch ist auch, dass die Vergangenheit als bereits bestehendes Muster durch die Didaktische Resonanz gegenwärtig wird und das Didaktische Feld für eine gewisse Zeit stabilisiert. Im Gedächtnis verlaufen offenbar zwei getrennte Prozesse: auf der einen Seite das Lernen von Neuem und andererseits das spätere Erinnern dieses Gelernten. Es muss also eine gewisse Spur zwischen Erlerntem und Erinnertem gelegt sein, sonst ist keine Resonanz zu erwarten. Dies hat viele Konsequenzen für die Verankerung von Wissens- und Verhaltensstrukturen, für die Stabilisierung und den

---

[158] Im Band III, wo es um die Entwicklung von postmodernen Lernkulturen geht, werden wir uns näher mit diesem Problemkreis beschäftigen.

[159] siehe Chreoden-Entwicklung

1. Das Didaktische Sinnsystem

Aufbau einer Lernkultur und von Leistungsprofilen, was im gegenwärtigen Bildungs-Tauschmarkt größtenteils sträflich vernachlässigt wird. Wer nichts gelernt hat, kann sich auch nicht an das Nichtgelernte erinnern. Lehrende werden also kaum erwarten können, dass alle Lernenden alles lernen, was sie sagen, so dass am nächsten Tag eine Resonanz vorhanden ist. Man kann bei Schulklassen beobachten, dass sie das Didaktische Feld entweder nur sehr kurz stabilisieren können oder über sehr lange Zeiträume, ohne dass der Lehrende intervenieren muss.[160] Das Energiefeld fällt beim Unterricht sofort zusammen oder es erhält sich über lange Zeiträume.

Ist keine Eigenresonanz entstanden, sind kaum Anschlüsse zu erwarten, oder der Lehrende muss ein hohes Maß an Zusatzenergie im Sinne von Motivation, Methodenkompetenz und Engagement aufbringen. Hier spielen die Prinzipien der *Selbstorganisation* und der *Fremdorganisation* im Sinne von Zwang eine wichtige Rolle.

> Ich habe schon Klassen im ersten Schuljahr erlebt, die in einem stark selbstorganisierten Lernen trainiert sind und über eine Stunde ihre Lernarbeit im Sinne einer Eigenresonanz ohne neue Interventionen seitens der Lehrerin fortführen. Hier kann man auch ganz deutlich die in der Flow-Theorie dargestellten Phänomene beobachten: Gefühl der Geborgenheit, höchste Konzentration, Gefühl einer hohen noetischen Energie, Wachheit des Körpers, Aufgehen in der Bearbeitung, Entstehen von kreativen Durchbrüchen usw.

Welche sind nun die Muster, die eine Didaktische Resonanz erzeugen? Wir werden später bei Lernenden auf solche Muster – Chreoden - und die dahinterliegenden Verhaltens-Imperative genauer eingehen. Beim Lehrenden sind es die personalen, beruflichen und institutionellen Muster, die er verwirklicht und die entweder eine Resonanz erzeugen oder nicht, es sind seine didaktischen *Morpheme*. Diese Muster können evolutionär vererbt sein, als kulturelle Muster im Primärhabitus eines Menschen entstehen oder durch Anpassung, Gewohnheitsbildung, später durch Lernprozesse im schulischen oder beruflichen Bereich erworben worden sein. Sind die Muster von Lehrenden und Lernenden unähnlich oder grundverschieden, wird sich kaum eine Didaktische Resonanz einstellen, eher eine Resonanz der Unähnlichkeit und Destruktion.[161] Wenn wir versuchen, die Merkmale und Dimensionen einer Didaktischen Resonanz zu sammeln, stoßen wir auf die Begriffe *Gewohnheit, Erinnern, Selbstreferenz, Synreferenz, Symmetrie, innere Resonanz, Eigenresonanz* und *Fremdresonanz, Selbstorganisation* lebender Systeme, *strukturelle Koppelung, Erwartungen, Erwartungs-Erwartungen, noetischer Hedonismus, Geborgenheit*, keine Angst vor Abwertung u. a. m. Wie Resonanzen entstehen und wie eine didaktische Steuerung aussehen könnte, wird im Laufe der Darstellung von Morphem-Bildung und Chreoden-Strukturen deutlich werden.

---

[160] siehe Prinzip der Selbstorganisation von Lernenden

[161] siehe auch Chreoden-Interpunktionen

d) Die Basis-Komponenten des Unterrichts

Drei Basis-Komponenten konstituieren für mich Unterricht[162]

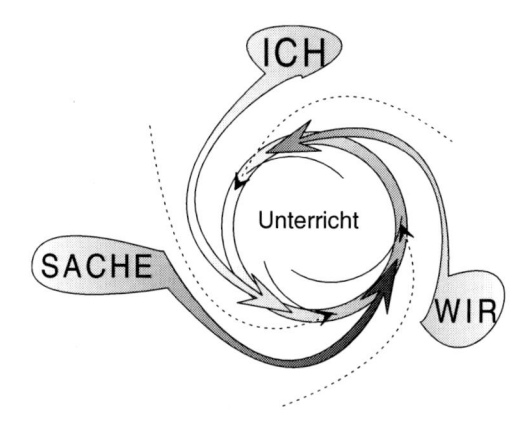

Abbildung 8: Basis-Komponenten des Unterrichts -

Die Festlegung auf drei Basis-Komponenten des Unterrichts: ICH-Bereich, WIR-Bereich, SACH-Bereich, hat weitreichende Konsequenzen sowohl in der theoretischen Betrachtung als auch für das Didaktische Handeln.

Akzeptiert man, dass neben der *stofflichen* Dominanz *individuelle* und *soziale* Aspekte die Grundsubstanz von Unterricht ausmachen, so bedeutet dies, dass wir für die drei Bereiche - *self science*, *social science*, *material science* - auch eine theoretische Orientierung und Muster des Didaktischen Handelns - Muster der Verhaltenssteuerung, Muster der Ritualisierung und Normenbildung, Muster für die Kern- und Randbildung - benötigen, um die theoretische Ausdifferenzierung voranzutreiben und evtl. dem Lehrenden in seiner jeweiligen subjektiven Struktur Anregungen bzw. Reflexionshilfen zu geben.

Die drei Basis-Komponenten befinden sich in einer *horizontalen* und in einer *vertikalen* Zirkularität. Die *horizontale* Lage zeigt den Zusammenhang zwischen diesen drei Komponenten im Unterricht. Es kommt darauf, welches *Entscheidungsprofil* der Lehrende im Sinne der *Leitdifferenzen*, *Prinzipien* und *Postulate* in seinen Morphemen verwirklich will. Will er in einer didaktischen Einheit mehr die Sache hervorheben und entsprechende Morpheme konstruieren, oder will er unter der Leitdifferenz *Selbstorganisation* mehr die soziale Komponente, d. h. also mehr die Zusammenarbeit, Kooperation und gemeinsame Leistung betonen oder will er ganz bestimmte Lernende in ihren Chreoden-Strukturen während ihrer Lernprozesse begleiten?

Diese Entscheidungen können im Stadium der Planung von Morphemen oder aber im aktuellen Prozessieren in der Driftzone gefällt werden, entsprechend den Planungsabsichten oder als Reaktion auf eine aktuell auftretende Situation in der

---

[162] vgl. hierzu unter anderem: Cohn, 1975, S. 111 ff.

Driftzone. Um den Prozesscharakter dieser Entscheidungen zu veranschaulichen, haben wir eine *Didaktische Spirale* entworfen, die vor allem für visuell-strukturorientierte Lehrende eine Repräsentation bieten kann.

Die *vertikale* Lage symbolisiert den Prozess-Charakter von Unterricht und die Rekursivität in der unterrichtlichen Interaktion innerhalb eines bestimmten Zeitabschnitts. Sinnvoller Unterricht ist aus der Sicht der Subjektiven Didaktik dann möglich, wenn diese drei Strukturelemente – ICH, WIR, SACHE - als ein interdependentes System angesehen und gewichtet und in der Prozess-Steuerung ständig ausbalanciert und gelebt werden.[163]

Die Beschreibung von Unterricht habe ich, wie bereits oben erwähnt, bewusst auf ein Minimum fundamentaler Strukturfaktoren reduziert, damit die Struktur nicht ein Übermaß an Gewicht erhält, so dass die Beziehungsebenen, die Codes als Werteregeln und die Prozess-Dimensionen stärker hervorgehoben bzw. nicht verdunkelt werden.

Nach dieser Festlegung ergibt sich folgende Ausdifferenzierung:

Die Strukturen der Beziehungen in einer Subjektiven Didaktik

Die Beziehungen des ICH zur SACHE

Die Beziehungen des ICH zur GRUPPE

Die Beziehung der Gruppe zur SACHE

Die Beziehungen der GRUPPE zum einzelnen ICH

Die Beziehungen der einzelnen ICHs untereinander

Die Beziehungen der einzelnen ICHs zu sich selbst.

Diese Beziehungen werden jeweils im Laufe der Darstellung der Referenzbereiche, Morpheme, Chreoden und der Driftzone besprochen.

---

[163] siehe das „Prinzip der Balance"

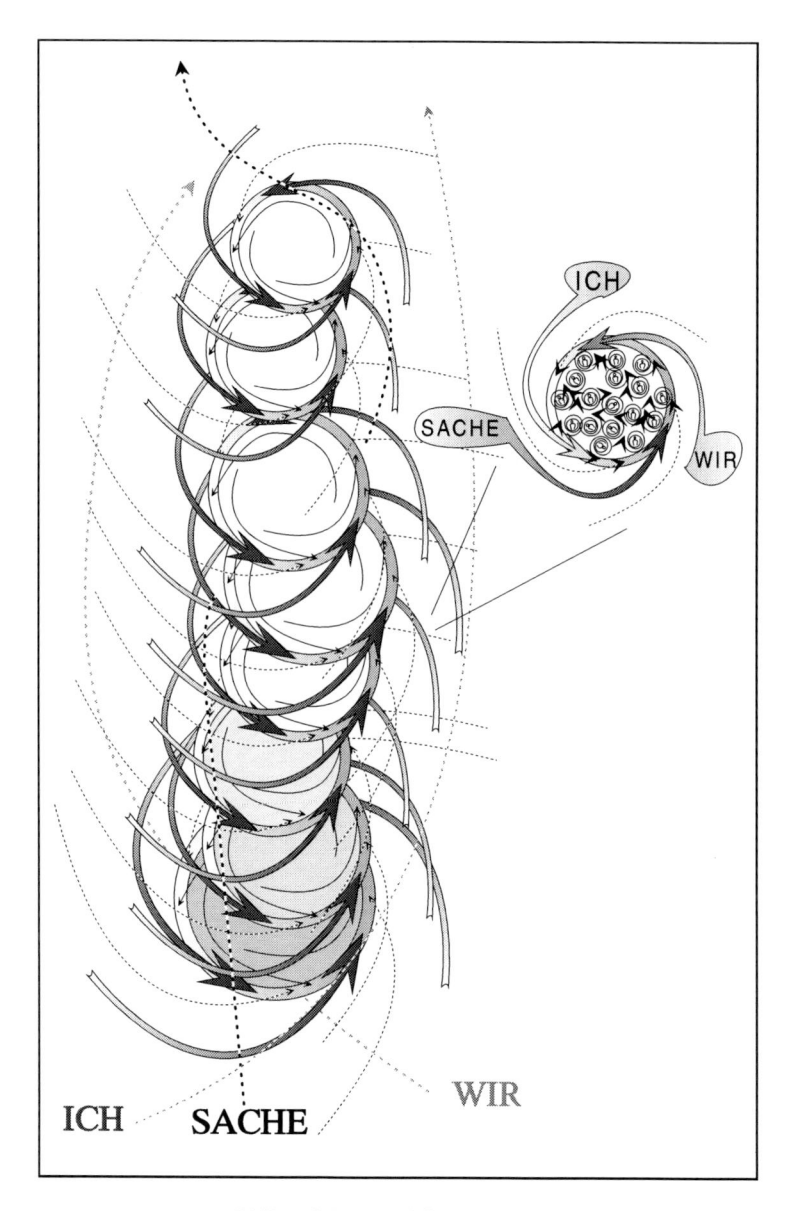

Abbildung 9: Didaktische Spirale

Zu einer Theorie des ICH-Bereichs

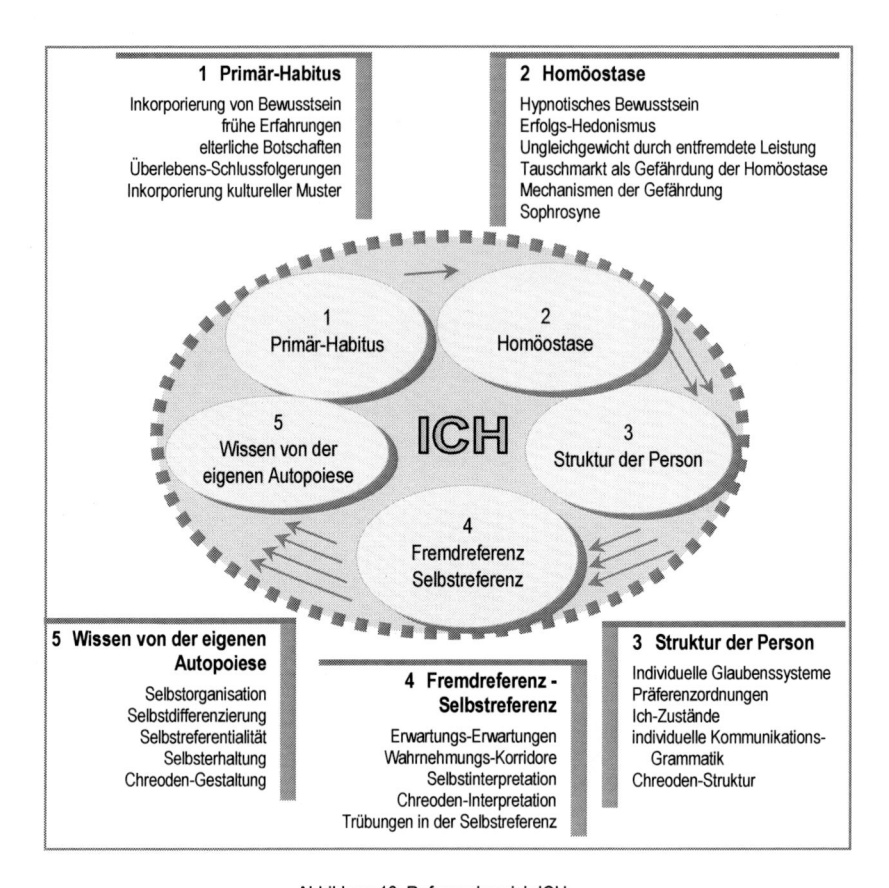

1 Primär-Habitus
Inkorporierung von Bewusstsein
frühe Erfahrungen
elterliche Botschaften
Überlebens-Schlussfolgerungen
Inkorporierung kultureller Muster

2 Homöostase
Hypnotisches Bewusstsein
Erfolgs-Hedonismus
Ungleichgewicht durch entfremdete Leistung
Tauschmarkt als Gefährdung der Homöostase
Mechanismen der Gefährdung
Sophrosyne

ICH
1 Primär-Habitus
2 Homöostase
5 Wissen von der eigenen Autopoiese
3 Struktur der Person
4 Fremdreferenz Selbstreferenz

5 Wissen von der eigenen Autopoiese
Selbstorganisation
Selbstdifferenzierung
Selbstreferentialität
Selbsterhaltung
Chreoden-Gestaltung

4 Fremdreferenz - Selbstreferenz
Erwartungs-Erwartungen
Wahrnehmungs-Korridore
Selbstinterpretation
Chreoden-Interpretation
Trübungen in der Selbstreferenz

3 Struktur der Person
Individuelle Glaubenssysteme
Präferenzordnungen
Ich-Zustände
individuelle Kommunikations-Grammatik
Chreoden-Struktur

Abbildung 10: Referenzbereich ICH

Es gibt im wissenschaftlichen Bereich viele Persönlichkeitstheorien.[164] Diese können jedoch nicht die einzige Grundlage für eine didaktische Sichtweise sein, da der Unterricht und das Ich im Unterricht eine ganze Reihe zusätzlicher bzw. ganz anderer Dimensionen enthält, so z. B. alltagstheoretische und systemische Dimensionen.
Die wissenschaftlichen Persönlichkeitstheorien sind aber zumindest Wegweiser für eine Suche nach einer „Theorie des Ich im Unterricht".
Als Basistheorie der Person bleiben wir bei der Theorie lebender Systeme - Autopoiese, weil sie für uns die weitestreichende Theorie für alles Lebendige, d. h. auch für den Menschen darstellt. Sie ist Ausgangspunkt für alle weitere Differenzierungen.

---

[164] Lersch, Maslow, Sheldon, Freud, Fromm u. v. m.

In der Wissenschaft und gleichermaßen in der Didaktik wird folgendermaßen verfahren: Behauptet man, dass die Wahrnehmung eines Organismus - eines Lernenden - niemals ganz objektiv sein könne, weil sie immer durch frühere Erfahrungen und Ziele geprägt sei, dann setzt man ein unabhängiges Subjekt als gegeben voraus, nur um die Subjektivität und deren Repräsentationen zu entdecken und auf dieser Basis zu argumentieren.

Umgekehrt ist es aber genauso: Will man als Subjekt einen objektiven Standpunkt erreichen, so setzt man ebenso ein unabhängiges Subjekt voraus, um *objektive* Ergebnisse auf der Wahrnehmungsseite zu erzeugen.

Wir werden also auf der Hut sein und lernen müssen zu unterscheiden, ob nicht vielleicht ein übertriebener Objektivismus oder ein übertriebener Subjektivismus, *Solipsismus* genannt - am Werk ist.[165]

Verschiedene Konzeptionen erlauben es, den Unterricht vom Faktor ICH her im Sinne der Struktur des Subjekts und seiner Beziehungen intensiver zu konstruieren.

Die Konstruktion der Realitäts-Theorie einer Person nach Epstein

In fast allen Theorien zur Person wird betont, der Mensch habe die Möglichkeit, die Erwartungen, die auf ihn gerichtet werden, selbst zu interpretieren und damit in eine gewisse Distanz zu diesen Erwartungen, also in seine eigene „Identität" zu treten.

„Identität" ist dann nicht mehr, wie in der herkömmlichen Rollen-Theorie nach Parsons, nur die Beschreibung eines Individuums, dem ein Bündel von Merkmalen in Form von „Rollen" von außen zugeschrieben wird, sondern „Identität" bezeichnet auch die Leistung eines Individuums, sich im Sinne des *Symbolischen Interaktionismus*[166] in einer selbstständigen Interpretation von Erwartungen und Erfahrungen dem anderen in unverwechselbarer Einmaligkeit darzustellen.

Nach Epstein[167] geschieht der Aufbau der Realitäts-Theorie einer Person durch folgende Sub-Theorien, die für das Individuum lebensnotwendig sind:

- eine Theorie über sich selbst: Selbst-Theorie
- eine Theorie über die Umwelt: Umwelt-Theorie
- eine Theorie der Wechselwirkung zwischen Ich und Umwelt:
        Theorie der Wechselwirkung

Ohne diese Konstruktionen würden alle Erfahrungen chaotisch bleiben und der Mensch könnte nicht überleben. Er braucht eine „Theorie", um eine Bedeutung, einen Sinn für diese Welt zu bekommen. Dazu kann er in seinem Gehirn Ereignisse kodieren und verknüpfen.

Neben dem kognitiven Anteil hat der Mensch aber nicht weniger bedeutsame Zentren für das Erlebnis von Freude und Schmerz. Sein oberstes Bestreben ist, Schmerz zu vermeiden und ein möglichst hohes Lust-Erleben bzw. eine optimale Lust-Unlust-Balance zu erreichen. Die Umwelt wird dabei als Quelle von Emotionen angesehen, die wiederum in der Wahrnehmung und Konstruktion von „Umwelt" eine bedeutsame Rolle spielen. Situationen werden danach unterschieden, ob sie lustvoll, aktivierend

---

[165] Varela & Thompson, 1992; vgl. Selbstbeobachtung der Theorie der Subjektiven Didaktik

[166] nach G. Mead, in: Krappmann, 1988

[167] Epstein, 1983

1. Das Didaktische Sinnsystem

und kontrollierbar sind. Für eine Unterrichts-Forschung ist in diesem Zusammenhang die „Klima-Forschung" ein wichtiger Teilaspekt, z. B. mit der Fragestellung:

Welches Klima erlebt ein Schüler im Unterricht?

Der Aufbau einer entwicklungsfähigen *Realitäts-Theorie* kann sich aber nur vollziehen, wenn insgesamt ein Vorrat an positiven emotionalen Erfahrungen vorhanden ist. Für das Kind stellt in der Regel die Mutter oder eine andere zentrale Bezugsperson die wesentliche Quelle positiver wie negativer emotionaler Erfahrung dar. Der Aufbau und die Stabilisierung einer Wirklichkeits-Theorie und damit auch die Art und Weise des Kontaktes mit der Realität hängen im wesentlichen von der Art der emotionalen Beziehung zur Bezugsperson ab. Dies bedeutet z. B. für unsere Betrachtungsweise, dass es bei der Unterrichts-Forschung ganz entscheidend darauf ankommt, die jeweilige subjektive Distanz des Kindes zu einer Information in den Zusammenhang der emotionalen Beziehung des Kindes zur Bezugsperson zu stellen. Sobald eine Selbst-Theorie beim Kind rudimentär vorhanden ist, erhält das *Selbstwertgefühl* den größten Einfluss auf die individuelle Lust-Unlust-Balance. Die Aufrechterhaltung des Selbstwertgefühls hat wesentlichen Einfluss auf die Art und Weise, wie die Person Information von außen und von innen wahrnimmt und welches subjektive Anmutungs-Verhältnis sie zu ihr herstellt. Die Konstruktion einer *Selbst-Theorie* hängt also eng zusammen mit der Entstehung des Selbstwertgefühls, einer Lust-Unlust-Balance und der Möglichkeit, Erfahrungsdaten an das Gerüst des Ichs zu assimilieren. Wenn dabei eine Information von außen auf die Person trifft oder triebdynamische Impulse von innen auf einen Außenreiz reagieren, entstehen vielfältige Verknüpfungen innerhalb des integrativen Systems, nämlich im konzeptionellen Persönlichkeits-Profil der Person.

Zu den Vortheorien als Teilen der Realitätstheorie eines Lernenden[168]

Auf Grund der Bildung einer Realitäts-Theorie haben wir seit unserer frühesten Kindheit eine *Vortheorie* zu den Dingen, d. h. wir haben längst, bevor wir in die Schule kommen, eine ganz bestimmte feste Theorie über eine Sache, über Menschen oder die Welt. Diese Vortheorien werden in der Didaktik bisher kaum beachtet. Sie sind aber eine wichtige Voraussetzung und Grundlage für alle weiteren Lernprozesse in der Biographie eines Menschen.[169]

Nach Vortheorien zu einer Sache kann ich so fragen: Welche Beziehung hast du in der Kindheit entwickelt z. B. zu Metall, zum Apfel, zum Nachbarn usw.?

Diese Vortheorie beeinflusst bzw. filtert jede neue Information in Bezug auf diese Sache und lässt sie nur in einer ganz spezifischen individuellen Strukturierung bei uns zu. Dies geschieht in den meisten Fällen unbewusst, und wir sind ab und zu verwundert, welche eigenartigen Verknüpfungen dieser oder jener Mensch mit einer Sache hat.

---

[168] Dazu liegt eine wichtige Untersuchung vor von Aster, 1990

[169] Vgl. auch NLP und TA; Zu einer Theorie des ICH aus der Sicht eines Biologen siehe Roth, G.; in: „Funkkolleg Anthropologie" (1992/93), Studienbrief 2, Studieneinheit 5: 100 Milliarden Zellen, Gehirn und Geist, siehe „Chreoden" und „Prinzip der Selbstreferentialität"

> Beispiel: Vortheorien
> Bei Schulanfängern tritt dieses Phänomen besonders deutlich zutage. Lehrer und Lehrerinnen in Ersten Klassen müssen einen hohen Energieaufwand treiben, um die Vortheorien der einzelnen Schüler auf eine „allgemeine Theorie der Klasse" über eine Sache, z. B. Buchstaben oder Zahlen, zu bringen und gleichzeitig die individuellen Strukturen der einzelnen Schüler nicht zu gefährden.

Jede einzelne Information erzeugt, sobald sie wahrgenommen wird, eine Spannung. Durch diese Energie-Spannung wird die Information in ein Anmutungs-Feld des Ichs gebracht, wo sie in eine Nähe oder aber in eine Distanz zum Ich tritt. Diese Nähe oder Distanz kann wiederum nicht nur linear gedacht werden, sondern wir müssen sie ebenso als zyklisch im Sinne wechselseitiger Ursache-Wirkungs-Interaktionen ansehen.[170]

Jeder am Unterricht Beteiligte weist demnach eine sehr komplexe Musterbildung auf, z. B., Muster der Resonanz, der Abwehr, der Verdrängung, der Aggression. Diese Muster bilden Wahrnehmungsprofile *vor* jeder Kommunikation. Sobald in der Driftzone unterrichtliche Kommunikation stattfindet, bilden sich entsprechende emotionale Logiken, die bestimmen, ob diese oder jene Information oder Mitteilung eine unmittelbare Nähe erzeugt oder aber sofort eine Distanz bei den Einzelnen aufbaut.[171]

Die *organismische Tendenz*[172] als Tendenz zur Selbstverwirklichung und Selbsterfüllung des Organismus findet sich u. a. auch in dem Spiel der Distanzierung. Der Aufbau einer subjektiven Distanz oder Nähe ist – so könnte man auch sagen- individuell und abhängig von der jeweiligen Realitäts-Theorie des Individuums als Resonanzpotential.

Selbstkonzept-Forschung

Im Unterschied zu Ansätzen, die sich um größtmögliche Übereinstimmung mit großen Populationen bemühen, ist unser Ansatz zunächst zentral auf das Individuum bezogen, da wir annehmen, dass Auskunft nur darüber erreicht werden kann, wie das Individuum Informationen verarbeitet. Wenn das so ist, muss eine tragfähige Theorie der Person insgesamt vorhanden sein. In Frage kommen solche Theorien, die auch andere wissenschaftliche Theorien und Alltags-Theorien zulassen. Wenn der Aufbau einer solchen Theorie gelingt, werden wir eine Reihe fruchtbarer Ansätze sowohl für die Unterrichts-Forschung als auch für die Didaktik erwarten dürfen. Die in der Selbstkonzept-Forschung erarbeiteten Theorien gehen davon aus, dass das Individuum sowohl Informationen über sich selbst als auch über die Umwelt einholt. Die Sammlung der Informationen über die eigene Person beruht auf vielen Erfahrungs-Quellen. Daraus entwickelt sich allmählich ein konsistentes, abgeschlossenes und relativ unabhängiges *Selbstkonzept* als konkrete Ausformung und Verdichtung in der Person als deren eigene *Realitäts-Theorie*. Dabei wird vorrangig versucht, die Infragestellung der eigenen Person zu minimieren. Um unangenehme Überraschungen zu vermeiden oder auch das Risiko möglichst gering zu halten, erfolgt eine Orientierung an den allgemeinen und speziellen Erwartungen über die Interaktions-

---

[170] siehe „Türhüter-Chreode"

[171] siehe „aversive Chreoden"

[172] nach Rogers

Partner, wobei das eigene Verhalten sich nach bestimmten Postulaten ausrichtet.

Tritt bei erzwungenen Interaktionen, z. B. bei einer negativen Mutter-Kind-Beziehung oder einer negativen Schüler-Lehrer-Beziehung, keine Bestätigung des Selbstkonzepts auf, so erwächst daraus eine akute Gefährdung der individuellen Identität, es kann sogar eine pathogene Struktur entstehen.

Auf der anderen Seite gibt es eine Reihe stabilisierender Mechanismen, die eine Aufrechterhaltung der Kontinuität und Konsistenz der Person bzw. der vorhandenen Realitäts-Theorie in der Person ermöglichen. Dies geschieht z. B. durch Um-Interpretation durch Redefinitionen, Weg-Interpretation, falsche Wahrnehmung, Wahrnehmungs-Abwehr, Verleugnung partieller Strukturen der Realität, Dissonanz-Reduktion, Abwehr-Mechanismen, Verschiebung der Bedeutung in niedrigere Postulats-Hierarchien etc.

Fremdbestimmte Bezugssysteme und „offene Informationen", wie z. B. das Fernsehen und das Internet und ihre Übernahme durch die Person müssen im Zusammenhang mit der Genese des Selbst-Konzepts und den damit verbundenen Prinzipien zur Konstruktion der Realitäts-Theorie gesehen werden. Damit hängt auch die Entstehung der Selbst-Wahrnehmung und der interpersonellen Wahrnehmung zusammen, wo es darum geht, wie und inwieweit die Person sich selbst wahrnehmen kann und inwieweit Fremd-Wahrnehmung und Selbst-Wahrnehmung miteinander „passfähig", viabel, sind.[173]

---

[173] siehe „Selbst- und Fremdreferenz"

Die biographische Selbstreflexion und die Arbeit an den Lebensplänen[174]

Wir haben im Gang durch eine Subjektive Didaktik wiederholt die Notwendigkeit einer biographischen Selbstreflexion als eines der Grundaxiome professionellen Verhaltens in einer Lernkultur hervorgehoben.

Eine biographische Selbstreflexion hat aber folgende Grundfunktionen:

> Die biographische Selbstreflexion ist ein Instrument zum Abbau von Übertragungen, Gegenübertragungen, Projektionen, Widerstand und Angst. Wenn diese Verhaltensweisen nicht bearbeitet werden, sind unangemessene Aktionen und Reaktionen innerhalb der Lerngemeinschaft unausweichlich.
>
> Die biographische Selbstreflexion ist eine Möglichkeit für Lehrende und Lernende, ihre eigenen Realitätstheorien kennenzulernen, indem sie die Beziehung zu sich selbst, zu anderen Menschen und zu den Dingen untersuchen und erkennen.
>
> Die biographische Selbstreflexion ist eine Möglichkeit, sich die eigenen Lernstrukturen bewusst zu machen, d. h. die eigene Subjektive Epistemologie kennenzulernen.
> Ich untersuche also, wie ich den Lehrstoff in mir selbst konstruiere, welche Muster in mir meine Wahrnehmung steuern und welche Konstruktionen und Beschreibungen von Erkenntnis und Wissen im Vergleich zu den Lernenden und auch im Vergleich mit den anderen Lehrenden ich anfertige.
>
> Die biographische Selbstreflexion bietet die dringend notwendige Möglichkeit, zusammen mit den Lernenden über sich reden zu lernen, die eigenen Ängste, Probleme und Lösungsmöglichkeiten in dieser pluralen Welt gemeinsam oder individuell zu besprechen. Aus dieser Haltung heraus kann der Einzelne sich um sein Umfeld kümmern; er kann sich in einer konkreten Gerechtigkeitsarbeit für den Einzelnen und für die Gemeinschaft engagieren. Dieses Handeln orientiert sich an einer informellen Vernünftigkeit im Sinne der transversalen Vernunft.

---

[174] Eine theoretische Orientierung gibt auch die Diskussion um die „Postmoderne", ebenso die Theorie des Sozialen Konstruktivismus und das Konzept von F. Schulz v. Thun, 1991, 1992, 1998

Biographische Selbstreflexion als Methode zur Aufklärung von Projektionen, Übertragungen, Gegenübertragungen und zur Bearbeitung von Widerstand und Angst

Die Begriffe *Projektion*, *Übertragung* und *Gegenübertragung* stammen aus der Psychoanalyse. Sie kennzeichnen einen psychischen Mechanismus, der vor allem durch neurotische Anteile in uns gesteuert wird.

Projektion: Wenn ein Mensch projiziert, verlagert er etwas aus seiner Selbstrepräsentanz hinaus in oder auf einen anderen Menschen. Subjektive - abgespaltene - Qualitäten werden als Eigenschaften von Dingen oder Personen angesehen und erlebt. *Übertragung* ist ein Wiedererleben der verdrängten oder, anders gesagt, der abgewehrten Vergangenheit. Die Wiederholungstendenz und die Starre der Übertragungsreaktionen beruhen auf der Tatsache, dass die unbewussten Impulse, die im Übertragungsverhalten Abfuhr suchen, auf den Widerstand der einen oder anderen unbewussten Gegenkraft des Ichs stoßen. Ein hervorstechender Zug von Übertragungen ist ihre Tendenz zur Wiederholung, ihr Widerstand gegen Veränderungen und ihre Dauerhaftigkeit.[175] Es werden solche Wünsche und Vorstellungen auf andere Menschen übertragen, die Wiederholungen sind von Wünschen und Vorstellungen, die aus Erfahrungen mit früheren Bezugspersonen entstanden sind. Solche übertragenen Wünsche und Vorstellungen werden oft als ganz aktuell erlebt und besonders heftig empfunden. Übertragungs-„Befriedigungen" sind niemals ganz befriedigend, weil sie nur Ersatz für reale Befriedigung bieten. Sie sind das Produkt einer ständigen Gegenbesetzung, einer Abwehr. Und nur, wenn diese Gegenbesetzung aufgelöst wird, kann eine adäquate Triebabfuhr stattfinden. Triebversagung und die Suche nach Befriedigung sind die Grundmotive für Übertragungsphänomene. Vor allem neurotische Menschen, die an einer Vielzahl ungelöster Konflikte leiden, sind in einem ständigen Zustand der Trieb-Unbefriedigtheit und infolgedessen dauernd in der Verfassung der Übertragungs-Bereitschaft. Diese Menschen begegnen anderen mit bewussten und unbewussten libidinösen und aggressiven Antizipationen, die mit den anderen Menschen in ihrer tatsächlichen Verfasstheit nichts zu tun haben.

Im „Bildungsgeschäft" treffen wir häufig Lehrende, die in neurotischen Konflikten stehen und diese nie - im Sinne einer biographischen Selbstreflexion - aufgearbeitet haben. Die Folgen sind für die Lernenden - Kinder, Schüler, Auszubildende und Erwachsene - oft verheerend, weil sie sich gegen diese Projektionen nicht wehren und sich ihnen auch nicht entziehen können. *Widerstand und Abwehr*: Der *Widerstand* verteidigt die Neurose, das Alte, das Vertraute und das Infantile gegen Aufdeckung und Veränderung.[176] *Abwehr* meint Prozesse, die das Ich gegen Gefahr und Schmerz schützen wollen, wenn es zu Veränderungen kommen sollte.

Die Methode des Neurolinguistischen Programmierens (NLP) hat für die Veränderungsarbeit die Technik des *Reframing* entwickelt.

---

[175] Näheres bei Greensohn, R. R. (1981), Technik und Praxis der Psychoanalyse, Stuttgart

[176] siehe „Schattenperson"

Es wird mit dem Unbewussten ein Vertrag erstellt, in dem festgelegt wird, wie lange und unter welchen Bedingungen das Ich neue Wege gehen darf, ohne dass eine Abwehr entsteht.[177]

Angst: Dies ist ein wichtiges Thema im Bereich des Didaktikers. Nur wird es selten zum Gegenstand der biographischen und beruflichen Arbeit gemacht. Es ist oft nicht die Angst vor Hunger, Krankheit usw., sondern eher eine tiefe, diffuse Angst vor der Zukunft, vor dem Leben, vor dem Nachbarn, vor der Obrigkeit. Diese Angst behindert uns und lässt uns wenig Raum für Spontaneität und Kreativität. Daraus entstehen viele Rationalisierungen und z. T. psychosomatische Störungen, die nach außen mit scheinbar plausiblen Argumenten verkleidet werden.

Die spezifischen Ängste von Lehrenden
Druck von oben, Lehrplan-Angst, Konkurrenz-Angst, Eltern-Angst, Angst vor pluralen Argumentationen usw. sind oft die geheimen *Kopfbewohner*[178] im Unterricht oder bei der Freizeitgestaltung, die uns nicht frei handeln lassen, sondern uns wie ein Korsett einschnüren und Kreativität, Intuition und Spontaneität nicht mehr zulassen.
In der Transaktions-Analyse (TA) werden in einem *inneren Dialog* die behindernden Anteile, die wir im Laufe unseres Lebens gesammelt haben, als *Kopfbewohner* etikettiert und damit vergegenständlicht. Es kommt darauf an, diese Kopfbewohner zu identifizieren und mit ihnen bewusster umzugehen oder sie evtl. zurückzuentwickeln.

Biographische Selbstreflexion als Methode zum Kennen lernen der eigenen Realitätstheorie und der subjektiven Vortheorien gegenüber Fächern und Stoffgebieten

Epstein spricht von der *Realitätstheorie* eines Menschen und meint damit: Der Mensch organisiert alle seine Erfahrungen in konzeptuellen Systemen. Das Gehirn und der Körper verknüpfen sowohl Ereignisse miteinander als auch die Verknüpfungen dieser Ereignisse wiederum untereinander in der Weise, dass ein „organisiertes, differenziertes und integriertes Konstruktsystem"[179] aufgebaut wird. Nach Bourdieu sind es die inkorporierten Strukturen, wo Geist, Bewusstsein zutiefst im Körper verankert und integriert ist. Bei manchen Personen rötet sich zum Beispiel das Gesicht, wenn sie bei einer bestimmten Handlung oder Botschaft Scham empfinden. Jeder Mensch braucht zum Überleben eine *Theorie der Wirklichkeit*, die Ordnung schafft in einer Erfahrungswelt, die sonst chaotisch bliebe. Der Mensch braucht diese Theorie, um sich und der Welt einen Sinn zu verleihen. Viele dieser „Theorieanteile" sind uns aber nicht mehr bewusst; sie sind *habitualisiert* und als *inkorporierte* Gewohnheiten fest verankert.[180] Sie wirken in uns oft als „Schattenperson" und produzieren Vortheorien zu bestimmten Stoffgebieten oder Fächern, Lehrern und Mitschülern. Wir Pädagogen und Didaktiker können es uns

---

[177] Lauster, P. (1988), Lassen Sie der Seele Flügel wachsen, Wege aus der Lebensangst, Reinbek; Riemann, W. (1990), Grundformen der Angst; Pallasch, W., Reimers, H., Kölln, D., Strehlow, A. (1993), Das Kieler Supervisionsmodell, Pädagogisches Training, Weinheim, München.
In den „Pädagogischen Beiträgen" hat sich eine Gruppe bereits 1987 mit der Biographischen Selbstreflexion auseinandergesetzt: Pieper, M., Wagener, B., Welner, K., Neusser, M.: Wege zu sich selbst, in: Päd. Beiträge 10/87

[178] siehe Goulding, 1989

[179] Epstein, in Filipp, 1979, S. 15

[180] Bourdieu, 1987

nicht mehr erlauben, dieses versteckte Gesicht unserer Person einfach zu ignorieren. Wir haben eine Verpflichtung uns selbst gegenüber, die eigene Realitätstheorie aufzuklären, um unangemessene Verhaltensweisen und Reaktionen auf andere von uns abhängige Menschen zu vermeiden oder sie zu erkennen und besser, d. h. distanzierter damit umzugehen.[181]

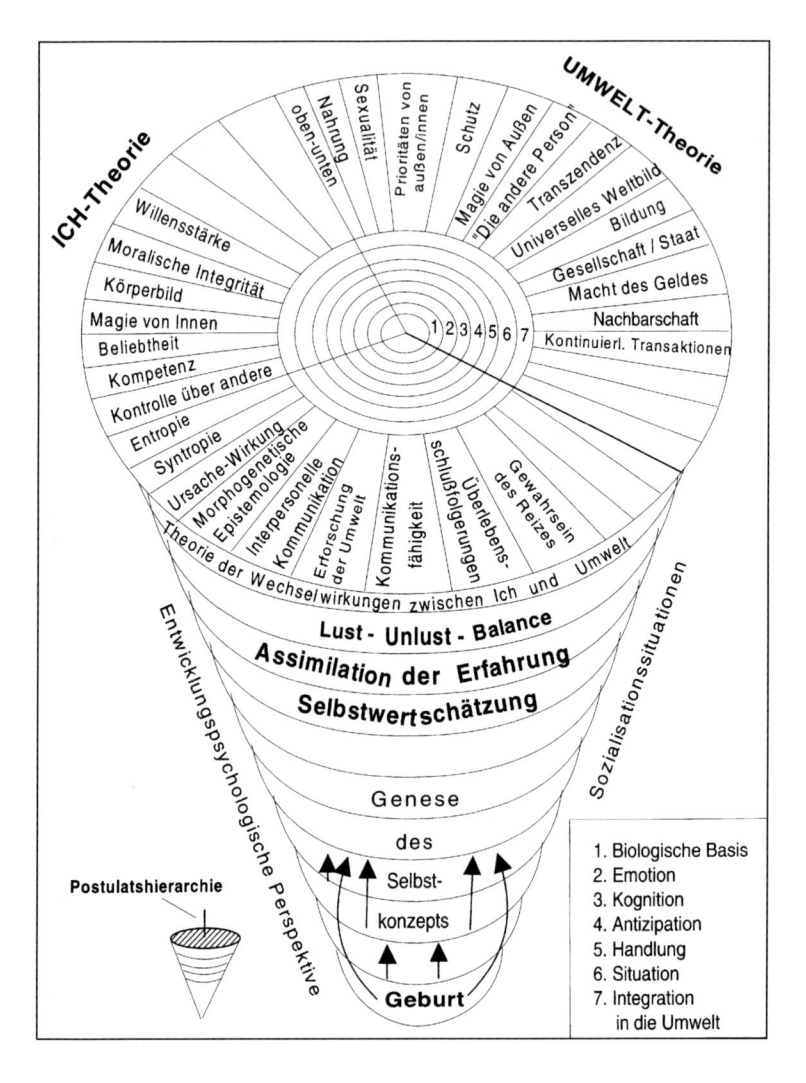

Abbildung 11: Segmentierung der Realitäts-Theorie der Person

---

[181] siehe TA: Erwachsenen-Ich

Vortheorien zu Sache

Als Beispiel für Vortheorien möchte ich das Ergebnis einer Befragung in einer Supervisionsgruppe anführen, bei der es darum ging, herauszufinden, welche Vortheorien der einzelne gegenüber Mathematik aufgebaut hat. Wir haben uns an das nachfolgende Muster gehalten, das ich nach der Realitätstheorie von Epstein entwickelt habe:

Ich-Theorie		
Beliebtheit	Magie von innen	Moralische Integrität
Körperbild	Kontrolle über andere	Willensstärke
Kompetenz		
Umwelt-Theorie		
Bildung	Nachbarschaft	Sexualität
Die andere Person	Nahrung	Transzendenz
Gesellschaft	Oben-Unten-Grammatik	Universelles Weltbild
Macht des Geldes	Prioritäten von außen und innen	Zeitstruktur
Magie von außen	Schutz	
Theorie der Wechselwirkung		
Erforschung der Umwelt	Morphogenetische Epistemologie	Überlebens-Schlussfolgerungen
Gewahrsein des Reizes	Syntropie / Entropie (Ordnung / Chaos)	Ursache - Wirkung
Kommunikation		

1. Das Didaktische Sinnsystem

Meine Vortheorie zu Mathematik
Mögliche Fragen zur Reflexion

Räumliche Lage

Wie ist meine „mathematische Landkarte" ausgebildet?
Wie habe ich mathematische Informationen verknüpft?
Wie haben sich bei mir mathematische Strukturen abgebildet?
  Z. B. „Zahlenstrahl": Wo liegt die Zahl 10 / 50 / 500 / 1200, wenn ich die Augen schließe?
  Wo sind die Zahlen, wenn ich sie auf einem DIN-A-4-Blatt aufzeichne?
Horizontale Landkarten: Bewegungen, Kanten, Hin und Her
Vertikale Landkarten: Bewegungen, Höhen, Tiefen

Visualisierung

Welche Landkarten könnte ich jetzt darüber malen, zeichnen?
Welche Skizzen kann ich anfertigen?

Zeit

Wie haben sich bei mir Zeitstruktur und Mathematik verbunden?
Wie habe ich als Schüler die „mathematische Zeit" verbracht: mit Aktivität, Rückzug, Ritualen, Spielen usw.?
Welche Zeitabläufe haben sich zwischen mathematischen Grunderfahrungen und linearen bzw. zirkulären Zeitstrukturen verknüpft?

Affektlogik

Welche affektlogischen Systeme habe ich allmählich zur Mathematik aufgebaut?
Gefühle, Nähe - Distanz, Überlebensschlussfolgerungen?
(siehe Botschaften)

Logik

Welche logischen Prinzipien habe ich erkannt?
Welche sind für mich sichtbar: Wenn-dann-Relation, das Prinzip des Ausgeschlossenen Dritten, zirkuläre Strukturen und Prozesse?

Ergebnisse aus der Befragung verschiedener Personen[182]

Aussagen über die eigene Ich-Theorie in Bezug auf Mathematik

Moralische Integrität
> Mathematik zwingt mich in eine Struktur hinein, die neutral ist und für Unverantwortlichkeit steht.

Willensstärke
> Ich habe nicht genug Willensstärke, um das System der Mathematik zu durchschauen.

Körperbild
> Mein Körper ist etwas Lebendiges. Ich will in mir keine starren Strukturen.

Magie von innen
> In mir ist etwas, das mir verbietet, mich mit der Mathematik auseinanderzusetzen.

Kontrolle über Andere
> Mathematisches Denken wird für mich nie ein Instrument sein, um Macht und Kontrolle über andere zu erreichen.

Beliebtheit
> Mathematik hat mich bei anderen - in der Schule - eher lächerlich gemacht als beliebt. („Eine Null in Mathe!")

Kompetenz
> Mathematik zeigt mir laufend, wie inkompetent ich in der Erfassung von mathematischen Strukturen bin.
> Ich habe im Umgang mit Mathematik gelernt, mit Niederlagen umzugehen: durch Wegschieben, Verdrängen usw.

---

[182] Diese Ergebnisse zeigen, wie wenig die fachdidaktische Forschung in Mathematik die Realitäts-Theorien sowohl von Lehrenden wie auch von Lernenden erfasst.

Aussagen über die eigene Umwelt-Theorie in Bezug auf Mathematik

Nahrung
> Durch Mathematik werde ich niemals meine existenziellen Bedürfnisse befriedigen können. Mich ekelt sogar das Essen an, wenn ich an Mathematik denke.

Sexualität
> Irgendwo ist Mathematik in meiner Sexualität vorhanden. Wie, weiß ich noch nicht oder will es nicht wissen.

Schutz
> Mein Schutz wird im Allgemeinen nicht über Mathematik definiert. Ich lerne aber allmählich, wie ich die Mathematik verwende, um Beweisführungen vorzutäuschen.

Magie von außen
> Mir ist immer noch nicht klar, welche Magie die Mathematik offenbar auf andere Personen ausüben kann.

Die andere Person
> Offenbar müssen die anderen Menschen ein anderes - flexibleres und strukturierteres - Gehirn in Bezug auf Mathematik haben als ich.

Transzendenz
> Was muss wohl Gott zur Mathematik sagen? Hat er mich vergessen? Oder will er sie auch nicht?

Universelles Weltbild
> Die Unendlichkeit des Universums ist wahrscheinlich durch die Mathematik darstellbar. Ich begreife sie eben anders.

Bildung
> Als „gebildeter Mensch" darf ich gar nicht zugeben, dass Mathematik für mich eine Grusel-Wissenschaft ist.

Aussagen über die eigene Umwelt-Theorie in Bezug auf Mathematik

Gesellschaft
    Unsere Gesellschaft glaubt an die Allmacht der Mathematik.
    Ich glaube, eines Tages wird dies nicht mehr der Fall sein.

Nachbarschaft
    Die glauben, ich wäre in Mathematik fit.

Macht des Geldes
    Ich habe inzwischen - Gott sei Dank - andere Bereiche als die Mathematik gefunden, wo ich mein Geld verdienen kann. Dennoch muss ich mich mit mathematischer EDV beschäftigen. Ich glaube sogar, dass die Mathematik mir mein mühsames Verstehen von EDV eingebrockt hat.

Prioritäten von außen und innen
    Ich merke allmählich, dass Mathematik mich immer mehr beschäftigt und dass ich mich frage, warum ich sie in meiner Jugend nicht begriffen habe.
    Es hat bei mir wahrscheinlich andere Prioritäten gegeben.

Oben-Unten-Grammatik
    Bei schwachen Schülern habe ich Mathematik auch als Herrschafts-Instrument eingesetzt.

Zeitstruktur
    Mein „Zeit-Kuchen" im Mathematik-Unterricht hatte verschieden große Anteile von Aktivität, Rückzug, Ritualen, unverbindlichem Zeitvertreib, vorbehaltloser Vertrautheit.

Aussagen zur Theorie der Wechselwirkung in Bezug auf Mathematik

Kommunikation - Verständigung

Meine Verständigung mit mir selbst und meiner Umwelt verläuft überwiegend in nicht-mathematischen Bahnen. Allerdings habe ich als Erwachsener gemerkt, dass das axiomatische Denken eine Möglichkeit menschlicher Verständigung oder Manipulation sein kann.

Morphogenetische Epistemologie

Das Wechselspiel im Universum zwischen sich ständig aufbauenden - schöpferischen - und destruktiven Tendenzen in der Natur und im Menschen kann wahrscheinlich mathematisch dargestellt werden.
Aber dieser Zugang ist mir verstellt. Ich habe andere Wege.

Syntropie – Entropie / Ordnung - Chaos

Mathematik soll wahrscheinlich zur Synergie führen.
Ich erlebe Mathematik in mir eher neutral.
Sie hilft mir weder, die Gefährdung der Welt auszuhalten noch die innere Unordnung in mir zu ordnen
bzw. meine innere Ordnung aufrechtzuerhalten.

Ursache – Wirkung

Das linear-kausale Denken ist in unserer Geschichte ein riesiger Fortschritt, aber auch eine Geißel der Menschheit geworden.
Ich bemerke an mir, wie die zwei Seiten - linear- axiomatisch gegenüber zirkulär-ganzheitlich - überall existent sind:
in meiner Sprache, in meinen Visualisierungen.

Gewahrsein des Reizes

In der hellen Bewusstheit von Geist, Seele, Körper und Umwelt ist mir Mathematik eher hinderlich bei der Selbstwahrnehmung, der persönlichen Weiterentwicklung, der Sozialisation, beim geistigen Anspruch, durch die Gefühle von Macht-Ohnmacht, Abhängigkeit, Mitleid, bei der Suche nach Lebenssinn.

Biographische Selbstreflexion als Methode zum Kennenlernen des eigenen lebensgeschichtlichen Lernens und der eigenen Epistemologie

Gemäß unserer theoretischen Position, die sich aus dem *Konstruktivismus* und dem *Strukturdeterminismus* herleitet, fassen wir individuelles *Lernen* als *selbst-organisiert* auf, d. h. es ist *diskontinuierlich, zirkulär* und *temporalisiert,* vor allem aber auch - auf den eigenen Energiehaushalt bezogen - *ökonomisch.*

Oft aber ist es auch ein fremdbestimmtes und irritiertes, daher nur ein „Als-ob"-Lernen. Viele Formen einer falschen „Ästhetik des Lernens" sind aus dieser Fremdbestimmtheit erklärbar: Fassadenlernen, „Null-Bock"-Haltung, Stunden absitzen, Krankfeiern usw. Hinzu kommt, dass viele Lernvorgänge nur in *symbolisierender* Weise stattfinden.

Lernen ist in weit höherem Maße, als wir es bisher in der Didaktik ernstgenommen haben, ein *affektiver* Vorgang. Insgesamt ist individuelles Lernen ein lebensgeschichtlich zirkulär verbundener Prozess, der entsprechende ganzheitliche Lernentwürfe gemäß der eigenen Struktur hervorbringt.[183]

Biographische Selbstreflexion heißt auch, dass diese Reflexion über sich selbst bereits bei Kindern und Schülern möglich ist und daher als „Metaprogramm" im Unterricht enthalten sein sollte.

Dabei sind die Leitfragen:

> *Wie kann ich mich kennenlernen?*
>
> *Wie kann ich mich verändern?*
>
> *Welche Vortheorien habe ich zur Sache?*
>   *Wie sieht z. B. mein Lernrad, meine innere Landkarte aus,*
>   *dargestellt mit Hilfe von Visualisierungs-Techniken wie Mindmapping,*
>   *Meta-Plan oder Zugangsrad?*
>
> *Wie sieht meine Kommunikations-Grammatik aus?*
>
> *Wie sieht meine Lern-Chreode aus?*
>   *Wann, in welchem Fach und bei welchem Lehrenden baut sie sich*
>   *in welcher Weise auf?*

---

[183] siehe Lern-Chreoden

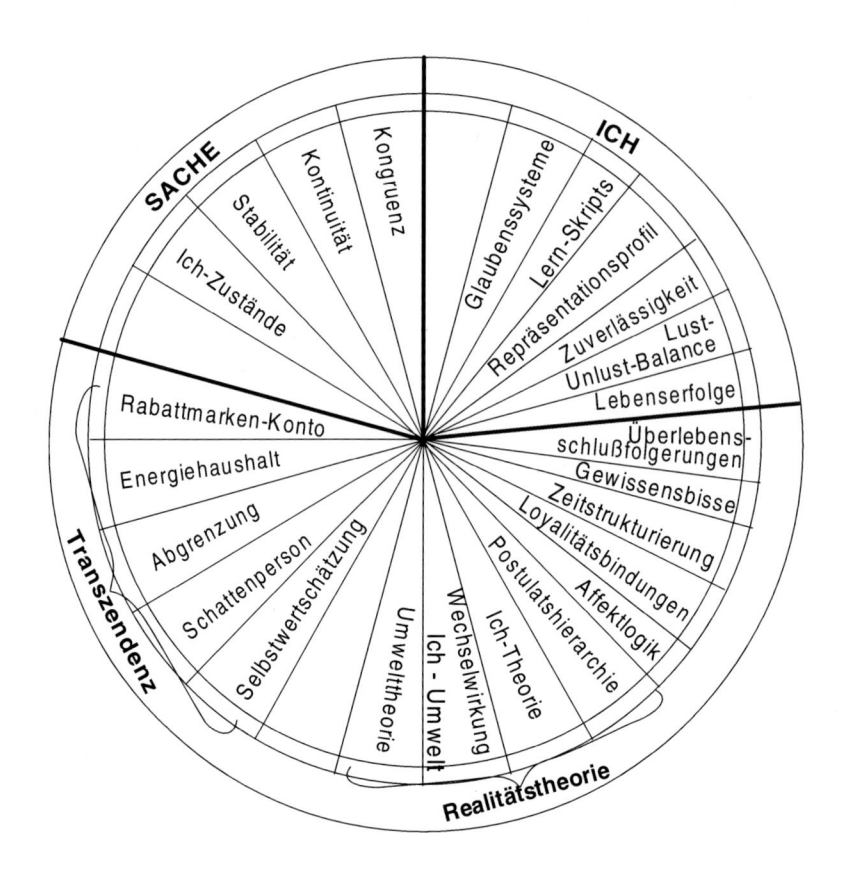

Abbildung 12: Mein Zugangsrad zum ICH

Eine Subjektive Didaktik hat auch die Aufgabe, die erlernten Lern-, Denk- und Arbeitsstrukturen bewusst zu machen, sie zu erweitern und allen am Lernprozess beteiligten Menschen zugänglich zu machen.[184] Es wird viel über „Lernen lernen" geschrieben. Leider werden dabei oft nur vordergründige Techniken - z. B. „Wie zitiere ich richtig?" u. a. - angeboten. Aber wie sich Lernen im Alltag und in jedem Menschen vollzieht, darüber wird meistens geschwiegen. Die klassische Lernpsychologie hat dazu nur wenige brauchbare Ergebnisse vorzuweisen.

In unserer Betrachtung geht es darum, die zirkulär miteinander verbundenen Lernstrategien und Denkweisen eines jeden Individuums nicht mehr nach linearen Mustern auseinanderzunehmen, sondern *ganzheitliche Methoden* zur Erfassung der eigenen Lernstruktur zu erarbeiten und anzubieten.

---

[184] siehe Kösel, Lernwelten, Band II

Methoden zur Erfassung der eigenen Lernstruktur:

> .*Methoden der Analyse von Glaubenssystemen (NLP)*
> *Methoden des „Modellierens" von verschiedenen Arten*
>   *der Interpretations-Erlaubnis*
> *Methoden der Skriptanalyse (TA)*
> *Methoden des Erkennens von Repräsentations-Systemen (NLP)*
> *Methoden des Spiegelns und des Rollentausches (PD)*
> *Methoden der Trancebearbeitung (nach Erikson)*

Themen und Bereiche für eine Biographische Selbstreflexion mit Lernenden:

meine Kindheit	mein schulischer Habitus	meine geheimen Lebenspläne
meine Geschwister	mein beruflicher Habitus	meine Schattenperson
meine Mutter	mein soziales Atom	meine echten und unechten Gefühle
mein Vater	Märchen- und Traumarbeit	meine Stärken und Schwächen
meine Kindergartenzeit	Drehbücher des Lebens	meine Wertepyramide

Techniken der Biographischen Selbstreflexion

Referenzebene 1: Die individuelle Aneignung von Information

Nur ungern verzichte ich darauf, die einzelnen Methoden einer Verarbeitung von Wissens und Informationen über sich selbst darzustellen. Aus Platzgründen kann ich jedoch nur einige grundsätzliche Anmerkungen machen. Es bleibt einer weiteren Bearbeitung vorbehalten, die vielen Methoden und Techniken in diesem Bereich zu nennen und zu beschreiben.[185] Die „Individuelle Aneignung von Information" ist Gegenstand vieler wissenschaftlicher und vor allem psychologischer Auseinandersetzungen.[186] Hierher gehört auch die Position von Bourdieu mit seinem Konzept von *Primärhabitus* und *Sekundärhabitus*.

In diesen Ansätzen wird deutlich, dass Entwicklung bei einem Lernenden nicht durch Weiterbestehen des Alten, wie es ist, und durch äußeres Hinzukommen von etwas Neuem erfolgt, sondern dadurch, dass die Person sich von innen heraus um- und weitergestaltet. Eine Entwicklung führt also stets zu zunehmend differenzierten selbstorganisierten und integrierten Zuständen.[187] Wir haben dazu die Theorie der

---

[185] siehe Kösel, Lernwelten, Band III und Band IV

[186] siehe Aebli, 1983, Oerter, Montada, Piaget und Inhelder

[187] „Orthogenetisches Prinzip" nach Werner, 1957

Autopoiese als umfassende Theorie über den inneren Zustand eines jeden Lehrenden und Lernenden herangezogen.

Für die Analyse und Neuorientierung kann die Timeline–Analyse eine sehr gute Hilfe sein. Das ist z. B. eine Zeitlinie am Boden, eine gedachte oder markierte Linie, die den Verlauf des eigenen Lebens in Vergangenheit, Gegenwart und Zukunft darstellt. Erinnerungen, Erfahrungen und Zukunftsvorstellungen können dabei wachgerufen, wiedererlebt und evtl. für gegenwärtige oder zukünftige Situationen mit Hilfe bestimmter Techniken korrigiert werden. Zunächst sind folgende Aspekte genauer zu betrachten:

Wahrnehmen und Erkennen: Welche neuronalen Aktivitäten durch welche Anreize von außen ausgelöst werden, ist allein durch die individuelle Struktur jeder Person und nicht durch die Eigenschaften des außen bestehenden Anreizfeldes, der Personen und Sachen, bestimmt. Dies gilt für alle Dimensionen der visuellen Erfahrung, z. B. Bewegung, Oberflächenstruktur, Form, sowie für jede andere Modalität der Wahrnehmung.

Erfahrung: Unsere Erfahrung ist in unauflöslicher Weise mit unserer Struktur verknüpft.

„*Wir sehen nicht den ‚Raum' der Welt, sondern wir erleben unser visuelles Feld [...]. Dennoch sind wir ohne Zweifel in einer Welt. Aber wenn wir näher untersuchen, wie wir dazu kommen, diese Welt zu erkennen, werden wir immer wieder finden, dass wir die Geschichte unserer biologischen und sozialen Handlungen von dem, wie uns die Welt erscheint, nicht trennen können. Dies ist so augenfällig und naheliegend, dass es besonders schwer zu erkennen ist.*"[188]

„*Objektivität*": Wir können die „Tatsachen" und „Objekte" nicht in den Kopf „hineinstopfen", sondern sie werden auf eine spezifische Weise durch die jeweilige subjektive Struktur konfiguriert, selektiert, negiert oder ausgeschlossen.

„*Diese Zirkularität, diese Verkettung von Handlung und Erfahrung, diese Untrennbarkeit einer bestimmten Art zu sein von der Art, wie die Welt uns erscheint, sagt uns, dass jeder Akt des Erkennens eine Welt hervorbringt.*"[189]

Lernen: In den Methoden der individuellen Aneignung geht es also darum, welche jeweiligen Methoden-Konstellationen der Lehrende bereitstellen kann, damit diese Zirkularität des Lernens für jeden so echt und subjektiv nah wie möglich erfolgen kann.

---

[188] Maturana & Varela, S. 28

[189] Maturana & Varela, S. 31

Referenzebene 2: Das Erfassen der individuellen Vortheorien zu einer Sache / einem Thema

Beispiel: Zirkuläres Fragen

Diese Methode stammt aus der *Systemischen Therapie*.[190]

Die Grundannahme ist, dass wir häufig nicht in der Lage sind, nach Informationen über relevante Gründe unseres Handelns und Denkens zu suchen oder sie zu finden, weil wir selbst zu tief im „Sumpf" stecken. Wir können, wie Bateson sagt, oft keine Unterschiede mehr machen, weil für uns oft alles klar, selbstverständlich und nicht mehr unterscheidbar geworden ist.[191]

Unser Handeln und auch oft unser Denken ist vielfach abgerutscht in das „Tal des Selbstverständlichen", in die *Alltagsgrammatik*, aus der wir nicht mehr herauskommen.[192]

Gerade im unterrichtlichen Alltag und in der alltäglichen didaktischen Rechtfertigung sind wir oft nicht mehr in der Lage, Unterschiede zu konstruieren.

„Mache einen Unterschied, der einen Unterschied macht!"[193]

Das heißt also: Frage nach den Unterschieden, nach dem Ungewöhnlichen, nach Perspektiven von außen, konstruiere neue Ränder und andere Perspektiven.

Besonders bei der Suche nach Methoden der Verständigung, aber auch in der Erforschung der jeweiligen individuellen Epistemologie bei Lernenden kann dieser Ansatz für uns sehr hilfreich sein. Unsere Versuche deuten in diese Richtung: Frage nach *Unterschieden* bei Lernenden und bei dir selbst.

Die *Technik des zirkulären Fragens* kann vor allem bei Lernblockaden und hypnotischen Besetzungen von Lernenden hilfreich sein: Angst vor Versagen, Nicht verstehen können, was der Lehrende von ihm erwartet usw. Diese Art von Fragen fällt uns Erwachsenen manchmal sehr schwer. Meine Erfahrungen mit Lernenden sind dagegen überwiegend erfolgversprechend: Sie können mit solchen Interviews oft mehr anfangen als wir Erwachsenen.

Beispiel: Zirkuläres Fragen und psychodramatischer Rollentausch bei „Bernd"

Bernd ist ein 12-jähriger Schüler in der Sonderschule.
Er rechnet $1 + 4 = 5$.
Das geht noch, aber $1 + 7 =$? Das geht nicht mehr.
Ich frage ihn zirkulär nach. Es stellt sich heraus, dass sein Vater ihm ein sehr frühes Skript mitgegeben hat:
„Du bist klein wie ich, du brauchst nicht viel rechnen zu können.
Hauptsache ist, wenn man klein ist, dass man sich behauptet und die anderen schaffen lässt. Du musst nur aufpassen, dass du immer der Anschaffer bist."
Mit diesem Skript hoffte Bernd durch die Schule zu kommen.
Nach monatelangen Recherchen - im Sinne einer Chreoden-Analyse - kamen wir auf diese basale Botschaft, die vom Vater ausging.

---

[190] siehe Penn (1983), Zirkuläres Fragen, Zs. für Familienpädagogik, S. 198 - 220

[191] siehe „Prinzip der Selbstreferentialität"

[192] siehe „Blinder Fleck" und „H1-Handeln"

[193] nach Bateson

In unseren systemischen Interviews - und mit einem psychodramatischen Rollentausch - kam heraus, dass Bernd nach wie vor an diesem Skript festhält, obwohl sein Vater von ihm nichts mehr wissen will - oder vielleicht gerade deshalb. Neu-Konstruktionen mit Bernd waren erst dann möglich, als er für sich neue Wahlmöglichkeiten Schritt für Schritt herausgefiltert und sich einen neuen Bezugsrahmen mit neuen Personen vorstellen und für sich herstellen konnte.

Self science als Bestandteil des Lehrplans in einer Wissensgesellschaft

In einer Wissensgesellschaft ist offenbar die Dominanz immer bei der Vermittlung von *materiellem* Wissen gegeben und erwartet. Dies ist aber nur scheinbar der Fall.

In den meisten Publikationen im Bereich des Managements, der Organisations- und Personalentwicklung werden immer wieder die Entwicklung von Persönlichkeitsanteilen gefordert, die vom Bildungssystem erwartet, aber dort nur sehr rudimentär gefördert wird. Meines Erachtens müssen die Teilsysteme des Bildungssystems viel stärker auf das Wissen um die Person, also um sich selbst, *self science*, eingehen und es auch als stoffliche Möglichkeit des Lernens, als Lehrplaninhalte ansehen.[194]

---

[194] Wir werden im Band II der Lernwelten sehr ausführliche Vorschläge für ein „Wissen um sich selbst" machen.

Zu einer Theorie des SACH-Bereichs

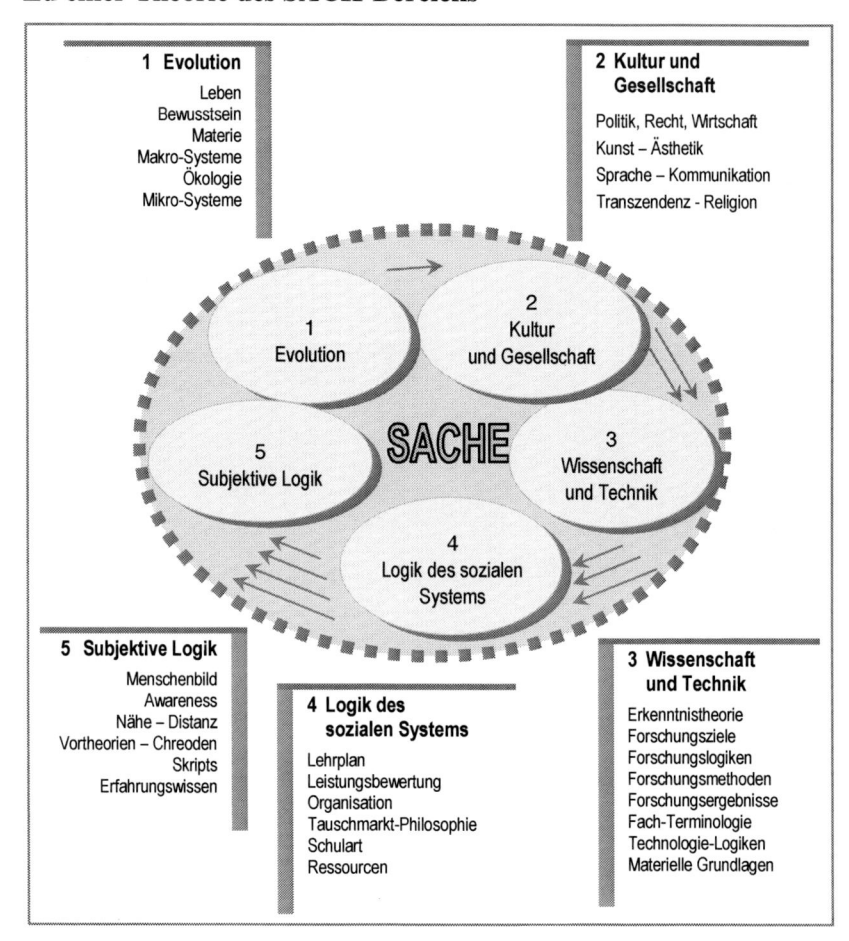

1 Evolution
Leben
Bewusstsein
Materie
Makro-Systeme
Ökologie
Mikro-Systeme

2 Kultur und Gesellschaft
Politik, Recht, Wirtschaft
Kunst – Ästhetik
Sprache – Kommunikation
Transzendenz - Religion

[Zentrale Grafik: SACHE mit den Bereichen]
1 Evolution
2 Kultur und Gesellschaft
3 Wissenschaft und Technik
4 Logik des sozialen Systems
5 Subjektive Logik

5 Subjektive Logik
Menschenbild
Awareness
Nähe – Distanz
Vortheorien – Chreoden
Skripts
Erfahrungswissen

4 Logik des sozialen Systems
Lehrplan
Leistungsbewertung
Organisation
Tauschmarkt-Philosophie
Schulart
Ressourcen

3 Wissenschaft und Technik
Erkenntnistheorie
Forschungsziele
Forschungslogiken
Forschungsmethoden
Forschungsergebnisse
Fach-Terminologie
Technologie-Logiken
Materielle Grundlagen

Abbildung 13: Referenzbereich SACHE

Wir haben uns angewöhnt, die Struktur der Sache als solche kennenzulernen. Im wissenschaftlichen Bereich versuchen die einzelnen Wissenschafts-Disziplinen, diese Struktur zu entdecken und jeweils auf eine theoretische Basis zu stellen.

Innerhalb der Betrachtungsweise einer didaktischen Epistemologie geht es jetzt darum, welche theoretische Position wir als Grundlage für eine Theorie der Sache übernehmen.

Als erstes gilt, dass wissenschaftliche Theorien insgesamt keine gültige, vollständige und absolute Beschreibung der Wirklichkeiten liefern. Theorien haben Modellcharakter und liefern passfähiges Annäherungen an die Wirklichkeit, mehr aber nicht.

Die Konsequenzen für eine auf dem *Radikalen Konstruktivismus* beruhende Position ist, dass alle epistemologischen Bereiche – *Basis-Komponenten* - dem Lehrenden in seiner Morphem-Bildung aus den Theorien zwar Leitdifferenzen abgeben, aber nur einen Teilaspekt darstellen können.

Ganz besonders deutlich wird dies im Mathematikunterricht, wo doch alles dafür spricht, sich ganz auf die Sache, d. h. die Theorie der Mathematik zu verlassen.

Die Folgen einer solchen Abbild-Didaktik im Fach Mathematik erleben wir jeden Tag und überall: Dort, wo die Struktur der Sache mit der Struktur der Personen[195] nicht übereinstimmt, gibt es keinen Ausweg für viele Tausende von Schülern jeden Tag. Die Fachdidaktik „Mathematik" hat bis jetzt außer sehr raffinierten Methoden keinen Weg einer Synthese beider Strukturen gefunden, obwohl sie neben der Didaktik des Fremdsprachenunterrichts, z. B. für Französisch, sich am meisten mit der Struktur der Person beschäftigt hat.

Gerade die Fachdidaktiken Deutsch, Französisch und Mathematik sind es, die wohl als die am weitesten vorangeschrittenen Fachdidaktiken in Bezug auf die Subjektorientierung und eine konstruktivistische Position angesehen werden können.[196]

Die Wissenschaften vom Menschen versuchen ebenso Theorien über den Menschen wie auch über soziale Systeme zu entwickeln. Für sie gilt genauso: Sie sind im besten Fall für die Wirklichkeit *passfähig*, mehr aber nicht.

Die Fachdidaktiken haben innerhalb einer Subjektiven Didaktik die Aufgabe, die *Struktur der Sache* mit der *Struktur der Personen* und deren Beziehungen zusammenzuführen und daraus eine neue Struktur als *Vermittlungs-Theorie* zu entwickeln.

Alle drei Pole haben in diesem Ansatz eine gleichwertige und gleichrangige Stellung:

- die Dimension „Sache": *Theorie der Sache*
- die Dimension „Struktur des Lehrenden": *Morphem-Bildung*
- die Dimension „Struktur der Lernenden": *Chreoden*

Viele Wissenschaftler haben lange darüber nachgedacht, was uns Menschen überhaupt mit der Sache verbindet, bzw. wie wir eine Sache begreifen können.

Welches Muster verbindet uns Menschen mit der Welt, mit ihren Problemen, mit Pflanzen, Tieren, Mineralien, Atomen, mit der Technologie usw.?

Bateson hat dieses Problem so formuliert:

„Welches Muster verbindet den Krebs mit dem Hummer und die Orchidee mit der Primel und alle diese vier mit mir? Und mich mit ihnen?"[197]

Dazu gehört auch die Position von H. v. Ditfurth:

---

[195] siehe „Struktur des Lehrenden" und „Struktur der Lernenden", „Chreoden"

[196] siehe Diesbergen, 2000, S. 108 ff.

[197] Capra, F. 1988, S. 81

„Unsere Situation ist noch viel beschränkter, als unsere naive Erfahrung uns weismachen will. Auch auf der Ebene des Großhirns sind wir vom Erleben einer objektiven Welt oder, anders formuliert, von der Möglichkeit, die Welt so zu erleben, ‚wie sie ist', noch immer meilenweit entfernt. Was uns sichtbar vor Augen liegt, ist allem Augenschein zum Trotz immer noch nicht ‚die Welt', sondern ein überwiegend subjektives Produkt: unsere menschliche Wirklichkeit." [198]

Der Versuch, zwischen Wirklichkeit, Theorie und Lernenden zu vermitteln, durchzieht die ganze Menschheitsgeschichte, vor allem seit der Entstehung von funktional differenzierten Gesellschaften. Ein ganzes Arsenal von Kategorien, Begriffen und Zugangs-Methoden ist im abendländischen Denken der letzten zwei Jahrtausende dazu entwickelt worden:

Abstraktions-Niveaus	Gesetze	Objektivität
Dimensionen	Logik der Kausalität	Reliabilität
Generalia	Relationen	Definitionen
Hypothesen	Validität	Funktionen
Regelmäßigkeiten	analytische Vorgänge	Hierarchien
synthetische Vorgänge	Finalität	Prinzipien
Ähnlichkeit	Größenverhältnisse	Strukturen
Exempla		

Sie leben in uns - mehr oder weniger bewusst - als eine Vorstellung, dass wir mit ihnen die Welt erkennen und über sie verfügen könnten. Dies trifft jedoch nur bedingt zu, so z. B. wenn wir ein Auto konstruieren, weil auf diesem Gebiet Wenn-Dann- oder Warum-Weil-Relationen sinnvoll sind.[199] Wir verfügen über die Welt aber nicht nur in Form von wissenschaftlichen Kategorien, sondern auch von *Erfahrungen*, *Repräsentationen* und *Konstruktionen*. Das sind z. B.:

Metaphern[200]	Bewertungsmuster	spontane Gefühlszustände
Muster unter Handlungsdruck	Vortheorien zu einer Sache	soziale Kontrolle-Mechanismen
Allegorien	moralische Kategorien	innere Zeitpläne
Logiken von Nutzen-Denken	Loyalitäts-Bindungen	mythische und mythologische Anteile in uns
Symbole[201]	Lebenserfahrungen	magisches Denken
Bilder über Assoziationen	ästhetische Bedeutungszuweisungen	
Überlebens-Schlussfolgerungen	nach dem Prestige-Wert einer Sache nach späteren Lebens-, Berufs-, Familien-, Bedeutungs-Phantasien	

Wenn man sich vorstellt, dass der Beruf des Didaktikers - nicht nur der des Lehrers,

---

[198] Ditfurth, H. v., 1991, S. 304

[199] vgl. Anpassungswissen

[200] Bateson

[201] NLP: „Repräsentanz"

1. Das Didaktische Sinnsystem 157

sondern auch der des Ausbilders, des nebenamtlichen Dozenten, des Erziehers usw. - darauf ausgerichtet ist, Wissen, Erfahrung und Erkenntnis an die nächste Generation als Kulturleistung weiterzugeben, und dass dies ein Hauptmerkmal in der Beschreibung seiner didaktischen Kompetenz und seiner Qualifikationen sein soll, ist es verwunderlich, dass es eine Theorie des Wissensgewinns und des Erkennens - eine *Epistemologie* –und eine Theorie der Vermittlung des Wissens –als didaktische Epistemologie- an den Stätten der Aus- und Fortbildung von Didaktikern nicht oder kaum gibt.

Der Lehrende ist also größtenteils nicht in der Lage, zu beurteilen, welches Wissen wie gewonnen wurde und welche Bedeutung es für die Gegenwart und Zukunft für die Gesellschaft, für eine pan-kulturelle[202] Welt und für einen einzelnen Lernenden hat. Die Lehrerausbildung mit dem in Anbetracht dieser Komplexität zu kurzen Studium von 6 bis 8 Semestern erfordert eine berufliche Ethik der Selbst-Fortbildung von Lehrenden.

Zum anderen wird und muss der Lehrende aber Wissen und Erkenntnis weitergeben. *Was* gibt er *wie* weiter? Zunächst könnte man die Unterscheidung machen zwischen dem naturwissenschaftlichen Wissen und dem sozial- oder geisteswissenschaftlichen Wissen, dem Wissen der sogenannten Kulturwissenschaften, und so zu einer Differenzierung kommen. Dies geschieht sehr häufig in dieser Form.

„*Wie wissen wir, was wir zu wissen glauben*"

hat Watzlawick[203] einmal formuliert und damit die radikale Frage gestellt:

„*Wie kommen wir eigentlich dazu, Wissen ungehindert und ungeprüft weiterzugeben?"*

Wir müssen uns fragen:

Welche Geltung soll Wissen heute für mich haben?

Was wir zu wissen glauben, ist meist ein Ergebnis aus der Erforschung unserer Wirklichkeit. Alltagssprache und Alltagsdenken begnügen sich meist damit, das Wissen an der sogenannten „Wirklichkeit" zu prüfen.

Inzwischen aber hat sich infolge des Pluralismus von Wissenschaften und Wissenschaftstheorien eine Situation ergeben, die uns darauf aufmerksam macht, dass der Wissensgewinn und der Weg dahin sehr vielfältig und unterschiedlich sein kann, dass Wissen zwar passen kann wie der Schlüssel zum Schloss, aber noch lange nicht die einzige Wahrheit ist. Es kann auch ganz andere Schlüssel und Schlösser geben.

Eine Definition von „Wissen", die sich an den Konzepten der Abbildungs- und Widerspiegelungs-Theorien orientiert,[204] wird durch Positionen des *Radikalern Konstruktivismus* und der *Systemtheorie* einer grundsätzlichen Kritik unterzogen. Diese Kritik wird theoretisch weitergeführt: Die traditionellen, absoluten und „objektiven" Auffassungen von „Wirklichkeit", „Wahrheit" und „Wissenschaftlichkeit" und damit auch die Ansichten über Produktion und Vermittlung von Wissen werden grundsätzlich in Frage gestellt und durch ein am Subjekt orientiertes Verstehensmodell abgelöst. Wir haben alle möglichen Regeln,

---

[202] Der Begriff „pan-kulturell" findet sich bei Gergen , S. 198, zitiert nach W. Frindte, 1992

[203] Watzlawick, 1991, S. 10

[204] Das geschieht auch noch in der aktuellen Lehrplan-Revision in Baden-Württemberg.

Elemente, Aufgaben formuliert, die die Welt zu definieren versuchen. Solange wir in einem streng begrenzten oder begrenzbaren Raum bleiben, haben wir mit dieser Art von Wissensproduktion große Erfolge erzielt, z. B. in den Forschungen zur Frage der „Künstlichen Intelligenz", bei Expertensystemen, vor allem aber in der Mathematik.
Sobald es aber über diesen Rahmen hinausgeht in die Welt der Bewegung, des Lebendigen und des Alltags, sind wir damit überfordert. Was hier übrigbleibt, ist oft nur noch der gesunde Menschenverstand oder, wie man auch sagen könnte, die Intuition, die auf einer grenzenlosen Anzahl von Voraussetzungen der je individuellen Geschichte und Entwicklung, des sozialen Gedächtnisses und des Milieus beruht. In den Fällen, wo die Vieldeutigkeit des Hintergrundwissens an den Rand der eigentlichen wissenschaftlichen Problematik gestellt wird, weil es nicht durch Formulierungen beherrschbar ist, bleibt der gesunde Menschenverstand.
Wir haben im Bereich des Lehrplans fast keine Vorstellung, wie wir in einer allgemeinen Theorie der Sache die verschiedenen Ebenen des Wissens und der Erfahrung, des gesunden Menschenverstands und der Intuition, des Spirituellen und des Ästhetischen auf eine Reihe bringen könnten. Ebenso verstehen sich die Fachdidaktiken häufig noch als Verwalter und Konstrukteure von spezifischen Wissensbeständen, Wissensformen, Arten von Wissensgewinn und Repräsentationswissen. Gleichzeitig sollen Lehrende mit ihrer Modellierungsfähigkeit dies alles mit Vermutungswissen in Kombination mit Alltagswissen und Alltagserfahrung und zugleich in Kombination mit den Passformen der subjektiven Struktur des Lernenden umsetzen. Wenn wir von dem alten Mono-Anspruch ausgehen, wird dies niemals geleistet werden können.
Bewegen wir uns didaktisch aber auf dem Boden der Pluralität und Vielheit, ist es auch den Fachdidaktikern möglich, vielfältige Entwürfe und Modellierungsangebote zu machen und sie so weit wie möglich, wie es der Radikale Konstruktivismus und der Symbolische Interaktionismus fordern, im Diskurs oder in einem Ideenwettbewerb zwischen Lehrenden und Lernenden zu einem vorläufigen Konsens bzw. Dissens zu bringen und so Übereinstimmungsbereiche zu schaffen, die dem Einzelnen das Überleben ermöglichen, wobei wir wohl wissen, dass dieses Wissen ein selbst-generiertes, aktives Tun ist. Wir meinen also, dass wir Abschied nehmen müssen vom dem Glauben, es gebe ein „wahres Wissen" unabhängig vom erkennenden Subjekt und Wissen gelte nur dann, wenn es den Anspruch erfülle, eine „Welt der Dinge an sich" zu sein oder eine solche „wahrheitsgetreu" wiederzugeben.
S. J. Schmidt, ein Vertreter des *Radikalen Konstruktivismus*, schreibt:

„Wenn Wahrheit und Wirklichkeit als absolute und letztverbindliche Berufungsinstanz ausscheiden, weil sie prinzipiell von keinem Menschen erkennbar oder besitzbar sind, müssen wir für unsere Handlungen und Kognitionen die Verantwortung übernehmen, müssen in eigener Person für unser Verhalten und unsere Wissens-Konstruktionen einstehen. Wir können dann nur versuchen, andere durch Argumente zu überzeugen; wir müssen uns einem nutzenorientierten Ideenwettbewerb aussetzen."[205]

Was hätte und hat das bei unserem didaktischen Tun für Folgen!
Wir können uns nicht mehr auf den Lehrplan in seiner inhaltlichen Feinverästelung und seinen schablonenhaften epistemologischen Umrissen - die von den zuständigen Fachdidaktiken zu wenig reflektiert werden - berufen, sondern wir müssen die

---

[205] Schmidt, 1987, S. 38

Verantwortung für unsere subjektiven Wissens-Konstruktionen[206] letztlich selbst übernehmen.

Ursachen und ihre Wirkungen, Dinge und ihre Eigenschaften, der Geist des Lernenden selbst und seine „Objekte" sind durchweg gleichermaßen voneinander abhängig. Zudem müssten in jeder Fachdidaktik gleichzeitig mehrere Verstehensmuster angeboten werden, die Wissen, das weitergegeben werden soll, für die unterschiedlichen *Realitäts-Theorien* der Lernenden, ihre *Chreoden-Strukturen*, *passfähig*, *viabel* machen.

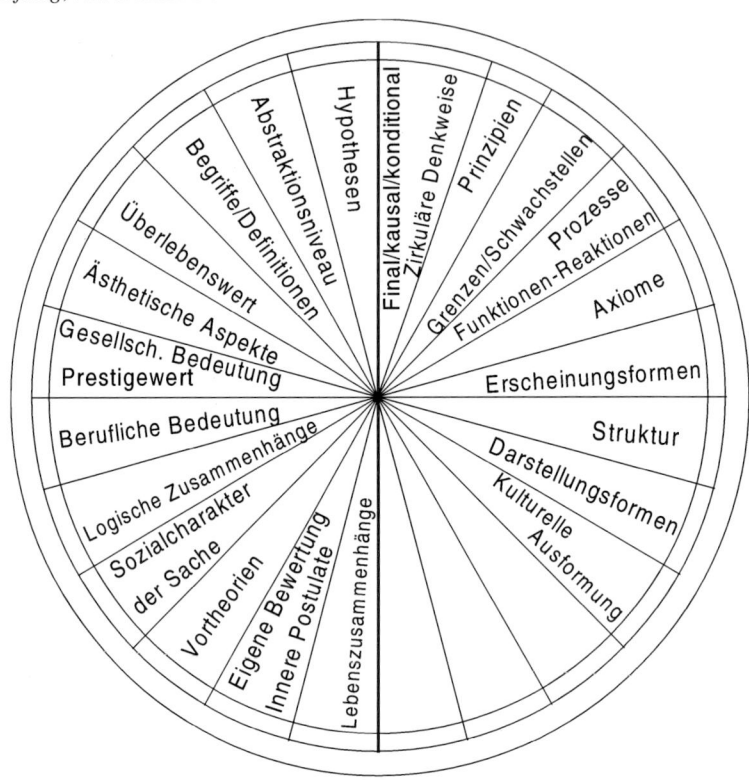

Abbildung 14: Zugangsrad zur SACHE

Wir können an dieser Stelle leider keine ausführliche Darstellung einer modernen Kognitions- und Wissenschafts-Theorie und keine Analyse der einzelnen Fachdidaktiken leisten, die aufzeigen würde, welche Arten von Wissens-Konstruktionen, Formen des Wissens und Wissens-Logiken jeweils entwickelt

---

[206] siehe „Leitdifferenzen" und „Morphem-Bildung"

TEIL C: DIDAKTISCHE FORMENBILDUNG

worden sind.[207] Hier bleibt der künftigen fachdidaktischen und schulpädagogischen Forschung noch ein weites Feld zur Bearbeitung. Bei der Betrachtung der *Chreoden-Entwicklung* werden wir sehen, dass autopoietische Systeme sich zwar gemäß ihrer inneren Entwicklungslinien in der Interaktion mit der Umwelt - in diesem Fall in der *Driftzone* zwischen didaktischen *Leit-Differenzen* als Anreizstruktur und dem eigenen *System-Zustand* - verändern, dass diese Veränderungen selbst aber immer vom inneren Zustand her determiniert werden. Die aus der mechanischen Physik übernommene Vorstellung, bei allen Lernenden seien gleiche Lernleistungen „technologisch" machbar, ist inhuman, unrealistisch und naiv.

Didaktische Intervention kann also nicht mehr als mechanischer Eingriff in eine Persönlichkeitsstruktur angesehen werden, der „motivational" schon in die richtige Lernbahn lenken werde. Wir können das Verhalten komplexer, eigendynamischer Systeme kaum kontrollieren, noch viel weniger prognostizieren.

Und wenn wir das tun, dann reduzieren wir - bewusst oder unbewusst - radikal die jeweilige Kontext-Situation des Systems. Im „didaktischen Geschäft" wird dies vielfach jeden Tag in Kauf genommen. Die Motive dafür sind zwar sehr unterschiedlich; dieses Verhalten aber ist auf jeden Fall der unterrichtlichen Situation in unserer postmodernen Situation nicht angemessen.

Die Folgen dieses allgegenwärtigen Discounting sind deutlich zu sehen: Schulverdrossenheit, Lernunlust, Resignation, ja Entmenschlichung der Lehr- und Lern-Situation für alle Beteiligten und die Aufrechterhaltung einer falschen Macht- und Verantwortungs-Definition für den Berufsstand des Lehrers und eines falschen Mythos von Didaktik als „Input-Output-Didaktik".

Bei der Unterrichtsplanung kommt noch hinzu, dass in unserer bisherigen didaktischen Ausbildung der Umgang mit Unbestimmtheit und Komplexität - „Chaos" - überhaupt nicht gelernt wird und wir uns bei der Planung von didaktischen Interventionen oft eingleisig auf einige wenige Schwerpunkte beschränken.

Wissens-Konstruktionen und Leistungs-Interpretationen im Hinblick auf das Prinzip der Äquifinalität und Viabilität

Es gibt aber auch noch eine andere Perspektive: Wir wissen, dass gleiche Ursachen zu sehr unterschiedlichen Reaktionen und Endzuständen führen können. Umgekehrt können gleiche oder ähnliche Zustände von verschiedenartigen Ursachen bewirkt werden. Dieser Sachverhalt wird durch die *Prinzipien der Äquifinalität* und der *Viabilität, Passfähigkeit,* ausgedrückt. Je klarer strukturiert eine Unterrichtsplanung ist und je höher sie im didaktischen Wertekanon steht, desto mehr verschleiert sie oft, welche hoch-komplexen, individuellen Lernwege es gibt. In der Unterrichtsforschung zeigt sich dieses Bild wieder: Eingleisige, monokausale und lineare Reduzierungen werden favorisiert. Standardisierungen, wie sie z. Zt. vor allem in der Schule und im Dualen Ausbildungssystem praktiziert werden, spiegeln diesen mechanistischen, einseitigen und eindimensionalen Mythos einer „Input-Output-Didaktik" wider. Der desolate Motivations-Zustand und der oft geringe Leistungsstand sehr vieler Lernender lässt sich auch aus diesen Rahmenbedingungen herleiten.[208] Es ist jetzt, in der Postmoderne, höchste Zeit, an den Ausbildungsstätten Lehrkulturen zu gestalten, die eine freiere und offenere Didaktik fördern, so dass den

---

[207] Eine erste Analyse und Zusammenfassung hat Diesbergen (2000) geliefert.

[208] vgl. Multiple Choice, Einheits-Abitur, standardisierte Leistungstests usw.

Lern-Bedürfnissen autopoietischer Systeme besser entsprochen werden kann.[209]
In der Lehreraus- und -fortbildung ist eine neue Modellierungs-Didaktik vonnöten, die von dieser eingleisigen Unterrichtsplanung Leistungskontrolle wegkommt und zu einer flexiblen Modellierungs-Fähigkeit für Unterricht und zu einer vieldimensionalen Gestaltung von Wissen und dessen Bewertung hinführt. Die schwierig zu durchschauende systemeigene Dynamik der Chreoden eines jeden Lernenden erfordert, dass die Unterrichtsforschung Neben- und Fernwirkungs-Analysen, Trendanalysen und Hintergrundskontrollen durchführt. Dass wir das Verhalten eines Lernenden und die Ergebnisse eines Lernprozesses weder vorhersagen noch planen können, enthebt uns allerdings nicht der Verantwortung für unser didaktisches Denken und Handeln.

In einer Subjektiven Didaktik geht es nicht darum, nur bestimmte Strategien oder einmal ins Auge gefasste Ziele, uniformes Endverhalten und einmal bewährte Methoden unter allen Umständen beizubehalten. Es geht vielmehr darum, eine Modellierungs-Didaktik zu entwerfen, die einerseits Grundzüge einer didaktischen Formenbildung enthält, andererseits aber auch interaktive Modellierungen im Hier und Jetzt als genauso wertvoll, wichtig und notwendig ansieht wie längerfristiges Planen von Unterrichtsverläufen. Es kann also auch nicht mehr nur ein einziger „Zielzustand" als für alle verbindliches Lernziel gelten, sondern die jeweilige individuelle Lernleistung wird bestimmt durch den zeitlich begrenzten Rahmen der Interaktion und durch den inneren Zustand der autonomen Systeme, die am Lernprozess beteiligt sind. Wir müssen also auf zeitlich begrenzte Unterrichts-Pläne und Entwürfe drängen, die in der Interaktion mit den Lernenden ständig neu produziert oder modelliert werden können, um eine Lernkultur zu schaffen, in der die einzelnen Systeme sich entwickeln und dabei temporalisierte Wissens-Konstruktionen erbringen können. Der Faktor „Zeit" in der Didaktischen Formenbildung und bei der Planung von Unterricht wird in der Dimension der Temporalisierung[210] erfasst. Wir werden bei der Beobachtung der Chreoden-Entwicklung sehen, dass Lernende sich jeweils nur für begrenzte Zeit und immer nur selektiv auf didaktische Differenzen einlassen, weil sie es gar nicht anders können.[211]

Bei Schülern wird es sehr deutlich, wie sie ihre „Lernelemente" temporalisieren, d. h. nur für begrenzte Zeit existieren lassen. Sie haben dabei den Vorteil, dass sie sich auf Grund der ständig notwendigen Reproduktion der Komponenten laufend den wechselnden Anforderungen der Umwelt anpassen können. So bilden sie kurzlebige Bewusstseins-Systeme, die zur Aufrechterhaltung des Sachbezugs im irreversiblen Verlauf des Unterrichtens - „Was gestern war, ist heute nicht mehr" - notwendig sind. Dadurch, dass jedes System in einer spezifischen Situation und in einem irreversiblen Zeitablauf steht, werden von Moment zu Moment neue selektive Leistungen notwendig, um es in der Interaktion mit der oft mächtigen und auf Druck angelegten Unterrichtssituation im Rahmen eines Bildungs-Tauschmarktes stabil zu erhalten. Verbindungen, Anschlüsse und Resonanzen sind nur *in neuen Zeiten*, durch *neue*

---

[209] Im Literatur-Unterricht hat sich bereits ein breites theoretisches Feld von „Subjektiven Perspektiven" gebildet: vgl. Förster, J., Bogdal, K. M., Bürger, S, P., Müller, H.; vgl. dazu die Zeitschrift „Der Deutschunterricht" 4/1993

[210] Luhmann, 1988

[211] siehe „Chreoden-Entwicklungen"

selektive Verarbeitungen und durch *zirkulierende Kommunikation* möglich.

Sind diese drei Aspekte nicht vorhanden, kommt es zu Chreodenbrüchen und zu Irritationen bei allen Beteiligten - Lernenden wie Lehrenden.

Werden diese Aspekte beachtet, führt die didaktische Formenbildung als Bereitstellung von Wirkungszusammenhängen bei der Ergebniskontrolle zu den entsprechenden anschlussfähigen Leistungen. Wenn ein Lehrender aber nur anwesend ist und sein standardisiertes Programm anbietet, kann man nicht von sinnvollem, subjektiv geführtem Unterricht sprechen.

Lernen, so haben wir gesehen, ist also nicht immer ein kontinuierlicher, sondern sehr häufig ein diskontinuierlicher Prozess. Es wird deshalb auch höchste Zeit, bei der Messung und Bewertung von Leistung nicht mehr auf Kontrollmethoden zu beharren, die auf dem alten, auf Kontinuität und Linearität abgestellten Konstruktions-Paradigma beruhen, sondern nach neuen Formen der gegenseitigen Leistungs-Interpretation zu suchen.

> Beispiel: Leistungsmessung unter Beachtung von Selbst- und Fremdreferenzen
>
> Ich selbst gestalte Prüfungen so, dass wir uns auf gegenseitige Interpretationskonzepte und Deutegemeinschaften im Sinne von Selbst und Fremdreferenz einüben.
>
> Wir versuchen, die jeweilige subjektive Epistemologie - von Prüfer *und* Prüfling - offenzulegen. Es muss uns klar sein, „dass jeder Mensch umhergeht wie eingehüllt in eine unsichtbare Blase, deren Gefangener er ist. Er vermag die Umwelt nur durch sie hindurch wahrzunehmen. Diese ‚Blase' ist gebildet aus seinen gesamten persönlichen Erfahrungen und Überzeugungen, das heißt aus jener komplexen Hierarchie von affektiv-kognitiven Bezugssystemen, die wir den spezifisch ‚psychischen Bereich' genannt haben."[212]

> Beispiel: Zeugnisse in der Grundschule
>
> Eine Lehrerin bespricht mit den Kindern, dass sie Noten machen müsse. Sie finde das nicht gut. Denn jedes Kind strenge sich an und versuche zu lernen. Und deshalb müsste eigentlich jedes Kind die Note 1 bekommen.
>
> Die Kinder, nach alten Mustern erzogen, kommen sofort auf einen Kompromiss: Sie solle sich nichts daraus machen. Sie würden sich selbst Noten geben, und sie könne ja dann noch ihre Meinung dazu sagen.
>
> Sie wollten allerdings „Kriterien".
>
> Die Klasse erarbeitete ein gemeinsames Schema, und so gaben sich die Kinder Eigenzeugnisse. Die Lehrerin besprach mit ihnen dann jeweils ihre Leistungs-Interpretation und sie suchten dann gemeinsam eine konsensuelle Lösung.

Wenn wir dies anerkennen, ist es geradezu lächerlich, von „objektiven" Prüfungsleistungen zu sprechen. Diesen Mythos sollten wir so schnell wie möglich begraben. Wir werden an anderer Stelle noch ausführlich auf neue alternative Formen der Wissens-Konstruktion und Leistungs-Interpretation eingehen.

Subjektive Eigenlogiken in der Wissens-Konstruktion

Subjektive Eigenlogik ist die Möglichkeit des Verstehens und Konstruierens von Wissen auf Grund der eigenen Strukturdeterminiertheit und der eigenen Überlebens-

---

[212] Ciompi, 1988, S. 294

Schlussfolgerungen bei Lehrenden in der *Morphem-Bildung* und bei den *Chreoden* von Lernenden. Im Unterricht ist diese Dimension Ausgangspunkt für alle anderen Referenzrahmen. Sie ist die Drehscheibe des Verstehens und der Wissenstransaktionen zwischen Lehrenden und Lernenden.
Es geht dabei z. B. um

Vortheorien	Handlungssysteme	Erfahrungssysteme
Repräsentationssysteme	Erlebnissysteme	subjektive Trancezustände

Systeminterne Eigenlogiken der Wissens-Konstruktion im Bildungssystem

Träger von Wissen sind immer Mitglieder eines oder mehrerer sozialer Systeme mit einer bestimmten Art von Unterscheidungen im Bewusstsein, im Rahmen der Kern- und Randbildung, in den Relationen, der Präferenzordnung, der *systemeigenen Sprache* und der *epistemologischen Symbolik* im System.[213] Wissen wird auch konstituiert durch die Insider-Sprache und die Bewusstseinsgemeinschaft innerhalb eines Systems und seiner Grenzbildung nach außen.[214]
In unserem Falle sollten wir die Bildungsinstitutionen wie Schule, hier wiederum Grundschule, Hauptschule, Sekundarstufe I und II, Hochschule, Betriebliche Bildung, Berufsschule, Volkshochschule usw. als soziale Systeme mit einer je eigenen Logik, Symbolik und spezifischem Sinnsystem als konstitutiven Rahmen für die Konstruktion von Wissen in Betracht ziehen. Es gelten dort jeweils spezielle Regeln, Mythen und Normen darüber, wie Wissen konstruiert sein soll und welche Prämissen und Forderungen mit welchen Ergebnissen und Folgerungen belegt sind. Dies fassen wir mit dem Begriff des *Bildungs-Tauschmarktes* zusammen. Danach produzieren die Mitglieder des Bildungssystem *Bildungsprodukte* bei den Lernenden, die sie selbst kontrollieren und bewerten - sowohl in der aktuellen Leistungs-Interpretation während des Unterrichts als auch in den Abschlussritualen innerhalb des Bildungs-Tauschmarktes.

Der Bildungs-Tauschmarkt

Wir sehen das Bildungssystem in Deutschland u. a. unter der Metapher des Tauschmarktes, der sich als Folge der funktionalen Differenzierung der Gesellschaft entwickelt hat: Schüler erbringen Leistungen für Gegenleistungen der Lehrenden in einem von Staat und Gesellschaft festgelegten Rahmen. Diese Symbolik beschreibt ein in sich perfekt geschlossenes Regelsystem, das zunächst überzeugend wirkt.
Grundbedingung für einen Tauschmarkt im herkömmlichen Sinn ist der materielle Austausch: Ware für Ware, Ware für Geld, Geld für Ware. Der Aktienmarkt ist eine Variante des Tauschmarktes, in der ein zusätzlicher Faktor eingebaut ist: die virtuelle Einschätzung von Aktien zu einem aktuellen, nicht mehr reversiblen Zeitpunkt. Es wird entschieden und gekauft. Die materielle Distanz ist jetzt größer, weil man keinen unmittelbaren Wert in Händen hat. Nur zum Zeitpunkt des Kaufes besitzt man einen virtuellen Wert als Schätzwert. Die Folgen sind grundsätzlich riskant, denn die Einlösung der Aktien steht noch in der Zukunft und die Außensysteme sind nicht

---

[213] dazu ausführlich: Bochumer Arbeitsgruppe, Heft 3, 1994, S. 18 ff.

[214] siehe Kösel, Lernwelten, Band II, zu Wissenskontexten und Wissensfeldern

konstant. Wie wir schon an anderer Stelle erklärt haben, ist die Konstruktion des Bildungs-Tauschmarktes ähnlich: Das Muster „Ware gegen Ware" oder „Ware gegen Geld" taucht auch hier wieder auf. Das formale Prinzip heißt: „Wissensvorgabe" gegen „Wissensreproduktion" oder „Unterricht" des Lehrenden gegen „Leistung" des Lernenden.

Man könnte auch sagen, der Bildungs-Tauschmarkt ist ein Tauschmarkt im Sinne eines Aktienmarktes zweiter oder dritter Ordnung, da die Zukunftsperspektive für die Einlösung und den Wert der Aktie immer riskanter wird. Anstelle des tatsächlich integrierten und emergenten Wissens bei jedem Lernenden, das jeweils individuell unterschiedlich ist, erhält reproduktives Wissens einen hohen Symbolwert, weil nur dieses bis jetzt zeichenhaft erfasst werden kann.

Zeichen des kognitiven Geräuschs und der Reproduktion von Wissen sind die Noten und in ihrem Gefolge Zeugnisse, Zertifikate, Anschlüsse oder Ausschlüsse.

Ein Symbol, ein Zeichen tritt an die Stelle von tatsächlichem Wissen und seiner Verfügbarkeit und Emergenz in alten und neuen Kontexten. Das Zeichen stellt, nach Luhmann, „das Gegenwärtige in seiner Abwesenheit" dar. Es nimmt dessen Stelle ein. Damit haben wir einen Tauschwert, der die Einheit im Bildungssystem wahrt.

Der Bildungs-Tauschmarkt scheint Gewissheit und Sicherheit zu garantieren. Jene Generation, die in ihrer Kindheit das Gegenteil davon erfahren hat und dieses Trauma für ihre eigenen Nachkommen unter allen Umständen vermeiden wollte, hat inzwischen noch einen neuen Mythos aufgebaut: den vom absoluten Vorrang des naturwissenschaftlichen, kausal-linearen, analytischen Denkens und der daraus entwickelten Technologien, weil dies - scheinbar – Gewissheit garantiert.

Dieser Mythos sollte das intellektuelle Gewebe, den geistigen Rahmen eines kollektiven Bewusstseins der zukünftigen Generationen garantieren, indem er von einer besseren Welt erzählte und es immer noch tut.

In diesem Sinne ist der Grundcodierungsbegriff „Bildung" nicht mehr mit humanistischer, sondern immer stärker mit technologischer und ökonomischer Sinngebung hinterlegt. In seiner beliebigen Verwendbarkeit entlarvt er sich inzwischen als „Paradiesbegriff".[215]

Dennoch erzählt dieser Mythos von „Bildung" immer weiter vom einheitlichen Denken als nationalstaatlicher Wissens-Einheit. In der didactic community hat er sich größtenteils als sozial verpflichtendes Denken etabliert.

Weiterhin wird an eine enge Koppelung zwischen Lebens- und Berufskarriere mit der schulischen Karriere als Regelkreis für Gewissheit über die berufliche Laufbahn und finanzielles Glück geglaubt. Bisher war allen Mitgliedern der Gesellschaft klar, dass nach einer erfolgreichen Schulkarriere auch ein erfolgreicher Berufsweg nahezu garantiert war. „Erfolg" wurde definiert als hochgradige Anpassung an das selbstreferentielle System „Schule" und seine Symbolgrammatik hinsichtlich von Wissens-Leistung und deren Vergütung in hochbezahlten Jobs.

Der Mythos der Arbeitsplatzsicherheit und des Anspruchs auf entsprechend hoch bezahlte Berufspositionen hat sich verdichtet und bereits als Sekundärhabitus, Schulkarriere, und als Tertiärhabitus, Berufskarriere, bei den meisten jungen Mitgliedern des gesellschaftlichen Systems als inkorporierter Sinnrahmen eingenistet.

---

[215] Bei Schwanitz und Fischer sehen wir, wie der Begriff „Bildung" einseitig für theoretisch nicht ausgewiesene Positionen in Anspruch genommen und daraus didaktische Forderungen erhoben werden.

Sie zahlen dafür einen hohen Preis: Missachtung der Selbstorganisation des Lernens, Ignorierung grundlegender anthropologischer Notwendigkeiten und eine entfremdete Leistungsbewertung. Die versprochenen Tauschwerte aber sind in einer postmodernen globalisierten Welt nicht mehr einholbar. Die allmählich sichtbar werdende – zweite – Bildungskatastrophe ist u. a. auch von daher zu erklären.

Im Folgenden soll auf den Lehrplan als gravierendes Beispiel für das selbstreferentielle Beharren der Gesellschaft auf diesem Mythos des Bildungs-Tauschmarktes eingegangen werden.

Der Lehrplan

In den letzten Jahrzehnten hat sich fast wie ein kulturelles Gedächtnis ein Mythos des gemeinsamen Wissen gebildet, der „Lehrplan" genannt wird. Die Frage nach seiner inneren Gültigkeit und seiner gesellschaftlichen Relevanz wird nicht gestellt, viel eher die Frage nach seiner Abgrenzung nach außen, der inneren Ausdifferenzierung und seiner Überlieferung.

Wie wir schon an anderer Stelle erklärt haben, ist er eine „didaktische Religion" geworden, die den verpflichtenden Charakter für alle an der didactic community beteiligten Gruppenmitglieder hervorhebt. Er ist die unsichtbare Religion[216] der Didaktiker, der Politiker und der Eltern geworden. Er bezeichnet den allgemeinen funktional bestimmten Rahmen des Bildungs-Tauschmarktes. Wenn man „Mythos" als eine Wirklichkeit bezeichnet, an die man glaubt und in der man lebt, ist die Wirklichkeit so, wie sie ist. Die einzelnen Schularten und Schultypen füllen diesen Rahmen auf ihre je spezifische Weise aus.

Nimmt man dagegen den Beobachterstandpunkt ein, so kann man den Mythos als eine Subkultur innerhalb einer Gesamtkultur sehen, eher als eine kollektive Täuschung, ja sogar eine Verirrung des Denkens und eine gefährliche hypnotische Besetzung von Bewusstsein, vor allem, wenn es um Koordination mit anderen Gesellschaften und deren Wissenskulturen geht. Man könnte mit Pierre Smith[217] sogar sagen, es ist ein gefährliches oder kindisches Abweichen von einer vernünftigen Neubestimmung angesichts der postmodernen Wissenssituation in einer Wissens- und Weltgesellschaft.

Der Lehrplan in seiner jetzigen Form hat sich inzwischen zu einem übergeordneten und letztfundierten Sinnrahmen entwickelt, der die unterrichtliche Praxis, die professionelle Kommunikation und Reflexion in verschiedenen didaktischen Dimensionen und Feldern übergreift. Es ist kaum noch möglich, eine didaktische Fragestellung zu entwickeln, ohne dass dieser unsichtbare Lehrplan in den Köpfen auftaucht. Dieses Verständnis von „Lehrplan" verengt den Blick radikal, weil es nicht mehr zu unterscheiden erlaubt, dass es ganz andere Versionen von Wissens-Konstruktionen und Wissenskanons geben könnte[218] und dass außerdem die junge Generation durchaus selbst mitbestimmen könnte, was sie lernen möchte bzw. was sie für ihre Zukunft als sinnvoll ansieht.

Dieser Mythos vom Lehrplan hält gegenwärtig immer noch den Glauben an eine gesellschaftliche Einheit aufrecht. Der Glaube an geistige Ordnung und

---

[216] nach Berger & Luckmann, 1969

[217] Levi–Strauss u. a., 1984, S. 48

[218] siehe Negation, Selektion, Latenz von Wissen und virtuelles Wissen

Wissensgerechtigkeit beherrscht unser gegenwärtiges Bildungsterrain, obwohl die Tatsachen eine andere Realität hervorgebracht haben. Verwalter dieses Glaubens sollen die Lehrenden sein.

Die Kodifizierung des Wissens durch den Lehrplan teilt sich in zwei Richtungen:

- Die eine ist das Bildungssystem mit dem Auftrag, eine gerechte und chancengleiche Verteilung von Wissen mit Hilfe von Bildungs-Tauschmärkten und deren Operationen und Symboliken zu garantieren.
- Die andere ist die juristische Seite: Das Schul- und Bildungsrecht wacht über die Einhaltung dieser Kodifizierung.

Von dieser Positionierung her lässt sich eine „Subsinnwelt" des Lehrplans feststellen, die in der didactic community in verschiedenen Hinsichten relevant wird:

Das erste Feld ist die unterrichtliche Praxis. Angesichts der unendlich vielen Probleme und Entscheidungssituationen, denen sich heute ein Lehrender gegenüber sieht, hat es eigentlich gar keinen Sinn, nachzudenken, die einzelnen Probleme differenziert zu analysieren, sie zu reflektieren, nach Erklärungen auf der Grundlage von theoretischen Entwürfen oder empirischen Ergebnissen zu suchen. Man muss unterrichten, unterrichten, unterrichten. Der Lehrplan ist zum Symbol für Richtigkeit, Gerechtigkeit, Zeitdistribution und Professionalität geworden. Wozu soll man da noch nach Alternativen suchen?

Ein anderer Aspekt ist die Temporalisierung von reproduktivem Wissen. Alles Handeln eines Lebewesens hat einen paradoxen Gehalt. Was zu dem einen Zeitpunkt sinnvoll gewesen sein kann, ist möglicherweise im nächsten Moment unsinnig. Die Funktionalität oder Dysfunktionalität von Wissen kann bei kein einziger Überlebensstrategie vom Kontext und Zeitpunkt her allgemeingültig beurteilt werden, auch wenn unser traditionell-logisches Denken uns das suggeriert. Deshalb ist reproduktives Wissen ohne Kontext „sinnlos".

Von dieser Sicht aus muss sich die didaktische Epistemologie auch damit auseinandersetzen, welche Bedeutung materielles Wissen in dem von der Gesellschaft bereitgestellten Rahmen, nämlich im „organisiertes Bildungssystem", speziell in der Schule noch haben soll, was die Gesellschaft dem jungen Individuum bereitstellen soll und welche Leistung das Individuum oder die Teilfunktionsgruppen in der Gesellschaft ohne Hilfe des Staates leisten sollen.

Die Rahmenbedingungen haben sich auf vielen Ebenen verändert: Wissen wird zur Ware, Wissen verfällt, Wissen explodiert, Wissen verschwindet, Wissen ist vulgär geworden, Wissens-Konstruktionen sind beliebig drehbar, haben keinen verbindlichen Charakter mehr, Behauptungswissen ohne solide Begründung setzt sich durch.

Sicheren Boden haben wir noch vielleicht dort, wo es um Folge-Wissen geht, das es einzuhalten gilt, wenn es um technische Abfolgen, z. B. bei einer CNC-Maschine, oder um Erfahrungswissen geht, wo sonst eine materielle und finanzielle Katastrophe folgen könnte. Das übrige Wissen, Hypothesenwissen, Phantasiewissen, Vorurteile usw., wird durchlöchert mit vielen Teilrationalitäten und oft beliebigen Bezugnahmen und Sinnkontexten.

Wir leben in einer Zeit des vulgären Relativismus, d. h. wir konstruieren unser Wissen oft wild, chaotisch oder unbewusst.

Im Bereich der Schule werden den Lernenden unter dem Deckmantel des Lehrplans willkürliche Informationen zu willkürlichen Wissens-Konstruktionen angeboten.

1. Das Didaktische Sinnsystem

Wenige Lehrende können sich selbst und dem Schüler sagen, nach welchen *Sinnsystemen*, *Logiken*, *Mustern* und *Referenzen* sie ihre Wissens-Konstruktion angefertigt haben und welche Art von Wissens-Konstruktion sie von den einzelnen Schülern erwarten. Sie können in den meisten Fällen auch nicht sagen, wie sie ihre Wissens-Konstruktionen im Vermittlungsprozess mit welchen Logiken und Methoden vermitteln und welche Arten von Wissen sie vom Lernenden erwarten. Dies ist nicht als Vorwurf gemeint, sondern als Deskription.

Wir brauchen angesichts einer Überkomplexität und Informationsflut für die Schule als Ort einer soliden Wissensvermittlung einen soliden Relativismus, der angibt, unter welchen *Referenzen*, *Dimensionen*, *Logiken* und *Symboliken* wir Wissen konstruieren und welchen *Sinn* wir ihm zuschreiben wollen. In unserer postmodernen Zeit gibt es keine Einheitsversion von Wissen. Jedes Phänomen, Thema, Problem kann sehr unterschiedlich bearbeitet und wahrgenommen werden. Wahrheitsansprüche, d. h. das Bestehen auf letztgültigen Wahrheiten gibt es nicht mehr.

Im Didaktischen Relativismus geht es darum, dass alle am Lehren und Lernen Beteiligte sich gegenseitig ihren jeweiligen Referenzrahmen und möglichst ihre oft stillschweigend verwendeten Logiken offenzulegen lernen.

Ein anderer Aspekt ist die Leistungsfähigkeit des Staates. Er ist sicherlich nicht mehr in der Lage, mit Hilfe seiner eigenen Mythen und Muster und seiner Ressourcen die Vorstellung von einer optimalen, deutschen Schule - allgemeines Bildungsideal, Bildungsgerechtigkeit, Chancengleichheit, Bildung für alle, Vorsorgepflicht für Wissensbestand der Gesellschaft usw. - und die entsprechenden Erwartungen an sie zu erfüllen. Schritt für Schritt geschieht eine Dekonstruktion und eine Deregulierung im finanziellen, organisatorischen und symbolischen Bereich.

Eine weitere Entwicklung wird die Grundorientierung unserer didaktischen Epistemologie zunehmend beeinflussen: der Übergang unserer medialen Welt von einer Print-Präsentation zu einer virtuellen und Unschärfe-Präsentation oder, anders gesagt, von einer sprachlich-analytischen Repräsentation von Wissen zu Zapp-Präsentation und Prozess-Präsentation mit Piktogrammen, Prozess-Darstellungen durch den Computer, Szenarien am PC usw.).

Im wesentlichen wird im Bildungssystem Wissen als *Oberflächenwissen*, also *Reproduktion von Wissen*, *kognitives Geräusch*, hergestellt, anstatt die *Tiefenstruktur* des Wissens mit den Lernenden freizulegen durch *Konstruktion*, *Rekonstruktion*, *Neukonstruktion*, *Dekonstruktion* von Wissensarten, Wissenskontexten und Wissensfeldern und die Aufdeckung der dem Wissen unterlegten Logiken und Muster.[219]

---

[219] ausführlich in Kösel, Lernwelten, Band II: Die Konstruktion von Wissen. Eine neue didaktische Epistemologie, Kapitel „Leistungs-Interpretation und Leistungsbewertung"

Zu einer Theorie des WIR-Bereichs

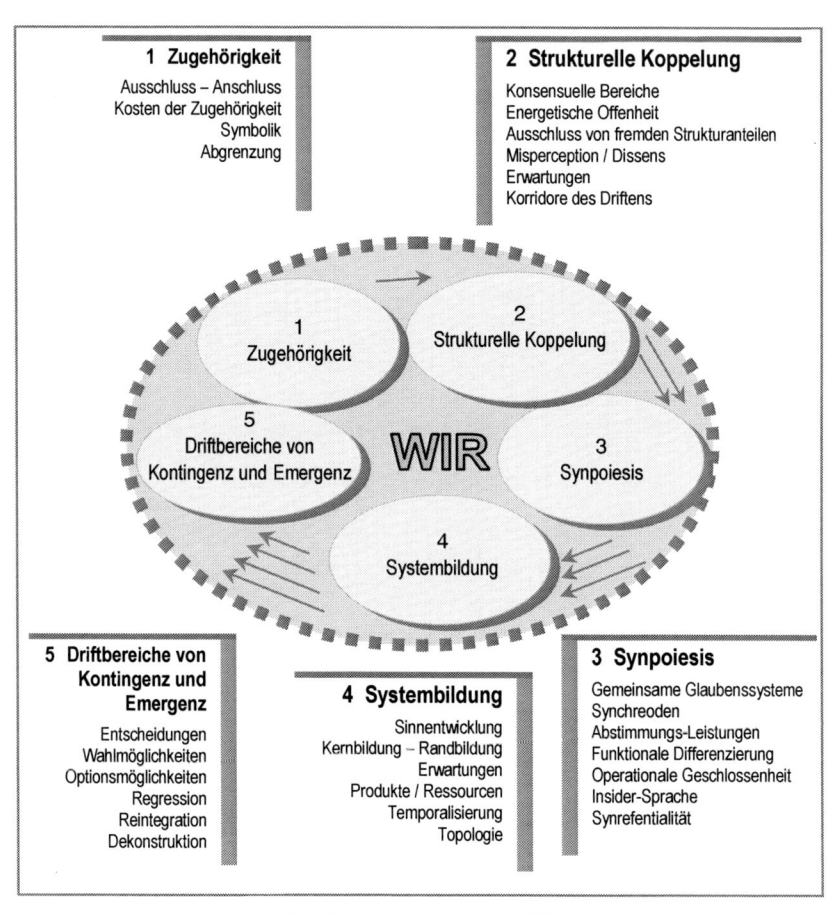

1 Zugehörigkeit
Ausschluss – Anschluss
Kosten der Zugehörigkeit
Symbolik
Abgrenzung

2 Strukturelle Koppelung
Konsensuelle Bereiche
Energetische Offenheit
Ausschluss von fremden Strukturanteilen
Misperception / Dissens
Erwartungen
Korridore des Driftens

1 Zugehörigkeit
2 Strukturelle Koppelung
5 Driftbereiche von Kontingenz und Emergenz
WIR
3 Synpoiesis
4 Systembildung

5 Driftbereiche von Kontingenz und Emergenz
Entscheidungen
Wahlmöglichkeiten
Optionsmöglichkeiten
Regression
Reintegration
Dekonstruktion

4 Systembildung
Sinnentwicklung
Kernbildung – Randbildung
Erwartungen
Produkte / Ressourcen
Temporalisierung
Topologie

3 Synpoiesis
Gemeinsame Glaubenssysteme
Synchreoden
Abstimmungs-Leistungen
Funktionale Differenzierung
Operationale Geschlossenheit
Insider-Sprache
Synrefentialität

Abbildung 15: Referenzbereich WIR

Die Theorien des *Systemischen Denkens*[220], der *sozial-autopoietischen Systeme*[221], des *Symbolischen Interaktionismus*[222] und des *Sozialen Konstruktivismus*[223] geben eine Basis ab für eine didaktische Theorie des WIR.

---

[220] nach Maturana & Varela, 1987, Luhmann, 1998

[221] nach Luhmann

[222] Mead, G. in: Krappmann, 1988

[223] Gergen, 1991

1. Das Didaktische Sinnsystem

Ich verwende diese Theorien als Grundlage für eine Subjektive Didaktik wegen der ethischen Ansätze, die in ihnen enthalten sind. Es sind dies z. B.:
- die individuelle Selbstorganisation und Selbstbestimmung
- die Achtung und Toleranz jedem lebenden System gegenüber
- die Gleichberechtigung von pluralen Wertesystemen
- die Anerkennung des Pluralismus in der Didaktik
- die gesellschaftliche und multikulturelle Gleichberechtigung

Wesentlich ist, dass wir eine doppelte Funktion des Begriffs *Bedeutung* beachten müssen: Einmal wird „Bedeutung" verstanden als persönliches Konstrukt und als selbstreferentielle Sinnstruktur: Wahrnehmen, Lernen, Gedächtnis, Kognition.[224]
Zum andern meint man mit „Bedeutung" die soziale Konstruktion von Sinn in Gruppen, Organisationen und Gesellschaften.
In diesem Abschnitt kann aus Platzgründen leider keine Gesamtdarstellung der Theorien und ihrer Relevanz für eine Subjektive Didaktik geleistet werden. Wir wollen aber einige Profile herausarbeiten, die für uns Didaktiker neue Perspektiven eröffnen können, z. B. die Frage, wie sich soziale Mechanismen entwickeln und als Systeme operieren können und inwiefern sie auch für eine Subjektive Didaktik relevant sind.
Wir betrachten zunächst die Theorie der sozial-autopoietischen Systeme, darin vor allem *Strukturelle Koppelung* und *Konsensueller Bereich*, zum anderen die Theorie des *Symbolischen Interaktionismus* und die Theorie des *Sozialen Konstruktivismus* und deren jeweilige Bedeutung für eine Subjektive Didaktik.

Die Theorie der sozial-autopoietischen Systeme

Wir machen uns bei unserer Betrachtung über die Genese und Organisation sozialer Systeme die *Theorie der Autopoiese* zu eigen, an deren Entwicklung besonders die beiden Chilenen Francisco J. Varela und Humberto R. Maturana beteiligt waren. Diese Theorie autopoietischer Systeme hat Luhmann dann auch auf soziale Systeme übertragen. *Autopoietische* bzw. *selbstreferentielle* Systeme sind *operational geschlossene* Systeme, die ihre Elemente bzw. Bestandteile selbst produzieren und reproduzieren. Ganz analog, wie es für neuronale Netze gilt, definiert nach Luhmann das *System* selbst seine *Umwelt*, wobei es auch für ihn selbstverständlich ist, dass zum Aufbau von Systemen die Umwelt konstitutiv ist.
Gäbe es nur die Identität des Systems, würde es keine Selbstreferenz geben. Indem nämlich das System sich von seiner Umwelt absetzt, sie negiert, setzt es als Ergebnis dieses Prozesses seine eigene Grenze, bzw. bestimmt sich selbst.

„Für die Theorie selbstreferentieller Systeme ist die Umwelt vielmehr Voraussetzung der Identität des Systems, weil Identität nur durch Differenz möglich ist. Jener Negationsprozess ist für das System notwendig, da er Reduktion von Komplexität leistet. Die Negation ist ein Selektionsmechanismus, mit dessen Hilfe die für das System relevanten Ereignisse fixiert werden und andere ausgeschlossen werden."[225]

---

[224] siehe „Theorie des ICH-Bereichs"

[225] Luhmann, 2000, S. 143

Besonders in funktional differenzierten Gesellschaften, in denen sich hochspezialisierte Subsysteme entwickelt haben, ist die *„soziale Komplexität, das heißt die Zahl und die Arten möglichen Erlebens und Handelns"*, in extremem Maße gestiegen. Deswegen müssen Strukturen, oder, wie Jürgen Habermas es ausdrückt, *„Inseln geringerer Komplexität"* geschaffen werden, die die relativ kontingenten Handlungsmöglichkeiten einschränken und damit Erwartungsmuster bereitstellen, die einen möglichst reibungslosen sozialen Ablauf möglich machen.

Dies bedeutet aber, nun wieder allgemein gesprochen, für das Verhältnis von System und Umwelt, dass für jedes System die Umwelt immer *„komplexer ist als das System selbst"*. Denn *„Reduktion kann nur im System"* hergestellt werden.

Das System entscheidet somit, welche Aspekte der Umwelt für es relevant sind. Aus der Vielfalt von Umweltereignissen filtert es diejenigen Informationen aus, die zur Erhaltung und Veränderung seiner Organisation benötigt werden. Das System entscheidet nach systemspezifischen Kriterien, was als sinnvoll und was als sinnlos zu gelten hat, weil es *„stets mehr Möglichkeiten des Erlebens und Handelns gibt, als aktualisiert werden können"*. Dieser *„Sinnzwang"* führt notwendigerweise dazu, dass das System sich von der Umwelt abgrenzt. Es hat sich *„gegen die überwältigende Komplexität seiner Umwelt zu behaupten"*. Wäre jenes Komplexitätsgefälle zwischen System und Umwelt nicht gegeben, *„würde das System sich nicht von seiner Umwelt unterscheiden, es würde nicht als System existieren"*.

Als erstes Fazit lässt sich somit festhalten: Systeme selbst „differenzieren sich aus und konstituieren damit Umwelt als das, was jenseits ihrer Grenzen liegt. [...] Die ,Einheit' der Umwelt ist nichts anderes als ein Korrelat der Einheit des Systems, denn alles, was für ein System Einheit ist, wird durch das System als Einheit definiert."

Jedes der Teilsysteme operiert mit einem von ihm speziell ausgebildeten „Code".

Es gelten also für die verschiedenen Systeme je eigene Informationsregeln, die eine höhere Eigeneffizienz für das System bedeuten. Codes leisten eine schnelle und zuverlässige Einordnung von Kommunikation in je spezifischen Kontexten durch eine Einschränkung des Bedeutungsstromes von Kommunikation. Die Teilsysteme sind vor allem mit sich selbst beschäftigt. Dies bedeutet, dass sie nicht wechselseitig füreinander einspringen und sich nicht gegenseitig ihre Funktionen abnehmen können. Die Resonanzfähigkeit jener Subsysteme in Bezug auf Fragen der Produktion, der Wissensgenerierung usw. kann hinreichend nur durch die immanente Logik der Teilsysteme selbst hergestellt werden.

Diese Theorie sozial-autopoietischer Systeme wird bei jeder neuen Systembildung z. B. einer Lerngruppe, bei der Entwicklung postmoderner Lernkulturen und bei jedem Schulsystem relevant.[226] Hier sind vor allem die Bereiche von Kern- und Randbildung, Kommunikation, Erwartungs-Erwartungen, Sinnbildung, Insider-Sprache, Selbst- und Fremdreferenz bei jedem neuen Schuljahr an Schulen, bei länger bestehenden Lerngruppen in anderen Bildungssystemen sowohl als Reflexions- als auch als Steuerungsinstrument besonders interessant.[227]

---

[226] Wir werden im Band III der Lernwelten, „Die Entwicklung postmoderner Lernkulturen - Schule als System" genauer darauf eingehen.

[227] siehe Driftzone

1. Das Didaktische Sinnsystem

Soziale Imperative

Dort, wo gemeinsame Empfindungen, gemeinsame Betrachtungsweisen und Beschreibungs-Realitäten und gemeinsame Ideen entstehen, gibt es ein psychisches Fundament für eine unterrichtliche Gruppe, die sich stabil und flexibel zugleich entwickeln kann. Solche Gruppen erstellen im Laufe der Zeit gewisse soziale Imperative, die alle Mitglieder betreffen und von ihnen mehr oder weniger eingehalten werden. Diese Imperative sind in einer schulischen Kultur von großer Bedeutung, weil sie die geheimen strukturellen Stützen in einem nicht gefestigten Milieu abgeben. Wenn wir uns von einer Gruppe in eine andere bewegen, ist es oft wichtig, die jeweiligen Gruppen-Imperative erlernt und akzeptiert zu haben und sich in einer sozialen Koppelung stabil einzubringen. Der unbewusste Hintergrund der Gruppen-Zugehörigkeits-Mentalität dient weitgehend der individuellen Kontrolle und Stabilisierung in einem fremden Milieu.

Netzwerkarbeit

Lehrer reden gerne von dem eigenständigen Schüler, den es zu erziehen gelte.
Aber die Wirklichkeit sieht anders aus: Viele Lehrer und Dozenten akzeptieren nur eine ganz bestimmte Art von Ideen und deren Umsetzung, nämlich die, die sie selbst kennen und verstehen. Sie verkennen dabei, dass Ideen anderer Menschen in einer sozialen Koppelung zu vielerlei Korrelationen führen, die für die Gesamt-Gruppe von großem Nutzen sein können. Die einzelnen Mitglieder der Gruppe verbinden damit auch die Stabilisierung der Identität später in einem anderen Milieu. Soziale Netzwerke ermöglichen neben der formellen offiziellen Kommunikation in Kindergarten, Schule oder Erwachsenenbildung auch individuelle Gespräche, die neue Ideen nicht sofort in den Strudel offiziöser Bedenklichkeit führen; sie können stattdessen mitfließen im Strom der Netzwerk-Entwicklung. Wenn es gelingen könnte, Lehrer und alle, die im „Unterrichts-Geschäft" tätig sind, mit solidem Grundlagenwissen über den Menschen und über soziale Systeme auszustatten und mit unkonventionellen Plänen und Vorstellungen im jetzt bestehenden Netzwerk des Unterrichts zu verbinden, würden neue Methoden und Inhalte für die Weiterentwicklung von angemessenen Lernkulturen im Bildungsbereich in der Zukunft entstehen.

Die „Not der Verständigung" - Symbolischer Interaktionismus

Wir haben bereits bei der Erörterung der Theorien des ICH-Bereichs gesehen, dass wir Menschen, genau wie die Urzelle, nach wie vor von der Maxime geprägt sind,

„so wenig Außenwelt wie möglich und nur so viel Außenwelt, wie unbedingt erforderlich, um überleben zu können". [228]

Sicherlich ist der menschliche Horizont im Laufe der Entwicklung wesentlich erweitert worden, grundsätzlich aber bleibt diese Maxime erhalten: Unser Gehirn ist nach wie vor in erster Linie ein Organ zum Überleben und erst dann ein Organ zum Verstehen der Welt. Wir Menschen sind dazu „verdammt"[229], uns miteinander zu verständigen, und zwar nicht wie die Tiere mit ihrem Verständigungs-Code, sondern mit Hilfe von Sprache und Symbolen. Diese Art der Kommunikation hebt den

---

[228] nach Ditfurth, 1991

[229] Roth, 1992

Menschen einerseits ab vom Tier, andererseits entlässt sie ihn auf ein äußerst schwieriges und von jedem anders interpretierbares Feld. Diese Situation bezeichne ich als „Not der Verständigung" deshalb, weil sie uns Menschen - auch durch unsere kulturelle Entwicklung bedingt - in oft unsägliche Not und Verwirrung in nahezu allen menschlichen Situationen geführt hat.

Missverständnisse, falsche Wahrnehmungen, Machtgefühle und Unterdrückungsgefühle, soziales Prestige usw. sind die Folgen einer relativ unflexiblen Kommunikations-Bereitschaft in unserer menschlichen Struktur.[230]

Diese Not taucht auch in jeder unterrichtlichen Situation auf.

Es kommt nun darauf an, wie, wann und in welcher „Philosophie" wir uns verständigen können und wollen.

Ich habe mich dafür entschieden, zunächst meiner *Not der Verständigung* - auf der Basis des sogenannten „Symbolischen Interaktionismus" und der Theorie sozial-autopoietischer Systeme - nach folgenden Grundsätzen zu begegnen:

Grundsätze des Symbolischen Interaktionismus

Ich akzeptiere, dass jeder Mensch divergierende Erwartungen und ein einmaliges Wahrnehmungs-Universum in sich hat.

In jeder Situation treffe ich auf Menschen, die andere Erwartungen, Gefühle und Verhaltensweisen zeigen als ich.

Ich kann mich nur mit Hilfe von Symbolen, Sprache, Mimik, Gestik etc. verständigen.

Diese Symbole sind nicht eindeutig festlegbar, sie müssen daher interpretiert werden. Dies geschieht in unterschiedlicher Weise.

Die divergierenden Erwartungen an die Kommunikations-Situation erfordern auf beiden Seiten subjektive Interpretationen.

Das Ergebnis dieser Interpretationen ist ein vorläufiger Arbeitskonsens und die Offenheit der Situation.

Ich als Individuum und mein Gesprächspartner sollen divergierende Erwartungen berücksichtigen und zugleich eigene Konsistenz und Kontinuität bewahren.

Die Aufrechterhaltung meiner eigenen Identität ist dabei ein immer wieder neu zu lösendes Problem.

Dieser doppelte Zwang ist nur in einer Balance zu bewältigen.

---

[230] siehe Kommunikation als autopoietisches System, Driftzone

Für die Verwirklichung der Grundsätze des Symbolischen Interaktionismus im Unterricht benötigen wir angemessene Methoden der Kommunikation.[231]

Social science in den Lehrplänen[232]

Innerhalb einer Epistemologie haben wir uns auch mit der Frage zu beschäftigen, wie wir soziale Phänomene innerhalb didaktischer Fragestellungen zu beantworten gedenken. Angesichts der ungeheuren Zunahme an Komplexität sozialer Phänomene in der ganzen Welt ist es nicht damit getan, sie auf einfache Kategorien und Gesetzmäßigkeiten oder auf ein paar lehrbuchmäßige Modelle zusammen mit den Lernenden zu reduzieren. Es sollten deshalb in den Lehrplänen wichtige soziale Bereiche als „social science" aufgenommen werden.

Wir sehen dies jetzt gerade hinsichtlich der großen Mode, dem Hunger nach Organisations-Entwicklung in Schulsystemen, wo man vielfach glaubt, man käme mit einigen Begriffen und Teilkontexten zurecht, die teilweise mit trivialen Fragestellungen enden.

Auch in der Lehreraus- und -weiterbildung gibt es zwei Fragehorizonte:
- Die Frage nach der theoretischen Standortbestimmung sozialer Phänomene als Gegenstand des didaktischen Wissens
- Die Frage nach der theoretischen Standortbestimmung sozialer Phänomene als Gegenstand des didaktischen Wissens innerhalb des eigenen Systems

In zukünftigen Lehrplänen sollten in einer didaktischen Epistemologie soziale Phänomene auf Kernpunkte hin, wie z. B. *Kern- und Randbildung*, *Kommunikation*, *Systembildung*, *Sinnsystem*, *Erwartungs-Erwartungen*, *Ehrungen - Entehrungen*, *Zugehörigkeit - Ausschluss*, *Strukturelle Koppelung*, *Synpoiesis*, *Kontingenz - Emergenz* untersucht werden.

Strukturelle Koppelung von strukturdeterminierten Systemen

Nach Maturana und Varela hat die soziale Aneignung von Information grundsätzlich mit unserer Existenz zu tun:

„Alles geschieht, als ob es ein Gleichgewicht gäbe zwischen individueller Erhaltung und der Erhaltung einer Gruppe als erweiterter Einheit, die das Individuum einschließt. Die Existenz des Lebendigen ist nicht auf Konkurrenz angelegt, sondern auf Erhaltung der Anpassung bei der Begegnung des Individuums mit dem Milieu, die zum Überleben des Angepassten führt"[233]

Im Hinblick auf die Gruppe als Einheit ist die Individualität der Mitglieder irrelevant, da sie alle im Prinzip austauschbar sind und die gleichen Relationen verwirklichen können. Für Lebewesen ist Individualität jedoch gerade die Bedingung für ihre Existenz.

Das Ergebnis einer Strukturkoppelung eines Individuums mit einer Gruppe ist seine Verwirklichung in einem Milieu. Es gibt allerdings im menschlichen Bereich Zwangsgemeinschaften, die Zwangsmechanismen zur Stabilisierung aller

---

[231] siehe Kösel, Lernwelten, Band II und Band IV

[232] Dazu haben wir im Band II eine ausführliche Systematik des Sozialen, social science, entwickelt.

[233] Maturana & Varela, 1987, S. 216 f.

Verhaltensdimensionen ihrer Mitglieder heranziehen und dadurch entartete soziale Systeme im menschlichen Bereich darstellen. Solche zwangsstabilisierten Systeme verlieren ihre Eigenschaft als „soziale Systeme", sie werden unmenschlich, da sie ihre Mitglieder depersonalisieren. Sie ähneln mehr einem Organismus als einem menschlichen sozialen System, wie das zum Beispiel bei dem Stadtstaat Sparta der Fall war. Organismen und menschliche soziale Systeme lassen sich nicht vergleichen, ohne dass man die eigentlichen Merkmale ihrer jeweiligen Komponenten verzerrt oder negiert.

Jede Analyse der menschlichen sozialen Phänomenologie, die die erörterten Erwägungen nicht berücksichtigt, wird deshalb fehlerhaft sein, da sie die biologischen Grundlagen dieser Phänomenologie unberücksichtigt lässt."[234]

Für eine Subjektive Didaktik bedeutet dies:

> *Lernen ist sowohl für das Individuum als auch für Gruppen relevant, d. h. wir müssen in diesem Milieu sowohl für das einzelnen Individuum als auch für die Gruppe Methoden bereitstellen, mit deren Hilfe sich einerseits die Gruppe und zugleich auch das* Individuum *entwickeln können.*
>
> *Wir sind gewohnt, von Sozialformen des Unterrichts zu sprechen, und zählen dann die klassischen Formen auf: Partnerarbeit, Gruppenarbeit usw. In unserem Ansatz geht es um die* Verwirklichung des Individuums in der Gruppe *und gleichzeitig um die* Einheit der Gruppe *als Existenzsicherung, d. h. als Rahmenbedingung für eine Lernkultur, die angemessene Kontexte schafft und sich wiederholende soziale Strukturen und eine positive Gruppenkultur erzeugt. Wir suchen daher solche Methoden, die beiden Ansprüchen gerecht werden können.*
>
> *Für die Verwirklichung des Individuums sind dessen* ICH-Theorien *von großer Bedeutung, weil sie evtl. Auskunft über die optimale Anpassung von Methoden an die jeweilige Struktur des Individuums geben können. Gleichzeitig aber sind auch die* Alltagstheorien *des Individuums von Bedeutung, weil sie die kulturelle Realität widerspiegeln, in der es in einem bestimmten Milieu leben muss.*
>
> *Für die Entwicklung der Gruppe bieten zunächst die Theorien des WIR eine Möglichkeit, Methoden für die Gruppe in einem bestimmten Milieu zu finden.*
>
> *Zu denken ist an die Bereiche der* Strukturellen Koppelung, *des* Konsensuellen Bereichs *und der* Entwicklung der Sprache, *d. h.:*

„*Die einzigartigen Züge menschlichen sozialen Lebens und dessen intensive sprachliche Koppelung manifestiert sich darin, dass es imstande ist, ein neues Phänomen zu erzeugen, welches für unsere eigene Erfahrung zugleich sehr nah und doch sehr fremd ist: unseren Geist, unser Bewusstsein."*[235]

---

[234] Maturana & Varela, 1987, S. 216 f.

[235] Maturana & Varela, 1987, S. 241

Die Sprachliche Koppelung

Sie ist Grundvoraussetzung für die Erzeugung des Bewusstseins beim Menschen. Der damit verbundene Reflexionsmechanismus ist zugleich wieder ein soziales Phänomen, insofern Sprache nur im Gruppenmilieu entstehen kann und weil zugleich durch diese soziale und sprachliche Koppelung die Entstehung des Selbst im einzelnen Menschen erst möglich ist. Es kommt noch hinzu, dass wir, bedingt durch die Konstruktion unseres Gehirns, sprachliche Koppelung überwiegend in der linken Hemisphäre erreichen können; die rechte Hälfte kann nur auf die Weise „antworten", wie sich ihre Verbindung mit dem „Rest" des Nervensystems und des Körpers ergibt. Im wesentlichen sind dies nicht-sprachliche Interaktionsformen wie z. B. Erröten, Verlegenheit.[236] Das bedeutet also: Im Gehirn selbst ist eine Trennung von sprachlicher Koppelung und nicht-sprachlichem Verhalten vorhanden. Didaktisch heißt das: Beide Interaktionsformen sind von größter Bedeutung für die soziale Koppelung, wenn einmal im sprachlichen und dann wieder oder gleichzeitig im nicht-sprachlichen Kontext interagiert wird. Die von der rechten Gehirnhälfte erzeugte emotionale Erregung muss die linke Gehirnhälfte in Sprache „übersetzen". Dabei gibt es keine Logik im rationalen Sinn[237], d. h. es kann schon beim *einzelnen Individuum* sprachlich etwas anderes herauskommen, als emotional - sogar körperlich - gemeint war. Wie komplex wird es dann erst, wenn Interaktion und Kommunikation mit *mehreren Mitgliedern einer Gruppe* zugleich stattfinden, wobei die De-Codierung jeweils wiederum auf diese zweifache Weise erfolgen muss.

Bereiche der Sozialen Aneignung

Wollen wir eine Lernkultur schaffen, in welcher der *Einzelne* in der Gruppe und die *Gruppe* selbst sich entwickeln können, sind eine Reihe von Bereichen zu untersuchen, aus denen heraus oder für die Methoden und Techniken sozialer Aneignung zu entwickeln sind. Wenn wir dabei bedenken, dass die Struktur eines jeden Menschen bestimmt, welche Interaktionen mit seiner Umwelt er für angemessen hält und welche Reaktionen seinerseits möglich sind, und ferner, dass die Struktur nichts Statisches, sondern bei jeder Interaktion flexibel ist, kurz: dass eine *Strukturelle Koppelung* möglich ist, so ergeben sich eine Fülle von Interaktionsmethoden, die sowohl für den Einzelnen als auch für die Gruppe beim Lernen förderlich sind. Wenn wir in einer Welt existieren, die wir zusammen mit anderen Menschen quasi in ko-ontogenetischer Koppelung hervorbringen, dann bedeutet das, dass wir auch eine Welt hervorbringen können, die vielleicht lebenswerter ist als die jetzige. Wenn wir Menschen uns als lebende autopoietische Wesen begreifen, dann trifft der „Kognitive Zirkel", wie ihn Maturana und Varela nennen, zu.

- Menschliches Erkennen als wirksames Handeln erzeugt wirksames Handeln.
- Erkennen hat es nicht mit Objekten zu tun, denn Erkennen ist effektives Handeln.
- Indem wir erkennen, wie wir erkennen, bringen wir uns selbst hervor.

---

[236] siehe auch Fanita English über Gefühle, Ersatzgefühle

[237] Siehe Ciompi, 1992

Diese kognitive Zirkularität, deren wir uns bewusst werden sollten, impliziert denn auch eine Ethik, die unentrinnbar ist. Als Bezugspunkt dieser Ethik bezeichnen Maturana und Varela die Bewusstheit der biologischen und sozialen Struktur des Menschen. Es ist nicht mehr möglich, in der Koexistenz mit anderen Menschen Konflikte mit dem Anspruch einer eigenen Gewissheit auszutragen; die Gewissheiten der Anderen müssen dann als genauso gültig und legitim anerkannt werden wie die eigene Gewissheit."

Diese Gedanken sind grundlegend für eine Auswahl von Methoden der Sozialen Aneignung.

Techniken der Verständigung - Konsensueller Bereich

Im Konsensuellen Bereich, d. h. im Raum interpersoneller Kongruenz, im Annehmen-Lernen der anderen Person als lernenden Systems und zugleich im Begreifen seiner selbst als lernenden Systems ergeben sich zugleich zahlreiche Methoden der Verständigung. Dabei ist es oft schwierig, die beiden Aspekte - *Verständigung* und *Aneignung* - genau voneinander zu trennen. Für eine didaktische Betrachtungsweise ist dies in den meisten Fällen aber auch nicht entscheidend.[238]

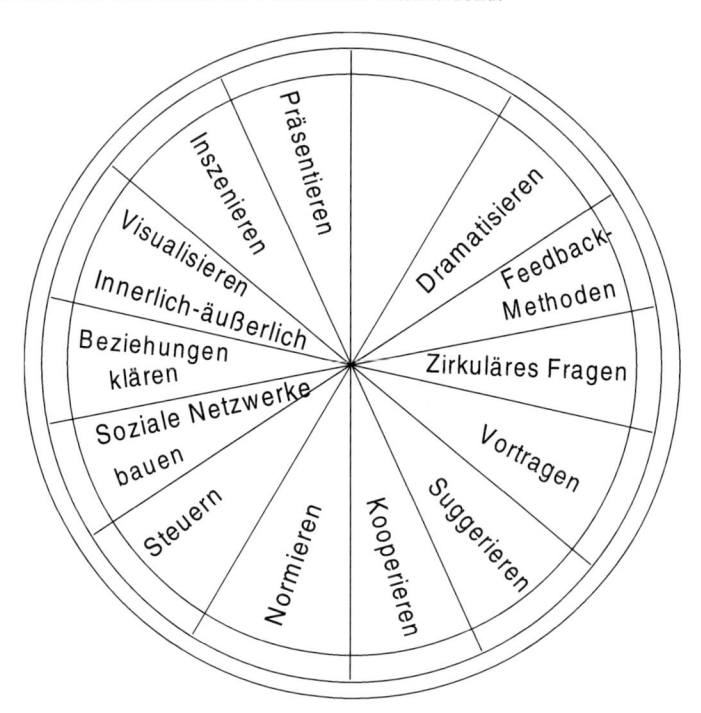

Abbildung 16: Zugangsrad zur Sozialen Aneignung

---

[238] Auswahl von Methoden aus der Humanistischen Didaktik: siehe Kösel, Lernwelten, III und Band IV; siehe auch Kösel, „ABC zur Subjektiven Didaktik", 2001, SD-Verlag

e) Die Bildung von Leit-Differenzen

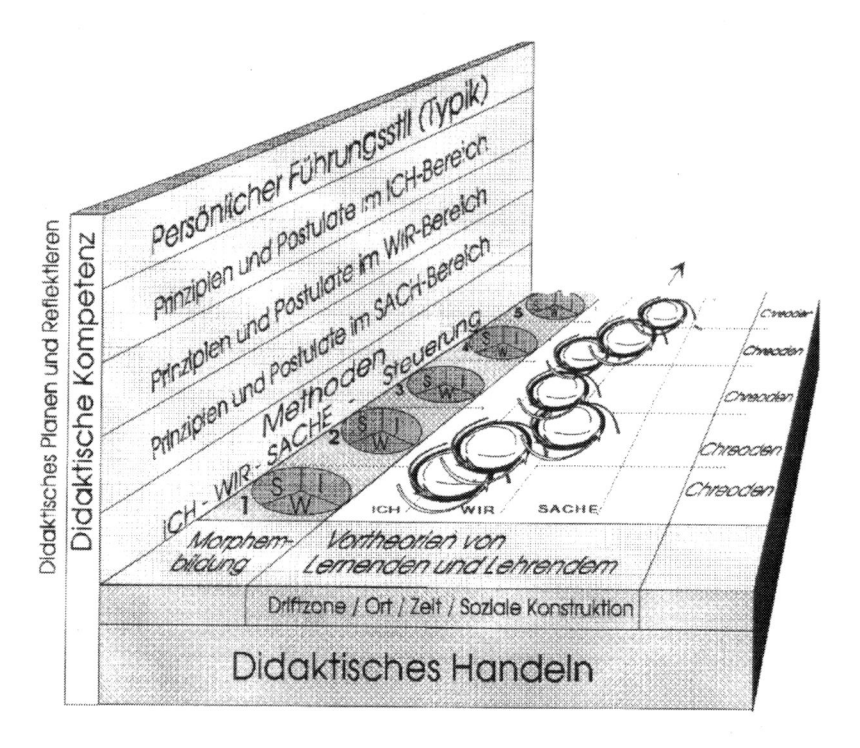

Abbildung 17: Didaktisches Planen und Handeln

Leitdifferenz als erkenntnistheoretischer Begriff ist als Unterscheidung der Beobachtung 2. Ordnung zugrundegelegt. Ein Phänomen kann man nur dann beobachten, wenn es sich von seiner Umwelt durch eine gesetzte Unterscheidung abhebt.

Eine *Beobachtung* ist eine Unterscheidung, die innerhalb ihrer Unterscheidung die eine oder die andere Seite bezeichnet. Sie kann dann nur sehen, was sie sieht, und sie kann nicht sehen, was sie nicht sieht.[239]

In dieser differenztheoretischen Position geht es nicht um Identitäten, wie sie die traditionellen Philosophien betrachten. Dort sind es Wesenseigenschaften, die als „objektiv" erscheinen. d. h. als unabhängig vom Beobachter und der Umwelt. Damit soll das Wesentliche erfasst werden.

Im systemtheoretischen Sinn tritt an die Stelle des Identitäts-Begriffs der *Differenz-Begriff*. Die Unterscheidung zwischen dem Gegenstand und seiner Umwelt gilt als notwendige Operation des Beobachters. Dieser kann selbst die

---

[239] vgl. „Blinder Fleck"

Unterscheidungskriterien dafür auswählen. Er legt auch die Leitdifferenzen selbst fest, muss sie aber begründen.

Demnach sind didaktische Leitdifferenzen reflektierte und relativ überdauernde Unterscheidungen, die einen ethischen Kern und einen didaktischen Wert darstellen.

Leit-Differenzen sind Unterscheidungskategorien gegenüber einer komplexen und schwer durchschaubaren didaktischen Situation in Bezug auf das eigene Didaktische Universum. Sie sollen helfen, diese subjektiv empfundene Komplexität zu reduzieren und in handhabbare operationale Planungs-, Ordnungs- und Entscheidungsfelder aufzulösen.

Leitdifferenzen gibt es z. B. als *habitualisierte Wertvorstellungen* über sich und den Lernenden, über *epistemologische Prioritäten*, über *Steuerungs- und Normierungsmaßstäbe*, über *soziale Wertvorstellungen* und *Erwartungsmuster* aus der Gesellschaft[240]. Didaktische Prinzipien und Postulate dagegen sind die Leitlinien für Programmen in der Morphem- und Korridor-Bildung. Als Hilfe zur Identifizierung solcher Leitdifferenzen können die Realitäts-Theorie nach Epstein, die Transaktions-Analyse, fachdidaktische Strukturen und didaktische Konzepte behilflich sein.

Folgende Referenzebenen könnten für die subjektive Orientierung des Lehrenden besonders relevant sein:

- der Bereich des Raumes
- der Bereich der Zeit
- der Bereich des Wissens und Handelns
- der Bereich des Sozialen Zusammenlebens
- der Bereich der einzelnen Person, speziell bei der Chreoden-Analyse
- der Bereich der Prozess-Steuerung und Modellierung von Unterricht

Leit-Differenzen im Bereich der Raum-Organisation

Hier geht es um feste und flexible Raumorganisationen, z. B. um Lernort-Kombinationen, Raumgestaltung, Raumverteilung, territoriale Ansprüche usw., aber auch um die Entwicklung einer Lernkultur, um die Abgrenzung gegenüber anderen Lehrenden, um die Symbolisierung und Bedeutungskonnotation von Raum, Inhalt und subjektiver Sinndeutung.

Die Bildung von Raum-Differenzen - Dreidimensionales Denken

Raum-Differenzen benötigen viel Platz und Höhe. Wir bauen ein dreidimensionales Gebilde, in dem wir zeigen können, wo gerade unsere Gedanken hängen: Z. B hängen meine Gedanken in einem Baum. Diese Vorstellung wird konkret dargestellt.

Wand-Differenzen

Die Wand war immer schon ein wichtiges didaktisches Gestaltungsinstrument.
Hierher gehören z. B. Collagen, Metaplanwände, Pinnwände usw.

Boden-Differenzen

Ich habe viele Seminare und Unterrichtsstunden gestaltet, in denen der Boden eine

---

[240] siehe Gesellschaftstheorien in Pongs, Band 1, 1999 und Band 2, 2000

wichtige Rolle spielte: sich auf den Boden legen, Plakate auf den Boden legen, Ergebnisse in eine Struktur auf den Boden bringen usw. Der Boden wird m. E. viel zu wenig als didaktisches Grundelement benutzt. Wer arbeitet schon am Boden?!
Wegen der starken einseitigen Habitualisierung der Raumkultur durch Bänke und Tische wird der Boden didaktisch degradiert.
Bodenarbeit erzeugt viel Bewegung in den Personen und Gruppen und so auch in den Gehirnen.[241]

Decken-Differenzen

Mehr noch als der Boden wird die Decke vernachlässigt. Ich halte es für eine negative kulturelle Erscheinung, die sogar politische Implikationen hat, dass die Decke für didaktische Differenzen nicht genutzt wird. Wenn ich meinen Blick nach oben werfe, so sagt die NLP, kommen mir *freie* Gedanken, Ideen und neue Motive und Verhaltensweisen in den Sinn. Wer riskiert dies schon?
Jedenfalls sind hier ganz neue didaktische Differenzen denkbar: Die Decke im Raum kann als neues didaktisches Instrumentarium entdeckt werden. Das hilft mir, meine inneren Repräsentationen, meine inneren Landkarten, meine Träume und meine ganze Ideenwelt auf der Decke zu suchen, zu finden und sie dann darzustellen.

Raum-Rituale

Der Raum ist der Ort der Rituale. Ohne Raum und Bewegung, ohne Handlungen sind Rituale nicht vorstellbar. Leider haben wir in unserer Kultur ritualisierte, immer wiederkehrende Anreizstrukturen erheblich reduziert: Wo sind z. B. im Unterricht Raum- und Lernrituale verknüpft? Wo gibt es überhaupt welche?

Eine subjektive Checkliste zur Bildung von Raum-Differenzen könnte etwa so aussehen:

> *Wie viele und welche Räume brauche ich?*
>
> *Wo möchte ich feste und wo flexible Räume?*
>
> *Welche Lernortkombinationen strebe ich an, z. B. im Projektunterricht, in der Freiarbeit, im linearen Unterricht, im verzweigten Unterricht?*
>
> *Welche Plätze werde ich als Ritual-Orte festlegen:*
> *Boden, Wände, Decke, Gänge, Plätze, Ecken?*
>
> *Welche Raumkultur werde ich mit meinen Lernenden entwickeln?*
> *Wo sind Spielräume, wo feste Territorien?*
>
> *Welche meiner Prinzipien möchte ich besonders berücksichtigen?*
>
> *Welche Aspekte meines Führungsstils werden besonders strapaziert werden?*
>
> *Welche alten Muster werden sich dagegen sträuben?*

---

[241] Man denke an die Peripatetiker, die im Herumgehen philosophierten.

Leit-Differenzen im Bereich der Zeit-Strukturierung

Die didaktische Zeit haben wir bereits ausführlich erörtert.[242] Nun kommt es im Bereich der Planung und Organisation auf subjektive Zeit-Entscheidungen an, um eine sinnvolle Leitdifferenzbildung und eine entsprechende Lernkultur zu erreichen. Es wird eine interne Auseinandersetzung darüber erforderlich sein, welcher der Zeitphilosophien ich anhängen werde, wo ich Kompromisse eingehen muss und wo neue Zeitleisten entstehen können.

> *Wo führe ich das Prinzip der Langsamkeit und der Eigenzeit ein?*
>
> *Wo kommt es wirklich auf Schnelligkeit an - ohne dass es zu einem Fassadenprinzip im Sinne einer falschen Ästhetisierung kommt - im Sinne einer Eleganz der Zeitverwendung?*
>
> *Wo verwende ich Zeitabläufe als Anreizstruktur und wo gewähre ich Ruhe, Langsamkeit und Eigenzeit unter Nicht-Beachtung des Schulgongs und der allgemeinen Zeitraffer-Didaktik?*

Bei der Bildung von Zeit-Differenzen ist es wichtig, folgende Prinzipien zu beachten:

Das Prinzip der Langsamkeit - Das Prinzip der Schnelligkeit

Je nach dem Zeitverlauf und der Zeitstruktur kann man folgende Differenzen unterscheiden:

- **diachrone Differenzen**
  chronologischer Ablauf, historischer Längsschnitt
- **synchrone Differenzen**
  gleichzeitiger Ablauf verschiedener „Handlungen", Wahrnehmungs-„Stränge", historischer Querschnitt
- **monochrone Differenzen**
  Es wird nur ein „Handlungsstrang" bewusst wahrgenommen.
- **polychrone Differenzen**
  verschiedene Erlebensformen von Zeit nebeneinander - subjektiv langsam, stillstehend, subjektiv „rasend"
- **autochrone Differenzen**
  Hier- und Jetzt-Differenzen einer Person oder Gruppe[243]

---

[242] siehe Zeitstrukturierung nach der TA; vgl. „Prinzip der Temporalisierung"

[243] siehe „Eigenzeit" bei H.-P. Dürr, 1989

1. Das Didaktische Sinnsystem

Diese Differenzen bilden sich bei der Zusammenarbeit der Gruppe; sie entstehen aber genauso im Individuum. Um die individuelle Zeitgestaltung und das subjektive Zeiterleben - die Selbstorganisation - zu erfassen, sollten in der Unterrichtsforschung die Zeit-Eigenlogiken von Lehrenden und Lernenden untersucht und die Formen der Temporalisierung bei Lernprozessen erarbeitet werden. Wir nehmen an, dass in der Driftzone u. a. durch höchst divergierende Zeitlogiken asymmetrische Transaktionen zwischen Lehrenden und Lernenden entstehen.

Eine subjektive Checkliste für meine Zeit-Differenzen könnte aussehen wie folgt:

> *Wie gehe ich selbst mit meiner Zeit um?*
> *Welche stillen Erwartungen habe ich an die Lernzeit der Lernenden?*
> *Wem gewähre ich „Eigenzeit", und von wem verlange ich „Horden-Zeit"?(siehe Prinzip der Unterlassung).*
> *In welchen didaktischen Formen gestalte ich welches Zeitprofil?*
> *Welche inneren Prioritäten habe ich gegenüber dem Balanceversuch zwischen Sache, einzelnen Lernenden und der Lerngruppe?*
> *Welche alten Muster möchten mich hindern?*
> *Welche neuen Zeitstrukturierungen nehme ich mir vor?*
> *Welche Zeit-Symbolisierungen nehme ich mir vor: z. B. Gong,*

Leit-Differenzen im Bereich des Inhalts: Wissen und Handeln

Zur Vergegenwärtigung: Ein „wahres Wissen" unabhängig vom erkennenden Subjekt kann es nach unserer Position nicht geben. Von dieser Prämisse gehen wir aus, wenn wir Leit-Differenzen im Bereich von Wissen und Erkenntnis suchen.

- das Prinzip der Interpretations-Erlaubnis und der Subjektiven Epistemologie
- das Prinzip der Äquifinalität
- das Prinzip der Viabilität
- das Prinzip der systemischen Leistungsbewertung und -kontrolle [244]

Wir wissen, dass Wissen und Wissenserzeugung ein ständig ablaufender Verstehens- und Interpretationsprozess ist. Dies erfordert angemessene Verstehens- und Interpretationsleistungen von beiden Seiten, soll Unterricht nicht in eine „Als-ob-Didaktik" abgleiten. Um entsprechende Leit-Differenzen bilden zu können, müssen wir zunächst die in Frage kommenden Bereiche und Methoden untersuchen:

- Verständigung und Interpretation
- Formale Strukturbildung
- Orientierung an der Wissenschaft
- Orientierung an alltagstheoretischen Konstruktionen

---

[244] Wir sind bei der unterrichtlichen Wissenserzeugung aufeinander angewiesen, Lehrende wie Lernende.

Leit-Differenzen, die mehr aus der *wissenschaftlichen Sphäre* kommen, sind vielfältig und relativ eindeutig interpretierbar. Sie haben den Vorteil, dass sie oft aus Systematiken heraus entwickelt werden können.

Sie haben aber auch den Nachteil, dass sie sehr häufig starr und rigide sind. Dabei ist die Interpretationsleistung auf fast Null gesunken. Dies nimmt nicht jeder Lernende so ohne weiteres hin. Mancher bohrt weiter und kommt dann auf Prämissen des Lehrenden, die generell fragwürdig sind.[245]

Die Bildung von Leitdifferenzen auf der Grundlage wissenschaftlicher Strukturierung

Zu einer Differenz-Bildung, die mehr unter dem Aspekt der klassischen wissenschaftlichen Strukturierung stattfindet, gehören u. a.:

Abstraktionsniveau	Gesetze	Werte-Differenzen
Analogie-Differenzen	Größenverhältnisse	Induktive Strukturierungen
Deduktive Strukturierungen	Hierarchische Differenzen	Kausal-Ketten
Exemplarische Differenzen	Hypothetische Differenzen	Prinzipien
Final-Ketten	Konditional-Ketten	Werteprofil
Funktionen	Struktur-Differenzen	

Die Bildung von Leitdifferenzen auf der Grundlage der formalen Strukturierung

Wir haben im Laufe der Zeit eine Fülle von formalen Strukturen entwickelt, mit denen wir uns einer Sache nähern.

Die sternförmige Strukturierung

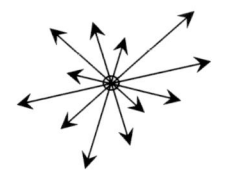

Abbildung 18: Sternförmige Strukturierung

Alle Betrachtungsweisen gehen von einem Punkt aus, und es kann in sehr verschiedene Richtungen weitergedacht werden

Die kreisförmige Strukturierung

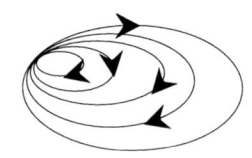

Abbildung 19: Kreisförmige Strukturierung

Man geht von einem Punkt in einem geschlossenen Kreis aus und kehrt über verschiedene Stationen wieder zum Ausgangspunkt zurück.

---

[245] siehe „Alte Mythen"

Die pfeilförmige Strukturierung

Abbildung 20: Pfeilförmige Strukturierung

Sie geht von einem Punkt aus und wird in einer gradlinigen Form weitergeführt, bis entweder keine Energie mehr vorhanden ist, bis das Thema „aufhört" oder bis ein Ziel erreicht worden ist.[246]
Diese Strukturierung entspricht in vielem dem mechanistischen Weltbild in allen Variationen: verzweigte Programme, Fluss-Diagramme, Stammbäume, lineare Muster, graphische Modelle usw.

Die spiralförmige Strukturierung

Abbildung 21: Spiralförmige Strukturierung

Sie geht von einem kleinen Fundament aus und wird in immer höheren, komplexeren und mehr zusammenhängenden Formen bearbeitet.
Diese spiralförmige Strukturierung kann auch mit wiederkehrenden Zyklen verbunden werden und so zu einer sehr komplexen Differenz führen, die trotzdem übersichtlich bleibt.
In der Kombination mit „vernetzter Strukturierung" wird diese Form in der Zukunft wohl eine der angemessensten Darstellungs-Formen didaktischer Differenz-Bildung werden.

Die Dimensionsanalyse

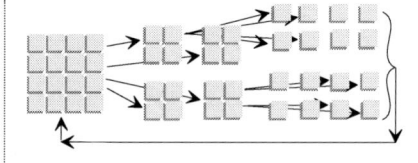

Abbildung 22: Dimensions-Analyse

Diese Strukturierungsmethode geht von einem Begriff aus und fächert sich zunächst in verschiedene Dimensionen auf: Verzweigungen und Unterbegriffe. Dann führt sie schließlich im Sinne einer Funktions-Analyse alle gedachten Punkte wieder zusammen, z. B. unter dem Aspekt der Final-Analyse mit der Fragestellung: Wozu?, der Lokal-Analyse: Wo? Wohin?, der Kausal-Analyse: Warum? Weil? oder der Konditions-Analyse: Wenn - Dann.

Die rückbezügliche Strukturierung,

Abbildung 23: Rückbezügliche Strukturierung

legt bei mehr technologischen Problemen Wert auf die Darstellung von Folgebeziehungen, Folgewirkungen, Risikowirkungen.
(vgl. Referentialität, Selbstreferentialität)
Im psychologischen Bereich befasst sie sich mit Rückbezüglichkeit auf das handelnde Subjekt im Sinne von Umdeutung, Projektion usw.
Diese Art von Strukturierung ist für bestimmte Fächer, Berufsfelder und Stoffgebiete unerlässlich geworden.

---

[246] vgl. die Diskussion um die Formulierung von Lernzielen

> **Die vernetzte Strukturierung** 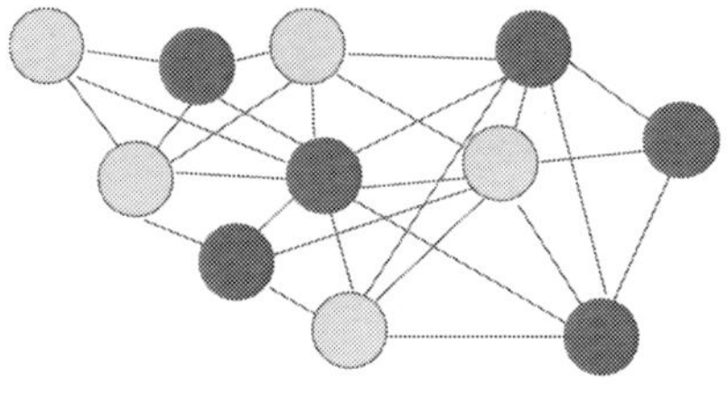
>
> *Abbildung 24: Vernetzte Strukturierung*
>
> Sie geht davon aus, dass alles mit allem verbunden ist und wir immer in Zusammenhängen denken, fühlen und handeln. Diese ganzheitliche Art der Strukturierung hat erst in den letzten Jahren Eingang in die Didaktik gefunden und muss noch eine Reihe neuer Formen entwickeln.

Checkliste von möglichen Leit-Differenzen im Bereich „Inhalt"

> *Welche formale Figuren will ich für die Strukturierung von Wissen auswählen?*
>
> *Welche wissenschaftlichen Methoden will ich den Lernenden zumuten?*
>
> *Welche Interpretations-Spielräume gebe ich?*
>
> *Welche alltagstheoretischen Vorausannahmen mache ich selbst? Welche kann ich offenlegen, welche nicht?*
>
> *Welche Verstehenstechniken will ich bewusst pflegen?*
>
> *Welche Selektions-Leistungen und Selektions-Spielräume bringe ich in der Driftzone ins Spiel?*
>
> *Welche Komplexitäts-Reduktion nehme ich vor, und welche Komplexitäts-Konstruktion lasse ich bei Lernenden zu?*
>
> *Welche Art von Inneren Landkarten lasse ich zu?*
>
> *Welchen Grad an Aufrichtigkeit von Interpretationsleistungen seitens der Lernenden nehme ich an?*

Leitdifferenzen aus dem Alltags-Denken und Alltags-Handeln

Leit-Differenzen, die aus dem *Alltagsdenken* konstruiert werden, sind ungemein vielfältig und teilweise sehr schwer fassbar. Dennoch ist es sehr wichtig, sie zu erkennen, weil sie häufig die geheimen Konstrukteure von Wissens- und Erkenntnisstrukturen sind.

Sie haben aber einen Makel: Die unausgesprochenen Vorannahmen werden nicht aufgedeckt und müssen oft zwangsläufig beim Anderen zu Selektionsleistungen führen, die den eigentlich gemeinten Sinn und die gemeinte Bedeutung verdrehen, ins Gegenteil verkehren und vom Empfänger dann als Zumutung ertragen werden müssen oder als „Ambiguitätsleistung"[247] deklariert werden.

Dieser Mechanismus ist vor allem in solchen Lernkulturen und Fächern erkennbar, bei denen eindeutige Interpretationsmuster fehlen, wo Inhalte auf versteckten Ideologien beruhen und wo dann selbstreferentielle Interpretationszirkel aufgebaut werden müssen.

Die hier vorgelegte Sammlung von Leit-Differenzen ist wie immer als ein Impuls zu verstehen:

Alltagstheoretische Perspektiven sind im wesentlichen bezogen auf das Leben und Überleben in einer bestimmten sozialen Gemeinschaft und Kultur. Es gibt dabei keine objektiven Daten. Ihren didaktischen Wert haben sie im Bereich der subjektiven Theorien. Alltags-Theorien sind also wichtige Leit-Differenzen zur Modellierung von Inhalts-Differenzen.

Folgende Dimensionen bilden ihre Grundlage:

- Überlebens-Schlussfolgerungen
- Unbestimmtheit des Lebens
- Subjektive magische Zusammenhänge
- Prestigewert einer Sache
- Handlungsdruck, unter dem der Lernende steht
- Angst-Phantasien
- Komplexität und Undurchschaubarkeit des Lebens und der Welt
- Individuelle Vortheorien zu einer Sache
- Angst vor Selektion und Ausschluss

Leitdifferenzen im Bereich von Sozialen Konstruktionen

Unser Zusammenleben in unterrichtlichen Situationen spiegelt vermutlich die soziale Situation in anderen Lebenssphären wider: Es besteht die Absicht, durch möglichst rasche individuelle Informationsaufnahme zu möglichst effektivem Handeln zu kommen. Unterricht ist die „Schnell-Waschmaschine" zum Erfolg - ob im Kindergarten, in der Grundschule, im Gymnasium oder auf der Hochschule, auch in der Erwachsenenbildung geworden. [248]

Wir sind in unserer Kultur auf *Individualität* und *Konkurrenz* programmiert. Als Kinder der Evolution sind wir eher auf das Überleben als auf Verständigung

---

[247] Symbolischer Interaktionismus

[248] siehe „Bildungs-Tauschmarkt"

selektiert. Als Kinder dieser gegenwärtigen Welt, angesichts der elenden Situationen auf dieser tatsächlichen und in der televisionär vermittelten Welt, können wir gar nicht anders: Wir sehen andere als böse an, als Unheil stiftend und brutal. Wir selbst sind es natürlich nicht. Gerade, weil die Wahrnehmung sich so spaltet, möchte ich für eine soziale *Gerechtigkeitsarbeit* an den Stätten des Unterrichts plädieren.

Soziale Konstruktionen

Wir sind die Konstrukteure unserer eigenen sozialen Welt. Wir überprüfen und selektieren die Konstruktionen der Tradition, z. B. *Regeln*, *Werte*, *Normen*, in Hinsicht auf ihre Bedeutung für unsere Zeit. Wir konstruieren neue Rahmen, Regeln, Figuren und Hintergründe, neue Ränder und neue Verbindlichkeiten und versuchen sie einzuüben. Innerhalb eines Tages leben wir in heute in ganz verschiedenen *Deutegemeinschaften*[249]. Wir könnten lernen, *selektive Authentizitäten*[250] herauszumodellieren, um Echtheit, Kongruenz und Autonomie wahren zu können. Dies bedeutet eine radikale Abkehr von Mono-Ethiken und Mono-Identitäten.

Dass wir lernen, dies in Lernkulturen zu erkennen, gemeinschaftlich zu vereinbaren und danach zu leben, ist eine meiner größten Visionen für eine zukünftige Lernkultur.

Resonanz und Abstand in der Konstruktion von sozialem Wissen

Wir leben in einer Welt voller Informationen über Not und schlimme Schicksale. Es bleibt uns nichts anders übrig, als unterscheiden zu lernen, wo wir tatsächlich handeln wollen, weil wir damit eine echte und direkte Resonanz erzeugen können, und wo wir in ästhetisierender und symbolhafter Form unser Beileid kundtun wollen. Vielleicht wählen wir auch schließlich die Form der inneren Abstinenz, des totalen Abstands. Diese Unterscheidung kann uns helfen, zwischen verschiedenen Arten von *Aufrichtigkeit* zu wählen, so dass wir in unserer eigenen *Identität* nicht ständig zwischen schlechtem Gewissen, Ohnmacht und Engagement zerrissen werden. Sie kann uns auch bei der Entscheidung helfen, wo wir wirklich soziale Netzwerke gemeinsam mit lernenden Gemeinschaften entwickeln wollen oder wo wir uns allein mit dem schönen Gedanken daran begnügen wollen oder müssen.

Soziale Imperative

Dort, wo sich lebendige Gemeinsamkeiten bilden, entstehen auch soziale Imperative. Diese Imperative zielen einerseits auf ethisches Handeln im Bereich des *Sachlernens*, bei der Offenlegung der eigenen Epistemologie und deren Glaubwürdigkeit, wo es um Grundformen der Kooperation und der Fairness trotz Konkurrenzprogrammierung geht, und schließlich im Bereich des *Prozess-Lernens*, bei der Gewährung von Eigen-Lernzeit und Interpretations-Spielräumen. Soziale Imperative sind unumgänglich zur Sicherung und Stabilisierung der eigenen und der sozialen *Identität* innerhalb von schnell wechselnden Gemeinschaften. Es kommt für mich darauf an, zu untersuchen, wie soziale Imperative entstehen, wie sie vereinbart werden und welche Hilfen zur Befolgung von Vereinbarungen angeboten werden, vor allem bei solchen Lernenden, die in ihrem Primärhabitus keine sozialen Ränder erfahren haben.[251]

---

[249] Arnold, 1990

[250] nach Cohn

[251] siehe z. B. die Vertrags- und Neuentscheidungsarbeit innerhalb der TA

Eine Auswahl von Vorschlägen für eine eigene Checkliste für Leit-Differenzen im Sozialen Bereich

> *Welche Muster von Vereinbarungen habe ich bisher erlernt?*
>
> *Welche Muster aus der Tradition haben sich nach meiner Ansicht bewährt, welche nicht?*
>
> *Welche passfähigen Formen der Verständigung und Interpretation kenne ich? An welcher Stelle? Möchte ich andere entwickeln?*
>
> *Welche Anteile einer alten Mono-Ethik hindern mich daran, plurale Imperative neu zu entwickeln?*
>
> *Welche Formen der Aufrichtigkeit im Sach-Bereich, im Wir-Bereich und im ICH-Bereich kenne ich von mir selbst?*
>
> *Wie groß ist meine Ambiguitäts- und Frustrationstoleranz gegenüber Lernenden, die ich in ihrem Verhalten nicht verstehen und aushalten kann?*
>
> *Wie sieht meine Balance zwischen Normierung und Vereinbarung von sozialen Regeln aus? Welche Regeln „gewähre" ich selbst?*

Leitdifferenzen im Bereich der Prozess-Steuerung

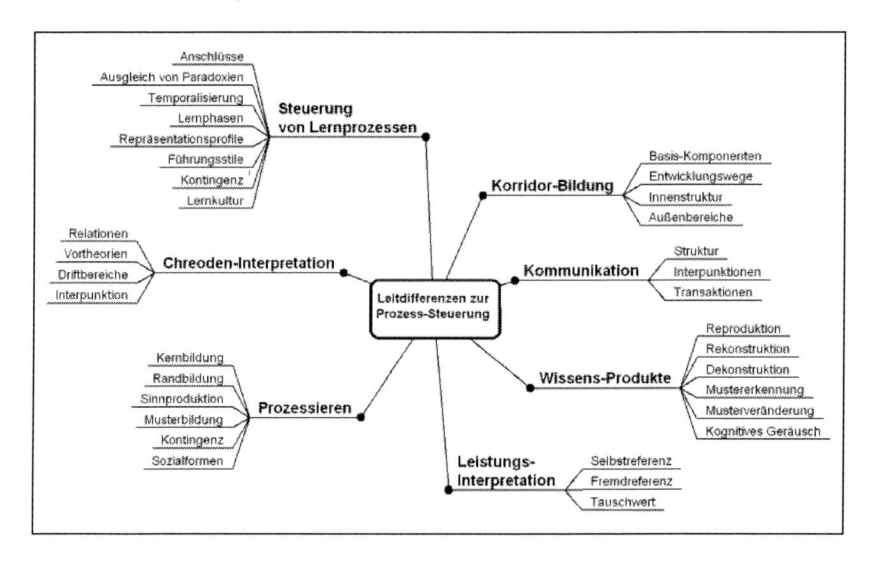

Abbildung 25: Leitdifferenzen im Bereich der Prozess-Steuerung

In den bisherigen Didaktiken ist die Gliederung des Stoffes überwiegend in Stufen und Abfolgen dargestellt und diskutiert worden. Diese Art der Gliederung galt als wesentliches Steuerungsinstrument für den Unterricht. Offenbar fest etabliert ist der Glaube, dass man mit einer relativ linearen Stoffgliederung und -abfolge das ganze Unterrichtsgeschehen steuern könnte.

Dies ist ein falscher Mythos, den es aufzuheben gilt. Erstmals hat Ruth Cohn auf diesen Irrtum hingewiesen mit dem Postulat: „Störungen haben Vorrang". Sie bleibt aber dabei, dass es „Störungen" gebe. Ich meine, dass die Vorstellung von „Störungen" sich auflösen kann, wenn ich den Unterrichts-Ablauf nicht nur auf der SACH-Ebene, sondern gleichrangig auch auf der individuellen Ebene – Bereich der Lern-Chreoden - und auf der sozialen Ebene - Bereich der WIR-Chreoden - insgesamt als *Prozess* verstehe. Vor allem werden auch die vielen Gefährdungen, Frustrationen und Kränkungen, die im Lernbereich täglich auftreten, als Gegenstand struktureller Planung und als Komponente des Unterrichtsablaufs aufgefasst. Damit definiere ich den Unterrichtsablauf weitaus stärker mehr-dimensional und ganzheitlich und erhalte Prozess-Steuerungs-Perspektiven, die in den herkömmlichen Didaktiken nicht vorkommen.[252]

Ich verzichte ganz bewusst auf die herkömmlichen Artikulationsschemata, weil sie einen leicht dazu verführen können, Planungen für den Unterricht, Vorbereitungen und Gestaltungsvorschläge nur auf der Sachebene zu entwickeln. Andere Aspekte gelten dann nur noch als „Restgröße" oder man bewegt sich angeblich gar schon in „therapeutischem Fahrwasser".

Fragen zu den Leitdifferenzen der Prozess-Steuerung

Erwärmungs-Differenzen

Wie will, wie kann ich die Lernenden für das Thema erwärmen?

Regel-Differenzen

Wie wollen wir zusammenarbeiten?

Welche Regeln geben wir uns?

Was tun wir bei Nichtbeachtung der vereinbarten Regeln?

Lenkungs-Differenzen

Welche Lenkungs-Differenzen verwenden wir?
z. B. Selbstorganisation

Welche Lenkungs-Systeme verwenden wir?

Welche Lenkung hat jeder selbst?
der Gruppen-Leiter
die Gruppe?

Kommunikations-Differenzen

Welche Verständigungsregeln geben wir uns?

Welche Verständigungsriten achten wir?

---

[252] siehe Methoden der Prozess-Steuerung

Abschieds-Differenzen
> *Wie verabschieden wir uns?*
> *Welche Rituale könnten wir neu ausprobieren?*

Problemlösungs-Differenzen
> *Welche Art von Problemlösung wollen wir?*
> *z. B. deduktiv, induktiv*
> *Werden Prozess und Weg-Alternativen anerkannt und zugelassen?*

Ritual-Differenzen
> *Welche Rituale genießen wir?*
> *Welche Rituale wollen wir?*
> *Welche Rituale wollen wir kennenlernen?*
> *z. B. Körper-Rituale, Begrüßungs-Rituale, Belohnungs-Rituale, Interaktions-Rituale*
> *Welche sind überholt?*

Eine Auswahl von Vorschlägen für eine eigene Checkliste für Leit-Differenzen im Bereich der Prozess-Steuerung

> *Welche Instrumente habe ich für die Errichtung von „Frühwarnsystemen" bei der Gefährdung von Lern-Prozessen für einzelne Lern-Chreoden und WIR-Chreoden?*
>
> *Welche Artikulations-Schemata benütze ich für welche Stoffbereiche?*
>
> *Welche Instrumente zur sozialen Steuerung habe ich zur Verfügung, vor allem bei Gefährdungen, Konflikten und Dissens?*
>
> *Welche Abgrenzungs- und Normierungs-Differenzen benütze ich?*
>
> *Welche davon sind alte Muster, die mich behindern?*
>
> *Welche neuen Muster wünsche ich mir, und wie kann ich sie erlernen und in meine Didaktische Kompetenz einbauen?*
>
> *Welche Abreaktions-Differenzen gestehe ich mir zu, wenn ich bei mir Frustration spüre und Kränkungen erfahre?*
>
> *Welche Formen der Angstdarlegung verwende ich, z. B. im Sinne eines persönlichen Feedback?*

Modellierung von Unterricht auf der Grundlage subjektiver Leitdifferenzen

Jeder Lehrende geht jeden Tag zu jeder Stunde im Unterricht Risiken ein. Die Risiko-Bereitschaft und Risiko-Elastizität ist bei jedem unterschiedlich. Das latente Bewusstsein davon erzeugt Gefühle von Angst und Abwehr, die sich in Handlungen zeigen, die für den Anderen oft paradox erscheinen.

Unterrichtliches Handeln ist ein ständiges Ausbalancieren von Risiken und Entscheidungen.

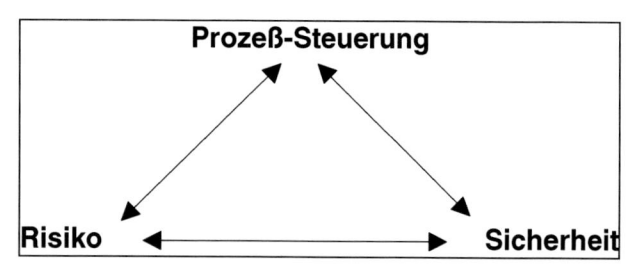

Abbildung 26: Steuerungs-Dreieck für die Subjektive Balance

Welches Risiko gehe ich als Lehrender in der Didaktischen Driftzone ein?

Auf der SACH-Ebene

Wie groß ist meine Interpretations-Erlaubnis gegenüber den Konstruktionen von Lernenden?

Wie streng halte ich mich an die „Vorgaben" des Lehrplans?

Welche Meinungen, Positionen, Verhaltensweisen von einzelnen Lernenden lasse ich zu?

Auf der ICH-Ebene

Welche Zeitraffer sind in mir?

Welche Wertsysteme sind mir zuwider?

Welche Wertsysteme gefährden meine subjektive Sicherheit?

Auf der WIR-Ebene

Welche Entscheidungen treffe ich in Bezug auf eine Kern- und Randbildung?

Welche Art von Kommunikation übe ich mit meinen Lerngruppen ein?

Welche Konsensuellen Bereiche sind vorhanden?

Welche Konflikte lasse ich zu? Welche Dissens-Formen kann ich aushalten?

Welche Dissens-Kultur kann ich gegenüber dem Kollegium aushalten?

Welche Balance gehe ich ein zwischen meinen eigenen Vorstellungen und denen meiner didactic community?

Wieweit riskiere ich einen Ausschluss - symbolisch oder real?

Als Lehrendem muss mir vor dem Unterricht klar sein, dass ich bewusst oder unbewusst bei der Morphem-Bildung ein bestimmtes subjektives „Postulats-Universum" einbringe. Wir können nicht immer vor jeder Stunde oder in jedem Augenblick unter Handlungsdruck unsere Modellierungs-Grundsätze reflektieren oder bewusst aufzählen. Zwar wird dies im Rahmen der Biographischen Selbstreflexion, in der beruflichen Aus- und Fortbildung und in Supervisionssitzungen immer wieder Gegenstand unser professionellen Arbeit sein müssen. Im Alltag ist es aber umso notwendiger, sich wenigstens über einige Leitdifferenzen klar zu werden und sie für sich in die Morphem-Bildung einzubringen.

Die herkömmlichen Formen von Gliederung eines unterrichtlichen Geschehens - in der sogenannten „Artikulation" - zielen im wesentlichen darauf ab, Unterrichts Strukturen und -abläufe in eine Systematik zu bringen und diese als Gliederungsmechanismus und Raster für eine Unterrichtsplanung zu verwenden.

Dabei sind vor allem folgende Mythen maßgebend, die nach unserem Standpunkt schädlich sind:

- Je exakter du Unterricht planst, um so besser wird er ablaufen.
- Je genauer du am Konzept der Unterrichtsvorbereitung bleibst, umso besser ist Unterricht.
- Wenn es Abweichungen von deinen Planungen gibt, sind sie in erster Linie auf deine Unfähigkeit, zu planen oder zu steuern, zurückzuführen.
- Abweichende Vorschläge seitens der Lernenden gefährden die Ordnung und den „Sachablauf". Begegne diesen Störungen sanft, aber nachdrücklich.
- Lernende, die dir nicht folgen, hast du nicht genügend motiviert.
- Ohne Lernstufen ist Unterricht chaotisch. Wenn sie dir zu starr sind, verwende dann wenigstens das Spiralcurriculum.
- Dein Unterricht darf nicht sprunghaft sein, nicht im Hier und Jetzt geändert werden.

Unterrichtsplanung und Unterrichtsgestaltung haben ihre Wurzel ebenso wie das herkömmliche Planungsdenken in der Tradition des naturwissenschaftlichen linearen Denkens. Dabei sind die Dimensionen *Zeit* und *Inhalt* die Hauptachsen, an die sich andere Bereiche anlagern.

Subjektiver Führungsstil als Leitdifferenz

Mit solchen Fragen hängt auch mein persönlicher *Führungsstil* eng zusammen, d. h. folgende Fragestellung:

Welche Tendenzen zeige ich im Hinblick auf Führung, Leistung, Kontrolle, Direktheit, Strukturierung, Offenheit, Distanziertheit usw.?

Führung ist nur als soziale Konstruktion der an der Beziehung beteiligten Personen zu verstehen. Damit ist gemeint, dass es eine „objektive" Führung nicht geben kann.

Sie entsteht jeweils aus der subjektiven Realitäts-Theorie der Beteiligten untereinander, am Anfang einer didaktischen Einheit meist initiiert durch die subjektive Führungstheorie des Lehrenden. Da diese individuell jeweils verschieden ist, meint „didaktische Führung" niemals dasselbe und ist daher empirisch-statistisch auch kaum erfassbar.

Führung ist hier also nicht gemeint als Disziplinierung, sondern als beratende

Begleitungs- und Normierungs-Kompetenz.

Innerhalb meines Didaktischen Universums ist mein Führungsstil auf Grund meiner Struktur ein wesentlicher Steuerungsfaktor für den Unterricht und den Lernprozess.

Von den herkömmlichen Kennzeichnungen von Führungsstilen wie „autoritär", „laissez faire", „demokratisch" halte ich nicht sehr viel. Sie sind viel zu formal, grobmaschig, weit weg von der eigenen Person, und sie etikettieren eher, als dass sie aufklären und eine persönliche Hilfe sind.

Schulz v. Thun[253] hat im Bereich der Beziehungsdynamik zwischen Person und Lerngruppe 8 Stile konstruiert, die mir für eine Selbstbeobachtung ertragreich erscheinen.

Kommunikations-Stile

Bedürftig-abhängiger Stil

„Ich bin schwach und hilflos."

Helfender Stil

„Ich bin dazu da, dir zu helfen." – „Nie wieder schwach und bedürftig sein!"

Selbst-loser Stil

„Sag nur, wie du mich haben willst."

Aggressiv-entwertender Sti

„Entweder ich oder du!"

Sich beweisender Stil

„Es muss besser werden."

Bestimmend-kontrollierender Sti

„Du kannst es nicht richtig; man muss dich anleiten."

Sich distanzierender Stil

„Was in mir vorgeht, tut nichts zur Sache."

Mitteilungsfreudig-dramatisierender Stil

„Wende dich mir zu! Spiel mit mir!"

Meines Erachtens ist diese Unterscheidung im Zusammenhang mit der Prozess-Steuerung von Unterricht überaus hilfreich, um den eigenen Führungsstil besser wahrnehmen und Einseitigkeiten bearbeiten zu können.

---

[253] Schulz v. Thun, 1992

f) Prinzipien und Postulate

Postulate haben etwas mit Ethik zu tun. Unsere Ethik beruht nicht auf einer Offenbarung, so wie sie die Religionen von einem personalen Gott beziehen, sondern auf der Dynamik der Selbstorganisation und des schöpferischen Prozesses innerhalb eines evolutionären Prozesses der Menschheit und der Entwicklung des Geistes.

Die unmittelbare erlebnismäßige Ausprägung einer solchen Ethik zeigt sich in unserer eigenen und gesellschaftlichen Moral. In einer postmodernen Lernkultur zeigt sich auf Grund der unerhörten aufgefächerten Handlungsmöglichkeiten von Individuen eine - evolutionär gesehen - hohe Instabilität im Bereich des moralischen und ethischen Bewusstseins und Handelns. Moralisches Handeln ist heute unerhört vielfältig. Es sind transpersonale, mentale, spirituelle Dimensionen, die in ihren Ausprägungen jeweils als kulturelle, gesellschaftliche oder individuelle Systeme in Erscheinung treten.

In einer Subjektiven Didaktik geht es darum, ethische Prämissen zu finden, die moralische Anknüpfungspunkte für Didaktisches Handeln abgeben können. Dabei ist für uns ethisches Handeln keinesfalls nur individualistisches Handeln, sondern es schließt auch eine Ethik von kommunalen Teilsystemen und Gesamtsystemen mit ein. Es geht nicht allein darum, die freie Entfaltung des Individuums zu ermöglichen, sondern es muss auch die gesamtökologische Verantwortung kommuniziert und positioniert werden. Ich halte es für eine falsche Ethik, wenn sie das uneingeschränkte Recht zur freien Entfaltung - beim Kind befürwortet, gleichzeitig aber eine sehr eingeschränkte oder gar keine Pflicht zur Verantwortung konstruiert.

Umgekehrt kann man aber auch behaupten, die Erwachsenenwelt entmündige die Jugend dadurch, dass sie ihr elementare Rechte der Selbstverwirklichung verweigert, z. B. das Recht auf Arbeit. Man bedenke die heutige Jugendarbeitslosigkeit, die eine Verantwortung für eigenes Handeln dadurch unmöglich macht, dass Rahmen, die bereits von den Erwachsenen vorgegeben und in mancher Hinsicht rücksichtslos sind, nicht überschritten werden dürfen.

So kommt es, dass die Sterilität der Erwachsenenwelt und deren Unmoral als Leitbild für eigenes Handeln übernommen wird. Beispiele dafür sind Alkoholismus, Straßenraserei, Ausnützung von Solidargemeinschaften in den verschiedensten Bereichen, wie z. B. Krankmacherei oder Fassaden-Arbeitslosigkeit.

Ein weiterer Aspekt kommt hinzu: Auf Grund unserer westlichen, hauptsächlich linear und dichotomisch angelegten Moral haben wir nur in den Kategorien „gut" und „böse" zu denken und zu fühlen gelernt. Eine vielschichtige Ethik kann sich auf eine solche „primitive" Dialektik nicht mehr einlassen. Wenn-dann-Fehlschlüsse sind geradezu ein Paradebeispiel bei Erwachsenen, wenn sie ihre Moral einem Anderen aufdrängen wollen. Diese Grammatik ist eine statische Ethik des Habens, nicht eine der Dynamik, des Werdens und des Seins.

„Im Prozess-Denken gibt es keine Trennung gegenständlicher Aspekte der Realität. Es gibt auch keine dialektische Synthese von Gegensätzen, jenen plumpen westlichen Versuch, eine starre Struktur von Begriffen in Bewegung zu setzen. Es gibt nur eine Komplementarität, in der die Gegensätze einander einschließen."[254]

Für mich ist eine neue didaktische Moral dringlich, die Freiheiten *und* Verantwortung

---

[254] in Jantsch, 1988, S. 370

als eine Grundeinstellung zur Welt, zu den Menschen, zu den Lebewesen gleichermaßen fordert und zu leben versucht. Sie braucht *nicht eine* Antwort, *nicht eine* Lösung, sondern sie muss in vielschichtigen Fragen und Lösungsversuchen gesucht werden. Es wäre z. B. ein grundlegender Irrtum, anzunehmen, eine Subjektive Didaktik würde nur die Rechte des Individuums sichern - vielmehr geht es im wesentlichen darum, in einer entwickelten Person eine individuelle Verantwortung zu verankern, die als schöpferische Teilnahme an der Gestaltung unserer Lebenswelt und unserer Welt zu verstehen ist.

Systemisch gesehen, heißt das, dass wir Didaktiker als Konstrukteure oder als Modellierer für eine Anreizstruktur eintreten müssen, in der Autonomie und Kongruenz sowohl vom Lehrenden als auch vom Lernenden aus zu leben versucht wird, indem wir selbst uns als Leitbilder transparent machen, unsere Identität und Kontinuität wahren und sie gleichzeitig in der Interaktion mit unseren Lernenden als Provokation - Perturbationsmöglichkeit - einbringen.

Dies ist der eine, äußere Aspekt einer didaktischen Ethik.

Der andere ist der innere Aspekt, für den wir in den bisherigen Entwürfen einer Didaktik nur spärliches Material vorfinden: Unterricht wird u. a. durch bereits internalisierte Qualitätsmerkmale und Leitideen bestimmt. Sie sind bei uns - Lehrenden wie Lernenden - als innere Postulate in unterschiedlicher Weise und Ausprägung verankert. Sind es Postulate höherer Ordnung im Selbstsystem eines Menschen, haben sie einen sehr starken Einfluss auf das eigene Verhalten und auch auf die Bewertung von Informationen und Personen von außen.[255]

Diese Postulate sind größtenteils unbewusst, sofern keine Biographische Selbstreflexion erfolgt ist. Sie wirken dann auch im Unterrichtsgeschäft still und heimlich, oft im Sinne von Übertragungen und Projektionen oder aber als Abwehrmechanismen: Abwertung der Information oder der Person, Misperception - falsche Wahrnehmung, Verdrängung, Bevorzugung eines Schülers usw. oder als innere Handlungs-Imperative für die Unterrichtsgestaltung. Jeder Mensch entwickelt eine Postulatshierarchie, also Postulate 1., 2. und 3. Ordnung.[256] Lehrende wie Lernende verhalten sich in erster Linie nach diesen Postulaten, sie können gar nicht anders, wenn sie sich dessen auch nicht bewusst werden. Appelle an die Vernunft sind kaum verhaltenswirksam, sie geben deshalb auch keine tragfähige Basis für Didaktisches Handeln ab. Daher ist es von großer Wichtigkeit, als Lehrender seine innere Postulatsstruktur und damit auch sein eigenes Didaktisches Handeln besser kennenzulernen, es zu akzeptieren und im Vermittlungsprozess angemessen offenzulegen.[257] Es ist dann auch selbstverständlich, dass er sich um das Kennenlernen der Chreoden-Strukturen der Lernenden bemüht.

Es entsteht meines Erachtens dadurch viel Unglück im didaktischen Geschäft, dass weder der Lehrende noch die Lernenden ihre Wertesysteme offenlegen und so für den anderen Resonanzen ermöglichen können. Angesichts unserer postmodernen Situation, in der die Pluralität der Sinn- und Lebenswelten und Kulturen ein Faktum geworden ist, gibt es keine allgemeinverbindlichen Wahrheiten mehr, d. h. wir können

---

[255] „Realitätstheorie" nach Epstein

[256] nach Epstein; nach der Transaktions-Analyse sind „Skripts" Postulate 1. Ordnung; siehe auch „Chreoden-Analyse"

[257] siehe „Biographische Selbstreflexion"

1. Das Didaktische Sinnsystem

nicht mehr nur auf unsere eigenen didaktischen „Wahrheiten" pochen, sondern wir müssen versuchen, die „Wahrheiten" der Anderen als internalisierte Werte, Normen und Handlungs-Imperative zu begreifen und sie zu verstehen.

Erst wenn wir diesen Schritt für uns vollzogen haben, können wir neue gemeinsame Normen, Postulate und Werte innerhalb einer Lerngemeinschaft oder einer Lernkultur entwickeln und festlegen. Der Lehrende wirkt dabei sicherlich in vielen Bereichen normsetzend. Dies ist kein Widerspruch zu einer subjektiv-didaktischen Haltung, wenn das Normieren im Geiste des Verstehens anderer Wertsysteme geschieht.

Ein Beispiel dafür kann sein, dass ein Lehrender in einer Schulklasse, in der Schüler und Schülerinnen aus unterschiedlichen Kulturkreisen stammen, versuchen muss, ein für das Lernklima gemeinsames vorläufiges Werte- und Normsystem zu errichten, damit individuelle Chreoden-Entwicklungen möglich sind.

Hier Modelle einer normsetzenden *Vereinbarungs-Didaktik* zu entwickeln, ist sowohl in der pädagogischen Forschung als auch im Alltag eine dringende Aufgabe. Wir benötigen nicht mehr allgemeine Sprüche über oberste Ziele einer Erziehung, die dann in einer axiomatisch-deduktiven Methodik operationalisiert werden und am Leben vorbeigehen, sondern realistische und vielschichtige Modelle einer prozess-, handlungs- und normorientierten Didaktik in den Stätten des Unterrichts, in den Schul- und Pausenhöfen, wo Gewalt und Aggression immer mehr um sich greifen.

Aus unserer bisherigen Analyse autopoietischer Systeme wissen wir, dass dies wahrlich kein leichtes Geschäft ist. Unsere Gesellschaft und die meisten Bildungspolitiker haben überhaupt nicht begriffen, welche Lebensstile und Muster aus dem Primärhabitus der Lernenden bereits in die Lernwelt mitgebracht werden.

Was sie hier den Didaktikern und Pädagogen in den verschiedensten Sozial- und Lernfeldern an fast unlösbaren Problemen in den Bereichen Verständigung, Wertepluralität und Leistungskonformität zuschieben, ohne die grundlegenden anthropologischen Befunde in Bezug auf Organisation und Management des Bildungssystems, aber auch auf das gesellschaftliche Umfeld, z. B. die öffentliche Akzeptanz und teilweise sogar Bejahung eines brutalen Medienmarktes als Medium schon für kleine Kinder, zu berücksichtigen.

Die hier nachfolgende Darstellung von *Prinzipien* und *Postulaten* sind ein Versuch, die oben genannten Perspektiven zu berücksichtigen. Sie überschneiden sich z. T., sind also voneinander abhängig und nicht widerspruchsfrei. Sie bilden das ethische Gerüst einer subjektiv orientierten Didaktik und orientieren sich an den Basis-Komponenten des Unterrichts. Sie sind keine Präskriptionen für Lehrende, sondern Orientierungs- und Entscheidungshilfen.

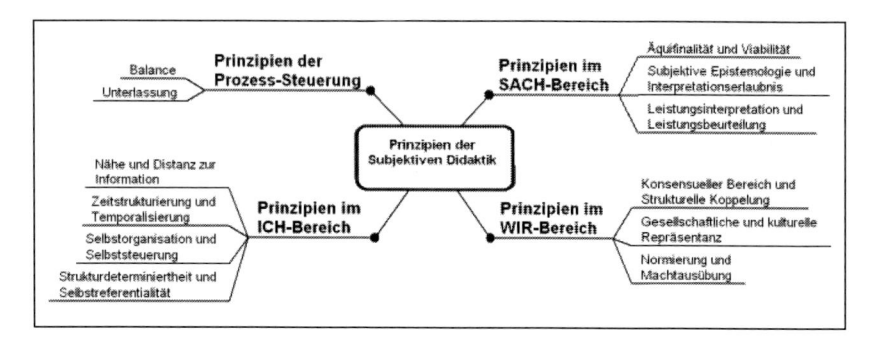

Abbildung 27: Prinzipien der Subjektiven Didaktik

Prinzipien im ICH-Bereich

- *Das Prinzip der Nähe und Distanz zur Information*

Prinzip

Vor jeder Kommunikation weisen alle am Unterricht Beteiligten bereits eine sehr komplexe Musterbildung auf. Diese entsteht aus latenten Bewusstseins-Strukturen und zeigt ein ausgeprägtes Wahrnehmungsprofil. Resonanzmuster sind z. B.: *Abwehr*, *Verdrängung*, *Aggression* oder *Adaption*. Sobald in der Driftzone Kommunikation stattfindet, bilden sich emotionale Logiken, die bestimmen, ob diese Informationen oder Mitteilungen eine unmittelbare Nähe erzeugen oder aber sofort eine Distanz bei den einzelnen Lernenden - auch beim Lehrenden - aufbauen. Motive und Hintergründe sind sehr unterschiedlich. Diese latenten Bewusstseins-Strukturen sind ein Teil der Identität des Lehrenden und Lernenden. Sie dienen der Aufrechterhaltung des individuellen Köhärenzerlebens. Sie organisieren das Bewusstsein und zum großen Teil auch das Verhalten. In der *Morphem-Bildung* kommt es darauf an, individuelle Nähe durch Erwärmungstechniken zu ermöglichen und zugleich die Nähen und Distanzen in einer Lerngemeinschaft festzustellen.[258] So können sehr rasch Resonanzen entstehen, die vorher gar nicht im Blick des Lehrenden waren.

Postulate

- Beachte, dass jeder Lernende eine subjektive Nähe oder Distanz zur Information aufbaut. Er kann nicht anders!
- Sei bereit, das Prinzip der Nähe und Distanz von Information bei jedem Lernenden anzuerkennen und entsprechende didaktische Anreizstrukturen zu modellieren.
- Störungen haben Vorrang.
- Erkundige dich immer wieder, welche subjektive Distanz zur Information beim einzelnen Lernenden vorhanden ist.[259]

---

[258] siehe dazu die Technik der Epistemetrie im PD, siehe Kösel, Lernwelten, Band III und Band IV

[259] siehe „Temporalisierung", „Türhüter-Chreode"

Begründung

Um den Prozess der Verständigung zu verstehen, müssen wir uns noch genauer mit der Entwicklung von Informations-Systemen zwischen Menschen befassen.

Folgende Tatsachen müssen wir beachten:
Informationen und Informations-Systeme gibt es tausendfach. Sie kommen jedoch erst dann zur Geltung, wenn das Individuum eine Beziehung zu ihnen aufnimmt. Die Aufnahme einer Beziehung zur Information erzeugt eine emotionale Spannung, die wir als „subjektive Distanz" zwischen Informationen und Individuum bezeichnen wollen. Der Aufbau dieses Spannungsverhältnisses ist jeweils individuell und abhängig von der Realitäts-Theorie des Individuums. Die *Realitäts-Theorie* konstruiert sich der Mensch als Überlebensmöglichkeit inmitten der „chaotischen" Erfahrungswelt. Er braucht eine solche Theorie, um seinen begrenzten Informations-Schatz interpretieren, verstehen und damit überleben zu können.

Die Funktionen, die Informationen im konzeptionellen System erfüllen können, sind

- Assimilation von Erfahrung
- Maximierung der Lust - Unlust-Balance
- Aufrechterhaltung des Selbstwertgefühls

Informationen sind daher beim Individuum nie „objektiv" im Sinne universeller Gültigkeit, sondern nur denkbar als ein von außen kommender Reiz, der im konzeptionellen Gerüst der Person die genannten Funktionen erfüllt und subjektiv wahrgenommen wird.[260]

Die Prinzipien zur Konstruktion einer Realitäts-Theorie sind z. T. ähnliche wie bei wissenschaftlichen Theorien: Sie sind logisch, widerspruchsfrei, stammen aber auch aus den Alltags-Theorien, wie z. B. die synkretische Denkweise, latente und aktuelle Gefühlszustände, Überlebens-Schlussfolgerungen, soziale und gesellschaftliche Kontrollmechanismen, biographische Lebenslinien, Vorahnungen, alte Gefühle, Panik-Zustände, magische Ursache-Wirkungs-Schlüsse.

Die Abgrenzung des Ichs zur Information oder die Integration einer Information in einer Person ist also von der jeweiligen Realitäts-Theorie und den darin wirksamen Mustern, inneren Logiken und Konstruktions-Prinzipien abhängig und nicht als neutrale Informations-Einheit im Sinne einer objektiven Struktur anzusehen.

Wenn wir also von der „subjektiven Nähe oder Distanz" zur Information sprechen, meinen wir die jeweilige Anmutungs-Qualität einer Information zur Person auf Grund ihrer Situation und ihrer Strukturdeterminiertheit.[261]

„Wenn wir diese Betrachtungsweise (gemeint ist die Selbstreferentialität des Gehirns, Anmerkung von E. K.) auf komplexe kognitive Funktionen anwenden, müssen wir folgern, dass ein Schüler jedes neue Wort, jede neue Geste, jede neue Handlung eines Lehrers nur auf der Basis seiner eigenen (d. h. des Schülers) Geschichte deuten kann und dass diese Geschichte Ergebnis der früheren Aktivitäten des Schülers in Ausschnitten der von ihm erlebten, das heißt konstruierten Welt ist."[262]

---

[260] Ditfurth, 1991, S. 302

[261] siehe „Chreoden-Analyse" und „Leitdifferenzen" zur Morphem-Bildung

[262] v. Aufschnaiter, 1992, S. 387

- *Das Prinzip der Zeitstrukturierung und der Temporalisierung*

Prinzip

Lebendiges Lernen benötigt polychrone Zeitläufe. Monochrone Zeitstrukturierung im Lernprozess als Dauerzustand zwingt Lernende zu unangemessenen Reaktionen, die mit Lernen nichts mehr zu tun haben, z. B. Angst, Aggression, Resignation.

Postulate

- Überprüfe deine eigene Zeitstrukturierung.
- Wenn du merkst, dass du einen inneren Zeit-Antreiber in dir hast, bitte ihn, sich im Unterricht zurückzuziehen, evtl. mit Hilfe der NLP oder TA.
- Lass' auf keinen Fall zu, dass die Lernenden und du zu reinen Sklaven eines äußeren rigiden Zeitkorsetts werden.
- Achte darauf, dass sich jeder Lernende nur eine begrenzte Zeit und nur selektiv deinen Morphemen und deren Abfolgen anschließen kann: Temporalisierung von Lernleistungen.
- Überprüfe deine eigenen Vorstellungen über temporalisierte Leistungen von Lernenden, wenn sie Kränkungen auslösen.

Begründung

Die Dimension der *Zeitstrukturierung* ist meines Erachtens in der Didaktik bisher kaum beachtet worden, bestenfalls als Planungskomponente für den Unterricht. Dass wir *Raum-Zeit-Wesen* sind, findet im didaktischen Denken kaum Ausdruck. Wir kennen z. B. kaum eine Raumdidaktik, wo nicht nur die Tafelwand eine Bedeutung hat, sondern auch der Fußboden, die Decke, der Gang usw.[263]

Dass die Zeit[264] aber eine ganz mächtige Dimension im Lehrgeschäft, in der Habitusbildung und in der Lebensplanung geworden ist, bekommen wir überall zu spüren, und es ist oft kaum zu ertragen. Wir erfahren die Zeitdimension in unserer gegenwärtigen Gesellschaft im wesentlichen als Prinzip der Hetze und des Stresses. Dieses „Zeitkorsett" bringt uns alle in eine fatale Situation.

Auch im Lehr- und Lerngeschäft taucht die Zeit in einem negativ getönten Gewand auf und bringt uns offenbar alle in eine große didaktische Verlegenheit.

Wir fragen:

Welche Zeitstrukturierung habe ich in mir?

Welche lasse ich mir aufdrängen?

Welche Art der Zeitstrukturierung bestimmt mein Didaktisches Handeln?

Welche Zeitstruktur hat der einzelne Lernende in sich?

Wir kennen oft nur noch das Prinzip der Schnelligkeit.

Wir haben das Prinzip der Langsamkeit vergessen und verdrängt. Betrachten wir aber unsere „Körperzeit", die Zeitläufe des Universums, die Zeitläufe von lebenden Systemen, so erkennen wir, dass wir auch im didaktischen Geschäft in einen

---

[263] siehe „Leitdifferenzen des Raumes"

[264] vgl. Kaempfer, 1991

Zeitraffer-Strudel hineingeraten sind, der uns die Schule und das Unterweisungsgeschäft zum Moloch werden lässt - wobei ich in mir selbst merke, welchen mächtigen Anteil meine unbewusste Antreiber-Zeit nach wie vor ausmacht und dass es mir außerordentlich schwer fällt, mich dieses Zeit-Antreibers zumindest zeitweise zu entledigen. Zeit erscheint uns, wenn wir uns entspannen und die Uhr aus der Hand legen, wie ein Fließen; etwas zieht vorbei, kommt irgendwoher, nie zurück und verschwindet irgendwohin. Zeit wird linear erlebt und als nicht umkehrbar. Wir wissen nicht, wo Zeit beginnt und aufhört. Dies ist unsere Alltagserfahrung.

Nach der Auffassung von Einstein enthält die Welt ein Raum-Zeit-Kontinuum: einen vierdimensionalen Raum, der in sich zurückgekrümmt ist. Die Begriffe „Zeit" und „Raum" sind aber Konstruktionen - sie haben sich beim Menschen in bereits weit zurückliegenden Phasen der Evolution in einem bestimmten Milieu und für spezielle Lebensaufgaben herausgebildet. Bis heute haben sie genügt. Wie lange noch?

„Zeit" als Komponente des Lebens und einer modernen Didaktik darf nicht zum Zeitraffer selektiert werden!

Unsere Kultur verläuft *monochron*, d. h. ein Ereignis ist das, was zu einer bestimmten Zeit mit einer bestimmten Dauer stattfindet. Andere Kulturen haben ein *polychrones* Zeitempfinden, d. h. Aufgaben und Ereignisse beginnen und enden gemäß der natürlichen, zu ihrem Verlauf und Abschluss benötigten Zeit und nicht auf Grund starrer Termine. Wir sprechen in unserer monochronen Sicht von Zeit, als ob man sie bewahren, verlieren, verschwenden, ausgeben, erfinden, beschleunigen, verlangsamen könnte. Ja, wir können sie sogar „totschlagen". Wenn wir kein „Zeitkorsett" mehr besitzen, werden wir verunsichert, wir erleben die Unsicherheit des Augenblicks, der nächsten Stunde, Tage, Jahre. Wir haben kein Vertrauen mehr in die natürliche Zeit: Zeit, die uns begleitet, führt, entwickeln lässt und uns bis zum Tode eine geduldige Begleiterin ist. Wir erleben heute die Zeit als etwas Auferlegtes und Willkürliches, wir meinen, wir könnten über sie in jeder Weise verfügen - wir meinen auch, wir könnten bei jedem Kind, Jugendlichen und Erwachsenen über seine Lernzeit verfügen - so als ob wir wüssten, dass jeder Mensch die gleiche Lernzeit hätte, bzw. beanspruchen dürfte, weil ja der Lehrplan, die Vorgaben von Vorgesetzten, die Lernziele usw. diese Zeitnorm für alle festgelegt hätten und dies ausreichend für jedes „Lernuniversum" wäre. Zeit ist für uns heute im wesentlichen mit den Aspekten von Kontrolle, Leistung und Macht konnotiert. Wer die Uhr besitzt, hat die Macht.

Eine mehr ganzheitliche und kosmische Sichtweise relativiert diese monochrone Sicht aufs tiefste. Sie möchte uns für die Rhythmen der Natur, des Lebens, der Entwicklung und die Schwingungen unseres eigenen Systems – des Gefühlssystems, Nervensystems, Denksystems und Biosystems - wieder empfänglicher machen.

Karl Popper beschreibt dies so:

„Wenn Gott eine Welt gewollt hätte, die alles von Anfang an enthält, dann hätte er ein Universum geschaffen ohne Veränderung, ohne Organismen, ohne Evolution; und ohne den Menschen und dessen Fähigkeit, Veränderungen zu erleben und Veränderungen herbeizuführen. Aber Gott scheint sich gedacht zu haben, dass ein lebendiges Universum mit selbst für ihn manchmal unerwarteten Ereignissen interessanter sein würde als ein totes Blockuniversum, wie das des Parmenides."[265]

---

[265] Popper, 1987, S. 187

Eine Verleugnung der natürlichen Zeit führt unweigerlich zu Störungen im Sozialsystem einer Lerngruppe, in der Kindergartengruppe genauso wie im Unterricht, und ebenso im Biosystem des Einzelnen.

Die humanistische Grundhaltung - vor allem in der Gestaltpädagogik - versucht, diese andere Sicht- und Erlebensweise durch folgende Postulate zu retten:

- Sei im Hier und Jetzt!
- Sei in der Gegenwart!
- Sprich in der Gegenwart!

Übergeordnetes Ziel dabei ist die Wiederherstellung der organismischen *Selbstregulation*. Die Wiederherstellung des vollen Bewusstseins des Handelns und des Denkens geschieht durch die Konzentration auf das Hier und Jetzt. Bewusstwerden kann der Lernende sich nur über seinen *jetzigen* Zustand. Fühlen, Denken, Handeln kann ich nur in der Gegenwart. Wenn ich mich zurückerinnere an ein vergangenes Ereignis, dann ist das Mich-Erinnern das, was ich jetzt im Augenblick tue. Wenn ich für die Zukunft plane, dann ist das Planen das, was ich im Augenblick tue. Es gibt kein Entrinnen aus dem Leben im Hier und Jetzt. Ich kann mich höchstens durch Phantasien, Pläne, Wünsche usw. über die Gegenwart hinwegtäuschen.

Wenn wir der Zeit wieder Qualitäten zuschreiben, dann sind wir wieder ein Teil der Natur und nicht nur Beobachter unseres Selbst: Wir spüren und erfahren die Qualität des frühen Morgens, des Mittags, der Dämmerung, die Qualität bestimmter Wochentage, bestimmter Jahreszeiten. Wir haben leider lernen müssen, dass solche Qualitäten subjektiv und daher bedeutungslos und unsinnig für den allgemeine Lernprozess seien. Sie seien unwissenschaftlich; sie sagten nichts über den tatsächlichen Stand der Dinge in der Zeit aus. Wir haben die Autorität darüber, was Zeit als Qualität sei, an Experten abgegeben.

Welcher Zeitexperte bin ich als Didaktiker? Bin ich im wesentlichen Verwalter der Zeiten der lernenden Menschen mit einem vorgegebenen Soll: Stundentakt im Kindergarten, Gong nach jeder Schulstunde? Oder bin ich Begleiter der individuellen Zeiten von Menschen im Sinne der inneren Zeitstrukturierung?[266]

„Es gibt drei Zeitpunkte, einen richtigen, einen verpassten und einen verfrühten."[267]

Es gibt Menschen, die die Zeit überstrukturieren müssen, bei denen fast jede Minute mit Aufgaben und Pflichten ausgefüllt ist; andere erleben ihre Zeit überwiegend als unstrukturiert. Es gibt weite Felder von Leerlauf und Zeit, mit der man nichts anfangen kann. Diese Zeit wird im Erleben eher als gestaltlos, unlustbesetzt oder als erdrückende Masse beschrieben, in der sich Verpflichtungen, Belastungen und unangenehme Ereignisse zusammenballen.

Welche Art von Zeitgestaltung ist in mir angelegt? Wie übertrage ich meine Zeitmuster auf Lernprozesse und Lernende?

Es gibt sowohl im Rahmen der „Biographischen Selbstreflexion" als auch im täglichen Unterweisungsgeschäft genügend Möglichkeiten, mit sich selbst und mit der Gruppe über die eigenen inneren erlernten Zeitmuster zu sprechen, z. B. über die

---

[266] siehe TA: Umgang mit der Zeit

[267] Nadolny, 1988, S. 41

individuellen temporalisierten Anschlussmuster während des Unterrichtsverlaufs. Dementsprechende Übungen können wir ansetzen, wenn wir uns gegenseitig verstehen und verändern wollen.[268]

Die Transaktions-Analyse (TA) hat eine sehr interessante und hilfreiche Aufstellung darüber gemacht, wie wir Menschen unsere Zeit strukturieren: Sie geht davon aus, dass wir alle ein Grundbedürfnis haben, unsere Zeit auf Grund von drei Antriebs-Faktoren auszufüllen:

- mit dem Reizhunger
- mit dem Hunger nach Anerkennung
- mit dem Hunger nach Struktur

Nach der Transaktions-Analyse gibt es 6 verschiedene Arten der Zeitstrukturierung.

In einer Subjektiven Didaktik fragen wir danach, wie wir Lehrenden unsere eigene Zeitstrukturierung - oft unbewusst - vornehmen und welche Folgen dieser innere Antrieb für den Lernprozess anderer hat. Umgekehrt müssen wir uns auch immer klarmachen, dass jeder Lerner seine jeweils eigene Zeitstruktur längst entworfen und unbewusst über sie entschieden hat. Wenn also sehr unterschiedliche Zeitstrukturen von Personen aufeinander treffen, gibt es Konflikte.

Wir Didaktiker haben die Aufgabe, unsere Zeitstrukturen und die der einzelnen Lernenden aufzudecken und sie gegenseitig verständlich, akzeptierbar zu machen und konsensuell zu gestalten![269]

Temporalisierung im Unterricht

Jeder weiß es, keiner gibt es aber zu: Wir können uns nur eine gewisse Zeit konzentrieren und jemandem folgen, dann wandern wir in unseren eigenen Gefilden weiter, wir wandern in andere „Täler", tauchen plötzlich wieder auf und hören vielleicht von Ferne, dass da draußen jemand ist, der vorträgt, erklärt, problematisiert usw. Bisher wurde dieses Verhalten von Lernenden meist als „Nebentätigkeit" und in den meisten Fällen als Störung angesehen.

Im konstruktivistischen und systemischen Rahmen kann dies auf keinen Fall so gesehen werden. Der Faktor „Zeit" in der Formenbildung und bei der Planung von Unterricht wird in der Dimension der „Temporalisierung"[270] erfasst.

Wir werden bei der Beobachtung der Chreoden-Entwicklung sehen, dass Lernende sich jeweils nur für begrenzte Zeit und immer nur selektiv auf didaktische Morpheme einlassen können. Bei Lernenden wird sehr deutlich, wie sie ihre „Lernelemente" temporalisieren, d. h. nur für begrenzte Zeit existieren lassen. Sie erlangen dabei den Vorteil, dass sie durch die ständig notwendige Reproduktion der Komponenten sich laufend den wechselnden Anforderungen der Umwelt anpassen können. So bilden sie kurzlebige Systeme, die zur Aufrechterhaltung des Sachbezugs im irreversiblen Verlauf des Unterrichtens notwendig sind nach dem Motto: „Was gestern war, ist heute nicht mehr."

---

[268] siehe Methoden der Sozialen Verständigung und der Biographischen Selbstreflexion; Methoden und Techniken zur Zeitstrukturierung; „Improvisationstechnik" nach James & Jongeward, 1989, Gudjions, 1986; vgl. Nadolny 1988, S. 88 ff.

[269] siehe Rüttinger & Kruppa, 1988, S. 206 ff.

[270] Luhmann, 1991, S. 76 ff.

- *Das Prinzip der Selbstorganisation, Selbststeuerung*

Prinzip

Aus inneren Konstellationen und Zuständen entstehen dem Individuum gemäße und aus ihm selbst entspringende Ordnungen, die sich in der Interaktion mit dem Milieu differenzieren. Hier gilt auch das Prinzip des Gewährenlassens, der *Unterlassung*[271] von jetzigen und sofortigen Interventionen.

Postulate

- Der Weg und die Entwicklung sind wichtiger als das Ziel.
- Unterricht ist kein linearer Ablauf, sondern ein zirkulärer Prozess.
- Jeder Lehrende kann nur gemäß seiner subjektiven Struktur lehren.
- Jeder Lernende ist ein ganzheitliches, selbst-organisierendes System.
- Macht und Gehorsam im Lernprozess sind dann sinnvoll, wenn eine allgemeine Norm über dem Recht auf Individualität und Identität stehen muss.

Begründung

Alle Lernprozesse des Menschen sind als ein in sich geschlossenes Netzwerk anzusehen, das sich autonom verhält und in dem die ablaufenden Prozesse rekursiv voneinander abhängen. Wenn wir das Prinzip der Selbstorganisation und Selbstreferentialität ernst nehmen, so kann Didaktik und Didaktisches Handeln nicht ausschließlich als fortlaufende Handlung des Lehrenden und Lernenden angesehen werden. Die Input-Output-Didaktik fordert ständig Steuerung, Intervention, Prozessieren und fremdgesteuerte erwartete Leistung.

Eine Subjektive Didaktik versteht sich auch als eine Unterlassungsdidaktik, d. h. man billigt dem Lernenden selbst zu, dass er sich organisiert, zur rechten Zeit und zur rechten Form ohne fremde Hilfe. Wir Lehrende planen Unterricht normalerweise auf Gewissheit und Risiko-Vermeidung, auf Steuerung hin. Wir haben ein schlechtes Gewissen, wenn wir selbsterzeugte Ungewissheiten, Merkwürdigkeiten und Überraschungen wahrnehmen oder wenn wir stillschweigend beobachten und keine Interventionen am laufenden Band vornehmen. Einer der „Kopfbewohner" vieler Lehrender befiehlt ein ständige Aktivität, die den Lernenden keine Eigenlernzeit zubilligt. Unsere Programmierung durch einen didaktischen Imperativ des ständigen Handelns innerhalb des Imperativs nach Durchbringen des Lehrplans und der Forderungen aus dem Bildungs-Tauschmarkt ist in unserem Bewusstsein weit vorangeschritten.

- *Das Prinzip der Strukturdeterminiertheit und Selbstreferentialität*

Prinzip

Gemäß der Strukturdeterminiertheit des Menschen behalten wir dasjenige an Erfahrung, was sich in der Vergangenheit bewährt hat, und wir prüfen an dieser Erfahrung alles Neue, erweitern uns dadurch und modellieren uns evtl. um.

Aber Wissen und Erkenntnis sind immer selbstreferentiell, d. h. rückbezüglich: Erfahrung misst sich an Erfahrung, und Erkenntnis verändert sich an Erkenntnis.

---

[271] siehe „Prinzipien der Prozess-Steuerung"

Postulate
- Mache dich kundig, welche selbstreferentiellen Stabilitäten bei einzelnen Lernenden auftreten.[272]
- Überprüfe im Rahmen einer Biographischen Selbstreflexion deine eigenen selbstreferentiellen Muster, die dir im Unterweisungsbereich auffallen:
  „Das war schon immer so bei mir, wozu soll ich mich ändern?",
  und dir evtl. neue Erfahrungen mit Lernenden von vornherein versperren.
- Sei dir bewusst, dass deine eigene Selbstreferentialität ein wichtiger Faktor zur Konstituierung eines wechselseitig abhängigen Systems mit Lernenden ist[273] und so eine Zirkularität der Lernprozesse aller Beteiligten zur Folge hat.
- Wir können uns im Unterricht nur *vorläufig* verständigen.
- Beobachte als Lehrender genau, bevor du bewertest.
- Hüte dich vor unbedachten Etikettierungen und Zuschreibungen.
- Jeder Lernende kann sich nur gemäß seiner Struktur und seinen früheren Erfahrungen organisieren.
- Erkenne *Discounting* und vermeide es.

Begründung

Maturana hat den Begriff der *Strukturdeterminiertheit* eingeführt und meint damit, dass Struktur- und Zustandsveränderungen nicht von Ereignissen und Merkmalen der Umwelt bestimmt werden, sondern ausschließlich vom jeweils gegebenen Strukturzustand selbst.

Die wichtigsten Aussagen heißen:
- Struktur- und Zustandsveränderungen werden nicht von den Ereignissen und Merkmalen der Umwelt bestimmt.
- Struktur- und Zustandsveränderungen werden vom jeweils gegebenen Strukturzustand selbst bestimmt.
- Zustandsveränderungen ohne Verlust von Identität sind als Veränderung der Struktur möglich.
- Zustandsveränderungen als Veränderung ihrer Struktur mit Identitätsverlust führen zur Auflösung des Systems.
- Diese organisatorische oder operationale Geschlossenheit, die ein autopoietisches System aufrechterhalten muss, um zu überleben, macht seine Autonomie aus. Ein Mensch nimmt Informationen nicht auf, sondern er erzeugt sie selbst unter ständiger Veränderung der eigenen Struktur.

Ich habe inzwischen in vielen Supervisions-Sitzungen mit Lehrerkollegien, Ausbildern, Kindergärtnerinnen usw. gerade diesen Aspekte der Strukturdeterminiertheit diskutiert und dabei festgestellt, dass wir Didaktiker und Pädagogen mit diesem Postulat am meisten zu kämpfen haben. In unserem beruflichen Habitus haben wir überwiegend uns selbst als „Missionare" und

---

[272] siehe „Chreoden-Analyse"

[273] siehe „Didaktische Formenbildung"

Strukturveränderer begriffen. Der Begriff der pädagogischen Verantwortung und Pflicht, der sowohl gesellschaftlich als auch individuell inkorporiert ist, verbietet geradezu die Anerkennung der Strukturdeterminiertheit bei allen Lernenden von Seiten des Lehrenden, ob im Kindergarten, in der Schule, Hochschule, in der Erwachsenenbildung oder in der beruflichen Aus- und Fortbildung.

Eigenartigerweise erkennen wir unsere eigene Strukturdeterminiertheit gerne an. Sobald es aber um den Anderen, den zu Unterrichtenden geht, drehen wir den Spieß sofort um: Wir müssen angeblich dafür sorgen, dass der Lernende möglichst genau unsere Struktur übernimmt.

Diese Haltung hat im abendländischen Denken eine lange Tradition, deren Wurzeln hauptsächlich im mechanistischen Weltbild, in der christlichen Theologie und, damit eng zusammenhängend, in der frühen Trieb-Unterdrückung[274] zu suchen sind.

Als Pädagoge und Erzieher musst du folgende Sprüche beachten: „Wer die Rute spart, hasst seinen Sohn" oder: „Entziehe nicht dem Knaben Zucht; wenn Du ihn mit der Rute schlägst, so stirbt er nicht" (Sprüche Salomos); „Der nicht geschundene Mensch wird nicht erzogen" (griechisches Sprichwort) kennzeichnet die Grundtendenz einer „Schwarzen Pädagogik", die wir fast alle an und in uns mehr oder weniger deutlich erfahren haben.

Das Problem, die Autonomie eines Menschen als eines lernenden Wesens anzuerkennen, hängt mit einem anthropologischen und allgemeinen Prinzip, dem der *Selbstreferentialität* oder *Rekursivität* zusammen.

Selbstreferentialität meint Abgeschlossenheit und Rückbezüglichkeit eines Systems und zugleich Autonomie. Diese Komplementarität sagt uns Folgendes: Wir sind als Lernwesen natürlich neugierig und wissbegierig, aber immer bezogen auf unsere bereits angelegte abgeschlossene Struktur. Selbstrefentielle Systeme sind durch äußere Ereignisse zwar modellierbar, aber nicht steuerbar.

Welch zutreffende Feststellung, wenn wir vor allem im Unterricht nicht wissen, wie wir wohl an den einzelnen Schüler „herankommen" könnten. Selbstreferentielle Systeme definieren selbst, welche Umweltereignisse in welcher Weise auf die Erzeugung ihrer Zustandsfolgen wirken können.[275] Die Wirkung der Einflüsse oder Störungen von außen wird vollständig vom inneren Zustand des Systems bestimmt. Wer von uns kann als Didaktiker dieses Postulat vorbehaltlos anerkennen und verwirklichen?

Andererseits halten sich viele Menschen nicht für autonom und verhalten sich auch so; auch das ist eine Folge der Selbstreferentialität. Dass viele Erwachsene, und oft auch junge Menschen, sich nicht ändern wollen, bzw. können, hängt sicherlich mit dem Prinzip der Selbstreferentialität zusammen. Gerade für uns Berufsdidaktiker aber ist es von enormer Wichtigkeit, zu wissen, in welchen Bereichen wir selbst hochgradig selbstreferentiell sind, d. h. nur noch uns selbst als den Mittelpunkt unserer Wahrnehmungen zulassen. Solche Mechanismen werden dann in Präferenzen umgesetzt, so dass „man hat, was man mag, weil man mag, was man hat."[276]

Unser erworbener Habitus, Primärhabitus, schulischer und beruflicher Habitus, der überwiegend als Komplex von Gewohnheiten zu sehen ist, ist in einem hohen Maß

---

[274] vgl. hierzu Miller, 1988: Dort wird dieser Aspekt ausführlich und eindringlich diskutiert.

[275] vgl. Roth 1986, S. 157

[276] Bourdieu, 1987

selbstreferentiell und daher konservativ. Das Gehirn organisiert sich in der Gegenwart nur auf Grund seiner Geschichte. Wir nehmen wahr und errechnen unser eigenes System auf Grund unserer früheren Erfahrungen.

„Wir betreiben also kontinuierliche Prüfung des soeben Erlebten auf Konsistenz mit dem früher Erlebten und vorläufig Bewährten. Dies schließt Katastrophen keineswegs aus, wie man an Mitmenschen sehen kann." (und an sich selbst auch, Anmerkung von E. K.).[277]

Wenn das so ist, haben wir unser diesbezügliches didaktisches Postulat im Rahmen unserer Biographischen Selbstreflexion darauf hin zu überprüfen, wo wir auf Grund unserer eigenen Selbstreferentialität und rekursiven Muster in unangemessener Weise mit der Selbstreferentialität von Kindern, Schülern, Auszubildenden, Lernenden umgehen, sie abwehren, verleugnen, missbrauchen. Und wir müssen versuchen, *uns selbst zu verfremden*, indem wir aus der Knechtschaft unserer Gewohnheiten herauskommen. Bateson[278] meint dazu: Um solche Veränderungen zu erlernen, müsse man lernen, dass man ein Lebewesen ist, das unbewusst Gewohnheiten bildet; lernen, die Gewohnheiten zu ändern; lernen, dass man sich Auswege baut, d. h. die Selbstbestätigung der Gewohnheit zu verhindern. Nach Portele[279] genügt das nicht: Wir müssen diesen Vorgang in Handlung und Erfahrung umsetzen, Übertragungsmechanismen aufdecken und neue Relationen in Beziehungen konstruieren.

Es gibt heute eine Reihe von Methoden-Konzeptionen, die einen solchen *Verfremdungseffekt* aussichtsreich machen: z. B. das *Psychodrama*, die *Gestaltpädagogik*, die *Transaktions-Analyse*, das *Katathyme Bilderleben*, die *NLP*.

Es gilt aber auch, sich klar zu machen, dass Lehrende ihre eigene Lerngeschichte und ihre eigenen Vortheorien zu einer Sache auf Grund der je eigenen Geschichte entwickelt haben und neue didaktische Morpheme nur gemäß ihrer eigenen Anschlussstruktur organisieren können. Worte, Handlungen und Gesten eines Lehrers können also nicht diejenigen Bedeutungen in die Köpfe der Kinder transportieren, die sie für den Lehrer haben. Vielmehr stellen alle Hinweise, Aufforderungen, Bewertungen usw. des Lehrers ebenso *Orientierungen* für einen bestimmten Schüler dar wie die Handlungen seiner Mitschüler und die Angebote des verfügbaren Unterrichtsmaterials. In welche Richtung alle diese Angebote sich orientieren, wird jedoch allein von dem, der sich orientieren soll, also dem Schüler entschieden.

Aber auch dessen Entscheidungen sind nicht beliebig, sondern eng mit den Resultaten seiner früheren Aktivitäten in vergleichbaren situativen Kontexten verknüpft.

Und schließlich sind die situativen Kontexte nicht objektiv gegeben, sondern sie werden von jedem Individuum in jedem Augenblick auf der Basis seiner eigenen Geschichte konstruiert".[280] Deshalb ist auch das Prinzip der Temporalisierung für einen modernen Didaktiker für sich selbst und für seine Lernenden eine wichtige Dimension gegenseitigen Verstehens und angemessenen Verhaltens.

---

[277] Roth, in Schmidt, 1992, S. 279

[278] Bateson, 1990

[279] Portele, 1989

[280] v. Aufschnaiter u. a. in: Schmidt, S. J., 1992, S. 388

Prinzipien im WIR-Bereich

- *Das Prinzip des Konsensuellen Bereichs und der Strukturellen Koppelung*

Prinzip

Das Subjekt ist - neben dem umgebenden sozial-autopoietischen System - der empirische Ort der Konstruktion von Wirklichkeiten ebenso wie von Sinn und Wert. Wer das Subjekt verändern will, muss entsprechend der konstruktivistischen Position grundsätzlich davon ausgehen, dass menschliche Subjekte selbst-organisierende, autopoietische Systeme sind und zugleich in der Interaktion mit anderen soziale Wirklichkeiten schaffen. Wenn Menschen miteinander agieren, bilden sie einen Bereich von konsensuellen Interaktionen, der die Grundlage für Kommunikation ist. Kommunikation wird dabei nicht als Informationsaustausch modelliert, sondern als jeweils parallele Informationskonstruktion im kognitiven Bereich zwischen Individuen.

Postulate

- Wenn du unterrichtest, bedenke, dass deine Morpheme parallele Konstruktionen für Lernende gemäß ihrer Struktur abgeben sollen.
- Sei als Lehrender bereit, anzuerkennen, dass Lehren ein Anlass zu selbstorganisierender Veränderung ist.
- Bedenke, dass du bei Lernenden wahrscheinlich keinen Lerneffekt auslösen kannst, wenn du ein Morphem modellierst, das zu weit von der Realitätstheorie[281] des Lernenden abweicht.
- Sei bereit, Lehrende und Lernende vorab und grundsätzlich als selbstverantwortliche und sich selbst-organisierende Menschen gleichermaßen ernst zu nehmen.
- Gestalte deine Unterrichtssprache parallel und symmetrisch.

Begründung

Die Struktur eines Lebewesens bestimmt, welche Interaktionen mit seiner Umwelt es für angemessen hält und welche Reaktionen seinerseits möglich sind. Dabei handelt es sich bei der Interaktion nicht um etwas Statisches, sondern mit jeder Interaktion kann sich etwas verändern. Wenn Menschen ein Netzwerk von Interaktionen bilden, ist eben dieses Netzwerk ein Medium, in dem sie als Lebewesen sich verwirklichen können, in dem sie ihre autopoietische Organisation und ihre Angepasstheit erhalten. Die Möglichkeit des Kontaktes bzw. einer Verbindung zu anderen Systemen, Menschen und Gruppen, ist als *Strukturelle Koppelung* zu sehen. Bei diesen Kontakten geht es aber nicht um Veränderung von außen; bestenfalls gibt es *Anstöße – Perturbationen*[282] - zur strukturellen Veränderung. Durch die Beziehung zu anderen Systemen erhalten Systeme die Fähigkeit, eine gemeinsame soziale Wirklichkeit zu schaffen. Nach Maturana gibt es weder lineare noch zirkuläre Verursachungs-Vorstellungen, d. h. auf die Didaktik bezogen, dass wir keinen Wandel bei den Lernenden ursächlich bewirken können. Das heißt auch: Veränderungen als Folgen instruktiver Interaktionen im Sinne von Kausalität ist nicht erwartbar.

---

[281] nach Epstein und Kösel

[282] Maturana & Varela

Strukturelle Koppelung ist demnach der Vorgang, bei dem autopoietische Systeme strukturelle Änderungen erfahren, und zwar als Folge von Interaktionen mit sich selbst, mit ihrer Umgebung oder mit anderen strukturell plastischen Systemen. Dieser Begriff beschreibt die komplementäre Beziehung zwischen einem autopoietischen System und dem Medium, in dem es existiert und somit gleichzeitig die konstitutive Bedingung der Existenz eines autopoietischen Systems.

Wenn wir den üblichen Lernvorgang zwischen Lehrenden und Lernenden betrachten, sehen wir, dass es sich darum handelt, ob eine strukturelle Koppelung entsteht oder nicht. Die Welt, die wir erfahren, die wir erkennen und beschreiben, existiert nur durch unsere *Sprache*, ja wir erzeugen unsere Gemeinsamkeit durch das „In-der-Sprache-Sein". Da wir in der Sprache existieren, werden die Bereiche sprachlicher Interaktion, die wir erzeugen, Teile des Bereichs unserer Existenz und stellen einen Teil des Milieus dar, in dem wir unsere Identität und Anpassung erhalten.[283]

Wir können demnach unsere didaktischen Felder im Hinblick darauf überprüfen, inwieweit wir - durch eine gemeinsame Sprache und durch neu erfahrbare Interaktionen - einen optimalen konsensuellen Bereich schaffen können, in dem die einzelnen Systeme, sprich Lernenden, existieren und sich entwickeln können.[284]

Konsequenz dieses Postulats ist, dass es nicht mehr möglich ist, in der Koexistenz mit Lernenden Konflikte mit dem Anspruch auf eine eigene Gewissheit auszutragen; die Gewissheiten der Anderen müssen als genauso gültig und legitim anerkannt werden wie die eigene. Das ist die Grundaussage einer *Didaktischen Ethik*.

Nach meiner Erfahrung ist diese innere Haltung auch das Geheimnis eines erfolgreichen Unterrichts. Gerade dieses Postulat ergibt eine neue Sichtweise von didaktischer Intervention und Verantwortung. Entscheidend ist dabei, ob es uns gelingt, auf Grund unserer professionellen Interventionen Veränderungen im Prozess der Erzeugung von konsensueller Realität auszulösen. Es kann also nicht das Ziel der Didaktik sein, dass wir „störende" Symptome beseitigen wollen oder müssen - dies ist schlechterdings unmöglich. Sondern wir könnten vor allem die Lernenden dabei unterstützen, ihre eigenen Beschreibungen über den Bereich der konsensuellen Realität anzufertigen und damit zu kompetenten Beobachtern des Lernsystems zu werden.

Wenn wir anerkennen, dass wir als Didaktiker andere Menschen nicht auf direktem Weg verändern können, sollten wir auch akzeptieren, dass es offen bleibt, ob wir durch unsere Interaktionen innerhalb eines Lernsystems, dem wir selbst angehören, Reaktionen bei dessen Interaktionspartnern hervorrufen können, die das Muster, d. h. die Strukturen verändern. Schließlich werden wir aus der Pflicht zu einer „objektiven" Betrachtung und Informationsweitergabe entlassen, weil diese unmöglich ist.

Unter den Aspekten „Strukturelle Koppelung" und „Konsensueller Bereich" sind im konstruktivistischen Rahmen völlig neue Konsequenzen für Lehren und Lernen zu ziehen, und dies in allen Fachdidaktik-Bereichen[285], wenn auch in erster Linie im Sprach-Unterricht, also bei der Muttersprache und bei den Fremdsprachen.

---

[283] Maturana, 1987, S. 253

[284] siehe „Resonanz", „Flow-Theorie", „Methoden der sozialen Aneignung", „Theorie des WIR-Bereichs"

[285] siehe v. Aufschnaiter, 1992, Diesbergen, 2000

- *Das Prinzip der Zugehörigkeit und des Ausschlusses*

Inklusion - Exklusion

In der Systemtheorie werden die Begriffe Inklusion und Exklusion für das Phänomen Zugehörigkeit zu bzw. Ausschluss von einem Teilsystem verwendet. Sie bezeichnen die jeweilige Zugehörigkeit bzw. Nicht-Zugehörigkeit einer Person zu einem sozialen System mit allen entsprechenden Implikationen. Die Zugehörigkeit zu einem System erfordert Beachtung der *Sinnproduktion*, der *Rollenverteilung*, von *Relationen* und Routinehandlungen.

Bei Verletzung von Erwartungen und Erwartungs-Erwartungen in Bildungssystemen, besonders bei Wissensleistungen, erfolgt die Androhung von Ausschluss.

Die Schule selektiert im Sinne von Inklusion bzw. Exklusion laufend in horizontaler Hinsicht: Z. B. bekommen Schüler, je nachdem, wie sie die Erwartungen erfüllen, eine Note als „Aktie" für den nächsten Bildungs-Tauschmarkt.

Sie selektiert auch in *vertikaler* Hinsicht: z. B. werden Schüler nach der Grundschule in die anschließenden Schularten eingeteilt und sind damit unausweichlich dem sozialen Auf- bzw. Abstieg unterworfen.

- *Das Prinzip der gesellschaftlichen und kulturellen Repräsentanz*

Prinzip

Der Grundeinstellung zur Gesellschaft und zur Welt entspringt eine bestimmte Struktur des Bewusstseins, die wiederum als Moral oder Unmoral in vielfältiger Weise als Handlungs-Muster, oft als ästhetisches Muster, in Erscheinung tritt.

Postulate

- Überprüfe deine eigene Grundeinstellung zur Gesellschaft.
- Überprüfe solche Handlungs-Muster bei dir, die auf gesellschaftlich eher *entropisch* oder eher *syntropisch* relevante Tendenzen deuten.
- Reflektiere und entscheide dich in einem vorläufigen Konsens mit dir selbst, welche authentischen Botschaften deiner gesellschaftlichen Repräsentanz du den Lernenden geben willst und welche du gegebenenfalls kritisierbar machst.
- Welche Leitfigur und welches Leitbild kannst du der jungen Generation, die dir anvertraut ist, hinsichtlich der gesellschaftlich relevanten Bereichen geben?
- Wenn du normieren musst, prüfe, ob es nicht deine Projektionen und Übertragungen sind, die dich dazu veranlassen, oder ob es deine eigene professionelle Entscheidung ist, die du begründen kannst.

Begründung

In einer Subjektiven Didaktik geht es auch darum, wie gesellschaftliche Werte, Normen und Handlungsgrammatiken in mir bis tief in den Körper hinein verankert sind. Z. B. können die Vertreter der Kritischen Gesellschaftstheorie oder Erziehungswissenschaftler mit idealistischen Vorstellungen von Erziehung einen solchen Ansatz nur schwer begreifen. Sie meinen, im Erziehungsgeschäft müsste doch ein Werte- und Normensystem verkündet werden, Schule müsste diejenige Instanz sein, die gesellschaftliche Werte wie Demokratie, Autonomie, ja sogar Wahrheit etc.

erörtert, diskutiert und, wenn nötig, durchsetzt.[286] Dieser Ansatz hat seine Berechtigung insofern, als Lernen auch über Kognition und Vernunft geschieht.
Leider hat sich eine *präskriptive Didaktik* wieder breit gemacht, die nur vorschreibt, wie unterrichtet werden muss, und wenige Ansätze sind auf die gesellschaftliche Realität bezogen. Vielfach entstand eine *Ästhetik der Didaktik*, also eine *Fassadendidaktik*, wie wir sie hauptsächlich in der technisch-funktionalen Lernkultur beschreiben werden.[287] Es sind in der Didaktik der Gegenwart die mächtigen und tief liegenden Strukturen als inkorporierte gesellschaftliche Strukturen eines jeden Menschen zu beschreiben und einzuarbeiten.
Dazu sind zwei wesentliche Dimensionen der *Perturbationen* in der plastischen Phase der Entwicklung des Menschen zu beachten:

- das kulturelle Gedächtnis und der umgebende Lebensstil, repräsentiert durch Bezugspersonen oder durch die Medien
- die Ko-Ontogenese des Heranwachsenden in einem Driftbereich gemäß seiner Strukturdeterminiertheit in einem spezifischen Milieu

Die gesellschaftliche Repräsentanz, d. h. Werte, Normen, Rituale, Symbole usw., wird in jedem Menschen bereits sehr früh auf Grund seiner Biographie konstruiert und gehört zu den tiefsten Anteilen im Habitus.[288]
Für eine Subjektive Didaktik geht es darum, anzuerkennen und zu akzeptieren, dass die im Primärhabitus angelegten Strukturen, Gewohnheiten und Überlebensskripts durch eine neue schulische Kultur, z. B. bei großen Verhaltens- oder Lernstörungen, nicht sofort und linear zu beseitigen oder ganz neu gestaltbar, sondern bestenfalls ausdifferenzierbar sind. Es ist ein Irrtum, anzunehmen, der in den frühen Jahren angelegte Habitus könne auf Grund schulischer Anstrengungen grundlegend verändert werden. Wer dies glaubt, verkennt die anthropologischen Forschungen, die eindeutig auf die frühe Vernetzung neuronaler Strukturen verweisen. Falls dies auch ein Lehrender glaubt, übernimmt er unnötig eine Veränderungs-Verantwortung, die er niemals einlösen kann. Darum halte ich es für ein verantwortungsloses Verhalten unserer Gesellschaft, dass sie z. B. jungen werdenden Eltern die Aufklärung über elterliches Verhalten bei der Vernetzung neuronaler Strukturen und deren Folgen für das junge Leben nicht generell zur Pflicht macht. Es geht weiterhin darum, eine angemessene schulische Lernkultur zu konstruieren, die die schulische Habitusbildung in eine entwicklungsfähige und positive Bahn lenken kann. Es ist z. B. wichtig, vor allen Dingen die Initiation in diese Lebenswelt positiv und sehr aufmerksam zu gestalten. Darum behaupte ich, dass die Lehrerinnen und Lehrer im 1. Schuljahr die am besten ausgebildete und am besten bezahlte Gruppe sein müssten! Hier geht es um eine neue Normbildung, um neue konsensuelle Techniken und Methoden, auch um neue klare, konsequente Eckpfeiler des gegenseitigen Verstehens, der Verständigung und der Einhaltung vereinbarter Regeln in einer anderen Lebenswelt als bisher.
Es stehen dem Lehrenden heute nur noch wenige soziale Grammatiken zu Verfügung, die sowohl von den Lernenden, als auch von den Eltern, Kollegen und Kolleginnen

---

[286] Duncker, 1999, Royl, 1999, in „Die deutsche Schule", Zs. f. Erziehungswissenschaft", 5. Beiheft

[287] siehe Kösel, Lernwelten, Band III

[288] siehe Habitustheorie

gemeinsam akzeptiert werden. Umso mehr sind wir Didaktiker an allen Stätten des Unterrichts aufgerufen, neue Elemente für *postmoderne Lernkulturen* zu entwickeln. Hierher gehören eine neue epistemologische Sinnbildung, Bildung von Bereichen der Geborgenheit, gemeinsame Regelbildung, Rituale, Symbole, Feste, Feiern genauso wie Überlegungen für eine Zeitkultur, eine Raumkultur, eine Geruchskultur oder eine Verständigungskultur und damit im weitesten Sinne einer neuen politischen Kultur.

Wir benötigen Zentren für die Gestaltung von Lernkulturen, sei es an den Schulen, Hochschulen, in den beruflichen Bildungsstätten oder an den Stätten der Lehrerausund -fortbildung, die experimentell arbeiten und neue Formen des lebendigen Lernens entwickeln und einüben dürfen, z. B. neue Formen der *Schamprogrammierung* gegenüber Drogen und Gewalt, die Erfindung von neuen *spirituellen*, *ekstatischen* und *meditativen* Formen und deren professionelle Einführung in eine Lernkultur, wie z. B. die Gestaltung einer „kultischen Nacht" für Schüler u. ä. Neben diesen neuen Überlegungen erfordert das Postulat der gesellschaftlichen Repräsentanz auch eine *Biographische Selbstreflexion.*

So ist es möglich,

- das eigene Abbild gesellschaftlicher Strukturen kennenzulernen
- dieses Abbild daraufhin zu überprüfen, inwieweit es der eigenen Entwicklung offen- oder entgegensteht
- als unangemessen erkannte Anteile zu reduzieren bzw. zu kompensieren
- neue Bereiche im Sinne einer Strukturellen Koppelung und der Angliederung an den bisherigen Habitus der neuen Lehrergeneration zu organisieren
- die Abbilder gesellschaftlicher Repräsentanz bei den einzelnen Lernenden, auch schon im Kindergarten, zu erkennen und sie zunächst zu akzeptieren
- die offiziellen Vorstellungen über gesellschaftlichen Werten, z. B. Schlüsselqualifikationen, die Unterricht und Erziehung in allen Lebensbereichen und Berufssituationen, zu vermitteln hätten, einer genauen persönlichen Kontrolle zu unterziehen und zu fragen, inwieweit sie im Unterweisungsprozess für sich selbst authentisch, kongruent und begründbar sein können
- ungerechtfertigten Angriffen und Forderungen aus dem gesellschaftlichen Gesamtsystem oder Teilsystemen, z. B. von Eltern, professionell zu begegnen aus einer Verantwortungshaltung und dem Wissen heraus, welche Modellierung dem Lehrenden für sich selbst und im derzeitigen Driftbereich beim einzelnen Lernenden oder in einer Lerngruppe subjektiv möglich war

- *Das Prinzip der Normierung und Machtausübung*

Prinzip

Jeder Mensch ist bereit, Normen und Regeln zu übernehmen, wenn sie für ihn sinnvoll sind, d. h. wenn er ihre Bedeutung für das eigene Überleben in einer Gemeinschaft einsieht. Bestehende Muster aus der Primärstruktur sind allerdings nicht oder nur unter bestimmten Bedingungen veränderbar. Dennoch können alternative Muster in einer Lernkultur aufgebaut und die alten z. T. kompensiert werden. Dies ist aber ein mühsamer Weg, der viel Geduld und Konsequenz erfordert. Zur Bildung einer aktiven Lern- und Bewusstseinsgemeinschaft gehören soziale und individuelle Musterbildungen als grundlegende Aufgabe.

Postulate
- Setze Normen und Regeln so, dass der Lernende erkennen kann, dass sie für ihn sinnvoll und für die Entstehung eines sozialen Systems notwendig sind.
- Wenn Lernende Regeln und Normen im Primärhabitus verankert haben, die für die Lerngemeinschaft schädlich oder abwertend sind, versuche in einer biographischen Selbstreflexion mit Lernenden diese Defizite aufzudecken und verständlich zu machen.[289]
- Überprüfe deine Strafmuster, ob sie nicht nur deinem Selbstsystem entsprechen. Nimm vor einer Maßnahme eine Analyse - z. B. Chreoden-Analyse des Verhaltens der Lernenden vor.
- Alte, scheinbar bewährte Strafmuster können dir selbst
 i. S. der Selbstreferentialität zum Gefängnis werden.
 Überprüfe, inwieweit du bereit bist, neue Wege der Normierung zu gehen.
- Überprüfe, inwieweit du die dir verliehene Amts-Macht wirklich nur dann einsetzt, wenn dir keine anderen Möglichkeiten mehr zur Verfügung stehen.
- Verhaltensmuster von Lernenden, die z. T. chaotisch, rebellierend, störend, unerträglich sind, können nur gemildert oder langsam verändert werden, wenn die Eigenlogik dieser Lernenden nicht abgewehrt, sondern zunächst als Selbstorganisation des Individuums inmitten seiner feindlichen, kalten, interesselosen, entehrenden oder verwahrlosenden Umwelt verstanden und beschrieben wird. Erst durch neue Musterbildung, als Neunormierung, erscheint ein Ausweg gegeben. Ein erster Schritt ist die Chreoden-Analyse. Methoden der *Nach-* und *Neunormierung* sind in der Allgemeinen Didaktik kaum bekannt.

Begründung

Grundsätzlich kommen wir als Didaktiker ohne Normierung nicht aus, weil bestimmte kulturelle Forderungen, gesellschaftliche Normen, der Bildungs-Tauschmarkt mit seinen Mythen und Verrechtlichungen sowie eigene subjektive Wertevorstellungen als verbindlich angesehen werden und durchzusetzen sind, so ist jedenfalls die herkömmliche Meinung. Der entscheidende Unterschied in einer Subjektiven Didaktik ist aber die Auffassung, dass jeder Lernende zunächst grundsätzlich bereit ist, auch Normen und Regeln zu übernehmen, wenn sie für sein Überleben sinnvoll sind. Eingeschliffene Muster aus dem Primärhabitus, die den Aufbau einer positiven Lernkultur z. B. in der Schule erschweren, ja unmöglich machen, können mit moralischen Appellen oder Zwangsmaßnahmen kaum verändert werden.

Dazu bedürfte es neuer Methoden und Prinzipien, die das Verhalten des Lernenden nicht von Anfang an als Störung etikettieren, sondern zunächst als die strukturelle Eigenlogik des Lernenden ansehen, die im jeweiligen System entstanden ist und ohne Selbstaufklärung keinesfalls einer rationalen Selbst-Kontrolle des Lernenden zugänglich ist. Es ist außerordentlich schwer, im didaktischen Alltagshandeln die eigene Affektlogik zurückzustellen und gleichsam als Beobachter 2. Ordnung sich selbst und solche Lernende, die ganz andere als die von einem selbst erwarteten Muster verwirklichen, zu beobachten.

Hier bedarf es einer großen Energie und eines pädagogischen Willens zur

---

[289] siehe dazu die Methoden der TA, NLP, PD

Biographischen Selbst- und Fremdreflexion. Leider sind die Rahmenbedingungen im Schulsystem teilweise so erschwerend, vor allem zu große Lerngruppen, zu wenige Raum-Ressourcen, eingeengte Temporalisierungsmuster usw., dass vielen Lehrenden keine Energie mehr für eine Beobachtung 2. Ordnung im Alltaggeschäft übrig bleibt.

Auch sind die Möglichkeiten einer professionellen Supervision im Feld der Lehrenden weithin unbekannt. Hinzu kommt noch, dass im eigenen Kollegium Supervision vielfach schon als Therapie etikettiert wird und man damit sofort in ein Krankheitsmuster mit allen sozialen Abwertungen geschoben wird.

In einer Subjektiven Didaktik gilt Supervision im Bereich der Biographischen und didaktischen Selbstreflexion, der Chreoden-Analyse und der Bearbeitung von Chreoden-Konflikten, bei der Morphem-Bildung und in der Leistungs-Interpretation als Selbstverständlichkeit.

Normierung geschieht bereits durch die gesetzten Normen und Erwartungen seitens des Bildungssystems im Sinne des kulturellen Kapitals und dessen rechtlichen Ausformungen. Sie geschieht ferner durch die gesetzten Normen seitens der Lehrenden, die entweder von den Lernenden als einsichtig akzeptiert oder vom Lehrenden erzwungen werden.

Ein anderer Weg ist, Regeln und Normen anzubieten, die dann gemeinsam verabschiedet oder verändert werden. Vor allem im weit vorangeschrittenen *selbstorganisierten Lernen* werden von Lernenden selbst Regelwerke und Verhaltenskodizes vorgeschlagen und verabschiedet. [290]

Die theoretische und methodische Vorbereitung und Fundierung von *Normierung*, *Nachnormierung* oder *Neunormierung* als theoretische Reflexion fehlt allerdings noch vielfach in der Lehrerausbildung und z. T. auch in der Lehrerfortbildung als Musterbildung im Didaktischen Handeln. Wir werden im Kapitel „Chreoden-Entwicklung" noch einmal auf das Problem der Normierung zurückkommen. Viele Schwierigkeiten und „Störungen" beruhen neben teilweise massiven Schädigungen in der Primärstruktur der Lernenden auch auf strukturellen Defiziten des Bildungssystems, die ausgebrannte und resignierte Lehrende im Gefolge haben.

Ein weiterer Faktor ist die Überbürdung der Lehrerschaft durch unerfüllbare Forderungen der Gesellschaft, z. B. nach der Ausbildung von Schlüsselqualifikationen oder Kompetenzen, die vielfach nicht im kognitiven, sondern im sozialen, ethischen und menschlichen Bereich liegen.

Diese Lage wird dadurch verschärft, dass sogar Erziehungswissenschaftler auf Grund von Unkenntnis der autopoietischen Struktur des Menschen in das gleiche Horn blasen und von Lehrern verlangen, bei den Lernenden Schlüsselqualifikationen zu entwickeln, die sie oft selbst nicht haben. So leisten sie den unerfüllbaren gesellschaftlichen Paradies-Erwartungen auch noch durch Publikationen Vorschub.

Hier kann der Lehrende nur auf Ausgleich der Paradoxien achten und die modernen Möglichkeiten einer gemeinsamen Kernbildung Wert legen.

Was möglich erscheint und erprobt ist, sind Methoden der humanistischen Konzepte, die, wenn sie in einem wohlwollenden Sinn verwendet werden, Lernenden eine große Hilfe sein können. Dies sind Methoden und Konzepte, wie sie z. B. eine solide Erlebnispädagogik anbietet, Methoden zum Aufbau einer angemessenen

---

[290] siehe auch Vertragsarbeit mit Lernenden, Beachtung der Chreodentypen, Verlässlichkeit der Vereinbarungen usw.

Kommunikationskultur, Methoden einer Leistungs-Interpretation, die auf Selbst- und Fremdreferenzen aufgebaut ist, Methoden der Nachnormierung oder Neunormierung u. a. m. Die vielfach erzwungene Resonanz durch Notengebung, durch die Drohung mit Schulausschluss, durch ontologische Festsetzungen im Bereich des Moralischen und der Wissensreproduktion sind Attraktoren für Chreoden-Entwicklungen, die keine gedeihliche Lerngemeinschaft hervorbringen.

Für eine Subjektive Didaktik gilt, dass die in der Primärstruktur gebildeten Vortheorien und Skripts nicht einfach wegdiskutiert oder weggestraft werden können, sondern dass diese Muster nur in einem rekursiven Prozess gemildert, kompensiert oder durch neu gebildete Muster die Dominanz in der Verhaltensstruktur verlieren.

Manchmal aber sind auch Musterbildungen durch erzwungene Resonanz gerechtfertigt, wenn dies die Konsequenz der eigenen Haltung oder das Resultat längerer Entwicklungen ist, auf keinen Fall aber als Bestrafung und Abwertung.

Auch hier sind die Konzepte aus der Humanistischen Didaktik sehr hilfreich.[291]

> Beispiel einer paradoxen Situation für eine Schülerin
>
> Wenn eine Lehrerin ein Kind anschreit, es solle in der Pause sofort aus dem Gang der Schule in den Pausenhof hinausgehen, das Kind aber schüchtern sagt, seine Klassenlehrerin habe das erlaubt, wenn diese Lehrerin aber fortfährt, das Kind anzuschreien, und es zwingt, hinauszugehen, dann ist genau dieser Rahmenbruch gegeben, wo eine Norm zu reinen Machtdemonstration degradiert wird und das Kind keine Chance hat, sich zu rechtfertigen oder sich gar durchzusetzen. Das Kind erfährt also Gewalt, die brutal ist und es aggressiv oder traurig macht. Eine solche Struktur trägt unweigerlich dazu bei, dass das autopoietische System des Kindes in einem Gewaltmilieu Anpassungsformen entwickelt, wo die von Anderen erfahrene Gewalt umschlägt in eigene symbolisierte Gewaltformen, weil die Konflikte nicht offen ausgetragen werden können: Arbeitsverweigerung, Krankheit, Randale, Drogen, Spott-Graffiti an den Wänden, brutale Aggression, die ungerichtet an schuldlosen Opfern ausgelebt wird usw.
>
> Andererseits ist eine Normsetzung wohl eines der notwendigsten „Übel" im didaktischen Geschäft: Ohne Regel- und Normsetzung sind Ordnung und gemeinsames Arbeiten nicht möglich.

Es kommt in einer Subjektiven Didaktik nicht darauf an, möglichst wenige Normen und Regeln zu setzen, in deren Geist die Verfahren und Methoden der Sanktionierung erfolgen, sondern gemeinsame Vereinbarungen konstruieren.

Eine *Normierungs-Kultur* ist unseren Schulen im wesentlichen fremd. In der Erwachsenenbildung und betrieblichen Fortbildung sind Formen der Vereinbarung vielfach deutlicher, kultivierter und methodisch mehr erprobt. Unsere gegenwärtige Schulkultur pocht nicht nur auf die Macht der Normsetzung, sondern auch auf die Macht der Festlegung von Sanktionen.

Ein Entrinnen aus diesem Milieu ist vielfach nicht möglich: Das Untertauchen der Lernenden in symbolisierte Formen der Gegenmacht, Gegen-Sanktionierung und des Machtkampfes zwischen Jung und Alt erleben wir derzeit in der Schule, auf öffentlichen Plätzen bis hin zur Drogenszene.

Es gibt aber auch Gegenbeispiele, wo von Lehrenden Normen gesetzt werden, erklärt oder unausgesprochen, dann aber die Sanktionswege und -möglichkeiten mit der Lerngemeinschaft gemeinsam vereinbart und vertraglich festgelegt werden,

---

[291] siehe Kösel, ABC der Subjektiven Didaktik; Kösel, Lernwelten, Band III

gleichgültig, ob es um die Festlegung einer Norm in der Heftführung geht oder um die Notengebung. Wir stehen erst am Anfang, im schulischen Bereich Methoden zu finden und zu üben, wie man Normen gemeinsam vereinbart und wie man bei Vertragsbruch Sanktionen durchführt.

Prinzipien im SACH-Bereich

- *Das Prinzip der Äquifinalität und Viabilität, Passfähigkeit*

Prinzip

Die gleichen Ursachen können zu unterschiedlichen Reaktionen und Endzuständen führen.
Gleiche oder ähnliche Zustände können ganz unterschiedliche Ursachen haben.
Dies sind Kernaussagen auch in den Wissens-Konstruktionen.

Postulate

- Akzeptiere, dass unterschiedliche Lehr-Angebote zu unterschiedlichen Reaktionen bei Lernenden führen.
- Versuche Verhalten von Lernenden nicht nach linear-kausalen Mustern zu erklären.
- Bleibe deiner Erklärung zwar treu, denn du kannst sie aus deinem Verständnis heraus gut begründen. Lasse jedoch auch andere Erklärungen zu.
- Wenn du merkst, dass deine Interpretations-Erlaubnis bei Lernenden von deiner Seite aus zu eng wird, überprüfe dich nach Projektionen, alten Skripts oder verfestigten Kränkungen.
- Achte auf Deine eigenen Mono-Ansprüche.
- Bejahe Pluralität.
- Gestehe den Lernenden zu, dass sie ihre eigenen Denk- und Handlungsverläufe finden und vertreten können.
- Überprüfe in den einzelnen Fächern und Stoffgebieten im Rahmen einer Driftzonenanalyse deine eigene Plastizität und Toleranz hinsichtlich deiner inneren Interpretations-Erlaubnis den Lernenden und ihren Konstruktionen gegenüber.

Begründung

Wir wissen, dass gleiche Ursachen zu sehr unterschiedlichen Reaktionen und Endzuständen führen können. Umgekehrt werden gleiche oder ähnliche Zustände von verschiedenartigen Ursachen bewirkt. Dieser Sachverhalt wird durch das Prinzip der *Äquifinalität* ausgedrückt. Je klarer eine Unterrichtsplanung strukturiert ist und je höher sie daher im didaktischen Wertekanon steht, desto mehr verschleiert sie oft, welche hoch-komplexen, individuellen Lernwege es gibt. Bei der Bewertung von Lernleistungen wird dann oft nur auf diese eingleisige Didaktische „Landschaft" - die ja keine ist - rekurriert, und alle anderen Driftmöglichkeiten werden ausgeklammert.
In der Unterrichtsforschung zeigt sich dieses Bild wieder: Eingleisige, monokausale und lineare Reduzierungen werden favorisiert.

In der Lehreraus- und -fortbildung wäre eine neue *Modellierungs-Didaktik* vonnöten, die von dieser eingleisigen Unterrichtsplanung und - parallel dazu – von der eingleisigen Leistungskontrolle wegkommt und zu einer multiplen Modellierungs-Fähigkeit für Unterricht und zu einer vieldimensionalen Gestaltung der Kontrolle und Bewertung von Lernleistungen hinführt.

Dass wir Endverhalten und Ergebnisse weder vorhersagen noch planen können, enthebt uns nicht der Verantwortung für unser didaktisches Denken und Handeln. In einer Subjektiven Didaktik geht es nicht darum, nur bestimmte Strategien oder einmal ins Auge gefasste Ziele, uniformes Endverhalten und einmal bewährte Methoden zu bekämpfen. Es geht vielmehr darum, eine Modellierungs-Didaktik zu entwerfen, die einerseits Grundzüge einer didaktischen Formenbildung, z. B. Freiarbeit, Projektarbeit, enthält, andererseits aber auch interaktive Modellierungen im Hier und Jetzt als genauso wertvoll, wichtig und notwendig ansieht. Es kann also auch nicht mehr *ein* „Zielzustand" als für alle verbindliches Lernziel gelten, sondern die jeweilige individuelle Lernleistung wird bestimmt durch den zeitlich begrenzten Rahmen der Interaktion und durch den inneren Zustand der autonomen Systeme, die am Lernprozess beteiligt sind.

Das lernende System muss die von außen kommende Umwelt-Komplexität in seine spezifische System-Komplexität transformieren und dabei Strategien der *Selektion* verwenden, um sich beispielsweise vor Überflutung bei einer von außen geforderten kognitiven Überproduktion zu schützen oder gemäß seiner inneren Handlungs-Imperative seine innere Balance aufrechtzuerhalten.

„Ein Schüler erklärt eben deshalb aus der Sicht des Lehrers sehr ähnliche Phänomene häufig unterschiedlich, weil schon geringfügige Abweichungen bei der Konstruktion der Wahrnehmung dazu führen, dass der Schüler für sich bereits unterschiedliche Situationen konstruiert, indem er zum Beispiel andere Aspekte als herausgehoben wahrnimmt und daraus andere Ideen entwickelt, als der Lehrer erwartet. Dies erzeugt dann beim Lehrer den Eindruck hoher Variabilität oder Unsicherheit der unterstellten Schülervorstellung.

Umgekehrt kann ein Schüler eben alle Orientierungen des Lehrers, die seine Vorstellung erschüttern sollen, so interpretieren, dass jede „Widerlegung" aus der Sicht des Lehrers im Rahmen einer neuen Konstruktion der Situation aus der Sicht des Schülers zu einem Beweis für seine auf Grund zahlreicher Erfahrungen bewährte Vorstellung wird [...]

Außenwelt wird also grundsätzlich von jedem Individuum eigenständig im Rahmen bisheriger subjektiver Erfahrungen konstruiert."[292]

Weil es in einer Subjektiven Didaktik um die Frage geht, wie wir Wissen erwerben, ist es unabdingbar, nachzufragen, was als Erkenntnis gelten soll und wie wir zu Wissen kommen. Wir bedürfen dazu einer hohen Sensibilität in Bezug auf die eigene Situation, im Wissen, dass unsere Konstruktion von Wissen nicht nur unsere eigene ist, sondern weil noch hinzukommt, dass unsere Modellierungen von Morphemen möglichst passfähig für den Aufbau von Wissen und Erfahrungen eines jeden Lernenden aufbereitet werden müssen.[293]

---

[292] v. Aufschnaiter u. a., 1992, S. 389

[293] Diese Problematik wird Kösel, Lernwelten, Band II ausführlich dargestellt.

Das *Prinzip der Viabilität* ist für mich ein hohes Postulat: Ich muss beim Lernenden Rücksicht nehmen auf *seinen* Aufbau von Erfahrungs- und Wissensstrukturen und auf seine eigene Lernzeitgestaltung; ich muss eine große Toleranz für subjektive Deutungsmuster bei Lernenden entwickeln und auf eine nur monodidaktische Interpretation verzichten.

Umgekehrt muss diesem Prinzip entsprechend genauso gefragt werden, wie die sozialen Passfähigkeiten in einer postmodernen Lernkultur gestaltet werden sollen angesichts von Chaos, Gewalt, Aggressivität und innerhalb einer überinformierenden und schamlosen Gesellschaft.

Wir müssen deshalb auf zeitlich begrenzte Unterrichts-Pläne und -Entwürfe drängen, die in der Interaktion mit den Lernenden ständig neu modelliert werden können, um eine Lernkultur zu schaffen, in der die einzelnen Systeme sich entwickeln und dabei temporalisierte Leistungen zeigen können.

Ein weiterer Gesichtspunkt kommt hinzu: Auf Grund dieses Postulats kann es nicht mehr sein, dass nur *eine* Interpretation seitens des Lehrenden zugelassen wird, sondern die Lernenden müssen die Erlaubnis haben, ihre eigenen und vielfältigen Wege der Deutung zu gehen und darstellen zu dürfen.

Als Beispiel sei der Literaturunterricht genannt: Die von den „Literatur-Päpsten" zugelassene Interpretation eines Gedichts oder eines Textes muss erweiterbar sein durch die subjektiven Interpretationen des Lernenden. Erst dann kann versucht werden, *transversale* Dimensionen einzuführen oder sie mit der Lerngemeinschaft gemeinsam zu finden, falls dies überhaupt nötig ist.

Auf Grund unserer Position, dass Wissen keine Kopie dessen sein kann, was „da draußen" ist, sondern dass es - beim Lehrenden wie beim Lernenden - „nur" eine *mentale* Konstruktion sein kann, während die Welt da draußen *material* ist, wird es die Hauptaufgabe einer subjektiv angelegten Didaktik sein, die möglichen Adaptionen, Driftbereiche und passfähigen Konstruktionen herauszufinden, die „Störungen" beim Lernenden und Lehrenden abbauen können oder erst gar nicht aufkommen lassen. Diese Forderung wird im Prinzip der *Viabilität, Passfähigkeit* eingefangen. Piaget hat dies bereits im wesentlichen in seiner Konstruktion der *Äquilibration* beschrieben. Das Bild, das sich jedes kognizierende Subjekt von der Welt und der Realität macht, muss sich - um der inneren Balance willen - immer als passfähig d. h. viabel erweisen. Zu vermittelndes Wissen bezieht sich auf die Frage, auf welche Weise das Subjekt seine Erfahrungswelt organisiert.[294]

E. von Glasersfeld beschreibt dies so: *„Darum besteht die Funktion der kognitiven Fähigkeiten nicht darin, ein „wahres Bild" von einer unabhängigen objektiven Welt zu erzeugen, sondern vielmehr darin, eine lebbare Organisation der Welt, so wie sie erfahren wird, aufzubauen."*[295/]

- ***Das Prinzip der subjektiven Epistemologie und Interpretations-Erlaubnis***

Prinzip

Wir können die Welt, den Stoff, die Probleme für uns und den Lernenden nur mit unserer eigenen Epistemologie erfassen. Jeder Mensch kann nämlich nur auf Grund seiner subjektiven Struktur Wissen generieren, d. h. eigenes Wissen aus Erfahrung

---

[294] siehe „Leitdifferenzen" beim Lehrenden, „Chreoden" beim Lernenden

[295] v. Glasersfeld, in Schmidt, 1992, S. 28; siehe „Theorie des SACH-Bereichs"

1. Das Didaktische Sinnsystem

konstruieren und neue Erkenntnisse darin integrieren. Das subjektive Wissens-Konstrukt stellt er dann als seine Leistung den anderen Mitgliedern der Lerngemeinde zur Verfügung. Diese individuellen Konstruktionen sind als subjektive Wissensgenerierung die Grundlage für spätere verallgemeinerte und transversale Leistungen. Für den Lehrenden bedeutet dies, dass er den Lernenden eine Interpretations-Erlaubnis geben sollte. Jeder Lernende sollte mit der Sache in je eigener Weise umgehen dürfen. Er darf nicht gezwungen werden, zu denselben Ergebnissen zu kommen wie der Lehrende. Die strukturbedingte Konstruktion von Wissen sollte vom Lehrenden als Leistung anerkannt werden.[296]

Postulate

- Sei dir der Tatsache bewusst, dass du gar nicht anders kannst, als eine eigene, subjektive Wissens-Konstruktion unter den Bedingungen einer subjektiven Epistemologie anzufertigen.
- Überprüfe, inwieweit du bereit bist, eine breite Driftzone von individuellen Interpretationen und Konstruktionen von Wissen mit Hilfe eines soliden Didaktischen Relativismus seitens der Lernenden zuzulassen.
- Gib den Lernenden die Interpretations-Erlaubnis. Gewähre ihnen also einen breiten Interpretationsrahmen für ihre individuellen Wissens-Konstruktionen.
- Die Schaffung von konsensuellen Bereichen kannst du nur erreichen, wenn du akzeptierst, dass die Entstehung von Wissen bei den einzelnen Chreoden je individuell stattfindet.
- Wissen kannst du in einer Lerngemeinschaft nur dann verallgemeinern, wenn du einen konsensuellen Bereich entwickelst und jedem Mitglied eine Entwicklungszeit gewährst: Beachte die *polychronen* und die *autochronen* Lernzeiten.
- Mache dir die Prinzipien des Radikalen Konstruktivismus und des Sozialen Konstruktivismus zu eigen, die für die Wissensgenerierung bei Lernenden entscheidend sind.
- Überprüfe, wie groß deine eigenen Interpretationsspielräume in den einzelnen Fächern, bei Begriffen und in bestimmten Stoffgebieten sind.
- Je rigider du spezielle Interpretationsfelder abgrenzt, um so mehr wirst du bei Lernenden soziale und kognitive Enttäuschungslagen oder „Störungen" hervorrufen.
- Überprüfe deine eigenen Leitdifferenzen, unter denen du einen Stoff, ein Problem oder eine Lösung anbietest.
- Überprüfe, ob deine Leitdifferenzen eine geistige Driftzone etablieren, in der die meisten Lernenden Anschlüsse für ihre eigene innere Struktur finden können.
- Gestehe Lernenden zu, dass sie deine Modellierung von Unterricht gerade nicht verstehen können.
- Überprüfe dich, inwieweit du „Als-ob"-Techniken entwickelt hast, welche die tatsächliche Anschlussfähigkeit der Lernenden nicht treffen.

---

[296] siehe „Temporalisierung" von Lernleistungen, „Normierung", „Leistungs-Interpretation"

Begründung

Es gibt eine *allgemeine Epistemologie* und eine *subjektive Epistemologie*.
In jedem kulturellen System gibt es allgemeine Übereinkünfte darüber, was als Wissen, als Erkenntnis und als Handeln gelten soll. Dieses Wissen hat sich aus der Ko-Evolution innerhalb einer Gesellschaft und ähnlicher Systeme entwickelt, z. B. in Form von Sprachsystemen, Familiensystemen, rituellen Gemeinschaften usw. Es kann sich aber auch in Phänomenbereichen entwickeln, die sich zunehmend weltumspannend manifestieren, wie z. B. Wissen aus den Medien, aus der Technologie usw. Dabei wird die bisher in vielen Bereichen vorherrschende ontologische Denkweise, die eine „objektive Wahrheit" voraussetzt, heute ersetzt durch eine Denkweise, die auf dem Begriff der *Viabilität* und *Relativität* aufbaut, d. h. durch die Vorstellung von gangbaren, *passfähigen* Formen, in denen sich ausdrückt, auf welche Weise jeder Einzelne und wir alle innerhalb eines gesellschaftlichen Systems über die Welt nachdenken, in welcher Hinsicht Wissen zu gelten hat, welche Logiken zur Wissens-Konstruktion verwendet werden sollen usw. Jeder Lehrende und jeder Lernende entwickelt Wissen auf Grund seiner bereits bestehenden Struktur und der aktuellen Situation. So ist er ein erkennendes Subjekt, das selbst Wissen produziert.

Der Theorie, Wissen sei Repräsentation von „Realität", wird schon seit langem widersprochen. Schon Kant vertritt in der „Kritik der reinen Vernunft" die These: Wir können Wissen nicht einfach kopieren; wir konstruieren es. Wir können nicht behaupten, unsere Erkenntnis sei „wahr" in dem Sinne, dass sie eine objektive Wirklichkeit abbilde. Piaget betont in seiner Theorie ebenfalls, Wissen sei das Ergebnis von Adaption, und die Ergebnisse der Adaption müssten in die materiale Welt passen. Ähnlich schreibt v. Glasersfeld:

„Statt dessen wird lediglich verlangt, dass Wissen viabel sein muss, insofern es in die Erfahrungswelt des Wissenden passen soll."[297]

In der Didaktik ist bisher verschleiert worden, dass dies beim Lehrenden genauso ist. Man hat so getan, als ob jeder Lehrende in seinem Fach den Stoff, den Begriff und das System als Repräsentanzen einer abbildbaren Wirklichkeit besitze und dass diese bei den Lernenden in gleicher oder fast gleicher Weise abgebildet werden könnten. Man setzte voraus, jeder Lernende könne „Wissen" in ähnlicher Weise assimilieren wie der Andere.[298]

Diese Vorstellung ist eine Täuschung, bzw. sie beruht auf einem Paradigma, das sich aus dem mechanistischen Denken ableitet und heute nicht mehr haltbar ist. Damit ist gemeint, dass wir von der subjektiven Sicht aus uns selbst darüber klar werden müssen, dass wir nur *die* Welt hervorbringen, die bereits *in* uns ist. Wenn wir uns also daran machen, einen Stoff, ein Thema, ein Problem aufzubereiten, können wir dies nur mit *den* Instrumenten, die wir *selbst* besitzen.

Beim Lernenden ist dies nicht anders. Es ist nicht möglich, einen Stoff „objektiv" zu erschließen, d. h. einzig und allein nach seiner Fach-Systematik, z. B. Mathematik, EDV, Physik, Latein, vorzugehen.

Wir müssen versuchen, unsere eigenen Zugangs-Strategien kennenzulernen und dem

---

[297] Glasersfeld, in Schmidt, 1992, S. 28

[298] Diese Vorstellung wird in der Erzählung vom „Nürnberger Trichter" satirisch relativiert.

Lernenden offenzulegen, damit er wiederum von sich aus *seine* Möglichkeiten einbringen und, wenn möglich, *seine* Instrumente zur Erschließung benennen kann.[299] Die *Als-ob-Didaktik* vermittelt den Eindruck, dass der Lehrende sozusagen ein „Objekt-Träger" von Informationen und seine Wahrheit die Wahrheit der Sache sei. Dies ist aber, wie ich gezeigt habe, schlechterdings unmöglich. Auf Grund mangelnder Einsicht in die Tatsache, dass unser gesamter Vermittlungsprozess nur subjektiv sein kann, wurde wiederum eine Fülle von „Als-ob-Zugangsweisen" entwickelt, die die Illusion des „objektiven" Lernens aufrechterhalten sollten.

Eine Haupt-Dimension der professionellen Arbeit des Didaktikers ist die *Modellierung von Wissen*. Dabei steht eines fest: Der Lehrende darf nach den Grundannahmen, die wir oben beschrieben haben, seine Modellierung niemals als die einzig mögliche und beste betrachten und bei den Lernenden durchsetzen. Vielmehr muss er sich fragen lassen und sich selbst fragen, ob seine Modellierungen von den Lernenden als *viable* Anreizstrukturen angenommen und verstanden werden können oder nicht.

> Beispiel für eine subjektive Epistemologie eines Schülers
>
> Erste Klasse: Die Lehrerin schreibt das Wort „Hahn" an die Tafel. Die Kinder sollen das Wort „Hahn" in Zukunft bewusst mit „h" schreiben. Dazu erklärt die Lehrerin, dass das „h" eine Dehnung ausdrücken soll, dass also der Buchstabe „a" lang zu sprechen sei. Vielen Schülern leuchtet das ein, und sie halten sich an die Regel.
>
> Mindestens ein Drittel der Schüler hält sich nicht daran. Ein Teil davon kann es auf Grund ihrer Strukturdeterminiertheit, ihrer Skripts, Bedürfnisse nach Rebellion, Etikettierungsmuster usw. nicht.
>
> Stefan hält sich auch nicht daran; er hat eine bessere Lösung: Er schreibt das Wort folgendermaßen: „Haaan".
>
> Die Lehrerin ist verständnisvoll und erklärt noch einmal.
>
> Stefan beharrt auf seiner Lösung. Nach einer ärgerlichen Auseinandersetzung mit der Lehrerin erklärt er schließlich: „Meine Lösung ist viel besser als die Ihre. Wenn ich drei „a" nehme, kann ich das Wort viel besser und länger dehnen als mit dem blöden „h". Das passt überhaupt nicht dazu." Die Lehrerin modellierte eine Reihe von viablen Lösungen, aber das Kind blieb bei seiner eigenen Lösung. Was tun? Mit Gewalt, Strafe oder Unterdrückung arbeiten?
>
> Ihre Lösung des Problems war: „Stefan, du kannst bei deiner Lösung bleiben, du musst aber wissen, dass die Gemeinschaft sich auf die Schreibung mit „h" festgelegt hat."
>
> Nach 14 Tagen kam Stefan und erklärte, er hätte zwar die bessere Lösung, fände es aber lästig, wenn er dauernd von anderen Schülern auf die drei „a" angesprochen werde. Er werde ab jetzt das Wort mit „h" schreiben.

---

[299] siehe Zugangsräder

- *Das Prinzip der Leistungs-Interpretation und Leistungs-Beurteilung*

Prinzip

Jeder Lernende will etwas leisten. Er kann dies aber nur gemäß seiner eigenen Struktur, seiner Biographie und in Bezug zu seinem Milieu. Der am mechanistischen Weltbild orientierte und von dort übernommene Mythos, bei allen Lernenden seinen prinzipiell gleiche Leistungen „machbar", ist unhaltbar.

Postulate

- Überprüfe deine Postulats-Hierarchie in Bezug auf deine Vorstellungen über Leistungen in deiner eigenen Schulzeit.
- Überprüfe, inwieweit du dem mechanistischen Denken verhaftet bist und die „objektiven" Kriterien als gerechtfertigt betrachtest.
- Gewähre dir einen festen Interpretations-Spielraum für deine Bewertung und lege ihn offen.
- Versuche, mehr die individuelle Leistung von Lernenden zu sehen und anzuerkennen als die mechanistische „Gewährleistung" einer sog. Normalverteilung - „Gauß'sche Glocke" - anzustreben.
- Entwickle einen neuen Rechtfertigungsrahmen für deine Bewertungen.

Begründung

Verzweigte Handlungs- und Sinnfelder: Die Erweiterung des Blickwinkels auf komplexe verzweigte und vernetzte Handlungs- und Sinnfelder bei jedem „lebenden System Mensch" zeigt, dass wir in der Didaktik einem verhängnisvollem Mythos nachgelaufen sind, der auch bildungspolitisch schlimme Folgen hatte: Wir glaubten, die didaktischen Maßnahmen eines Lehrenden hätten direkten und linearen Einfluss auf das Lernverhalten eines jeden Schülers, meist sogar bei jedem in gleicher Weise.

Es wurde so getan, als ob jedes Element in einem System sich in vorhersehbarer Weise zu den Anderen verhalten und sich selbst verändern würde. Es wurde ferner angenommen, dass durch didaktische Interventionen jedes System zu einem bestimmten Zielzustand hinmanövriert werden könnte.

Wir haben verleugnet oder auf Grund unserer didaktischen Sozialisation nicht wahrnehmen können, dass wir es mit individuellen, lebenden, autopoietischen Systemen zu tun haben, die die Bedingungen ihrer Entwicklung von innen heraus bestimmen und deren „Verrechnungen" nach außen jeweils von der Situation und vom System-Zustand determiniert sind. Lernverhalten und vor allem Lernergebnisse auf Grund bestimmter Inputs vorhersagen zu wollen ist deshalb unmöglich.

Die Folgen dieses allgegenwärtigen Discounting sind deutlich zu sehen: Schulverdrossenheit, Lernunlust, Resignation, ja Entmenschlichung der Lehr- und Lern-Situation für alle Beteiligten und die Aufrechterhaltung einer falschen Macht- und Verantwortungs-Definition für den Berufsstand des Lehrers und eines falschen Mythos von Didaktik als „Input-Output-Didaktik".

Bei der Unterrichtsplanung kommt noch hinzu, dass in unserer bisherigen didaktischen Ausbildung der Umgang mit Unbestimmtheit und Komplexität, „Chaos", überhaupt nicht gelernt wird und wir uns bei der Planung von didaktischen Interventionen oft eingleisig auf einige wenige Schwerpunkte beschränken.

Aus systemischer Sicht ist also auch in der Leistungs-Interpretation und Leistungs-

Beurteilung in erster Linie darauf aufmerksam zu machen, dass wir alle strukturdeterminiert sind und also nur gemäß unserer Struktur Beobachtungen über Leistungen anderer anfertigen können. Dieses „Können" wird aber in den meisten Fällen überformt durch die Definitions- und Sanktionsmacht des Lehrenden, vor allem im herkömmlichen Schulsystem.

Aber nicht nur Definitions- und Sanktionsmacht des Lehrenden spielen eine Rolle, sondern es kommt noch seine Entscheidungsmacht hinzu: *Er* entscheidet im wesentlichen auch, wer sich am täglichen Schulleben aktiv beteiligen darf und wer nicht oder weniger; *er* entscheidet über versäumte Hausaufgaben, über nachzuholende Klassenarbeiten, über Ämtervergabe, über den Unterrichtsablauf, wann und an welcher Stelle unterbrochen wird, wer drankommt, wer als Störer und wer als Neugieriger gelten soll usw.

Diese Selektivität der Entscheidungen, z. B. die Macht der Temporalisierung über die Schülerzeit und die Macht über Lernort und Freizeit seitens des Lehrenden gilt aber nicht nur in Bezug auf das interne Unterrichts- und Leistungsgeschehen, sondern vor allem auch in Bezug auf die Kompetenz, die einem Schüler erteilt wird oder nicht.

Diese Kompetenzerteilung hat unmittelbare Anschlussfolgen in den Nachfrage-Systemen: von der Grundschule zu den weiterführenden Schulen, von den weiterführenden Schulen in die beruflichen Bereiche oder in die universitären Systeme. Dieses Kompetenz-Schema kursiert in allen Schul- und Ausbildungsbereichen. So stehen wir als Lehrende in einem scheinbar unauflöslichen Konflikt: Erfülle ich in meiner Sanktions-, Definitions- und Entscheidungsmacht mehr die Entfaltungsansprüche der einzelnen Schüler im Sinne eines autopoietischen Systems oder akzeptiere ich die Kompetenz-Ansprüche von Seiten der Anschluss- und Umweltsysteme, z. B. die oft übertriebenen und rücksichtslosen Ansprüche von karriere-orientierten Eltern oder die versteckte Lobby-Haltung von Schulleitern, Schüler im eigenen Schulsystem zu halten, weil damit viele Dinge zusammenhängen: Lehrerzahl, Karrierestufen, finanzielle Vorteile, Schutz von Lehrerinnen und Lehrern vor Arbeitslosigkeit usw.

Nach allem, was wir heute über autopoietische Systeme wissen, werden wir niemals imstande sein, auf Grund gegenwärtiger Ereignisse Beschreibungen über das Verhalten autopoietischer Systeme in der Gegenwart anzufertigen und dann auf eine spekulative Weise in die Zukunft möglicherweise auf inzwischen veränderte Anschluss-Systeme zu projizieren. Dieser berufliche Größenwahn kann sich eigentlich nur aus Verzweiflung, Naivität oder professioneller Überheblichkeit herleiten.

Eine systemisch orientierte Leistungs-Interpretation und- Bewertung kann auf folgenden Grundlagen gerechtfertigt werden:

> *Leistungs-Bewertung ist Kommunikation.*
> *Leistungsbewertung ist ein selbstreferentieller Prozess.*
> *Leistungs-Beschreibung ist ein temporalisierter Ausschnitt aus vielen Driftmöglichkeiten seitens des Bewerters und des Bewerteten.*
> *„Objektivität" ist eine Konstruktion seitens des Beobachters, hat aber keine intersubjektive Gültigkeit.*
> *Die Beobachtung durch den Beobachter - Prüfer, Bewerter - ist eine Anfertigung eigener Systemstrukturen und muss daher anschlussfähig zum bewerteten Subjekt sein, d. h. ich muss mich vergewissern, ob ich den Anderen verstanden habe.*
> *Ein Kompetenzbereich wird nicht nur durch den Beobachter, sondern auch durch das autopoietische System des Prüflings definiert.*
> *Verstehen und Verstehenwollen sind unerlässliche Bedingungen im Bewertungsprozess gegenüber der eigenen Selbstreferenz. Kann ich z. B. zugeben, dass ich den Prüfling evtl. falsch verstanden habe?*
> *Mündliche Prüfung: Stelle ich meine Prüfungsfragen so, dass man mich verstehen kann?*
> *Gebe ich in mündlichen Situationen dem Anderen überhaupt eine Chance, anschlussfähige Kontexte zu schaffen?*
> *Schriftliche Prüfung: Konstruiere ich meine Fragen so, dass der Prüfling entweder wirklich seine Struktur darstellen darf oder dass er erahnen kann, was mein eigenes selbstreferentielles System erwartet?*
> *Jede Bewertungs- und Prüfungssituation muss durch die Bedingung der reflexiven Kommunikation kontrolliert werden.*
> *Zu jeder Bewertungssituation und Bewertungsfrage muss ein Sinnbezug vorhanden sein. Der Prüfling muss die Chance haben, selektiv den jeweiligen Sinnbezug offen - im Sinne eigener Position - oder nachvollziehend - im Sinne der erwarteten selbstreferentiellen Systeme des Bewerters - herstellen zu können.*

Beispiel: Paradoxe Leistungs-Interpretation

Reflexion einer Schülerin der Klasse 13 im Gymnasium über eine Biologie-Klausur[300]

1. Aufgabe: „In Abbildung 1 sehen Sie die Schädel eines Reptils, eines Fisches und eines Säugetiers. Nennen Sie die drei Homologierkriterien und untersuchen Sie sie auf Homologie."

In der Abbildung waren die Unterkiefer aller drei Tiere grau eingefärbt und die verschiedenen Knochen des Unterkiefer sowie die Gehörknöchelchen beschriftet.

Ich habe die drei Schädel dann auf Homologie untersucht und bin auf Grund der verschiedenartigen Knochen - vor allem im Oberkiefer - zu dem Ergebnis gekommen, dass die drei nicht homolog sind.

Tatsächlich sollten wir aber nur die Unterkiefer auf Homologie untersuchen, was aber aus der Aufgabenstellung überhaupt nicht hervorging. Das sei doch klar gewesen auf Grund der Markierungen in den Abbildungen, meinte mein Lehrer dazu.

2. Aufgabe: „Zeigen Sie die Unterschiede dieses Schöpfungsmythos (der Text lag uns vor) zur Schöpfungslehre auf."

Unter Schöpfungslehre verstehe ich die wissenschaftliche Theorie. Mein Lehrer hatte allerdings die biblische Schöpfungsgeschichte gemeint, die ich als „Schöpfungsbericht" oder eben „Schöpfungsgeschichte" bezeichnet hätte.

Außerdem kam es mir unwahrscheinlich vor, dass in einer Biologie-Klausur religiöse Themen abgefragt werden.

Ich bekam keinen einzigen Punkt für die Aufgabe, die ich in meinen Augen richtig gelöst hatte, denn meine Antwort bezog sich auf die im Unterricht behandelte wissenschaftliche Theorie.

Ich habe von meinem Lehrer in der Mythosaufgabe erwartet, dass er eine wissenschaftliche Antwort von mir erwartet, nicht aber eine religiöse.

Umgekehrt hat er vielleicht erwartet, dass wir erwarten, eine einfache Aufgabe zum Einstieg zu bekommen, schließlich war die Mythosaufgabe die erste in der Klausur, bei der wir noch nicht auf für die Klausur gelernten Stoff zurückgreifen müssen.

Beispiel: Lernblockaden auf Grund von divergierenden Skripts

„Oliver"

Oliver ist 15 Jahre alt und lebt zur Zeit in einer Schule für Erziehungshilfe und im angegliederten Heim. Er ist sehr scharf auf jede Mathematikstunde und will lernen..., lernen..., lernen... Aber er ist unkonzentriert, aufbrausend, sozial unkooperativ und leicht verletzlich, so dass seine Leistungen unterdurchschnittlich - zerfahren und aversiv - sind. Alle Versuche, Oliver zu mehr kooperativem und sozialem Verhalten zu bringen, sind fehlgeschlagen.

Die Analyse in der Lehrersupervision brachte folgendes Selbstreferenz-Schema zutage. Sein Lebensskript - nach der Transaktions-Analyse - heißt:
Du hast alles verloren, deinen Vater (den er nie kennengelernt hat), *deine Mutter* (die ihn abgeschoben hatte). *Deine Großmutter ist weit weg, sie hält zu dir und sagt auch: Du musst dein Leben selbst gestalten.*

So kommt sein Skript zustande: *Verlass' dich auf niemanden, auch nicht auf deine Heimmitbewohner, deine Gruppenmutter, deine Lehrer, deine Gruppenmitglieder; sie alle werden dich wieder verlassen.*

---

[300] Christine Trexler-Walde / Dies ist auch Beispiel für Erwartungs-Erwartungen

Die Lernblockade erklärt sich folgendermaßen: Zwei widersprüchliche Skripts stoßen zusammen.
1. Lerne, damit du Erfolg hast!
2. Egal, wie viel du lernst, du bist auf jeden Fall allein.

In diesem Fall wird besonders deutlich, dass eine sog. „objektive" Leistungsbewertung unmöglich ist. Mit der linearen „Entweder-oder"-Logik kann man diesem Kind nicht gerecht werden.

Prinzipien der Prozess-Steuerung

- *Das Prinzip der Balance*

Prinzip

Für jedes lebende System gilt das Prinzip der Aufrechterhaltung des Gleichgewichts, der Homöostase. Es geht nicht mehr um statisches Strukturdenken und damit um die Abspaltung einzelner Elemente, sondern die Wendung zum dynamischen Prozessdenken in einem umfassenden und ganzheitlichen Sinn ist das didaktische Postulat. Diese Prinzip auch nur annähernd in unserer postmodernen Situation mit den vielen Paradoxien auch im Bildungssystem zu verwirklichen bedarf vom Lehrenden einer große Energieleistung und einer hohen selektiven Authentizität[301].

Postulate

- Modelliere deinen Unterricht so, dass ein Gleichgewicht zwischen den Basis-Komponenten des Unterrichts – ICH, WIR, SACHE - entstehen kann.
- Offenheit, Gleichgewicht und zugleich Konsequenz sind sich entsprechende Grunddimensionen lebendigen Lernens.
Versuche diese Grunddimensionen immer wieder in eine Balance zu bringen.

Begründung

In einer idealen Lernsituation werden alle drei Strukturfaktoren, ICH, WIR, SACHE, gleich*rangig* beachtet, gleich*zeitig* ist es nahezu unmöglich. Alle Lebendige braucht Bewegung, Grenzen und Balance. Soll Unterricht nicht steril und tot sein, braucht er Ausgewogenheit, aber auch Dynamik und zugleich Konsequenz in je einer Richtung, wenn dies für die aktuelle Situation nötig ist.

Für mich ist das Prinzip der Balance das wichtigste von allen, die eine didaktische Theorie je hervorgebracht hat. Die Idee des „dynamischen Gleichgewichts" ist die Idee des Lebendigen. Wenn wir uns als lebendige, selbst-organisierende Systeme verstehen wollen, dann muss uns klar sein, dass Menschen nicht nur dazu neigen, ihren Zustand des dynamischen Gleichgewichts zu bewahren, sondern auch noch die entgegengesetzte - jedoch komplementäre - Tendenz haben, sich selbst zu überschreiten, kreativ über ihre Grenzen hinauszuwachsen und neue Strukturen und neue Organisationsformen zu schaffen, wenn die entsprechenden Grundlagen vorhanden sind, z. B. das Gefühl der Geborgenheit, die Erfahrung von Ermunterung und nicht von Abwertung, von Begleitung bei Angstzuständen usw.

---

[301] nach Ruth Cohn

Bezogen auf eine neue Lernkultur, sind hier große Chancen für neue didaktische Formenbildungen gegeben, wie es sich vielfach, z. B. in den Konzepten des „Offenen Unterrichts" zeigt. Das heißt grundsätzlich, dass im Unterricht einmal die SACHE, einmal das ICH und einmal das WIR stark im Vordergrund stehen kann, ohne dass eine zu starke Einseitigkeit und damit Gefährdung des „Unterricht" entstehen würde.
Wenn wir geistige Prozesse - und Lernen ist ein solcher - als Dynamik der Selbstorganisation anzusehen lernen[302] und sie als mentale Tätigkeit eines lebenden Systems betrachten, so sind alle Tätigkeiten im Lernprozess interaktive Prozesse mit der Umwelt. Geist und Leben und Lernen sind dann untrennbar miteinander verbunden.
Durch das Prinzip der Balance werden alle Teile des Lernsystems - das Ich, die Gruppe und die Sache eine Einheit.
Die vielen sog. „Störungen" im Unterricht der Gegenwart sind für mich u. a. der Ausdruck und die Konsequenz einer Missachtung des Prinzips des balancierenden Gleichgewichts zwischen diesen drei Komponenten. Da eine mentale Aktivität ein auf vielen Ebenen ablaufendes Muster von Prozessen darstellt, die zum größten Teil im unbewussten Bereich stattfinden, sind wir uns nicht immer bewusst, wie wir eine solche Störung - als einseitige Bevorzugung einer dieser Basis-Komponenten - erzeugen, bzw. wie wir in sie hineingeraten. Unter Beachtung des Prinzips der Balance kann die Aufklärung und evtl. Vermeidung von Störungen und Pathologien des Unterrichts z. B. im Rahmen von Supervision erfolgen.

- *Das Prinzip der Unterlassung*

Prinzip

Es ist ein Hauptkennzeichen von lebenden autopoietischen Systemen, dass sie sich selbst organisieren. Wenn man dies berücksichtigt, ist „Fremdeinwirkung" in vielen didaktischen Situationen nicht angebracht, damit beim Lernenden Selbstorganisation, *Selbstreflexion* und *Selbstdifferenzierung* in einer für ihn angemessenen Eigenlogik stattfinden kann.[303]

Postulate
- Nimm Abschied von der Haltung, dass du als Lehrender kausal im Sinne von „Wenn-Dann" für den Lernenden verantwortlich bist.
- Vertraue darauf, dass jeder Lernende ein großes Potential an Möglichkeiten der Selbstorganisation und Selbstdifferenzierung hat.
  Unterlasse lieber eine Handlung und gewinne dafür Zeit zu Beobachtungen 2. Ordnung.
- Denke daran, dass deine Interventionen oft aus den eigenen Überlebens-Schlussfolgerung kommen und soziale Kontrolle und Angst vor Machtverlust mit dem Lernenden nichts zu tun haben.

Begründung

Selbstorganisation meint Prozesse, die aus sich selbst heraus entstehen, also nicht von außen aufgezwungen werden, und die einen neuen Ordnungszustand ergeben. Der

---

[302] Bateson, 1990

[303] siehe „Chreoden-Entwicklungen"

Begriff „Spontaneität" gehört wesentlich dazu. „Spontan" bedeutet, dass aus inneren Konstellationen und Zuständen eine dem Individuum selbst gemäße und aus ihm selbst entspringende Ordnung, eine neue Ordnung entstehen kann. Die Natur wird nicht „gesetzmäßig" aufgefasst, sondern als dynamisches Muster mit dem Organismus als Urbild und als Netz von Beziehungen. Geordnete Zustände, Abläufe und Beziehungen entstehen ohne das Eingreifen eines „ordnenden Geistes" von selbst. Individuen können sich selbstständig im Sinne ihrer Struktur ändern, und zwar ohne besondere Umschaltung oder Interventionen durch einen anderen „Geist".

Im *Taoismus* ist das Prinzip der Selbstorganisation, die natürliche Ordnung, das zentrale Prinzip. *Mit* und nicht *gegen* den Strom schwimmen ist das, was ihn als „didaktische Philosophie" auszeichnet. Nicht Intervention, sondern *Begleitung* oder *Unterlassung* ist die Grundtugend eines Didaktikers, wenn er dieses Prinzip der Selbstorganisation und Selbststeuerung beachtet.

Aus dieser Sicht sind alle Lernprozesse im Menschen als ein in sich geschlossenes Netzwerk zu sehen sind, das sich *autonom* verhält, und dass die ablaufenden Prozesse rekursiv voneinander abhängen.

Menschen sind selbstherstellende Wesen, weil sie einen „Außenrand",[304] sprich eine Umwelt, brauchen, mit der sie in Interaktion treten können.

Noch einen anderen Aspekt gilt es in diesem Zusammenhang zu diskutieren: Den Begriff der *Macht*. Nach Maturana zeigt sich Macht in Form von Gehorsam.

„Alle Machtbeziehungen sind Beziehungen, in denen es eine gegenseitige Verneinung, Verwerfung gibt. Als Gehorchender befinden Sie sich in einer Beziehungsdynamik, in der Sie als ein autonomes lebendes System verleugnet werden. Sie bringen sich selbst in die Lage, in der Sie Ihre Identität aufgeben, um die durch den Befehl vorgeschriebene Identität anzunehmen. Gleichzeitig hört der jeweilige Befehlende für Sie auf, ein Individuum zu sein. Er wird zu einer bloßen Quelle von Einschränkungen, denn Ihr Verhaltensspielraum wird eingeschränkt. Auf der anderen Seite hört auch der Gehorchende in den Augen des Befehlenden auf, ein Individuum zu sein, und wird zum bloßen Ausführungsorgan seiner Befehle [...].

Also, Machtbeziehungen sind keine zwischenmenschlichen, keine sozialen Beziehungen. Die in diese Beziehungen einbezogenen Menschen akzeptieren sich nicht gegenseitig als Individuen [...] Wenn ich etwas tue, um das Sie mich bitten, dann handelt es sich um Kooperation. Vorausgesetzt, ich habe dabei nicht das Gefühl, als Individuum negiert zu werden."[305]

---

[304] nach Roth, 1992

[305] Maturana, in: Riegas & Vetter, 1990, S. 25

Die didaktische Kompetenz

Die Didaktische Kompetenz als Ergebnis von Reflexion und Didaktischem Handeln

Die Modellierung von Unterricht ist professionelle didaktische Planungsarbeit. Sie bedarf einer *Didaktischen Kompetenz* auf der Ebene der Theorien der SACHE, des ICH und des WIR.

Diese didaktische Kompetenz kann aufgegliedert werden in verschiedene *Teilkompetenzen*, wobei es unmöglich ist, jede von ihnen jederzeit und gleichwertig im Didaktischen Handeln zu berücksichtigen. Sie können lediglich als Differenzierungs-Möglichkeiten, keinesfalls als präskriptive Vorgaben an die Lehrenden gelten.

Teilkompetenzen einer Didaktischen Kompetenz

Kriterien für Kompetenzen

Kompetenzen sind Fähigkeiten eines Handelnden, die sich - auf den Unterricht bezogen - beim Lehrenden darin zeigen, dass er die Balance zwischen den Ansprüchen des einzelnen Lernenden, denen der Lern-Gruppe, den Anforderungen des Stoffes und seinen eigenen Wünschen und Vorstellungen einrichten und erhalten kann, so dass ein möglichst positives Lernklima entsteht.

Je nach Situation und Bedürfnissen der Beteiligten wird unterschiedliches Verhalten notwendig sein. Die Angemessenheit dieses Verhaltens wird dadurch gewährleistet, dass der Lehrende auf der Basis von Erfahrung, evtl. mit professionellem Wissen und Theoriebewusstsein, ein möglichst großes Repertoire von Teilkompetenzen und Verhaltensmustern entwickelt, um seinen eigenen oder externen Anforderungen gerecht werden zu können oder aber in der Lage zu sein, sich gegen überbordende Erwartungen professionell abzugrenzen.

Die Bildung *Didaktischer Morpheme* bedarf also einer Planungsarbeit, die die oben erwähnten Kompetenzen voraussetzt bzw. notwendig macht. Wenn ich dies so behaupte, wird sichtbar, welch große Aufgabe in der Lehrerausbildung und -fortbildung auf uns wartet. Sie erfordert neue Wege der Stabilisierung und Entwicklung von Didaktischer Kompetenz. Meines Erachtens ist es die vorrangige Aufgabe in der Lehrer-Ausbildung, die vorhandenen subjektiven Theorien bei den einzelnen Studierenden als Grundlage für den Ausbau ihres inneren Didaktischen Universums zu verwenden. Weil wir die innere Verfasstheit des Menschen im Primärhabitus gemäß der Strukturdeterminiertheit als Grundlage jeglichen Handelns annehmen müssen und eben nicht allein die im späteren Stadium des Lebens erworbenen kognitiven Strukturen, können wir die herkömmliche Verstandesschulung nicht mehr als einzige Grundlage der Lehrer-Ausbildung anerkennen. Dies hat erhebliche Konsequenzen auch für die didaktische Gestaltung der Lehreraus- und -fortbildung. Sie darf nicht mehr linear und monodidaktisch im herkömmlichen Seminarstil verlaufen. Als wichtigster Schritt erscheint mir die Erarbeitung von subjektiven *Leitdifferenzen*, die das Grundgerüst zu einer persönlichen didaktischen *Modellierung* abgeben und zu einer Profilierung des eigenen *Didaktischen Universums* beitragen.

2. Der Lehrende – Morphem-Bildung

Einführung

Innerhalb des Didaktischen Sinnsystems kommen wir nach der Darstellung des unterrichtlichen Geschehens in der *Didaktischen Landschaft*, dem darin enthaltenen *Didaktischen Feld* und der grundlegenden Dimensionierung der *Basis-Komponenten* des Unterrichts zu einer weiteren Differenzierung: dem *Didaktischen Morphem*.

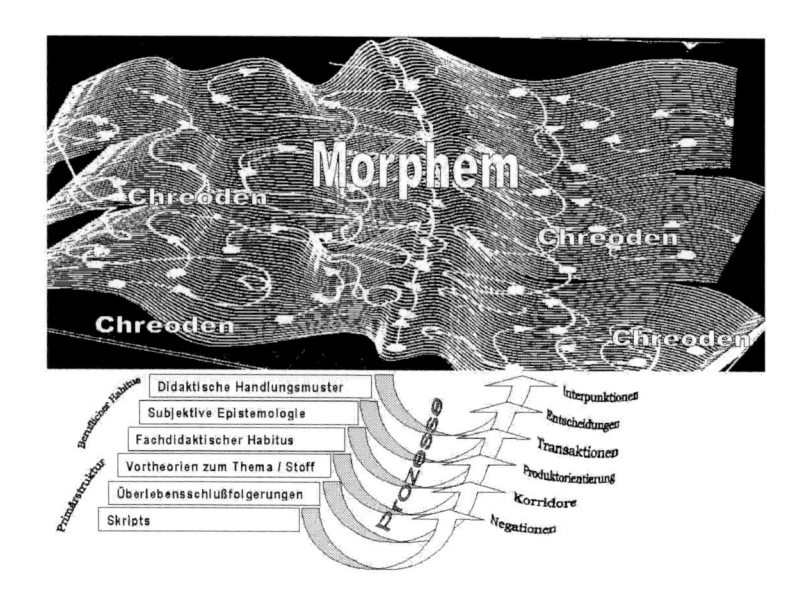

Abbildung 28: Das Didaktische Morphem

Ein Morphem stellt die Grundeinheit des Lehrenden als Konstruktion und dann als geplante *Anreizstruktur* in der Driftzone dar. Die didaktischen Morpheme sind die kleinsten professionell geplanten Einheiten des Lehrenden für den Aufbau und die Epigenese des unterrichtlichen Feldes.

Ein didaktisches Morphem enthält eine Fülle von Aspekten, die wir im Folgenden umrisshaft beschreiben wollen.

> ***Theoretische Grundlagen***
>
> *Die Trennung zwischen den Phänomenbereichen:*
>   *I: Didaktische Reflexion*
>   *II: Didaktisches Handeln*
>
> *Fremd- und Selbstreferenz als Grundlagen für Reflexion und Planung*
>
> *Die Basis-Komponenten des Unterrichts*
>
> *Die angestrebten Wissens-Produkte und ihre epistemologische Architektur*
>
> *Die Chreoden-Situation*
>
> *Das Prozessieren, die Methodisierung und die Korridorbildung*
>
> *Die Bedingungen des relevanten Systems*
>
> *Der Lehrende selbst in seiner Subjektiven Didaktik*
>
> *Die Leistungs-Interpretation im Bildungs-Tauschmarkt*
>
> *Didaktisches Handeln:*
>   *als Alltagshandeln*
>   *als Ritualisierung*
>   *als Reduktion von Komplexität*
>   *als Routine-Handeln*

a) Die Trennung der Phänomenbereiche I und II

Wir haben wiederholt darauf hingewiesen, dass eine genaue Buchhaltung und Trennung zwischen Beobachtung, Planung, Reflexion einerseits und didaktischer Handlung andererseits notwendig sei, um unheilvolle Vermischungen, z. B. Erwartungs-Erwartungen von der Planung zum Handeln, stillschweigende Voraussetzungen über Chreoden-Verläufe usw., zu vermeiden..

Um dies zu ermöglichen, unterscheiden wir im Lehr- und Lernprozess zwei Phänomen-Bereiche:

- Phänomenbereich I: Beobachtung, Planung, Reflexion, Theoriebewusstsein
  Die Planungseinheit als reflektierte Konstruktion am Schreibtisch
- Phänomenbereich II: Didaktisches Handeln
  Die Transformation des Morphems in eine Handlungseinheit in der Didaktischen Landschaft und der darin entstehenden Driftzone

Diese Aufteilung entspricht in etwa den herkömmlichen Auffassungen von Unterrichtsplanung. Man setzt sich an den Schreibtisch und überlegt, wie z. B. die nächsten Unterrichtsstunden bzw. Unterrichtseinheiten geplant werden könnten.
Dann geht man in den Unterricht und versucht seine Planung zu verwirklichen.

Phänomenbereich I:
Theoriebewusstsein und didaktische Reflexion

Bei der Morphem-Bildung geht es darum, in einem relativ risikoarmen Milieu gedankliche Konstruktionen von einem Lehrenden zur Gestaltung von Unterricht vorzunehmen. Diese Konstruktionen sind im wesentlichen eine selbstreferentielle Konstruktion, weil sie sehr häufig im Bewusstsein des Lehrenden allein entstehen, d. h. der Phänomenbereich I ist ein in sich operational geschlossenes System im Sinne eines autopoietischen Bewusstseins-Systems des Lehrenden ohne aktuelle Kommunikation mit den beteiligten Lernenden. Planung, Reflexion und theoretisches Bewusstsein in der Morphem-Bildung außerhalb der Driftzone beziehen sich auf Bewusstsein, Differenzierung und Erwartungen in der Unterrichtsplanung. Es sind also die Aspekte der Planung, der Reflexion und Antizipation einer didaktischen Einheit außerhalb der aktuellen Driftzone seitens des Lehrenden zu beschreiben.

Im Phänomenbereich I versuchen wir eine möglichst umfassende Reflexion des Phänomens „Unterricht", die Ausdifferenzierung von Komplexität eines Bewusstseinssystems durch theoretische Konstruktionen nach den Kriterien der Systematik, der relevanten Logiken und der systemischen Grundlagen.

„Von Reflexion wollen wir sprechen, wenn die Unterscheidung von System und Umwelt zu Grunde liegt. In diesem Fall ist das Selbst das System, dem die selbstreferentielle Operation sich zurechnet. Sie vollzieht sich als Operation, mit der das System sich selbst im Unterschied von seiner Umwelt bezeichnet. Das geschieht zum Beispiel in allen Formen der Selbstdarstellung."[306] *Wissenschaftliche Theorien* sind im Gegensatz zu Alltagstheorien systematische Konstruktionen, die nach bestimmten Kriterien und Methoden gebaut werden sollen:

- Begriff und System
- generalisierend
- in sich konsistent
- nomothetisch oder idiographisch orientiert
- mit Fachsprache versehen
- systematisch
- kennzeichnend, was die Theorie beschreiben will und was nicht

Nomologische Theorien[307] sind erklärende und gesetzgebende Theorien. Sie zielen darauf ab, Phänomene der Realität z. B. mit „Wie-Fragen" und „Warum-Fragen" innerhalb eines vorgegebenen Rahmens zu beschreiben und zu erklären, z. B. mit Hilfe von:

- Axiomen
- allgemeinen Sätzen
- Gesetzen
- Regeln
- Logiken

---

[306] Luhmann, 1984, S. 601
[307] nach Windelband, 1894

Idiographische Theorien beschreiben aus einer Vielzahl von Beobachtungen eines Phänomens Einzelheiten und versuchen dann zu allgemeinen Sätzen zu kommen. Im wesentlichen bleiben diese Sätze deskriptive Wie-Sätze und Verstehenssätze[308].[309]

Theorien als Landkarten

Ähnlich wie Alltagstheorien haben wissenschaftliche Theorien die Funktion der Ordnung und Strukturierung inmitten von Chaos und Komplexität, aber zugleich sind sie nicht die Wirklichkeit, sie sind *Landkarten*, nicht aber das Gelände selbst.

Die Forderung nach einer möglichst hohen deskriptiven Differenzierung innerhalb der Landkarte gehört zu einer Forderung im Bau der Theorie der Subjektiven Didaktik.

Forderungen an eine didaktische Theorie sind also folgende:

> *Sie leistet die Ausdifferenzierung **von Komplexität** innerhalb des Gegenstandes, des Systems, und eine Annäherung an die Wirklichkeit.*
>
> *Zugleich ist sie Abgrenzung und **Reduktion von Komplexität** außerhalb des Gegenstandes, des Systems.*

Komplexität:

Komplexität ist die Situation, wo man nicht mehr jedes Element eines Systems mit jedem anderen ohne weiteres verknüpfen kann. Komplexität verweist auf die *Selektion* und damit auch auf eine *Struktur* und *Relation*.

Es wird durch die Selektion auch bestimmt, ob ein System einer höheren, d. h. einer emergenten Ordnung mit weniger Komplexität angehört oder einem System niederer Ordnung mit einer ausdifferenzierten Komplexität.

Von Komplexitätsreduktion kann gesprochen werden,

„wenn das Relationsgefüge eines komplexen Zusammenhangs durch einen zweiten Zusammenhang mit weniger Relationen rekonstruiert wird".[310]

In der Theorie der Subjektiven Didaktik werden wir versuchen, beide Systeme nach ihrem Abstraktionsgrad zu differenzieren:

- Systeme höherer Ordnung: mit den Basis-Theorien
- Systeme niederer Ordnungg: mit den Referenz-Theorien[311]

---

[308] nach Dilthey

[309] ausführlich im Rahmen der Systemtheorie: Schwegler, in: Krohn & Küppers, 1992, S. 27-57

[310] Luhmann, 1984,.S. 49

[311] wie z. B. Transaktions-Analyse, Psychodrama, Neurolinguistische Programmierung

Theoriebildung in der Subjektiven Didaktik

Für die Morphem-Bildung des Lehrenden ist die Reflexion durch Theorien vorteilhaft:

> *Theorie kann blinde Flecke der Selbstbeobachtung aufdecken.*
>
> *Theorie kann Anregungen zur Ausdifferenzierung
> der eigenen Subjektiven Didaktik geben.*
>
> *Theorie kann Hilfe zur Rekonstruktion von unterrichtlichen Prozessen
> im Sinne von Selbst- und Fremdreferenz sein:
> nomologisch oder idiographischer Modus.*
>
> *Theorie kann insgesamt anschlussfähig an die eigene Struktur sein oder nicht*
>
> *Theorie kann die Reflexion der Reflexion ermöglichen: Wir (Handelnder und
> Beobachter) reflektieren, wie wir reflektieren. Wir beobachten uns selbst,
> wie wir reflektieren. Welche Referenzebenen, Bezugsrahmen, welche
> Dimensionen, Hinsichten und Logiken haben wir gewählt?*

Diese Hochform von Reflexion wäre m. E. angesichts postmoderner Pluralität und Diversität eine wichtige zukünftige Kompetenzerweiterung an den Stätten der Lehreraus- und Fortbildung. Dies wäre insbesondere eine Chance, die 2. Phase der Lehrerbildung auf einen tragfähigen Boden zu stellen, weil dort die Übergänge zwischen *Reflexion* und *Handeln* besonders prekär sind. Das Potential der Reflexion und der Integration von subjektiven Strukturen und subjektivem Didaktischen Handeln ist dort besonders relevant, vorausgesetzt, man schafft die sofortige einseitige Bewertung von didaktischen Handlungsentwürfen bei Berufsanfängern ab und gewährt den einzelnen subjektiven Didaktiken der Referendare eine Eigenzeit und eine Eigenentwicklung, ohne dass sie sofort fremdbewertet werden.

Aufgabe einer Theorie der Subjektiven Didaktik ist es, die komplexen Strukturen und Prozesse im Unterricht möglichst auszudifferenzieren und zu beschreiben, damit unterrichtliche Phänomenbereiche überhaupt unter Fachleuten kommunizierbar werden können.

Sprache bildet Bewusstsein und Bewusstsein bildet Sprache. Das heißt also:

Also Ausdifferenzierung mit Hilfe von Fachsprache in Begriff, Struktur und Prozess nach den Prinzipien der Relevanz, Verträglichkeit, Gültigkeit und Rekursivität.

Von der Ebene der theoretischen Reflexion aus gleitet unterrichtliche Professionalität ohne Fachsprache ab zur Beliebigkeit, Banalität und zu einem trivialen Relativismus oder zur institutionalisierten Gewöhnung mit einem kaum noch realistischen Außenbezug.[312]

Wer eine geringe theoretische Differenzierung hat, kann auch komplexe unterrichtliche Phänomene nur grob, d. h. überwiegend moralisch bewerten oder mit Hilfe von Alltagstheorien erklären. Er kann daher, professionell gesehen, auf Grund seines eigenen wenig differenzierten Unterscheidungsrepertoires komplexe unterrichtliche Phänomene vermutlich nicht genügend differenziert beschreiben,

---

[312] siehe „Bildungs-Tauschmarkt"

verstehen, steuern, rechtfertigen und beurteilen.

Umgekehrt kann ein theoretisch reflektierender Teilnehmer im Didaktischen Feld zwar sehr viel und differenziert beobachten und konstruieren, aber immer wieder nur aus seiner eigenen Fremdreferenz und seiner eigenen subjektiven Präferenzordnung und vor allem ohne Handlungsrisiko.

Nachvollziehbarkeit von subjektiven Konstruktionen

Zu einer an der Subjektiven Didaktik orientierten Epistemologie gehört, dass Konstruktionen der Lehrenden auch von den Lernenden prinzipiell nachvollziehbar sein müssen. Einer der didaktischen Imperative heißt dann:

> *Konstruiere deine eigene subjektive didaktische Theorie so, dass du sie den Lernenden selbst mitteilen und ihre innere Logik darstellen kannst.*

Was Theorie nicht kann:

> *Theorie kann nicht eigenes Handeln vorschreiben.*
> *Theorie kann nicht das eigene Verhalten determinieren.*
> *Theorie kann keinen Wahrheitsanspruch von außen stellen.*[313]

Theorie ist nur dann erträglich, wenn sie dem Handelnden einen Überlebenswert bereitstellt, z. B.:

- Übersicht über komplexe unterrichtliche Phänomene
- Rechtfertigung eigener Didaktischer Entscheidungen
- Beschreibungsmöglichkeit des eigenen Handelns für „Fremde"
- Abgrenzung gegenüber grenzenlosen und laienhaften Erwartungs-Erwartungen aus Teilsystemen der Gesellschaft

Fremd- und Selbstreferenz als Grundlage für Reflexion und Planung

> ***Im Phänomenbereich I unterscheiden wir folgende Bereiche:***
>
> *Beobachtung von sich selbst: Selbstreferenz*
>
> *Beobachtung von anderen: Fremdreferenz*
>
> *Beobachtung durch Theorien*
>
> *Planung als Selbst- und Fremdreferenz*
>
> *Beobachtung der Beobachtung als Metatheorie:*
> *Ich beobachte, was und wie ich beobachte und kommuniziere darüber.*

---

[313] siehe die Theorie der „Didaktischen Epistemologie"

Reflexion durch Selbstreferenz

Der Begriff der Selbstreferenz[314] bezeichnet die Tatsache, dass der Mensch als autopoietisches System jede seiner Operationen auf sich selbst beziehen muss. Er kann die Wirklichkeit nur auf Grund dieses Selbstkontaktes beobachten. Für den Beobachter, der meint, nur einer Notwendigkeit zu folgen und diese Notwendigkeit als ganz natürliches Handeln anzusehen, ist Beobachter 1. Ordnung auch sich selbst gegenüber: „Es ist so, wie es ist."

Sieht er aber Selbstreferenz als Möglichkeit an, um sich selbst zu beobachten, kommt er in die Beobachtungsebene 2. Ordnung.

„Einerseits setzt Selbstreferenz die Möglichkeit voraus, die systemeigenen Operationen so zu reproduzieren, dass jede Unterscheidung, die zum Beobachten (das heißt zum Bezeichnen von etwas) verwendet wird, durch die Operationen in dem System selbst konstruiert werden muss.

Andererseits darf das System sich selbst nicht mit der externen Wirklichkeit, also mit seiner Umwelt verwechseln; Bedingung seiner Operationen und jeder Form von Kognition ist die Möglichkeit, zwischen Selbst- und Fremdreferenz intern (wo sonst?) zu unterscheiden. Diese Fähigkeit unterscheidet selbstreferentielle Systeme von trivialen Maschinen im Sinne Heinz von Försters: während letzte Inputs auf immer dieselbe Weise in Outputs transformiert werden, ist bei selbstreferentiellen Systemen der Output vom jeweiligen inneren Zustand abhängig, in dem sich das System befindet; derselbe Input kann dann bei verschieden Zuständen zu vollkommen verschiedenen Ergebnissen führen. [...]

Im Gegensatz zu Grundannahmen der philosophischen Tradition ist Selbstreferenz (oder Reflexion) keineswegs ein Sondermerkmal des Denkens oder des Bewusstsein, sondern ein sehr allgemeines Systembildungsprinzip mit besonderen Folgen, was Komplexitätsaufbau und Evolution angeht. Die Konsequenz dürfte dann unvermeidlich sein, dass es sehr verschiedene Möglichkeiten gibt, die Welt zu beobachten, je nachdem, welche Selbstreferenz zugrunde liegt.

Oder anders gesagt: die Evolution hat zu einer Welt geführt, die sehr viele verschiedene Möglichkeiten hat, sich selbst zu beobachten, ohne eine dieser Möglichkeiten als die beste, die einzig richtige auszuzeichnen.

Jede Theorie, die diesem Sachverhalt angemessen ist, muss daher auf der Ebene des Beobachtens von Beobachtungen angesiedelt sein - auf der Ebene der second order cybernetics im Sinne Heinz von Försters." [315]

Das heißt auch, dass meine bisherige eigene Selbstkonstruktion über mich und die Umwelt einer neuen Beobachterplattform bedarf.

---

[314] im Sinne Luhmanns

[315] GLU, S. 163 ff.

> ### *Der Lehrende*
>
> *Der Lehrende kann nur selbstreferentiell beobachten.*
> *Er kann nicht beobachten, was der Lernende beobachtet und was er in einer didaktischen Situation denkt und warum er sich gerade für dieses Verhalten entscheidet.*
> *Der Lehrende kann nur selbstreferentiell bewerten.*
> *Der Lehrende kann nur selbstreferentiell konstruieren und planen.*
>
> ### *Der Lernende*
>
> *Der Lernende kann nur selbstreferentiell beobachten.*
> *Der Lernenden kann nur selbstreferentiell bewerten.*
> *Der Lernende kann nur selbstreferentiell konstruieren.*
>
> ### *Die Beobachtung der Beobachter*
> *(meist Prüfer, Mentoren, Kontrolleure usw.).*
>
> *Beobachter können nur selbstreferentiell beobachten und planen.*
> *Beobachter können nur selbstreferentiell bewerten.*
> *Beobachter können nur selbstreferentiell konstruieren.*
>
> *Beobachter sind nicht Handelnde:*
> *Beobachter sind nicht den Prinzipien der didaktischen Handlung unterworfen. Sie können daher nur selbstreferentiell aus der Beobachterperspektive beobachten und außerdem keine Grenzüberschreitungen im Handeln des Anderen machen.*

Beobachter und Handelnde stehen im Verhältnis wechselseitiger Beobachtung.
Wenn diese Position akzeptiert wird, befinden sich Beobachter und Handelnde auf der Beobachtungsebene 2. Ordnung, d. h. es kann zum Austausch und zur symmetrischen Kommunikation über Beobachtetes kommen. Dies kann aber nur dann geschehen, wenn man den Beobachter so definiert, dass er seinen Beobachtungen seine eigenen Schemata zugrunde legt, also Unterscheidungen, die er als Eigenlogik verwendet.
Wird dies nicht akzeptiert, so gilt das Bild von Hegel, der das alte Herrschaftsprinzip so beschreibt, dass nämlich nur die Knechte beobachten müssen, ob und wie der Herr sie beobachtet, während der Herr nur insofern Herr ist, als für ihn eine Beobachtung erster Ordnung genügt, also die Knechte Objekte sind, die tun oder nicht tun, was angeordnet ist.
Die Konsequenzen im Bereich von Lehren und Lernen liegen klar auf der Hand:
Bewertungen und Beurteilungen von Lehr- und Lernleistungen Anderer sollten auf der Grundlage der Beobachtung 2. Ordnung als Imperativ in den Fachdidaktiken, in der 1. wie in der 2. Phase der Lehrerausbildung und auch in der Lehrerfortbildung verwirklicht werden. Der oberste Imperative heißt dabei immer:

„Gib deinen Bezugsrahmen deiner Beobachtung an und erwarte nicht, dass der andere Beobachter den gleichen Bezugsrahmen verwenden würde oder könnte. Gib auch an, welches Drumherum (System-Umwelt-Differenz) du annimmst."[316]

Bei der Unterscheidung von Selbst- und Fremdreferenzen hat man es mit einer geschlossen Zirkularität zu tun. Die Umwelt wird nicht geleugnet, sondern im Gegenteil: Sie wird in den Selektionen der Personen als Fremdreferenz vorausgesetzt. Jeder darf sich selbst nicht mit der externen Wirklichkeit verwechseln, er kann an seiner operativen Schließung nicht mitwirken, die eigenen Wahrnehmungen können nur durch eigene Operationen aufgebaut und verändert werden.

Die Konsequenz davon ist: Man kann als Beobachter Strukturen Anderer Anderen nicht zurechtreden, so wenig, wie man sie leugnen oder wegdenken kann.

„Mit der Stellung des Beobachters verbindet sich kein Wahrheitsprivileg, und die Welt ist auch nicht so verstehen, als ob es in ihr privilegierte Standpunkte gäbe, von denen aus man richtig beobachten könnte."[317]

Daher kann ein Beobachter auch nicht interne Operationen veranlassen und Ansprüche an Andere stellen, ohne deren Systeme und deren Umwelten und seine eigenen blinden Flecke zu berücksichtigen bzw. offenzulegen.

Blinder Fleck und *operative Naivität* sind die beiden Ausgangspositionen des Beobachters. Damit ist gemeint, dass eine Unterscheidung, die zum Zweck des Beobachtens getroffen wird, sich nicht wieder selbst gleichzeitig beobachten kann.

„Die Unterscheidung wahr - unwahr kann nicht selber nur entweder wahr oder unwahr sein; sie kann sich nicht selbst beobachten; sie ist ihr eigener blinder Fleck."[318]

Geht es um Bewertung durch den Beobachter an anderen autopoietischen Systemen, also um Bewerten als Operation der Fremdreferenz, so kann der Beobachter diese Aufgabe nur einigermaßen - mit allen möglichen Paradoxien - lösen, indem er diese Systeme, die er nur als Umwelt wahrnehmen kann, wenn beide ihre gegenseitigen Erwartungs-Erwartungen kommunizierbar machen. Dabei geht es dann jeweils darum, welche Selbstfestlegungen im Sinne doppelter Kontingenz in den Selbst- und Fremdreferenzen entsprechend einem seriösen Didaktischen Relativismus getroffen werden. Dieser verlangt eine Festlegung hinsichtlich der Form der *Kommunikation*, der *epistemologischen Bezugnahme* und der *Selbstreferenz* des Lehrenden in Bezug auf die Morphem-Bildung und die Zulassung von Fremdreferenz von Chreoden.

Umgekehrt gilt es dann auch, den Lernenden oder didaktisch Handelnden, z. B. Referendaren, die Erlaubnis zu geben, die eigene Selbstreferenz in ihrem Handeln in die didaktische Kommunikation einzubringen. Geschieht dies nicht, kommt es unweigerlich zu Redefinitionen, die die Transaktions-Analyse trefflich beschrieben hat. *Unbestimmtheit:* Im Falle einer bewussten Metakommunikation ergibt sich automatisch und systemeigen eine absichtliche Unbestimmtheit auf beiden Seiten, z. B. bei Beginn der didaktischen Diskussion um die Bewertung von Bildungs-Produkten oder um die Bewertung von Didaktischem Handeln und didaktischer

---

[316] Luhmann, 1998, S. 10

[317] Luhmann, in Simon, 1997, S. 75

[318] Luhmann, 1990, S. 520

Reflexion in der Prüfungssituation eines Referendars. Diese Unbestimmtheit kann durch Korridore und Selektionen zu einer größeren Gewissheit oder auch durch paradoxe und sich widersprechende Wahrnehmungen und Erwartungs-Erwartungen zu einem breiten Feld der Sinnproduktion führen, vorausgesetzt, dass der Beobachter seine eigene Gewissheit und Ungewissheit offenlegt und kommunizierbar macht.

Dies erfordert eine innere didaktische Autonomie und eine angstfreie Beobachtung seiner eigenen Schattenperson.

> Exkurs: Doppelte Kontingenz
>
> Systeme werden als undurchlässig, uneinsehbar aufgefasst, d. h. dass sie für keine externen Zugriffe zugänglich sind. Systeme operieren für andere Systeme stets kontingent. Doppelte Kontingenz ist nun der Zustand von Unberechenbarkeit bei der gegenseitigen Beobachtung sinnhaft operierender Systeme.
>
> Doppelte Kontingenz bezeichnet eine Situation, in der auf Grund der wechselseitigen Erwartungsstruktur kein Handeln zustande kommt, weil Alter sein Handeln davon abhängig macht, wie Ego handelt und Ego sein Verhalten an das von Alter anschließen will.
>
> Parsons geht dabei davon aus, dass solche Situationen nur dadurch aufgelöst werden können, dass sich beide Seiten in einer vorkonzertierten, also durch Normen und Werte bereits vorstrukturierten Welt vorfinden, dass sie die Auflösung des Zirkels in eine bestimmte Richtung präferieren und dass so Handeln zustande kommt.
>
> Luhmann setzt dagegen, dass Situationen doppelter Kontingenz nicht die Entstehung sozialer Prozesse behindern, sondern gerade dafür sorgen, dass ein Drittes, nämlich Kommunikation zustandekommt. Es zwinge nichts dazu, die Lösung des Problems doppelter Kontingenz allein über einen schon vorhandenen sozialen Konsens zu suchen. Gerade, dass es sich um doppelte Kontingenz handele, also um eine Unbestimmtheit der Situation von beiden Seiten, mache das Entstehen eines sozialen Kontaktes zugleich unwahrscheinlich und durch wechselseitiges Erleben von Unwahrscheinlichkeit und Kontingenz auch möglich. Schon der Zirkel selbst sei durch Wechselseitigkeit auf keine der beiden Seiten reduzierbar, was das Entstehen eines Dritten - des sozialen Systems - wahrscheinlicher werden lasse.
>
> Der Anfang doppelter Kontingenz jedenfalls ist zunächst der strukturlose Raum jeglichen sozialen Kontaktes, der mit weiterem kommunikativem Geschehen thematische Bindungen erzeugt, die Kontingenz einschränken, aber auch neue Selektionshorizonte eröffnen.
>
> Für eine Subjektive Didaktik ist entscheidend, dass das, was als bereits vorhandener Regelkanon sozialer Kontexte vorausgesetzt wird, hier selbst zum Gegenstand der sozialen Dynamik wird. Die Theorie der Autopoiese vermittelt damit eine Sensibilität dafür, wie in sozialen Prozessen Selbstbindungen und Strukturierungen des Geschehens im Hinblick auf soziale Kontexte, aber nicht von diesen algorithmisch vorberechnet, entstehen.[319]
>
> *Doppelte Kontingenz* ist auch zu Beginn eines sozialen System, z. B. am Schulanfang usw., gegeben, wo viel Unbestimmtheit auf beiden Seiten entsteht. Hier käme es auch darauf an, doppelte Kontingenz im Sinne Luhmanns zu einer konstruktiven Kommunikation zu transformieren.

---

[319] nach Nassehi, 1997, S. 148 f.

Durch diese Sichtweise könnten auch eine Reihe von akzeptablen Formen und Methoden bei der Gewinnung konsensueller Bereiche in der Leistungs-Interpretation und Leistungs-Bewertung gewonnen werden. Die *Unsicherheit* ist die Ausgangslage für einen ständigen Problembezug, in dem man beide Selektionen berücksichtigen und damit den Weg zu kontingenten Lösungen freimachen könnte, wo aber zugleich ständig Paradoxien erzeugt werden. Wenn ich etwas unterscheide, unterteile ich sofort in *Beobachtetes* und *Nichtbeobachtetes*. Der Andere tut das auch, aber in einer anderen möglichen Weise. Wenn wir dies im Didaktischen Handeln ernst nehmen, könnten wir von einer humanen unterrichtlichen Situation oder einer einigermaßen humanen Prüfungssituation sprechen, die aus der herkömmlichen Paradoxie „Erziehung und Anpassung durch Amtsmacht und Zwang" herauskommt und im Bereich der Bildungs-Institutionen und Bildungs-Produkte zu einer systemisch orientierten Lernkultur mit einer symmetrischen Orientierung kommen.

Dieser Aspekt wird ein zentraler Planungsaspekt und ein Hauptziel im Sinne einer didaktischen Kompetenz für die Morphem-Bildung werden müssen, will der Lehrende nicht ständig in den Strudel vorausgesetzter und überkommener Regeln und der darin strukturell enthaltenen Verletzungen kommen.

Exkurs: Redefinitionen[320]

Redefinitionen sind Umdeutungen von Mitteilungen Anderer auf Grund der eigenen Grundüberzeugungen und Skripts. Es hängt davon ab, inwieweit wir andere Menschen mit ihren Einstellungen, Meinungen und Verhaltensweisen in das eigene Bezugssystem einpassen können oder ob wir es nicht können. Es ist in der Kommunikation das unbewusste Ziel, den Anderen in den eigenen Bezugsrahmen hineinzuziehen, um damit sich und den Anderen von der „Wahrheit" des eigenen Standpunktes zu überzeugen. Selbst, wenn dann das Ergebnis mit innerer Enttäuschung, Verletzung und Kränkung verbunden ist, so wird es als vertraut und als bestätigend für die eigene Grundüberzeugung angesehen. Das vertraute Elend wird in Kauf genommen, weil es trotzdem besser zu sein scheint, als neue Erfahrungen mit unbekanntem Risiko zu machen. Diese Redefinitionen sind am laufenden Band sowohl beim Lehrenden als auch beim Lernenden in der Driftzone, in der Konstruktion von Wissens-Produkten und in den Formen der Leistungs-Interpretation zu beobachten.

Das autopoietische System kann sich selbst nur rekursiv beobachten, d. h. es rekonstruiert Situationen und entscheidet, ob sein Verhalten gemäß seiner Struktur und gemäß dem Prinzip der Homöostase angemessen war oder nicht. Dieser Vorgang verläuft nur im Rahmen der Selbstreferenz. Änderungen sind nur innerhalb der eigenen Erfahrungen und der bisher gewordenen Struktur möglich.

Ich kann mich selbst nur aus meinem eigenen System beobachten. Das heißt zugleich, dass ich nicht wahrnehmen kann, was ich nicht wahrnehme.[321]

Diese Logik der Selbstreferenz ist bei uns Lehrenden in der didactic community kaum anerkannt.

Demnach wäre eine Biographische Selbstreflexion als Folge der Selbstreferenz der erste Schritt für eine didaktische Kompetenz, mit der die eigenen Strukturen und die Umwelt, die sich ja laufend verändert, differenziert wahrgenommen werden können. Die Logik der Selbstreferenz wird dann bedenklich, wenn ein Lehrender von

---

[320] ausführlich in: Gührs & Nowak, 1995

[321] „Blinder Fleck"

vornherein nicht reflektieren will, was er nicht reflektiert. Solche Lehrende halten es dann für nicht nötig, sich selbst zu beobachten und ihre eigenes Selbstbild evtl. in der Bildung von konsensuellen Bereichen in der Driftzone zu variieren.

Die Logiken der *Reflexion*, der *Systematik*, der *Ausdifferenzierung von Komplexität*, der *Antizipation von Chreoden-Verläufen* und schließlich die ständige Fähigkeit der *Passung an Chreoden* zu trainieren ist Grundvoraussetzung in der Morphem-Bildung. Dies gehört bei einem Lehrenden zu einer reflektierten Selbstreferenz als Morphem-Kompetenz innerhalb einer Subjektiven Didaktik.

Reflexion durch Fremdreferenz

Das autopoietische System des Lehrenden reflektiert im Falle der Fremdreferenz seine Planung und sein Handeln in Anwesenheit von anderen Systemen. Der Austausch darüber wäre, wie jede andere Kommunikation, ein Austausch zwischen zwei operational geschlossenen Systemen, gleichgültig ob er zwischen Lehrenden und Lernenden – als Metakommunikation von Unterricht - oder zwischen Lehrenden und einem Laien oder einem professioneller Beobachter, z. B. in der Supervision oder beim Coaching, stattfindet.

Der Beobachter kann nur beobachten und planen, was er auf Grund seiner Struktur beobachten kann. Ein Vergleich der beiden Arten von Beobachtung: Selbstreferenz des zukünftig Handelnden und Fremdreferenz als Beobachtung des Beobachters, ergäben neue Anschlüsse, Sichtweisen, Negationen oder Sinnproduktionen. Dies wird besonders relevant im Bereich der *Wissens-Konstruktion*, der *Bewertung von Wissens-Produkten* und im *Bildungs-Tauschmarkt* mit seinen „Bildungsaktien", den Noten.

Reflexion mit Hilfe von Fremdreferenz kann dem System helfen, seine eigenen „blinden Flecke" zu erkennen, wenn die Operation des *Redefinierens* bekannt und bei sich als Reflexionsraster zugelassen wird. Dies setzt natürlich eine Kultur der symmetrischen und nicht eine der abwertenden Kommunikation voraus.

Geschieht diese gegenseitige Mitteilung unter einem didaktischen Bezugsrahmen, so kann Folgendes gewonnen werden.

> *Die didaktische Kompetenz hinsichtlich einer hohen Reflexivität von Differenzierung im Phänomenbereich „Unterricht" wird erhöht.*
>
> *Die Kompetenz der Rekonstruktion von unterrichtlichen Prozessen, d. h. des Reflektierens einer Unterrichtssituation, wird erweitert.*
>
> *Die Planungsvarietät wird weit höher, flexibler und in der Driftzone situationsadäquater.*
>
> *Der Bereich der Leistungs-Interpretation wird auf eine neue Grundlage der gegenseitigen Referenzen gestellt.*

Das im Prozess handelnde System des Lehrenden kann auf Grund seiner anthropologischen Struktur nur ausschnittweise die komplexe Unterrichtswirklichkeit im Hier und Jetzt des Handelns wahrnehmen. Gelingt es durch Fremdreferenz, angemessene - und nicht moralische - anschlussfähige Beobachtungen herzustellen, sind die Chancen für eine Veränderung i. S. einer strukturellen Koppelung aussichtsreich.

Umgekehrt ist es aber sicher, dass das System des Lernenden sich durch abwertende und moralische Beobachtungen bedroht fühlt und sich auf keine Veränderungsvorschläge einlassen wird, es sei denn als reine Anpassungsleistung bei Drohung mit einer schlechten Note oder anderen Sanktionen.

Phänomenbereich II: Das Didaktische Handeln

Wenn wir Didaktisches Handeln beobachten, können wir sehen, dass es zunächst ein höchst komplexes Phänomen ist.

- Als erste Unterscheidung gilt, dass unterrichtliches Handeln *Alltagshandeln* ist. Alltagshandeln ist aus der Perspektive des täglich Handelnden zunächst *Routinehandeln*. Wir nennen es H1-Handeln.
- Gelegentlich denkt man aber darüber nach, ob diese Handlung oder Maßnahme im eigenen Handeln besser oder schlechter funktioniert, also: Alltagshandeln mit Alltagsreflexion. Dann überlegt man sich neue Modi und versucht, sie durch Erfahrung zu bestätigen: Erweiterung des Alltagshandeln durch Alltagsreflexion. Wir nennen es H2-Handeln.
- Die nächste Möglichkeit einer Reflexion ist, über sich selbst, über Andere mit Hilfe von Fachbegriffen und Teilaspekten einer Theorie nachzudenken. Wir nennen es H3-Handeln. Wenn Theorie herkömmlicherweise auch weit vom Alltag weg ist, so könnte sie evtl. doch Hinweise, Beschreibungen oder gar Erklärungen anbieten, die über reine Alltagserklärungen hinausgehen.
- Reflexion durch Metatheorie: Die weitere Möglichkeit wäre, eine Metatheorie heranzuziehen, die die Konstruktion der Theorie erklärt und sagt, *wie* man denkt, *wenn* man denkt, *wie* man beobachtet, *was* man beobachtet hat, *wie* man handelt, *wenn* man handelt. Wir nennen es H4-Handeln.

In der Driftzone treffen wir auf einen grundsätzlich anderen Phänomenbereich als den Phänomenbereich I. Er ist gekennzeichnet durch eine neue Gestalt, bestehend aus Elementen aus dem Phänomenbereich I, dem Planungsbereich, und völlig neuen Elementen aus dem Phänomenbereich II, dem Didaktischen Handeln.

Wir könnten auch sagen, es beginnt nun die Transformation des didaktischen Morphems als Handlungseinheit des Lehrenden aus der Planungsphase in Didaktisches Handeln in der aktuellen Driftzone.

Der Lehrende als Handelnder

Bin ich selbst als Lehrender Handelnder im Interaktionsprozess, so entwerfe ich sofort und meist ohne Reflexion entsprechende Gestalteinheiten, die meine Morpheme maßgeblich mitbeeinflussen; ich entwerfe also entsprechende Verhaltensweisen im Sinne von didaktischen Handlungs-Mustern. Ich bin Handelnder mit allen Bedingungen und Folgen des Handelns. Dann sind die Leitdifferenzen im wesentlichen an meine eigenen Mechanismen gebunden: eigene Lebenspläne, eigenes Struktur- und Magie- Denken, eigene Interpretationsleistungen, die aktuelle Lebens- und Berufssituation und die Fremdreferenzen in Bezug auf Klassen, Kollegium und Schulorganisation und schließlich die jeweils aktuelle Anreizstruktur einer synreferentiellen Wir-Chreode in den jeweiligen Lerngruppen bzw. Klassen.

Reduktion von Komplexität: Ich bin gezwungen, hochkomplexe Sachverhalte zu reduzieren und in eine sofortige Handlungsgestalt zu bringen: Reduktion von Komplexität um jeden Preis aus theoretischer Sicht!

Der Lehrende als Beobachter

Bin ich aber Beobachter, so wechsle ich den Bezugsrahmen: Ich distanziere mich vom Geschehen, reflektiere auf Grund von Erfahrung, Alltagswissen und Alltagstheorien oder professionellen bzw. theoretischen Bezugssystemen, entwerfe Alternativen, überlege die Folgen einer Entscheidung ohne sekundenschnellen Zeitdruck für die Entscheidung, ich brauche die Konsequenzen dieser Entscheidung nicht zu befürchten usw. Ich differenziere, mache Unterscheidungen und ordne meine Gedanken nach bestimmten Überlebens-Logiken. Ich versuche, hochkomplexe Phänomene auszudifferenzieren, beschreibbar und kommunizierbar zu machen. Kurz: Hochkomplexe Sachverhalte werden mit Hilfe von Sprache und Begriff ausdifferenziert und benannt. Jede Theorie ist an diese Logik gebunden.

Im Didaktischen Handeln kommt der Lehrende in eine kommunikative Zone, in der er, ob er will oder nicht, die korrekte Wiedergabe des erwarteten Wissens und die erwarteten Verhaltensweisen der Lernenden nach dem herkömmlichen Bildungs-Tauschmarkt als Norm setzen muss, obwohl es, systemtheoretisch gesehen, paradox ist.[322] Es ist unmöglich, Erwartungen aus der Planungsphase abbildmäßig an den Phänomenbereich II zu stellen, weder vom Standpunkt als Konstrukteur noch vom Beobachterstandpunkt aus, weil dies eine Vermischung der Bezugsebenen darstellt und die beteiligten autopoietischen Systeme, Lehrende wie Lernende, in ihrer aktuellen Kommunikation missachtet.

Im Phänomenbereich II geht es um *Prozesse*, um *Kommunikation*, um *Verstehen* und *Interpretieren*, um die Bildung von *konsensuellen Bereichen* zwischen Lehrendem und Lernenden, um die Bildung von epistemologischen, sozialen und individuellen *Korridoren*.

Didaktisches Handeln geschieht zunächst in einer nicht durchschaubaren Komplexität in einer aktuellen Kommunikationssituation. Dieses Handeln ist nicht konservierbar. Es läuft und läuft. Didaktisches Handeln ist Interaktion und Kommunikation unter Anwesenden, ist Bewusstseins- und Sinnbildung und legt Differenzen zwischen dem eigenen sozial-autopoietischen System und der Umwelt fest. Es werden Möglichkeiten bereitgestellt, in denen sich Lernwelten für Lernende und Lehrende eröffnen oder auch nicht.[323] Es werden methodische Arrangements angeboten in der Hoffnung auf Lern-Emergenzen und den Aufbau von Bildungs-Produkten.

Ständige Leistungs-Interpretationen von beiden Seiten, die außerhalb der Driftzone von allen Seiten mitlaufen, im Sinn der Codierung gute - schlechte Leistungen determinieren durch den Bildungs-Tauschmarkt die weiteren Zukünften.

---

[322] siehe Kommunikation in der Driftzone

[323] siehe Berger & Luckmann, 1969, S. 23-30

Für die tägliche Leitdifferenz-Bildung könnten didaktische Imperative heißen:
- Arbeite Komplexität im Reflexionsbereich aus!
- Reduziere Komplexität im Didaktischen Handeln!

In einer Abbild-Didaktik wird so getan, als ob Planungs- und Rechtfertigungsarbeit auf konkretes Didaktisches Handeln übertragbar wäre.

Dies ist ein grundlegender Konstruktionsfehler, weil die Strukturelemente des Unterrichtens, Zeitdruck, sekundenschnelle Entscheidungen aus der eigenen Strukturgeschichte heraus, ins unbewusste Denken abgesunkene Handlungs-Muster, usw., eine hohe Kompetenz in der Bildung von Korridoren bei einer Vielzahl von unterschiedlichen Verhaltensweisen der Lernenden verlangt. Rahmenbedingungen, wie Art und Zeitabfolge bei Leistungsmessungen, oder immer wiederkehrende Muster von Lernenden, wie z. B. ständiges Stören, gestalten sich im Phänomenbereich II nach anderen Logiken, als sie im Phänomenbereich I planbar sind.

Wir brauchen für die riskanten und sekundenschnellen Entscheidungen im Unterricht neue Grundlagen für professionelles Handeln, z. B. unscharfe und weiche Logiken. Dies wäre m. E. auch eine Hauptaufgabe in der 2. und 3. Phase der Lehrerbildung.

Didaktisches Handeln heißt zunächst Reduktion von Komplexität um jeden Preis: also handeln, handeln, handeln. Jeder Lehrende weiß das: jeden Tag unterrichten, unterrichten - ein ganzes Berufsleben lang.

Wenn in einem System, wie es der Unterricht ist, die Zahl der Elemente sehr groß ist, erreicht die Zahl der Relationen Größenordnungen, die vom Lehrenden sogar in der Planungsphase selbst nur noch außerordentlich schwer, wenn überhaupt kontrolliert werden können. Es kann also schon in der Planung und noch viel weniger später in der Driftzone nicht alles, was theoretisch ausdifferenziert und in der Planungszeit aktualisiert worden ist, z. B. *Leitdifferenzen, Methoden, Chreoden-Typen*, in der Driftzone „umgesetzt" werden.

Komplexität wird im Handeln meist nach folgenden Schemata reduziert:[324]

- Generalisierung, auch als Verallgemeinerung bekannt:
  Abstraktionen, Orientierungen, Reduktion von komplexen Strukturen[325]

- Tilgung: Prozess, durch den bestimmte Teile eines komplexen Gegenstandes oder Themas aus der „Theorie" eines Menschen ausgeschlossen werden.[326]

- Verzerrung: Auswahlprozess des Bewusstseins;
  wir sprechen dann meist von „falschen" Annahmen, Landkarten, Sichtweisen. Verzerrung ist u. a. auch eine wichtige Logik in der Bildung von Dekonstruktionen: wir „verfälschen" bewusst z. B. die Realität in der Literatur, Musik usw.[327]

---

[324] vgl. NLP

[325] Näheres siehe Das Wörterbuch des NLP, Ötsch, W, Stahl, Th., Paderborn 1997

[326] siehe z. B. Die integrierte Persönlichkeitstheorie nach Epstein; Transaktions-Analyse und NLP

[327] siehe Bildungs-Produkt „Dekonstruktion"

- Metaphernbildung: Die Funktion der Metapher besteht darin, Wissen von einem Kontext in einen anderen zu übertragen, ohne viele Erklärungen, zu Begriffen und Relationen liefern zu müssen. Metaphern dienen dazu, ein unbekanntes Ding durch ein bekanntes einfach zu erklären. Metaphernbildung ist eine Reduktion der komplexen Wirklichkeit auf eine Hauptdimension hin, meist mit graphischen Konnotationen und bildhaften Repräsentationen.
- Modellbildung
- Ritualisierung: Rituale sind eine Möglichkeit, Komplexität zu reduzieren, indem es keine Alternative zu ihnen gibt und sie als fixierte Abläufe keiner Kommunikation und Argumentation mehr bedürfen.
- Abwertung: der Mitteilung; Abwertung der Person, die die Mitteilung macht
- Redefinitionen

Ebenen des Didaktischen Handelns

H1	*handeln, handeln, handeln*
H2	*handeln, handeln, reflektieren, handeln*
H3	*handeln- reflektieren, handeln, reflektieren*
H4	*reflektieren, reflektieren über das Reflektieren, handeln, reflektieren*

Die H1-Ebene: Didaktisches Handeln als didaktisches Alltags-Handeln

In diesem Bereich ist Didaktisches Handeln im Sinne von Rezeptwissen anzusehen. Man kann sich damit auf Routinedenken und Zweckmäßigkeitshandeln einrichten.
Ich weiß, woran ich bin, ich weiß, dass ich mich im Rahmen meines Systems bewege, ich weiß, dass ich, wenn ich davon abweiche, Schwierigkeiten bekommen könnte.
In diesem Bereich kann ich mit Hilfe von Alltagssprache, z. B. mit der Insider-Sprache eines Kollegiums, die vielen Ungereimtheiten in eine symbolische Ordnung bringen, die von allen akzeptiert wird und wo ich mich im Bereich der Objektivation bewegen kann. So bildet sich ein Reich der obersten Ordnung in diesem Alltag.
Alle Routineereignisse werden durch eine spezifische Alltagssprache sinnhaft geordnet. Dieser Wissensvorrat wird von einer Generation an die andere weitergegeben. Dadurch weiß ich auch, dass Andere, z. B. Berufskollegen, mindestens ungefähr wissen, was ich meine und zu wissen behaupte.
Dieser Wissensvorrat genügt zunächst auch für die vielen komplexen Erscheinungen innerhalb des Bereichs „Alltagshandeln". Routinehandeln ist nur in einem bestimmten Kontext erlernbar. Z. B. ist innerhalb der Lehreraus- und Fortbildung die Schule der Kontext, nicht die Hochschule. Die Frage ist: Wo beginnen wir mit einer professionellen Ausbildung, im H1-Bereich oder im H4-Bereich? Verwischungen sollten jedenfalls, so gut es geht, vermieden werden. Der Alltagsverstand hat unzählige prä- und quasi-wissenschaftliche Interpretationen der Alltagsphänomene, die er für gewiss hält. Die gesamte Alltagswelt etabliert sich als die oberste Wirklichkeit und es ist unmöglich, sie zu ignorieren.[328]

---

[328] nach Berger & Luckmann

Ein Zweites gilt: Wir leben im Alltag immer in verschiedenen System-Wirklichkeiten: in der Familie, in der Schule, im Beruf usw. Eine davon etabliert sich am auffälligsten und besetzt unser Bewusstsein und Handeln am aufdringlichsten.

„Ich erlebe die Alltagswelt im Zustand voller Wachheit. Dieser vollwache Zustand des Existierens in und des Erfassens der Wirklichkeit der Alltagswelt wird als normal und selbstverständlich von mir angesehen, das heißt, er bestimmt meine normale, ‚natürliche' Einstellung. Ich erfahre die Wirklichkeit der Alltagswelt als eine Wirklichkeitsordnung. Ihre Phänomene sind vor-arrangiert nach Mustern, die unabhängig davon zu sein scheinen, wie ich sie erfahre, und die sich gewissermaßen über meine Erfahrung von ihnen legen. Die Wirklichkeit der Alltagswelt erscheint bereits objektiviert, das heißt konstituiert durch die Anordnung der Objekte, die schon zu Objekten deklariert worden waren, längst bevor ich auf der Bühne erschien."[329]

Alltagshandeln ist auch ritualisiertes Handeln. Rituale sind Darstellungsformen der Person oder eines sozialen Systems. In den Ritualen geht es um die praktische Herstellung eines Ordnung. Die Ordnung des Handelns wird durch Rituale und andere Darstellungsformen einem gemeinsamen Sinn unterworfen. Dieser gemeinsame Sinn muss in unserer auf Diskontinuität angelegten Gesellschaft immer wieder neu erbracht werden. Es muss sowohl das Wissen um Rituale als auch das Wissen in Ritualen erarbeitet werden.

Rituale begleiten das Alltagshandeln als elementare Muster, wenn wir uns aneinander orientieren wollen, damit wir unsere Erwartungen an die Anderen nicht jedes Mal im mühsamen Kommunikationsprozessen ständig neu abgleichen müssen.

Eine Situation ist im Ritual diskussionslos und für alle in komprimierter Form verständlich. Deshalb ist gerade im H1-Bereich das Konstruieren und die gemeinsame Suche nach kondensierten Darstellungsformen enorm wichtig. Sie binden unser Handeln und Denken an vorgegebene, erlernte und erprobte Muster.

Das Erlernen von Ritualen und Gewohnheitsmustern ist vor allem in der 2. Phase der Lehrerbildung oder auch bei länger bestehenden Lerngruppen in den anderen Bildungsbereichen, wie z. B. in der Erwachsenenbildung und in der betrieblichen Bildung, ein wichtiger Baustein für die Stabilisierung und Herstellung einer Ordnung in Lerngruppen. Hier stehen wir in der theoretischen Fundierung und in der Erprobung im Didaktischen Handeln ganz am Anfang.

Für Didaktisches Handeln und Reflektieren ist auch die *Entfernung* und die *Nähe* von Alltagswelt ein wichtige Unterscheidung: Die größte Nähe hat die Welt, in der ich tätig bin, in der ich arbeite und pragmatisch handle, in unserer Sprache ist es Handeln im H1-Bereich. Daneben gibt es entferntere Zonen meines Alltags, die, je weiter sie vom meinem pragmatischen Handeln entfernt sind, desto weniger mein Interesse finden, es sei denn durch indirektes Interesse, wenn sie zu potentiellen Handhabungszonen werden könnten.

---

[329] Berger & Luckmann, 1997, S. 24

Die H2- und H3-Ebene

Ein weiterer Aspekt von Alltagswelt kommt hinzu: Handlung entzieht sich im allgemeinen einer theoretischen Reflexion. Erst, wenn man eine Symbolisierung in Form von Fachsprache Metaphern und Ritualen vornimmt, kann man darüber reden. Dies geschieht durch Zeichen, vor allem durch Sprache, weil damit eine generalisierte Kommunikation möglich ist. Subjektive Erfahrung wird durch Zeichen und Symbole ersetzt und so erst zur Kommunikation frei gegeben. Symbolisierung ist die Voraussetzung dafür, dass Erfahrungen allgemein zugänglich und sprachlich wiederholbar, konsistent, zuverlässig und dauerhaft dokumentiert werden können.

Bei der Alltagssprache kommt hinzu, dass sie keinen Wert auf Kompliziertheit und Ausdifferenzierung legt, sondern eher auf Reduktion und Metaphorik aus ist.

Ursachenerklärung wird meist unter der Prämisse ausgehandelt: „Es ist, so wie es ist." Erfahrungen können ohne Worte nicht nur nicht weitergegeben werden, sie können noch nicht einmal von dem, der sie selbst gemacht hat, planmäßig wiederholt werden. Ohne Symbolisierungsmodus kommen sie nicht in den Status der Erinnerung und können deshalb auch nicht zu einem späteren Zeitpunkt wiedergebraucht, geschweige denn weiterentwickelt werden.

Erfahrung ist zwar mit Hilfe der Symbolisierung mitteilbar geworden, sie bleibt aber im Raum der sprachlichen Kommunikation, sie kommt nicht in den Bereich des existentiellen Erfahrungsfeldes des Anderen.

In der Spezifizierung von Alltagssprache wird die Sache noch radikaler: Alle meine Erfahrungen in der Alltagswelt erzeugen eine Alltagssprache, die sozial objektiv erscheint. Sie besteht im wesentlichen aus Alltagssprache, metaphorischer Sprache und Sprichwörtern, benutzt also die Sprachebene 1. Selbst, wenn ich aus ihr ausbrechen möchte, beispielsweise in eine Theoriesprache, so versetzt sie mich laufend in die oberste Wirklichkeit zurück, in die der Alltagswelt.

Die Koexistenz beider Sprachen - Alltagssprache und Theoriesprache - ist nur dann möglich, wenn meine Alltagsumgebung sie wenigstens duldet.

> Exkurs: Vier Stufen professioneller Sprache
>
> Dass Sprache Bewusstsein bildet und Bewusstsein Sprache, gilt auch für die Stufen einer beruflichen professionellen Sprache.
>
> S1: Die erste Stufe ist Alltagssprache mit Anteilen aus der Erfahrungssprache des Systems, mit Anteilen von anschaulicher und metaphorischer Sprache, mit Anteilen aus dem Bereich der Sprichwörtern, der rituellen Sprache und der Witze.
>
> S2: Die zweite Stufe ist Alltagssprache gemischt mit Erfahrungssprache, Quasi-Fachbegriffen und synfereferentiellen Strukturen des Systems. Sie bildet ein Konglomerat von Expertentum und Erfahrungswissen.
>
> S3: Die dritte Stufe ist wiederum ein Gemisch von Alltagssprache, Fachsprache, Erklärungssprache und Kontextsprache, immer konnotiert mit einer wissenschaftlichen Disziplin. Die Anteile verschieben sich in Richtung Fachsprache und Expertenwissen. Damit ist auch immer mehr der soziale Ausschluss von Anderen verbunden, vor allem von denjenigen, die nur im Alltagshandeln und auch nur mit Alltagssprache operieren.
>
> S4: Die vierte Stufe ist reine Fachsprache, die nur Eingeweihte verstehen können. Dort besteht ein hoher Anteil an symbolischer und abstrakter Sprache. Sie hat einen hohen Erklärungs- und –prestigewert für *Insider*. Für *Outsider* bedeutet diese Stufe Ausschluss aus der Kommunikation mit den Mechanismen der Bewunderung oder

Abwertung auf beiden Seiten. Dies wird uns auch noch bei der Chreoden-Analyse beschäftigen, wenn es um das Erlernen einer reiner Fachsprache im Unterricht geht.

In diesem Zusammenhang ist auch die von Nelson Goodman getroffene Unterscheidung[330] interessant: nämlich, dass es für jede „Weise der Welterzeugung" ein Fundament gibt, aber keines für alle gleichermaßen. Es entstehen jeweils unterschiedliche Einheitswelten, so beim Alltagsmenschen, beim Experten, beim Wissenschaftler usw. Jede dieser Einheitswelten erklärt alles, aber jede erklärt alles anders. Im H1- und H2-Bereich wird gehandelt und gehandelt. Es wird konstruiert, negiert und ausgeschlossen. Es werden normalerweise ein bis zwei Alternativen gesehen und dann entscheidet man sich für eine Handlung. Handeln heißt eben Reduktion auf jeden Fall.

Die Entscheidungskriterien für die Reduktion bei einer Handlung sind u. a.:

Überlebenswert der Entscheidung

Erfahrungsmuster nach der Codierung bewähr - nicht bewährt

Lust-Unlust-Logik

Rechtfertigbarkeit nach dem Lehrplan

Zugehörigkeitsnorm zur didactic community

Die nächste Entwicklung in dieser Ebene ist das Nachdenken darüber, was da - didaktisch und pädagogisch - geschieht. Man ahnt, dass angesichts der postmodernen Situation Alltagserklärungen ohne Alltagsreflexion nicht mehr ausreichen, vor allem , wenn von außen Nach- und Anfragen kommen.

> Beispiel 1: Sprachstufen
>
> In der Fernsehsendung wird die Frage nach der „richtigen" Erziehung gestellt.
> Jeder versucht eine Beschreibung und sogar eine Erklärung abzugeben, wie Erziehung am besten funktioniere. Der Eine gibt ohne Ende Alltagserklärungen und Alltagserfahrungen wieder, der Andere kommuniziert über eine Beobachtersprache, ein Dritter mixt Alltagssprache mit eingestreuten Fachbegriffen - ohne theoretischen Kontext - und der Letzte entwirft eine neue „Theorie" mit eigenen Begriffen, meist metaphorischer Art, die von den Laien nicht verstanden wird.

---

[330] Goodman, 1984, S. 18 ff.

Beispiel 2: Sprache und Bewusstsein

Ein Lehrer, der das Rigorosum macht

Ein Doktorand wird im Rigorosum nach seinen Theorien über den Menschen gefragt. Da er die Handlungsebenen H1 und H2 in seiner inneren Struktur nicht verlassen kann, argumentiert er sofort aus der Alltagserfahrung.

Er weiß oder ahnt, dass es aus den Theorien Beschreibungen und Erklärungen z. B. über die Entwicklung des Menschen, über das Gehirn und seine Funktionsweise, über moderne Methoden der Leistungsmessung und Leistungs-Interpretation usw. gibt, das ist aber viel zu weit entfernt von seinem Existenzalltag - er ist engagierter Lehrer - und seinem Zweckbereich. Solange er diese Themen mit seinem bisherigen Alltagswissen irgendwie bewältigen kann, sein Wissens- und Erklärungsvorrat also reicht, hat er meistens kaum ein Interesse, über diesen pragmatischen Bereich hinauszugehen. Dies wird auch noch dadurch bestätigt, dass die berufliche Alltagsumgebung, die ja auch weiß, wie das Bildungssystem oder die Schule funktioniert, die gleiche Logik benützt. Seine Welt hält somit auf Grund von Routine und sozialer Übereinstimmung zusammen.

Der Lehrer hat nicht realisiert, dass er als Doktorand in einem anderen Phänomenbereich, also in einer anderen Beschreibungsweise operieren soll. Die akademischen Prüfer erwarten natürlich aus ihrem Alltagsmodus einer akademischen Betrachtungsweise weit höhere Theorieanteile und eloquente Verarbeitung der gestellten abstrakten Fragen

Unter dem Aspekt der Komplexität eines Phänomens ist der Alltagshandelnde Beobachter 1. Ordnung, d. h. er reduziert Komplexität auf ein Minimum und will gar nicht wissen, wie komplex ein Phänomen oder eine Entscheidung sein kann. Die Welt der möglichen Alternativen stört, denn wie soll er sich im Handlungszwang noch mit Alternativen herumschlagen?

Es macht also gar keinen Sinn, ihn aufzufordern, Komplexität neu und anders zu reduzieren. Es sei denn, er ist aus dem Handlungs- und Entscheidungszwang in einer vorgegebenen sozialen Situation entlassen und darf - wie ein Theoretiker - neue komplexe und risikolose Gedankenkonstrukte nachvollziehen oder gar selbst erfinden. Er kann dann in „Gottes Nähe" rücken, weil er wie die Welt, das Phänomen - z. B. Unterricht- rundherum neu vermessen und von oben herab überschauen darf, ohne in eine Handlungsverantwortung zu geraten. Ja, er kann sogar Beobachter seiner eigenen Beobachtungen werden. Er kann, systemtheoretisch gesehen, Beobachter 2. Ordnung werden. Im Alltag ist aber ein anderer Phänomenbereich dominant: Da muss er muss handeln, handeln, handeln.

Dieses Beispiel zeigt, dass erst dann, wenn jemand unter Druck oder in einer Situation der Aussichtslosigkeit keinen zusätzlichen Vorrat von Reflexionsmustern mehr bereitstellen kann und die Gültigkeit des Wissens massiv in Frage gestellt wird, die Möglichkeit gegeben ist, sich nach „theoretischen" Grundlagen zu richten.

Oder man baut eine „Mauer der Erfahrung": „Es ist, wie es ist."

Diese Resistenz gegen Neuerfahrung oder Neuorientierung wird z. B. von der didactic community eher unterstützt, als wenn ein Mitglied plötzlich Sonderwissen anbietet.

Diese operationale Geschlossenheit bei den Mitgliedern und im sozialen System selbst ist in erster Linie eine Abschottung gegenüber einem befürchteten Chaos, einer Instabilität des eigenen Verhaltens oder der Instabilisierung des ganzen Systems.

Wahlhandlungen in der H3-Ebene

Im H3-Bereich eröffnen sich viele Alternativen und unterschiedliche Vorgehensweisen. Sie sind aber vom Subjekt meist nicht erprobt und deshalb riskant. Eingefahrene Muster gibt es kaum. Die Reaktionen in der Driftzone sind meist instabil und wirken verwirrend.

Für den Lehrenden sind Wahlhandlungen hochgradig innovativ, zugleich aber auch riskant und frustrierend, weil die Alltagsumgebung, z. B. das Kollegium und ein großer Teil von Lernenden und Eltern, nicht auf eine Vielzahl von Wahlhandlungen und auf Sonderwissen aus ist, sondern dies eher bekämpft.

Von dieser Perspektive aus sind Lehrende mit relativ vielen Alternativen – z. B. in den Methoden, den unterrichtlichen Modi, mit neuen Wegen der Leistungs-Interpretation und ungewohnten Verfahren zur Leistungsmessung, mit neuen theoretischen Fundierungen - zwar theoretisch von allen Seiten gewünscht, in der Alltagswelt des Unterrichts sind sie aber für ihr System anstrengend und verwirrend.

Der Bildungs-Tauschmarkt als Symbol von Effektivität und Zugangsberechtigung überdeckt bei Lehrenden und ebenso bei vielen Eltern fast jede innovative Handlung.

Die operationale Geschlossenheit von Bewusstseinssystemen lässt Innovation als kognitives Geräusch vielleicht zu, entsprechende Didaktische Handlungen aber kaum. Sie erzeugen bei Laien und H1-Handelnde eher Angst und Panik. Dies zu überwinden gelingt nach unserer Erfahrung nur über den H3- und H4-Bereich oder durch Heraustreten aus dem System.

H3 ist im Alltag selten leistbar, schon wegen der strukturellen Grundgegebenheiten unseres Gehirns nicht, das weniger auf Innovation, sondern eher auf Erhaltung der bisherigen Situation ausgerichtet ist. Die oft stillschweigende Forderung nach sekundenschneller Oszillation zwischen *Handeln* und *Reflexion* bei Prüfern, Mentoren, Schulräten usw. in der Driftzone des Unterrichts ist nicht durchhaltbar.

Aus dieser Sicht heraus ist es sehr gut verständlich, dass ein Teil der Lehrerschaft im H1-Bereich bleibt, weil ausdifferenzierte Reflexion zunächst keinen Handlungsvorteil im Phänomenbereich II bringt, wenn die eigene Subjektive Didaktik keinen theoretischen Grundrahmen zur Ausdifferenzierung bereitstellt. Dann wird Reflexion und Sichtbarmachung von Komplexität durch Theorie zum Alptraum und kann bis zur Handlungsunfähigkeit führen.

H4-Ebene

Umgekehrt geschieht im H4-Bereich häufig Folgendes: Im günstigsten Falle wird ein hochreflektiertes Bewusstsein über didaktische Theorien, Methoden und über die eigene Subjektive Didaktik ohne laufende Anbindung an Didaktisches Handeln, überwiegend in der Situation der 1. Phase der Lehrerausbildung, dann durch die *kognitive Überproduktion* zur Falle, wenn junge LehrerInnen in die 2. Phase kommen und ab sofort dauernd unterrichten müssen, also im Phänomenbereich II sind mit allen synreferentiellen Mustern des bestehenden Systems. Hier geschieht meist der Sturz in den H1 Bereich, ohne dass sie später wieder auf eine professionelle Ebene - H2, H3 oder gar H4 - kommen, weil die Kränkung zu tief geworden ist. Dieser Sturz in den H1 Bereich bedeutet u. a. auch, dass alte Erfahrungen und Handlungs-Muster aus der früheren Schulzeit als Sicherheitsgurte wieder auftauchen und sich verfestigen.[331]

---

[331] der sog. „Praxisschock"

Exkurs: Unterrichtsplanung als subjektive Erfahrung

Meine eigene Situation als Junglehrer

Bei dem Wort „Unterrichtsplanung" entsteht bei mir immer noch ein mulmiges Gefühl: In meiner Ausbildung zum Lehrer bin ich gehalten worden, Dozenten und Prüfern eine möglichst genaue – vor allem stoffgenaue und zeitgenaue - Planung vorzulegen. Konnte dann der Beobachter – der Prüfer, Dozent, Mentor - ein möglichst genaues Abbild dieser Planung während des Unterrichts und in der folgenden Reflexion erkennen, so hatte man schon viel erreicht. War die Planung dann noch möglichst angepasst an die Planungsvorstellungen des Beobachters, dann war die „Harmonie" schon recht groß und eine gute Note sicher.

Andererseits habe ich als Junglehrer bald gemerkt, dass Unterricht etwas ganz Anderes ist als eine geplante Einheit am Schreibtisch. Die Schüler, der Rektor, das Kollegium, die Räume, die Zeit, der Stoff etc. waren allesamt auf Gewissheit in der Planung ausgelegt. Im Unterricht aber war nahezu alles der Ungewissheit, dem Risiko und unvorhersehbaren Prozessen unterworfen.

Dann kamen die Planungsschemata hinzu, die man benutzen musste. Am meisten setzte sich bei uns das Planungsschema von Paul Heimann durch: „Geplantes Lehrerverhalten", „erwartetes Schülerverhalten" waren die Hauptsäulen nach einer Analyse des Stoffes und der Situationsanalyse. Manche penible Dozenten und Mentoren verlangten dann noch eine minutengenaue Abfolge von Artikulationsschritten und schließlich waren Tafelbild und Stoffsicherung die Bereiche für die Beurteilung und der Feststellung von beruflicher Qualifikation.

Dieser Modus hat bei symmetrischen Beziehungen zwischen Beobachter und Handelndem viele Vorteile, d. h. so wurden beste Noten produziert. In asymmetrische Beziehungen gab es viel Interpretations-Not und Ungerechtigkeit.

Als junger Didaktiker betrachtete ich dann erfahrene LehrerInnen, die als hervorragende Pädagogen angesehen wurden: Souveränität in der Situation, Feuer in den Köpfen der Lernenden, Kooperation, kontroverse Standpunkte zulassend und vertrauensvolles Lernklima waren für wichtige Kennzeichen.

Wie sah deren Unterrichtsplanung aus? Zettelchen mit kaum lesbarer Schrift, während des Unterrichts oft Besinnungspausen, Situationen, in denen mit den Schülern über den weiteren Weg entschieden wurde, harte und weiche Normierungssituationen für einzelne Schüler usw.; kurz viel Spontaneität und höchste Aufmerksamkeit in der Situation.

Wir sind auch heute in der Lehrerbildung nicht viel weiter. Auf Grund einer überwiegend mechanistischen Abbild-Didaktik, einer Orientierung an „Objektivität" und wegen des Selektionsdruckes – Wer wird nach dem Referendariat in den Schuldienst übernommen? - hat sich die berufliche Situation für junge Lehrer nicht verbessert. Eine Reduktion von Komplexität im Bereich der gewussten Komplexität, z. B. durch *Generalisierung*, *Tilgung*, *Symbolisierung*, *Korridorbildung* in der Driftzone wäre ein weiterer Schritt in Richtung professionellen Handelns.

Übersicht über die wichtigsten Aspekte einer Morphem-Bildung

MORPHEM-BILDUNG: Phänomenbereich I
Didaktische Planung und Reflexion

Latente Rahmenbedingungen	Konkrete Planungsaspekte
Regeln der didactic community (latent oder offen)	Lehrplanorientierung
Didaktische Position	Bildung von Leitdifferenzen
Leitdifferenzen	Auswahl von Themen
Eigene Lebenspläne	Entscheidung für das Profil der Wissens-Produkte
Beruflicher Habitus	Die Bildung der Architektur des Wissens
Ausdifferenzierung der Komplexität	Topologie. Zeitdimensionen, Beachtung der eigenen Zeitantreiber
Negation	Medien, Methoden
Alternativen	Sequenzierung
Synreferentialität der Gruppe	Bildungsprodukte
Größe der Lerngruppe	Unterstellte Erwartungen
Synreferentialität des relevanten Systems	Rituale, Kern- und Randbildung
Lernkultur	Normierungen, Grad an Kontingenzen
Systemressourcen	Abgrenzung, Bildung von Korridoren
Regeln und Normen des Systems	Synreferentialität
	Basis-Komponenten
	Chreoden-Analyse
	Leistungs-Bewertung

MORPHEM-BILDUNG: Phänomenbereich II
Didaktisches Handeln in der Driftzone

Latentes Bewusstsein	Didaktische Entscheidungen Verhaltens-Imperative und Handlungs-Muster
Kulturelles Gedächtnis, beruflicher Habitus	entscheiden, antizipieren
Kopfbewohner	interpunktieren
Erwartungs- Erwartungen	Transaktionen wahrnehmen
eneralisierungs- Zwang	prozessieren
Irreversible Ereignis-Sequenz	begrenzen, selektieren
Didaktisches Weltbild, z. B. Abbild-Konstruktion	normieren
Unterstellte Gemeinsamkeiten	interpretieren, meta-kommunizieren
Reduktion von Komplexität	kommunizieren
Zeitdruck	negieren
Leistungsdruck	Wissens-Produkte anbieten, bewerten
Chreode-Intuition: Erfassen der Eigenlogik der Lernenden	Anschlüsse schaffen
Erwartungs-Erwartungen	Paradoxien ausgleichen
	prozessieren
	enttäuschen
	steuern
	strukturieren
	ritualisieren

b) Die Planung von Morphemen

Die Basis-Komponenten als Steuerungsinstrument für die Planung von Unterricht

Im Verständnis der Gesellschaft ist das Bildungssystem im wesentlichen dafür zuständig, dass materielles Wissen produziert wird, d. h. dass jenes Wissen, das wir und die vorangegangenen Generationen in unserem Kulturkreis hervorgebracht haben, abbildmäßig weitergegeben wird.

Eigenartigerweise wird dabei das Wissen um uns selbst, über den Anderen und über soziale Systeme größtenteils vernachlässigt, umgedeutet oder gar nicht zur Kenntnis genommen, in der didaktischen Theorie und in der Öffentlichkeit aber ständig von Bildungssystem erwartet, wobei die Grundvoraussetzungen aber nicht gegeben, nicht zugelassen oder semantisch verwehrt werden.

Es gibt weder einen Lehrplan für das Wissen um mich selbst, self science, noch über Familie und soziale Gruppen, social science. Methoden der Biographischen Selbstreflexion werden skeptisch angesehen und über Bereiche wie Suggestopädie zu sprechen ist sogar verboten; Lehrer werden in den Methoden und Theorien dazu kaum aus- oder fortgebildet.

Von dieser Sicht aus muss sich die didaktische Epistemologie auch damit auseinandersetzen, welche Referenzbereiche als grundlegende Orientierung in der Konstruktion von Wissen gelten sollen.

In der Subjektiven Didaktik sind diese Referenzbereiche das ICH, das WIR und die SACHE.[332] Sie sind die Grundpfeiler einer Reduktion von Komplexität und zugleich Korridore der Orientierung. Wir können damit auf einem realistischen Boden gegenüber einer übermächtigen Komplexität und einem diffusen Erwartungshorizont von außen stehen. Diese drei Referenzbereiche erweisen sich als tragfähige Grundlage für alle weiteren Differenzierung in der didaktischen Formenbildung.

In der konkreten Morphem-Bildung geht es jetzt um eine grundlegende Didaktische Entscheidung, nämlich darum, ein konkretes, subjektives Profil in den Basis-Komponenten herzustellen.

Folgende Fragen sind zu stellen:

Welche Didaktische Entscheidung treffe ich hinsichtlich der Aufmerksamkeit im Sachbereich, im individuellen Bereich der Lernenden und in Bezug auf die Entwicklung der Lerngruppe und die darin allmählich entstehende stabile Lernkultur?

Welche Bereiche hebe ich hervor, welche negiere ich, welche schließe ich aus?[333]

Um sich selbst darüber bewusst zu werden, welche Ankerpunkte in der Planung festgehalten werden sollen, empfiehlt es sich, ein *Entscheidungsprofil* zu erstellen, das dann in der Driftzone als didaktischer Kompass dienen kann. Es sind sowohl die subjektiven latenten Bewusstseinsstrukturen als auch konkrete Rahmenbedingungen, die dieses Profil jeweils bestimmen.

---

[332] Diese Grundorientierung stammt aus der TZI von Ruth Cohn.

[333] siehe „Negation", „Ausschluss"

Entscheidungsprofil in den Basis-Komponenten
- Anteil des SACH-Bereichs
- Anteil der Aufmerksamkeit im ICH-Bereich, z. B. besondere Aufmerksamkeit gegenüber bestimmten Chreoden
- WIR-Bereich: Steuerung der Gruppe, z. B. im Feedback-Verhalten.

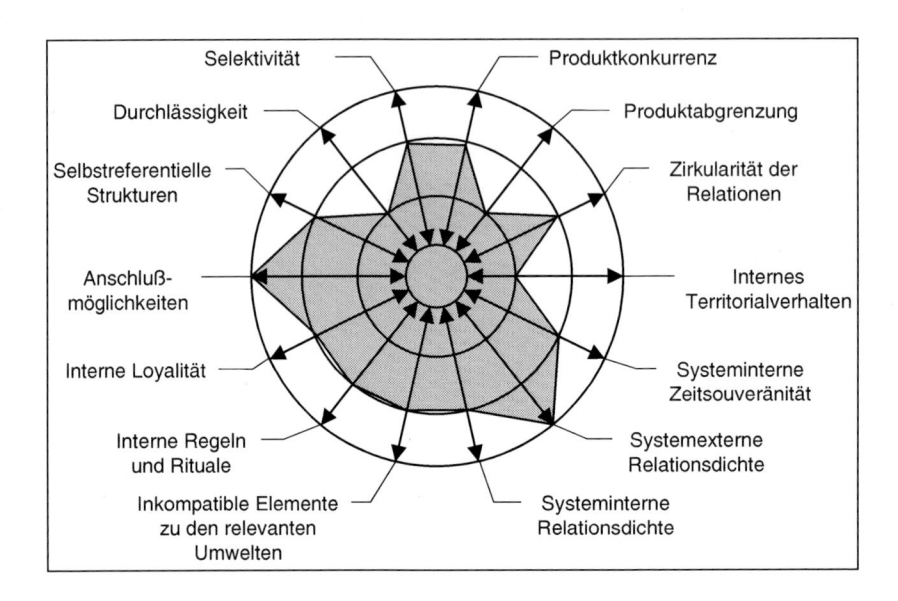

Abbildung 29: Entscheidungs-Profil in den Basis-Bereichen

Die Entscheidung über Leitdifferenzen und Prinzipien

Wie wir schon and anderer Stelle festgestellt haben, sind Leitdifferenzen reflektierte und relativ überdauernde Entscheidungen, die einen ethischen Kern und einen didaktischen Wert darstellen. Leitdifferenzen sind in der latenten Bewusstseinsstruktur des Lehrenden vorzufinden, z. B. als habitualisierte Wertvorstellungen über sich und den Lernenden, über epistemologische Prioritäten, über Steuerungs- und Normierungsmaßstäbe, über soziale Wertvorstellungen.

Didaktische Prinzipien und Postulate bilden eine latente Bewusstseins-Struktur und können je nach aktueller Situation plötzlich handlungsrelevant werden. In einer systematisch geplanten Morphem-Bildung sollten die eigenen Leitdifferenzen und Postulate ab und zu professionell reflektiert werden.

Leitdifferenzen sind jene Dimensionen, die ein Lehrender für sich selbst als wichtig und bedeutsam erachtet. Diese können sich an den Basis-Komponenten des Unterrichts – ICH, WIR, SACHE - oder am subjektiven Methoden-Repertoire, an den materialen Möglichkeiten einer Lernkultur, an den subjektiven Erkenntnisquellen und Sinnstrukturen und an den vorgegebenen und den antizipierten Rahmenkonstruktionen orientieren. Dabei werden alltagstheoretische, wissenschaftliche, wertemäßige und soziale Konstrukte eine Rolle spielen und im Didaktischen Handeln zu einer hohen Komplexität führen.

Gemäß unserer Sicht von Unterricht wird ein didaktisches Morphem immer in der Balance zwischen den Faktoren ICH - WIR - SACHE stehen und entsprechend zu planen sein, d. h. die Gesichtspunkte, Ideen, Erfahrungen, Theorieansätze usw., die Leitdifferenzen, die sich aus diesen drei Bereichen ergeben, werden wiederum zu einer höheren Einheit zusammengefügt.

Als Hilfe zur Identifizierung solcher Leitdifferenzen können die *Realitäts-Theorie* nach Epstein, die *Transaktions-Analyse*, fachdidaktische Strukturen und didaktische Konzepte behilflich sein.

Es entstehen folgende Bereiche, in denen Leit-Differenzen vom Lehrenden gebildet werden können:

> *der Bereich des Raumes*
> *der Bereich der Zeit*
> *der Bereich des Wissens und Handelns*
> *der Bereich des Sozialen Zusammenlebens*
> *der Bereich der einzelnen Person, speziell die Chreoden-Analyse*
> *der Bereich der Prozess-Steuerung und Modellierung von Unterricht*

Entscheidung über subjektive Leitdifferenzen

Mir muss als Lehrendem vor dem Unterricht klar sein, dass ich bewusst oder unbewusst ein bestimmtes subjektives „Postulats-Universum" bei der Morphem-Bildung einbringe. Wir können nicht immer vor jeder Stunde oder in jedem Augenblick unter Handlungsdruck unsere Modellierungs-Grundsätze reflektieren oder bewusst aufzählen. Zwar wird dies im Rahmen der Biographischen Selbstreflexion, in der beruflichen Aus- und Fortbildung und in Supervisionssitzungen immer wieder Gegenstand unser professionellen Arbeit sein müssen. Im Alltag ist es aber umso notwendiger, sich wenigstens über einige Leitdifferenzen klar zu werden und sie für sich in die Morphem-Bildung einzubringen.

Die Entscheidung für bestimmte Prinzipien und Postulate

Neben der Reflexion über die aktuellen ausgewählten Leitdifferenzen sind die Eckpfeiler eines Didaktischen Handelns zu präzisieren und konkretisieren: Dazu dienen die Prinzipien und Postulate, die wir ausführlich dargestellt haben.

Bereits in der Planungsphase gilt es an der hohen Komplexitätsstruktur der Prinzipien und Postulate eine enorme Reduktion vorzunehmen. Unterrichtsplanung und Unterrichtsgestaltung haben ihre Wurzel ebenso wie das herkömmliche Planungsdenken in der Tradition des naturwissenschaftlichen linearen Denkens. Dabei sind die Dimensionen *Zeit* und *Inhalt* die Hauptachsen, an die sich andere Bereiche anlagern.

Paradoxien in der Planung der epistemologischen Architektur

Jeder Lehrende baut gemäß seiner Struktur, seines beruflichen Habitus, seiner kulturellen Gewohnheiten und seiner fachlichen Vorgaben die Struktur seines Wissens. Wir werden an anderer Stelle[334] ausführlich die didaktische epistemologische Standortbestimmung einer Subjektiven Didaktik bearbeiten.

Bevor wir zur konkreten Planung kommen, sind einige Paradoxien als sich widersprechende Unterscheidungen zu identifizieren. Für die Bezugnahme zum didaktischen Morphem finden wir in unserer Gesellschaft einige merkwürdige, sich scheinbar gegenseitig ausschließende Strömungen und Paradoxien vor.

Paradox 1
Das Beharren auf „Wahrheit" trotz der Auflösung des Wahrheitsanspruchs von Wissen in der Postmoderne

Ein Aspekt in einer solchen Epistemologie ist die Abkehr von ontologischen Wahrheitsansprüchen in der Unterrichtsplanung: Wissens-Konstruktion bedeutet in der Postmoderne die Technik der *Unterscheidung*, der *Negation*, des *Ausschlusses* im Sinne von Ressourcenbildung.

In der sich anbahnenden Wissensgesellschaft im 21. Jahrhundert ist der herkömmliche ontologische Wahrheitsanspruch an Wissen nicht mehr aufrechtzuerhalten. Wissen wird heute und noch mehr morgen konstruiert als Unterscheidung in vielerlei Hinsichten und Bezugssystemen. Jedes Thema oder Problem kann heute unter sehr verschiedenen und andersartigen Referenzen konstruiert werden und jede dieser Konstruktionen haben ihren je eigenen Sinn und ihre eigenen Logiken.[335] Es gibt keine Einheits-Konstruktion mehr, die allen Ansprüchen gerecht werden kann. Organisierte Wissensarbeit überflügelt zunehmend die herkömmlichen Produktivkräfte - Land, Arbeit, Kapital.

In der Planung der Wissens-Konstruktion im schulischen Bereich verharren wir aber vielerorts noch im alten Denken: Wissen ist Wahrheit. Wir bräuchten aber längst einen soliden *Didaktischen Relativismus*, der davon ausgeht, dass Lehrende und Lernende einander ihre Bezugssysteme und die dahinter liegende Architektur - Referenzbereiche, Relationen, Dimensionen, Logiken - offenzulegen lernen.

Für die Unterrichtsplanung heißen die Postulate:

> *Bilde eine Leitdifferenz*
>
> *Plane Metakommunikation mit Metatechniken*
>
> *Entscheide dich in der Unterrichtsplanung für den Bildungs-Tauschmarkt und zugleich für die subjektive Entwicklung des Lernenden*

Wir entwerfen zunächst eine didaktische Referenzordnung, die uns erlaubt, auf der *deskriptiven Ebene* Wissens-Konstruktionen und Verhaltensmuster und auf der *präskriptiven Ebene* Handlungs-Imperative aufzustellen. Dann identifizieren wir die jeweiligen Logiken und für beide Partner, Lehrende und Lernende, kommunizierbar

---

[334] siehe Kösel, Lernwelten, Band II

[335] siehe „Seinslogik", ausführlich in Luhmann, 1997, S. 906 ff.

machen. Wir schlagen dazu eine didaktische Referenzordnung für die drei Basisbereiche ICH – WIR – SACHE vor.[336]

Dieser Rahmen kann als Drehscheibe der Verständigung im Vermittlungs- und Erziehungsprozess sowohl für die Morphem-Bildung, den Vermittlungs-Prozess in der Driftzone und für die Wahrnehmung, Assimilation, Akkommodationsleistung oder Abwehr und als Verständigungsebene bei der Leistungsbewertung beim Lernenden dienen.

Dies setzt aber voraus, dass der Lehrende sich seiner entschiedenen Referenzen und deren Schichtungen bewusst ist und bereit ist, sie für die Lernenden offen zu legen und damit kommunizierbar zu machen: als Metakognition, Lernen, wie „man" lehrt und lernt usw.

Paradox 2
Der Mythos der Sicherheit im Bildungs-Tauschmarkt

Das deutsche Bildungssystem ist wie ein Aktienmarkt mit einer spezifischen Wissenssymbolik aufgebaut. Jeder Zweitklässler weiß in seiner Selbst- und Fremdreferenz bereits, ob er „gut" oder „schlecht" ist. Je nach Lage erhält er gute oder schlechte Aktien, die es ihm dann erlauben, zum nächst höheren Tauschmarkt zugelassen zu werden oder nicht. Die Benotung von einmal gezeigter oder nicht gezeigter erwarteter Leistung wird dann als symbolisches Zeichen aufgespart und als aufgeschobene Gegenwart für spätere Tauschmärkte als Aktienkapital, als Zeichen für „Glück oder Unglück" und „viel Geld oder kein Geld" inkorporiert. Es ist dann nicht mehr notwendig, das scheinbar erworbene Wissen für spätere Transformationen und reale Kontexte bereitzustellen: Man ist entweder qualifiziert oder nicht. Diese Einteilung ist zum Grundattraktor des Lernens geworden. Von dieser Warte aus gesehen ist der Aspekt der Leistungsbewertung in einer Unterrichtsplanung in beiden Phänomenbereichen, Planung und Handlung, so paradox es auch klingen mag, neu zu konstruieren, weil der Gesamtmythos des Tauschmarktes in der jetzigen Version nicht mehr tragfähig ist. Die versprochene Verbindung zwischen schulischer Karriere und einem Aufstieg in hoch angesehene und hochdotierte Berufe gilt zum großen Teil nicht mehr. In einer zukünftigen Wissensgesellschaft ist es gesellschaftlich nicht mehr relevant, ob junge Menschen schulisches Wissen reproduzieren und deklarieren können, sondern sie müssen Wissen in neuen Kontexten herstellen und die dahinter liegende Architektur identifizieren können. Die Schule darf nach unserer Auffassung im Rahmen einer Subjektiven Didaktik nicht nur kognitives Geräusch und reproduktives Wissen als Wissens-Produkte anbieten, sondern dazu kommen neue Wissensformen wie *Rekonstruktion, Neukonstruktion, Dekonstruktion* von Wissen und *Mustererkennung* für gegenwärtige und evtl. zukünftige Anwendungsfelder, Kontexte und Situationen, ferner die Kenntnis von und der Umgang mit *Wissensarten, Wissenslogiken* und *Wissenskontexten*.[337]

Für die Unterrichtsplanung - Phänomenbereich I - sind diese epistemologischen Rahmen Hilfen für eine Dimensionierung des Themas.[338] Sie gehören m. E. auch zum festen Bestandteil der Aus- und Fortbildung.

---

[336] siehe „Basis-Komponenten"

[337] siehe Kösel, Lernwelten, Band II

[338] siehe Dimensionsanalyse, Mindmap-Techniken usw.

Paradoxon 3
Der Mythos der Einheit des Wissens im deutschen Volk

Immer noch ist der Lehrplan Zeichen für die Einheit des Wissens des deutschen Volkes und für einen letztfundierten Sinn von schulischem Wissen.
Wir sprechen heute von

- Erlebnisgesellschaft[339]
- Risikogesellschaft[340]
- Multioptionsgesellschaft[341]
- multikultureller Gesellschaft[342]
- funktional differenzierter Gesellschaft[343]
- Wissensgesellschaft[344]

Kennzeichen dieser neuen gesellschaftlichen Lage sind *Pluralität* und *Diversität* von Lebenswelten, von Denkmustern und Entscheidungssituationen.
Dennoch wird die Einheit zum Schein aufrechterhalten. Es bilden sich *Substitute*, die symbolisch stehen für:

- Einheit des Wissens
- Einheit der Leistung
- Einheit der Lehrplandominanz durch den Staat
- Einheit in der Bewusstseinstruktur der jungen Generation

Substitute sind Ersatzfiguren oder Ersatzmuster, die stellvertretend für etwas Anderes stehen. In unserem Falle stehen sie für Gewissheit, Sicherheit vor einer drohenden Gefahr durch Chaos und für den Versuch, inmitten von gesellschaftlicher Pluralität[345] einen Grundkonsens zu erzeugen bzw. zu erzwingen. Sie sind Versuche, die gesellschaftliche Überkomplexität auf handhabbare Operationen zu reduzieren.

---

[339] Schulze, 1993

[340] Beck, 1986

[341] Groß, 1994

[342] Leggewie, 1990

[343] Nassehi, 1997

[344] Willke, 1993

[345] siehe Theorie der desintegrierenden Gesellschaft nach Heitmeyer, Theorie der gespaltenen Gesellschaft nach Honneth; dazu Pongs, Bd. 1 (1999) und Bd. 2 (2000)

Substitute für eine vorgebliche Einheit

> **Erstes Substitut**: *Einheit als Gewissheitsformel*
> *Wenn alles im Fluss ist, brauchen wir wenigstens eine Gewissheit durch den Staat.*
>
> **Zweites Substitut:** *Einheit als Kernbildung nach innen - Sinnpräferenz Bildung - und als Randbildung nach außen: Einheit als Überlegenheitsglaube. Wenn wir ein Einheitswissen haben, sind wir gegenüber konkurrierenden Völkern stark und überlegen.* [346]
>
> **Drittes Substitut:** *Einheit als Symbolisierung staatlicher Macht und Neutralität*
> *Wir können nicht zulassen, dass sich unterschiedliche Interessen im Bildungssystem durchsetzen. Der Staat ist neutral und kann sich gegenüber Einzelinteressen durchsetzen.*
>
> **Viertes Substitut:** *Einheit als Kompetenzglaube des Staates*
> *Wir vertrauen darauf, dass die Vertreter des Staates, Kultusminister und Bürokratie, für das Wissen der Zukunft kompetent sind und daher die Lehrpläne zukunftsorientiert erstellen.*
>
> **Fünftes Substitut:** *Bildung als humanistisches Gut*
> *Das alte Ideal des gebildeten Menschen ist nach wie vor die beste Version einer Sinnkonstituierung des Lebens, der Wissens-Konstruktion und der Qualifizierung.*

Wie sollen die Schule und ihre Vertreter, die Lehrenden und Lernenden als ein Teilsystem dieser diversen Gesellschaft noch den Anspruch auf Verwirklichung einer epistemologischen Einheit aufrechterhalten, wenn alles auseinanderdriftet?
Kann da ein Lehrplan mit seinen Konstruktionsfehlern - es gibt keine demokratische Legitimation der Verfasser von Inhalten, keine plurale Verfasstheit von Wissensformen, Wissensarten, Kontexten und Logiken - wirklich noch eine Einheit aufrechterhalten? Dies ist aus systemtheoretischer Perspektive schlechterdings unmöglich.
Für die Unterrichtsplanung hätte dieser Aspekt zur Folge, dass regionale, funktional differenzierende und subjektive Wissens-Konstruktionen in den Lehrplänen gefordert würden. Ein seriöser Didaktischer Relativismus wäre in der Lehrplankonstruktion dringend vonnöten, statt dass man immer noch auf veralteten Grundlagen beharrt. Ebenso wäre eine demokratische Wahl der Lehrplankonstrukteure als Vertreter der einzelnen Teilsysteme der Gesellschaft eine notwendige Folge unserer postmodernen Situation. Wir besitzen nicht einmal ein Forschungszentrum für eine Didaktische Epistmologie.

---

[346] Dies erweist sich als Illusion, wie die Bildungsforschungsstudien TIMMS und PISA zeigen.

Die Planung der epistemologischen Architektur

Die Reduktion von Komplexität durch Korridorbildung

Erreicht ein System eine bestimmte Größe, so dass man nicht mehr jedes Element, jede Dimension oder jeden Aspekt mit jedem anderen verknüpfen kann, so sprechen wir von einem komplexen System. Komplexität bedeutet damit einen Überschuss an *Bewusstheit* und *Aktualisierbarkeit*. Die Komplexität der Elemente, aus denen ein System besteht, ist so hoch, dass man nicht mehr von Kausalanalysen, sondern von Rückkoppelungsschleifen sprechen muss. Jedes lebende - und damit auch soziale - System prozessiert inmitten von Sinnpluralitäten seine eigenen Sinnpräferenzen und entzieht sich auf Grund seines selbstreferentiellen Organisationsprinzips einer linearen Diagnostizierbarkeit. Eine Theorie kann also aus systemtheoretischer Perspektive einen großen Überschuss an Aktualisierbarkeit produzieren, im Handeln schrumpft sie durch Selektion auf eine einzige Gestalt zusammen.

Wenn wir Unterricht als soziales System betrachten, so können wir sagen: Unsere herkömmliche Unterrichtsplanung ist auf dem Axiom der maximalen Gewissheit und Linearität aufgebaut, die systemisch-konstruktivistische Didaktik aber gründet sich auf *Rekursivität*, *Ungewissheit* und *Vernetztheit*.

Wir verlassen uns im Bereich lebender Systeme nicht mehr auf die herkömmliche Aristotelische Logik. Lebende Systeme operieren nach ganz anderen Logiken, meist sind es die unscharfen und weichen Logiken:

- die Logik des Überlebens
- die Logik des Verstehens bzw. Nichtverstehens
- die Logik des Übergangs und der Negation
- die Logik der Paradoxie und der Kontingenz usw.

Selektionen

Die Lehrplanorientierung kann man als *erste Selektion* aus einer nahezu unendlichen Vielzahl von Elementen und deren Beziehungen, Relationen, in der Wissens-Konstruktion ansehen. Zwei Elemente bilden z. B. vier, drei Elemente schon neun Relationen usw.

Im Aktualisierungsprozess der Unterrichts-Planung muss eine *zweite Selektion* von Elementen und Relationen vorgenommen werden, um die Komplexität zu reduzieren.

Die Aktualisierung von Elementen, Relationen und materiellem Wissen in den einzelnen Fachdidaktiken ist die *dritte Selektion*.

Diese hängt in erster Linie von den Attraktoren der Lehrperson ab, z. B. von biographischen Elementen, der sozialen Zugehörigkeit usw., und weiterhin von der fachdidaktischen Selektionskultur ab.

Die Planung von didaktischen Korridoren

Alles, was wir bisher besprochen haben, mündet schließlich als Substrat in die Morphem-Bildung ein. Diese Faktoren bilden dann im Didaktischen Handeln als latente Bewusstseinstrukturen die Grundlage für die aktuelle Korridorstruktur.

Was verstehen wir unter *Korridor-Bildung*?

Es ist der Versuch, die didaktisch reduzierte Komplexität in einen Handlungsrahmen in der *Zeit*, im *Raum* und im *Bewusstsein* zu gießen. Diese Formen ermöglichen es dem Lehrenden, überhaupt einen handhabbaren didaktischen Sinn zu entwerfen, der dann in der Driftzone zur unterrichtlichen Kommunikation freigegeben wird.

Es sind folgende Vorgänge, die dies ermöglichen:

> *Die Entscheidung für einen Sinn (Leitdifferenzen)*
>
> *Die Entscheidung für eine Form des Prozessierens:*
>   *z. B. lineare Führung, offene Selbstorganisation*
>
> *Die Entscheidung für einen epistemologischen Rahmen*
>
> *Die Entscheidung für einen sozialen und individuellen Rahmen*
>
> *Die Entscheidung in einem selbstreferentiellen sozialen System*
>
> *Die Entscheidung für einen bestimmten Modus der Leistungs-Interpretation und Leistungs-Bewertung im Bildungs-Tauschmarkt*

Diese Entscheidungen fließen in der Driftzone in der Gleichzeitigkeit der Kommunikation zusammen.

Um deutlich zu machen, dass die Begrenztheit einer didaktischen Handlung durch *Raum*, *Zeit* und *Bewusstsein* in einer aktuellen Situation eine didaktisches Entität ist und dass es unmöglich ist, alle theoretisch reflektierten Ausdifferenzierungen und deren nochmalige Unterscheidungen untereinander im Hier und Jetzt alle und gleichzeitig zu treffen, soll dieses Kondensat unter dem Begriff *Korridor* zusammengefasst werden.

Ein didaktischer Korridor ist eine bewusst reflektierte, aber reduzierte Handlungseinheit in den ausgewählten Referenz-Bereichen im Zustand des Planens und später als Anreizstruktur im aktuellen Prozessieren in der Driftzone.

Didaktische Entscheidungen

Diese dann aktuell entstehende Handlungseinheit beruht auf Didaktischen Entscheidungen und Erfahrungen: Das heißt, eine Entscheidung fordert weitere Entscheidungen unter zwei Aspekten zugleich: dem Aspekt der *Sicherheit*, aber zugleich auch mit dem Aspekt der *Unbestimmtheit* und *Hintergrund-Unsicherheit*[347] im dann tatsächlich folgenden Prozess.

> *Was wird aus einer Entscheidung?*
>
> *Wird sie befolgt oder nicht?*
>
> *Welche Folgelasten hat sie, welche Reaktionen löse ich bei den einzelnen autopoietischen System damit aus?*

---

[347] nach Luhmann

Jede Entscheidung produziert weiteren Entscheidungsbedarf und wird durch die operative Geschlossenheit zu einer didaktischen Einheit. Jede Entscheidung bedarf der Kommunikation, sonst kann es passieren, dass man bei der nächsten Entscheidung über Alternativen entscheiden muss, die man vorher gar nicht gesehen hat.

Ein anderer Aspekt ist, dass in einer Entscheidung immer ein Kontext eingeschlossen ist. Ich muss mich also fragen:

In welcher Didaktischen Landschaft treffe ich welche Didaktische Entscheidung?

Kann ich sie überhaupt mit ihren Folgen einschätzen, wenn ich das Grundprofil der Folgelasten nicht sehen kann bzw. nicht erfahren habe?

Bei „Bewusstseinsanfängern" wäre deshalb beispielsweise das Trainieren von Entscheidungen und deren späteren Folgestammbäumen in der Morphem-Bildung ein wichtiges Instrument zum Aufbau von subjektiven Frühwarnsystemen und zum Erlangen von Verhaltenssicherheit in Lerngruppen und Bildungssystemen.

Ein anderer Modus wäre, nicht selbst zu entscheiden, sondern im Hier und Jetzt gemeinsam mit den Lernenden in einem Kommunikationsprozess Entscheidungen zu treffen, also Instabilität, Risiko und evtl. Chaos intern subjektiv zuzulassen und zu sehen, was daraus entsteht. Dieses Verhalten ist im didaktischen Geschäft, vor allem in rigiden Lernkulturen, verpönt.

In unserer postmodernen Zeit kommt noch ein anderer Aspekt dazu:

Dem massenhaft auftretenden Neuen und Verschiedenen und dem damit verbundenen Druck auf Entscheidungen muss auch ein Lehrender Rechnung tragen: Er muss ständig überprüfen, welche Didaktischen Entscheidungen er angesichts dieser neuen Situation treffen soll. Wie soll er mit der Pluralität von Außen-Erwartungen an das Schulsystem und an ihn als Mitglied dieses Systems umgehen? Nicht umsonst sind die Paradies-Begriffe *Kreativität, Innovation, Erfinden, Flexibilität, Schlüsselqualifikationen* Grundbegriffe für eine progressivistische Gesellschaft geworden, die selbst nicht weiß, wohin sie will, weil sie die Vergangenheit nicht einbezieht und sich für langfristige Visionen in die Zukunft hinein nicht mehr bindet.

Durch diese fast grenzenlose Ausdifferenzierung in allen Bereichen entstehen gleichzeitig viele funktional differenzierte soziale Systeme, die ihre jeweilige autopoietische Autonomie beanspruchen. Die Einheit der Gesellschaft ist nicht mehr durchhaltbar. Was - auch in der Morphem-Bildung - bleibt, ist die Beobachtung des eigenen Systems und anderer autopoietischer Systeme ohne Einheitsanspruch.

Hier gilt, dass ein Lehrender im Vermittlungsgeschäft seine eigene Subjektive Didaktik reflektiert haben sollte. Einerseits muss er sich in diesem Strudel von gesellschaftlichen Bewegungen orientieren, andererseits soll er aber eine didaktische Kernbildung bewahren bzw. erarbeiten, die auf Sinndimensionen wie Präferenzordnungen in den Basis-Komponenten, auf einer Orientierung an den angestrebten Bildungsprodukten und auf der Art der Kommunikation mit den Lernenden beruht. Dies kann durch eine reflektierte Morphem-Bildung und durch die Ausbildung von Kompetenzen und das Erlernen der Fähigkeit zur Korridorbildung in der Driftzone geschehen.

Die Innen- und die Außenseite der Korridorbildung
Der Begriff des Korridors hat zwei Aspekte: einen Außen- und einen Innen-Aspekt

Der Außenaspekt eines Korridors

> *Beobachterstatus*
> *Begrenzung, Abgrenzung*
> *Selektion nach außen*
> *Negation - Ausschluss*
> *Ort des Nichthandelns*
> *Kein Handlungszwang, potentielle Verknüpfbarkeit ohne*
>   *Handlungsverantwortung*
> *Komplexität als fast unendliche Möglichkeit*
>   *von nicht-aktualisiertem Bewusstsein*

Der Innenaspekt eines Korridors
Jeder Korridor entsteht durch die Reduktion von Komplexität auf eine einzige Handlungsgestalt bzw. auf einen sequentiellen Ablauf von Handlungen.
Reduktion nach innen wird erzwungen, weil nicht alle abstrakt gesehenen Möglichkeiten in der Handlung gleichzeitig beachtet werden können. Das bedeutet also Rekonstruktion auf eine Struktur, die aus einer kleineren Anzahl von Relationen konstruiert ist und über die sofort entschieden werden muss.
Referenzebenen sind dabei:

> *Zielgerichtetheit – Sinnprogramm*
> *Oszillation von vereinbarten Möglichkeiten*
> *Kommunikationsmodus: Verstehen, Interpunktion, Transaktionen*
> *Verwirklichung von Leitdifferenzen im Didaktischen Handel: H1, H2, H3*
> *Kontingenzfestlegung*
> *Wissens-Konstruktion im Hinblick auf Figur und Hintergrund, auf selektierte*
>   *Relationen und Elemente einer Einheit*
> *Steuerung des Kommunikationsprozesse in der Zeit*
> *Aktualisierung von Bewusstsein im Sinne einer Selektion und zugleich*
>   *Verknüpfbarkeit im Sinne des Didaktischen Relativismus*
> *Handlungszwang und -druck in der Zeit, im Raum, im fokalen System*
>   *und in den vorgesehenen Zielen*

Korridorbildung durch Selektion: Sammeln - Negation - Ausschluss

Dadurch, dass wir uns nicht mehr auf ontologische Ansprüche und Grundlagen stützen können, sind wir in der Wissens-Konstruktion auf *Unterscheidungen* angewiesen und es verändert sich auch unser epistemologisches Instrumentarium:
Indem wir Unterscheidungen machen, wird das Unterschiedene immer gleichzeitig getrennt von dem, was wir nicht unterschieden haben und damit Sinn erzeugt.

Sinn besagt dann, dass an allem, was wir bezeichnen, Verweisungen auf andere Möglichkeiten mitgemeint und potentiell mitkonstruierbar sind. Negation wird zur Planungsgröße. Was früher als „Unsinn" gehandelt worden ist, wenn ein Lernender andere Denkbahnen verfolgt hat und zu anderen Wissens-Konstruktionen gekommen ist als der Lehrende, ist nach der Unterscheidungstheorie nur die andere Seite der Unterscheidung, weil Ausgeschlossenes nicht anwesend sein durfte.

Oder durch die Konstruktion von Sinn - wie auch immer - wird Anderes zunächst negiert oder dann ganz ausgeschlossen. *Sinn* ist dann die Differenz von *Aktualität* und *Möglichkeit*. Man entscheidet sich für die eine Version, weil sie in bestimmter Hinsicht sinnvoll ist, aber zugleich negiert man andere Versionen von Sinn.

Konstruktion von Sinn setzt voraus, dass Nichtkonstruiertes im unmarkierten Raum zunächst erhalten bleibt. Negiertes wird als Baustein bejaht.

Diesen Vorgang kennt jeder Lehrende, wenn er Überschussproduktionen seitens der Lernenden im Prozessieren des Unterrichts negieren oder ausschließen muss - mit allen Folgen wie Enttäuschung und Frustration.

Der Vorgang des Negierens im Phänomenbereich I bleibt zunächst eine selbstreferentielle Konstruktion des Planers. Durch die Instrumente des reflektierten Didaktischen Relativismus - Referenzebenen, Referenzbereiche usw. - kann ein Lehrender zunächst aus der Fülle der heutigen Potentialitäten, wie z. B. Büchern, digitalen Medien, eine Konstruktion erstellen, die Sinn macht. Aber er weiß, dass er gleichzeitig andere Versionen negieren oder gar ausschließen muss.

Die Gründe können z. B. Zeitknappheit, Ressourcenknappheit, ein ungeeignetes Chreoden-Feld oder kognitive Überproduktion sein.

In der operativ aktuellen Gegenwart muss er entscheiden, was für die jeweilige Sinnkonstruktion zugelassen werden kann und was nicht.

Die Nichtzulassung heißt aber nicht, dass das Negierte oder Ausgeschlossene noch schlecht oder ungeeignet wäre. Es muss zunächst immer erst die Ja-Fassung festgelegt werden.

Feld des Sammelns
Feld des Ausschlusses
Feld der Negation

Kriterien für Morphem-Bildung
z. B.
Reduktion von Komplexität
Lehrplan-Bezug
Zeit-Ökonomie
Biographische Präferenzen
Chreoden-Orientierung
Unterrichts-Stil
Lernkultur
Bedeutungs-Zuweisung
Logiken
Wissens-Produkte
Strukturierungen

Feld der Potentialitäten

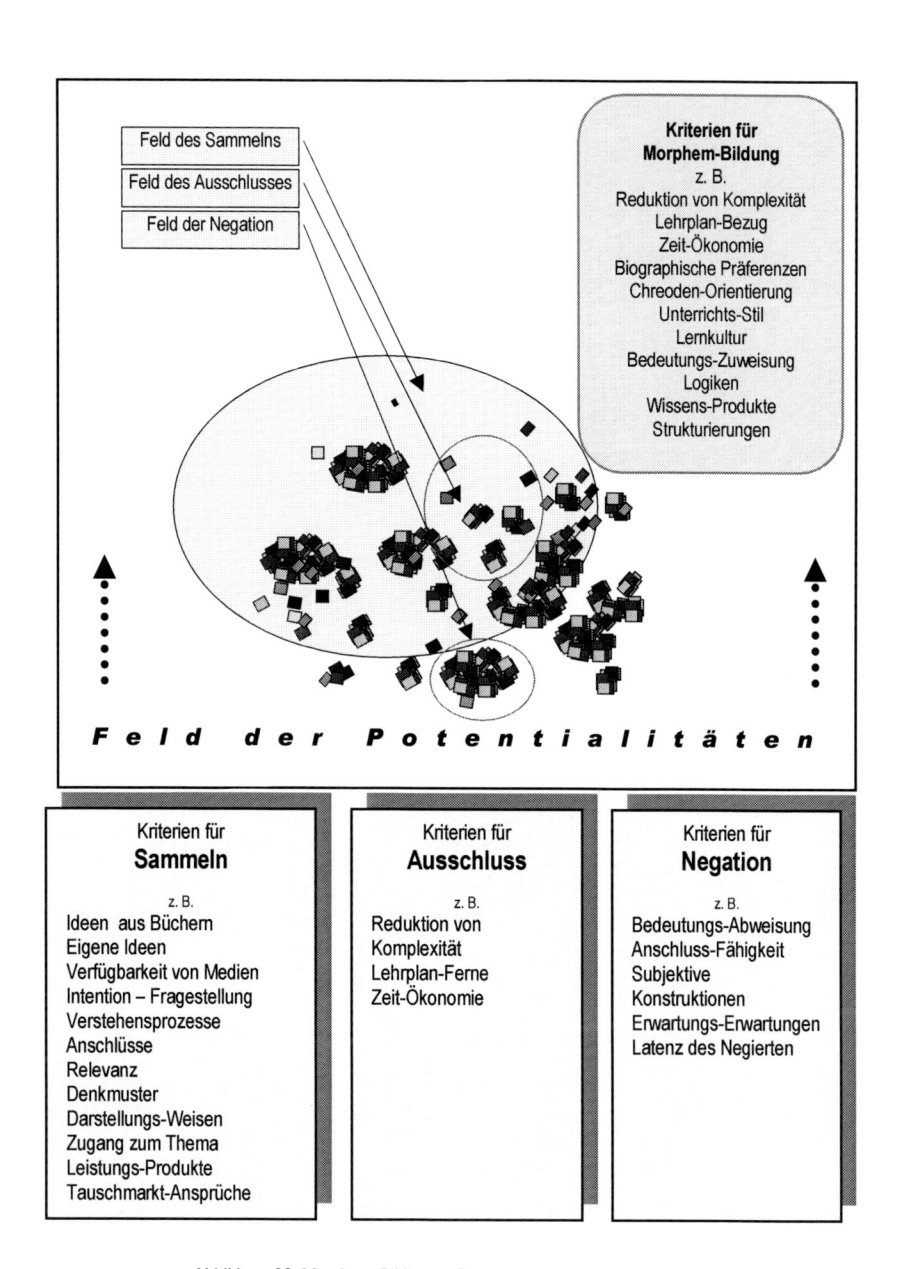

Kriterien für
Sammeln
z. B.
Ideen aus Büchern
Eigene Ideen
Verfügbarkeit von Medien
Intention – Fragestellung
Verstehensprozesse
Anschlüsse
Relevanz
Denkmuster
Darstellungs-Weisen
Zugang zum Thema
Leistungs-Produkte
Tauschmarkt-Ansprüche

Kriterien für
Ausschluss
z. B.
Reduktion von Komplexität
Lehrplan-Ferne
Zeit-Ökonomie

Kriterien für
Negation
z. B.
Bedeutungs-Abweisung
Anschluss-Fähigkeit
Subjektive Konstruktionen
Erwartungs-Erwartungen
Latenz des Negierten

Abbildung 30: Morphem-Bildung – Sammeln, Ausschluss - Negation

Wir werden in der Driftzone sehen, wie jede unterrichtliche Kommunikation, die zwischen Lehrenden und Lernenden abläuft, immer dieses Phänomen der Konstruktion, zugleich aber auch das der Negation und des Ausschlusses aufweist.
Damit steht jedoch noch lange nicht fest, ob der konstruierte Sinn von den Lernenden in der Driftzone angenommen wird oder nicht. Es ist auch möglich, dass ganz andere Konstruktionen aus den Eigenlogiken der Lernenden entstehen, die aus dem Negationsfeld des Lehrenden im Phänomenbereich I stammen oder eigene Entwürfe sind, die die Chreoden der Lernenden in der unterrichtlichen Kommunikation generieren. Negation wird zur Bejahung des Anderen, ja man kann sogar sagen: Negation ist ein Teil einer neuen Moral im Bereich der didaktischen Epistemologie. In weit entwickelten Klassen und bei erfahrenen Lehrenden können in dieser Art von epistemologischer Metakommunikation hoch differenzierte Konstruktionen und Wissens-Produkte entstehen. Was macht ein Lehrender, wenn seine geplanten Sinnzumutungen nicht angenommen oder variiert werden?
Ich möchte an dieser Stelle auf unterschiedliche Kontingenzgrade von Unterricht hinweisen. Ein streng geführter Unterricht mit wenig Kontingenz und geringer Interpretations-Erlaubnis wird auf der Planungsversion aus dem Phänomenbereich I und damit auf der eigenen Negation als Ausschluss beharren.
In einem auf weite Kontingenz angelegten Unterricht, z. B. im selbstorganisierten Unterricht, bei fachübergreifenden Projekten, in der Freiarbeit, wird eine Vielzahl von potentiellen Konstruktionen zugelassen und sogar zur Kommunikation freigegeben.
Der Lehrende kann sich dann nicht mehr auf seine alleinige Vorauskonstruktion zurückziehen, sondern es ist vornehmlich seine Fähigkeit zur Oszillation und aktuellen Korridorbildung zwischen Selbst- und Fremdreferenz gefordert.
Eine Überschussproduktion ist dort allemal gegeben.
Wie komme ich als Lehrender damit zurecht?
Die Antwort liegt zunächst in meiner eigenen Struktur: Ängstigt mich die Überschussproduktion oder ist sie ein neuer Anreiz für ungewisse gemeinsame Konstruktionen? Es hängt sicherlich auch davon ab, inwieweit die soziale Zugehörigkeit im System - Kollegium, fachdidaktische Normen usw. - im Voraus festlegt, wie gedacht werden darf und was negiert oder ausgeschlossen werden muss.

Die Fragen heißen dann:

Welches Bewusstsein möchte ich planen und kommunizierbar machen?

Welche Konstruktionen verweise ich auf einen anderen Bezugsrahmen?

Welche schließe ich von vornherein aus, z. B. weil sie für mich als Lehrenden zu riskant sind?

Konstruktion als Bewusstseinszustand

Im Lateinischen bedeutet „construere": zusammenschichten, erbauen, errichten, eine Ordnung erstellen. Die Metapher „Wissens-Konstruktion" impliziert das Bild, als ob Bewusstsein in sich eine Architektur besäße, die mitteilbar wäre.
In unserem Zusammenhang verstehen wir Morphem-Bildung als unterrichtliche Konstruktion eines gedanklichen Gebildes, die in sich folgerichtig und stimmig ist und dann in der Driftzone zur Verwirklichung in der Interaktion mit den Lernenden ausgesetzt wird. Jede Planung hat einerseits mit dem eigenen autopoietischen System, mit Phantasie, Erinnerung, selbstreferentieller Struktur, dann mit den Lehrplan-

vorgaben und den sozialen Normen des fokalen Systems und auch mit medialen Vorgaben zu tun. Letztendlich ist Planung aber immer ein eigener subjektiver Bereich. Dabei kann ein Grundschema der Konstruktion im H1-Bereich durchaus sinnvoll sein, damit die Vorgänge in der Driftzone evtl. leichter durchschaubar und theoretisch einzuordnen sind.

In der Driftzone, d. h. im Phänomenbereich II: Didaktisches Handeln, ist Planung zunächst Expositions-Hintergrund. Dort werden wir sehen, wie ein solches didaktisch geplantes Morphem durch die vielen aktuellen Faktoren in der unterrichtlichen Kommunikation transformiert und verändert wird, dass es möglicherweise sogar neu aufgebaut werden muss.

Korridorbildung in den Basisbereichen

Korridorbildung im ICH-Bereich

Wir haben Jahrhunderte lang den ICH-Bereich als Gegenstandsbereich einer didaktischen Epistemologie ausgeklammert. Nicht umsonst werden Lehrende heute weit eher als Wissensingenieure denn als Pädagogen in ihrem Wert gehandelt. Erziehungswissenschaft, Pädagogik - die Fachdidaktiken noch weit weniger - haben sich nie ernsthaft um die Struktur der Person, ihren Entwicklungsstand in der Kindheit, der Jugend und im Alter oder ihre Stellung in spezifischen Gruppen und Gesellschaften und ihren Bezug zum Vermittlungsgeschäft gekümmert. Bezugsrahmen für Unterricht waren bisher fast ausschließlich die Systematiken der jeweiligen Fachwissenschaft. Durch die Postmoderne ist aber unüberhörbar die Forderung nach Grundqualifikationen entstanden, die in der Konstruktion des Tauschmarktes bisher strukturell gar nicht eingebunden waren. Aber auch die Erwartungs-Erwartungen der Gesellschaft trugen nicht ernsthaft dazu bei, die individuelle Persönlichkeit in ihrer Strukturdeterminiertheit zu fördern, Möglichkeiten der Ausdifferenzierung anzubieten und diese Produkte genau so gesellschaftsrelevant zu gestalten wie fachsystematische Konstruktionen. Vielmehr war die Funktionalisierung der Person das Ziel, die mit dem Mythos der Qualifizierung gekennzeichnet ist.

In einer Subjektiven Didaktik ist es selbstverständlich, dass der Bereich der Person genauso zu einer didaktischen Epistemologie gehört wie der Bereich des materiellen Wissens; es gehört geradezu zur Konsistenz dieses Ansatzes.

Korridorbildung im WIR-Bereich

Auch die sozialen Aspekte einer didaktischen Epistemologie sind bisher in der Didaktik mehr oder weniger stiefmütterlich behandelt worden. Wir aber sind daran interessiert zu wissen, welche Bereiche sozialer Wirklichkeit eine postmoderne Didaktik abdecken muss, um den einzelnen Lernenden in seiner epistemologischen Situation zu verstehen und ihm entsprechende professionelle Anreizstrukturen und Arrangements, aber auch theoretische Orientierungen zu geben. Wir beziehen uns hauptsächlich auf die Theorie sozial-autopoietischer Systeme.

Korridorbildung im Bereich SACHE

Zu Beginn einer jeden Unterrichtsplanung - also zu Beginn einer neuen Lehreinheit oder in einer neuen Lerngruppe - muss sich der Lehrende entscheiden, inwieweit er dem Prinzip der Selbstorganisation bei den Lernenden entsprechen will oder kann, ferner welche epistemologische Ziele er festlegen will.

Strategien des Prozessierens

Lineares Morphem
Der Lehrende führt seinen Unterricht gemäß seiner Morphem-Bildung ohne viele Abweichungen durch.

Linear verzweigtes Morphem
Der Lehrende plant einen Unterricht mit größerer Kontingenz, d. h. er bleibt in seiner Bahn, lässt aber andere Konstruktionen der Lernenden, die ähnliche Denkweisen und Logiken benützen wie er, zu.

Final orientiertes Morphem
Der Lehrende plant seinen Unterricht nicht vom Anfang bis zum Ende durch und verfolgt diese Linearität auch in der Driftzone, sondern ihm kommt es darauf an, das Ziel zu erreichen. Dabei lässt er viel Selbstorganisation und breite Erarbeitungsbahnen bei den einzelnen Lernenden zu.

Selbstorganisierendes Morphem mit Zielvorgabe
Der Lehrende gibt Zielvorgaben an die Lernenden, lässt ihnen aber bei den Wegen, Methoden und beim Prozessieren großen Spielraum. Lediglich die Korridore „Regeln des Verhaltens" und „ Regeln der Lernkultur" müssen eingehalten werden.

Selbstorganisierendes Morphem mit autonomer Zielperspektive des Lernenden
Diese Form einer Morphem-Bildung impliziert beim Lehrenden eine hohe aktuelle Entscheidungskompetenz in der Driftzone. Er entscheidet im Hier und Jetzt über die einzelnen Dimensionen und überlässt den Lernenden ihren Konstruktionsweg entsprechend der vereinbarten Zielvorgabe.

Morphem mit sozialen Implikationen und hoher Selbstorganisation
Diese Planungsgestalt hat vor allem die Kooperation zwischen den Lernenden und die Eigeninitiative im Auge. Sie ist z. B. bei fachübergreifenden Einheiten und Konzepten wie Projektunterricht, Zirkelarbeit, bei Lernfeatures, Lernkonzerten, beim Lerndrama usw. vorfindbar und dort optimal zu verwirklichen. Voraussetzungen sind die Bereitstellung und Erarbeitung von Regeln und Ritualen der Zusammenarbeit, der Kommunikation und der gemeinsamen Entscheidungsfindung.

Selbstorganisierendes Morphem mit individuellen Implikationen (Chreoden-Orientierung)
Dieses Morphem legt großen Wert auf die individuelle Entwicklung und Ausdifferenzierung des Lernenden. Hier ist höchste Aufmerksamkeit den einzelnen Chreoden-Typen gegenüber Voraussetzung. Eine solche Planungsform birgt für fast alle Lernende mit ihren unterschiedlichen Chreoden-Strukturen ein weites Feld der Interpretations-Erlaubnis und für die eigene Kreativität.

Feld des Sammelns
Feld des Ausschlusses
Feld der Negation
Feld der Korridore

Konstruiere deinen SACH-

Konstruiere deinen ICH-Korridor!

Konstruiere deinen WIR-

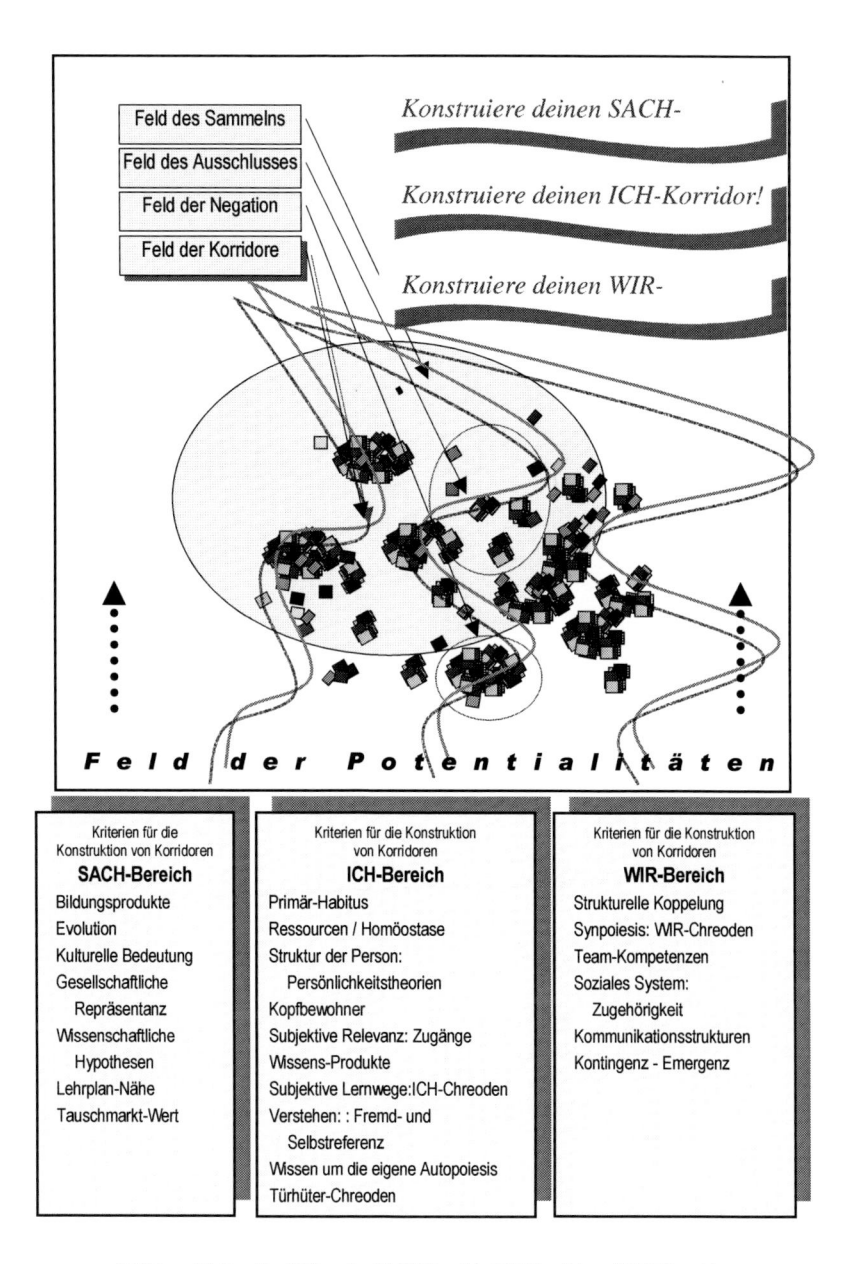

Feld der Potentialitäten

Kriterien für die Konstruktion von Korridoren **SACH-Bereich**	Kriterien für die Konstruktion von Korridoren **ICH-Bereich**	Kriterien für die Konstruktion von Korridoren **WIR-Bereich**
Bildungsprodukte	Primär-Habitus	Strukturelle Koppelung
Evolution	Ressourcen / Homöostase	Synpoiesis: WIR-Chreoden
Kulturelle Bedeutung	Struktur der Person:	Team-Kompetenzen
Gesellschaftliche	Persönlichkeitstheorien	Soziales System:
Repräsentanz	Kopfbewohner	Zugehörigkeit
Wissenschaftliche	Subjektive Relevanz: Zugänge	Kommunikationsstrukturen
Hypothesen	Wissens-Produkte	Kontingenz - Emergenz
Lehrplan-Nähe	Subjektive Lernwege:ICH-Chreoden	
Tauschmarkt-Wert	Verstehen: : Fremd- und Selbstreferenz	
	Wissen um die eigene Autopoiesis	
	Türhüter-Chreoden	

Abbildung 31: Korridor-Bildung im SACH-Bereich, ICH-Bereich und WIR-Bereich

Morphem-Bildung unter dem Aspekt der Chreoden-Strukturen

Eine Chreoden-Analyse wird vom Lehrenden immer auch subjektiv vorgenommen. Seine professionelle Intuition und Affinität zu den einzelnen Chreoden-Typen bei Lernenden hängt im wesentlichen davon ab, ob und wie er seine Theorie über den einzelnen Lernenden und die Lerngruppe entwickelt und ausdifferenziert und im Didaktischen Handeln situationsorientiert angemessen umsetzen kann.

Es müsste sowohl der einzelne Lernende mit seiner Chreode wie auch jeder Lehrende als Beobachter eines Systems gesehen werden, dessen Element sein Verhalten ist. Wenn eine Lerngruppe länger besteht, sollte die Fokussierung der didaktischen Aufmerksamkeit auf die jeweilige Wirklichkeitsbeschreibung der einzelnen Mitglieder gelegt werden, um die komplizierten Verhaltensweisen eines sozialen Systems – z. B. einer Schulklasse oder eines Lehrerkollegiums - hinreichend beschreiben zu können. Die Beobachtungen eines System-Mitgliedes in Bezug auf sich selbst und seine Beobachtung in Bezug auf die Positionen der Anderen fallen jeweils subjektiv aus und bilden zugleich Elemente der Verhaltensweisen in einem Interaktionssystem.

Wie konstruieren die einzelnen Mitglieder eines Systems ihre unterschiedlichen subjektiven Wirklichkeiten?

In der Morphem-Planung sind die Chreoden bestimmter Lernender beim Lehrenden immer als „Kopfbewohner" präsent und steuern dann sein Bewusstsein und seine Planungen und sein Verhalten in der Driftzone.

Was wird morgen in dieser Klasse oder jener Lerngruppe alles passieren?

Kann ich die Eigenlogiken von besonders auffälligen Lernenden überhaupt verstehen?

Sind sie mir völlig fremd?

Über welche Instrumente der Beobachtung verfüge ich, um diese Eigenlogiken der Lernenden zu verstehen?

In theoretischer Hinsicht müsste die Erforschung der Eigenlogiken der Lernenden weit umfangreicher und intensiver vorangetrieben werden, damit wir Lehrende wenigstens verstehen können, welche Eigenlogiken unter den Lernenden entstanden sind, wie sie in der Driftzone als Verhaltens-Imperative latent vorhanden sind und dann als sichtbare Verhaltensmuster plötzlich aktualisiert werden.

Eine erste Antwort dazu kann die bewusste Einsetzung von Kommunikationsmethoden sein. Im Phänomenbereich II des Didaktischen Handelns bieten die Konzepte der Kommunikation bereits eine Fülle von Methoden und Handlungsmöglichkeiten an.

Im Forschungsbereich bedarf es großer Anstrengungen, die Chreoden-Strukturen von Lernenden - und von Lehrenden – herauszumodellieren und diese Erkenntnisse der Allgemeinen Didaktik und den Fachdidaktiken zur Verfügung zu stellen.

Einen besonderen Schwerpunkt sehen wir in der Erforschung von Lern-Chreoden in den einzelnen Fachdidaktiken, denn sie sind ja die Voraussetzung, um von einer unheilvollen Abbilddidaktik loszukommen und sich in eine Didaktik der Balance zwischen Sachstruktur, Struktur des Lehrenden und Struktur des Lernenden zu transformieren. Jedoch ist trotz dieses Forschungsrückstandes bereits so viel Material für die Morphem-Bildung des Lehrenden vorhanden, dass er zumindest in wichtigen

Bereichen die Chreoden-Strukturen einzelner Lernender und Lerngruppen rekonstruieren und sich bei der Auswahl von Leitdifferenzen und Postulaten und in konkreten Kommunikations-Situationen entsprechend vorbereiten kann.

Prozessieren als Planungs-Dimension

Der Bereich des Voranschreiten-Müssens in einer Zeiteinheit mit Zielvorgaben und unter den Rahmenbedingungen der Didaktischen Landschaft enthält im wesentlichen folgende Dimensionen:

- Prozessieren der Verfügungszeit:
  Lerngestalten initiieren und innerhalb der Verfügungszeit abschließen
- Prozessieren der Wissens-Konstruktionen:
  z. B. lineare, verzweigte, selbstorganisierte Wissens-Konstruktionen
- Prozessieren der Sozialzeiten:
  Wer arbeitet wie lange mit wem zusammen?
- Prozessieren der Steuerung:
  Methoden, Topologie
- Prozessieren der Chreoden-Typen:
  Wen begleite ich während der ganze Zeit, wen weniger, wen heute überhaupt nicht?

Dazugehörige Leitfragen könnten sein:

> *Wie viel Zeit habe ich überhaupt zur Verfügung für ein Fach, für ein Thema, für eine Einheit?*
>
> *Welche Schritte plane ich in welcher Zeit für die Wissens-Konstruktionen? Entscheidungen müssen gefällt werden für eine enge oder weite Kontingenz als Interpretations- und Konstruktions-Erlaubnis*
>
> *Welcher Aufbau und welche Abfolge ist sinnvoll?*
>
> *Gebe ich Raum für alle Grade der Selbstorganisation?*
>
> *Wo muss ich in der Selektion und Negation auf Grund der Strukturgeschichte der Lerngruppe fortfahren, um Stabilisierung zu erreichen?*
>
> *Welche Schritte plane ich in Bezug auf Zusammenarbeit, Kooperation oder Einzelleistung?*
>
> *Welche Schritte plane ich in Bezug auf Prozess-Steuerung: An welchen Stellen benötige ich einen „harten" Rand, z. B. bei Störungen von außen, bei Störungen im Lernverbund*
>
> *Welche Maßnahmen und Kommunikationsstile möchte ich in Bezug auf Leistungs-Interpretation und Konfliktverhalten einführen?*
>
> *Wie kann ich zu guten Erwärmungen für ein Thema, einen Gegenstandkommen?*
>
> *Wie kann ich am Ende einer Einheit zu einer abgeschlossenen Gestalt in den drei Basis-Komponenten ICH-WIR-SACHE kommen?*
>
> *Welche Zeitkontingente gebe ich den einzelnen Chreoden?*

> *Welche Methoden und Möglichkeiten biete ich den KVA- und KAV- Chreoden zur Förderung ihrer Lernleistung an?*
>
> *Wo bleibe ich auf Grund meiner Entscheidung über Leitdifferenzen, Postulate und Morphemgestalten während des Lernprozesses hartnäckig und wo bin ich offen?*
>
> *Wie stimme ich meine Entscheidungen untereinander ab?*
>
> *Geben sie einen ganzheitlichen ästhetischen Entscheidungs-Rahmen, obwohl unterschiedliche Sinnsysteme zu koordinieren sind, z. B. Bewusstseins-Systeme, Chreoden-Strukturen und individuelle Eigenlogiken der Lernenden, Kommunikation, Basis-Komponenten, Forderungen an die Leistungs-Interpretation durch den Tauschmarkt?*

Kommunikation als Planungs-Dimension

Interpunktionen und Transaktionen

Information wird niemals einfach übertragen, sondern sie emergiert zur Mitteilung und wird im günstigsten Fall vom Anderen verstanden. Das heißt, es ist überhaupt nicht garantiert, dass der Mitteilende damit rechnen kann, dass der Andere ihn verstehen kann, noch viel weniger, dass er die Motive, Gefühle, die Chreode des Lernenden damit erfasst und in seine Mitteilung miteingeschlossen hat.

Verstehen ist eine Kategorie der Kommunikation, die besagt, dass der Andere meine Mitteilung verstanden hat, aber nicht mehr. Dann kann aber die Kommunikation fortgesetzt werden. Die Stationen des Wechsels sind die *Interpunktionen*: Dort wird wieder selektiert, entschieden und aus der inneren Verfasstheit des anderen autopoietischen Systems ein neues Angebot der Information und Mitteilung gemacht, aber ausschließlich aus dem eigenen Sinnsystem heraus. Bis jetzt ist der Andere nur insofern aktiv gewesen, als er im günstigsten Fall sagt, dass er - wie auch immer - verstanden hat. Nun beginnt sein Part: Er setzt jetzt seine Interpunktion, d. h. seine Antwort als Selektion dieser Mitteilung. Sie muss und ist nicht an die Sinnstruktur des Vorangegangenen gebunden und muss nicht linear fortgesetzt werden.

Diese Antwort geschieht wiederum nur als Eigenselektion des Anderen.

Genau an dieser Stelle wird entschieden, ob die Kommunikation fortgesetzt wird und, wenn ja, wie. Wird sie fortgesetzt, ist durch die ständigen Interpunktionen der Beteiligten autopoietischen Systeme zwar Kommunikation garantiert, aber nicht die Fortsetzung des von Anfang an initiertes Sinnsystems. Es gibt kein lineares Sinnsystem, sondern Kommunikation entsteht und verschwindet. Sie ist *Ereignis* und in sich zirkulär geschlossen, keineswegs aber nur an die Ausgangslogik des „Erstmitteilers" gebunden. Sie ist spiralförmig und von Augenblick zu Augenblick neu zu initiieren. Kommunikation ist ein Netzwerk, das eine Einheit konstituiert.

Interpunktion verdeutlicht und beschreibt nach Watzlawick jene Stelle der Kommunikation, an der bereits ein Anreizmorphem eine Sinnstruktur festgelegt hat.

Diese erste Station können wir als *Anfangs-Interpunktion* bezeichnen. Der „Erstmitteiler" ist dafür verantwortlich, dass er die Kommunikation begonnen und in eine bestimmte Richtung gelenkt hat und dass er zugleich andere Richtungen selektiert, negiert und ausschließt. Es wird unterschieden, worüber in Zukunft gesprochen werden soll und was dadurch ausgeschlossen ist.

Der Begriff der *Transaktion* bezeichnet die qualitativen Austausch-Beziehungen zwischen Lehrenden und Lernenden. Haben wir bisher mit den Begriffen *Interaktion* und *Interpunktion* mehr den formalen Aspekt des Ablaufs von Kommunikation bezeichnet, so beschreiben wir mit Hilfe des Begriffs *Transaktion* die jeweiligen aktualisierten personalen Strukturanteile in der Kommunikation: z. B. Kind-Ich-Anteile, Eltern-Ich-Anteile, Skripts.

Die Frage heißt jetzt: Welche personale strukturelle Anteile konstituieren jeweils die inhaltlichen Kommunikationsverläufe und damit auch die Verläufe von Konstruktion, Selektion und Negation und die Interaktionsfolge?

Was ist unterrichtliche Kommunikation?

Ich *verstehe*, wenn ich das, was jemand sagt, in meine Erfahrung einordnen kann oder nicht. Warum aber kann für den Einen das, was ich sage, Sinn ergeben, für den Anderen nicht, obwohl er meint, mich zu verstehen? In beiden Situationen kann die Kommunikation durch eine neue Sinn- oder Bedeutungssequenz fortgeführt werden.

Es ist - nach Luhmann - ein doppelter Überschuss da: Man kann in verschiedenen Hinsichten verstehen und dann in verschiedenen Weisen die Kommunikation fortzusetzen.

Wenn wir den Fluss des Unterrichts beobachten, können wir dieses Fließen von diskontinuierlicher Kommunikation mit folgenden Leitfragen analysieren:

Welchen Kommunikationsstil möchte ich verwirklichen?

Welchen verwende ich tatsächlich"
   z. B. abwertende Kommunikation, asymmetrische Kommunikation?

Welche Techniken der Kommunikation kenne ich, welche wende ich an:
   z. B. Spiegeln, Kalibrieren, Paraphrasieren?

Welchen Kommunikations-Modellen folge ich:
   z. B. den Regeln der Nicht-direktiven Gesprächsführung, 4 Seiten einer Nachricht?

Normierung als Planungs-Dimension

Die Schule als Zwangsinstitution für Schüler und Lehrer erzwingt von vornherein eine Bejahung der Schulzeit und der darin festgelegten Erwartungen und Forderungen. Die Schulzeit ist nicht diskutierbar und veränderbar, solange unsere Gesellschaft an den Grundmythen festhält, die heißen:

> *Ohne professionelles Lehren und Lernen und ohne Unterstützung wirst du dein Leben in einer hochkomplexen Gesellschaft niemals meistern.*
>
> *Um dies zu gewährleisten, hat man beschlossen, dass du in die Schule gehen musst, die dich in eine der drei hierarchisch bewerteten Stufen einteilen und entsprechend qualifizieren wird.*
>
> *Dort, im Bereich „Bildung", erwirbst du ein kulturelles Kapital, das du entweder durch Inkorporierung verinnerlichen wirst oder als materielles Kapital in Form von Zeugnissen, Noten, Urkunden beglaubigt bekommst und dauerhaft als Kompetenz besitzen wirst.*
>
> *Für diese Profitrate wirst du sehr viel Arbeits-Zeit investieren, diesen Rahmen akzeptieren und auf alle Gewalt dagegen verzichten.*
> *Deine Eltern werden sehr viel Geld aufbringen müssen.*
>
> *Falls du diese Erwartungen nicht erfüllst, wirst du in die unteren Stufen der Sortierbereiche eingeteilt: Sonderschule, Hauptschule Realschule.*
>
> *Höchste Stufe ist das Abitur und ein akademischer Abschluss.*
>
> *Hast du alles erfolgreich bewältigt, werden dir Prestige, Ehre, Geld, Autorität, Benennungsmacht und Beziehungen zuteil.*
>
> *Bei diesem unverrückbaren Rahmen kann es für dich auch zu Verschleißkosten und Umwandlungskosten kommen, vor allem, wenn du die von den Lehrern erwartete Leistung nicht erbringen kannst, weil du sie vielleicht nicht verstehen kannst oder du dir einen ganz anderen inneren Rahmen als Eigenlogik zurechtgelegt hast.*
>
> *Es kann zu einem Schwund deiner ursprünglichen Begeisterung und freudigen Zugehörigkeit zu diesem System kommen. Dann musst du schauen, wie du durchkommst, und dich eben anstrengen.*
>
> *Falls du diese Erwartungen nicht erfüllst, wirst du einen entsprechenden Schwund an deinem kulturellen und objektivierten Kapital erfahren.*

Dieser Zwang birgt bereits ein riesiges Paradoxon in sich: Einerseits will der jungen Mensch lernen, andererseits wird er gezwungen zu lernen, und zwar mit der Bedingung des Erwerbs von Bildungsaktien, die die Lehrer ausgeben und je nach ihrer Willkür als wertvolle oder weniger wertvolle Aktien ohne Fremdkontrolle verteilen. Um diesen Mechanismus zu gewährleisten, werden Lehrer für das funktional differenzierte Teilsystem „Bildung" formal ausgebildet. Dabei spielt es bisher keine Rolle, welche Struktur der Lehrende auf Grund seines Primär- und Sekundär-Habitus mitbringt. Weder in der Lehreraus- noch –fortbildung wird die persönliche Entwicklung des Lehrenden thematisiert.

Ein weiterer Aspekt ist der Zwang zur Vermittlung von „kulturellem Kapital".
Diese Situation lässt sich mit der „Theorie des Kapitals" von Bourdieu gut erklären.[348] Nach Bourdieu ist „Kapital" die akkumulierte Arbeit, die sich entweder in Form von Symbolen, als Materie oder in verinnerlichter, inkorporierter Form zeigt. Die Logik dieses Kapitalbegriffs enthält wichtige Mechanismen wie z. B. *Akkumulation*, *Investition* und *Transformation*.. Die Verteilung von Kapital entspricht der inneren Struktur der Gesellschaft.

Bourdieu unterscheidet drei Arten von Kapital:
- das ökonomische Kapital
- das kulturelle Kapital
- das soziale Kapital

Jede Kapitalform weist eine je spezifische Institutionalisierungsform auf:
- das ökonomische Kapital die Form des Eigentumsrechts
- das kulturelle Kapital die Form des schulischen Titels
- das soziale Kapital die Form des Adelstitels, der Mitgliedschaften in einflussreichen Clubs und Vereinen Parteien, Stiftungen usw.

Das kulturelle Kapital wird unterteilt in *inkorporiertes* Kapital , *objektiviertes* Kapital und *institutionalisiertes* Kapital.

Kapital				
ökonomisches Kapital	kulturelles Kapital			soziales Kapital
Eigentum	schulischer Abschluss			Titel
	inkorporiertes kulturelles Kapital	objektiviertes kulturelles Kapital	institutionalisiertes kulturelles Kapital	

Die erste Form, das *inkorporierte* kulturelle Kapital ist ein an Körper und Person gebundenes verinnerlichtes Kapital in Form von Wissen. Es wird erworben durch die in Bildung investierte Zeit, die man persönlich aufbringen muss, nicht delegieren kann und die auch mit diversen Entbehrungen einhergeht. Im Gegensatz zu Geld kann inkorporiertes Kulturkapital nicht durch Schenkung, Vererbung, Kauf oder Tausch kurzfristig weitergegeben werden. Erst durch die langfristige Vermittlung - Didaktik - ist die Weitergabe möglich.

Das *objektivierte Kulturkapital* umfasst alle dokumentierten Attribute. Dazu gehören vor allem Schriften, Gemälde und neuerdings das Internet. Es ist besser übertragbar als das inkorporierte Kapital. Die Nutzung dieses Kulturkapitals ist in jedem Fall angewiesen auf das entsprechende Know-how, d. h. auf das inkorporierte Kapital.[349]

Mit dem Begriff institutionalisiertes kulturelles Kapital meint Bourdieu vor allem die durch Titel und Abschlüsse für alle Zeiten beglaubigten inkorporierten Kapitalien.

---

[348] Bourdieu, 1983, S. 183

[349] Diese mangelnde Inkorporierung wird indirekt auch durch Studien wie TIMSS und PISA aufgezeigt.

Im Unterschied zu Trägern von nicht beglaubigtem Wissen sind Träger des institutionalisierten Kulturkapitals vom Zwang befreit, permanent ihre Kompetenz aufzeigen zu müssen, weil ihnen diese dauerhaft unterstellt wird. Bourdieu nennt diese Unterstellung *kollektive Magie*, da sie per definitionem kulturelles Kapital dort zuschreibt, wo Titel vorhanden sind.

Diese Einteilung erlaubt uns, im Zusammenhang mit Normierung die internen Magien zu verstehen, die im Laufe der schulischen Karriere entstehen, und einen genaueren Einblick in die Eigenlogiken von Lehrenden und Lernenden zu gewinnen.

Selbstreferenz und Fremdreferenz der Beteiligten bei der Normierung

Es ergeben sich grundsätzlich zwei Positionen:

Einerseits geht es um den *Lehrenden* mit seinem beruflichen Habitus, also den im Laufe der beruflichen Entwicklung erworbenen Wahrnehmungs-, Denk- und Handlungs-Mustern, verbunden mit der eigenen früheren Strukturentwicklung, dem Primärhabitus, und mit seinem gesellschaftlichen Auftrag der Vermittlung von kulturellem Kapital und der gleichzeitigen existenziellen Absicherung für sein Leben.

Zum Anderen geht es um den *Lernenden* mit seiner gerade in Gang gekommenen Entwicklung inmitten einer postmodernen Komplexität, mit unendlichen vielen Optionen und zugleich einem strikten Zwang, die dargebotenen Kulturangebote der Lehrenden zu übernehmen oder sich ihnen zu widersetzen mit allen Folgen, die die Gesellschaft und das Schulsystem dann bereithalten: z. B. Ausschluss, Entehrung, Selektion in die nächst tiefere Bildungsstufe. Die Selbstreferenz des Lernenden geht in die Grundcodierung „Anpassung" und „Hoffnung": Anpassung um jeden Preis an die Erwartungen des schulischen Rahmens und Hoffnung auf die Ausgabe von möglichst guten Bildungsaktien als inkorporiertes oder institutionalisiertes Kulturkapital. Diese Grundcodierung ist in unserem Zusammenhang *der* entscheidende Disziplinierungsmodus. Davon hängt alles Weitere ab. Diese Disziplinierung geht einher mit Versprechungen für die Zukunft. Es werden von der Gesellschaft Versprechen gemacht, wobei man aber viele Einschränkungen in Kauf nehmen muss:

- Festlegung der halben Lebenszeit durch außen
- Leistungserwartung ohne materielle Gegenleistung
- Beschränkung der elementaren Bedürfnisse
  wie Gehen, Laufen, Schlafen, Essen zu individuell passenden Zeiten
- Ausgeliefertsein an den willkürlichen Aktienverteiler
  ohne Möglichkeit einer Intervention

Diese Sichtweise der Gesellschaft ist aber keinesfalls bei allen Lernenden homogen und akzeptiert. Es bilden sich sehr unterschiedliche Selbst- und Fremdreferenzen aus.

Beim Lehrenden sieht die Selbstreferenz noch einmal anders aus:

Er ist dem System Schule als operational geschlossenem System unterworfen. Innerhalb der gebildeten Normen und Vorstellungen von schulischer Kapitalbildung kann er sich anschließen. Tut er dies, kann er damit rechnen, dass er als ehrenhaftes Mitglied dieser Gruppe angesehen wird. Bewegt er sich außerhalb dieses Rahmen, wird er weder Ehre noch Zustimmung erfahren. Deshalb sind Lehrende mit innovativen Ideen und Projekten immer in der Gefahr, von der eigenen community argwöhnisch beobachtet und notfalls diszipliniert zu werden.

Wir sehen einen Strukturzusammenhang zwischen
- den Normen des Bildungs-Tauschmarktes
- den Normen, die vom Lehrenden gesetzt werden
- den Regeln und Normen, die gemeinsam verabschiedet oder verändert werden
- einem von den Lernenden selbst vorgeschlagenen und verabschiedeten Regelwerk

Bedingungen des relevanten Systems als Planungs-Dimension

Wir werden uns an anderer Stelle ausführlich mit den gesellschaftlichen, rechtlichen und symbolischen Rahmenbedingungen unserer Bildungs-Teilsysteme auseinandersetzen. Die relevanten Bedingungen für die Bildung einer Didaktischen Landschaft sind Grundlage genauso für die latenten wie auch für die aktuellen Entscheidungen, nur sind sie kaum reflektiert. Sie befinden sich eher als „Kopfbewohner" im Bewusstsein des Lehrenden.

In der Morphem-Bildung geht es darum, zu unterscheiden, welche „harten" Rahmenbedingungen ich als Lehrender später in der Driftzone übernehmen, einhalten, durchsetzen und vertreten kann und will und wo andererseits „weiche" Nischen und Zonen vorhanden sind, die es mir erlauben, meine eigene Subjektive Didaktik zu verwirklichen. Hierzu könnten evtl. folgende Dimensionen dienen:

> *Zugehörigkeit zu einem sozialen System: Fokales System*
>
> *Beachtung bzw. Nichtbeachtung der Regeln und Normen im relevanten sozialen System: z. B. Schulart, Schulform, Lehrerkollegium, Hierarchie*
>
> *Sinnprozessierung von sozialen Systemen:*
> *z. B. „Streber können wir nicht brauchen."*

Wissens-Konstruktionen sind Dimensionen der Zugehörigkeit zu einem sozialen System, d. h. sie werden nur in einem ganz bestimmten Sinn, z. B. Tauschmarkt-Sinn, oder Lehrplan-Sinn, konstruiert, bearbeitet, kommuniziert und selektiert.

Der Lehrende ist im allgemeinen im Sinne der Selbstreferenz darauf fokussiert, diese Normen, Regeln und Selektionen im wesentlichen einzuhalten, weil er sonst befürchten muss, selbst in eine soziale Risikozone zu geraten, wenn er sie nicht einhält oder Wissen mit anderen Mustern mit seinen Lernenden kommuniziert, z. B. mit dem Muster der Dekonstruktion. Auch die Zugehörigkeit zu weiteren relevanten Systemen beeinflusst die Morphem-Bildung des Lehrenden. *Berufsverband:* Der berufliche Habitus in Bezug auf die Fächer, die der Lehrende lehrt oder studiert hat, wird oft auch noch durch die Zugehörigkeit zu einem Berufsverband unterstrichen, meist in Form von professionellen Mustern, versteckten Präskriptionen oder Erfahrungen, Eingebundenheit durch Solidarität. *Zugehörigkeit zu Schulgemeinde, politischer Partei*: Weitere Dimensionen sind die sozialen Kontrollmechanismen aus anderen fokalen Teilsystemen, wie z. B. der Schulgemeinde, z. B. Eltern, Vertreter der Kommune usw., oder einer Partei. Lehrende sind bewusst oder unbewusst diesen Erwartungs-Erwartungen ausgesetzt und unterworfen.

Der kulturelle Habitus

Wie Bourdieu eindrucksvoll dargestellt hat, sind gesellschaftliche Strukturen bis tief in unseren Körper hinein verankert. Diese Strukturen bilden u. a. auch die Grundlage für bestimmte Selektionen in der Wissens-Konstruktion und bei der Bewertung von Bildungs-Produkten beim Lernenden.

Unterrichts-Konstruktion unter Verwendung sozialer und individueller Logiken

Unterrichtsplanung im Phänomenbereich I, der Reflexion, heißt auch, diese Logiken kennenzulernen, sie reflektorisch für Didaktisches Handeln vorzubereiten und evtl. zu trainieren.
Daraus resultierende Handlungs-Imperative heißen dann z. B.:

- Benütze unscharfe und weiche Logiken
- Trainiere dich für kontingente Logiken
- Schaffe in der Driftzone Bereiche für Risiko und Ungewissheit
- Handle in den Basis-Komponenten ICH-WIR-SACHE nach den Prinzipien einer „Unschärfe-Didaktik".

c) Der Einfluss subjektiver Strukturen des Lehrenden auf die Morphem-Bildung

Wir betrachten den Lehrenden als autopoietisches System mit allen Implikationen der selbstreferentiellen Konstruktion, d. h. er kann sich selbst niemals aus der Morphem-Bildung herausnehmen.

Biographische Selbstreflexion als berufliches Handeln

Nimmt man diese Position ernst, so ergeben sich eine Reihe von Konsequenzen in der didaktischen Planung und im Handeln: Der Lehrende als autopoietisches System kann neben seiner Selbstreferenz - Wie sehe ich mich? - auch eine Fremdreferenz - wie sehe ich die Lernenden - aufbauen, die aber nur unter den Bedingungen des Selbstreferenz, also in den eigenen Systemverrechnungen und Präferenzordnungen operational geschlossen, homöostatisch balancierend, gelten kann.
Wenn wir vom subjektiven Anteil eines didaktischen Morphems sprechen, so ist damit nicht die ganze Person als Persönlichkeit gemeint, sondern das psychische System des Rollenträgers „Lehrender" in seiner didaktischen Struktur und Dynamik. Dennoch bleibt natürlich die Gesamtperson in ihrer jeweiligen Struktur als Rahmen erhalten. Man könnte genauso wie beim Lernenden von Chreoden, also Programmen des Lehrenden sprechen.
Doch der Unterschied ist, dass der Lehrende durch seine Ausbildung in den allermeisten Fällen eine professionelle, d. h bewusstere Reflexion über Lehren und Lernen besitzt als der Lernende und Verpflichtungen anderen Teilsystemen der Gesellschaft gegenüber erfüllen muss, die einen anderen Status haben, z. B. die Erwartungen der Teilsysteme der Gesellschaft an den Lehrenden. Darüber hinaus ist der Lehrende immer als Rollenträger einer bestimmten community unterworfen, die

eigene Regeln, Werte, Normen und Wissens-Konstruktionen verwirklicht. Leider gibt es bis heute keine theoretischen Konzeptionen über den Lehrenden als Mitglied eines sozial autopoietischen Systems mit allen Implikationen dieses Systems.
Wir führen hier Aspekte und Bereiche auf, die für eine subjektive Morphem-Bildung relevant erscheinen:

Subjektive Sinnkonstruktionen

> *Bildung von subjektiven Leitdifferenzen*
> *Entscheidung für didaktische Prinzipien und Postulate*
> *subjektive Tauschmarkt-Orientierung*
> *subjektive Chreoden-Orientierung*
> *Skript-Orientierung und Überlebens-Schlussfolgerungen*
> *Erwartungs-Erwartungen, Handlungen, Erfahrungen*
> *Vortheorien zum Lernen, zu den Fächern und zum Stoff aus der Sekundärstruktur als schulischer Habitus - vor allem aus der eigenen Lerngeschichte*
> *Vortheorien zu den Fächern und zu den Lernenden aus der Tertiärstruktur*
> *Die subjektive Position zum Lehrplan: Umfang, Verbindlichkeit, Kontingenz, Architektur, zeitlicher Korridor*
> *Die Subjektive Kernbildung, z. B. der subjektive Systemkern: Was ist mir innerhalb der Basis-Komponenten in diesem Morphem für die didaktische Kernbildung am wichtigsten?*
> *Was gehört für mich in diesem System nicht dazu?*
> *Gegen welche Erwartungen und Erwartungs-Erwartungen wehre ich mich?*
> *Welche Selektionen nehme ich in der didaktischen Driftzone nach außen vor?*

3. Die Driftzone

Wir kommen jetzt zu einem weiteren Strukturelement des Unterrichts, der Driftzone. Als „Didaktische Driftzone" bezeichnen wir den aktuellen Interaktions-Raum, in dem sich Lehrende und Lernende in einer Didaktischen Landschaft und in einem sich aufbauenden Didaktischen Feld vis à vis begegnen. Es ist ein *zeitlich*, *topologisch* und *epistemologisch* begrenzter Raum innerhalb des Didaktischen Feldes, wo sich die Anreiz-Struktur des Lehrenden in den Morphemen und das Chreoden-Potential der einzelnen Lernenden in einem aktuellen Lern-Milieu auf der Grundlage einer bestimmten Didaktischen Landschaft und bestimmten aktualisierten Bewusstseinslagen begegnen. Sie kann als Energiefeld in der Didaktischen Landschaft angesehen werden, in dem gegenseitige Resonanzen auftreten und sich laufend durch Kommunikation selbst bestätigen. Diese Resonanzen werden durch eine Vielzahl von Faktoren gebildet.

Ist die *Didaktische Landschaft* zunächst als statisches Gebilde, das *Didaktische Feld* als energiegeladene Zone zu sehen, so ist jetzt die *Driftzone* der Raum für das kommunikative Geschehen im Hier und Jetzt, wo es kein Zurück mehr gibt, wo jeder weiß, dass er, wenn er spricht, sich selbst hört. Er nimmt an, dass der Andere auch hört, dies tut er aber möglicherweise anders oder aber gar nicht.

Die Begrenzung der Driftzone erfolgt hauptsächlich unter folgenden Aspekten

> Eine *zeitliche* Begrenzung geschieht durch die Vorgabe von allgemeiner Lernzeit und durch die Festlegung bestimmter Lern-Abschnitte.
>
> Die *räumliche* Begrenzung zeigt sich in der Vorgabe von Lernorten und deren Kombination.
>
> Eine *inhaltliche* Begrenzung ergibt sich durch die jeweilige subjektive Epistemologie des Lehrenden mit seiner Morphem-Entscheidung und den Chreoden der am Lernprozess beteiligten Lernenden.
>
> Auch *Normen* begrenzen die Driftzone: Was ist erlaubt, was nicht?
>
> Schließlich bildet die Anzahl der Lehrenden und Lernenden in einer Lerngemeinschaft auch eine *soziale* Begrenzung.

Diese Driftzone wird innerhalb eines bestimmten Zeitrahmens durch folgende Faktoren konstituiert, erweitert oder begrenzt:

- durch die Anreiz-Strukturen des Lehrenden, die er mit den Morphemen vorgibt
- durch die dahinterliegenden institutionellen Rahmenbedingungen
- durch die Größe der Lerngruppe
- durch die Art von Interaktionen zwischen den verschiedenen Chreoden in der Lerngruppe
- durch den Verlauf der Intra-Prozesse innerhalb des einzelnen Lernenden
- durch die Interpunktionen und Transaktionen zwischen den Beteiligten
- durch Didaktische Entscheidungen und Wissens-Konstruktionen
- durch Interpunktionen
- durch wechselseitige Transaktionen
- durch die Bildung von Korridoren
- durch eine ständige Leistungs-Interpretation
- durch eine permanente Enttäuschungslage
- durch die selbstreferentiellen Verhaltens-Imperative und Handlungs-Muster der jeweils Beteiligten

Didaktische Morpheme seitens des Lehrenden und die bestehende Lernkultur bilden den Untergrund für das Driften von Lern-Chreoden und für die weitere Entwicklung der Lernkultur auf diesem energetischen Feld.

a) Der Begriff „Driftzone"

Den Begriff des *Driftens*, wie wir ihn gebrauchen, hat Maturana bei der Darstellung der organischen Evolution für die Entstehung der Vielfalt von lebenden Systemen verwendet. Darunter ist zu verstehen, dass Entwicklung nicht durch kausale Selektion und Anpassung entsteht, sondern dass die Strukturgeschichte der Lebewesen in einem bestimmten Milieu vielfältige Variationen hervorbringt. Das Driften ist die Folge von unterschiedlichen individuellen Interaktionsweisen mit den vielfältigen Profilen des umgebenden Milieus. Im Zusammentreffen von den vielen Arten und Verhaltensmöglichkeiten der einzelnen Individuen mit dem umgebenden Milieu entstehen individuelle Reaktionen der Systeme: Es können Stabilisierungen stattfinden, oder es entstehen Brüche und Dysfunktionalitäten, die möglicherweise zu einer Pathologisierung oder sogar Destruktion des Systems führen.

In Übertragung dieser Analogie können wir auch in der Didaktik eine Driftzone postulieren, die zwischen den Anreizstrukturen didaktischer *Morpheme* von Lehrenden und den *Chreoden* der lernenden Individuen jeweils vielfältige Variationen hervorbringt und sich zu einem hochkomplexen Milieu verdichtet. In dieser Driftzone findet sowohl die Bildung *didaktischer Formen* als auch die *Chreoden-Entwicklung* statt. Jedes Individuum driftet gemäß seiner eigenen autopoietischen Struktur durch die Interaktion mit dem umgebenden Milieu in bestimmten Entwicklungslinien, den *Chreoden*. Diese Entwicklungslinien haben zunächst sozusagen im Voraus für ihre weitere Entwicklung bestimmte Variationsbreiten. Das Driften des einzelnen Lehrenden, des Lernenden oder der Lerngruppe in eine gemeinsame Richtung ist das

Ergebnis der Interaktionen und Kommunikationen zwischen den Beteiligten. Entscheidend ist, dass diese Entwicklung sich nur in demjenigen individuellen Verhalten, Denken und Handeln zeigt, das dem einzelnen System zu diesem bestimmten Zeitpunkt möglich ist - gemäß der Strukturdeterminiertheit von lebenden Systemen. Überdies entsteht in der Didaktischen Driftzone im Verlauf der gegenseitigen Interaktionen eine gewisse individuelle und soziale Habitualisierung als Schulhabitus bzw. als Berufshabitus im Sinne der Anpassung der beteiligten Personen an das umgebende Milieu. Jedes Individuum hat gemäß seiner Struktur bestimmte Variationsmöglichkeiten, um sich an ein Milieu anzupassen und in ihm zu überleben. Dies ist zunächst unabhängig davon, wie das Milieu auf das Verhalten des Systems reagiert. Erst wenn strukturelle Konfigurationen der Individuen deren Organisation bedrohen, wenn also keine strukturelle Koppelung mehr möglich ist und wenn sie nicht mehr den Anpassungsrahmen erfüllen, sind sie in diesem Milieu durch Selektion bedroht.

In einer *rigiden Lernkultur* z. B. ist zu erwarten, dass das Milieu sich nicht auf das Driften der einzelnen Individuen einlässt, so dass diese sich nicht mehr adaptiv verhalten können, eine Anpassung also nicht mehr ermöglicht wird. Das Milieu „gehorcht" seinen eigenen Strukturen.

Eine *kommunikative Lernkultur* dagegen wird den einzelnen Systemen innerhalb einer weit größeren Driftzone Anpassungen ermöglichen, die über den konventionellen Rahmen hinausgehen.

Für Lehrende und Lernende in der Didaktischen Landschaft gilt das Gesagte in gleicher Weise: Lernende driften gemäß ihrer Struktur und dem Interaktionsprozess im Milieu in eine bestimmte Richtung, sie bilden *Chreoden*. Diese Richtung muss als „Anpassung im Milieu" angesehen werden. Ist vom Beobachterstandpunkt des Lehrenden aus diese Anpassung unzureichend bzw. nicht mehr gewährleistet, so muss das Individuum dieses Milieu verlassen, obwohl es seine Anpassung im Sinne seiner eigenen Autopoiese geleistet hat. Ebenso driften Lehrende gemäß ihrer Struktur und dem Interaktionsprozess im Milieu in eine bestimmte Richtung. Dieses Driften ist ebenfalls das Ergebnis von Eigenstruktur und Anpassungsleistung.

In den herkömmlichen Lernkulturen besteht ein entscheidender Unterschied zwischen dem Driften des Lernenden und dem des Lehrenden: Der Lehrende hat in der Driftzone eine weit größere Definitions-Macht über die Situation als der Lernende. Häufig beobachtbare Konsequenzen aus dieser Machtstellung des Lehrenden sind: Intellektualisierung und Rationalisierung des Unterrichts auf Grund vorgefasster und einseitiger Interpretations-Erlaubnis durch den Lehrenden. Bei Lernenden sind die Folgen dieser Definitions-Macht sehr unterschiedlich: Anpassung an die Norm, Widerstand und Rebellion, Kränkung und Depression, Nicht-Verstehen-Können trotz hohen Anpassungswillens usw. Die zirkulären Folgen beim Lehrenden sind dann wiederum z. B. Belohnung für die Einhaltung des vorgegebenen und erlaubten Interpretationsrahmens oder aber, bei Widerstand der Lernenden, Kränkung, Resignation, Burn-out-Syndrom, Bestrafungsrituale.

b) Die Entstehung der Driftzone

Sobald der Lehrende seine geplanten Morpheme in den Unterricht einbringt, entsteht ein energetisches Feld. Es beginnt die Transformation seiner Planung in einen anderen Phänomenbereich (II), den des Didaktischen Handelns in der Driftzone. Dort entsteht plötzlich alles im Hier und Jetzt in Form einer neuen Gestalt durch zusätzliche Elemente. Die Planungseinheiten und die latente Struktur des Phänomensbereichs I werden zur abrufbaren Folie mit unendlich vielen Elementen. Ob sie abgerufen und zu Handlungs-Imperativen bzw. Verhaltensmuster werden oder nicht, hängt nun ganz vom Strom der Ereignisse, der latenten Bewusstseinsstruktur der Beteiligten, der bereits gebildeten sozialen Systemgeschichte und den aktuellen Interpunktionen und Transaktionen der Beteiligten, kurz von den bereits gebildeten Invarianzen, d. h. den stabilisierenden Mustern ab.

Diese Muster und Schemata sind dabei nicht als Repräsentationen von Umweltphänomenen zu verstehen, sondern als Bezugssysteme mit Ordner-Eigenschaften der Beteiligten, die jeweils in der Lage sind, neuronale Subsysteme miteinander zu verbinden und dadurch bestimmte individuelle Systemzustände zu erzeugen.

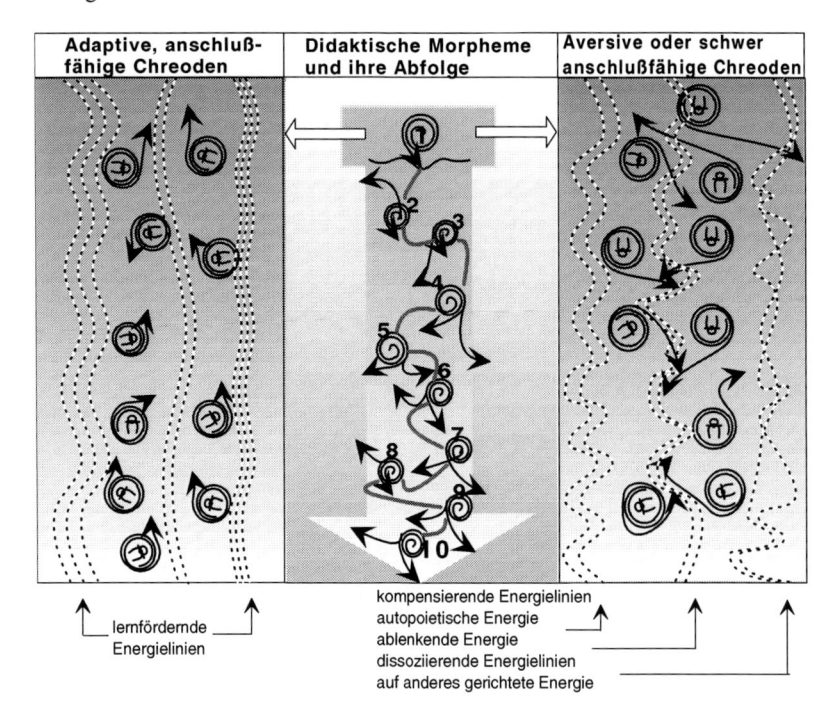

Abbildung 32: Die Entwicklung von didaktischen Formen

Die Entstehung der Driftzone geschieht durch psychische Energien der Mitglieder als autopoietischer Systeme und durch die Tiefenstruktur der Didaktischen Landschaft.
Diese Energien sind nicht so ohne weiteres sichtbar, so ähnlich, wie magnetische Energien erst durch Eisenfeilspäne sichtbar gemacht werden können. Sie besitzen Zielgerichtetheit – Attraktoren - und Rekursivität - Rückversicherung auf das Bestehende - und beeinflussen ständig die gegenseitigen Resonanzen zwischen den Lernenden untereinander und dem Lehrenden. Die Resonanzen können konstruktiver oder destruktiver Art sein oder zum kognitiven Geräusch werden.
Das Zwischenfeld zwischen Aufmerksamkeit und Nichtaufmerksamkeit, zwischen Wahrnehmung und Selbstversunkenheit ist ständig im Fluss. Diese Energien können sich zu hoher Lern-Konzentration bündeln oder sich zerstreuen; dann bilden sie eine diffuse aversive Atmosphäre.
Die Energien kommen aus den autopoietischen Systemen der Lernenden und Lehrenden, deren Mechanismen sie auch unterworfen sind: Fähigkeit zu Selbstorganisation, Selbstdifferenzierung, Selbstreferentialität und zur Bildung von konsensuellen oder nicht-konsensuellen Bereichen, die Fähigkeit zur Negation, zum Ausschluss, zur Verzerrung, Tilgung und Generalisierung.
Die Aktivierung der Driftzone geschieht - im herkömmlichen Verständnis von Unterricht zumindest - zu Beginn eines Unterrichts, zu Beginn einer neuen Entwicklung oder während einer bereits begonnenen Entwicklung - über die Morphem-Bildung des Lehrenden. Damit und währenddessen geschieht bereits durch die energetischen Interpunktionen von Lernenden eine Strukturbildung, eine Gestalt von Transaktionen, Selektionen und Interpretationen, die alle rekursiv in die Chreoden-Struktur des einzelnen Lernenden und in die weitere Morphemgestaltung des Lehrenden münden. Induziert z. B. der Lehrende in seinem Morphem das *Drama-Dreieck*, indem er in seiner Kommunikation nahezu immer auf Abwertung der Lernenden zielt, dann geschieht automatisch eine Deaktivierung anderer energetischer Bereiche. Es gibt in diesem Fall z. B. kein Lob, keine Aufmunterung, kein empathisches Verhalten, sondern umgekehrt: Abwertung, Minderung des Selbstwertgefühls und des Neugierdeverhalten usw. Andere potentielle Formen sind auf Grund dieser energetischen Besetzung nicht mehr oder nur schwer möglich.
An dieser Stelle wird deutlich, wie wichtig es wäre, bei Anfangssituationen in der Schulkarriere oder zu Beginn eines neuen Schuljahres bei veränderter Sozialstruktur in der Klasse, bei Beginn eines Kurses oder Seminars in der Erwachsenenbildung usw. die Driftzone sehr sorgfältig aufzubauen.
In der Driftzone stehen Lehrende und Lernende als autopoietische Systeme sich zunächst gegenüber. Die eine Seite – der Lehrende - versucht in Form eines didaktischen Morphems Lernanreize zu gestalten, und die andere Seite, die Lernenden, organisieren sich entsprechend der aktuellen Bewusstseinslage in ihren Türhüter-Chreoden und in der synreferentiellen Bewusstseinslage der Lerngruppe.
In der nun folgenden Lernsituation stehen sich zwei Pole in der Bewusstseinslage gegenüber. Die eine Seite ist die offizielle Version des Lehrenden und die adaptiven Chreoden einzelner Lernenden, die andere ist die jeweilige individuelle und soziale Version fernab der offiziellen Version bei den aversiven Chreoden. Zwischen diesen Polen ergeben sich laufend Übergänge durch ständige Oszillationen zwischen diesen beiden Bewusstseinszuständen und Bewusstseinsentwicklungen.
Soll es zu einer didaktisch fruchtbaren Resonanz kommen, müssen einige

Grundbedingungen erfüllt sein: Jedes System muss mit seinen kognitiven, emotionalen und handlungsmäßigen Subsystemen einen Zustand ausgebildet haben, der mindestens mit einem Muster des Interaktionspartners übereinstimmt bzw. verglichen werden kann, sonst ist keine gegenseitige Resonanz und strukturelle Koppelung möglich.

Lebende Systeme mit konsensuellen Bereichen produzieren kognitive Systeme und Zustände, die einen gemeinsam erzeugten Sinn und eine gemeinsame Bedeutung haben. Sie erzeugen in der didaktischen Interaktion im günstigen Falle weitere konsensuelle Bereiche. In der Driftzone entscheidet sich jeweils und für jeden, ob sich für ihn die unterrichtliche Kommunikation fortsetzt oder nicht oder nur zeitweise. Wenn lebende Systeme als Lehrende und Lernende keinen konsensuellen Bereich und damit kein resonantes kognitives System aufbauen können, und dies ist in der didaktischen Realität häufig der Fall, kommt es zu kognitivem Geräusch, zu Eskalationen, Brüchen und systemeigenen Selektionen mit allen Folgen, die wir in unserem Bildungssystem tagtäglich erfahren und beobachten können. Wissen entsteht nicht durch Enkodierung und Repräsentationen, sondern es emergiert im Augenblick der Kommunikation. Damit kann Wissen auch nicht „objektiv" sein, sondern es wird stets aus der Sicht des Handelnden selbst oder des Beobachters formuliert. Aus diesem Grund ist unterrichtliche Kommunikation das Medium zur Wissens-Konstruktion überhaupt.

c) Didaktisches Handeln und Didaktische Reflexion in der Driftzone

Alltagswissen ist nach Relevanzen gegliedert, d. h. in der Morphem-Bildung des Lehrenden ist sein Bewusstsein nach subjektiven Interessen, gesellschaftlichen Standards und didaktischen Habitualisierungen gegliedert. Diese Relevanzgliederung liefert dem Individuum den jeweiligen Wissensvorrat als „Fertigware"[350] für sein Alltagshandeln. Die Routinetätigkeit ist das Alltags-Muster und nicht das Problematisieren des Alltags. Problematisch es, wenn jemand dieses Routinehandeln durchbrechen will. Dann wird es als Durchbrechen der Alltags-Wirklichkeit empfunden und weist auf eine andere Wirklichkeit hin, die auch einem anderen System zuzurechnen ist. Sie wird dann nicht mehr als gemeinsame Alltagswelt empfunden. Es beginnen die meist nicht kommunizierten Selektionsmechanismen, die bei Innovationen und Konzepten der Organisationsentwicklung für das Bildungssystem, speziell in der Schule oder in der Erwachsenenbildung und beruflichen Bildung massive Schranken setzen. Dieser Vorgang hat viele Konsequenzen für die unterrichtliche Kommunikation: Wie werden subjektive Erfahrungen, vor allem bei Lernenden, in Symbolisierungen und Zeichen umgesetzt, damit sie kommunizierbar werden? Wenn sie dies geworden sind, sind sie aber immer noch nicht in das Handlungsfeld des Anderen hinein zu modellieren, weil Erfahrung des Einen nicht durch Sprache in den Existenzraum des Anderen im Sinne von eingeschliffenen Handlungs-Muster transformierbar ist. Dies muss vor allem beim sogenannten „erfahrungsorientierten Unterricht", aber auch im gesamten Fort- und Ausbildungsbereich gesehen werden. Handlung kann man sich in einem

---

[350] nach Berger & Luckmann, 1969

Interaktionsprozess vorstellen und der Handlung einen didaktischen Sinn unterstellen. Die Motive, Transaktionen und Visionen dienen dann zur Erklärung der Formen, die die didaktischen Interaktionen annehmen. Eine solche Erklärung blendet aber zugleich alle anderen Verweisungsformen aus. Dadurch bekommen wir in der Didaktik, vor allem bei Wissens-Konstruktionen - oft die dogmatischen und ontologisch erscheinenden „Wahrheiten", die ein Lehrender den Lernenden zumutet. Die Rolle des Nichtwissens sollte umgedreht werden: Wer eine Konstruktion anbietet, sollte immer zugleich auch ansagen, was er *nicht* anbietet, sofern ihm Negationskonstruktionen zugänglich sind. Allerdings geht das nur, wenn jemand weiß, *was* er negiert oder ausgeschlossen hat. Die Brücke dafür könnte der *Didaktische Relativismus* sein, also zu sagen, welche Logiken, Referenzbereiche und Dimensionen für die Konstruktion zur Verfügung stehen und welche aus Gründen der Reduktion bewusst ausgeschlossen werden. wohl wissend, dass Lernende andere Anschlüsse und Ausschlüsse produzieren können, ja müssen.

Jede Fachdidaktik sollte bestrebt sein, die jeweiligen Anschlüsse und Ausschlüsse bekanntzumachen, damit bei Vermittlungsprozessen in der Wissens-Konstruktion grundsätzlich eine weit größere Emergenz-Zone für Didaktisches Handeln entstehen kann. Wir haben im Kapitel „Didaktisches Morphem" bereits ausführlich über das Verhältnis zwischen Beobachtung und Handlung referiert. Durch die Unterscheidung zwischen dem Beobachterstatus und dem Status des Handelnden ist der Lehrende jetzt besser in der Lage, die jeweiligen Kommunikationsprozesse auszudifferenzieren und im Unterrichts-Alltag auseinanderzuhalten. Diese Unterscheidung verhindert auch die Vermischung der beiden Phänomenbereiche „Reflexion" und „Handeln".

Kommen wir nun zu dem Punkt, an dem die Frage zu stellen ist, wo die Querverbindung zwischen didaktischer Reflexion als Bestandteil eines didaktischen Morphems und dem Didaktischen Handeln in der Driftzone ist. Wir haben die Unterscheidung von Didaktischer Reflexion im Sinne von Theoriebewusstsein als Phänomenbereich I und Didaktisches Handeln als Phänomenbereich II in der Morphem-Bildung vorgenommen. Zur Erinnerung sei noch einmal festgestellt:

- **Postulat 1:** Unterscheide streng zwischen den Phänomenbereichen I und II, der Didaktischen Reflexion und dem Didaktischen Handeln
- **Postulat 2:** Arbeite Komplexität im Reflexionsbereich aus und reduziere Komplexität im Didaktischen Handeln!

Didaktisches Handeln heißt zunächst Reduktion von Komplexität um jeden Preis: also handeln, handeln, handeln. Didaktisches Handeln gehört dem Phänomenbereich II an mit seinen Strukturelementen auf verschiedenen Bewusstseinebenen: H1, H2, H3, H4.

- **H1:** *handeln, handeln, handeln*
  symmetrisch, asymmetrisch, paradox usw. Grundlagen dieses Handelns sind gelebte, oft unbewusste Alltagstheorien. Das Handeln wird nicht thematisiert oder gar systematisch reflektiert.
- **H2:** *handeln, handeln, reflektieren, handeln*
  Reflexion im Bereich Alltagswissen.
  Das didaktische Handeln wird unter dem Rahmen von Erfahrungen und Selbstverständlichkeiten gelegentlich reflektiert.

- **H3:** *handeln, reflektieren, handeln, reflektieren*
  Das Handeln wird durch Selbst- und Fremdreferenz des Handelnden oder eines Beobachters mit Hilfe eines Fachbegriffes oder Teilen einer Theorie reflektiert. Im H3 Bereich sind es bereits Theoriestücke, die der Handelnde im Rekurs auf wissenschaftliche Theorien integriert hat.
- **H4:** *handeln auf der Grundlage eines Bewusstseins mit theoretischem Bezugsrahmen und der eigenen subjektiven Struktur mit der Möglichkeit, sich auch für andere Alternativen zu entscheiden.*
  Es ist Didaktisches Handeln nach hoch reflektierten, integrierten und z. T. ins Unbewusste abgesunkenen Handlungs-Mustern und Verhaltens-Imperativen innerhalb der eigenen subjektiven Struktur mit einer integrierten geschlossenen Theorie.

Oder anders gesagt: Der Handelnde analysiert nach der Handlung seine eigenen Handlungsstrategien und seine Logiken des Handelns auf der Grundlage einer Theorie und ihrer Sprache. Diese Reflexion kann wichtige Hinweise auf verborgene Muster im Verhalten geben, die sonst überhaupt nicht bewusst werden. Meist sind diese Meta-Ergebnisse ohne Fremdreferenz eines Beobachters, z. B. eines Supervisors, Beraters, Prozessbegleiters, schwer erkennbar. Sie sind unsere „blinden Flecke". Diese Reflexions-Stufen sind meist Voraussetzung für Veränderungen im eigenen Verhalten.

Nach dieser Unterscheidung sehen wir schon: Die herkömmliche Forderung nach einer sekundenschnellen Oszillation zwischen Handeln und Reflexion in der Driftzone des Unterrichts ist nicht erfüllbar. Besonders die Forderung nach H3- oder H4 Handeln wird aber oft stillschweigend von Beobachtern jeglicher Art, Dozenten, Mentoren, Schulräten, Eltern usw., aufgestellt. Sie ist aber kein realistischer Attraktor für Didaktisches Handeln. Systemtheoretisch gesehen, kann Handeln als *Orientierung an der Umwelt* angesehen werden. Damit diese aber ausreichend und professionell geschehen kann, muss die Eigenkomplexität des autopoietischen Systems des Lehrenden so groß sein, dass sie ausreicht, um intern rückgekoppelte Prozesse in Gang zu setzen, damit bei Umweltänderungen die Potentialitäten für eine bewusste Reorganisation des internen Außenweltmodells vorhanden sind.

Eine *Didaktische Handlung* ist demnach diejenige Operation, die das System, sprich Lehrender *und* Lernende, auf Grund seiner Grenzen, Ressourcen und Strukturen selbstgesteuert plant und durchführt. Voraussetzung ist eine hohe Eigenkomplexität, die Rückmeldungen aus der Umwelt verrechnen kann und bei Notwendigkeit das eigene Außenweltmodell abzuändern oder das bestehende Außenweltmodell reflektiert beizubehalten in der Lage ist.

Für den Lehrenden wichtige Fragen wären danach:

> *Wie kommen meine internen Muster, die meine Handlungen steuern, zustande?*

> *Wie kann ich sie, falls ich sie erkenne, mit meiner bisherigen Realitätstheorie vergleichen und gegebenenfalls ändern?*

> *Wie kann ich als Lehrender meine früher auf der Basis von Alltagstheorien und biographischen Strukturen gebildeten Muster auf Situationen anwenden, die oft ganz anders sind und in einem anderen Kontext stehen?*

Diese Fragen könnten sowohl in den Phasen der Lehrerausbildung als auch in der Supervision in einem Begleitprozess laufend bearbeitet werden. Handlungen werden überwiegend von Mustern geleitet, die in einer anderen Zeit und in einer anderen, nicht übertragbaren Situation gebildet wurden. Die Logiken des Überlebens werden so verfestigt, dass sie zum dominanten Attraktor des eigenen Didaktischen Handelns ohne Hoffnung auf Veränderung werden.

Umgekehrt kann im Sinne von Fremdreferenz gesagt werden, dass das damals geschaffene Außenweltmodell auf die heutige Situation projiziert werden muss, ganz gleichgültig, ob sie sich verändert hat oder sich anders präsentiert. Das einmal geschaffene Außenmodell müsste also laufend vom System selbst im Sinne einer Biographischen Selbstreflexion überprüft werden. Das krasseste Beispiel für diese Problematik ist der Sturz von der theoretischen Bewusstseins-Situation in der 1. Phase der Lehrer-Ausbildung in die tägliche Handlungsrealität in der 2. Phase, wo dann Reflexion und Sichtbarmachung von Komplexität durch Theorie zum Alptraum wird.

Im Phänomenbereich II geht es weiterhin um Prozesse der *Kommunikation*, des *Verstehens* und des *Interpretierens*, ferner um die Bildung von *konsensuellen Bereichen* zwischen Lehrendem und Lernenden und um die *Bildung von Korridoren*.

> *Der Lehrende muss ständig die Interpunktionen der Lernenden interpunktieren.*
>
> *Er muss um des Prozessierens willen laufend Selektionen und damit auch Negationen aus dem Angebot der Lernenden vornehmen.*
>
> *Er sollte ständig die Transaktionen der Lernenden verstehen und entsprechende Steuerungshilfen geben.*
>
> *Die Sprache produziert zwischen autopoietischen Systemen ständig Irritationen. Beide Seiten - Lehrender und Lernende - finden sich im günstigen Falle nur in einem sehr schmalen Ausschnitt aus vielen Möglichkeiten zu einem konsensuellen Bereich zusammen, noch weit weniger zu einer strukturellen Koppelung.*
>
> *Die didaktische Kompetenz des Lehrenden - und später auch die des Lernenden - sollte eine hohe Awareness in der Beobachtung des energetischen Feldes von Erwartungen und Gegenerwartungen aufweisen.*
>
> *Der Lehrende steht wegen des Prozessierens der unterrichtlichen Kommunikation ständig unter Zeitdruck und damit unter Entscheidungsdruck.*
>
> *Die eigene subjektive Struktur - Skripts, beruflicher Habitus, empfundener sozialer Druck usw. - meist in Form von Kopfbewohnern, z. B. „Beeile dich, sei perfekt, vergleiche dich mit den Kollegen", bestimmt sehr häufig das aktuelle didaktische Handeln.*

Die entstandenen Enttäuschungen in der Driftzone und in der Leistungs-Bewertung sind komplex und oft nicht kommunizierbar.

Wie kann ich die selbst- und synreferentiellen Folgen meines Enttäuschungshaushalts möglichst gering halten?
Welche Strategien habe ich zur Aufarbeitung von Enttäuschungslagen?

Es bleibt festzuhalten, dass diese Aspekte während des Didaktischen Handelns auch im günstigen Falle nur unter den Gesichtspunkten der Reduktion von Komplexität und der Selbstreferentialität beachtet werden können.

Der Lehrende kann versuchen, Differenzen zwischen sich und dem einzelnen Lernenden im Interaktionsprozess festzuhalten und sie in seiner Beobachtung als eigene Interpretation der inneren Logik des einzelnen Lernenden zu werten. Zugleich muss er über sein eigenes Verhalten entscheiden und im Sinne der Temporalisierung von didaktischen Einheiten weiter voranschreiten. Es gibt kein Zurück. Der Lehrende darf den Kampf um die im herkömmlichen Sinne „richtige" Sichtweise aber nicht vorschnell für sich entscheiden. Dies geschieht dennoch häufig, weil H1 automatisch zu H1 zwingt.

Der Handelnde bestätigt sein eigenes Handeln durch rekursive Schlüsse und durch eingeschliffene Muster. Sie bestätigen sich gegenseitig selbst. Deshalb ist es überhaupt nicht verwunderlich, dass Lehrende unter dem Druck der ständigen Reproduktion von Unterricht, mit den teilweise massiven gesellschaftlichen Erwartungs-Erwartungen und unter oft unzureichenden Rahmenbedingungen im H1-Bereich verharren. Damit wird natürlich grundsätzlich die Koppelung im Interaktionsprozess verhindert und die Rekursivität des didaktischen Interaktions- und Kommunikationsprozesses missachtet. Der Unterricht entspricht so einem überholten internen Außenweltmodell, das sowohl den Lernenden in ihren Chreoden als auch der übrigen Umwelt gegenüber kaum noch entspricht. Dies löst wiederum bei Lernenden das Gefühl der Aussichtslosigkeit von Anschluss-Lernen aus.

d) Kommunizieren in der Driftzone

Nach dieser vorläufigen Bestimmung werden in der Driftzone auf Seiten des Lehrenden und der Lernenden die jeweiligen Eigenlogiken, die des Handelnden, des Beobachters, der Beziehung, der Umwelt, mit ihren jeweiligen Bezugssystemen als selbstreferentielle Systeme deutlich, sowohl in der Zeitdimension, in der Ablaufskoordination, in der Interpunktion und in der Leistungs- bzw. Wissens-Konstruktion. Es sind individuelle Wirklichkeitskonstruktionen, begleitet durch die Regeln kognitiver und affektiver Prozesse des Schließens, Folgerns und Handels, mit Logiken des Überlebens und als gegenseitige Interpretation von Erwartungen. Diese Interpretationen sind aber nicht einfach Informationsübertragungen. Die herkömmlichen Kommunikationsmodelle von „Sender" und „Empfänger" sind überholt und haben für eine unterrichtliche Betrachtungsweise mehr Nach- als Vorteile aufzuweisen. Neue Modelle der Kommunikation, die evtl. für eine didaktische Betrachtungsweise konstruktiv werden können, hat Niklas Luhmann vorgelegt.[351] Er geht von den drei Systemebenen aus:

Leben   Kommunikation   Bewusstsein

---

[351] nach Luhmann, 1997

Unter *Kommunikation* versteht Luhmann einen Sachverhalt sui generis: Sie kommt durch eine Synthese von drei verschiedenen Selektionen zustande, nämlich

- durch die Selektion einer Information
- durch die Selektion der Mitteilung dieser Information
- durch das selektive Verstehen oder Missverstehen dieser Mitteilung und ihrer Information

Diese drei autopoietischen Systeme operieren unabhängig voneinander. Bewusstsein kann nicht kommunizieren, nur Kommunikation kann Kommunikation erzeugen.

Menschen können nicht kommunizieren, das Gehirn kann nicht kommunizieren, nicht einmal das Bewusstsein kann kommunizieren.

In gewissem Sinne wissen wir das schon längst: „Leben" und „Bewusstsein" laufen oft völlig nebeneinander her. Das Bewusstsein merkt zum Beispiel nur ganz wenig von dem Leben im Körper. Das Leben lebt sein Leben, ohne dass ihm Bewusstsein oder Kommunikation hinzugefügt werden könnte. Als autopoetische Systeme können „Leben" und „Bewusstsein" sich als jeweilige Umwelten wechselseitig anstoßen, anregen, aber nicht gezielt beeinflussen. „Bewusstsein" hat die privilegierte Position, Kommunikation stören, anreizen, irritieren zu können. Bewusstsein kann die Kommunikation nicht instruieren, denn Kommunikation konstruiert sich selbst.

Sowohl Bewusstsein als auch Kommunikation sind durch die Produktion von Sinn gekennzeichnet. *Sinn* gilt nach Luhmann für beide Systeme, denn Sinn ist die aktive Auswahl, über die aus der Überfülle des Möglichen das menschliche Erleben Ordnung herstellt.

Es stimmt: Wie wenig bringen wir Bewusstsein ins Leben, wie schwer ist es oft, Emotionen und helles Bewusstsein miteinander zu verbinden; noch viel schwieriger ist es, wenn wir Inhalte unseres Bewusstseins in Kommunikation umsetzen wollen.

Dieser Ansatz gibt viel zu denken in Bezug auf vorschnelle Schlussfolgerungen bei den Begriffen *Kompetenzen, Schlüsselqualifikationen, Verhalten* und *Sinn.*

Grundlage der Kommunikation ist die Selektion von Sinn. *Selektion* bedeutet, dass jede Information bereits eine Unterscheidung darüber ist, was ist und was nicht ist.

> „Es regnet" bedeutet, dass eine Unterscheidung gemacht worden ist zwischen dem, was ist, und dem, was ausgeschlossen bleibt. Die Aussage schließt also aus, dass es schneit oder dass die Sonne scheint.

Die Information wird in der Kommunikation als spezifische Selektion *konstruiert* und nicht einfach übertragen. Sie wird mit *Sinn* versehen, z. B. als Struktur, Zusammenhang, Bildungsaktie. Dann wird sie als *Mitteilung* an die Lernenden weitergegeben. Dort muss die vorgenommene Selektion des Lehrenden sich bei den Selektionen der Lernenden bewähren. Eine Mitteilung wird z. B. vom Lehrenden mitgeteilt und vom Lernenden verstanden oder nicht. In der *Kommunikation* wird Information nicht einfach übertragen, sondern produziert.

„Verstehen" ist schließlich auch eine Selektion, weil es eine besondere Differenz zwischen *Mitteilung* und *Information* aktualisiert und andere Möglichkeiten der Aktualisierung dieser Differenz ausschließt. „Verstehen" impliziert nicht, dass die Authentizität der Motive, Gefühle und Handlungs-Muster der Lehrenden oder der Lernenden in der Kommunikation erfasst wird. „Verstehen" impliziert nur, dass eine Mitteilung und eine Information als Selektion unterschieden und etwas zugeschrieben werden kann. Man kann auch nicht auf beiden Seiten zugleich sein. Man kann durchaus die Perspektive wechseln, auch von einer anderen Mitteilung her, aber erst im Nachhinein. Das empathische Verstehen eines Lehrenden seinen Lernenden gegenüber gehört z. B. diesem Bereich an.

Die Begriffsbestimmung Luhmanns von „Kommunikation" schließt sich eng an die „operative Logik" von Spencer Brown an, die mit der Weisung beginnt: „Mach' eine Unterscheidung."[352] Wir können keine Bezeichnungen vornehmen, ohne eine Unterscheidung zu machen.

Unterrichtliche Kommunikation ist demnach eine Abgleichung von Unterscheidungen der Lehrenden und Lernenden, wobei dieser jeweilige Abgleich keinesfalls zu jeweils gleichen konsensuellen Bereichen führen muss. Es ist ein Entsprechungsprozess, damit ist aber noch lange keine Ähnlichkeit oder eine lineare Wiederholung des vorher produzierten Sinns gemeint, sondern nur *Komplementarität*. Eine unterrichtliche Kommunikation hat Erfolg, wenn sie ihren Sinn als Prämisse weitertransportieren kann und durch weitere Kommunikationen fortgesetzt wird.

Didaktisch bedeutet dies in der Driftzone, dass in die Kommunikation Rückkopplungsschleifen eingebaut sein müssten, um die jeweiligen authentischen Unterscheidungen, z. B. bei der Einbringung von Morphemen in die Driftzone, überhaupt zu einer Selektionsleistung bei Lernenden werden können.

Erst wenn es uns gelingt, auf der Ebene der Beobachtung 2. Ordnung zu beobachten, wie wir - Lehrende und Lernende - kommunizieren und selektieren haben, haben wir eine neue Stufe des didaktischen Bewusstseins erreicht und so zu einer Neubestimmung einer postmodernen Lernkultur beigetragen.

So könnte die Forderung an professionelles Didaktisches Handeln heißen:
Wir als Lehrende müssen uns eine Grundposition *doppelter Kontingenz* erarbeiten.
Wir bieten dabei didaktische Situationen mit einer Situationsdefinition an, zugleich wissend, dass alle Lernenden als autopoietische Systeme immer auch anders handeln, lernen und denken können bzw. müssen, als sie es tatsächlich tun oder tun sollen oder wahrscheinlich tun werden.

Wir bleiben in dem Zirkel: „Wenn du tust, was ich will, tue ich, was du willst."

Wenn wir uns nicht bemühen, diesen Schritt der Aufklärung von unterrichtlicher Kommunikation zu machen, gibt es keine Kommunikation in einem sozialen System, wie z. B. in einer Klasse, in der alle beteiligten Mitglieder die Chance bekommen, die eigenen Selektionen den Anderen mitzuteilen. Dann kann auch Kommunikation nicht mehr rekursiv fortgesetzt werden, weil viele der jeweiligen individuellen Anschlüsse nicht mehr gegeben sind bzw. nicht reflexiv verarbeitet werden dürfen.

Ein System kann lediglich dazu angehalten werden, selbst aus Informationen Wissens-Konstruktionen zu bilden, indem es Angebote assimiliert oder sich akkommodiert, d. h. seine Strukturen, ausgehend von den bestehenden, weiterentwickelt.

In der schulpädagogischen und lernpsychologischen Literatur werden zwar die Ergebnisse erfolgreichen Lernens dargestellt. Es sind aber immer ideale Ergebnisse, kontextunabhängig und vor allen Dingen wenig oder überhaupt nicht chreodenabhängig. Lehrer können aus diesen Ergebnissen nicht lernen und nicht abschätzen, welches Morphem was bei den einzelnen Lernenden in ihrer Struktur- und Lerngeschichte und damit auch in der unterrichtlichen Kommunikation auslöst.

---

[352] nach Spencer Brown, 1972

Dieses Defizit muss aufgearbeitet werden, weil allgemeine Ergebnisse für Didaktisches Handeln nur abstrakt und daher nahezu wertlos sind.

Wir haben keine Gewähr, dass das geplante Morphem bei den einzelnen Lehrenden so ankommt, wie wir es konstruiert haben, sondern wir wissen, dass eine breite Driftzone von möglichen Transaktionen bei den Lernenden entsteht und dass der einzelne Lernende jeweils nur auf Grund seiner Struktur- und Sozialgeschichte im Augenblick zugleich agieren und reagieren kann. Dabei muss uns immer wieder ins Bewusstsein gebracht werden, dass das Verhalten der Chreoden keineswegs auf Intentionalität und auf die Befolgung präskriptiver Regeln des Lehrenden ausgerichtet ist, sondern dass es weit eher als eine zirkulär verwobene Strukturgeschichte mit einer eher emotionalen Intelligenz, wie sie Goleman und Ciompi aufgezeigt haben, anzusehen ist. Es ist im Hier und Jetzt gebundenes, aber auch in der Timeline und im Sinnhorizont eines Lernenden sich zeigendes Verhalten. Der außenstehende Beobachter - in diesem Fall der Lehrende - kann lediglich feststellen, ob sich der Lernende so verhält, wie er es wollte oder nicht wollte oder müsste, ob er als Individuum Bedürfnisse und Motive hätte und sich an Regeln hielte oder nicht, seien sie innerlich bestimmt oder von außen auferlegt. Er kann auf Grund des Verhaltens des Lernenden nur Zurechnungen machen und sie als „objektiv" deklarieren, solange keine andere Version diese Zurechnung streitig macht.

Ein zweiter Aspekt darf nicht aus den Augen verloren werden: Während dieser Transaktionen bleibt das personale System operational geschlossen und ist immer an die jeweilige Eigenlogik gebunden, d. h. es wird, meist unbewusst, geprüft, ob die jeweilige Konstruktion der *Homöostase*, also der Konstanz und Grenzerhaltung des Systems, und der internen Schleifenbildung und damit der Stabilisierung dienlich ist oder nicht. Dabei können aber durchaus oszillierende Prozesse vorkommen, die zur weiteren Entwicklung oder aber zur Bedrohung und damit Abschottung führen können. Es gibt also eine breite Palette von Driftmöglichkeiten. Im sozialen Bereich kann z. B. in einer Lerngemeinschaft bei ungenügend ausgebildeten gemeinsamen Mustern, etwa durch fehlende Symbolisierung, erst durch eine gemeinsam reflektierte Grenzbildung eine strukturelle Koppelung im Sinne einer kognitiven Bewusstseinsgemeinschaft erfolgen.

Andererseits kann eine diffuse Grenzbildung in einem sozialen System, z. B. Klasse, Schule, Schulart, zu sehr unterschiedlichen, chaotischen Situationen und damit zu einer Desintegration, Dysfunktionalität und Ineffektivität im Sinnsystem Lerngruppe einer führen. In der herkömmlichen allgemein-didaktischen Diskussion wird dann von „Störungen" gesprochen, wobei man aber keineswegs die zirkulären Schleifen zwischen den Interaktionsprozessen betrachtet, sondern die „Schuld an Störungen" meist einseitig bei dem Lernenden sucht. Diese Position ist nicht nur ungerecht, sondern - systemisch gesehen - von Grund auf moralisch und daher a-theoretisch.

Die Dynamik, die Funktionalität oder Dysfunktionalität der didaktischen Interaktionsmuster in der Driftzone und die Interaktions- und Kommunikationsmuster, die die relevanten Personen gemeinsam produzieren, müssen wir immer von der Strukturgeschichte der Individuen und der Lerngruppe her betrachten. Die entsprechende Logik ist nicht die dichotome Unterscheidung zwischen „gut - böse", „intelligent - nicht-intelligent", sondern man muss die Spielregeln der einzelnen Spieler, der Lehrenden und Lernenden, herausfinden. Die einen führen eher zu symmetrischen oder asymmetrischen Transaktionen, andere können als Präskriptionen das gemeinsame Handeln neu gestalten.[353] In der Logik des unterrichtlichen Interaktionsprozesses sind immer Spieler mit Spielregeln beteiligt, die eine logische Verbindung im Sinne von Wenn-dann-Sätzen für das jeweilige autopoietische System ergeben. Diese Logik ist natürlich nicht im herkömmlichen Sinn kausal, sondern passfähig und subjektiv sinnvoll. Sie bietet dann einen für das jeweilige System „richtigen" Handlungsrahmen. Innerhalb dieses Bezugsrahmens erhalten die unterschiedlichen Verhaltensweisen von Lernenden ihren „logischen Sinn".

Negation als Differenz zur Konstruktion in der Driftzone

Der Begriff „Negation" ist auf Begrenzung und Reduktion ausgerichtet.

Er bezeichnet die Selektionsleistung autopoietischer Systeme in einer aktuellen didaktischen Situation. Die Negation ist - im Gegensatz zur *Dekonstruktion* - die Form eines Verweises auf andere Möglichkeiten, die sich von denen unterscheiden, die jetzt gerade in der Driftzone aktualisiert werden.

Dieses Merkmal ist auch in der jeweiligen Wissens-Konstruktion[354] relevant, weil die in einem Sinnsystem entschiedenen *Korridore* der Kommunikation und Konstruktion von Wissen in der Driftzone andere Alternativen oft beiseite lassen.

Wir haben ein Schulsystem, in dem diese Alternativen bei der Wissens-Konstruktion eher die Ausnahme sind, weil die dazugehörigen Logiken nicht bereitstehen und sich daher auch kein Bewusstsein entwickeln konnte. Wir haben im wesentlichen eine Negativtheorie von Wissen: Was nicht gesagt ist, gilt auch nicht, auch nicht in Prüfungssituationen.

Diese anderen Alternativen sowohl bei der *Morphem-Bildung* als auch bei den *Interpunktionen* und *Transaktionen* negiert in der Driftzone der Begriff „Negation" nicht, sie bleiben im Nachhinein oder daneben für eine weitere Kommunikation zugänglich. Alternativen werden nicht vernichtet, sondern sie bleiben prinzipiell anderen Sinnsystemen, in anderen Zeiten und Kommunikationskontexten zur Verfügung, vorausgesetzt, es ist überhaupt Bewusstsein darüber vorhanden.

In Formen des kontingenten Unterrichts, z. B. in der Freiarbeit, im offenen Unterricht, bei der Projektmethode, in Lernmärkten und Lernfeatures, können sich die negierten Anschlüsse durch vielerlei Kommunikationsmöglichkeiten der Lernenden untereinander ständig als gegenseitige soziale Konstruktionen etablieren, ohne dass sie in die offiziöse Version des geplanten Morphems des Lehrenden in den Unterricht eingebracht werden müssen.

„Dass das, was negiert wird, nicht irreversibel verschwindet, sondern zur Verfügung bleibt, ist auf zwei unterschiedliche Leistungen der Negation zurückzuführen:
Die Negation generalisiert das, was die Bestimmung nicht berücksichtigt und aktualisiert. Wenn die Kommunikation ein Thema wählt, lässt sie den Horizont der ausgeschlossenen Themen unbestimmt; es ist nicht nötig, alle mit jeder Aktualisierung verbundenen Negationen zu bestimmen. Damit das, was die Generalisierung unbestimmt lässt, nicht verschwindet, sondern später eingeholt werden kann, erfordert die Negation eine zweite Leistung: sie muss reflexiv sein. Die Negation kann auf sich selbst angewendet werden, und das, was sie vorläufig ausgeschlossen hatte, kann wiedergewonnen und positiv bestimmt werden. [...]

---

[353] siehe z. B. Vertragsarbeit im Unterricht

[354] siehe Kösel, Lernwelten, Band II

Als das, was negiert wurde, leistet die Negation die Erhaltung des Sinnes und nicht seine Vernichtung, und das System kann die nötigen Anschlüsse zur Weiterführung der Operationen finden." [355]

Wir betonen diesen Aspekt so deutlich, weil er im Sinne des Radikalen Konstruktivismus die Forderung in sich enthält: Jede weitere Möglichkeit der Konstruktion ist ein Fortschritt. Negation muss als Konstituens in der Wissens-Konstruktion und in der Beschreibung der Driftzone behauptet sein.

Wir können in der Didaktik eine Driftzone postulieren, die sich zwischen den Anreizstrukturen Didaktischer Morpheme von Lehrenden einerseits und den individuellen Entwicklungslinien, den Chreoden der lernenden Individuen andererseits jeweils als Lern-Milieu darstellt. In dieser Driftzone findet die Bildung didaktischer Formen, die Entstehung von Bildungsprodukten, die Konstruktion der Korridore und die Chreoden-Entwicklung statt.

Jedes Individuum driftet d. h. selektiert gemäß seiner eigenen autopoietischen Struktur durch die Interaktion mit dem umgebenden Milieu in bestimmten Entwicklungslinien, den *Chreoden*. Diese Entwicklungslinien haben zunächst eine bestimmte Generalisierung im Voraus und eine bestimmte Variationsbereiche. Die tatsächliche und aktuelle Linie oder das Driften in eine Richtung ist das Ergebnis der Interaktion des einzelnen Systems mit den vielen Aspekten und Situations-Faktoren des umgebenden Milieus, alles Andere ist zum Zeitpunkt der didaktischen Interaktion ausgeschlossen.

Entscheidend ist, dass diese Entwicklung sich nur im individuellen Verhalten, im Denken und im Handeln zeigt, das dem einzelnen System gemäß der Strukturdeterminiertheit von lebenden Systemen zu diesem bestimmten Zeitpunkt möglich ist.

Überdies entsteht in der didaktischen Driftzone im Verlauf der gegenseitigen Interaktionen eine gewisse individuelle und soziale Habitualisierung im Sinne der inneren Autopoiese und Anpassung der beteiligten Personen als Schulhabitus und Berufshabitus, als Synpoiesis im Sinne von gemeinsamer Handlungserfahrung und einer spezifischen Symbolisierung in einem sozialen System, wie es eine dauernde Lerngruppe oder ein „altes" Lehrerkollegium ist.

Bei bestimmten Fachdidaktiken werden solche Habitualisierungen durch feste Vorauskonstruktionen und entsprechenden Selektionsinstrumente für Lernende im Sinne einer Abbildungsdidaktik in Gang gesetzt.

Diese Haltung lehnen wir ab, weil sie die grundlegenden Mechanismen und Logiken der Wissensarchitektur und die vielen Variationen von Wissens-Konstruktionen und deren Negationen bei Lernenden ignoriert. Als Grundlage für subjektive Wissens-Konstruktionen kann man z. B. von den Repräsentations-Systemen der einzelnen Lernenden ausgehen, man kann frühe kognitive Konnotationen des Nichtverstehens mit allen gehirnphysiologischen Folgen untersuchen oder die Ich-Zustände im Sinne der Transaktions-Analyse heranziehen.

---

[355] GLU, S. 122

Interpunktionen

Mit dem von Watzlawick geprägten Begriff „Interpunktion"[356] versuchen wir das Phänomen des Mitteilungs-Austausches zwischen den Lehrenden und Lernenden zu erfassen.

Wie kann der Mitteilungs-Austausch angesichts unendlich erscheinender Möglichkeiten in einer unterrichtlichen Situation beschrieben werden?

Jene Stelle der Kommunikation, an der bereits ein Anreizmorphem eine Sinnstruktur festgelegt hat, ist eine „Anfangs-Interpunktion". Wer als „Erstmitteiler" die Kommunikation beginnt, ist dafür verantwortlich, dass er die Kommunikation in eine bestimmte Richtung lenkt, zugleich andere Richtungen selektiert, negiert und ausschließt. Alle, die an der Kommunikation nicht beteiligt sind, weil sie vielleicht nicht verstehen wollen oder können, sind Beobachter oder stellen „Kulissen" dar. Man kann nicht immer davon ausgehen, dass sie in einer internen Interpunktion eigenen kommunikativen Sinn konstruieren.

Beim Computer ist das anders: Mein Computer versteht mich nicht. Er übersetzt mein Programm in seine Befehlswelt, aber er hat dabei keine Wahl. Tut er nicht, was ich will, so liegt es nicht an ihm, sondern an mir. *Er* versteht immer „richtig".

Wie ist das zwischen Menschen?

Die Selektion an der Interpunktionsstelle ist durch die Strukturdeterminiertheit des „Antwortenden" gebunden. Dessen innere Struktur entscheidet, wie und ob die Kommunikation fortgesetzt wird. Diese innere Struktur kann man auf der Ebene der Kommunikation analysieren, z B. mit dem Konzept der „4 Seiten einer Nachricht" von Schulz v. Thun oder mit den Konzepten aus der Transaktions-Analyse: mit der Theorie der Struktur der Person, des Transaktionszustandes oder mit der Spielanalyse. Auf der Sachebene, beim Thema, Stoff, kann man den Grad der Strukturierung, die Anteile von Abstraktion und Konkretion, nach Linearität oder Assoziativität untersuchen, kurz die kognitive Anschlussfähigkeit der Beteiligten analysieren.

Bei der unterrichtlichen Kommunikation entsteht durch diese Selektion reihenweise auch kognitives Geräusch.

Diese Widersprüche sind in einer einheitssüchtigen Theorie nicht unterzubringen. In unserem systemischen Zusammenhang gehören Widersprüche und ihre Logiken notwendigerweise dazu. Sie erzeugen Paradoxien und Instabilitäten, die neue Formen des Prozessierens hervorrufen und neue Anschlüsse für die Chreoden und Morpheme geben können. Es wird unbestimmte Komplexität hergestellt und neue evolutionäre Schritte sind möglich, aber nicht garantiert; eher ist ein Rückfall erwartbar und vor allem bei der Beharrung auf alten Mustern gerinnt die Kommunikation oft zum kognitiven Geräusch.

---

[356] siehe Watzlawick, 1990, S. 57 ff.

Transaktionen

Der Begriff „Transaktion" stammt aus der Transaktions-Analyse[357] und differenziert die je interne Struktur der Einzelnen an der unterrichtlichen Kommunikation beteiligten Personen aus, also die inhaltlichen Bewusstseins-Anteile einer Person:

- **nach der Struktur-Analyse**

  das Kind-Ich: neugierig, angepasst, rebellisch etc.

  das Eltern-Ich: fürsorglich, wohlwollend, kritisierend, bestrafend etc.

- **nach der Skriptanalyse**

  Sie beschreibt die Lebenspläne und Programm einer Person[358]

- **Nach der Spielanalyse**

  Sie deckt Spiele und Maschen einer Person als Ersatzmuster auf.

Diese interne Struktur wird mitkommuniziert und die Stelle der Interpunktion durch sie festgelegt. So können wir von einer weiteren Stufung von Kommunikation sprechen: von der Bildung von konsensuellen oder disparaten Bereichen und evtl. von struktureller Koppelung. In diesem Fall wird jeder an der Kommunikation Beteiligte zum Beobachter von sich selbst und den Anderen.

- Ich beobachte mich selbst: Selbstreferenz
- ich beobachte die Anderen: Fremdreferenz.

Jeder an der Kommunikation Beteiligte bildet also jeweils eine *Selbstreferenz* und eine *Fremdreferenz* aus und selektiert bzw. konstruiert entsprechend.

Jeder der Beteiligten ist mit seiner autopoietischen Struktur an die Kommunikation bzw. an die strukturelle Koppelung gebunden. Die besondere Eigenart von Sprache ist, dass sie einerseits ständig Irritationen hervorruft, andererseits daran aber wegen ihrer formale Struktur nicht zerbricht.[359]

„Diese Exklusivität von Sprache hat gerade im Verhältnis zur Umwelt wichtige Vorteile. Sie ermöglicht ein laufendes Sich-Einlassen des Systems auf eine ständig wechselnde Umwelt; also nicht nur eine Einmalanpassung der Systemstrukturen an dauernde oder wiederkehrende Umweltzustände, sondern (schon beim Sehvermögen von Organismen) ein vorübergehendes Sich-Einlassen auf vorübergehende Zustände auf Grund von Strukturbedingungen, die nur im System und nicht in der Umwelt gegeben sind."[360]

Dieses sich ständige vorübergehende Einlassen ist ein Grundphänomen der unterrichtlichen Kommunikation. Postmoderne Kinder sind oft Meister im vorübergehenden Sich-Einlassen auf vorübergehende Zustände in der Driftzone.[361]

Was wir im Didaktischen Feld bisher viel zu wenig theoretisch und im Handlungszusammenhang reflektiert haben, ist, dass unsere bisherige Negativterminologie

---

[357] Schlegel, 1988

[358] siehe Chreodenbeschreibungen

[359] ausführlich dazu in Luhmann, 1997, S. 106 f.

[360] Luhmann, 1997, S. 442 f.

[361] siehe „Chreode der abgestuften Zugehörigkeit"

lediglich gesagt hat, was ist nicht sein soll, dabei aber vergessen hat, dass das, was wir im Augenblick ausgeschlossen haben, genauso eine für die Zukunft geltende andere Konstruktion sein kann, als sie im Augenblick der Kommunikation emergiert ist. Das Nichtgesagte, das Nichtmitgeteilte ist tot, wobei es so lebendig sein könnte.

Im herkömmlichen Unterricht wird vorausgesetzt, dass die Lernenden eine Kommunikationseinheit, die *Information,* verstehen werden. Dann wird sie zur *Mitteilung.* Erst wenn der Andere zeigt, dass er diese Mitteilung und die Mitteilungsabsicht verstanden hat, kann man von unterrichtlicher Kommunikation sprechen. Ist dies nicht der Fall, so sprechen wir von einem kognitiven Geräusch.

Die unterrichtliche Aufmerksamkeit bei Lernenden kann vorhanden oder ganz anders fokussiert sein. Dies hat natürlich u. a. mit der Struktur der Person und mit Sprache zu tun. Schon allein die Sprache wirft durch ihre Codierung - z. B. Ja-Nein-Codierung, Problem des Irrtums und der Täuschung, des absichtlichen oder unabsichtlichen Missbrauchs auf. Es kann auch ein gelegentliches Missglücken der Kommunikation oder eine verfestigte asymmetrische Form vorkommen. Grundsätzlich müssen wir einkalkulieren, dass Kommunikation durch Sprache jederzeit missglücken und daher jederzeit ein Verhältnis von Misstrauen entstehen kann. Die Transaktionen gestalten sich von innen heraus, und der andere Sprecher hat darauf keinen Einfluss.

Die Generalfrage heißt in diesem Zusammenhang: Ist der Unterricht auf Vertrauen, Aufrichtigkeit und Wahrhaftigkeit aufgebaut oder eher auf Misstrauen, sprachlichen Spielen und Maschen, auf Fassaden, also kurz gesagt: auf einer Als-ob-Didaktik?

Wenn ein Lehrender diesen Zusammenhang theoretisch nicht verarbeitet hat, kann er deshalb ständig gekränkt sein, weil er dann annimmt, jedes autopoietische System der Lernenden müsste naturgemäß sich ganz den Konstruktionen und den angebotenen Transaktionen des Lehrenden anpassen können.

Wir sehen, wie hoch komplex das Transaktionsfeld im Unterricht ist, wenn man nur die gegenseitigen Selbst- und Fremdreferenzen z. B. in einer Klasse von 30 Schülern im Auge hat. Wird diese Komplexität mit Lernenden diskutiert und kommuniziert, können sie nach unseren Erfahrungen Beobachter ihrer eigenen Interpunktionen und Transaktionen werden. Diese Stufe der Kommunikation ist als ein meta-theoretischer und zugleich revolutionärer Schritt in der Bildung von symmetrischen Transaktionen anzusehen.

Die Klassen in einigen Schulen, die diesen Schritt versuchen, sind hoch motiviert und entwickeln eine neue postmoderne Lernkultur durch Metakommunikation.

Die Transaktionen bilden den qualitativen, zum Teil symbolisierten und subjektiven Anteil der unterrichtlichen Kommunikation. Durch die Ausdifferenzierung dieser Transaktionen können wir sowohl die Korridore der Kommunikation besser verstehen und steuern und zugleich uns gegenseitig differenzierter beobachten.

Aus welchen Zustand heraus operieren die Beteiligten in der Driftzone jeweils?

Der Lehrende sollte dies alles neben seinem Didaktischen Handeln beobachten, wenn er nicht im H1-Bereich bleiben will.

Arten von Transaktionen im Unterricht

Im Unterricht können wir verschiedene Arten von Transaktionen beobachten:
- symmetrische Transaktionen
- komplementäre Transaktionen

Die erste Art, die *symmetrische Transaktion*, ist gegeben, wenn bei Lehrende und Lernende dieselben Erwartungen und kognitiven Verhaltensmuster vorhanden, jedoch in der Ausrichtung dieser Muster differenziert sind.

Es ist ein gegenseitiger adaptiver Prozess, in dem der Lehrende die Konstruktionsprinzipien A, B und C und die Verhaltensappelle D, E und F verwendet und ein Teil der Lernenden in ihrer Chreoden-Struktur jeweils diese Muster erwidern oder ähnliche, verwandte, äquivalente, für den Lehrenden akzeptable kognitive Standard-Erwiderungen als Verhaltensmuster zeigen.

Diese symmetrische Differenzierung läuft dann in den Sequenzierungs-Phasen des Unterrichts in ähnlicher Weise ab. Dabei verstärken sich diese Muster gegenseitig und erzeugen so eine Stabilität, die eine hedonistische Resonanz erzeugt, zugleich aber auch eine Grenze gegenüber denjenigen zieht, die eine andere Differenzierung, d. h. Grenze bilden müssen.

Innerhalb dieser Standarderwiderungen gibt es eine mehr oder weniger festgelegte Kontingenz für Situationen und Prüfungssituationen. Deshalb sind solche unterrichtlichen Transaktionen hochgradig resonant, d. h. gegenseitig referentiell und sogar hedonistisch im Sinne einer resonanten Lerngemeinschaft mit einem hohen Grad an Fließen. Sie bilden eine in sich geschlossene Einheit, sie sind äquivalent und gegeneinander austauschbar, Elemente derselben Klasse.

In der Diskussion um die Chreoden-Struktur beschreiben wir die Türhüter-Chreoden, die Ich-Chreoden und die Wir-Chreoden. Wir wollen in diesem Zusammenhang von Lern-Chreoden sprechen, da sie eher im epistemologischen und lernorganisierten Rahmen angesiedelt sind. Diese Lern-Chreoden lassen sich deutlich im Rahmen der unterrichtlichen Kommunikation in symmetrische oder asymmetrische Typen unterscheiden:

Die zweite Art, die komplementären Transaktionen ist dadurch gekennzeichnet, dass das Verhalten, die Erwartungen und die kognitiven Präferenzordnungen bei Lehrenden und Lernenden grundlegend verschieden sind. Der Lehrende entwirft seine didaktischen Morpheme gemäß seines didaktischen Sinnsystems. Der Lernende verhält sich auf der Grundlage seiner internen Strukturdeterminiertheit. Ein klassischer Fall einer komplementären Transaktion sind die sogenannten „Ausbeutertransaktionen" bei Lehrenden und Lernenden, die wir im Kapitel „Chreoden-Entwicklung" beschreiben. Als Erwiderung auf eine Mitteilung des Lehrenden tauchen bei den einzelnen Chreoden keineswegs die gleichen oder ähnliche resonante Logiken auf, sondern grundlegend andere, z. B. in Form von anderen Referenzebenen, anderen emotionalen Bereichen oder anderen kognitiven Mustern. Aus dieser grundsätzlich anderen Transaktionserwartung heraus entstehen bereits vielfältige Vorurteile und Verhaltensweisen auf Seiten der Chreoden-Verläufe und eine Strukturgeschichte des Lehrenden mit allen Folgen des Missverstehens, der Enttäuschungen und der Sanktionierungen beginnt. Typisch für eine solche Konstellation ist das sogenannte *Drama-Dreieck*, das in der Transaktions-Analyse dargestellt wird.

Die Antwort des Lehrenden auf solche Ausbeuter-Chreoden von Lernenden könnte durchaus progressiv sein im Sinne einer neuen emergenten gemeinsamen Leistung, z. B. mit ganz neuen kognitiven Konstruktionen seitens des Lernenden und deren Anerkennung durch den Lehrenden. Sie kann aber auch dysfunktional sein und zu Zusammenbrüchen und institutionellen Selektionen führen: Schüler werden u. U. in ein anderes Bildungssystem, z. B. Förderschule, Sonderschule abgeschoben, Lehrer gehen in die vorzeitige Pensionierung. Es kann zu Eskalationen kommen, zu Ausbrüchen, Bestrafungen, Maschen und Spielen, die auf beiden Seiten möglicherweise bis zur persönlichen Katastrophe führen. Durch Aufklärung wäre es möglich, in einer solchen Situation professionell zu reagieren.

Der andere komplementäre Typus ist die Bindung an eine Person - in unserem Fall die Bindung eines Lernenden an einen Lehrenden, der auf Grund seiner eigenen Ausbeutungstransaktionen selbst ambivalente Beziehungs- und Verhaltensmuster aufbaut.

Hier wird deutlich, dass wir bei der Untersuchung von Kommunikations-Strukturen keineswegs mehr nur auf das alte „Sender-Empfänger-Modell" zurückgreifen können. Dort wird vorausgesetzt, dass beide - Lehrende und Lernende - über identische Strukturen und die gleichen kognitiven Muster verfügen, ferner, dass die Lernenden sich den Mustern und Strukturen des Lehrenden ohne weiteres anzupassen hätten bzw. dass sie dazu in der Lage wären. Diese von vielen Didaktik-Theorien oft stillschweigend vorausgesetzte Anpassungs-Homomorphie kann so keineswegs mehr aufrechterhalten werden. Es bildet sich eine ganz andere Art von *Homomorphie*, nämlich eine sich gegenseitige beeinflussende *symmetrische* oder *komplementäre* Homomorphie sowohl im Hier und Jetzt als auch in der Strukturgeschichte einer Lerngruppe mit erheblichen Brüchen und Dysfunktionalitäten. Die Entwicklung einer Strukturgeschichte bleibt aber immer ein rekursiver Prozess der gegenseitigen Anpassung und der Bildung eines *konsensuellen* oder eines - im Sinne der Nichtanpassung - *dysfunktionalen* Bereichs.

Zunächst gilt, dass der Kommunikationsablauf eine oszillierende Struktur hat, d. h. er wechselt normalerweise zwischen Personen hin und her.

Im *Frontalunterricht* ist dieses Hin und Her relativ klar geregelt: Frage - Antwort - Information - Frage - Antwort usw. Geregelt dabei ist, *wie*, *wie viel* und *was* auf eine Frage geantwortet werden darf. Meistens erwartet der Lehrende in selbstreferentieller Weise eine bestimmte Antwort. Oft genügt es ihm schon, wenn ein einziger Lernender die von ihm erwartete Antwort gibt - alle Anderen sind in diesem Fall am Austausch nur marginal beteiligt. Es ist also im wesentlichen eine lineare Interpunktion im Rahmen von linearen und progressiven Kausalitätsabläufen bzw. linearen Wahrnehmungs- und Erwartungsmustern.

Im *selbstorganisierten Unterricht*, Freiarbeit, Projektunterricht usw., ist die Struktur der Kommunikation die gleiche.

Die Beziehungs- und Sachebenen, die Interpunktionen und die Relationen untereinander sind ebenso enthalten, nur sind sie reichhaltiger und rekursiver. Die Kontingenz ist weit größer. Die Schaffung konsensueller Bereiche unter den Lernenden und Lehrenden wird eher ermöglicht, weil die Variationen des Kommunikationsablaufes größer sind. Im wesentlichen stellt diese Art von Unterricht eine zirkuläre Interpunktion dar und die Kontrollfunktion des Lehrender beschränkt sich auf ein Mindestmaß.

Innerhalb einer didaktischen Kommunikation können wir auch einen Unterschied machen zwischen bestätigenden und nicht-bestätigenden bzw. disqualifizierenden Mitteilungen. Wenn wir über unterrichtliche Kommunikation nachdenken, müssen wir ebenso darüber nachdenken, inwieweit Kommunikation und Realitäts- bzw. Wissens-Konstruktion über Beziehungsdefinitionen laufen. Das Bildungssystem, der Lehrende, die Schulaufsicht usw. wird letztlich danach beurteilt, wie „hart" oder „weich" eine bestimmte Sicht der Wirklichkeit gehandhabt wird:

Gibt es Möglichkeiten, „Wahrheiten" in Frage zu stellen?

Gibt es Möglichkeiten, „Wahrheiten" als verbindlich festzuschreiben?

Welche Formen einer konsensuellen Realität wird praktiziert und zur Gewohnheit gemacht?

Wer weigert sich, diese Realität anzuerkennen bzw. sie auszuspielen?

Von dieser Entscheidung, ob die Wirklichkeitskonstruktion „hart" oder „weich" bestimmt wird, hängt im wesentlichen ab, ob eine enge oder weite Fokussierung der Aufmerksamkeit in der didaktischen Kommunikation stattfindet, ob sie zugelassen und gefördert wird oder nicht. Das heißt also:

Welche Muster werden bei Lehrenden aktiviert, wenn Schüler A das gleiche sagt wie Schüler B, die Beziehungen zwischen Lehrendem und Lernendem aber ganz unterschiedlich sind?

Realität wird dann sozial ausgehandelt, wenn bestimmte Muster der Interaktion und Kommunikation entstanden und validiert, d. h. für den Einzelnen im Sinne des inneren Gleichgewichts ausbalanciert sind und sich eine neue Homöostase herausgebildet hat. Dies geschieht in jedem neuen Schuljahr, besonders deutlich aber beim Eintritt eines Kindes in das Sozialsystem Schule in der 1. Klasse oder beim Übergang in eine neue Schulart.

Wir betrachten alle Lehr- und Lernprozesse in der Driftzone als Energiefelder, die in jeweilige Korridore gelenkt und in der Transaktion, also im Austausch von Energie und durch Interpunktionen mit den einzelnen Lernenden zur Geltung kommen können. In der Driftzone treffen unterschiedliche personale und soziale autopoietische Systeme aufeinander. Nehmen wir an, das geplante didaktische Morphem des Lehrenden - zunächst als hypothetische Konstruktion und dann, zu Beginn des Unterrichts als Anfangsmorphem - wird als erste Handlungseinheit in den konkreten Unterricht eingebracht und damit ein Austauschvorgang - Kommunikations-Transaktionen - bei den Lernenden angeregt, dann wissen wir noch lange nicht, wie die einzelnen Lernenden in ihrer Chreoden-Struktur sich verhalten bzw. welche Interpunktionen sie vornehmen werden.

Hinzu kommt, dass alle Beteiligten zugleich in einer sozialen Situation sind, in der sie wiederum gegenseitige Beziehungsdefinitionen vornehmen, verändern oder festschreiben können, so dass sie also allmählich eine gegenseitige Strukturgeschichte aufbauen, die wiederum alle Bereiche der unterrichtlichen Kommunikation beeinflusst.[362]

Um diese komplexen Vorgänge überhaupt beschreibbar zu machen, bedarf es einer begrifflichen Klärung: Wir sind bereits bei der Beschreibung der Chreoden im

---

[362] Prinzip der Synreferentialität in einem sozialen System

Zusammenhang mit dem Chreoden-Verhalten in der Driftzone auf die Phänomene der Kommunikation und der Interpunktion gestoßen. Dort haben wir festgestellt, dass die Chreoden-Typen ganz unterschiedliche Interpunktionsanschlüsse sowohl bei den Lernenden als auch beim Lehrenden auslösen.

Unterrichtliche Kommunikation, so haben wir gesagt, ist das Driften von unterschiedlichen individuellen und sozialen Interaktionsweisen in einem psychischen energetischen Feld in der Didaktischen Landschaft. Kommunikation ist nach Luhmann ein in sich operational geschlossenes System, das in sich rekursiv verbunden ist.

e) Das Prozessieren und Entscheiden in der Driftzone

Mit „Prozessieren" meinen wir im Unterricht die Steuerung des zeitlich irreversiblen Verlaufs von Ereignis-Sequenzen im Unterricht.

Im Prozessieren geschieht ein Dreifaches:

- Die Selektion des Bereichs der operativen Möglichkeiten.
  Sie begrenzt den Bereich der Ereignisse, die auf jedes einzelnen Ereignis im Verlauf des unterrichtlichen Prozesses folgen können.
  In der konkreten Situation, in der sich der Unterricht realisiert, findet Selektion statt, die festlegt, welches Ereignis jeweils aktualisiert werden kann und in welcher Reihenfolge und Ordnung die erwarteten Ereignisse mit den schon realisierten im Zusammenhang stehen sollen.
- Die zeitliche Linearität lässt kein Zurück mehr zu. Was gesagt ist, ist gesagt, wenn gehandelt ist, ist gehandelt. Dieser Zwang zur fortschreitenden Handlung selektiert ständig die kognitive Überproduktion und produziert damit ständig Entscheidungsunsicherheit und auch eine Enttäuschungslage.
- Durch das Prozessieren werden jeweils Anschlüsse geschaffen, die einerseits Begrenzungen nach sich ziehen, andererseits aber unterrichtliche Gestalteinheiten konstituieren. Die Begrenzungen können Vorteile für adaptive Chreoden sein, für nicht anschlussfähige Chreoden können sie aber zu Ausschlüssen aller Art führen. Deshalb sind die gewählten Korridore vor allem im Prozessieren mit Rückkoppelungsschleifen - *Feedback-Methoden* - zu versehen, damit das Prozessieren nicht nur einseitig vom Lehrenden bestimmt werden kann.

Die Wahlmöglichkeiten bei der Morphem-Bildung durch den Lehrenden und die einzelnen Chreoden sind im jeweiligen Zeitpunkt auf Grund der Strukturdeterminiertheit der personalen Systeme - Einschränkung der Wahrnehmung, Vortheorien, Skripts usw. - nur begrenzt, wenn nicht oft nur auf eine einzige beschränkt. Interne Handlungs-Imperative und relevante Repräsentations-Muster bestimmen durch die Art der Selbstorganisation schließlich die äußere Verhaltensgestalt.

Innerhalb der Driftzone haben wir es mit bestimmten Ebenen zu tun, die den Lehr- und Lern-Prozess als epistemische Muster bestimmen. Diese Ebenen sind hochkomplex. Bei den beteiligten Personen ist einerseits jeweils ihre operationale Geschlossenheit als Grenzbildung gegenüber den Umwelten zu sehen, die interne Kontinuität und Identität garantiert und zugleich eine unveränderte Ganzheit bildet.

Neuanpassung und Neustrukturierung von Wissen im Unterricht ist nur unter dieser Prämisse zu sehen. So gesehen, gibt es lediglich bestimmte *Korridore* der gegenseitigen didaktischen Interaktionen und Transaktionen, wo dann der „Tanz" zwischen Transformationen und Erhaltung der eigenen Struktur beginnt.

Didaktisches Entscheiden als Grundlage für die Bildung von Korridoren

Didaktisches Entscheiden ist immer auf einer doppelten Kontingenz aufgebaut:
Ich entscheide für mich als Lehrender, was ich im weiteren Verlauf als für mich sinnvoll halte, und zugleich entscheide mich für Andere, nämlich für Lernende, obwohl ich nicht weiß, was meine Entscheidung tatsächlich bei den einzelnen Chreoden der Lernenden auslöst: z. B. Parallelisierung, Aversion, Aggression, noetische Anreize.

Der Lehrende muss also zugleich festlegen,
- was er als *Handlung* im Zusammenhang mit den eigenen Aktivitäten sieht
- was er in *Verantwortung* für andere entscheidet
- was er als *Ereignis* außerhalb der eigenen Verantwortung ansieht.

Welche Logiken verwendet er dabei? Sind es Ursache-Wirkungs-Schemata, Schuld-Logiken, Verantwortungs-Logiken oder Unterlassungs-Logiken?
Hier ist die Unterscheidung von *Handlung* und *Ereignis* hilfreich: Eine Handlung ist ein Akt. Eine willentliche Entscheidung, ein Ereignis dagegen ist ein Ablauf außerhalb der eigenen Verantwortung.

„*Der logische Unterschied zwischen Akten und Ereignissen ist ein Unterschied zwischen Aktivität und Passivität.*" „*Ein Akt erfordert einen Handelnden.*"[363]

Weiter muss bei einer didaktischen Handlung unterschieden werden zwischen *Aktivität* und *Tätigkeit*.

„*Die Beziehung der Handlung zur Tätigkeit ist so wie die des Ereignisses zum Prozess. Ereignisse und Handlungen geschehen in einem bestimmten Augenblick, während Tätigkeiten und Prozesse andauern. Das Kriterium der Unterscheidung ist also die Veränderung bzw. Aufrechterhaltung bestimmter Zustände oder Zustandsformen.*"[364]

Handlungen können auch dazu führen, das sich nichts verändert. D. h. wir benötigen noch eine Unterscheidung zwischen einer bewussten *Unterlassung* und einer bewussten *Handlung*. Eine bewusste Unterlassung kann im didaktischen Bereich wertvoller sein als ein didaktischer Akt im Sinne einen Handlung, wenn z. B. das Prinzip der Selbstorganisation einen hohen Stellenwert in der Subjektiven Didaktik eines Lehrenden hat.[365]

---

[363] Simon, 1995, S. 114

[364] Simon, 1995, S. 114

[365] siehe Leitdifferenzen, Korridore der Selbstorganisation, Selbststeuerung und Selbstdifferenzierung in den vielen Formen des kontingenten Unterrichts, z. B: Freiarbeit, Zirkelarbeit, Projektunterricht, Jena-Plan, Konzepte der Montessori-Pädagogik

> *„Während in Handlungen das sich selbst beobachtende lebende System sich als aktiv (als Subjekt) definiert, sieht es sich den nicht beeinflussbaren Geschehnissen gegenüber passiv (als ihr Objekt) ausgeliefert. Ereignisse geschehen in einer bestimmten Situation, ohne dass die Verantwortung, Schuld oder Ursache einer Person zugeschrieben werden kann."*[366]

Didaktisches Entscheiden ist der inhaltliche und methodische Ablauf, in dem befunden werden muss, was inhaltlich, methodisch und individuell aufeinander folgen soll: Es müssen auch laufende Entscheidungen getroffen werden darüber, was ich als Lehrender aktiv steuern will, was ich als aktive Unterlassung ansehen will und was ich als Ereignis betrachten kann. Nur so kann ich als Lehrender die Komplexität einer Unterrichtsstunde, eines Unterrichtsvormittags oder eines ganzen Schuljahres reduzieren, in handhabbare Driftbereiche formen und mich damit vor einem übergroßen Verantwortungs- und evtl. Schuldberg schützen.

Wann entscheide ich z. B., Entscheidungen zu verschieben, weil das autopoietische System eines Lernenden vielleicht gerade in einer Selbstentwicklungsphase ist, wo Entscheidungen seitens des Lehrenden eine grobe Störung wären? Dies ist eine enorm wichtige Frage in allen Formen des sog. „Offenen Unterrichts".

Bei Entscheidungen geht es immer auch um Einschränkungen von Verhalten. Diese Dimension ist vor allem bei Normierungsakten, bei der Bildung von epistemologischen Korridoren, also in der Bewusstseinsbildung, in der Leistungs-Interpretation und bei der Entwicklung von neuen Lernkulturen relevant.

> *Mit welcher Art von Entscheidung – z. B. normativ, diskursiv, analytisch, konsensuell - und damit auch mit welcher Art von Einschränkung werde ich als Lehrender operieren?*

Haben wir bisher eher auf der Seite des Morphembildners gedacht, so müssen wir natürlich auch die Seite des Lernenden in seiner Entscheidungssituation betrachten.
Was geschieht eigentlich, wenn ein Lernender im üblichen Unterricht von einer Didaktischen Entscheidung des Lehrenden getroffen wird.?
Die Grundcodierung könnte heißen: Ja oder Nein.

> *Ich trage die Entscheidung mit oder nicht.*

> *Ich verstehe als Lernender die Mitteilung des Lehrenden oder ich verstehe sie nicht.*

Als Lehrender muss ich also z. B: entscheiden:

> *Wo, wie, wann werde ich aktiv?*

> *Wo, wann, wie und bei welchem Lernenden bleibe ich passiv?*

> *Welche Interventionen treffe ich in Bezug auf Steuerung, Aufmerksamkeit?*

> *Welche Basis-Komponenten sind gerade in der Balance zu bringen?*

> *Wie interpretieren ich Chreoden-Verläufe: Ignoriere ich sie oder nicht?*

Eine Didaktische Entscheidung steht zwischen Vergangenheit und Zukunft. Vergangenheit ist der Modus der Unabänderlichkeit, die Zukunft ist der Modus des Noch–nicht-Bestimmtseins.[367]

---

[366] Simon, 1995, S. 114

[367] Luhmann, 2000, S. 172

Was soll eine Entscheidung entscheiden? Bleibt sie in der Vergangenheit, ist Stillstand. Geht sie in die Zukunft, wird Unsicherheit erzeugt, weil man von vornherein weiß, dass die Entscheidung jeweils Folgen haben kann, die man evtl. weder voraussehen und berechnen, noch moralisch rechtfertigen und verantworten kann. Ein Berufsanfänger steht erst einmal vor dem Nichts, wenn er eine Didaktische Entscheidung in einer aktuellen Situation treffen muss. Er hat keine Wiederholungsmuster, die ihn zunächst auf einen Boden der Sicherheit und Verlässlichkeit stellen könnten. Er hat noch keinen erprobten Handlungsvorrat. Seine Rationalität, d. h. seine theoretischen Bezugssysteme, die er evtl. gelernt hat, gehören einem ganz anderen Phänomenbereich an, als er jetzt zur Diskussion steht. Er kann irgendeine Entscheidung fällen, er wird immer auf Unsicherheit treffen, selbst wenn er in einem Bereich Sicherheit geschaffen hat. Er hat auch noch keine Korridorschemata, die ihm zumindest in Teilbereichen Sicherheiten garantieren würden. Er weiß auch noch nicht, ob die getroffene Entscheidung eine Entscheidungswiederholung werden kann, die ihn auf Routine setzt, so dass er dann weiß, dass in Zukunft ähnliche Fälle und Entscheidungen nach dem gleichen Muster behandelt werden können. Die Etablierung von erprobten Mustern schreitet erst Schritt für Schritt voran. Sie wird aber häufig von Anfang an desavouiert: durch eigene Abwertungen und Unsicherheiten, durch hohe Kontingenzen in den Lerngruppen oder durch abwertende, destruktive Beurteilungen eines Beobachters.
Dann ist der Kraft- und Energiehaushalt kurzfristig oder dauerhaft bis aufs Äußerste strapaziert.
Bei allen neuen sozialen Gruppierungen – z. B. Klassen, Lerngruppen, Lehrerkollegien - muss von Anfang an vom Lehrenden immer neu entschieden werden. Erst allmählich bildet sich eine Entscheidungs-Sicherheit auf Grund von erfolgreichen Entscheidungs-Wiederholungen. Im weiteren Verlauf entwickelt sich im günstigen Fall ein Entscheidungs-Hintergrund, der nicht mehr dauernd aktualisiert werden muss. Er bildet allmählich das latente Entscheidungs-Bewusstsein einer Lerngruppe in einer Lernkultur. Sie wird so zur stabilen Verhaltensstruktur. Dann legt sie - je nach Kontingenzgrad im Unterricht fest, was nicht entschieden ist, bzw. was nicht mehr zur Diskussion steht, d. h. was für die Zukunft ignoriert wird. Gelingt dieser Vorgang einigermaßen, kann für die Zukunft etwas Sicherheit auch bei neuen Entscheidungen erwartet werden, so dass sich allmählich eine *Kern- und Randbildung* im System etabliert. In unserem Falle kann sich eine postmoderne Lernkultur bilden.
Eine weitere wichtige Dimension ist der *Zeitdruck*. Entscheidungen werden meist unter Zeitdruck gefällt.
Welche Informationen oder Muster wählt man unter Zeitdruck? Sicherlich keine komplizierten, aufwendigen, umständlichen, die mit vielen Alternativen belegt sind. Schnell herstellbare Entscheidungskomponenten, vor allem in Konflikt und Konkurrenzsituationen, sind wichtig. Damit hängt eng die subjektive Präferenzstruktur zusammen: Welchem Bereich gebe ich den Vorzug für meine Entscheidung, welchen negiere ich, welchen schließe ich aus? Diese Wahl geschieht sehr rasch und nachhaltig, weil die internen Verrechnungen längst in einer - meist unbewussten - Präferenzordnung festgelegt sind.
Eine Entscheidung fordert weitere Entscheidungen heraus, jede Entscheidung bringt keinen abschließenden Ruhezustand, sondern öffnet neue Felder der Unsicherheit und neue unmarkierte Bereiche. Unsicherheit entsteht zwischen Wissen und Nichtwissen.

Eine Entscheidung wird zur Differenz zwischen Klarheit und Unsicherheit. Es ist aber die Hoffnung, dass allmählich ein größeres Feld an Sicherheit und das Feld an Unsicherheit kleiner wird. Diesen Vorgang kann man als *Unsicherheitsabsorption* (Luhmann) bezeichnen. Unsicherheitsabsorption wäre z. B. allein ein riesiges Programm in der 2. Phase der Lehrerausbildung.

Ein weiteres Problem ist es, zu lernen, was man alles bewusst ignorieren und ausschließen kann, d. h. zu lernen, nicht zu entscheiden. In unserer bisherigen Didaktik, so kann man unterstellen, kommt die Entscheidung nur als bewusste, verantwortete und rationale Kalkulation vor. Selbst wenn man weiß, dass Entscheidungen oft aus dem Bauch heraus getroffen werden müssen, dass sie nur bedingt dem Rationalitätskalkül unterworfen sind, tut man so, als ob eine Didaktische Entscheidung richtig oder falsch sei. Der Wahrheitsanspruch ist in den herkömmlichen Didaktiken und didaktischen Konzepten so dominant, dass man, rekursiv gesehen, gar nicht mehr, nicht einmal in der Theorie, nach Alternativen oder Verzweigungsentscheidungen sucht. Folgen im didaktischen Alltagshandeln sind die Ontologisierung der eigenen Konstruktionen und die Abwertungen fremder Konstruktionen.

Die in der Morphem-Bildung eingeführten Rationalitätskriterien, wie z. B. Leitdifferenzen, Postulate und Prinzipien sollen die in der Driftzone zur Entscheidung anstehenden Bereiche kanalisieren. Man glaubt, sie könnten die Entscheidungen des Lehrenden abstrahiert und subjektiv nahezu interesselos, also möglichst objektiv steuern, was systemtheoretisch gesehen ja gar nicht möglich ist.

Die herkömmliche Formel ist vor allem bei der Abbilddidaktik, dass der Lehrende rational entscheiden sollte, d. h. z. B. zum Wohle des Lernenden. Diese Rationalitätsformel wird dann zur allgemeinen Drehscheibe von objektivistischen Kommunikationsritualen, z. B. zwischen Lehrenden und Lernenden oder zwischen Eltern und Lehrenden. Mit dieser Formel kann man eigene, meist versteckte Interessen in der Kommunikation nach außen zum Verschwinden bringen und auf eine scheinbar interesselose, objektivistische Ebene heben.

Dieser Vorgang geschieht bei allen Organisationen, die auf Systemrationalität setzen.

In der Didaktik kommt noch hinzu, dass man oft stillschweigend voraussetzt, nicht nur Didaktische Theorie, sondern auch Didaktisches Handeln sollten widerspruchsfrei, d. h. logisch und zugleich anschlussfähig für die nächste Zukunft des komplexen Unterrichtsgeschehen sein.

> Exkurs: Der Begriff „Rationalität"
>
> Die Vorstellung von „Rationalität" basiert auf der Annahme, dass wir - vor allem in Organisationen - auf Interessenbewertung abheben, dem öffentlichen Interesse sozusagen den Vorrang gegenüber privaten Interessen geben.
>
> In der Didaktik taucht möglicherweise die Formel „zum Wohle des Lernenden" auf oder im Bildungs-Tauschmark „bestanden - nicht bestanden", um damit subjektivistischen Argumentationssträngen von Anderen aus dem Weg gehen zu können. Es gibt verschiedene Rationalitätstypen, die im Bildungssystem auftreten:
>
> Wenn es um die Mittel-Zweck-Relationen geht, sprechen wir von *Zweckrationalität*, z. B. im Bildungs-Tauschmarkt.
>
> Wenn es um die Differenz von Tatsachen und Werten geht, spricht man von *Wertrationalität*, z. B. bei der Persönlichkeitsentwicklung.
>
> Und wenn es um die Differenz von System und Umwelt geht, kann man von der *Systemrationalität* sprechen und auch von der hierarchischen Kontrolle als Bedingung der Systemrationalität im Bereich „Schule".

Im didaktischen System können wir von epistemischer, sozialer oder personaler *Rationalität* sprechen, wenn es um die Differenz zwischen Wissen und Nichtwissen, um soziale Gerechtigkeit und Ungerechtigkeit oder um Entwicklung bzw. Schädigung der Person geht.

Mit Rationalität ist der Endpunkt rationaler Diskussion gemeint, die letztendlich immer durch Normen, Kriterien, Zwecke und Ziele bestimmt wird.

Rationalität wird oft stillschweigend vorausgesetzt und erst, wenn man gegen sie verstößt, erkennt man sie und kann eine Selbstbeschreibung des System vornehmen. Das System errechnet seine Identität, indem es zwischen Rationalität und Irrationalität, d. h. Verstößen gegen die Rationalität, oszilliert.

Ein einziger Schultag an einer Großstadtschule demonstriert dies in eindruckvoller Weise.

Heute kann eine Entscheidung von Lehrenden von den Lernenden befürwortet oder abgelehnt werden, und zwar offen. Es kann auch dokumentiert werden, ob man die didaktische Mitteilung des Lehrenden überhaupt verstanden hat.

Diese wechselseitigen Entscheidungen für oder gegen etwas bilden dann die Strukturdrift, d. h. die Entstehung von Korridoren in der Driftzone. Es sind vor allem die abgelehnten Möglichkeiten, die das Driften einzelner Lernenden sehr viel stärker binden, eben weil sie nicht mehr korrigiert werden können, aber ständige Folgelasten produzieren.

Wenn wir Didaktische Entscheidungen in der Driftzone untersuchen, so sehen wir zunächst die Basis-Komponenten ICH, WIR, SACHE als Entscheidungsfelder an.

Hier haben wir zumindest einen inneren Kompass für eine Balanceentscheidung im Strom der Zeit, unter Zeitdruck und im komplexen Interaktionsraum der Driftzone mit den Lernenden.

Die nächste Aufgabe ist es, solche *Korridore* der Verständigung und des Anreizes zu konstruieren, dass eine größere Differenzierung gegeben ist, zugleich aber eine reflektierte Handlungsfolge unter Berücksichtigung der Reduktion von theoretischer Komplexität oder kognitiver Überproduktion möglich wird.

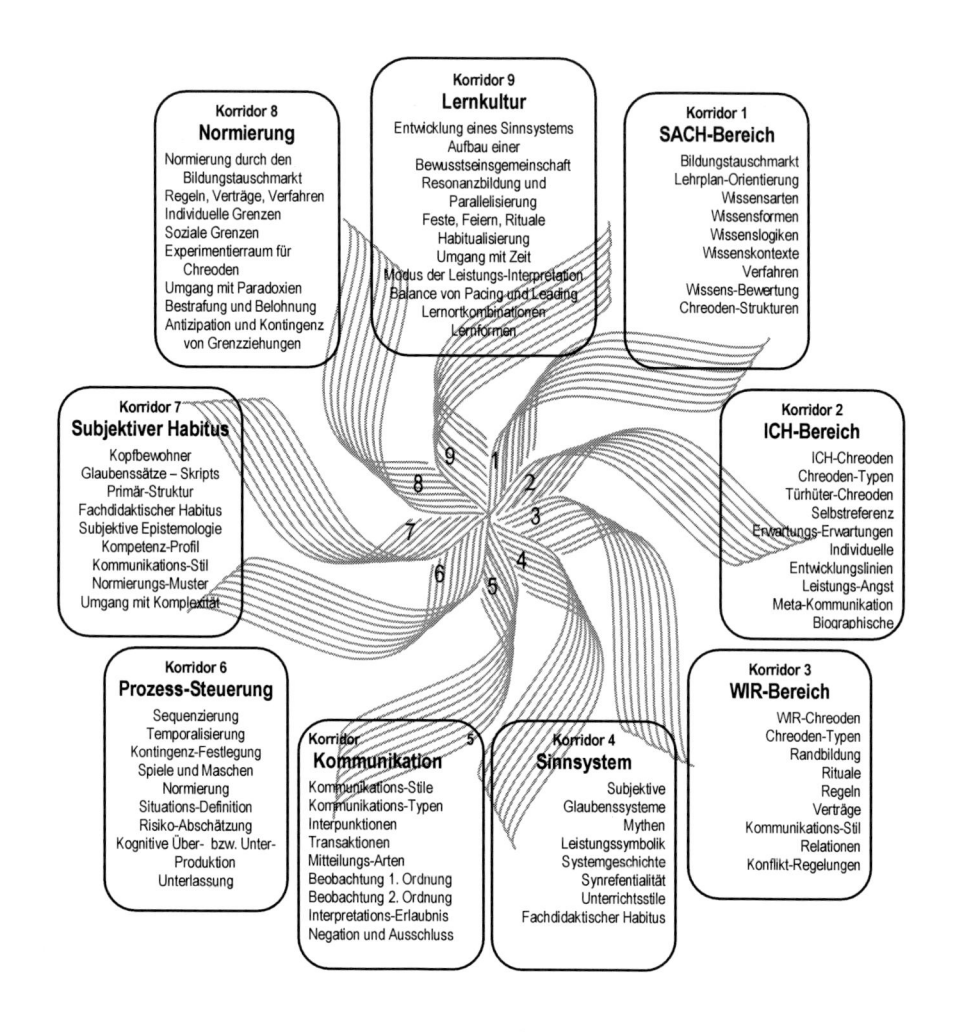

Korridor 8 — Normierung
Normierung durch den Bildungstauschmarkt
Regeln, Verträge, Verfahren
Individuelle Grenzen
Soziale Grenzen
Experimentierraum für Chreoden
Umgang mit Paradoxien
Bestrafung und Belohnung
Antizipation und Kontingenz von Grenzziehungen

Korridor 9 — Lernkultur
Entwicklung eines Sinnsystems
Aufbau einer Bewusstseinsgemeinschaft
Resonanzbildung und Parallelisierung
Feste, Feiern, Rituale
Habitualisierung
Umgang mit Zeit
Modus der Leistungs-Interpretation
Balance von Pacing und Leading
Lernortkombinationen
Lernformen

Korridor 1 — SACH-Bereich
Bildungstauschmarkt
Lehrplan-Orientierung
Wissensarten
Wissensformen
Wissenslogiken
Wissenskontexte
Verfahren
Wissens-Bewertung
Chreoden-Strukturen

Korridor 7 — Subjektiver Habitus
Kopfbewohner
Glaubenssätze – Skripts
Primär-Struktur
Fachdidaktischer Habitus
Subjektive Epistemologie
Kompetenz-Profil
Kommunikations-Stil
Normierungs-Muster
Umgang mit Komplexität

Korridor 2 — ICH-Bereich
ICH-Chreoden
Chreoden-Typen
Türhüter-Chreoden
Selbstreferenz
Erwartungs-Erwartungen
Individuelle Entwicklungslinien
Leistungs-Angst
Meta-Kommunikation
Biographische

Korridor 6 — Prozess-Steuerung
Sequenzierung
Temporalisierung
Kontingenz-Festlegung
Spiele und Maschen
Normierung
Situations-Definition
Risiko-Abschätzung
Kognitive Über- bzw. Unter-Produktion
Unterlassung

Korridor 5 — Kommunikation
Kommunikations-Stile
Kommunikations-Typen
Interpunktionen
Transaktionen
Mitteilungs-Arten
Beobachtung 1. Ordnung
Beobachtung 2. Ordnung
Interpretations-Erlaubnis
Negation und Ausschluss

Korridor 4 — Sinnsystem
Subjektive Glaubenssysteme
Mythen
Leistungssymbolik
Systemgeschichte
Synrefentialität
Unterrichtsstile
Fachdidaktischer Habitus

Korridor 3 — WIR-Bereich
WIR-Chreoden
Chreoden-Typen
Randbildung
Rituale
Regeln
Verträge
Kommunikations-Stil
Relationen
Konflikt-Regelungen

Abbildung 33:. Dimensionen der Morphem-Bildung

3. Die Driftzone

Entscheidungsebenen

Didaktische Entscheidung in der Driftzone sind keine lineare, logisch aneinander kohärente Entscheidungslinien. Sie werden weit eher assoziativ in sehr verschiedenen Referenzbereichen getroffen, einmal dort oder nicht.

Wie können verschiedene Entscheidungsstufen und -profile unterscheiden:

- Ebene 1:
  Entscheidungen auf Grund von Selbstverständlichkeiten:
  Routinehandlungen, Formulare, Arbeitszeitbeginn, bewährte Muster, gewonnene Entscheidungssicherheit ohne rationale Dauerversicherung usw.

- Ebene 2:
  Entscheidungen auf Grund von Alltagsnotwendigkeiten:
  festgelegte Termine, Prüfungen, Stoffplan, Stundentakt, eigene Temporalisierungen, Muster, wie z. B, „Man kann nicht anders" usw.
  Man ist sich über etwas einig und daher ist es auch vernünftig.
  Vernunft als Übereinstimmung

- Ebene 3:
  Entscheidungen auf Grund von Alternativen:
  Beginn einer Rationalität, d. h. einer überlegten, verantworteten und festgelegten Ordnung

- Ebene 4:
  Entscheidungen auf Grund von Rationalität:
  bewusste, überlegte, abgegrenzte, auf Theorien und didaktischer Vernunft aufgebaute Entscheidung

Das Prozessieren und Entscheiden hat noch einen weiteren Aspekt:

Wie wird das die in der Planungsphase vorbereitete Morphem unter der aktuellen Situation des Driftens transformiert?

Korridorbildung in der Driftzone

Durch die laufenden Entscheidungen während des Unterrichts auf ganz unterschiedlichen Ebenen und in verschiedenen Referenzbereichen ergibt sich ein Konglomerat von Verhaltensweisen des Lehrenden, das im Einzelnen nur durch Unterscheidungen in den Referenzbereichen und den darunter liegenden Ebenen diskutierbar ist.

Das Driften des Lehrenden in diesen Referenzbereichen läuft aber keineswegs linear und ablauflogisch ab, sondern es stellt ein breites Feld von Einzelentscheidungen und Einzelverhalten je nach Bewusstsein und Situation des Lehrenden und der Lerngruppe dar.

Wir unterscheiden zunächst die dominanten Referenzbereiche des Lehrverhaltens in der Korridorbildung:

> *Korridorbildung auf der SACH-Ebene*
> *Korridorbildung im ICH-Bereich*
> *Korridorbildung im WIR-Bereich*
> *Korridorbildung in der Prozess-Steuerung*
> *Korridorbildung in der unterrichtlichen Kommunikation*
> *Die Entscheidung für einen Sinn: Leitdifferenzen*
> *Die Entscheidungen über ein Profil von Leitdifferenzen und Prinzipien*
> *Die innere Entscheidung über den Führungsstil*
> *Methodische Entscheidungen*
> *Die Entscheidungen in aktuellen Situationen*
>   *über die eigenen Kopfbewohner*
> *Entscheidungen über Normierungsmaßnahmen oder Unterlassungen*
> *Akutelle Aufmerksamkeit auf die Erhaltung und Weiterentwicklung einer*
>   *Lernkultur mit dieser Lerngruppe in diesem System:*
>   *Rituale, Verfahren, Musterbildung, Regeln, Feedback-Kultur*

War in der Morphem-Bildung im Bereich des Aufbaus einer Wissensarchitektur die Komplexität noch relativ leicht zu handhaben, so ist jetzt in der aktuellen Situation in der Driftzone der Prozess beim Aufbau von Wissen wegen der unterschiedlichsten Chreoden der Lernenden hochkomplex, und es ist daher noch schwieriger, diese Komplexität in den Griff zu bekommen, z. B. durch folgende Fragen:

> *Welche Lernende verstehen meine Mitteilungen als Anreizstruktur?*
> *Welche nicht und warum nicht?*

Es kommt nun darauf an, zu verdeutlichen, welche Dimensionen und Aspekte in den jeweiligen Korridoren in der aktuellen Situation beim Lehrenden als latente Bewusstseinsstruktur in Form von möglichen Verhaltens-Imperativen vorhanden ist und welche direkte Interventionen der Lehrende dann im Interaktionsprozess tatsächlich vornimmt.

> **Zu den latenten Bewusstseinszuständen kann man z. B. rechnen**
> *- die Erwartungen an den Lernenden*
> *- der Kontingenzhabitus des Lehrenden*
> *- die Steuerung durch die Kopfbewohner*
> *- die subjektiven Logiken*
> *- die Bereiche von Negation, Ausschluss und Latenz von Wissen*
> *- die latente Bewusstseinsstruktur aus dem Primärhabitus*
> *- die latente Bewusstseinsstruktur aus dem beruflichen Habitus*

> - *die imaginierte Wissensarchitektur*
> - *die eigenen epistemologischen „blinden Flecke"*
> - *die Normierungsvorstellungen*
> - *die latente Nähe und Distanz zum Lehrplan*

Zu den möglichen direkten Interventionen kann man hauptsächlich folgende Bereiche rechnen:

> *Erwärmungs-Entscheidungen*
>
> *Negations- und Ausschluss-Interventionen*
>
> *Prozessierungs-Impulse*
>
> *Normierung in den epistemologischen Konstruktionen der Lernenden*
>
> *laufende Leistungsimpulse auf Grund von Leistungs-Interpretationen bei einzelnen Lernenden oder der ganzen Lerngruppe*
>
> *Fortsetzung von Interpunktionen und Transaktionen*
>
> *Einführung oder Einhaltung von epistemologischen Ritualen*
>
> *Normierungs-Interventionen bei Einzelnen*
>
> *laufende Sinnproduktion*
>
> *Lehrplan-Normierung*
>
> *Methoden-Intervention*
>
> *Festlegung des Kontingenz-Rahmens*
>
> *laufende Anschluss-Interventionen und Feedbackschleifen zwischen Mitteilung und Verstehensprozessen*
>
> *In welcher Didaktischen Landschaft treffe ich eine Didaktische Entscheidung?*
>
> *Kann ich sie überhaupt mit ihren Folgen einschätzen, wenn ich das Grundprofil der Folgelasten nicht sehen kann, nicht erfahren habe?*

Randbildung des Korridors

Selektion, Negation und *Ausschluss* sind die Eckpunkte einer Abgrenzung nach außen, das bedeutet *Randbildung*. Nicht alles, was von außen kommt, kann als Anreiz verarbeitet bzw. übernommen werden. Es gibt viele Orte des Nichthandelns, weil das System sonst vor lauter Komplexität und verschiedenartigen Topologien zum „Wanderzirkus" wird. So ist z. B. die häufig gehörte Forderung, die Schule müsste „das Leben hereinholen", utopisch, solange die grundlegenden Strukturfaktoren der Schule nicht geändert werden.

Komplexität als fast unendliche Möglichkeit von nicht-aktualisiertem Bewusstsein ist ständig latent als Bedrohung von außen vorhanden.

Reduktion und Erhaltung von Komplexität setzen sich gegenseitig voraus, d. h. in der Biographischen Selbstreflexion und im Didaktischen Handeln ist ein ständiger

Balanceakt zu leisten.[368] Wird dies nicht reflektiert, kann es zu schweren Beeinträchtigung der Person des Lehrenden kommen, weil die von außen zugemutete Komplexität ja für den Fordernden keinen Handlungszwang und keine Handlungsverantwortung nach sich zieht. Man kann einfach etwas erwarten, was man selbst in einem fremden, anderen System nicht zu verantworten hat. Das ist die typische Position einer scheinbaren Systemrationalität.

Wir haben im Kapitel „Morphem-Bildung" bereits ausführlich über Fremd- und Selbstreferenzen gesprochen. Im Zusammenhang mit der Korridorbildung in der Driftzone geht es darum, inwieweit der Lehrende sich selbst, die Lerngruppe, bzw. den einzelnen Lernenden beobachten und bewerten kann.

Der Lehrende kann nur selbstreferentiell beobachten. Er kann nicht beobachten, was der Lernende beobachtet und was er in einer didaktischen Situation denkt und warum er sich gerade für dieses Verhalten entscheidet.

Auch der Beobachter eines Lehrenden kann nur beobachten, was er beobachtet, d. h. er kann nur auf Grund seiner „Theorie über den Anderen" und seiner „Theorie über sich selbst" interpretieren.[369]

Es ist klar, dass Didaktisches Handeln als ein sequentieller Ablauf zu sehen ist, der durch laufende Entscheidungen entsteht und weitere Entscheidungen fordert. Diese Entscheidungen müssen auf vielen Ebenen gleichzeitig oder nacheinander getroffen werden. Nach einer Analyse des Lehrerverhaltens zeigt sich, dass diese Entscheidungen trotz der vorherigen Planung keinesfalls linear und abbildmäßig verlaufen, sondern alogisch, assoziativ und punktuell. Es entsteht eine Gewebe unterschiedlichster Strukturen und Prozessen.

Man kann und muss einzelne Entscheidungen vom Gesamtkomplex des Didaktischen Handelns analytisch trennen, damit man überhaupt die Handlungskomplexität reduzieren und Unterscheidungen treffen kann.

Bei der Korridorbildung sind im wesentlichen zwei Bereiche zu beachten:
- Die subjektive Entscheidungs-Situation des Lehrenden
- Die soziale Situation der Lerngruppe und des einzelnen Lernenden als Interpunktions- und Transaktionsfeld zu dem Verhalten und den Mitteilungen des Lehrenden

Die aktuelle subjektive Entscheidungs-Situation des Lehrenden in der Driftzone

Ähnlich wie bei der Chreoden-Analyse gehen wir auch bei der Morphem-Bildung des Lehrenden davon aus, dass bei ihm latente Bewusstseinszustände vorhanden sind, die immer mit potentiellen Verhaltens-Imperativen verbunden sind und dann im tatsächlichen Handeln als Verhaltensmuster auftauchen. Je nachdem, welche Dimensionen und Referenzebenen in einer aktuellen Situation in der Driftzone ins helle Bewusstsein des Lehrenden gelangen, werden Verhaltens-Imperative und Verhaltensmuster wirksam, die dann als Mitteilung an die Lernenden weitergegeben werden. Diese Bewusstseinszustände sind sehr unterschiedlich und daher kaum systematisch darstellbar. Wir wollen aber einige Beispiele der Korridorbildung mit entsprechenden Dimensionen eines Didaktischen Bewusstseins darstellen, zunächst

---

[368] siehe „Prinzip der Balance"

[369] siehe z. B. die Theorie der integrierten Persönlichkeitstheorie nach Epstein

unabhängig vom Interaktionsgeschehen bei der Lerngruppe oder bei einzelnen Lernenden. Wir werden zunächst die einzelnen Ebenen der Korridore analytisch trennen, um die Gesamtkomplexität im Nachhinein wieder reflektieren zu können.

Im Didaktischen Handeln fallen alle Korridor-Ebenen zusammen und bilden aus Sicht des Beobachters ein hochkomplexes Verhaltensmuster des Lehrenden, das vom externen Beobachter kaum interpretierbar ist, wenn man sich nicht im Sinne der Selbst- und Fremdreferenzen gegenseitig mitteilt.

Die folgende Grafik soll veranschaulichen, wie komplex sich der Handlungs- und Entscheidungszusammenhan im Lernprozess darstellt.

Beschreibung der Grafik

Im Modus einer linearen Morphem-Bildung und deren abbildmäßigen Durchsetzung in der Driftzone verläuft die Korridorbahn zwischen latentem Bewusstsein und direkten Interventionen relativ parallel.

Im Modus einer situations-orientierten und chreoden-orientierten Haltung des Lehrenden und damit einer relativ hohen Kontingenz während des Unterrichts, meist bei Formen des selbstorganisierten Lernens wie Freiarbeit, Lernzirkel, Projekten, Lernmärkten, verläuft die Korridorbahn keinesfalls linear, sondern punktuell, assoziativ, weil sie von vielen Aspekten aus verschiedenen Referenzebenen zu ganz unterschiedlichen Punkten in der Zeitachse der Driftzone bestimmt wird.

Daher ist dieser Korridor gegenüber einer linearen Unterrichtsplanung zerklüftet und weit mehr an die Spontaneitäts- und Intuitionslinie des Lehrenden gebunden.

Korridor 8
Normierung
Normierung durch den
Bildungstauschmarkt
Regeln, Verträge, Verfahren
Individuelle Grenzen
Soziale Grenzen
Experimentierraum für
Chreoden
Umgang mit Paradoxien
Bestrafung und Belohnung
Antizipation und Kontingenz
von Grenzziehungen

Korridor 9
Lernkultur
Entwicklung eines Sinnsystems
Aufbau einer
Bewusstseinsgemeinschaft
Resonanzbildung und
Parallelisierung
Feste, Feiern, Rituale
Habitualisierung
Umgang mit Zeit
Modus der Leistungs-Interpretation
Balance von Pacing und Leading
Lernortkombinationen
Lernformen

Korridor 1
SACH-Bereich
Bildungstauschmarkt
Lehrplan-Orientierung
Wissensarten
Wissensformen
Wissenslogiken
Wissenskontexte
Verfahren
Wissens-Bewertung
Chreoden-Strukturen

Korridor 7
Subjektiver Habitus
Kopfbewohner
Glaubenssätze – Skripts
Primär-Struktur
Fachdidaktischer Habitus
Subjektive Epistemologie
Kompetenz-Profil
Kommunikations-Stil
Normierungs-Muster
Umgang mit Komplexität

Korridor 2
ICH-Bereich
ICH-Chreoden
Chreoden-Typen
Türhüter-Chreoden
Selbstreferenz
Erwartungs-Erwartungen
Individuelle
Entwicklungslinien
Leistungs-Angst
Meta-Kommunikation
Biographische

Korridor 6
Prozess-Steuerung
Sequenzierung
Temporalisierung
Kontingenz-Festlegung
Spiele und Maschen
Normierung
Situations-Definition
Risiko-Abschätzung
Kognitive Über- bzw. Unter-
Produktion
Unterlassung

Korridor 5
Kommunikation
Kommunikations-Stile
Kommunikations-Typen
Interpunktionen
Transaktionen
Mitteilungs-Arten
Beobachtung 1. Ordnung
Beobachtung 2. Ordnung
Interpretations-Erlaubnis
Negation und Ausschluss

Korridor 4
Sinnsystem
Subjektive
Glaubenssysteme
Mythen
Leistungssymbolik
Systemgeschichte
Synrefentialität
Unterrichtsstile
Fachdidaktischer Habitus

Korridor 3
WIR-Bereich
WIR-Chreoden
Chreoden-Typen
Randbildung
Rituale
Regeln
Verträge
Kommunikations-Stil
Relationen
Konflikt-Regelungen

direkte Interventionen

latentes Bewusstsein

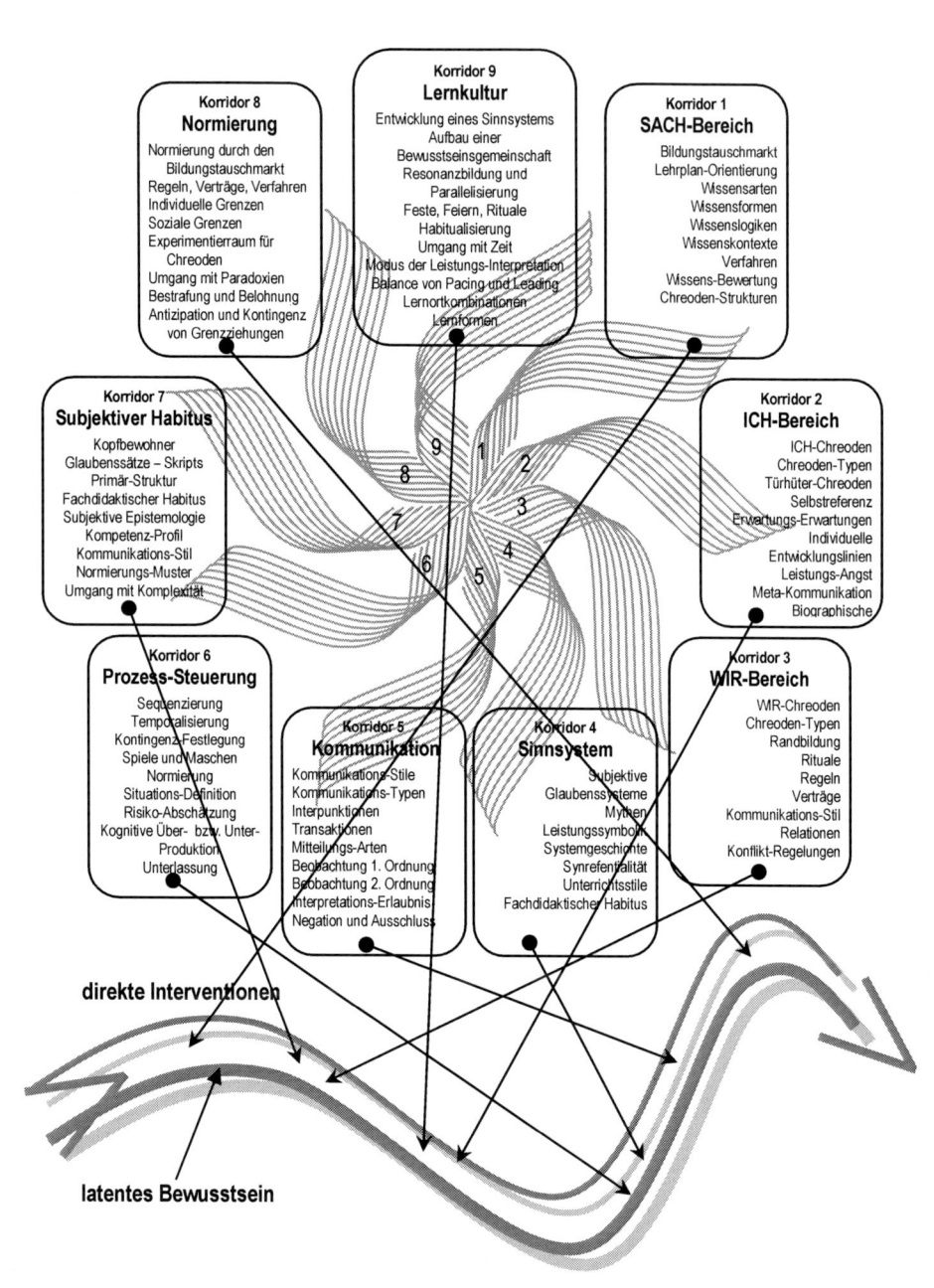

Abbildung 34: Korridor-Bildung durch Entscheidungen in der Driftzone

3. Die Driftzone

Die Referenz-Ebenen bei Lehrenden aus dem H1-Bereich stammen im wesentlichen aus den Alltagserfahrungen und aus Routinehandeln, bei Lehrenden aus dem H3- und H4-Bereich entsteht es eine Mischung zwischen Alltagserfahrung, Routinehandeln mit theoretischer Positionierung aus den Perspektiven und Prämissen der Basistheorien.[370]

Morphem-Bildung verläuft in der Planungsphase normalerweise im Sinne von Systematik, Linearität und Abfolge. Die Korridorbildung in der Driftzone sieht aber ganz anders aus: Sie ist einerseits durch Negation und Ausschluss in allen drei Basis-Komponenten, andererseits durch Assoziativität und punktuelles Wahrnehmen beim Lehrenden gekennzeichnet.

Ein Lehrender kann im Sinne der Fremdreferenzen nur sehr punktuell wahrnehmen und beobachten, noch viel weniger steuern, was in den einzelnen Chreoden vor sich geht, welche angemessenen Anreize aktuell zu gestalten sind und welche weiteren Prozessierungsschritte für den einzelnen Lernenden zu entscheiden wären. Hier heißt die Devise: Reduktion von Komplexität, punktuelle Interventionen und die Gestaltung der unterrichtlichen Kommunikation nach den Perspektiven Mitteilung, Interpunktionen, Transaktionen und der entsprechenden Resonanzsituation.

Daneben gibt es bei Lehrenden - meist im H3- und H4-Bereich - noch eine annähernde Verwirklichung von Leitdifferenzen und Postulaten aus den didaktischen Prinzipien, die im Entscheidungsprofil in der Morphem-Bildung festgelegt worden sind.

Ferner sind in der Driftzone möglicherweise die didaktischen Imperative des Balanceprinzips zwischen ICH-, WIR- und SACH-Bereich im didaktischen Bewusstsein des Lehrenden und natürlich die ständig oszillierenden Beobachtungen und Entscheidungen im Bereich der Wissens-Konstruktion und Leistungs-Interpretation bei den Ich- und Wir-Chreoden.

Korridorbildung durch Wahlmöglichkeiten

Typen von Unterrichtsstilen nach dem Grad der Kontingenz:

Typus der geringen didaktischen Kontingenz
Dies ist eine Didaktische Entscheidung, wo die Elemente, Prinzipien, Referenzebenen und ihre Logiken zu einem Morphem und einer Morphemfolge in der Weise konstruiert werden, dass eher ontologische, auf Monoansprüche hinauslaufende Konstruktionen von Seiten der Lehrenden angeboten werden und dementsprechend ein enger Interpretationsrahmen für die Lernenden gezogen wird. Chreoden, die dieser didaktischen Konstruktion nicht entsprechen können, werden *eher* bestraft oder selektiert[371] unter Heranziehung aller dazu referentiellen Ergebnisse aus den relevanten Wissenschaften mit deren Glaubenssystemen und Mythen und durch die von der Gesellschaft erlaubten Ausschlussverfahren. Der Grad der im System erlaubten Freiheit für Alternativen in sozialer, epistemologischer und methodischer Hinsicht ist gering.

---

[370] Theorien der Autopoiese, des Radikalen Konstruktivismus und des Sozialen Konstruktivismus

[371] Nichtzugehörigkeit zum Sprach- und Denksystem

Typus einer eher weiten didaktischen Kontingenz
Wir haben die Driftzone als Energiezone im Didaktischen Feld bezeichnet, in dem sich die vorhandenen Energien zu Formen und Strukturen bündeln. Diese Formen und Strukturen können unterschiedlicher Art und Natur sein: es können *symmetrische*, *asymmetrische* oder *komplementäre* Formen sein.
Symmetrische Formen zeigen sich durch eine hohe Harmonie zwischen den gleichen oder ähnlichen gegenseitigen Erwartungen aus. Sie sind überwiegend auf der Ebene der Selbstreferenzen angesiedelt: „Ich lerne und fühle mich wohl, ich lehre und fühle mich wohl."
Es ist eine enge Zone zwischen der Selbstreferenz des Lehrenden in Bezug auf Selbstbestätigung, Morphemgestalt und Resonanzsymbolik der Lernenden und der Selbstreferenz der Lernenden in Bezug auf Selbstinterpretation, Selbstbestätigung, Selbstorganisation und Resonanzsymbolik des Lehrenden. Konstruktionsprinzipien werden gegenseitig wahrgenommen, verstanden und erwidert. Der Anteil an gegenseitigen Ausbeutungstransaktionen oder Rabattmarkenkleben ist nicht sehr groß. Es herrscht ein hedonistisches Grundverhältnis.

Normierung als Standard-Erwiderung für gesellschaftliche Mythen und Muster

Es erfolgt bereits vor Schuleintritt eine Normierung in Richtung des kulturellen Kapitals, eines auf Schule gerichteten Bewusstseins mit der Konnotation von Leistung, Entwicklung, Ehre und Prestige, schließlich mit der Aussicht, in die Welt der Erwachsenen mit allen Rechten aufgenommen zu werden.
Diese Vision ist für sehr viele Kindern als Mythos und als Grundmuster schulischen Lernens erstrebenswert, weil inkorporiert. Sie empfinden den Zwangscharakter noch nicht und sind begierig, auf das Neue zuzugehen.
Bei einem anderer Teil von Kindern ist die Vorstellung vom kommenden Ereignis „Schule" bereits mit Angst oder Widerstand besetzt. Im Laufe der Schulkarriere ergeben sich vielerlei Kombinationen und Umstrukturierung.

> In einer 1. Klasse kann man eine unglaubliche Variationsbreite im Verhalten der Lernenden beobachten. Kinder in einer postmodernen Gesellschaft entwickeln sich nicht mehr nach einem Einheitsmodus, sondern sie differenzieren sich immer mehr aus. Die Selektion der Selektion vollziehen die Kinder selbst. Nun kommen sie in eine völlig neue Situation, in der sie ihre Programme als autopoietische Systeme ausleben, durchsetzen oder nicht durchsetzen können.

Im Unterricht selbst soll nach allgemeinem Verständnis Bewusstsein geschaffen werden.

> *Welches Bewusstsein im Sinne einer eigenen Lernkultur möchte ich als Lehrender in meiner Klassengemeinschaft erreichen?*
>
> *Welche paradoxe Verhaltensweise lege ich selbst dabei an den Tag?*

Wir können hier nur andeuten, welche Selektions- und Normierungsleistung auf einen Lehrenden zukommt, der auf eine neue Bewusstseinsgemeinschaft setzt, indem er einen Kern- und eine Randbildung[372] anstrebt, die für die Lernenden einerseits Halt, Sicherheit und Orientierung geben kann und andererseits innerhalb des Kerns

---

[372] siehe Kösel, Lernwelten, Band III

genügend kontingente Möglichkeiten der individuellen Entwicklung und Sammlung von kulturellem Kapital aufweist. Dazu bedarf es einer angemessenen Normierungs- und Selektionstechnik, die sowohl die Chreoden-Strukturen der Lernenden als auch die eigenen Strukturen des Lehrenden berücksichtigt. Wir sehen einen vierfachen Schritt Realisierung:

Stufen einer postmodernen Normierung
- gesetzte Normen seitens des Schulsystems im Sinne des kulturellen Kapitals und deren rechtliche Ausformungen
- gesetzte Normen seitens des Lehrenden
- vom Lehrenden angebotene Regeln und Normen, die dann gemeinsam verabschiedet oder verändert werden
- von den Lernenden selbst vorgeschlagenes und verabschiedetes Regelwerk[373]

Dabei sind folgende Fragen relevant:
Welche Instrumente zur Bildung einer postmodernen Lernkultur habe ich zur Verfügung?
Wie diskutiere ich postmoderne Diversität und Pluralität eines Gegenstandes mit den Lernenden?

Daneben bedarf es auch einer subjektiven didaktischen Position, die *epistemologische*, *soziale* und *individuelle* Driftbereiche selektiert und durch Reflexion rechtfertigbar macht.

f) Das Konstruieren und Interpretieren von Wissens-Produkten in der Driftzone

Im didaktischen Bereich tun wir häufig so, als ob die Aufmerksamkeit und damit das Bewusstsein für Wissens-Konstruktionen und Handlungen ungebrochen, dauernd vorhanden und auf alle Gegenstände, die der Unterricht anbietet, gerichtet wären und als ob sich Lehrende immer vollständig auf die subjektiven Konstruktionen des Lehrenden, seine didaktischen Morpheme, einstellen könnten.

Wir nehmen ferner häufig an, dass Lernende dauernd eine bewusste Kontrolle über die eigene Aufmerksamkeit hätten, dass sie sie intern durch lineare Kausalzurechnungen steuern und mit voller Wachheit aufrechterhalten könnten.

Auf dieser stillschweigenden Voraussetzung, dass Aufmerksamkeit steuerbar sei, beruht z. B. unser Schulsystem und das Fachlehrersystem. Hier sieht man, dass nicht die anthropologischen Rahmenbedingungen des Lernens einen Hauptattraktor darstellen, sondern ganz andere Aspekte, z. B. die operationale Geschlossenheit von habitualisierten und funktional differenzierten Rollensystemen in Fächern mit ihren Binnendifferenzierungen wie z. B. die Fachschaft Mathematik oder Latein in einem Gymnasium.[374] Diese Annahme sollten wir auf Grund neurobiologischer Befunde und auf Grund von Alltagserfahrungen schleunigst aufgeben. Sie missachtet die

---

[373] siehe auch Vertragsarbeit mit Lernenden, Beachtung der Chreodentypen, Verlässlichkeit der Vereinbarungen usw.

[374] siehe „Bildungs-Tauschmarkt" und „Temporalisierung" des Unterrichts

grundlegenden anthropologischen Rahmenbedingungen menschlichen Lernens. Zudem ist der Versuch der Umsetzung zu teuer.

Das Thema „Aufmerksamkeit und Bewusstsein" kann unter verschiedenen Aspekten bearbeitet werden:

- Die anthropologische Konstruktion unseres Gehirns
  als Drei-Sekunden-Bewusstsein[375]
- Aufmerksamkeit und Bewusstsein unter der Hinsicht einer individuellen Konnotation im Rahmen
  - der Chreoden-Programme eines Lernenden
  - der Morphem-Modellierung des Lehrenden
  - der Interaktions- und Interpunktions-Formen in der Driftzone

An dieser Stelle konzentrieren wir uns auf einige allgemeine Aspekte der Bewusstseinsbildung, die für die Gestaltung und Steuerung in der Driftzone von Bedeutung sind.

Aspekte der Bewusstseinsbildung

Als erste Feststellung gilt: In unserer auf vordergründige Bildungs-Produkte fokussierte Gesellschaft und auch Didaktik müssen wir zunächst festhalten, dass nicht nur beim kranken, sondern auch beim gesunden Menschen ein großer Teil der Funktionen im Körper und Gehirn und auch unserer Handlungen grundsätzlich nicht von Bewusstsein begleitet ist. Und es ist eine Illusion, dass alle Handlungen mit Hilfe von Vernunft und Argumentation sozusagen legitimiert werden könnten.

„Wir haben keinerlei Bewusstsein davon, wie unsere Netzhaut visuelle Erregung verarbeitet oder was der Hirnstamm oder das Kleinhirn gerade tut. Nur dasjenige, was von diesen Prozessebenen eine Repräsentation im assoziativen Cortex besitzt, kann überhaupt bewusst erlebt werden. Insofern ist der assoziative Cortex also der Ort des Bewusstseins, wenn auch nicht ... der alleinige Produzent."[376]

Unser Gehirn als Drei-Sekunden–Gehirn

Wahrgenommene Ereignisse beruhen auf einer systemeigenen Unterscheidung von Ungleichzeitigem durch Einteilung des zeitlichen Kontinuums in kleine Kompartimente. Diese Einteilung erlaubt es dem Gehirn, elementare Zeiterlebnisse - Gleichzeitiges und Aufeinanderfolgendes - wahrzunehmen. Die wahrgenommen Ereignisse bilden nach Pöppel die Bausteine für alle komplexeren Strukturen.[377]

Das Gehirn operiert mit seinen Untersystemen auf drei verschiedenen Zeitebenen: In dem elementaren Zeitfenster von ca. 30 Millisekunden Dauer werden durch Synchronisation von neuronalen Entladungen stattfindende Ereignisse zusammengefasst und als gleichzeitig erfahren. Unter dem Einfluss von länger anhaltenden Bewertungen und Gefühlszuständen auf einer höheren Ebene werden mehrere Elementarereignisse zu kohärenten Bildern von Wirklichkeit angeordnet. Dies geschieht in etwa 2,5 bis 3 Sekunden. Alle drei Sekunden werden vom Gehirn

---

[375] nach Pöppel, 1983

[376] Roth, 1992, S. 219

[377] Pöppel, 1983

solche neue Bilder von Wirklichkeit gebildet. Kontinuität und Gestalt in diesem raschen Strom wird über die relativ stabilen Gefühle und Bewertungen erhalten.

Aufbau von Bewusstsein, das anschließend in die Automatisierung absinkt:
Es gibt Prozesse, die vom Bewusstsein begleitet werden können, ohne dass dies im Sinne des Überlebens notwendig ist. Dies gilt nach Roth für die Körperhaltung, für Gehen, Schreiben, Sprechen, d. h. für Fertigkeiten, die weitgehend automatisiert ablaufen, auch wenn sie früher einmal bewusst erlernt werden mussten.

Für didaktische Anreizstrukturen in der Driftzone heißt das, dass Musterbildung zuerst mit Bewusstsein aufgebaut und gesichert werden muss, wobei danach das Bewusstsein durch Automatisieren wieder entlastet wird. Das gilt sowohl für epistemologische Aktivitäten wie für Handlungen und Gewohnheiten im Bereich der Lernkultur, wie z. B. bei Ritualen.

Volle Aufmerksamkeit als Voraussetzung für neues und kompliziertes Lernen
Grundsätzlich kann man sagen, dass die ersten Schritte beim Erlernen komplizierter motorischer und gedanklicher Schritte eine hohe Aufmerksamkeit benötigen, d. h. die Rahmenbedingungen dazu müssen zuerst einmal hergestellt werden. Dies geschieht mit Sicherheit nicht, wenn ein Lehrender in laienhafter Weise Lernende mit der Bemerkung an ein solches Thema heranführt: „So, heute wollen wir ..."

Für eine angemessene *Erwärmung* sind inzwischen viele Techniken und Methoden durch die humanistische Pädagogik bereitgestellt worden: z. B. Erwärmungsstrategien, suggestopädische, kinästhetische und interaktive Übungen. Wenn man weiterhin bedenkt, dass das Gehirn in einem solchen Zustand eine überproportionale Zufuhr an Sauerstoff benötigt, dann ist diese Forderung nicht nur ein Gebot einer didaktischen Fairness, sondern eine unbedingte Forderung an den Lehrenden als „didaktischen Gehirnexperten". Didaktiker, die in abwertender Weise solche „Kinkerlitzchen" gerade noch der Grundschule zubilligen, sollten sich schleunigst um Aufklärung bei den Gehirnforschern bemühen.

Diejenigen Arten des Lernens, die mit besonderer Aufmerksamkeit und damit mit hohem energetischem Aufwand verbunden sind, finden sich vor allem im Bereich der Reproduktion von Wissen auf der Grundlage von gesprochener oder geschriebener Sprache, vor allem, wenn die Synchronizität zwischen Lehrenden und Lehrenden nicht stimmt, wenn der Lernende unter Zeitdruck steht usw., und ferner in Problemlösungsphasen.

Fokussierung der Aufmerksamkeit in der Driftzone
Wegen der Quantität des Lehrplans der Antreiber-Bewusstheit von Teilsystemen der Gesellschaft - Politiker, Eltern, auch Unternehmen – steht diejenigen ständig unter Produktionsdruck, die sich dem Mythos der Addition von Wissen, entsprechend der mechanistischen Bildungsauffassung, unterworfen haben. Sie müssen ständig Bildungs-Produkte, meist reproduktives Wissen, erzeugen und in ihrer inneren Bilanz abhaken. Das bedingt, dass sie für jedes Thema eine hohe Aufmerksamkeit als inneren Imperativ bei den Lernenden erzeugen müssen.

Diese ständige Forderung nach Fokussierung der Aufmerksamkeit ist nur bei solchen Lernenden zu erreichen, die hoch adaptiv bzw. erfolgreich sind. Bei den Anderen entwickelt sich allmählich eine *Als-ob-Lern-Chreode* oder eine *Chreode der begrenzten Aufmerksamkeit.* Die Folgen für den Lehrenden sind natürlich fatal.[378] Gehirnphysiologisch gesehen ist die Forderung nach Fokussierung der Aufmerksamkeit höchst fragwürdig. Der Scheinwerfercharakter dieser Art von Aufmerksamkeit geht einher mit Begrenzung und Enge. Je mehr Aufmerksamkeit ich auf bestimmte Themen, Bereiche usw. konzentriere, desto geringer ist die Menge der gleichzeitig konzentriert verfolgbaren Geschehnisse. Dies ist deshalb so, weil durch Aufmerksamkeit und Stoffwechselaktivität das Gehirn in besonderer Weise beansprucht wird, weil ein weit überdurchschnittlicher Verbrauch an Sauerstoff und Glukose stattfindet.

Gefährlich für Lernende wird dies besonders in jenem didaktischen Modus, den wir als „vulgären Didaktischen Relativismus" bezeichnet haben, wenn der Lehrende von einem Bezugsrahmen zum anderen springt, ohne Rücksicht auf die momentane Konzentration der Lernenden zu nehmen, die gerade in einem Bezugsrahmen konzentriert denken. Dies ist auch deswegen bedenklich, weil ja ein großer Teil der Körper- und Gehirnfunktionen und unserer Handlungen grundsätzlich nicht vom Bewusstsein begleitet ist.

Neben den Prozessen, die niemals bewusst werden, gibt es Prozesse, die von Bewusstsein begleitet sein können, ohne dass dies notwendig ist. Das gilt etwa für die Kontrolle unserer Körperhaltung, für Gehen, Sprechen, Schreiben, d. h. für Fertigkeiten, die weitgehend automatisiert ablaufen, auch wenn sie früher einmal bewusst erlernt werden mussten, wie z. B. Rituale der Zeitstrukturierung, des sozialen Zusammenlebens und der individuellen Lernorganisation im Anfangsunterricht.

Besondere Aufmerksamkeit kann unter Umständen stören, z. B. dann, wenn wir versuchen, uns darauf zu konzentrieren, wie wir gehen oder sprechen oder bei Gedichte bewusst aufsagen wollen.

Schließlich gibt es bestimmte Leistungen, die wir nicht ohne volle Aufmerksamkeit vollbringen können. Dazu gehören immer die ersten Schritte beim Erlernen komplizierter motorischer Fertigkeiten, etwas das Erlernen des Klavierspiels oder der Bedienung der Computertastatur oder mathematischer Operationen. Diese Fähigkeiten schleichen sich aber um so mehr aus unserer Aufmerksamkeit und unserem Bewusstsein heraus je besser sie gelernt werden, bis sie schließlich „automatisch", also ohne Aufmerksamkeit, ablaufen. Dieser Aspekt hat im Bereich „Übung" in den letzten Jahrzehnten viel zu wenig in der Didaktik Beachtung gefunden.[379]

Ein anderer Aspekt ist im Zusammenhang mit Didaktischen Handlungen relevant: die Art der Aufmerksamkeit und des Bewusstseins. Wir Menschen haben die Möglichkeit, unsere Aufmerksamkeit zu bündeln wie einen Scheinwerfer, der selektiert, was uns gerade besonders interessiert. Alles andere verschwindet und die Umwelt wird nicht mehr wahrgenommen. Umgekehrt können wir mehrere Geschehnisse gleichzeitig wahrnehmen und gleichzeitig in verschiedenen Kontexten handeln, je weniger Aufmerksamkeit notwendig ist. Roth veranschaulicht dies bei der Handlung „Autofahren": Dort tauchen plötzlich andere Gedanken und Phantasien auf. Alles, was automatisiert ist, geschieht nebenbei.

Wichtig für unsere didaktische Betrachtungsweise im Rahmen von Handlung und Beobachtung ist der Umstand, dass unsere Aufmerksamkeit und unser Bewusstsein

---

[378] siehe „Sisyphos Chreode"

[379] siehe Kösel, Schneider, 1972

die Stoffwechselaktivitäten des Gehirns in besonderer Weise beanspruchen. Dadurch, dass das Gehirn ca. 10mal mehr Sauerstoff und Zucker benötigt, als ihm im Vergleich zu den anderen Körpermassen zukommt, und zugleich keinen Reservevorrat anlegen kann, wird bei hoher Konzentration überdurchschnittlich viel Zucker und Sauerstoff verbraucht. Wenn wir im Lehr- und Lernprozess hungrig sind und der Glukosespiegel im Blut niedrig ist, können wir uns schlecht konzentrieren und keine komplizierten Lernvorgänge nachvollziehen oder selbst produzieren,
allerdings nicht in einem linearen Sinn, sondern tendenziell.

g) Temporalisierung von strukturellen Koppelungen

Wie wir schon oben dargestellt haben, ist Didaktisches Handeln in erster Linie Alltagshandeln in einer Alltagswirklichkeit. Diese Alltagswelt ist zeitlich und räumlich strukturiert. Da Zeitlichkeit ein Attraktor für das Bewusstsein darstellt, wird auch unterrichtliches Handeln ganz wesentlich durch die Standardzeit des Alltags bestimmt, d. h. für eine Morphem-Bildung läuft diese Standardzeit immer mit, bei allem, was in der Driftzone geschieht.[380] In der Driftzone ist entscheidend, wie die Standardzeit bei der Entwicklung einer Lernkultur gestaltet wird, weil es das Alltags- und Routinebewusstsein der Lernenden maßgeblich bestimmt.

In der Driftzone macht man auch die Erfahrung, dass Zeit jemanden zwingt, fortzufahren, d. h. sich entsprechend den Sinneinheiten zu verhalten, z. B. in der bestimmten Zeit Bildungsprodukte zu erreichen. Die Zeitstruktur des Lernalltags kann unterschiedlich ausfallen. Für die Morphem-Bildung im Phänomenbereich I ist dieser Aspekt besonders relevant, wenn der Lehrplan zu große quantitative Vorgaben macht. Für die Morphem-Bildung bzw. die Unterrichtsgestaltung bedeutet dies, dass wir über neue temporalisierte Formen des Feedback, über den Aufbau von konsensuellen Bereichen und einer Strukturellen Koppelung und über neue Modi der Bewertung von Wissen nachdenken müssen.

Die Driftzone wird somit der Ort von Eigenzeit und interner Systembildung.

Die Umwelt wird als „Etwas da draußen" empfunden.

„Da Kommunikation Zeit braucht, um Kommunikation an Kommunikation anschließen zu können, führt diese Operationsweise zu einer zeitlichen Entkoppelung von System und Umwelt. Das ändert nichts daran, dass System und Umwelt gleichzeitig existieren und diese Gleichzeitigkeit aller Konstitution von Zeit zugrunde liegt. Aber innerhalb der dadurch gegebenen Beschränkung muss das System eine Eigenzeit konstituieren, die das Operationstempo und die Zeitperspektiven des Systems internen Möglichkeiten anpasst. Das System muss dann auf Eins-zu-eins-Koppelungen von Umweltereignissen und Systemereignissen verzichten und intern Einrichtungen schaffen, die dem Umstand Rechnung tragen, dass in der Umwelt andere Zeitverhältnisse herrschen als im System. Das System entwickelt Strukturen (Erinnerungen und Erwartungen), um in seinen Operationen Zeitverhältnisse im System und in der Umwelt und die Eigenzeit organisieren zu können. Dies hat Folgen für ein in sich geschlossene Lernkultur."[381]

---

[380] siehe „Prinzip der Temporalisierung"

[381] Luhmann, 1997, S. 83

Im Bereich der Bildungssysteme gilt diese Operationsweise in vielen Bereichen:
- bei der Diskrepanz der Zeitverhältnisse zwischen Bildungssystem und Umwelt
- bei der Art der Wissens-Konstruktionen
- bei der Art der Distribution von Wissen
- bei der Verrechnung von Bildungsprodukten und der Qualifizierung
- bei der Wahrnehmung der Lernenden von Zeit-Systemunterschieden zwischen Schule, Elternhaus und Peer-group-Zeitverhältnissen.[382]

h) Die Didaktische Resonanz in der Driftzone

Die Didaktische Resonanz hat mit *Bewusstseinsprozessen* und der Bildung von *energetischen Feldern* und *didaktischen Formen* zu tun. Von entscheidender Bedeutung scheinen die gegenseitigen Resonanzen im Didaktischen Feld zu sein.

Wenn wir von der systemtheoretischen Version ausgehen, müssen wir zur Kenntnis nehmen, dass jedes autopoietische System nur das wahrnehmen kann, was es auf Grund seiner eigenen Struktur und seiner eigenen Zustände für sich konstruieren kann. Diese Bindung der Wahrnehmung – und in deren Gefolge des entsprechenden Handelns - an die jeweils historisch entstandene Struktur und deren jeweiligen Zustände bestimmt die auftretenden *Ereignisse*.

Systemvergangenheit und die darin ausgebildeten Wahrnehmungsmöglichkeiten ergeben dann die *Erfahrung*. Dieser Zusammenhang erklärt einen organisch bedingten *Konservatismus* des Individuums, das darauf aus, die bis jetzt gemachten erfolgreichen Erfahrungen beizubehalten.

Dies hat natürlich im Bereich der Driftzone viele Konsequenzen. Eine davon ist die Kern- und Randbildung. Jedes personale oder soziale autopoietische System bildet einen Rand und einen Kern. Sobald sich also auch ein soziales System gebildet hat, z. B. eine neue Klasse, beginnt die operationale Geschlossenheit. Sie macht die Mitglieder zu Konstrukteuren ihres Handelns im Rahmen ihres Systems und definiert den Kontakt mit seinen relevanten Umwelten durch Resonanzbildung.

Resonanzen entstehen im System intern nur durch Parallelisierungen, wenn sich ein Repertoire von gemeinsamen Handlungen ausgebildet hat. Jedes Systemmitglied kann sich darauf verlassen, dass seine Kommunikation und Handlung von den Anderen interpretiert werden kann. Es kann auch sicher sein, dass seine Erfahrungen auch in spezifischen Situationen von den Anderen geteilt werden, solange es den synreferentiellen Rahmen nicht verlässt.

Randbildung heißt für das Systemmitglied, dass sehr schnell signalisiert wird, wenn seine Handlungen den speziellen Rand des eigenen Systems verlassen oder es gar verletzen. Dann werden die speziellen Kontrollmechanismen oder gar Sanktionen oder Selektionspraktiken des Systems aktualisiert. Solange aber der Einzelne seine Realitätsdefinition im Rahmen des System-Sinns aufrechterhält, kann er mit Parallelisierungen, also mit Resonanzen rechen.

Wenn Zumutungen von außen kommen, müssen sie zunächst durch den Filter der systemeigenen Sprache und der System-Geschichte, bevor das System selbst über die Integration dieser Anregungen oder Konsequenzen daraus entscheidet. Resonanzprozesse zwischen System und Umwelt stellen eingeschränkte

---

[382] siehe auch Enttäuschungslagen

Umweltoffenheit auf dem Gebiet der Informationsbildung dar. *Operationale Geschlossenheit* bedeutet Selektion.

„Die operationale Geschlossenheit der Systemprozesse bildet die Voraussetzung dafür, dass das System über seine zentralen Steuerungskriterien Kernbereiche selbst definieren kann, was für seine ausdifferenzierten Strukturen relevante Umwelt im Sinne eines wahrnehmbaren Interaktionsbereichs mit seiner Umgebung werden kann."[383]

Wenn wir Unterricht beobachten, können wir ziemlich schnell intuitiv feststellen, ob eine partielle Parallelisierung vorliegt oder nicht, d. h eine Resonanz oder eine Leere zwischen dem Lehrenden und den Lernenden vorherrscht, ob also Anregungen eine Resonanz erzeugen oder nicht.

Eine Didaktische Resonanz wird erzeugt durch bereits vorhandene Muster bei den Beteiligten oder durch gemeinsam erarbeitete neue Muster hauptsächlich in folgenden Dimensionen:

- im Bereich der Ideen und Vorstellungen
- in mentaler und affektlogischer Hinsicht
- in den Verhaltensfeldern in der Didaktischen Landschaft

Es gibt offenbar unterschiedliche Arten von Didaktischen Resonanzen, die in den einzelnen Basis-Komponenten des Unterrichts auftauchen können.

> Zwei Beispiele für Resonanz-Phänomene
>
> Eine Lehrerin möchte in einer Unterrichtsstunde mit den Lernenden in einer 3. Grundschulklasse zum Thema „Feuer" eine Anregung zu einem Bild mit Kratztechnik geben. Sie weiß, dass die Kinder in den letzten Unterrichtsstunden bei diesem Thema viel erarbeitet haben. Sie braucht nur anzuregen, jetzt ein Bild zu gestalten, in dem jeder einzelnen Lernende sich *sein* Feuer gestalten kann.
> Die Schüler sind begeistert und arbeiten mit Hilfe dieses Anreizmorphems eine ganze Unterrichtsstunde selbstständig und konzentriert. Die Lehrerin gibt Hinweise und Beratung.
> Warum arbeiten die Schüler mit einer solchen Intensität, Ausdauer und Begeisterung.?
> Wie können wir dieses Phänomen einer hohen energetischen Ladung erklären?
>
> Ein Lehrer unterrichtet im herkömmlichen Modus: Er hat sich gut vorbereitet, in der konkreten Unterrichtsstunde versucht er seinen Stoff so gut wie möglich darzubieten. Es sind wenige Schüler, die seinem Unterricht aufmerksam folgen.
> Warum ist so wenig Energie vorhanden? Man spürt direkt die Leere und Aversion bei vielen Schülern.

---

[383] Scherer, 2000, S. 154

Arten von Resonanzen

Resonanzen im ICH-Bereich: Eigenresonanz

> *Wann entsteht beim Einzelnen eine Eigenresonanz*
> *in welchen Fächern, Themen und sozialen Situationen?*

Resonanzen im WIR-Bereich: Synresonanz

> *Welche sozialen Muster erzeugen eine längere bzw. eine sehr kurze Resonanz?*
> *Welche Parallelisierungen sind erkennbar?*
> *Welche können verstärkt werden?*

Resonanzen im SACH-Bereich: Epistemische Resonanz

> *Welche Themen, welche Architektur und welche Logiken erzeugen eine Resonanz beim Einzelnen oder in Gruppen?*
> *Welche Lernenden können untereinander Parallelisierung erzeugen?*

i) Enttäuschungslagen in der Driftzone

Auf Grund von Komplexität und Selektivität als Grundbestandteil der unterrichtlichen Kommunikation in der Driftzone sind ständig zwei entgegengesetzte Kontingenzen festzuhalten:

Die erste Kontingenz betrifft die Anreizstruktur durch die didaktischen Morpheme des Lehrenden und seine Erwartungs-Erwartungen den Lernenden gegenüber.

Die zweite Kontingenz bezieht sich auf die Chreoden-Lage der Lernenden als diverses Feld von Verstehen - Nichtverstehen, mit der Lust-Unlust-Balance und der synreferentiellen Geschichte der Lerngruppe. Anders ausgedrückt: Jeder am Unterricht Beteiligte oszilliert zwischen Selbst- und Fremdreferenzen.

Schon in den Ausführungen zur Architektur der Driftzone wurde deutlich, dass unterrichtliche Kommunikation ein hochkomplexer Vorgang mit steigender Komplexität ist und zugleich eine ständige Selektion, Reduktion und Negation bei jedem Beteiligten nach sich ziehen muss. Jeder Beteiligte stellt Erwartungen an sich und an Andere, die er und die Anderen aber nicht oder kaum erfüllen können. Daraus entstehen Enttäuschungen.

Erwartungs-Erwartungen

Erwartungserwartungen sind Erwartungen zweiter und dritter Ordnung, d. h. sie sind als innere Muster internalisiert und kommen aus sehr unterschiedlichen Normsystemen[384]. Die TA spricht von *Kopfbewohnern*, die Handeln antizipatorisch im Kopf vornehmen, ohne dass bereits gehandelt wird. Erst die endgültige innere Bilanz dieser Kopfbewohner entscheidet, welches Verhalten nach außen gezeigt und

---

[384] siehe „Chreoden 1., 2. und 3. Ordnung"

verwirklicht und damit für die Umwelt sichtbar wird. Die Umwelt kann dann oft das Handeln des Anderen nicht verstehen, weil er eine gänzlich andere innere Eigenlogik hat.

>Beispiele: Erwartungs-Erwartungen
>
>„Tina erwartet, was Bernd tun wird. Tina antizipiert, was Bernd denkt, dass Tina tun wird. Tina antizipiert weiter, was Bernd denkt, sie erwartet, was Bernd tun wird. Darüber hinaus antizipiert Tina, was Bernd denkt, was Tina erwartet, was Bernd vorhersagen wird, was Tina tun wird."
>
>Dies sind Erwartungserwartungen aus der eigenen Selbstreferenz und der Fremdreferenz über eine andere Person. Diese Mechanismen der Selbst und Fremdreferenz haben eine Verhaltenssteuernde Funktion bei sich selbst und zugleich bei der Wahrnehmung des Anderen. Als Beobachter ist es oft schwer zu erkennen und zu unterscheiden, welche dahinter liegenden Erwartungserwartungen bei Lernenden und Lehrenden vorhanden sind, wenn man in einer Bewusstseinsgemeinschaft nicht gelernt hat, sie offenzulegen.
>
>Ein weiteres Beispiel ist das „Sich-Melden" eines Schülers: Er wird aufgerufen, mitzudenken. Er denkt und will seine Konstruktion veröffentlichen. Aus welchen Gründen auch immer wird er vom Lehrenden nicht wahrgenommen oder bewusst negiert, d. h. er wird mit seiner eingesetzten Energie zurückgewiesen, negiert oder gar vom weiteren Diskurs ausgeschlossen.
>
>Eine paradoxe Situation: Der Lernende wird aufgerufen, seine Energie einzusetzen;. Er tut dies und erfüllt die Anfangserwartung des Lehrenden. Der Lehrende aber ist längst an einer anderen Stelle und negiert diese Anfangsleistung des Lernenden.
>
>Er schließt nachträglich aus, was er am Anfang gefordert hat.
>
>Dieser operative Ausschluss mag aus Gründen der Beibehaltung bestimmter Korridore sogar gerechtfertigt sein; dennoch sind solche Ausschlüsse viel zu sehr an der Tagesordnung.
>
>Wiederholt sich so ein Ausschluss öfter, beginnt der Lernende ein Programm zu entwickeln, um sich entweder noch mehr in den Vordergrund zu stellen, Chreode der Exhibition, oder er resigniert, Chreode der Enttäuschung.

Auch beim Lehrenden entstehen Enttäuschungen, wenn er sich im Phänomenbereich I des Didaktischen Morphems gründlich vorbereitet hat und nun in der Driftzone, auf dem Prüfstand der Handlung sozusagen - entdeckt, dass seine Anreizstrukturen von einem Teil der Lernenden gar nicht wahrgenommen, nicht ernst genommen oder gar abgelehnt werden.[385]

Hat der Lehrende nicht gelernt, die eigenen Handlungen zu beobachten und sich vom Beobachter beobachten zu lassen, gerät er in einen Strudel von inneren Vorwürfen, moralischen Generalisierungen und Verzerrungen der unterrichtlichen Gesamtlage.

Ein Durchgriff auf die Beobachtung 2. Ordnung, indem der beobachtende Beobachter die Realität des Beobachtens als Ergebnis seiner Beobachtungen präsentiert, wäre die notwendige Reaktion auf die hochkomplexe Situation im Unterricht.

Enttäuschungen entstehen aber auch noch in einem anderen Zusammenhang:

Die unausgesprochenen Wahrheitsansprüche eines Lehrenden, der den Paradigmenwechsel nicht mitgemacht hat, können natürlich - wenn überhaupt, nur von wenigen Lernenden aufgegriffen und weiter kommuniziert werden. Die erwartete Fortführung der linearen Sinnkonstruktion des Lehrenden an die Lernenden wird

---

[385] vgl. das Beispiel „Paradoxe Leistungs-Interpretation"

sowieso kaum erfüllt. Entstehen in der Interpunktion durch die verschiedenen Chreoden der Lernenden ganz andere Fortführungen der Kommunikation, so ist für einen solchen Lehrenden die Enttäuschungslage groß. Es bleibt ihm in seiner Eigenlogik nichts Anders übrig, als entweder noch mehr Druck zur Anpassung zu erzeugen, weil er ja angeblich die Wahrheit besitzt, oder die Mechanismen der Abwertung heranzuziehen, z. B. Drama-Dreieck, Abwertung der Lernenden durch Bemerkungen wie „schlechtes Material, wenig Begabung, aus der Familie kann gar nichts Anderes kommen" usw. Fremdreferenz wird zur Stabilisierung der eigenen Struktur herangezogen. Die Enttäuschung bleibt: „Die haben meine Wahrheit gar nicht verdient."

Die umgekehrte Grammatik sieht ungefähr so aus: Postmoderne Lernende verstehen und akzeptieren nicht, dass es nur *eine* Wahrheit geben soll. Überall, wo sie hinschauen, sind Multi-Versionen anzutreffen, in denen sie sich zurechtfinden müssen. Ausgerechnet am Ort des Lernens aber werden sie von ontologisch orientierten Lehrenden auf nur eine, maximal zwei Versionen verpflichtet, meist sogar ohne Hintergrundsrechtfertigung. Im besten Fall wird dann der Lehrplan als letztfundierter Sinn herangezogen. Die Folgen dieser rekursiven Grammatik bei Lernenden sind uns alle bekannt: Nichternstnehmen bis zur Rebellion, Anwendung von Gewaltmustern aus der virtuellen Welt in einer relativ risikoarmen Realitätszone, Abschieben der Verantwortung mit der Haltung: „Die Lehrer sind ja dazu da, sie werden dafür bezahlt" usw.

Enttäuschungslagen entstehen auch durch unterschiedliche Temporalisierungen in der Driftzone. So z. B. wenn der Lehrende sein Prozessieren mit einigen wenigen Lernenden abgleicht, die ungefähr seiner eigenen Temporalisierung entsprechen. Beobachtet er im Hinblick auf langsamere Chreoden sein Vorgehen zu wenig[386], so kommt es auf beiden Seiten zu Enttäuschungslagen, langfristig sogar zu Selektionen und Entehrungen.

---

[386] siehe Antreiber–Skript

4. Der Lernende - Chreoden-Entwicklung

Die autopoietische Struktur von Individuen driftet in der Interaktion mit dem umgebenden Milieu in bestimmten Entwicklungslinien, den *Chreoden*. Der Begriff „Chreode" umfasst die Entwicklungslinie eines inneren Universums, das in sich *rekursiv* verbunden und *selbstreferentiell* organisiert ist.

Der in der plastischen Phase der Entwicklung eines Kindes - von der Zeugung bis etwa zum 4. oder 5. Lebensjahr entstandene Primärhabitus ist im wesentlichen die Grundlage für unbewusste Imperative, Verhaltensmuster und einen inkorporierten Status - d. h. Geist und Körper sind nicht getrennt, wie dies später durch weitere Selektionsleistungen in unserer Kultur vollzogen wird. Das Individuum etabliert Sinnsysteme, die nach innen einen „hypnotischen Charakter" haben und nach außen in Handlungs-Imperativen und Handlungs-Mustern organisiert werden.

Der Begriff „Chreode" soll als theoretisches Konstrukt zunächst den Versuch erleichtern, in der Subjektiven Didaktik die Beschreibung und das Verstehen der Entwicklung eines lernenden Systems auszudifferenzieren und die in der inneren autopoietischen Struktur enthaltenen Überlebensprogramme zu beschreiben und evtl. zu erklären.

a) Die Chreode

Begriff und Struktur

Ausgehend von unserer Grundthese, dass jeder Mensch als autopoietisches System eine eigene Struktur seit seiner Zeugung entwickelt hat und daher auch eine eigene Subjektive Didaktik erworben hat, ist die *Programmentwicklung* eines Lernenden im Laufe seiner Lerngeschichte von entscheidender Bedeutung.

Die *Chreode* ist innerhalb einer Didaktischen Landschaft neben den Phänomenbereichen der *Planungsgestalten* und des *Didaktischen Handelns* des Lehrenden - *Didaktisches Morphem* - in der Driftzone ein zentraler Begriff.

In der Übersicht wird deutlich, welchen Stellenwert die Chreode als Fachbegriff in der Theorie der Subjektiven Didaktik einnimmt: Sie ist innerhalb der Driftzone das Bindeglied des Lernenden zum Lehrenden hin.

Sie zeigt auch, dass Didaktisches Handeln immer nur in Korrespondenz mit den verschiedensten postmodernen Lernenden mit ihren unterschiedlichen Entwicklungslinien denkbar ist.

Diese Entwicklungslinien entstanden z. T. sehr früh in Situationen, in denen sich der Primärhabitus des Lernenden entwickelt hat. Die dort erworbenen Mustern und frühen unbewussten Lebensentscheidungen werden ihn sein Leben lang begleiten.

In der schulpädagogischen und didaktischen Forschung ist der Aspekt, nämlich die allmähliche Bildung von internen und festen Bewusstseinsstrukturen kaum bekannt.

Um die kanalisierte Entwicklung des Bewusstseins zu bezeichnen, eignet sich der von Waddington geprägte Begriff der „Chreode"[387] sehr gut.

Er versuchte im Rahmen seiner Forschungen zur Morphogenese lebendiger

---

[387] „chré" heißt im Altgriechischen „notwendig", „hodós" ist der Hauptweg, die Hauptstraße

Organismen zu klären, wie Organismen durch *morphogenetische Felder* organisiert und aktiviert werden. Er verwendet dabei das Chreoden-Modell als Beschreibungsmodus eines Entwicklungsweges in einer „epigenetischen"[388] Landschaft.

In der Didaktischen Landschaft bildet sich ein Didaktisches Feld als Energiefeld, in dem Entwicklungen auf Grund der entstandenen Muster in den autopoietischen Systemen aktiviert und z. T. ausdifferenziert oder verändert werden.

Im didaktischen Zusammenhang bezeichnet „Chreode" die Strukturgeschichte eines Lernenden, d. h. die bisher entstandene relativ stabile Bahn eines autopoietischen Systems inmitten seiner komplexen Umwelten in Bezug auf seine Lernsituation.

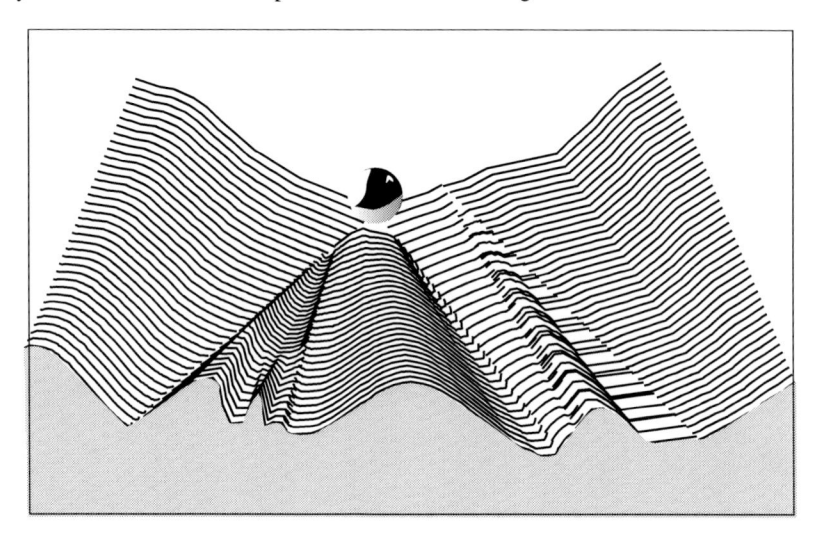

Abbildung 35: Mögliche Chreoden-Entwicklung in einer Didaktischen Landschaft

Dieser Begriff beschreibt die Entwicklung eines Lernsystems im Sinne der Ko Ontogenese. Dies bezieht sich nicht nur auf den eigenen inneren Zustandsbereich, sondern zugleich auch auf das Driften mit anderen autopoietischen Systemen - Lernenden und Lehrenden - im Sinne struktureller Koppelung oder Abgrenzung inmitten eines gesellschaftlichen Mythos des kulturellen Kapitals.

In der Didaktischen Driftzone entsteht ein soziales System, in dem die einzelnen *Chreoden-Typen* der Lernenden und die *Morpheme* des Lehrenden aktualisiert werden und miteinander interagieren. Dies nennen wir dann die *Wir-Chreoden*.

Es geht nicht in erster Linie darum, Prognosen und Voraussagen anzufertigen, sondern das System-Verhalten eines Lehrenden und Lernenden zu verstehen, das sich u. a. auch darin zeigt, dass diskontinuierliche Ursachen kontinuierliches Verhalten auf beiden Seiten modellieren. Es aktualisieren sich in der Driftzone Handlungs-

---

[388] „Epigenese": die Bildung neuer Strukturen während der embryonalen Entwicklung

Imperative und Handlungs-Muster bei den einzelnen Lernenden auf unterschiedliche Weise gemäß den Potentialitäten in ihren Chreoden und entsprechend ihrer operationalen Geschlossenheit.

Dies gilt im wesentlichen ebenso für die Morpheme des Lehrenden.

Im Bereich der sozialen Strukturentwicklung ist das Gleiche zu sehen: Es geht um die Beschreibung und das Verstehen der Entwicklung eines Teilsystems, z. B. einer Klasse oder einer Erwachsenen-Lerngruppe, und zwar nicht nur in dem eigenen sozialen Zustandsbereich, sondern im Sinne einer strukturellen Koppelung mit dem umgebenden Lernmilieu oder der Abgrenzung dagegen.

Daraus entsteht jeweils ein Driftbereich in einem sozialen System - Lehrende, Lernende, Hausmeister usw.

Zudem erwartet das gesellschaftlich-politische System die die Bereitstellung des kulturellen Kapitals für zukünftige Mitglieder einer Wissens- und Konsumgesellschaft. Ein soziales System entsteht dadurch, dass lebende Systeme durch Interaktion vergleichbare Wirklichkeiten und eine gemeinsame Strukturgeschichte ausbilden.

Sie bilden eine Grenze nach außen, einen Kern nach innen, und ihre Mitglieder differenzieren sich im Rahmen des jeweiligen Sinnsystems aus. Sie bilden eine eigene *Synreferenz*, d. h. eine eigene operational geschlossene Strukturgeschichte, in der sie leben (müssen) und in der sie sich selbst wahrnehmen.

Sie bilden auch einen eigenen Status aus, der durch Kommunikation erhalten bleibt.

Unter dem Aspekt sozialer Systeme in der didaktischen Driftzone interessieren uns nicht so sehr die individuellen Programme, sondern die sozialen Muster, die sich im Laufe der Entwicklung des sozialen Systeme, in unserem Fall der Lern-Systeme, entwickelt haben.

Wir werden von *Wir-Chreoden* sprechen, wenn es um die Entwicklung und das Verhalten sozialer Systeme einer Lerngemeinschaft geht.

Aus der Perspektive des Lehrenden – Fremdreferenz - in Bezug auf Lernende ist es wie bei einem Richter: Bleibe ich im Mythos des Tauschmarktes im Sinne einer objektiven Norm als ausschließlichem Referenzbereich und bin ich lediglich Beobachter von Verhaltensweisen bei Lernenden in einem sozialen System, dann brauche ich bei der Wissensvermittlung und Wissenskontrolle nicht die personabhängigen Programme, sondern nur die sozialen Programme, beispielsweise einer Klasse, zu beachten.

Ein mögliches soziales Muster, wie z. B. Leistungsvergleich, Notenvergleich, Rolle in der Klasse etc., ist dann die Gerechtigkeitsmarke ohne Rücksichtnahme auf die jeweilige Person.

Entscheide ich mich als Lehrender aber auch oder vorrangig für eine persönlichkeitsorientierte Didaktik, so ist die Betrachtung von Lernenden mit ihren Lern-Chreoden unverzichtbar, denn dann möchte ich ja nicht die Leistung als solche, sondern die Wissens-Konstruktionen und Wissens-Architektur, kurz: die Wissens-Potentialitäten des einzelnen Lernenden mit ihm rekursiv kommunizieren.

Entscheide ich mich also eher für die soziale Norm als Gerechtigkeitsmarke oder für die individuellen Verhaltensmuster des Lernenden?
Es kommt noch ein anderer Aspekt hinzu:

> *Wie sind die Beziehungen des Lehrenden zu dem sozialen System, z. B. zur Klasse, und umgekehrt?*

In der Didaktik weitgehend unbekannt ist die Theorie von Austausch-Beziehungen zwischen personalen Systemen und dem daraus sich entwickelten sozialen System, in ihren gegenseitigen Forderungen und Erwartungen.

Gerade bei der Chreoden-Analyse, in der Supervision oder in der Unterrichtsforschung sollten wir danach suchen, wo in der Entwicklung bei Lehrenden und Lernenden Stabilitäten und Fluktuationen lokalisiert sind, z. B. in geheimen *Lebensplänen*, *Überlebens-Schlussfolgerungen*, *Vortheorien* zum Fach, zum Stoff oder zu Personen, um sinnvolle Anreizstrukturen für Lernende oder einen Perspektivenwechsel bei der Morphem-Bildung von Lehrenden sichtbar zu machen und evtl. Interventionen initiieren zu können.

Wir können auch sagen: Wir untersuchen, wo Lernende ihre „ökologische Nische" in den jeweiligen Lernkulturen gefunden haben und wie Lehrende *ihre* Nische, z. B. in Kollegien innerhalb einer Organisationsentwicklung finden, wie stabil diese ist und wo überhaupt Veränderungen von außen induzierbar sind.

> *Welche synreferentielle, operational geschlossene Struktur haben diese beiden sozialen Systeme ausgebildet?*
>
> *Wo sind Veränderung von außen oder innen überhaupt möglich und erkennbar?*

Die folgende Abbildung stellt einen Querschnitt in einer Chreoden-Struktur zu einem bestimmten Zeitpunkt innerhalb einer Didaktischen Morphem-Bildung dar.

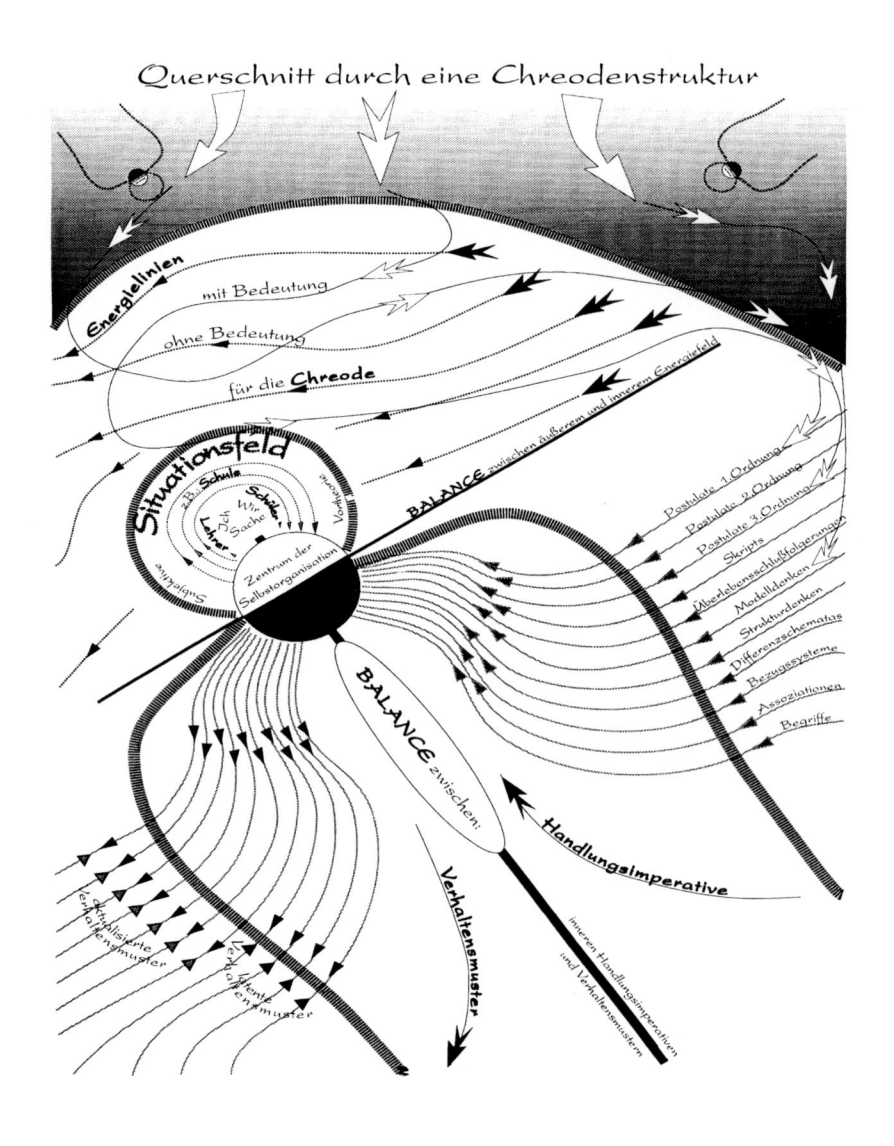

Abbildung 36: Die Struktur der Chreode

Erklärungen zur Grafik „Struktur der Chreode"

Im Inneren dieser Struktur lassen sich auf der nach oben gewandten Seite die einzelnen Verhaltens-Imperative (VI) eines Lernenden z. B. als „Skripts" nach der Transaktions-Analyse oder als „Realitäts-Theorie" nach Epstein und Kösel darstellen.

Diese Verhaltens-Imperative sind maßgeblich daran beteiligt, ob nach „außen" eine Strukturelle Koppelung (SK) erfolgt oder nicht.

Erfolgt eine SK, so werden nach „innen" Energien aktualisiert, die in das Zentrum der Selbst- Organisation (SO) gelangen.
Es kommt dabei nun auf die jeweilige aktuelle Lern-Situation an, z. B. auf die Art und Weise der Zeitstrukturierung und die Art von zwischenmenschlichen Beziehungen: Sie entscheiden darüber, welche Struktur sich konkret ausbildet und welche Verhaltens-Imperative weiterentwickelt werden.

Betrachtet man diesen Querschnitt von „außen", so kann man zwei Achsen erkennen, die zwei Stabilisierungs-Systeme symbolisieren:
Die Längs-Achse (A1) stellt das Balance-System zwischen inneren Verhaltens-Imperativen und tatsächlich nach „außen" gerichteten Handlungen dar.
Gerät dieses Balance-System in ein Ungleichgewicht, wird im Sinne der SO je nach Ungleichgewicht gehandelt oder es erfolgen „Verstörungen"[389], die als Schocks oder Blockaden von „außen" erkennbar sind.

Die Querachse (A2) stellt das Balance- System der aktuellen Situation des Lernenden dar: die Abwägung zwischen Überlebens-Schlussfolgerungen (ÜL) und Anforderungen von „außen"[390].

Die Frage ist: Wird er die Anforderungen erfüllen können oder wir er sich sich gemäß seiner inneren Struktur verhalten müssen?

Außerhalb der Chreode sind Energie-Felder zu erkennen, die deutlich machen sollen, dass in der Driftzone einerseits von Seiten des Lehrenden als Morphem-Rand (MR) wie auch von anderen Chreoden her Energie entsteht und im Didaktischen Feld vorhanden ist.

Welche Energie-Bereiche jeweils für die Strukturelle Koppelung (SK) bei den einzelnen Chreoden wirksam werden, hängt von der jeweils aktuellen inneren Struktur des autopoietischen Systems selbst ab.
Die konkrete Situation, in unserem Fall eine Lern-Situation (LS), entscheidet darüber, welche Verhaltensbereiche im Sinne von Handlung und Interaktion, Handlungs-Muster (HM), nach „außen" aktualisiert werden und welche inneren Verhaltens-Imperative (VI) sich durchsetzen.

---

[389] „Perturbationen" nach Maturana

[390] „Penetration"

Arten von Chreoden

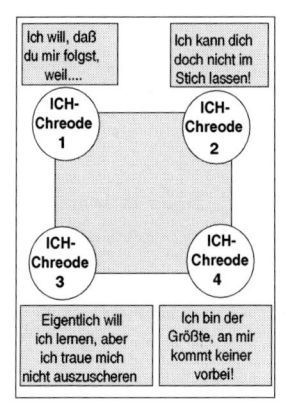

ICH-Chreoden	WIR-Chreoden
Ich will, daß du mir folgst, weil.... [ICH-Chreode 1] — Ich kann dich doch nicht im Stich lassen! [ICH-Chreode 2] / Eigentlich will ich lernen, aber ich traue mich nicht auszuscheren [ICH-Chreode 3] — Ich bin der Größte, an mir kommt keiner vorbei! [ICH-Chreode 4]	Wir machen Rabatz! [WIR-Chreode 1] — Wir wollen lernen. [WIR-Chreode 2] / Wir halten von euch nichts. Blöde Affen! [WIR-Chreode 3] — Wir verstehen dich/euch nicht. [WIR-Chreode 4]

Abbildung 37: ICH-Chreoden 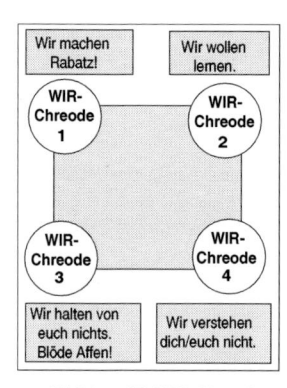   Abbildung 38: WIR-Chreoden

ICH Chreoden

Das potentielle Programm einer Person als autopoietischen Bewusstseins-Systems bildet sich in der jeweiligen Umwelt oder dem Milieu. Ich-Chreoden sind morphische Einheiten, die man als Programm beschreiben kann, die ein lebendes System im Sinne der Selbstorganisation entworfen, erfahren und selbstreferentiell verankert hat, um zu überleben oder um einen anderen Sinn zu verwirklichen.

Lern-Chreoden

Dieser Begriff bezeichnet die Entwicklungslinie eines Lernenden von Geburt an bis heute in Bezug auf potentielle Wissens-Konstruktionen in den einzelnen Kontexten, Wissensarten, Wissensformen, Wissenslogiken und Wissensbereichen in den Schularten und Bildungssystemen.

Neben den allgemeinen Verfahrensplänen, Aktionsplänen, Konzepten und Programmen[391] von Ich- und Wir-Chreoden ist es für eine didaktische Betrachtung wichtig, zu untersuchen, welche spezifischen Chreoden bei einzelnen Lernenden in Bezug auf bestimmte Stoffe, Fächer, Wissensarchitekturen, Wissenskontexte und Wissensarten entworfen wurden.

Wie lernen Lernende auf Grund ihrer bisher erworbenen Muster und Logiken?

Welche Typen von Lern- Chreoden entstehen?

Das sind die typischen Fragestellungen an die jeweiligen Chreoden der Lernenden.

WIR-Chreoden

Wir-Chreoden sind das potentielle Programm eines sozialen autopoietischen Lern-Systems, z. B. eines Kollegiums oder einer kontinuierlichen Lerngruppe, in dem Kommunikation die vorrangige Kategorie zur Erhaltung der Autopoiese ist. Sie sind

---

[391] J. Z. Young

soziale Einheiten, die eine Gruppe in einem bestimmten Didaktischen Feld entwirft, ausprobiert und die schließlich bei längerem Zusammensein habitualisiert und zur synreferentiellen Gruppengeschichte werden.

Will man erklären, wie es dazu kommt, dass ein Mitglied einer sozialen Einheit auf das Verhalten eines anderen Mitgliedes hin ein bestimmtes Verhalten zeigt, so muss man nach dem kommunikativen Gehalt verschiedener möglicher eigener oder fremder Verhaltensweisen fragen. Erst die Einbeziehungen der semantischen Ebene, d. h. individueller und kollektiver Bedeutungsgebungen, macht solche Erklärungen möglich. Wer versteht, was für den Einzelnen die Verhaltensweisen der Anderen bedeuten, kann die Entstehung und Aufrechterhaltung der Interaktionsregeln einer Lerngruppe erklären und steuern. Dies wäre von enormer Bedeutung für die Entwicklung postmoderner Lernkulturen.

Dieser Phänomenbereich ist innerhalb der Schulpädagogik sowohl theoretisch als auch im Steuerungsbereich des Didaktischen Handelns fast eine unbekannte Größe.[392] Es müsste der einzelne Schüler mit seiner Chreode wie auch jeder andere Lernende und Lehrende als Beobachter eines Systems gesehen werden, dessen Element sein Verhalten ist. Die Fokussierungen der didaktischen Aufmerksamkeit muss auf die jeweilige Wirklichkeitsbeschreibung der einzelnen Mitglieder eines Lerngruppe, (wenn sie länger besteht, gelegt werden, um die komplizierten Verhaltensweisen eines sozialen System – z. B. einer Schulklasse oder eines Lehrerkollegiums - hinreichend beschreiben zu können.

Die Beobachtung eines Mitgliedes über sich selbst und seine Beobachtung über die Positionen der Anderen fallen jeweils subjektiv aus und bilden zugleich die Elemente der Verhaltensweise in einem Interaktionssystem.

Wie konstruieren die einzelnen Mitglieder dieses Systems ihre unterschiedlichen subjektiven Wirklichkeiten?

In theoretischer Hinsicht müsste der systemische Ansatz vor allem in der Forschung weit intensiver und differenzierter herangezogen werden.

Im Phänomenbereich des *Didaktischen Handelns* bieten die Konzepte der *Kommunikation* bereits eine Fülle von Technologien und Handlungsmöglichkeiten, z. B. die Nicht-direktive Gesprächsführung (Rogers), Das Zirkuläre Fragen, Die 4 Seiten einer Nachricht und Das innere Team (Schulz v. Thun) und das Didaktische Lerndrama (Kösel).

---

[392] siehe auch Parallelisierung

b) Die Entstehung von Chreoden in gesellschaftlichen Lebenswelten

Kindliche Lebenswelten in der postmodernen Gesellschaft

Meine Einschätzung der gesellschaftlichen Situation der Kinder in unserer postmodernen Zeit ist folgende: Die Gesellschaft behütet den Lebensraum der frühen Kindheit inmitten von Diversität, Pluralität und massiven Interessen von gesellschaftlichen Teilgruppen an Kindern zu wenig. Sie schützt nicht einmal die ersten drei Lebensjahre, die bekanntlich entscheidend sind für die Bildung einer entwicklungsfähigen Primärstruktur. Weil die unmittelbaren Folgen nicht sichtbar sind, wird ein großer Teil von gefährdenden und schädigenden Situationen gar nicht gesehen oder falsch eingeschätzt.

Wir haben eine paradoxe Situation: Einerseits sind die Kinder die Zukunft der Gesellschaft als Mitwirkende am Generationenvertrag und zukünftige Arbeitskräfte. Es besteht eine gegenseitige Abhängigkeit zwischen Jung und Alt in vielen Sozialbezügen, immer höhere Erwartungen werden an die arbeitenden Kinder gestellt usw. Andererseits werden viele von ihnen bereits früh und meist irreparabel geschädigt.

Für jede Kleinigkeit müssen heute Prüfungen und Zertifikate erbracht werden. Im Bereich der Erziehung der Kinder in der prägenden Phase ihres Lebens jedoch ist für werdende Eltern weder an eine Überprüfung der *Erziehungskompetenz* noch an eine Anleitung zur Gestaltung von kindlichen Lebenswelten gedacht. Viele junge Eltern sind hilflos, weil sie die grundlegenden Vorgänge bei der Bildung eines jungen autopoietischen Systems überhaupt nicht kennen. Die Gesellschaft nimmt lieber die Spätfolgen von Schädigungen in der Kindheit in Kauf. Politiker und auch Eltern verteilen die Schuld an den allmählich sichtbaren Folgen nach der Typik der „heißen Kartoffel" - an alle möglichen Gruppen, u. a. auch an die Lehrerschaft.

Die Lehrerschaft, die in der Aus- und Fortbildung oft nur in fachdidaktischer Wissensvermittlung unterrichtet und darauf hypnotisiert wird, ist größtenteils nicht in der Lage, diese Schädigungen kompetent zu erkennen, geschweige denn mit ihnen konstruktiv umzugehen.

Lehrer sind m. E. in der Analyse von kindlichen Strukturen und Lernkarrieren, der Chreoden-Analyse, nicht genügend ausgebildet. Sie haben leider von der pädagogischen Psychologie und den fachdidaktischen Theorien kaum Hinweise bekommen, wie die Strukturbildung eines Kindes an sich und in der Schule in Verbindung mit Fächern vor sich geht und welche Driftbereiche ein Lernender in den einzelnen Fächern konstruieren kann: Welche Logiken, Prinzipien und Referenzebenen entwickeln z. B. Kinder einerseits und Lehrer andererseits in Fächern wie Mathematik, Deutsch und Fremdsprachen?

Und umgekehrt: Welche Eigenlogiken müssen Kinder entwickeln, um sich in der Schule mit den unterschiedlichsten subjektiven Strukturen der Lehrenden zurechtzufinden? Der simple Mechanismus „begabt" oder „nicht begabt", „dumm" oder „intelligent" ist angesichts der pluralen Erscheinungen von Kindstrukturen und Lehrerstrukturen im Vermittlungs-Prozess auf einer postmodernen professionellen Plattform überhaupt nicht mehr anschlussfähig und haltbar.

Viele LehrerInnen sind auch nicht dagegen gewappnet, dass sie - aus Unkenntnis über die Wirkungen der Primärstruktur - oder aus großem Idealismus heraus die Bürde der Verantwortung für den Primärhabitus auf sich nehmen.

Hier gilt die Sisyphos-Metapher: „Ich versuche alles, ich gebe meine gesamte Energie für die Schule, und es kommt doch so wenig bei diesem oder jenem Schüler heraus."

Es bedarf in solchen Fällen einer grundlegenden Aufklärung: Für die Entwicklung dieser frühen Strukturen ist ausschließlich die Elternschaft und das jeweilige gesellschaftlich umgebende Milieu verantwortlich.

Andererseits sind m. E. postmoderne Lehrer sehr wohl für die Ausdifferenzierung der Primärstruktur verantwortlich. Heute kommen viele Kinder in die Schule, die den üblichen Normvorstellungen nicht mehr entsprechen. Meine bisherige Darstellung hat betont einige Gefährdungszonen offen gelegt, die die kindlichen Lebenswelten heute begleiten. Viele dieser Kinder selektieren hervorragend die immer höhere sachliche, soziale, zeitliche, kognitive und operative Komplexität der Zugänge, Probleme und Perspektiven. Sie haben bereits eine autonome Eigenlogik entwickelt, die ihnen das Überleben inmitten von Anforderungen, Erwartungen, Schicksalsschlägen und Verführungen ermöglicht. Ich kenne z. B. Schüler schon aus der 1. Klasse, die inmitten dieser Gefährdungen in sich harmonisch und autonom sind und auch im kognitiven Bereich eine geordnete Wissensstruktur aufgebaut haben. Es gibt aber auch geschädigte Kinder, deren Chreoden-Entwicklung wir teilweise beschreiben. Diese Kinder und Jugendlichen mussten sich angesichts eines eher negativen, zerstörerischen verwahrlosenden, überfürsorglichen oder sabotierenden Milieus, so gut es geht, organisieren. Auch solche Kinder kommen mit ihren bereits eingeschliffenen und selbstreferentiellen Chreoden-Mustern in die Schule. Für schwere Schädigungen sind selbstverständlich die Therapeuten zuständig, aber in enger Kooperation mit der Schule.

Wenn wir jedoch begreifen, dass bei Schuleintritt die große Chance für die Bildung einer neuen, gemeinsamen Bewusstseingemeinschaft gegeben ist, in der die mitgebrachten Primärstrukturen positiv ausdifferenziert und weiterentwickelt werden, so könnte vielen Kindern und Jugendlichen ein neuer, hoffnungsvoller Abschnitt ihres Lebens eröffnet werden. Dies sind nicht nur fromme Wunschvorstellungen eines Theoretikers, sondern Erfahrungen mit praktizierenden kompetenten LehrerInnen. Ich erlebe überzeugende Beispiele von engagierten LehrerInnen, die zusammen mit ihren Schülern eine postmoderne Lernkultur konstruieren, in der auch geschädigte Kinder eine positive Ausdifferenzierung ihrer Struktur im Sinne eines Sekundärhabitus erfahren können. Leider fehlt es noch an der Bildung von Netzwerken innerhalb interessierter Kolleginnen und Kollegen.

Ich kann mir vorstellen, dass durch die Bildung einer Bewusstseingemeinschaft der Lehrenden und Lernenden - mit den wichtigsten Komponenten wie *Sinn*, *Präferenzordnungen*, *Kern- und Randbildung*, mit einem strukturierten *Kommunikationssystem*, mit anderen, neuen *Bildungsprodukten* und einer diskutierbaren *Leistungsmessung* - eine kompetente Schulentwicklung entstehen kann.

Es gibt noch eine Reihe von Perspektiven und Lebenssituationen von Kindern, die in einem Forschungsprogramm untersucht werden müssten: Kinder von Obdachlosen, Kinder in Wohlstandsfamilien, Kinder von Kriminellen, die im Gefängnis sitzen, Kinder von reichen Eltern, die sie abgeschoben haben usw.

Der Erwachsene als Beobachter und Bewerter von Kindern

Bevor wir in die Beschreibung und Rekonstruktion von kindlichen Lebens- und Lernprogrammen kommen, müssen wir eine Unterscheidung treffen: Es geht darum, nicht vom Erwachsenen oder Schulpädagogen als Beobachter aus zu beschreiben, sondern die Eigenlogiken der Lernenden selbst zu rekonstruieren.

Theoretisch sind wir gar nicht in der Lage, die tatsächlichen Lebenswelten in ihrer Eigenlogik abzubilden. Wir müssen akzeptieren, dass wir durch Unterscheidungen die Welt in *Unterschiedenes*, also in ein Beobachtbares und Erkennbares und andererseits in *Nicht-Unterschiedenes*, also Nicht-Beobachtbares und Nicht-Erkennbares differenzieren.

Es gibt oft im pädagogischen und didaktischen Bereich die Außenperspektive als Zuschreibung von Wirklichkeitskonstruktionen ohne Verantwortung für fremdes Handeln, d. h. wir können auf Grund unserer eigenen Selbstreferenz Konstruktionen über andere machen, ohne Verantwortung für ihr Handeln übernehmen zu müssen.

Wir neigen oft dazu, das Handeln des Lernenden nach ihrer eigenen Logik zu interpretieren, und missachten dabei die Eigenlogik des Lernenden selbst. Dann werden die eigenen moralischen Vorstellungen des Pädagogen dem Handelnden als Präskriptionen zugemutet.

Es verschieben sich zwei Systeme: Die Logik des Lehrenden passt nicht zur Logik des Lernenden. Dies festzustellen erscheint uns deshalb so wichtig, weil gerade auf didaktischem Terrain - in der Theorie und im praktischen didaktischen Handeln - oft ein vulgärer Relativismus vorherrscht: Lehrende surfen durch viele Bezugssysteme in der Driftzone, ohne dem Lernenden jeweils den eigen Bezugsrahmen mitzuteilen.

Besonders deutlich wird dies dann in der Leistungsbewertung, wo die wenigstens Lehrenden angeben können, nach welchen *Wissenskontexten*, *Wissensfeldern*, *Referenzen*, *Prinzipien* und *Logiken* sie ihr eigenes Wissen konstruiert haben und auch nicht, mit welchen *Logiken*, *Wissensformen* und *Wissensarten* die Lernenden ihr Wissen konstruieren sollen.

Wenn wir also die kindlichen Lebenswelten betrachten, ist es nicht akzeptabel, vom Beobachterstandpunkt eines Schulpädagogen aus Erwartungen, präskriptive Regeln und damit Handlungsanweisungen als eine Sollens-Logik vorschnell auf Lernende zu übertragen, ohne eine professionelle Rekonstruktion von Eigenlogiken bei Lernenden zu versuchen.

Kinder als autopoietische Systeme

Betrachten wir die Innenperspektive des handelnden Kindes. Es ist Mitagierender inmitten einer hochkomplexen Wirklichkeit. Wohl keine Generation früher musste ein solches Pensum an Selektionsleistungen vollziehen wie diese postmodernen Kinder: Sie bewegen sich inmitten grenzenloser Möglichkeiten z. B. im virtuellen Bereich, sie leisten Selektion von Informationen, von Animationen, von Normen und Regeln. Sie müssen heute lernen, zwischen Informationen einer verdeckten, hinterlistigen Art, z. B. durch Produzenten von Nahrungsmitteln, Kleidermode, von musikalischen Produkten, die mit Werbung manipulieren wollen, und einer authentischen und wohlwollenden Information seitens der Erwachsenen zu unterscheiden.

Schließlich müssen die Kinder auch die erziehenden Informationen und Botschaften von Erwachsenen und Bezugspersonen selektieren, indem sie fragen, ob sie eher einen funktionalisierenden Grundton - „Sei so, wie ich dich haben will." - oder eine wirklich

liebevolle Grundbotschaft vermitteln: „Ich mag dich so, wie du bist."
Nach der Theorie lebender – autopoietischer[393] - Systeme, wie wir Menschen es sind, müssen wir zwischen *System* und *Umwelt* unterscheiden: Alles was nicht mir zuzurechnen ist, gehört zu meiner Umwelt, und alles, was Umwelt ist, kann ich zwar beobachten, es gehört aber nicht zu meinem Existenzbereich.
Diese Unterscheidung wird durch den Aspekt der *operationalen Geschlossenheit* präzisiert: Lebende Systeme sind in sich, in ihrer Struktur geschlossen und perfekt, nach außen hin aber energetisch und kommunikativ offen.
Kinder und Lehrende organisieren und konstruieren also ihre innere Welt gemäß den Prinzipien der Autopoiese.[394] Diese sind im wesentlichen:

> *Das Prinzip der Selbstorganisation:*
>   *Jedes lebende System organisiert sich ausschließlich selbst.*
>
> *Das Prinzip der Selbstdifferenzierung:*
>   *Jeder Mensch differenziert sich im Rahmen seiner bisher gebildeten Struktur weiter aus.*
>
> *Das Prinzip der Selbstreferentialität:*
>   *Jeder Mensch verrechnet rekursiv von außen kommende Anreize mit den bisherigen Erfahrungen und Kognitionen und den bisher gebildeten Mustern: Man spricht von Rückbezüglichkeit auf die eigene Lebens- und Lerngeschichte*
>
> *Das Prinzip der Selbsterhaltung:*
>   *Jedes lebende System ist in sich perfekt organisiert, und das oberste Ziel ist die Selbsterhaltung seiner Struktur.*
>
> *Das Prinzip der Strukturdeterminiertheit:*
>   *Dadurch bewahrt sich das System vor Chaos. Nach der Ausbildung der Primärstruktur jedoch bewegen sich Verhalten und Denken nur noch im Rahmen einer bestimmten Driftzone.*

Wenn wir als Beobachter die *operationale Geschlossenheit* und die *energetische Offenheit* – z. B. in der Kommunikation - von lebenden Systemen beachten, müssen wir also immer erst folgende Unterscheidungen treffen:

> *Was gehört zum operationalen Rand eines Menschen?*
>
> *Welche von außen kommenden Informationen, Zumutungen und Erwartungen werden auf Grund interner Selektionsleistungen zum „kognitiven Geräusch"?*
>
> *Was wird andererseits für die weitere interne Strukturbildung und Ausdifferenzierung auf einer konsensuellen Ebene akzeptiert und integriert?*

Es können daher im selben Milieu sehr unterschiedliche autopoietische Strukturen entstehen. Die Systemtheorie lehrt uns außerdem, dass wir eine genaue Unterscheidung zwischen *Selbstreferenz* und *Fremdreferenz* vornehmen müssen.

---

[393] nach Maturana & Varela

[394] Eine Ausdifferenzierung dieser Theorie habe ich in TEIL B vorgenommen.

- **Selbstreferenz** bedeutet:
  Ich beobachte mich selbst als Handelnder in meinem eigenen System.
- **Fremdreferenz** bedeutet:
  Ich beobachte die Umwelt in Bezug auf mich.

Das postmoderne Kind muss wegen dieser ständigen Selektionsleistung die intern entstandenen präskriptiven Regeln einhalten, die sein inneres Gleichgewicht, seine innere Konsistenz und damit sein Handeln leiten. Ist ein Kind in unserer Gesellschaft nicht in der Lage, dies zu tun, wird es chaotisch oder grenzenlos mit allen Folgen.

Solche internen Verrechnungen wenigstens im Ansatz zu erkennen, um dann in der Schule angemessen damit umgehen zu können, ist eine vorrangige Aufgabe in der Schulpädagogik.

Im Folgenden werden wir also immer wieder gezwungen sein, grundlegend zwischen der Position des *Beobachters* und der des *Handelnden* jeweils unter den Aspekten der *Selbstreferenz* und der *Fremdreferenz* zu unterscheiden, damit es nicht zu Rahmenbrüchen, zu falschen Relationen oder zu pseudo-moralischen und pseudo-pädagogischen Folgerungen kommt.

Standpunkt des Beobachters		Standpunkt des Handelnden	
unter dem Aspekt der Selbstreferenz	unter dem Aspekt der Fremdreferenz	unter dem Aspekt der Selbstreferenz	unter dem Aspekt der Fremdreferenz
Ich beobachte mich selbst.	Ich beobachte aus meinem System die Umwelt	Ich sehe mich selbst, wie ich handle.	Ich beobachte als Handelnder meine Umwelt

Mythen über die Kindheit

Jedes soziale System entwickelt Vorstellungen darüber, wie die nachkommenden Generationen das bestehende System erhalten, reproduzieren und inkorporieren sollen. Diese Mythen bleiben so lange erhalten, bis neue auftauchen oder die alten offensichtlich nicht mehr passen. Dies sieht man deutlich z. B. am Streit um den Mythos „Rechtschreibreform". Im Bereich „kindliche Lebenswelten" sehen wir folgende zentrale Mythen, die zunächst von den Erwachsenen oder der Gesellschaft an die Kinder herangetragen werden:

> *Du bist noch kein Erwachsener. Du bist den Erwachsenen unterlegen.*
>
> *Alles ist machbar.*
>
> *Du bist gut, wenn du meine Erwartungen erfüllst.*
>
> *Deine Zukunft wird durch deinen Leistungen bestimmt. Diese werden von jemand anderem bewertet, sie sind fremdbestimmt.*
>
> *Du bist begabt. - Du bist unbegabt.*
>
> *Du musst für die ältere Generation arbeiten.*
>
> *Durch die Schule erhältst du Qualifikationen und damit Zutritt zu anderen Lebensbühnen.*

Kinder als Substitute für Eltern-Erwartungen

Die Kinder als Projektionsfläche der Erwachsenen entwickeln ihre Primärstruktur u. a. aus elterlichen Botschaften, die wiederum aus deren Lebens- und Kulturgeschichte stammen. Dabei werden die erfüllten, meist aber die nicht erfüllten Erwartungen an sich selbst an die eigenen Kinder weitergegeben und ihnen als Zielvorstellung, meist im Sinne eines höchsten Ideals, manchmal sogar als Zwangsvorstellung bereits in der frühen Kindheit mit dem angedrohten Risiko der Abwendung und Bestrafung inkorporiert.

Für die Kinder gibt es verschiedene Möglichkeiten der Selbstorganisation und der internen Strukturbildung.

Die Chreode stellt als Entwicklungslinie des *Bewusstseins* bei Lernenden im Rahmen der Strukturbildung die subjektiv notwendige und kanalisierte Entwicklung von Erfahrung, Bewusstsein und Wissen dar. Auf der *Handlungsebene* bildet sie rekursive Muster aus.

Nach der Theorie der Autopoiese gibt es keine lineare Kausalität der Entwicklung, sondern es entsteht eine Driftzone, in der mannigfaltige Wege und Strukturbildungen möglich sind. Dies trifft auch bei der Selbstorganisation der kindlichen Struktur zu: Kinder organisieren ihre Struktur gemäß ihrer inneren Verfasstheit unterschiedlich. Deshalb sprechen wir auch von *Driftbereichen in einem Milieu*, d. h. das gleiche Milieu erzeugt nicht die gleichen Strukturen oder besser gesagt: Autopoietische Systeme entwickeln sich gemäß ihrer Strukturdeterminiertheit vor allem auf der Grundlage der *Primärstruktur*.

Chreoden-Bereich der Anpassung

Ein Driftbereich innerhalb der Substitution kann als Anpassungsbereich, als Bereich der *adaptiven Chreoden*, beschrieben werden. Es gibt darin u. a. die *nachahmende Chreode*, die *beobachtende Chreode* und die *Chreode der Perfektion*.

Wir werden hier nur die Chreode der Perfektion näher beschreiben.

- *Chreode der Perfektion*

Eine häufige Ausprägung bei Kindern als Reaktion auf einen überzogenen Anspruchs seitens ehrgeiziger und teilweise unnachgiebiger Eltern lässt sich als Chreode der Perfektion, des „Alles oder nichts", beschreiben.

„Die lähmende Wirkung eines überzogenen Ideals und die Zerstörung der dem handelnden Ich möglichen Leistungen durch die unbewusste Unterwerfung unter einen Vollkommenheitsanspruch sind schmerzlich und gefährden das Selbstgefühl."[395]

Aus dieser Grundhaltung heraus werden Schritt für Schritt Abwehrmechanismen aufgebaut, die das Ich schützen sollen, z. B. die Haltung, *nichts* zu erreichen, weil man ja *alles* erreichen muss. Diese paradoxe Logik ist ein zirkulärer Mechanismus, in dem u. a. auch eingebaut ist, dass Ziele immer schon eingeschränkt werden, weil man sie sowieso nie erreicht. „Ich habe alles an diesem Ziel aufgehängt, und jetzt habe ich es doch nicht erreicht" ist eine bekannte Aussage, die Sisyphos-Metapher.

Diese Chreode ist zu Beginn der Schulkarriere kaum oder nur durch ihren besonderen Ehrgeiz erkennbar, allmählich aber bildet sich - bei nicht exzellentem Schulerfolg - die Jagd nach der Leistungsanerkennung aus. Begleiterscheinungen sind somatische

---

[395] Schmidbauer, 1990, S. 17

Phänomene wie Hektik und Unruhe. Atmung, Nahrungsaufnahme, Verdauung und Schlaf sind allmählich gestört.

Die Jagd nach dem Ideal zerstört die Gegenwart, und auch Leistungen, die im Normalvergleich durchaus gut sind, werden intern abgewertet. Die Perfektion des Wissens treibt den Schüler dazu an, neugierig zu sein, viel zu wissen; er ist aber meist unzufrieden. Bei „geringen" Leistungen beschimpfen sich solche Lernende selbst als „Dummkopf", „Versager" oder „Pechvogel" mit einer inneren kritisierenden Stimme, als ob jemand, der über ihnen steht, dies sagen würde. Nach der Transaktions-Analyse ist dies die Stimme des kritischen Eltern-Ichs.

▪ *Chreode des Wiederholungszwanges*

Lernende - und übrigens Lehrende genauso -, die diese Substitution erfahren oder erfahren haben, organisieren sich u. a. auch durch eine massive Abwehr der elterlichen überzogenen Erwartungen, indem sie sich unfähig zeigen, kein neugieriges Verhalten zeigen, apathisch sind und im schulischen Bereich eingeschliffene Muster verwenden, z. B. „Das kann ich halt nicht, ich bin halt so, ich brauche mich gar nicht anzustrengen" usw., und nur durchschnittliche bis unterdurchschnittliche Leistungen erbringen, obwohl diese Lernenden vom Beobachterstandpunkt aus gesehen weit bessere Leistungen erbringen könnten.

Die „Zumutungen" werden durch Wiederholung bestimmter sozialer oder kognitiver Reaktionen abgewehrt. Diese erlernten Muster werden beibehalten, obwohl die Kinder dabei viele leidvolle Erfahrungen machen. Jedes gute Zureden oder Moralpredigten erbringen nichts. Die Angst vor Neuem potenziert sich mit der Angst vor noch mehr Anforderungen, und so bleibt man lieber beim bewährten Muster.

▪ *Chreode der „heißen Kartoffel"*

Die dritte Variante einer Substitution bei Lernenden - und Lehrenden - ist die „Chreode der heißen Kartoffel". Die für das Kind überzogene Forderung nach Perfektion oder nach einer überdurchschnittlichen Leistung seitens eines oder beider Elternteile, verbunden mit einer Drohung: „Wenn du diese Leistung nicht erfüllst, bist du nicht mehr mein Kind" oder „Dann wird dir die ganze Verwandtschaft sich von dir abwenden" oder „Dann wirst du ein unglückliches Leben führen und Schande über uns bringen", wird als Drohung und als verhängnisvoller Fluch internalisiert. Um diesem Fluch zu entkommen, versucht der Lernende, dieses Skript einem anderen Menschen anzuhängen, d. h. die „heiße Kartoffel" weiterzureichen, z. B. an einen anderen Schüler, der eine ähnliche Strukturbildung hat. Der Träger der „heißen Kartoffel" versucht verzweifelt, durch dieses Weiterreichen dem Zwang seines eigenen Schicksals zu entgehen. Also hängt er dem anderen Aussprüche der folgenden Art an: „Du bist verrückt, du taugst nichts, du gehörst in die Klapsmühle, du gehörst in die Sonderschule u. ä. Nimmt der Andere diese Botschaft nicht an, so fällt sie zurück. Der Kampf beginnt von Neuem.

Kinder, die diesen Weg gewählt haben oder, besser gesagt, wählen mussten, erscheinen oft als sehr aggressiv, frech und unverschämt solchen MitschülerInnen gegenüber, bei denen sie unbewusst glauben, ihnen die „heiße Kartoffel" andrehen zu können. Solche Lernende sind mitunter auch sehr traurig und verzweifelt. Dabei wissen sie nicht, warum sie es sind, sie können es nicht erklären.

Das Kind als Objekt von Politikern

Der Staat und die Parteien haben mit der heutigen jungen Generation im Vorgriff auf die Erfüllung ihrer späteren Pflichten, ohne sie zu befragen, einen Generationenvertrag abgeschlossen, in dem die heutigen Kinder bereits als fester Bestandteil, z. B. für die Erhaltung und Reproduktion des gegenwärtigen Versorgungssystems, vorgesehen und nahezu unausweichlich darauf festgelegt worden sind.

Eine andere Situation ist in vielen Lebenswelten der Kinder besonders gravierend:

Auf Grund der Veränderungen der familiären Situation - alleinerziehend, nebenerziehend, nebenehelich - sind Kinder oft eine große Last für ihre Mutter oder ihren Vater. Die anderen Teilsysteme der Gesellschaft beteiligen sich nicht an dieser Belastung. Auch in beruflichen Systemen wird kaum Rücksicht auf die Kinder der Betriebsangehörigen genommen, indem z. B. Betriebskindergärten eingerichtet würden. Die Kinder müssen also in sogenannten „pädagogischen Systemen" untergebracht werden, innerhalb derer sich wiederum operational geschlossene Systeme mit eigenen Sinn- und Präferenzordnungen bilden, die keinesfalls die gleichen oder ähnlichen Strukturmerkmale des Teilsystems Eltern-Familie aufweisen können. Sie sind also kein Ersatz für eine familiale Bewusstseinsbildung.

Zum Anderen sieht der Staat zu, wie jedes Jahr bis zu 100.000 Kinder bei Ehescheidungen in teilweise abgrundtiefe Loyalitätskonflikte, Verwirrungen, Verzweiflung und Aggressionen rutschen.

Ein anderes Beispiel: Das im Grundgesetz verbriefte Recht auf einen Platz im Kindergarten oder Hort ist nicht realisierbar. Vor allem alleinerziehende Mütter werden nach Dringlichkeitsstufen eingeteilt - vgl. die Situation in München -, auf Grund derer entschieden wird, wann und unter welchen Umständen die Kinder im Hort oder im Kindergarten untergebracht werden. Bis zu 20 - 25 % der Drei- bis Fünfjährigen finden also keinen Kindergartenplatz. Als Notlösung wird vielerorts die sogenannte „Mittagsbetreuung" angeboten.

Solche Kinder finden eine Lebenswelt des Mangels und meist auch des Stresses vor. Dabei reicht der Driftbereich der Selbstzuschreibung von Abwertung: „Du hast die Situation selbst verursacht, weil du da bist, weil du lebst." bis hin zu Mitleid mit der Mutter oder dem Vater: „Es tut mir leid, dass ich dir so viele Sorgen mache."

Die offene oder versteckte Angst, aber auch manchmal eine tief verwurzelte Ablehnung des Kindes von Seiten der Mutter oder des Vaters wegen der schwer belastenden Situation dieser Eltern überträgt sich auf die Entwicklung der kindlichen Lebensauffassung (siehe Chreoden in den verschiedenen Milieus) und auf die Meinung der Kinder über den Stellenwert ihrer Person und ihrer eigenen zukünftigen Situation.

Ein neueres Phänomen in der Bewertung des Staates durch Kinder und Jugendliche tritt dort auf, wo die Steuerlast auf den „kleinen Mann" oder die kinderreiche Familie überdeutlich durchschlägt. Hier wird bereits in der plastischen Entwicklungsphase der Kinder(0. - 4. Lebensjahr) seitens der Eltern und der unterschiedlichsten Milieus die Doppelmoral des Staates offen kommuniziert: Milliardäre und Millionäre zahlen keine Steuern oder flüchten ins Ausland. „Mach das auch so, mein Sohn, meine Tochter, nütze den Staat aus, solange es geht!" Den Staat zu betrügen ist nicht mehr eine unmoralische Handlung, sondern sogar fast eine Pflicht im Sinne einer Wegbotschaft, d. h. einer Regel, mit der man gut durchs Leben kommt.

*Chreoden-Entwicklung bei Kindern und Jugendlichen
in Bezug auf Staat und Gesellschaft*

Staat und Parteien haben mit der heutigen jungen Generation im Vorgriff auf die Erfüllung ihrer späteren Pflichten - ohne sie zu befragen - z. B. einen Generationenvertrag abgeschlossen, in dem die heutigen Kinder bereits als fester Bestandteil für die Erhaltung und Reproduktion z. B. des gegenwärtigen Versorgungssystems vorgesehen und nahezu unausweichlich festgelegt worden sind.

> Exkurs: Die Ausbeutung der Eltern als Steuerzahler
>
> Wenn man kann hinschaut, sind die Eltern- es sei denn sie sind vermögend- angesichts der Steuerlasten (vor allem durch indirekte Steuern und durch Zeitkontingente) erheblich benachteiligt gegenüber den Paaren ohne Kinder. Eine Verteilungsgerechtigkeit sehen wir hier nicht gegeben, wenn man Kindererziehung als Dienst an der ganzen Gesellschaft sieht. Die Eltern können kein Mitglied der Gesellschaft vom Nutzen dieses Gutes (Vielfalt menschlicher Seinsweisen und Erscheinungsweisen n. H. H. Nachtkamp) ausschließen; und „ihre individuellen Erziehungskosten sind unabhängig von der Zahl derer, die daran partizipieren. Deswegen können sie dieses Gut nicht am Markt anbieten und individuelle Entgelte einfordern. Der Staat muss die der Gesellschaft erbrachte Leistung entgelten"[396]

Eine andere Situation ist in vielen Lebenswelten der Kinder gravierend: Auf Grund der familiären Situation - alleinerziehend, nebenerziehend, nebenehelich, außerehelich - sind Kinder oft eine große Last für ihre Mutter oder ihren Vater; die anderen Teilsysteme der Gesellschaft beteiligen sich nicht. Auch im beruflichen Bereich wird kaum Rücksicht auf die Kinder der Betriebsangehörigen (z. B. durch Betriebskindergärten usw.) genommen. Sie müssen also in sogenannten pädagogischen Systemen untergebracht werden, die wiederum jeweils ein in sich operational- geschlossenes System mit eigenen Sinn- und Präferenzordnungen bilden und keinesfalls die gleichen oder ähnliche Strukturmerkmale des Teilsystems Eltern-Familie abbilden können. Es gibt also keinen Ersatz für eine familiale Bewusstseinsbildung.

In einer anderen Situation sieht der Staat zu, wie jedes Jahr bis zu 100.000 Kinder durch Ehescheidungen in teilweise abgrundtiefe Loyalitätskonflikte, Verwirrungen, Verzweiflungen und Aggressionen rutschen.

Das Recht auf einen Kindergartenplatz oder Hortplatz ist nicht realisierbar. Überwiegend alleinerziehende Mütter werden nach Dringlichkeitsstufen (s. München) eingeteilt, nach denen entschieden wird, wann und unter welchen Umständen ihre Kinder im Hort oder im Kindergarten untergebracht werden. Es gibt Fälle (bis zu 25 %), wo die Drei- bis Fünfjährigen keinen Kindergartenplatz finden. Als Notlösung wird vielerorts die sogenannte „Mittagsbetreuung" angeboten.

Solche Kinder finden eine Lebenswelt des Mangels und meist auch eine des Stresses vor. Dabei reicht der Driftbereich der Selbstzuschreibung von Abwertung: „Du hast die Situation selbst verursacht, weil du da bist - lebst" bis Mitleid mit der Mutter oder dem Vater: „Es tut mir leid, dass ich dir so viele Sorge mache".

Offene oder versteckte Angst, aber auch manchmal eine tief verwurzelte Ablehnung des Kindes seitens der Mutter oder des Vaters ist eine Ursache für die schwer

---

[396] Nachkamp, H. H. Mehr Freiheit für die Eltern, ein Plädoyer für ein staatliches Erziehungsentgelt, in FAZ Nr. 213 vom 13. 9. 2000

belastende Situation dieser Eltern. Sie überträgt sich auf die Entwicklung der kindlichen Lebensauffassung (siehe Chreoden in den verschiedenen Milieus) und auf die Einschätzung des Stellenwerts seiner Person und seiner eigenen zukünftigen Situation als Vater/Mutter, Steuerzahler usw..

Ein neueres Phänomen in Bezug auf Bewertung des Staates durch Kinder und Jugendliche tritt dort auf, wo die Steuerlast auf den kleinen Mann oder die kinderreiche Familie überdeutlich durchschlägt. Hier wird bereits in der plastischen Entwicklungsphase der Kinder (bis zum 4. Lebensjahr) seitens der Eltern und der unterschiedlichsten Milieus die Doppelmoral des Staates offen kommuniziert: Milliardäre und Millionäre zahlen keine Steuern oder flüchten ins Ausland. „Mach das auch so, mein Sohn, meine Tochter, sei gut in der Schule und Hochschule und nütze den Staat aus, solange es geht!" Den Staat zu betrügen ist nicht mehr eine unmoralische Handlung, sondern sogar fast eine Pflicht im Sinne einer Wegbotschaft. Die legitimierte Entsolidarisierung wird ja längst von Eliten der Gesellschaft praktiziert und öffentlich legitimiert, keineswegs aber in den Augen dieser Lernenden bekämpft.

Chreoden-Typen im Driftbereich „Staat und Politik"

- *Chreode der Überlebens-Schlussfolgerung*

Eine dieser Chreoden heißt dann: „Wenn ich schon später die Last für die Alten tragen muss, hintergehe ich den Staat auch, so gut es geht."[397] (Interview mit einem Schüler in der 4. Klasse)

„Wir wollen mit diesen Politkern nichts zu tun haben, ich habe eine Wut auf sie, ich lehne sie ab, am liebsten würde ich sie umbringen."

- *Chreode des Ausgeliefertseins, der Hilflosigkeit*

Der Staat ist Zuschauer von familiärem Elend und Not.

„Er wird mir später auch nicht helfen, also muss ich selbst sehen, wo ich bleibe."

- *Chreode der organisierten Unverantwortlichkeit oder*
  Chreode der legitimierten Entsolidarisierung

Der Staat ist Ausbeuter und zeigt eine Doppelmoral. „Ich fühle mich überhaupt nicht als verantwortlicher Staatsbürger." „Die haben uns die Suppe eingebrockt, jetzt sollen sie sie auch auslöffeln."

- *Chreode des vulgären Relativismus*

„Man kann über alles reden, aber es hat sowieso keinen Sinn."

- *Die Chreode der Rebellion*

„Wir wollen mit diesen Politkern nichts zu tun haben, ich habe eine Wut auf sie, ich lehne sie ab, am liebsten würde ich sie umbringen."

Das Kind als Objekt der Unternehmer

Die Wirtschaft sieht in den Kindern ein riesiges wirtschaftliches Potential und bedient sich dessen häufig bis zur Grenze aller erlaubten Mittel, indem sie versucht, die Eigenlogik der Kinder in Richtung Kaufverhalten zu beeinflussen. In der Studie „Kinderwelten" jongliert der Sender Nickelodeon mit imposanten Zahlen:

---

[397] Interview mit einem Schüler in der 4. Klasse

14 Milliarden Mark haben die Kinder im Alter zwischen 4 und 13 Jahren zur Verfügung. Die Musikindustrie z. B. entdeckt Kinder als Kunden. Sie schickt Popstars ins Rennen, die selbst noch zur Schule gehen: z. B. die „Dreifaltigkeit" des Kindergarten-Pop: die Hanson-Brüder, Aaron Carter und Blümchen. Die Jüngsten bestimmen die Musiktrends. Bands wie Boys wurden durch sog. „Pre-Teens" groß gemacht. Die Werbung benutzt zunehmend kindliches Verhalten und kindliche Lebenswelten zur Stimulierung des Kaufverhaltens auch von Erwachsenen. Dabei werden sehr raffinierte Techniken der Kontextbildung verwendet. Durch Muster der Regression, z. B. kindliche Stimme, kindliches Aussehen, kindliches Outfit, und Muster der Aggression - „Vater, du bist doof, wenn du nicht dieses Autos kaufst" - werden Kaufobjekte in einen emotionalen Kontext gebracht.

Wie sehr die Zuschauer regressive Muster genießen, zeigt die Anteilnahme der Öffentlichkeit an den kindischen Zänkereien von Tic-Tac-Toe auf dem Bildschirm.

Ein anderer, gravierender Aspekt ist die Alkoholwerbung in den Sportsendungen und Shows, die ein Massenpublikum anziehen. Alkoholgenuss wird schon von Kindern als Selbstverständlichkeit angesehen und bekommt in ihrem Bewusstsein eine hohe Dominanz. Außerdem: Bier ist meistens immer noch billiger als Sprudel.

Alkohol hat noch ein anderes Gesicht: Etwa 2000 Neugeborene sind in Deutschland jährlich durch alkoholabhängige Eltern in ihrer Primärstruktur geschädigt. Die unter dem Einfluss von Alkohol entstandenen Milieus in Familien und Teilfamilien haben auf die Kinder einen gravierenden Einfluss: Alkoholkarrieren reproduzieren weitere Alkoholkarrieren, zwar nicht linear-kausal, aber im Kontext alkoholabhängiger Milieus wesentlich häufiger als in nicht-abhängigen Milieus. Kinder in solchen Umwelten bilden schon früh entsprechende Überlebensschluss-Folgerungen und Verhaltensmuster aus.

Zum Alkohol als nicht geächteter Droge und zum Nikotin als inzwischen geächteter Droge tauchen schon in Kindergärten illegale Drogen, z. B. Heroin oder Cannabis in der Umgebung der Kinder auf.

Dumpf oder schockiert wird die Relation Staat-Wirtschaft wahrgenommen: Was tut der Staat inmitten der Spannung zwischen Superluxus und Erfolgsmeldungen großer Wirtschaftsbosse und dem immer grauer werdenden Bild von Jugendarbeitslosigkeit, Obdachlosigkeit, Jugendkriminalität und Brutalität, der Verelendung der eigenen Familie? Der Mangel an sozialer Moral des Staates und der Wirtschaft seinen jüngsten Mitgliedern gegenüber wird von Kindern in allen möglichen Metaphern und Bildern ausgedrückt: Die Jugendarbeitslosigkeit wird von Kindern und Jugendlichen im Alter von 12 bis 16 Jahren als Schock oder als verhängnisvolles Schicksal angesehen. Gewaltanwendung wird angedroht, wenn der Lehrstellenmangel mit der Dummheit der heutigen Schüler begründet wird, wie es z. B. der Arbeitgeberpräsident Dieter Hundt tut.

Wie können Kinder darauf reagieren?

Wie organisieren sie sich selbst und ihre Umwelt?

Welche Driftbereiche sind erkennbar?

Was bieten die Pädagogen diesen Kindern und Jugendlichen außer Moralpredigten an?

Kinder und Jugendliche haben hinsichtlich der politischen und gesellschaftlichen Situation jeweils unterschiedliche, meist geheime und unbewusste Lebenspläne - diese heißen in der Transaktions-Analyse „Skripts" - organisiert, wobei der Driftbereich für ihr Verhalten relativ breit ist.

Chreoden-Typen im Driftbereich „Wirtschaft"

- ***Chreode der organisierten Unverantwortlichkeit***

Die Erfahrungen und Botschaften seitens der frühen Bezugspersonen in Richtung Distanz, Abstand, ja sogar Wut gegen die Wirtschaft, gegen Manager, Politiker und den Staat formieren sich beim Kind als Teil eines Lebensplanes in folgender Weise:
„Die da oben nehmen uns jede Beteiligung an dem, was da draußen geschieht, ab.
Ich gebe diese Verantwortung auch wirklich ab. Dann bin ich auch für meine Leistungen nicht mehr verantwortlich; die werden sowieso von anonymen Lehrern festgelegt. Es lohnt sich nicht, für sich selbst Verantwortung zu übernehmen."

- ***Chreode der Rebellion und Ambivalenz gegen Unternehmer in Klüngelei mit dem Staat***

Ein anderer Driftbereich ist die Wut und Rebellion gegen vieles, was nicht erklärbar ist, oder gegen etwas, das als unmoralisch angesehen wird: vor allem die Methoden, wie Unternehmer und Politiker sich viele Privilegien sichern und aus steuerlichen Geldquellen still und heimlich bedienen.
Gleichzeitig sind die Kinder Zuschauer und Lernende, wie man die eigenen Eltern beim Kaufen beeinflussen kann und welche mächtige Verbündete man dabei in der Industrie mit ihren Werbestrategien findet.

- ***Chreode des Null-Bock***

Dieser Lebensplan entsteht bei Kindern und Jugendlichen u. a. wegen der subjektiv nicht durchschaubaren Komplexität der Welt, „Man kann da sowieso nichts machen, alles kann man beliebig erklären und begründen", oder wegen einer konsumorientierten, überfürsorglichen Welt, in der man sich nicht auch noch um Probleme kümmern solle: „Ich hab sowieso schon genug Probleme."
Diese Null-Bock-Chreode ist relativ häufig bei Kindern anzutreffen, die entweder im „Glashaus der Familie" sitzen oder wo jemand in der Familie arbeitslos geworden ist.
Verfestigt sich diese Struktur, so kann man in den späteren Jugendjahren sogar von einer „Chreode der Lebensästhetik" sprechen, in der nur gelebt wird, was subjektiv schön ist. Dazu gehört auch, zu beschließen, lieber in Form einer bezahlten Arbeitslosigkeit zu leben, als den täglichen Kampf im Arbeitsleben mitzumachen, im Bewusstsein, dass man nicht mehr als Mensch geachtet, sondern nur noch als auswechselbare Schachfigur des Unternehmens gehandelt wird.
Eine andere Variante des zukünftigen Lebensästheten ist die materielle Unabhängigkeit durch reiche Eltern und Erbschaft: „Ich lebe mein Leben und wähle aus, was für mich schön ist."

- ***Chreode der linearen Moral***

Viele Kindern, die sich der „Do-it-yourself-Moral" verschrieben haben, weil sie einem Supermarkt von Moralvorstellungen ringsum ausgeliefert sind, haben sich selbst für eine lineare Moral entschieden: „Ja, Ja und Nein, Nein". Eine Doppelmoral, wie man sie bei vielen Erwachsenen beobachten kann, wollen sie nicht mehr. Das ist viel zu anstrengend und zu konfus.

Allgemeine moralische Gebote entsprechen vielfach nicht den individuellen Maximen, und daher sind sie nicht verpflichtend.

„Wenn ich sie für mich verpflichtend machen würde, ergäben sich ständig Konflikte mit einer solchen Doppelmoral. Das beobachte ich bei meinen Eltern. Diesen Konflikt kann ich nicht brauchen, also gibt es bei mir nur ein Ja oder ein Nein."

Ein Leben ohne Doppelmoral ist zwar freier, aber nicht einfacher, weil ständig Ergänzungen der eigenen Konstruktion ausgehandelt, eingebaut und wieder verworfen werden müssen.

Die Atomisierung der Moral bei einem Kind erzeugt eine Haltung, die davon ausgeht, dass man den Anderen sowieso nicht überzeugen oder gar zwingen kann. Genauso aber, wie der Einzelne zähneknirschend akzeptiert, dass er die Wertvorstellungen des Anderen kaum beeinflussen kann, verbittet er sich auch die Einmischung in seine eigenen inneren Angelegenheiten.[398]

Das Kind als Objekt des Rechts

Die Vorstellung, Kinder als unmündige Wesen schützen zu müssen, ist das Ergebnis eines gesellschaftlichen Mythos, nach dem die Erwachsenen eine Abwertung dieses Lebensabschnitts vornehmen. Andererseits aber bürden dem Kind die volle quantitative Arbeitsbelastung eines Erwachsenen ohne gewerkschaftliche Rechte auf.

Zugleich geschieht die rechtliche Abwertung der Kindheit nach wie vor durch die Prinzipien der sog. „Schwarzen Pädagogik".[399] Es werden dem Kind viele Situationen und Zumutungen in einer postmodernen Situation aufgebürdet oder zugemutet, die juristisch relevant sind. Wir haben z. B. über 100.000 Kinder jährlich, die von Ehescheidungen betroffen sind, aber keinen rechtlichen Anspruch auf Unterstützungsprogramme haben, wobei die 4- bis 7-Jährigen besonders unter dem Zerbrechen einer Kernfamilie leiden. Die Gesellschaft schaut zu und nimmt dafür lieber Spätfolgen in Kauf: Krankheiten, Störungen aller Art, Leistungsstörungen mit allen Folgen, anfangs in der Schule, später auf dem Arbeitsmarkt usw.

Systemtheoretisch gesehen, ist vom Erwachsenen-Standpunkt, aber noch viel deutlicher von der Fremdreferenz des Kindes aus kaum eine rechtliche Randbildung für das Kind erkennbar, d. h. der Staat als recht-gebendes System lässt bei der Strukturbildung eines Kindes eine breite Interpenetration der verschiedensten Teilsysteme mit ihren eigenen Logiken zu.

Auf dem Jahrmarkt der Interessen der einzelnen Teilsysteme gibt es kaum einen Rechtsschutz vor Übergriffen und massiven Perturbationen an Kindern.

Sexualverbrechen sind ein Aspekt davon. Das Kind muss sich selbst organisieren und im Dschungel der Angebote selbst unterscheiden, was für es förderlich ist oder nicht.

Dazu folgende Beispiele:

Wir sehen als besonders notwendig an, dass Kinder schon in der frühen Entwicklung ständig eine überdimensionale Selektionsleistung gegenüber dem überproportionalen Alkoholangebot erbringen, soll es kein Überborden und keine spätere Abhängigkeit geben. Alkohol, besonders Bier, ist offenbar ein Lebenselixier. Früh- und Spätfolgen müssen der Staat und die Folge- oder Nachfolgefamilie ausbaden. Die Alkohol produzierenden Unternehmen kommen ohne Beteiligung am Schaden davon. Oder die

---

[398] siehe Goebel, Clermont, (1998), Die Tugend der Orientierungslosigkeit

[399] Miller, 1988, S. 82 f.

tagtägliche Selektionsleistung, die einem Kind gegenüber dem überproportionalen Angebot an Gewaltsendungen in den Medien abverlangt wird, ohne dass es einen erkennbaren rechtlichen Schutz gäbe.

Oder die absichtsvolle Anleitung zur sofortigen Triebbefriedigung: Die Lust auf Süßigkeiten, Pommes frites, Videos und Tamagotchis wird durch attraktive Anordnung in einem Einkaufszentrums geweckt, z. B. an der Kasse, wo soziale Kontrolle möglich ist: Alle schauen zu und beobachten das Verhalten der Mütter, wie sie mit den Wutausbrüchen der Kleinen bei einem Kaufverbot umgehen. Eine Mutter steht somit auf dem sozialen Prüfstand anderer Mütter. Wer traut sich da schon, nein zu sagen!

Man könnte die Reihe beliebig fortsetzen. Hier liegt m. E. ein riesiges Versäumnis der Familienpolitik vor, die eine wohlwollende Ausformung des Kindesrechts für eine gedeihliche Rand- und Kernbildung junger Menschen vornehmen müsste.

Die Rechtslage von multikulturelle Kindern in Deutschland ist eine Missachtung der Kindheit überhaupt. Es gibt viele Untersuchungen, die auf die Kernbildung bei in Deutschland geborenen Kindern von Ausländern aufmerksam machen. Die Vorstellung einer multikulturellen Gesellschaft ist überhaupt nicht realisiert. Das Beispiel Berlin ist am gravierendsten: Über 440.000 Berliner haben keinen deutschen Pass. Kinder aus diesem Milieu sind keine Deutschen und doch Deutsche. Einer der grundlegenden Mechanismen der Identitätsbildung, nämlich *Zugehörigkeit*[400], wird sowohl politisch als auch rechtlich und schulisch missachtet.

Chreoden-Typen im Driftbereich „Recht"

▪ *Chreode der Oszillation*

Das Kind organisiert sich so, dass ein ständiger Ausgleich zwischen einer Entscheidungen für oder gegen Angebote aus der Konsumwelt notwendig ist. Die Folge ist ein allmähliches Abschleifen und Einpendeln in einen Driftbereich: Die Entscheidung zwischen angebots-orientierter Karriere oder frühzeitigem Aussteigen erfordert einen ständigen Energieeinsatz. Das staatliche Recht ist als Regulator von den Kindern überhaupt nicht wahrnehmbar und erfahrbar.

▪ *Chreode der Kriminalität*

Das Rechts-Bewusstsein bei Kindern kann in folgende Bereiche driften:
einmal in die Anpassung an das Normale, Verbindliche, die Unterscheidung zwischen dem, was man tut, und dem, was man nicht tun soll.

Ein anderer möglicher Driftbereich ist das Nichtwahrnehmen von Grenzen und Rändern, das Experimentieren zwischen Phantasie, Realität und Bewusstseinerweiterung, z. B. hervorgerufen durch die vielen virtuellen Muster von Grenzverletzungen und -überschreitungen. Erwachsene bezeichnen dann die Nachahmung von solchem Verhalten als kriminell. In der Eigenlogik dieser Kinder ist es aber etwas ganz Anderes: Sie oszillieren scheinbar folgenlos in Experimentierräumen zwischen Phantasie und sozialer Realität; erst bei Bestrafung oder bei Erfahrung von Konsequenzen gibt es ein plötzliches Erwachen.

Bei anderen Kindern wiederum bedeutet dieses „kriminelle" Verhalten bewusstes Verletzen der Rechtsränder als Erfahrung von Macht, als Überleben und Redefinition: Die Situation wird an die eigene Bewusstseinstruktur angepasst.

---

[400] siehe „Inklusion" und „Exklusion"

Der Mythos des begabten Kindes in unserer Gesellschaft

Das Kind und der Mythos der „Begabung"

Ein markanter Mythos in unserer Gesellschaft ist der Glaube, einige Kinder wären begabt und andere wären es nicht. Dabei wird das Schlüsselwort „begabt" zum allumfassenden Symbol für intelligent, flexibel, schulisch und lebenslang erfolgreich und damit auch glücklich usw. Diese Dichotomisierung von Menschen unterschlägt die Tatsache, dass jeder Mensch Fähigkeiten für etwas besitzt.

Letztendlich beruht dieser Teil-Mythos auf dem Super- oder Mega-Mythos „Deutschland hat keine natürlichen Ressourcen, unsere Ressource ist das technologische Wissen, das sich materiell umsetzen muss, damit man es exportieren und in Kapital verwandeln kann."

Abgesehen davon, haben wir weder eine überzeugende Theorie der Begabung mit den Kriterien „gut begabt" bzw. „nicht begabt" noch garantiert dieses Konzept, dass ein Mensch in allen Bereichen, z. B. in der Technologie oder in der Menschenkenntnis, Fähigkeiten und Kompetenzen aufweist.

Obwohl wir keine evidenten Schlussfolgerungen für die Bildungsarbeit, also für eine epistemologische Neu-Orientierung in der Wissensgesellschaft ziehen können, herrscht dieser „Mythos der Begabung" nach wie vor in vielen Köpfen von Experten, z. B. bei Schulpädagogen und Schulpsychologen.

Das Wissen, das die Schule heute vermittelt, ist zu wenig anschlussfähig an den technologischen Wissensstand und Wissenswandel. Es entspricht auch nicht der Anforderung, schulisches Wissen im Sinne einer Handlungskompetenz in außerschulischen Kontexten umzusetzen, z. B. in Unternehmen, in der Bürokratie, in verschiedenen Kommunikationsfeldern.

Die reproduktiven Wissensstrukturen der Schüler entsprechen vielfach nicht dem Mythos einer intelligenten, kreativen und flexiblen Wissensnation im 21. Jahrhundert. Auch das Zauberwort „Schlüsselqualifikation" täuscht vor, dass die komplexen Zusammenhänge zwischen der Strukturentwicklung einer Person und den Anforderungen von Teilsystemen der Gesellschaft an die Schule reduzierbar wären.

Es kommt noch hinzu, dass wir nicht einmal eine didaktische Epistemologie haben, die uns Hinweise darauf geben könnte, welches Wissen wie konstruiert worden ist und ob die Architektur dieses Wissens heute noch eine gesellschaftliche Relevanz besitzt. Davon abgesehen, haben wir dazu kaum empirisch ermitteltes Wissen darüber, wie die epistemologischen Vermittlungsstrategien von Lehrern in den verschiedenen Altersstufen, bei unterschiedlicher Schicht- und Kulturzugehörigkeit, in einzelnen Schularten und -stufen und in multikulturellen Kontexten konstruiert werden. Wir müssten uns fragen, welche Art von *Reproduktion*, *Konstruktion* oder *Rekonstruktion* des vorkonstruierten Wissens von den einzelnen Lehrern und Schülern erwartet wird.[401]

Chreoden-Typen im Driftbereich „Begabung"

Die Selektion von Schülern nach Begabung und nach Schularten hat viel Elend und Vorurteile nach außen, aber auch eine verheerende hypnotische Wirkung nach innen zur Folge. Entsprechende Bezeichnungen als „gymnasial-, real-, haupt-, sonderschulbegabt" sind nicht nur Außen-Etikettierungen, sondern diese werden in

---

[401] siehe Kösel, Lernwelten, Band II

inneren Zuschreibungsprozessen als Eigenlogik der Lernenden und Lehrenden abgebildet: „Ich werde wahrscheinlich ein Hauptschüler werden" – die Aussage eines Erstklässlers! - oder später : „Ich bin ja nur ein Hauptschüler!"[402]

Einer der einschneidendsten Chreoden-Typen infolge der Selektion durch den Begabungsmythos ist die „Chreode der Entehrung". Deshalb möchte ich sie an anderer Stelle – im Driftbereich „Bildungs-Tauschmarkt" - ausführlich darstellen.

- *Die Chreode des „Hochbegabten"*

Die Diskussion um Hochbegabungen wird immer lauter und immer mehr nur einseitig auf analytische Fähigkeiten konzentriert.

> *Was versteht man unter Hochbegabung?*
>
> *Welche Kriterien gibt es?*
>
> *Warum spricht man überhaupt von Hochbegabung und in welcher Hinsicht?*
>
> *Ist jemand auch hochbegabt, wenn er ein Dienstleister in einem Altenheim ist und dort seine Aufgaben hervorragend wahrnimmt?*
>
> *Oder ist er es, wenn er die selbstreferentiellen Muster von Lehrenden erfüllt?*
>
> *Oder ist ein Schüler hochbegabt, weil er bestimmte Logiken in der Konstruktion von reproduktivem Wissen beherrscht?*

Die bisherige Intelligenzforschung hat sich als einseitig und als Modeströmung erwiesen. Die rein analytischen Fähigkeiten sind nur ein Teil menschlicher Möglichkeiten. Vor allem wurden sie abgetrennt von anderen Fähigkeiten und Kompetenzen, die für das Zusammenleben der Menschen in Familie, Unternehmen, Bürokratien, mit anderen Völkern und Gesellschaften wichtig sind und deren Fehlen immer wieder von allen Seiten beklagt wird. Was nützt es, wenn ein so genannter Hochintelligenter viele analytische Fähigkeiten besitzt, sich selbst aber nicht unter Kontrolle hat, anderen Menschen misstraut, aus Selbstüberschätzung oder gesellschaftlicher Arroganz eine grundlegende Verachtung für Andere entwickelt hat, jede andere ihm unangenehme Position sprachlich wegdiskutieren kann und sich eine selbstreferentielle „Burg" aufbauen muss, weil er die Erwartungen von außen nicht erfüllen kann.

Häufig werden stillschweigend Forderungen nach emotionalen Fähigkeiten bei solchen Menschen gestellt, die sie aber auf Grund ihrer Struktur oft nicht erfüllen können. Was nützt es, wenn ein Intellektueller zwar hochkomplexe mathematische Strukturen erkennt oder konstruieren kann, wenn er aber als Führungskraft versagt, weil andere „intelligente" Fähigkeiten, nämlich *soziale*, z. B. Umgang mit anderen Menschen, Empathiefähigkeit, Erkennen von emotionalen Zuständen, Konfliktfähigkeit, und *persönliche*, z. B. Selbstwahrnehmung, gesundes Selbstwertgefühl ohne Fassaden-Überhöhung, intuitive Kreativität als Ausdruck der Anerkennung von innerer Kraft der Gefühle - fehlen?

Sogenannte Sachverständige und Experten entfernen sich in der Regel immer mehr von den praktischen Anforderungen des Alltagslebens. Solche Experten erheben - auf Grund ihrer gesellschaftlichen Überanerkennung - Anspruch auf einen gänzlich neuen Status: Sie beanspruchen die absolute Jurisdiktion über den gesamten Wissensvorrat, sie beanspruchen in vielen Fällen die Expertenschaft für ganz andere Bereiche der

---

[402] siehe „Bildungs-Tauschmarkt"

Wirklichkeit, für die sie aber keine Qualifikationen besitzen, auch deshalb, weil die Gesellschaft ihnen eine Universalzuständigkeit zuschreibt.

Es gibt inzwischen einige Vorschläge, die die Hochbegabung als *multiple Intelligenz* definiert haben. So hat z. B. Howard Gardner ein überzeugendes Konzept erarbeitet, in dem er feststellt, dass Intelligenz nicht nur akademisch als rein mathematische, sprachliche oder technische Intelligenz gefasst werden dürfe, sondern sie müsse auch als „Intelligenz:Bewegung", als musische, personale und interpersonale Intelligenz gefasst werden. Der Berliner Intelligenzstruktur-Test (BIS) z. B. versucht ein komplettes Profil von Hochbegabungen zu erstellen: Er betont Einfallsreichtum, Geschwindigkeit, Merkfähigkeit, Kapazität, verbales Denken, numerisches Denken, figurales Denken.

Oft wird erst in den späteren beruflichen und privaten Kontexten sichtbar, wer welche Kombinationen haben sollte. Ein Software-Entwickler z. B. braucht neben numerischem Denken auch ein empathisches soziales Denken: Er muss sich in die den Bedürfnisse des Kunden hineinversetzen können. In Assessment-Centers von Betrieben werden mentale Fähigkeiten immer mehr miteinbezogen. Personelle Fehlentscheidungen können Millionen kosten.

Angesichts der komplexen Probleme und Herausforderungen einer postmodernen Zeit ist die Position einer einseitigen Intelligenz nicht mehr haltbar. Es ist geradezu verantwortungslos, wenn ehrgeizige Eltern und Lehrer Kinder auf diese einseitig Schiene schieben.[403]

Der Lebenserfolg im privaten und beruflichen Bereich hängt in weit geringerem Maß von rationaler, logischer und kognitiver Intelligenz ab. Immer wichtiger werden Fähigkeiten wie Verhandlungsgeschick, Einfühlungsvermögen, gesunder Optimismus, emotionaler Umgang mit Menschen, Vertrauen statt Misstrauen, Familienfähigkeit, die Fähigkeit, Kern- und Randbildungen für sich selbst oder für ein soziales System bilden zu können.[404]

Hier wird offensichtlich, in welch fataler Weise wir häufig ein hypnotisch besetztes Feld konstruieren, in dem zugleich auch Präferenz und damit Ehrungen und Abwertungen von Wissen und Leistung definiert werden.

Den Mythos der Hochbegabten könnte man evtl. auflösen, wenn man die Instrumente und Technologien des seriösen Didaktischen Relativismus zugrundelegen und fragt, in welcher Hinsicht sich jemand besonders ausgeprägt entwickelt oder, besser gesagt, besonders differenziert. Das Wort „Begabung" sollte man tunlichst vermeiden, weil dieser Begriff laienhaft, unspezifisch und sozial diskriminierend oder unangemessen anerkennend wirkt.

---

[403] Ein anschauliches Beispiel, wie verheerend eine solche Entwicklung sein kann, hat Alice Miller in ihrem Buch „Das „Drama des begabten Kindes" geschildert.

[404] siehe Kösel, Lernwelten, Band II: Kapitel „Social science" und „Self science"

Unterscheidungsprofil von Wissensebenen in Bezug auf Hochbegabung

1. Reproduktion von Wissen	2. Rekonstruktion von Wissen	3. Dekonstruktion von Wissen
behalten	Die Entstehungsgeschichte von sozialen, persönlichen, materiellen Bereichen erfassen	Grundaxiome verändern können
verstehen	systemisches Verständnis	neue Referenzebenen einführen
reproduzieren	Negationen erkennen oder konstruieren können	Mustervariationen anbieten können
	latentes Wissen hervorheben	Muster verändern können
	Logiken der Rekonstruktion	Logiken der Dekonstruktion
4. Neukonstruktion < von Wissen	**5. Handlungs-Wissen**	**6. Wissen um die eigene Person**
neue Referenzebenen einführen	Wer weiß, welche Schritte und Folgen bei welcher Handlung sinnvoll, notwendig oder unabwendbar sind?	Bewusstheit der eigen Fähigkeiten und Kompetenzen
Querdenken zulassen oder Querdenken gegenüber angepassten Denken trotz Risiko aufrechterhalten	Handlungs-Logiken	Erkennen von Selbstüberschätzung und mangelndes Selbstvertrauen
subjektive Orientierung markieren	Erfahrungswissen sammeln	Erkennen der eigenen „Glaubenssätze" und deren Vor- und Nachteile
gesellschaftliche Normierung des Wissens offen legen	Muster erkennen	Die eigenen Skripts und deren Handlungsmuster erkennen
Globalisierungskompetenz	Routinewissen erwerben	Risiken eingehen können
spirituelles und metaphorisches Denken	Überliefertes Wissen beachten	In Situationen hartnäckig bleiben können
Denken in Systemen bei komplexen Strukturen		
Wissen in neuen Kontexten anwenden können		
Wissen und Vernunft zusammenführen können		
Logiken der Neukonstruktion		
7. Wissen um soziale Systeme	**8. Wissen über Werte und Normen**	
synreferentielle Muster beachten	ICH-Bereich WIR-Bereich SACH-Bereich	

Das Kind als Arbeiter im Bildungs-Tauschmarkt

Das postmoderne Kind muss spätestens ab dem 6. Lebensjahr als Arbeiter in den

„Bildungs-Tauschmarkt" der Schule gehen. Mit „Tauschmarkt" ist das Bildungssystem gemeint, in dem Gesetze, Mythen, Präferenzordnungen und Zugehörigkeitsrituale darauf abgestimmt sind, dass Schüler im Tausch gegen Noten Leistungen erbringen und dafür Zukunftsversprechungen erhalten.

Entspricht ein Kind diesem Sinnsystem nicht, ergibt sich entweder der Driftbereich der *Anpassung* mit allen Folgen der Zugehörigkeit zu diesem System: Drohung, Zwang, Beschimpfung, Androhung von Ausschluss usw. oder Selektion in einen anderen Bildungs-Tauschmarkt, der meist hierarchisch weiter unten angesiedelt ist.

Das Tagesarbeitspensum eines Lernenden in so einem System steht dem der Erwachsenen kaum nach. Er bleibt aber ohne gewerkschaftlichen Beistand, z.. B. gegenüber neurotisierenden, ehrgeizigen Eltern, unfähigen und faulen Pädagogen oder einem Schulsystem, das kaum den anthropologischen Erfordernissen eines sich entwickelnden Körpers und Verstandes - besonders bei der beginnenden Pubertät und Adoleszenz – entspricht. Es gibt z. B. in den allerwenigsten Schulen die Möglichkeit, mittags eine warme Mahlzeit einzunehmen, wenn Schüler am Nachmittag Unterricht haben, Aufenthaltsräume und Bibliotheken sind oft nicht vorhanden oder unzulänglich, der Stundenplan ist über den ganzen Tag hinweg zerrissen - vor allem bei Gymnasien -, die Arbeit bleibt ohne Bezahlung oder Gegenleistung für besondere schulische Leistungen, z. B. Gutscheine, Überspringen von Klassen oder Gewährung von freien Zeiten.

Das Versprechen einer erfolgreichen Karriere beruht auf dem Glauben, dass die Linearität zwischen erfolgreicher Schulkarriere und einer erfolgreichen Berufs- bzw. Ausbildungskarriere zwingend sei. Dies gilt aber keinesfalls mehr: Die arbeitsweltliche Situation verwandelt sich in eine berufliche Bastelbiographie. Es entstehen laufend neue Berufsbilder, andere sind am Absterben. Am gravierendsten hat die Gesellschaft der jungen Generation durch die Jugendarbeitslosigkeit vorgeführt, was sie von ihr hält: nicht viel! Sie hält es nicht einmal mehr für nötig, dass die nachwachsende Generation qualifiziert werden soll.

Der Abschied vom Karrieredenken im obigen Sinn ist auch schon bei Schülern in der 1. Klasse voll im Gange. Viele postmoderne Kinder reagieren gegenüber gesellschaftlichen Veränderungen, doppelbödigen Botschaften und Lügen wie Seismographen. Mit dieser Schnelligkeit der Wahrnehmung von Veränderungen kommen viele Erwachsene und auch Pädagogen nicht mehr mit. Wie soll da noch eine Chreode des fernen - und nicht mehr glaubhaften - Ziels entstehen? In vielen Fällen reicht dieser Mythos weder intrapsychisch noch real für eine Stabilisierung aus; die Reaktionen der postmodernen Kinder können wir überall erkennen, wenn wir genau hinsehen und nicht wegschauen: Rebellion, brutale Gewalt, Resignation, Kriminalität, Coolness, Pragmatismus, Kampf um bessere Noten auf dem Rücken anderer Schülern usw. Es gibt z. B. keine Kinderrechtsanwälte, die wenigstens die an sich schon spärlich ausformulierte Rechtslage der Kinder als arbeitender Menschen in den jeweiligen relevanten Teilsystemen wie Kindergarten und Schule verteidigen würden. Besonders wichtig wäre ein Rechtsschutz und ein rechtlich abgesichertes Unterstützungsprogramm für „multikulturelle Kinder", für Kinder aus Konflikt-, Scheidungs-, Nebenfamilien und für Kinder, die eine andere Strukturgeschichte aufweisen, als es dem Leistungsmythos der herkömmlichen Schule entspricht.

Chreoden-Typen im Driftbereich „Bildungs-Tauschmarkt"

- **Chreode der Anpassung**

Manche Kinder entscheiden sich für einen adaptiven Lebensplan, weil sie meinen, damit am besten zu den notwendigen Zuwendungen zu kommen, und weil sie auch den Erwachsenen glauben, dass das, was als „Recht und Moral" der Erwachsenen ausgegeben wird, auch gilt. Sie nehmen viele Belastungen auf sich, um eben diese Sichtweise später auch als Erwachsene einnehmen zu können. Pflichten und Aufgaben übernehmen sie fast widerspruchslos, wollen dann aber in Ruhe gelassen werden. Sie erfüllen ihre Pflicht, aber Neugierde, Entdeckertum und konstruktive Ideen sind abgestorben. Solche Chreoden-Typen erlebe ich dann auch häufig bei Studierenden. Später werden sie dieses Verhalten auch an ihre Kindern weitergeben.[405]

- **Chreode der Randverletzung**

Weil Kinder und Jugendliche heute einem massiven öffentlichen Angebot ausgesetzt sind und sich ihre Patchwork-Identität in vielen Teilen selbst zusammenbasteln müssen, ist die Suche nach sanften oder harten Grenzen eine - systemtheoretisch gesehen - notwendige Maßnahme zur eigenen Kernbildung.

Wo ist der Rand, an dem ich mich festhalten kann, um nicht im Chaos unterzugehen? Wo können Kinder und Jugendliche feste Grenzen erfahren, wenn sie gleichzeitig von Erwachsenen und gesellschaftlich relevanten Teilsystemen Rückzug, Doppelmoral und Unverantwortlichkeit sich selbst gegenüber erfahren? Das ist die zentrale Frage dieser Chreode. Familie, Schule und andere gesellschaftliche Gruppen, Unternehmen und Institutionen bieten für Kinder oft keinen Rand, der ihnen *Zugehörigkeit* ermöglichen würde. „Rand" heißt, Grenzen kennenlernen, ausprobieren und die Folgen von Grenzüberschreitungen erfahren.

Im Bereich der virtuellen Welt, wie sie die Medien anbieten, sind keine realen Erfahrungen zu machen. Dafür beobachten wir im Schulhof die harten und sanften Experimente auf dem Gebiet der körperlichen Erfahrungen. Statt dass die Schule als Erfahrungsraum bewusst und kompetent individuelle Konflikträume, Konfliktbearbeitungs-Programme und Trainings bereitstellen würde, schaut sie größtenteils den Grenzüberschreitungen fassungslos zu.

Im Bereich der Schule sind die Lehrer kaum für eine postmoderne Randbildung vorbereitet. Lieber zeigt man keinen Rand, dann wird man vielleicht in Ruhe gelassen. Es gibt aber auch sehr ermutigende Gegenbeispiele. Es müsste m. E. ein rechtliches Experimentierfeld geben, in dem Kinder und Jugendliche selbst ihre Grenzen erfahren und ausprobieren können, ohne sofort in den Knaststrudel zu geraten. Auch die Schule könnte hierzu einen wichtigen Teil beitragen.[406]

Ich selbst bin davon überzeugt, dass ein Teil der Gewaltszenen in und außerhalb der Schule aus dieser Chreode kommen. Viele Kinder und Jugendliche sind nach einer massiven Randverletzung erstaunt, verdutzt und von sich selbst und den Konsequenzen überrascht. In der plastischen Phase haben die Eltern sie nie Scham wegen einer schlimmen Tat spüren lassen. Daher konnten sie später gegen kriminelle Verführung keinen Schamschutz aufbauen.

---

[405] Miller, 1988, S. 82 ff.

[406] siehe z. B. Janus Korczaks Kindergericht

- *Chreode der Nichtanpassung*
Gesellschaftliche Realität konstituiert sich nicht nur auf Grund von objektiven Strukturen, sondern auch auf Grund des subjektiven Bildes, welches die Akteure sich von der Wirklichkeit machen. Alle Beschreibungen über die nicht angepassten Chreoden im Sinne der Einnahme einer sozialen Stellung für und in der Gesellschaft als „vorgesehenem" Ort sind Beobachtungen eben aus dieser gelungenen Sozialisation eines Erwachsenen, der seine Stellung in der Gesellschaft gefunden hat, also aus dem *Beobachter-Standpunkt*. Es gibt wenige Zeugnisse, die aus dem *Handlungs-Standpunkt* stammen, für selbstorganisierende Mechanismen, die Nicht-Anpassung im einzelnen Individuum hervorgerufen und habitualisiert haben.

Man könnte zunächst im Bourdieu'schen Sinne vom Habitus der Nichtanpassung sprechen, d. h. viele Kinder und Jugendliche haben im Laufe ihrer Entwicklung Feldbedingungen vorgefunden, unter denen sie im Sinne der Selbstorganisation habitualisierte Strukturen entwickelt haben, die man nicht einfach wegdiskutieren oder mit einigen Präventiv- und Therapiemaßnahmen wieder zurückentwickeln kann. Jeden Tag hören oder erfahren wir, dass Kinder und Jugendliche angeblich keinesfalls mehr den Erwartungen der etablierten Gesellschaft entsprechen.?

Wie schon bei der Betrachtung unserer gesamtgesellschaftlichen Situation und im Speziellen des deutschen Bildungs-Tauschmarkts dargestellt, lassen sich das Bildungssystem und insbesondere die Schulen mühelos in dieses Konzept einfügen. Die Schule hat die gesellschaftliche Aufgabe einer Bildung von kulturellem Kapital. Dieser Mythos herrscht in unserer Gesellschaft vor und wird auch in der Bewusstseinsbildung der jungen Generation zum Hauptattraktor.

Freilich bilden die einzelnen Lernenden in diesem Hauptmilieu vielfältige Formen und Bewusstseinsstrukturen aus. Dies sind die Chreoden-Typen des inkorporierten, des objektivierten und des institutionalisierten Kapitals, zunehmend aber auch die Chreode der Verweigerung bzw. Nichtanpassung an diesen Mythos.

Wenn ein Kind heute in eine 1. Klasse und damit in eine völlig neue Lebenswelt kommt, wird es bald damit konfrontiert, ob und wo es schulisch „gut" oder „schlecht" sei. Dabei wird „schlecht" z. T. von Eltern bereits mit den Noten 2,5 bis 2,7 gleichgesetzt. Es wird fremdbestimmt, bereits früh „sortiert".

Die daraus entstehenden intra-psychischen und hypnotischen Prozesse bei der Bildung der Eigenlogik[407] der Kinder in Bezug auf schulische Leistung, auf bestimmte Fächer, z. B. Lern-Chreoden im Fach Deutsch, Mathematik usw., und bei der Identitätsbildung haben enormen Einfluss auf die laufende schulische Strukturbildung und Schulkarriere. Diese Mechanismen laufen überwiegend in Form von *Selbsthypnose* und *Fremdhypnose* ab: „Offenbar stimmt es bei mir / dir nicht, was ist bloß los mit mir / dir?" Oder: „Bei dir stimmt etwas nicht, ich kann dir aber nicht sagen, was es eigentlich ist." Ein eklatantes Beispiel dafür ist die Etikettierung von Lernenden über „Legasthenie".

Ein großer Teil der Lehrerschaft als Berufsstand hat sich fast ausschließlich den gesellschaftlichen Prinzipien der Bewertung von Leistung im Rahmen des Bildungs-Tauschmarktes unterworfen. Lehrplan und Noten sind die markanten Eckpfeiler für eine didaktische Rechtfertigung geworden. Selbst neueste Veröffentlichungen übernehmen nahezu kritiklos den Begabungsbegriff und legitimieren ihn für

---

[407] siehe „Vortheorien": Persönlichkeitstheorie von Epstein und Kösel

Leistungsmessung und *Selektion*.[408] Durch die gesetzliche Eigenständigkeit der Erziehung in der Schule mit der strikten Trennung der Kompetenzen zwischen Eltern und Lehrern ergeben sich zudem - systemtheoretisch gesehen - zwei in sich operational geschlossene Teilsysteme, in denen die Kinder hin- und herwandern und in denen sie die jeweilige Erwartungen und Suggestionen der Mitglieder ertragen bzw. sich ihnen anpassen müssen. Im schulischen Teilsystem bedeutet dies, dass Kinder und Jugendliche, solange sie im schulischen Kontext und damit im Bildungs-Tauschmarkt sind, nach ihren fremd-festgestellten Leistungen bewertet und damit als Objekte für die Übergänge in die verschiedenen Schularten selektiert werden.

Erfreuliche Ausnahmen sind jene LehrerInnen, die den Lernenden sowohl ihre eigenen Wissens-Konstruktionen bekannt machen, ja manchmal sogar zur Diskussion stellen und in der Leistungsbewertung einen gemeinsam erarbeiteten Rahmen, Konstruktionsprinzipien, Grundannahmen, Logiken usw. als Grundlage einer gemeinsamen oder individuellen Bewertung nehmen.

Vom anderen Teilsystem „Eltern und Verwandtschaft" bekommt man als Schüler sehr bald ein bewertendes - dichotomisierendes - Etikett in Bezug auf „Begabung" angehängt: „Du bist schulisch gut" oder „Du bist schlecht." Der Glaube an die Chancengleichheit und Bildungsgerechtigkeit, zugleich aber auch die Ansammlung kulturellen Kapitals und die damit verbundene Zuteilung an gesellschaftlich hohen oder niedrigen Zukunftschancen gibt immer noch den Rahmen für eine sehr frühe Bewusstseinbildung der Kinder in der Schule ab.

Es ist aber offensichtlich, dass diese Konstruktion nicht mehr stimmt, weil ganz neue Entwicklungen stattfinden, die auch die Jugendlichen selbst wahrnehmen. Das wird besonders in Pausengesprächen zwischen SchülerInnen der 3. und 4. Klassen erkennbar. Es herrschen Jugendarbeitslosigkeit, Massenandrang an den Hochschulen, bei Unternehmen werden die schulischen „Aktien" nur noch bedingt anerkannt. Die lineare Denkweise, „Ein guter Schulabschluss ist identisch mit einer guten und sicheren Karriere", gilt heute auch in den Eigenlogiken der Lernenden nicht mehr.

> Das deutlichste öffentliche Bekenntnis gegen einen solchen linearen Bildungs-Tauschmarkt-Mythos hat Bundespräsident Herzog abgegeben. Anlässlich seiner Namibia Reise sagte er auf die Frage nach seiner Karriereplanung:
>
> „Mein ganzes Leben hat aus Zufälligkeiten bestanden."

Dennoch verfestigt die tiefe Angst der Eltern vor der Zukunft das ständige Bekenntnis und Insistieren auf schulischen Leistungen, um Gewissheit und Garantie für die Zukunft zu bekommen. Man weiß zwar um diese Situation, aber man schaut lieber nicht hin. Discounting wird dieser Vorgang des Wegschauens in der Transaktions-Analyse genannt.

Im vorschulischen und vor allem im schulischen Raum wird dadurch die Möglichkeit einer karriere- unabhängigen Didaktik durch die Eltern massiv verhindert. Dieser Bereich ist hinsichtlich einer gedeihlichen Entwicklung kindlicher und jugendlicher Lebenswelten jedenfalls kritisch zu untersuchen, und es sind Konsequenzen für gesellschaftliche, schulpädagogische und fachdidaktische Fragestellungen zu ziehen.

---

[408] Beispiel: Begabte Kinder in der Grundschule von Hany und Schaarschmidt, in Lompscher, Schulz, Ries und Nickel, S. 312 ff.

- *Die Chreode der Entehrung*

Entehrungen sind die Kehrseite von Ehrungen. In Ehrungen wird das kulturelle Kapital als Wissen und Qualifizierung verteilt. Umgekehrt wird das kulturelle Kapital in drei hierarchisch gegliederten Stufen als gesellschaftlich wertvoll oder weniger wertvoll in Form des dreigliedrigen Schulsystems symbolisiert.

Dieses *kulturelle Kapital* ist auch in der Postmoderne eine wichtiges Wertsymbol, weil es ein wertkonformes Verhalten innerhalb eines operational geschlossenen Teilsystems durch symbolische Gratifikationen belohnt. Ehrungen verpflichten die geehrten Personen zugleich auch auf die Einhaltung bestimmter Normen und stellen so ein wichtiges Instrument der Selbstbindung an das System dar. Zugleich sind Ehrungen immer knapp; d. h. die Anerkennung wird strukturell verknappt mit allen Folgen des Ausschlusses. Demgegenüber markieren *Entehrungen* einen Dissens. Entehrungen finden in den meisten Fällen zugleich mit Ehrungen statt, weil diese mit dem binären sozialen Code unterlegt sind: „Der Eine hat's verdient, der Andere nicht." Der Nichtgeehrte ist immer in irgendeiner Weise entehrt. Ehrungen sind Trennungslinien und sind immer mit Abwertung Anderer verbunden.

Die typischen Interaktionsverläufe, Logiken und Wirkungen der Entehrung sind auch im schulischen System, z. B. im dreigliedrigen Schulsystem, aber auch in der Driftzone des Unterrichts zu beobachten.

Die Entehrung der Schüler			
durch Schüler selbst	durch Lehrer	durch Schulleiter	durch Staat und Öffentlichkeit
Selbststigmatisierung, d. h. sich selbst eines Fehlers bezichtigen müssen	Lächerlich- Machen		
~	Reinigungsrituale		
~	Schändung		
~	durch Beleidigung		
~	Ehrung ablehnen		
~	Ehrabschneidung		

Die Entehrung der Klasse		
durch Schüler	durch Lehrer	durch Außenstehende
„Wir sind die Schlimmsten."	durch Abwertungen eines Lehrerkollektivs: „Die schlimmste, dümmste Klasse" usw.	„Das ist der Rest." „Typisch diese Rowdies aus der Zehnten!"

Die Entehrung der Schulart		
Abwertung einer Schulart durch sich selbst	durch andere Bildungssysteme	durch Staat und Öffentlichkeit
„Wir als Hauptschüler sind immer die Dummen."	„Mit Realschülern / Realschullehrern will ich nichts zu tun haben."	im Sinne einer Zuteilung zu einer wertvollen oder weniger wertvollen sozialen Klasse

Organisiert sich eine Lern-Chreode in Richtung *Entehrung*, so ist im Laufe der Schulzeit immer wieder das Muster notiert worden: „Du gehörst nicht zu den Geehrten, du bist nichts oder wenig wert" im Sinne des kulturellen Kapitals. Sie ist meist mit destruktiven Grundüberzeugungen von sich selbst konnotiert.

Muster der Interaktion und Interpunktion in der Driftzone
Entehrte Chreoden haben insgesamt einen hohen gekränkten Ich-Anteil, der sich in Aggression, Lähmung oder geistigem Rückzug manifestiert. Diese Chreoden haben eine tiefgreifende traumatische und hypnotische Figur, die eine positive und aufbauende Selbstinterpretation maßgeblich zurückschneidet. Kreativität ist dann bspw. nur noch in einem schmalen Korridor außerhalb des verursachenden Systems möglich. Entehrte Chreoden entwickeln häufig eine Abwehrhaltung, eine Tendenz zum Ausweichen vor der Verantwortung: „Man hat mir ja gesagt, dass ich den Normen nicht entspreche", oder einen verbitterten passiven Widerstand. Sie haben das Grundgefühl, im schulischen System oder in einem Fach ungerecht behandelt worden zu sein.

Entehrte Chreoden als habitualisierte Form zeigen einen grundsätzlichen Widerstand. Bleibt man z. B. im schulischen Bereich auf der bisher symbolisierten Form von Ehrung, didaktischer Vermittlung oder Leistungs-Interpretation, werden die Lehrenden bei der Bildung von konsensuellen Bereichen höchstwahrscheinlich Schiffbruch erleiden. Als besonders auffällig wird dies bei Hauptschulklassen und Förderschulklassen mit besonderem Milieus oder hohem multikulturellem Anteil beobachtet. Formen von Ehrung und Entehrung werden zudem kulturell höchst unterschiedlich konnotiert und interpretiert. Außerdem rufen sie Signale eines alten Systems wach, das ihnen solche Entehrungen zugefügt hat.[409]

> Beispiel: Folgen einer Entehrung
> In einer Hauptschulklasse mit 6 kulturell verschiedenen Schülern in München „läuft" gar nichts mehr, sie alle sind der „letzte Rest". Sie sind geächtet und entehrt. Sie wollen nichts mehr lernen und erleben die schulische Bühne als sinnlos.
> Die Lehrerin bemüht sich verzweifelt, doch noch Unterricht zu erteilen.
> Die Hauptschüler trösten sie mit dem Hinweis:
> „Sie sind ja ganz o. k., aber vergessen Sie, uns etwas beibringen zu wollen."

Hier folgt eine kleine Übersicht über weitere Möglichkeiten der Chreoden-Entwicklung im Bereich des Bildungs-Tauschmarktes:

- ***Die hypnotisch besetzte Chreode***

„Ganz gleich, was da draußen in der Gesellschaft passiert, ich bleibe, komme, was wolle, bei meiner Entscheidung, den Anforderungen der Schule gerecht zu werden."

- ***Die stigmatisierte Chreode***

„Ich als nicht begabter Schüler bin unfähig und verhalte mich in diesem Schulsystem entsprechend, obwohl ich weiß, dass ich meine eigenen Qualitäten habe."

- ***Die schulische Rebellions-Chreode***

„Die Schule ist Scheiße. Sie bevorzugt Andere, sie gibt mir keinen Sinn. Ich schlage alles zusammen."

---

[409] ausführliche theoretische Grundlage: siehe Vogt, 1996

- *Die intuitiv adaptive Lern-Chreode*
„Ich erfasse ziemlich genau, was die Lehrer wollen. Ich weiß zwar nicht, wie ich das mache, aber es klappt", sagt z. B. ein Schüler einer 2. Klasse.
„Ich lerne, was die wollen. Offenbar bin ich ziemlich treffsicher, ich habe Erfolg."

- *Chreode des kognitiven „Als-Ob"*
meist verbunden mit dem „Kleinen Professor"
    - Typ a: geringstes Risiko
    „Vermeide Fehler aller Art."
    - Typ b: soziale Ausbeutung
    Lernende - und Lehrende in Kollegien - beobachten die Lösungen anderer und sind sehr schnell in einem Reproduktions-Modus, ohne den Sinn zu verstehen.
    - Typ c: Die intuitiv-erahnende Chreode
    „Ich glaube, dass ich es kann, obwohl ich es nicht verstehe."

Kindliche Milieus in postmodernen Lebenswelten

Von der Einheit zu Pluralität und Diversität

Allgemein kann man feststellen, dass es keine einheitliche kindliche Lebenswelt mehr gibt. Pluralität und Diversität von Lebensentwürfen, Erziehungsentwürfen und Lebenssituationen sind groß und offensichtlich. Sie werden beklagt oder begrüßt. Für eine schulpädagogische Betrachtung gilt dies als Tatbestand.
Die Konsequenzen sind ganz unterschiedlicher Art: Man kann daraus Schlussfolgerungen für eine verstärkte Einheitsbildung ziehen und davon ausgehen, die Schule hätte die Aufgabe, die in den einzelnen Kindern bereits angelegte Vielheit und Diversität in ihrer Primärstruktur nach-erziehend zu vereinheitlichen, eine Erziehung im Sinne verbindlicher Werte und Normen zu verkünden und sie sogar im Lebensraum Schule zu verwirklichen oder durchzusetzen - meist gedacht als nach-gelernte Handlungsgrammatik. Diese Vorstellung ist häufig bei normativ orientierten Pädagogen oder bei Laien aus den verschiedenen Teilsystemen der Gesellschaft vorzufinden. Hierbei wird grundlegend verkannt, dass die Schule als operational geschlossenes System solche Leistungen niemals erbringen kann.
Eine andere Richtung zielt auf individuelle Entwicklung und Ausdifferenzierung der vorhandenen und schwer veränderbaren Primärstruktur in ihrer Vielfalt und Diversität. Gleichwohl wird gesehen, dass es möglich sein könnte, im Lebensraum Schule eine neue Bewusstseingemeinschaft unter Anerkennung der Vielheit zu entwickeln.
Eine solche Auffassung wird überwiegend von Pädagogen und Laien vertreten, die auf die Selbstorganisation des Individuums und eines sozialen Systems setzen. Diese Position setzt aber voraus, dass der Lehrerstand in Richtung Bewusstseinbildung in einem sozialen Systems, wie z. B. Schule und Schularten, theoretisch und methodisch kompetent ausgebildet und geschult wäre. Es gibt bereits eine Reihe von PädagogInnen, die diesen Ansatz in unterschiedlichen Ausformungen verwirklichen.
Es sollen nun ausschnittsweise kindliche Lebenswelten näher beschrieben werden.
Diese Beschreibungen sind Konstruktionen und Rekonstruktionen aus der Perspektive eines wissenschaftlichen *Beobachters*. Sie sind nicht die authentische Darstellung von

handelnden Kindern. Auch unsere Interviews sind aus der Beobachterperspektive dargestellt. Wir werden in einem zweiten Schritt versuchen, einige *Chreoden* zu skizzieren, die sich in den jeweiligen Milieus organisiert haben.

Mit „Organisieren" ist im systemtheoretischen Sinne die interne Strukturbildung eines lebenden Systems gemeint. Wir können im Rahmen dieser Ausführungen nur versuchen, diese Chreoden fremdreferentiell als Eigenlogiken der Kinder zu rekonstruieren. Wenn wir von *Milieus* sprechen, so ist damit der unmittelbare Erfahrungs- und Bewusstseinsraum von Kindern und Jugendlichen gemeint.

Systemtheoretisch betrachtet, ist es im wesentlichen das, was Luhmann als „Bewusstseinsystem" bezeichnet.

Folgende ausführliche Beschreibungen – in Form von Interviews, Beobachtungen und Struktogrammen - gehen von der Annahme aus, dass die Primärerfahrung in familialen Systemen grundlegend zur Bildung der Primärstruktur der Kinder und späteren Schüler beiträgt. Deshalb werden wir diese Familiensysteme ausführlicher beschreiben.

Das Nebenfamilien-Milieu

Wir bezeichnen alle Formen außerhalb des vom deutschen Gesetzbuch als „Ehe und Familie" definierten Zusammenlebens von Partnern mit Kindern als „Nebenfamilien-Milieu". Es gibt bereits viele Varianten des Zusammenlebens mit Kindern in nicht-ehelichen Gemeinschaften oder Quasi-Systemen, wie z. B. die *nach-ehelichen, neben-ehelichen, außer-ehelichen, nicht-ehelichen, multi-kulturellen, bi-kulturellen* Formen des Zusammenlebens mit Kindern.

Kinder dieser Nebenfamilien-Milieus haben ein gemeinsames Merkmal: Sie sind etikettiert durch eine bestimmte Außenseiterposition am Rande der traditionellen Familie. Sie befinden sich nicht im Kern der Gesellschaft, weder rechtlich noch sozial, nicht finanziell und z. T. auch nicht schulisch. Ihren Sinnbezug nehmen sie aus ihrer Existenz als Randgruppe mit allen sozialen Möglichkeiten und Hindernissen, aber auch mit größeren Fluktuationsmöglichkeiten des Ein- und Austritts aus diesem System auf Grund geringer sozialer Kontrolle.[410]

Eine zweite Erscheinung ist bemerkenswert: Während die Erziehung der Kinder früher auf dem Prinzip der Stabilität und Kontinuität in klaren Verhältnissen und klaren Hierarchien beruhte, sind diese Prinzipien in der heutigen postmodernen „Familie" nur teilweise oder gar nicht mehr vorhanden bzw. gewünscht. Das Kind sucht sich seine Patchwork-Familie aus einem Netz von Beziehungen selbst zusammen. Es hat gelernt, zu differenzieren und den verschiedenen Bezugspersonen bestimmte Rollen zuzuweisen. Zunehmende Bedeutung haben in diesem Zusammenhang wieder die Großmütter, z. T. auch die Großväter.

> Christine, 4 Jahre alt meint: „Ich habe 6 Omas und leider nur einen Opa."

Bei einem Partnerwechsel der Eltern bekommt das Kind „neue Verwandte".

---

[410] siehe Willke, 1993, S. 78 ff.

„Diese Fähigkeit, sich eigene Netzwerke zu konstruieren, ist dem Menschen scheinbar eigen. In voller Breite zeigt sich diese Begabung jedoch zum ersten Mal bei einer Generation, die von Anfang an mit einem Lebensmodell unklarer Hierarchien konfrontiert wurde. Die daraus resultierenden Entscheidungen gehorchen jener Ambivalenz, die fälschlicherweise oft als Beliebigkeit wahrgenommen wird."[411]

Wir können aus Platzgründen nun nicht alle einzelnen Erscheinungen beschreiben.

Jene kindlichen Lebenswelten von Kindern in der Schule heben wir hervor, die aus relativ neuen Konstellationen kommen. Zunächst bleibt aber festzuhalten: Wir können im Feld der familialen Kinderwelten nicht mehr von einem harmonischen und konfliktfreien Einheitsbild sprechen, sondern die Lebenswelten der Kinder sind ganz im Gegenteil dermaßen disparat, dass man überhaupt noch Mühe hat, von einem familialen Milieu zu sprechen.

Wir wollen uns auf zwei Typen konzentrieren, weil sie, schulpädagogisch gesehen, wichtige Hinweise für das Lernverhalten und die Lernchancen bei Schulkindern geben können. Zugleich ermöglicht ihre Analyse bei Lehrern Verständnis, so dass sie im kompetenten Umgang mit den Lernenden zur Bildung einer schulischen Bewusstseingemeinschaft beitragen können.

Das weibliche Milieu

Eine sehr häufig vorkommende Konstellation ist die alleinerziehende Mutter; sie steht in einer Dauerspannung und lebt meist auch in Dauerstress. Sie ist zudem noch berufstätig und ohne Verwandte. Dieses Milieu erleben Kinder in verschiedenen Driftbereichen.

1. Driftbereich: Viele Mädchen erleben diese Situation eher bedrohend. Sie wehren sie unbewusst ab, weil dieses Schicksal auch sie selbst in der Zukunft treffen könnte. Es entsteht häufig die *Chreode der „heißen Kartoffel"*.

Jungen organisieren ihre Situation oft eher als eine symbiotische und schicksalhafte Einheit mit der Mutter. Sie übernehmen frühzeitig Männeraufgaben und sind in der Schule z. T. sehr selbstständig und autonom, gehen mit ihren Ressourcen - auch in der Schule - sehr ökonomisch um. Es entsteht die *Chreode der Ungleichzeitigkeit und begrenzten Aufmerksamkeit.* Man checkt intern sehr cool ab, wann sich wo ein Engagement lohnt.

2. Driftbereich: Mädchen erleben eher die Sehnsucht nach einem Vater, der alle Sorgen und den Stress abnehmen könnte: Chreode der hypnotischen Besetzung in der Hoffnung auf eine Glückslösung durch einen Mann.

Bei Jungen bildet sich das Skript eines Ersatz-Vaters und Ersatz-Lebenspartners mit vielen internalisierten Antreiber-Mustern: „Sei immer perfekt, sei immer der Erste, sei immer der Beste" oder „Versuche es immer, strenge dich an, gib dir Mühe, sei liebenswürdig oder, wenn es sein muss, sei gnadenlos, beeile dich immer, sei immer stark, beherrsche dich, zeige nie eine Schwäche, sei für dich selbst stark, es hilft dir niemand."

Ein anderes „Familien-System" kann so aussehen: Eine alleinerziehende Mutter mit einer relativ großen Verwandtschaft und einem nicht verheirateten Partner. Sie wechselt den Partner öfter.

---

[411] Goebel, Clermont, 1998, Die Tugend der Orientierungslosigkeit, S. 91

Bei kleineren Kindern ist die Suche nach einer *Patchwork-Familie* innerhalb dieses weiten Geflechtes deutlich. Je nach Wahrnehmung werden „alte" und „neue" Familienmitglieder entweder als Rollenträger oder als Bezugsperson festgelegt.

Bei Mädchen ist die Suche und Hinneigung zum jeweils neuen Vater deutlich erkennbar. Jungen erleben ihn eher als Bedrohung und Vernichtung, vor allem bei sehr harten Erziehungsvorstellungen des neuen Vaters. Daraus entstehen häufig Hassgefühle und versteckte oder offene Gewalt. Bei Jungen kann eine *Chreode der Gewalt* oder *Chreode des Wechsels* – den Partner zu wechseln bedeutet gar nichts - entstehen.

Dennoch scheinen alle diese Unterscheidungen nicht die Primärfaktoren zu sein, sondern eine ganz anderer Aspekt ist entscheidend: die überragende Bedeutung der mütterlichen Zuwendung zum Kind bzw. der Abweisung oder gar Ablehnung vor allem in der frühen Phase der Entwicklung, mindestens bis zum dritten Lebensjahr.[412]

Das männliche Milieu

Die Ausweitung der männlichen Erziehungsmilieus ist bekannt. Allgemein kann man feststellen, dass der väterliche Erziehungsstil eine andere Grundform hat als der mütterliche. Untersuchungen haben ergeben, dass Väter mit ihren Kindern mehr herumtoben und lebendiger und körpernäher spielen, während Mütter sich beim Spiel körperlich distanzierter verhalten, sich mehr sprachlich mitteilen und Spielzeuge einsetzen. Das väterliche Spiel erwies sich als anregender und origineller, so dass es einen wertvollen Beitrag zur intellektuellen Entwicklung darstellt.[413]

Es ergeben sich hauptsächlich drei Typen dieser männlichen Milieus:

Typ 1: Alleinerziehender Vater, der zugleich berufstätig ist

Das Milieu ist gekennzeichnet durch eine hohe Belastung, durch Stress und Zeitnot.

Der Vater muss einerseits die finanziellen Ressourcen beschaffen, und andererseits benötigt das Kind Zeit, Zuwendung und Aufmerksamkeit. HelferInnen bei der Beaufsichtigung der Kinder sind verständnisvoll oder auch nicht, vor allem bei Kontroversen über den väterlichen Erziehungsstil.

Es bilden sich ängstliche und überangepasste Verhaltensweisen vor allem bei Mädchen, Übernahme der Mutter- und Hausfrauenrolle oder Schuldzuweisungen an den Vater wegen einer fehlenden Frau und Mutter im Haus.

Jungen erscheinen oft als selbstständig; sie haben früh gelernt, sich selbst zu organisieren und Entscheidungen zu treffen, den Stress wegzustecken und für sich selbst einen Rahmen oder eine Fassade zu errichten.

Bei Mädchen kann eine hohe Aggressivität allen anderen Menschen gegenüber entstehen, bei Jungen ebenso eine hohe, manchmal zerstörerische Aggressivität oder das Gegenteil: Passivität, depressive Züge.

Chreoden bei Mädchen: *Chreode der Anpassung*, *Chreode der Aggression*

Bei Jungen entstehen u. a. auch *Chreoden der Randverletzung* und die *Chreode der Regression*: ein Zurückfallen in frühkindliche Verhaltensweisen. Häufig taucht die *Chreode des Redefinierens* auf: Redefinitionen haben den Sinn, an den eigenen

---

[412] siehe Untersuchungen von Schmidt-Denter, U., 1995, Soziale Entwicklung, 3. Aufl. Weinheim. Ergebnisse aus den Befunden der Transaktions-Analyse: siehe Schlegel, 1988, Kapitel „Skriptbildung"

[413] Schmidt-Denter, a. a. O., S. 172

destruktiven, aber vertrauten Grundmustern und Grundüberzeugungen festzuhalten, z. B. „Ich darf keine Schwächen zeigen, mein Vater muss ja auch tapfer sein." Passen bestimmte Informationen oder Personen nicht in diesen Bezugsrahmen, so werden sie abgewehrt; man schiebt die Schuld für die eigenen Gefühle Anderen zu, oder sie werden umgedeutet.

Destruktive Grundüberzeugungen sind unbewusst, wenn an ihnen nicht reflektierend gearbeitet wird, und bleiben daher stabil. Sie sind für die Stabilität der Psyche wichtig, für den Lehr- und Lern-Prozess aber oft lästig, weil sie einen selbstreferentiellen Charakter haben und bei einer gegenläufigen Argumentation des Anderen sofort umgedeutet werden, wobei die andere Person oft abgewertet wird.

Typ 2: Der Vater ist überwiegend zu Hause, und Mutter ist teilweise berufstätig (oder umgekehrt)

Der Lebensunterhalt kommt z. T. von der Großfamilie oder auch schon von der Erbschaft. Es besteht eine grundlegende materielle Sicherheit durch ein gutes Berufseinkommen oder eine reale oder in Aussicht stehende Erbschaft.

In diesem Milieu lassen sich unterschiedliche Faktoren und Bewusstseinbereiche beschreiben:

- *„Glashaus"-Chreode*

„Uns kann nichts mehr passieren, wir halten alle zusammen, um jeden Preis."

- *Chreode des fernen Ziels*

„Wir arbeiten jetzt auf ein großes Ziel hin, das wir eines Tages erreichen werden." Z. B.: „Du wirst ein großer Schauspieler, Sportler, Künstler" usw.

- *Chreode des kleinen Professors*

„Du hast die materiellen Grundlagen. Jetzt musst du selbst schauen, wie du möglichst schlau und angenehm durch das Leben kommst."[414]

Typ 3: Der Vater hat Bildungsurlaub genommen und erzieht das Kind, meist ein Einzelkind, während die Mutter voll berufstätig ist.

Jungen sind einerseits stolz auf den Vater: Er ist mutig, weil er das männliche Rollenklischee aufgibt. Andererseits zeigen sie Ablehnung: „So ein Waschlappen", weil die Rolle des Vaters, des Ernährers jetzt durch die Mutter ausgefüllt wird.

Mädchen können so reagieren: „Endlich habe ich einen Vater zu Hause." Dabei wird die Mutter funktionalisiert, d. h. nur noch in ihrer Rolle als Ernährerin wahrgenommen. Es können sich folgende Chreoden-Typen entwickeln:

- *Chreode der Perfektion*

„Ich muss alles richtig machen, weil mein Vater / meine Mutter es sowieso schon so schwer haben."

- *Chreode des Pfiffikus*

„Ich habe einen wachen Verstand, ich suche mir alle Vorteile heraus."

- *Chreode der Anpassung*

„Als Erwachsener werde ich es genauso machen."

---

[414] siehe „Chreode des Pfiffikus", Beispiel „Anja"

- *Chreode des Gegenskripts*
"So werde ich es als Erwachsener nie machen."

Das multikulturelle Milieu

Über die multikulturellen Verhältnisse in Deutschland ist schon viel geschrieben worden. Besonders haben sich Albrow: „Die Weltgesellschaft", Bell: „Die postindustrielle Gesellschaft", Leggewie: „Die multikulturelle Gesellschaft", Groß: „Die Multioptionsgesellschaft", Heitmeyer: „Die desintegrierende Gesellschaft", Welsch, „Die transkulturelle Gesellschaft" damit beschäftigt.[415]

Für unsere Fragestellung ergeben sich hauptsächlich zwei Blickwinkel:

> *Welche Eigenlogiken entwickeln ausländische Kinder,*
> *obwohl sie in Deutschland geboren sind?*
>
> *Wie nehmen deutsche Kinder solche „ausländische" Kinder wahr,*
> *welche Erwartungen haben sie und wie gehen sie miteinander um?*

Die gleiche Fragestellung ließe sich auf die beiden Bereiche Ostdeutschland und Westdeutschland anwenden.

Wir erkennen fünf Driftbereiche für das Bewusstsein ausländischer Kinder in Deutschland:

- *Chreode des fernen Zieles*
"Ich lebe in einem fremden Land, obwohl ich deutsch spreche und deutsch denke.
Ich weiß nicht, was ich tun soll. Ich bin ein Türkenkind, aber in die Türkei will ich nicht mehr. Ich glaube, die Deutschen haben Angst vor allem Fremdem, dann blocken sie ab. Wenn ich groß bin, werde ich auswandern. Ich fühle mich hier eigentlich daheim, aber doch fremd."

- *Chreode der gekränkten Identität*
"Ich lebe in Deutschland und kann gar nicht begreifen, warum ich kein Deutscher bin. Vieles um mich herum verstehe ich nicht, auch meine Nachbarn nicht, die mich schief anschauen. Was habe ich denn verbrochen?"

- *Chreode des Überlebens*
"Mir ist es scheißegal, ob ich ein Deutscher bin oder nicht. Ich bin einer, basta.
Ich lebe auch danach. Deutschland ist mein Vaterland. Mein Vater zahlt mehr Steuern als viele Deutsche. Ich will in Ruhe gelassen werden, auch von meinen Mitschülern. Ich bin in der Schule gut, da kann mir keiner was anhaben."

Individualisierung: „Ich muss allein durch das Leben kommen, ich habe keine Heimat." Diese Chreode zeigt eine hochgradige Individualisierung und Selbstständigkeit und einen Lebensplan des puren Überlebens. Solche Kinder sind meist sehr ehrgeizig und tüchtig.

---

[415] Einen guten Überblick gibt Pongs, Band 1 (1999), Band 2 (2000);
vgl. Kinder verschiedener Kulturen von Sayler, W. M., in: Lompscher u. a., 1996, Leben, Lernen und Lehren in der Grundschule; ferner: Zs. „Interkulturell", Forum für Interkulturelle Kommunikation, Erziehung und Beratung, Hrsg. G. Schmidt, Fomi, Päd. Hochschule Freiburg; die Zeitschrift: Lernen in Deutschland, PH Kiel

- *Chreode der Zugehörigkeit und Nichtzugehörigkeit*
„Ich gehöre zu keinem Vaterland. Ich bin traurig und hilflos. Warum habe ich solche Eltern, warum hat es mich erwischt. Die Deutschen - obwohl ich selbst ein halber Deutscher bin - sperren mich wie einen Hund aus. Ich gehöre dazu und doch nicht dazu."

- *Chreode der gesellschaftlich-nationalen Kränkung*
„Ich verstehe mein Schicksal nicht. Ich bin Deutschland geboren, spreche und denke deutsch, in der Schule spreche ich deutsch, ich bringe deutsche Leistungen und doch bin ich niemand, fast schon eher Abfall. Das ist total ungerecht, ich bin wütend und sauer, ich könnte alles zusammenschlagen."

Das sprachliche Milieu

Das postmoderne Sprachmilieu ist vielfältig und verändert sich rasch. Sprache bildet Bewusstsein, und Bewusstsein bildet Sprache. Aufkommende Modewörter und neue Bezeichnungen, die durch Film, Fernsehen und Jugendzeitschriften rasch verbreitet werden, kommen in fast allen Milieus vor.

Besondere Beförderer der postmodernen Sprachspiele sind z. B. die musikalischen Bühnen bei Fernsehshows, Radiosendungen mit Rückmeldemöglichkeiten, Werbesendungen zwischen Filmen und Sportsendungen usw. anzusehen. Da ist die Rede von Kids, Tamagotchis, Mega-Show. Im Bereich Esoterik: Ufologie, Hohlwelten, Tao, Tarot, Geheimgesellschaften, Erdveränderungen, Schambala, Argartha, Sterndeuter, High-Tech, Tischerücken, Klopfzeichen, Geisterkontakte, Bastelgemeinschaften zur Kontaktaufnahme mit anderen Planeten, Hellsehen. Im Bereich der Musik sind es die bekannten Pop-Variationen, im Bereich der Computer die vielen Fachbegriffe wie z. B. Intel, Internet, Cyberspace usw.

Sprachliche Versatzstücke, die „in" sind, aber schnell wechseln können, wie cool, affengeil u. a. m.

Chreoden-Typen im Driftbereich des sprachlichen Milieus

- *Die sprachlich oder visuell angepasste Chreode*
„Ich spreche diese Sprache, und das ist affengeil. Ich weiß, dass die Erwachsenen darüber lachen oder sich ärgern. Ich habe sogar Macht über sie. Ich denke auch in dieser Sprache. Sie ist schön und leicht."

Diese Struktur haben überwiegend solche Kinder selektiert, die sehr viel fernsehen, modebewusste Eltern haben, in dichten Freundschaftsgruppen eingebunden sind oder auf den Pausenhöfen in den Schulen sich sprachlich gegenseitig bestätigen oder ausstechen.

- *Chreode der Wahl zwischen Repräsentationen*
Durch die überwiegend visuellen und auditiven Außenreize - die entweder sprachlich oder visuell konnotiert sind - ergibt sich eine noch nie dagewesene Variation von Sinn und Struktur. Kinder selektieren auf Grund ihres Repräsentationsprofils unterschiedlich in eher *visuelle, auditive, haptische, kinästhetische* oder *olfaktorische* Figuren oder Muster. Innerhalb der vielen Möglichkeiten und Kombinationen der Repräsentationen in unserem Gehirn und in unserem psychosomatischen Apparat selektiert jedes autopoietisches System innerhalb der eigenen Strukturdeterminiertheit.

Beispiel: Patrick

Patrick hat seit frühester Kindheit ein Dauergeräusch mit Fernsehen und Radio organisiert, sogar mit Unterstützung der Mutter. In seinem Schlafzimmer steht ein Fernsehapparat, der bis tief in die Nacht hinein läuft. Seine Spracharchitektur erscheint verworren, postmoderne Sprachfetzen tauchen auf, vor allem eine reichhaltige Gewaltsprache.

Bald nach Schuleintritt wird deutlich, dass er keine konstanten visuellen Markierungen in Bezug auf Schreibgestalten vornehmen kann.

Seine sogenannte Rechtschreibschwäche wird allmählich offenkundig.

Patrick selbst weiß nicht, warum er nicht richtig schreiben kann.

Die Eltern trösten sich: „Es wird sich schon geben; die Schwester hatte diese Schwäche auch, und heute kann sie schreiben."

Es beginnen die üblichen Etikettierungen in der Klasse. Patrick bekommt Angst und verwirrt sich noch mehr. Er versucht es noch einmal mit Nachhilfe. Doch leider hat er keinen Erfolg in der Schule. Jetzt hat er beschlossen, nichts mehr zu tun, es hat ja sowieso keinen Sinn. „Ich werde halt dann Sonderschüler. So hat man mir gesagt - ich weiß zwar nicht, was das ist, aber es ist mir auch egal, meine Mutter mag mich trotzdem."

Das Arbeitslosen-Milieu

Wir wollen das Arbeitslosen-Milieu wenigstens kurz skizzieren, weil dieses Milieu mit aller Härte auch die betroffenen Kinder erfasst.

Schätzungsweise leben inzwischen ca. 2,5 Millionen stimmt die Zahl? Kinder in diesem brutalen Milieu. Diese Kinder erleben sowohl in den Freundschaftsgruppen als auch in der Schule eine zweigeteilte Gesellschaft: hier die armen, ausgestoßenen, „sozial abgefederten" Väter, Mütter oder sogar beide Eltern, dort die Anderen, die Arbeit haben und weiterleben können wie bisher.

Diese Familien ziehen sich zurück, und die Kinder spüren eine allmählich wachsende Depression der Bezugspersonen, die sich in Aggressivität oder Brutalität sich selbst gegenüber oder zu den Kindern anderen Personen äußert. Die versteckte Armut geht heute bereits so weit, dass Kinder mit dem Fahrrad in die Schule kommen, weil ihre Eltern die hohen Fahrpreise nicht mehr bezahlen können. Diese Armut wird manchmal durch eine Öko-Argumentation vertuscht.

Umgekehrt erfahren solche Schüler Konkurrenz in der Schule als Grundelement unserer Gesellschaft.

Eine weitere Ausformung des Arbeitslosenmilieus lässt sich als eine neue *Lebens-Ästhetik* bezeichnen: Die Bezugspersonen argumentieren folgendermaßen: „Wir haben jetzt zwar weniger Geld, aber dafür muss ich nicht mehr arbeiten."

Dies kommt vor allem bei Familien mit sogenannten Vorruhestands-Großeltern vor. Für die Kinder sieht das so aus: „Ich kann mir meine Zeit einteilen, ich arbeite evtl. ein bisschen schwarz und sitze 'rum. Du musst leider in die Schule und arbeiten."

Kinder in dieser Umwelt entwickeln tiefgreifende Ambivalenzen zu den Bezugspersonen und zur unmittelbaren Außenwelt, z. B. zur Schule.

Sie versuchen für sich selbst eine neue Ordnung zu finden.

Sie erleben schicksalhaft, dass etwas geschehen ist, was sie nicht erklären können. „Ist der Vater eine Flasche, oder warum haben sie ihn rausgeschmissen?" Sie weichen Konfrontationen mit dieser Situation aus oder spielen sie - vor allem in Freundschaftsgruppen oder in der Schule - herunter.

Die Angst vor dem Ausgestoßensein, vor Diskriminierung oder einfacher Abwertung ist groß. Auf Grund des sozialen Ausschlusses entsteht das Gefühl von Scham. Die Arbeitslosigkeit wird verschwiegen.

Chreoden-Typen im Driftbereich „Arbeitslosen-Milieu"

- *Chreode der existenziellen Angst*

Umkehrung der bisherigen Lebensgrammatik: Vorher war alles gut, jetzt ist alles aussichtslos. Ich habe Angst vor dem Leben.

- *Chreode der Depression*

Rückzug und Aussichtslosigkeit: Ich fühle ein tiefes Loch in mir. Ich habe keine Lebensenergie mehr.

Das Freundschafts-Milieu: die Peer-group

Das Peer-group-Milieu entsteht überwiegend im Kindergarten und dann später in der Schule, die für viele Schüler oft nur der Treffpunkt für weitere Aktivitäten ist.
Die Bildung solcher Gruppen und die Aufnahme in Freundschaftsgruppen beginnt oft schon mit dem 6. Lebensjahr. Besonders deutlich wird dieses Milieu vom 11. bis ca. 14. Lebensjahr. Freunde und Freundinnen als außerfamiliäre Bezugspersonen sind für die Kids eine wesentliche Instanz, um die Zeit der frühen Adoleszenz und des Umbruchs zu bewältigen. Bei vielen Kindern - sogar bei älteren - stehen solche Freundschaftsbeziehungen an Bedeutung z. T. über denen der familiären Bezugspersonen. Die Kids pflegen die Freundschaften durch allerlei Freizeitaktivitäten, entweder auf Plätzen, zu Hause oder in der Nachbarschaft. Dabei spielen die Videos und Musikkassetten - Pop, Kuschel-Rock, Techno, Hip-Hop, Heavy Metal, Schlager, Oldies - eine wichtige Rolle. Neben dieser musikalischen Welt wirken Sport - Fußball, Roll-Scating, Street-Hockey, Skateboarder, bei Mädchen Reiten - und zunehmend die virtuellen Welten - Computerspiele, Grafikprogramme - gemeinschaftsbildend.
Als umfassendes Symbol dieses postmodernen Milieus von Kindern und Jugendlichen kann das „richtige Outfit" angesehen werden, besonders die „In"-Marken wie Diesel, Chiemsee, Levis Jeans, Replay, O'Neill, Chevignon, Pod and Wed, Doc Martens, Ralph Lauren, Oakley, Puma, Fila, Tommy Hiffiger, Airwalk, Westbeach, Nike und Adidas. Markenkleidung ist absolut „in" - verbunden mit einer Grundhaltung der „Coolness". Vor allem bei Jungen ist dieser Habitus bedeutsam: „cool sein, cool bleiben, coole Kids sind gute Kids". Coolness ist auch der Übergangskorridor zur Jugend: Ungefähr ab dem 12. Lebensjahr fühlen sich Kinder überwiegend als coole Jugendliche. Sie verfügen größtenteils selbst über ihre Zeit; den Eltern wird evtl. am Abend mitgeteilt, was alles auf ihrem Zeitmanagementplan steht oder gestanden hat.[416] Das Handy und das eigene Bankkonto sind inzwischen unabdingbare Statussymbole schon für Kinder geworden. Der Job in der Kneipe hat eine höhere Dominanz als Schule erreicht. Schüler werden im PC-Bereich zu Experten für ein ganzes Lehrer-Kollegium.

---

[416] Kromer, I., Abschied von der Kindheit? Die Lebenswelten von 11 – 14-jährigen Kids. Eine Untersuchung, 2000 (im Internet)

Chreoden-Typen im Driftbereich „Freundschaftsmilieu"

- *Chreode der Anpassung an das Sinnsystem*
"Es macht großen Spaß, dabeizusein."

- *Chreode der ästhetischen Fassade*
"Mein Leben ist erst dann schön, wenn ich schöne Kleider habe."

- *Chreode der Stars*
"Ich möchte genauso aussehen und leben wie mein Star." – "Ich tue alles für ihn!"

c) Chreoden-Entwicklung in der Driftzone

In der allgemein-didaktischen und fachdidaktischen Literatur wird der Lernende kaum als autopoietisches System mit einer eigenen nicht umkehrbaren Logik und Strukturgeschichte verstanden.

Uns geht es darum, die im Rahmen der Strukturdeterminiertheit eines lebenden Systems herausmodellierten inneren Entwicklungslinien von Lernenden für die Anschlussfähigkeit an angestrebte gegenwärtigen Wissens-Produkte zu beschreiben, wenn möglich zu erklären und evtl. Steuerungshilfen zu geben. Bei der kommenden Betrachtung wird es um drei Phänomenbereiche geben, die mit einander verknüpft sind. Aus analytischen Gründen bearbeiten wir sie zunächst getrennt:

- Die interne Entwicklung einer Chreode,
  angefangen von der Geburt bis zur schulischen und beruflichen Sozialisation

- Chreoden-Entwicklung innerhalb des Bildungssystem
  unter dem Mythos des Erwerbs von kulturellem Kapital in unserer Gesellschaft

- Die Chreoden der virtuellen Welt
  Bewusstseinstrukturen, die im Zusammenhang mit der medialen Welt entstanden sind und das Lernen im schulischen Rahmen wesentlich mitbestimmen

„Erwartungen" als Kondensat von Chreoden-Sinnsystemen

Ein besonderer Bereich im didaktischen Geschäft soll in diesem Zusammenhang noch genauer untersucht werden: Der Begriff der *Erwartung* aus der Systemtheorie erweist sich auch im Didaktischen Feld vor allem in der Kommunikation zwischen Lehrenden mit ihren *Morphemen* und Lernenden mit ihren *Chreoden* als nützliche Kategorie für die Definition ihrer Beziehungen. Gemeint sind damit Kondensate von Sinnprogrammen aus den Chreoden von Lernenden und Morphemen bei Lehrenden. Es sind sozusagen die passiven Muster einer unterrichtlichen Kommunikation.

*Wer erwartet was in welcher Situation vom Anderen,
obwohl der Andere nicht weiß, was von ihm erwartet wird?*[417]

Wie sind die gegenseitigen Erwartungs-Erwartungen zu fassen?

Das sind die Kernfragen in der unterrichtlichen Situation.

---

[417] siehe Beispiel „Anja": Chreoden-Beschreibung und Chreoden-Analyse

Exkurs: Erwartungs-Erwartungen

Watzlawick hat in seinem Buch „Anleitung zum Unglücklichsein" am Beispiel einer Erwartungs-Erwartung mit der „Geschichte mit dem Hammer" eindrücklich dargestellt, wie interne Muster[418] als Erwartungs-Erwartungen das eigene Verhalten steuern:

Ein Man will ein Bild aufhängen. Den Nagel hat er, nicht aber den Hammer.
Der Nachbar hat einen. Also beschließt unser Mann, hinüberzugehen und ihn auszuborgen.
Doch da kommt ihm ein Zweifel. Was, wenn der Nachbar mir den Hammer nicht leihen will? Gestern schon grüßte er mich nur so flüchtig. Vielleicht war er in Eile.
Aber vielleicht war die Eile nur vorgetäuscht, und er hat etwas gegen mich.
Und was? Ich habe ihm nicht angetan; der bildet sich da etwas ein.
Wenn jemand von mir ein Werkzeug borgen wollte, ich gäbe es ihm sofort.
Und warum auch nicht? Wie kann man einem Menschen einen so einfachen Gefallen abschlagen?
Leute wie dieser Kerl vergiften das Leben. Und dann bildet er sich noch ein, ich sei auf ihn angewiesen. Bloß, weil er einen Hammer hat.
Jetzt reicht's mir wirklich.
Und so stürmt er hinüber, läutet, der Nachbar öffnet, doch bevor er „guten Tag" sagen kann, schreit ihn unser Mann an:
„Behalten Sie sich ihren Hammer, Sie Rüpel!"[419]

Wir haben bereits festgestellt, dass die Chreoden eine einengende und fokussierende Funktion bei den beteiligten Lernenden haben. Erwartungen bilden sich eben durch solche Selektionen und beschränken die Auswahl von Denk- und Verhaltens-Möglichkeiten. Dies gilt auch für den Lehrenden, der seine eigene Strukturgeschichte verwirklicht.

Daran orientiert sich das autopoietische personale System und stabilisiert sich zugleich. Diese Stabilisierung organisiert die Erwartungen so, dass sie generalisiert werden. Diese *Generalisierung* hat den Vorteil für das interne System, dass es nicht von jedem äußeren Ereignis umgestoßen werden kann, d. h. äußere Unvorhersagbarkeit und Variabilität wird innerlich zur generalisierten *Erwartungsunsicherheit* herabgemildert.[420]

Die Erwartungs-Unsicherheit ist auch ein Widerstand gegen den Glauben, dass eine rein kognitive *Information* seitens des Lehrenden automatisch eine *Mitteilung* an den einzelnen Lernenden sei und diese eine entsprechende verstehende Äquivalenz erzeugen würde.

Ein Lehrender muss Erwartungen aufbauen, die die Variabilität und Unvorhersagbarkeit des Handelns des Lernenden vorsehen und erwartbar machen.

Ein Lehrender kann erwarten, dass ein Lernender sich selbst an Erwartungen orientiert. Nur wenn die Erwartungen gegenseitig nicht kommuniziert werden, ist eine Kommunikation im eigentlichen Sinne nicht möglich, d. h. die Erwartungs-Erwartungen bleiben latent und bilden daher einen ständigen Untergrund von Unvorhersagbarkeit, Enttäuschungslagen, Missverständnissen und Ungerechtigkeits-

---

[418] „Kopfbewohner" nach der TA

[419] Watzlawick, 1995, S. 38

[420] nach Luhmann

Kommunikation.[421] Beim gegenseitigen Verstehen aber entsteht eine Art Flow-Erlebnis, wobei beide Partner eine lustvolle gegenseitige Kommunikation erleben.

> Exkurs: Flow-Theorie
>
> Der amerikanische Psychologe Mihalyi Csikszentmihalyi hat ein Verhaltens- und Erlebnisphänomen erforscht, das er als Flow – „Im Fluss- Sein" - beschreibt.
> In diesem einzigartigen, von äußeren Anreizen unabhängigen Seins- und Glückszustand konzentriert man sich, man geht in der jeweiligen Tätigkeit völlig auf und die Grenze zwischen Wahrnehmung und Sein wird aufgelöst.
> Wir alle kennen diesen Zustand, wenn unsere Gedanken nicht hin- und herwandern, sondern sich ganz auf einen Punkt konzentrieren.
> Ich gehe total auf, mein Körper ist überall wach und die Energie und die Gedanken sind frei. Ich spüre meine Energien und fühle mich angenehm geborgen.
> „Flow" kann man auch als Zustand höchster emotionaler Erfahrung und eines erweiterten Bewusstseinszustandes beschreiben.
> Im Gegensatz dazu ist die zweckrationale Konzentration lediglich auf das Ergebnis gerichtet, hat mit einem selbst wenig zu tun.
> Beim Lehr- und Lernprozess könnten wir diese Art von Bewusstsein als die glücklichste Form des Lernens bezeichnen, weil alles voller Spannung, kreativer Durchbrüche und intuitiver Erkenntnisse in einer persönlichen oder sozialen Symmetrie sein kann und alles auf die vorliegende Aufgabe fokussiert ist.[422]
> Die Welt um uns herum versinkt.

Um gegenüber dem Lernenden didaktisch handeln zu können, sollte der Lehrende sich in allen Fächern und Themen nicht nur an der Erwartung des Lernenden und an den jeweiligen eigenen unbewussten Erwartungen einer anonymen didactic community, sondern auch und vor allem an den *Erwartungen von den Erwartungen* beim Lernenden und bei sich selbst orientieren.

Die Kommunikation vollzieht sich nicht einfach auf Grund dessen, dass ein Partner Selektionen des Anderen erwartet, sondern jeder muss erwarten können, dass der Andere etwas von ihm erwartet. Aber nur die Erwartung der Erwartung des Anderen ermöglicht dem Lehrenden und Lernenden, die Orientierung der Selektivität des Anderen in die eigene Orientierung einzuführen.[423]

Die Postulats-Hierarchie bei der Chreode

Verhaltensmuster, das ist unsere These, werden durch innere Handlungs-Imperative – „Du sollst, du musst das und das tun, um zu überleben, um die Situation zu überstehen usw." aktualisiert.

Wir können als Beobachter zunächst lediglich das Verhalten des Anderen und unser eigenes Verhalten beobachten und Beschreibungen vornehmen. Für die Chreoden-Analyse ist dies wohl der einzige Weg, um die Entwicklungslinien von Lernenden zu rekonstruieren und entsprechende Morpheme als Anreizstrukturen zu modellieren. Dabei ist es wichtig, zu untersuchen, in welchem Wertesystem, von welchen Gewohnheiten und Postulats-Hierarchien aus diese Handlungs-Imperative organisiert sind. Wir differenzieren Postulate 1., 2. und 3. Ordnung, die sich darin unterscheiden, wie früh sie geprägt wurden und wie stark oder schwach sie dem Alltags-Bewusstsein

---

[421] siehe das Beispiel einer „hypnotisierten Chreode": Beispiel „Anja", Rechtschreibschwäche

[422] siehe auch „Didaktische Resonanz" und „Parallelisierung"

[423] nach Luhmann, sinngemäß in: GLU, S. 46 ff.

zugänglich sind. Daraus folgt auch, wie schwer oder leicht sie durch Anreize und Perturbationen ausdifferenzierbar sein werden.

Postulate 1. Ordnung

Sie entsprechen in etwa den in der Transaktions-Analyse umschriebenen *Skripts*, den geheimen Lebensplänen, in denen Kinder gewöhnlich bis zum Alter von sieben Jahren ihr zukünftiges Leben unbewusst vorplanen. Durch diese Skripts wird insbesondere festgelegt, welche Beziehungen man zu sich selbst und zu Anderen haben wird. So ein Skript wird zu einem „Didaktischen Tal" mit Verzweigungen, die den Lebensplan einer Person sowie die Ereignisse zukünftiger Krisen und Entscheidungen bestimmen.

Das Skript ist aus den Verhaltensweisen, Einstellungen, Einschärfungen und nonverbalen Botschaften entstanden, die das Kind von seinen frühen Bezugspersonen aufgenommen und dann inkorporiert hat. Dazu gehören auch die *Überlebens-Schlussfolgerungen*: Sie sind meist mit Hilfe des a-logischen Verstandes des Kindes aus den Ersatzgefühlen hervorgegangen. Solche *Ersatzgefühle*[424] sind die unechten Gefühle, die das Kind entwickelt, wenn es die echten ursprünglichen Gefühle nicht ausleben darf.

Ein Skript besagt auch, ob jemand eine grundlegende Lebensfreude und den Wunsch nach lustvollem und kreativem Leben haben darf oder ob die Welt und man selbst destruktiv sein werden. In der Adoleszenz können sich wichtige Aspekte des Skripts ändern, neue Entscheidungen können alte umstrukturieren, es können Aspekte zeitweise verschwinden und später plötzlich wieder auftauchen.

Chreoden-Typ 1

aus der Postulats-Ebene 1. Ordnung stammend

Die Chreoden dieses Typus haben alle gemeinsam, dass sie aus der **Primärstruktur** *des Lernenden stammen. Sie haben einen inkorporierten Status und handeln aus unbewussten Imperativen.*

Erfahren die Träger oder die Lehrenden keine Aufklärung (i. S. von self science), so sind diese Chreoden in der Driftzone des Unterrichts kaum zu verändern, und der Lehrende steht ihnen meistens hilflos gegenüber, wenn er keine Kategorien der Erklärung und des Verstehens in seiner professionellen Aus- und Fortbildung erfährt.

Postulate 2 Ordnung

Postulate 2. Ordnung sind *Vortheorien*, die man sich auf Grund bewusster Erfahrungen *über sich selbst*, *über die Umwelt* und *über die Wechselwirkung zwischen Selbst und Umwelt* gebildet hat.[425]

Diese Theorien sind, obwohl sie auch vielfach als inkorporierte Strukturen in vielen Teilen unbewusst und vor-sprachlich bleiben, so doch eher die kognitiven Bezugssysteme, die mehr an der Oberfläche des Bewusstseins sind und daher

---

[424] siehe Transaktions-Analyse, English, 1991

[425] Siehe Integrierte Persönlichkeits-Theorie nach Epstein und Kösel

schneller und leichter bewusst gemacht werden können. Sie besagen beispielsweise, ob ich mich in einer Sache kompetent fühle oder nicht, ob ich z. B. die Welt als einziges Chaos sehe oder ob ich annehme, dass sie sich zu immer höherer Komplexität und Ordnung organisiert. Auf dieser Ebene wird auch entschieden, ob der Bildungs-Tauschmarkt eine lohnende Perspektive für mich sein wird oder nicht..

Diese Postulate 2. Ordnung haben in einer bestimmten Situation ebenfalls Aufforderungscharakter und lösen bestimmte erlernte Verhaltens-Muster aus.

Diese Verhaltens-Muster sind hier aber zusammen mit den dahinterliegenden Handlungs-Imperativen deutlicher erkennbar als bei den Postulaten 1. Ordnung.

> ### *Chreoden-Typ 2*
> *aus der Postulats-Ebene 2. Ordnung stammend*
>
> *Die Chreoden dieses Typus haben gemeinsam, dass sie überwiegend aus dem* **Sekundärhabitus** *stammen, d. h. sie sind später entstanden (ca. vom 5. bis 12. Lebensjahr) und dem Erinnerungs- und Bewusstseinsbereich eher zugänglich und mit emotionalen Grundgefühlen bzw. Ersatzgefühlen konnotiert. Sie sind z. B. meist mit den Repräsentationstypologien aus dem NLP identifizierbar. Es sind kognitive Schemata, Vortheorien zu bestimmten Bereichen und Situationen, die sich im Laufe der Zeit auf Grund von späteren Erfahrungen rekursiv mit den Postulaten 1. Ordnung verwoben und herausgebildet haben.*

Postulate 3. Ordnung

Postulate 3. Ordnung sind schließlich fach- und situationsspezifische Handlungs-Imperative, die nur in bestimmten Kontexten wirksam werden.

Ganz typisch sind bestimmte schulische Situationen, in denen immer dieselben Verhaltensweisen sozusagen als operative Muster, Chreoden 3. Ordnung, erscheinen. Diese Verhaltens-Muster erscheinen dem Handelnden als selbstverständlich und werden von ihm selbst überhaupt nicht in Frage gestellt. Sie haben mehr episodischen Charakter, d. h. sie dienen dazu, die einzelne Situation zu bewältigen. Nur peripher tragen sie dazu bei, Ordnung und Stabilität in der Welt-Konstruktion eines Menschen zu erhalten.

> ### *Chreoden-Typ 3*
> *aus der Postulats-Ebene 3. Ordnung stammend*
>
> *Die Chreoden dieses Typus stammen aus den vielen situations- und systemorientierten Kontexten im Laufe der späteren Entwicklung.*
>
> *Sie sind im schulischen Bereich vor allem in und an Fächern, in der Zuweisung zu den Schularten und durch die jeweilige Leistungsbewertungs-Symbolik entstanden und daran gebunden.*
>
> *So gehören auch die fachspezifischen Chreoden zu diesem Typus: z. B. die mathematischen, sprachlichen, künstlerischen, physikalischen, chemischen Entwicklungslinien bei Lernenden.*

Integration der 3 Postulatsebenen durch die Habitustheorie

Postulate werden als umfassende Gewohnheiten verstanden, die die Welt ordnen und eigenes und fremdes Verhalten für sich selbst besser vorhersagbar machen; aber diese gewohnheitsmäßigen „Handlungs-Anweisungen" sind zirkulär, d. h. mit allen anderen Handlungen gleichzeitig verbunden, und rekursiv, d. h. immer sich selbst bestätigend und verfestigend. Daher sind Postulate im allgemeinen schwer zu verändern.

In unserem Falle, in der Referenz von Schule und Lernen, sind diese Gewohnheiten eng verbunden mit dem Mythos des Erwerbs von *kulturellem Kapital*[426], d. h. einer Wissens-Ordnung für spätere Lebens- und Berufssituationen.

Wir haben als Lehrende jeden Tag mit diesen rekursiven Gewohnheiten zu kämpfen und sie, vor allem, wenn wir sie nicht verstehen können, zu „erdulden".

In der Chreoden-Analyse ist entscheidend, ob ich als Lehrender diese Postulate erkenne, so dass ich entsprechende didaktische Modellierungen vornehmen kann.

Wenn uns klar wird, dass diese Postulate einerseits *rekursiv, selbstreferentiell* und *stabil* sind, dass andererseits aber eine Bedrohung dieser Skripts erhebliche *Blockaden, Regressionen* oder *Rebellionen*, sogar *Pathologien* zur Folge haben kann, müssen wir in unseren postmodernen Lernkulturen Wege finden, um passfähige Anreizstrukturen zu modellieren.

Die Postulats-Hierarchien in den Chreoden haben einen entscheidenden Einfluss auf das Lernverhalten. Sie bestimmen im wesentlichen die Lerngewohnheiten und daher auch die Interaktionsprozesse von Lernenden in der Didaktischen Driftzone.

Als Beispiel mag die Situation dienen, wenn ein Lehrender einen völlig neuen Lehrstil in einer Klasse oder in einer Schule einführen will. Er kann nicht damit rechnen, dass die Lernenden mit fliegenden Fahnen dazu überwechseln.

Unsere Versuche, diese Handlungs-Imperative genauer kennenzulernen, nehmen wir auf der Grundlage der *Transaktions-Analyse* und der *Integrierten Persönlichkeits-Theorie* vor. Diese Instrumente müssen weiter ausgebaut werden, damit wir in der Chreoden- Analyse weitaus professioneller arbeiten können und damit auch in unserem Bemühen um eine humanere Unterrichtsgestaltung vorwärts kommen.

Für den, der die beiden Analyse-Konzepte noch nicht professionell beherrscht, gibt es auch eine alltagstheoretische Methode, Skripts zu erkennen: Er kann *Geschichten* schreiben lassen. Indem wir den in verschiedenen Geschichten einer Person auftretenden dynamischen und symbolischen „gemeinsamen Nenner" herausfinden, erfahren wir etwas über die Konstrukte des Lebens und über die Richtung, in die der Lernende sich bewegen wird. Ebenso können *Bilder*, die zur freien Wahl ausgelegt werden, viele solcher symbolischen Muster von Handlungs-Imperativen ans Tageslicht bringen.

---

[426] nach Bourdieu

d) Chreoden-Analyse

Chreoden aus der Sicht des Beobachters und des Handelnden

Als Unterrichtender befinde ich mich in einem ständigen Wechsel, einer Oszillation zwischen *Beobachtung* und *Handlung*. Für Personen, die im Interaktions-Prozess stehen, z. B. in einer Lernsituation, kommt es darauf an, diese beiden Positionen zu unterscheiden.

Der Lehrende als Beobachter

Bin ich als Lehrender Beobachter von Chreoden-Einheiten bei Lernenden, kann ich nur vermuten, welche Erwartungen aus deren Chreoden entworfen werden und welche Handlungsgrammatik dabei aktualisiert wird. Ich selbst bleibe immer draußen.

Wir können uns durch Kommunikation unsere gegenseitigen *Erwartungen* und *Erwartungs-Erwartungen* mitteilen und sie abgleichen. Dies setzt voraus, dass der Lehrende eine Grundhaltung des Verstehens den verschiedensten Chreoden-Typen gegenüber bei Lernenden einnehmen will. Diese sind im wesentlichen an die *Lebenspläne*, an das *Strukturdenken*, an den *Reizhunger* und den *Hunger nach Zielorientierung* und an das *Präferenzsystem* des Lernenden gebunden.[427]

Entsprechende Methoden des Erkennens dieser Aspekte sind z. B. die Technik des *Perspektiven-Wechsels*, der *Wirklichkeits-Konstruktionen*, der *Möglichkeits-Konstruktionen*, des *Rollentauschs*[428], der Methodik des *Zirkulären Fragens* und der Technik des *Szenischen Verstehens*. Auch Methoden aus der *Gestaltpädagogik*, dem *NLP* und der *Suggestopädie* sind dafür geeignet.

Entsprechende Methoden des Erkennens von Leitdifferenzen im eigenen Didaktischen Handeln sind die Methoden der *Biographischen Selbstreflexion*, des *Rollentauschs*, der Schaffung von *Konsensuellen Bereichen* und der Einführung von *Regeln der Kooperation und des Verstehens*.

Sie sind immer mit der Frage verbunden, wie und evtl. warum der Lernende dieses oder jenes Verhalten inszeniert.

Die didaktische Oszillation

Als Unterrichtender befinde ich mich in einem ständigen Wechsel zwischen *Beobachtung* und *Handlung*. Diesen Wechsel bezeichne ich als die didaktische Oszillation. Beide Aspekte sind oft gleichzeitig miteinander zu sehen und sekundenschnell auseinanderzuhalten.

> *Welche inneren Repräsentationen sind die meinen,*
>   *und welche sind die der Anderen, die sich als Chreode darstellen?*
>
> *Welche Wahrnehmungsmuster sind bei mir vorhanden,*
>   *welche blinden Flecke zeigen sich bei mir unter den Bedingungen*
>   *der Selbst- und Fremdreferenz in Bezug auf das Handeln des Anderen?*

---

[427] Das sind die Grundprinzipien der Transaktions-Analyse

[428] vgl. Methoden des Psychodramas

Diese Fragen sind deshalb so entscheidend, weil wir inzwischen wissen, wie unser Gehirn mit wenigen Eckdaten eine soziale Situation sekundenschnell selektiert und einordnet.[429] Der große Vorteil ist ein sofortige Orientierung; wir können uns im Sinne unserer Fremdreferenz schnell ein Bild machen über die Gruppe und deren Klima.

Die andere Seite ist aber, dass beim Abtasten der Eckdaten „bekannt – unbekannt" oder „bedrohlich - nicht bedrohlich" falsche Einstufungen erfolgen können. Dies geschieht relativ häufig in vertrautem Umgebungen, wo die Anfangs-Aufmerksamkeit nicht mehr gegeben ist, weil das vom Gedächtnis produzierte Komplettbild bereits konstruiert wurde.[430]

Im Lern- und Unterweisungs-Prozess ist diese Unterscheidung zwischen „Beobachten" und „Handeln" von ganz besonderem Gewicht:

Weil ich - im Phänomen-Bereich I - nur *Beobachter* des Lernprozesses des Anderen sein kann, sollte ich eine Grundhaltung der *Chreoden-Empathie, individuelle Zeitkontingente* und „Chreoden-Entwürfe" für meine Orientierung zum Anderen hin für den weiteren Interaktions-Prozess erarbeiten und alte eingefahrene Muster wieder auf den Prüfstand der Reflexion stellen.

Als *Handelnder* bin ich aber auch und zugleich in einem anderen Phänomenbereich: Phänomen-Bereich II. Ich aktualisiere Handlungs-Muster, die nach einem anderen Status operieren als meine Reflexions-Muster.[431] Zusätzlich ist die *Oszillation* innerhalb unserer Gehirnhemisphären durch den Balken nicht einfach zu beschleunigen oder zu negieren.

Diese Oszillation kann durch die Aufrechterhaltung einer ständigen *Meta-Kommunikation* zusammen mit den Lernenden erreicht werden. Dazu haben auch die *Fachdidaktiken* ihren Beitrag zu leisten, indem sie Muster und Logiken des Stoffes anbieten, die für die Chreoden der Lernenden in ihren unterschiedlichsten Strukturen und Repräsentationen anschlussfähig sind, und umgekehrt: dass sie Muster und Repräsentationen der Lernenden als Grundlage für eine Anschlussfähigkeit von Wissens-Konstruktionen und Wissens-Versionen nehmen.

Dieses Problem der Oszillation zwischen Didaktischem Handeln und Didaktischer Reflexion taucht in der Driftzone, vor allem bei der Chreoden-Analyse und Chreoden-Beobachtung, bei der Planung von Didaktischen Morphemen, in der Unterrichts-Beobachtung und in der Organisation von 1. und 2. Phase der Lehrerausbildung, in der Lehrerfortbildung und in der Standesdiskussion von Theoretikern und Praktikern auf. Sie ist oft, vor allem bei Prüfungen, Beurteilungen und Qualifikationen, zu einem unheilvollen „Schwamm" geworden.[432]

Für die Optimierung der Fähigkeit zur Didaktischen Oszillation, blitzschnelle Beobachtung und Entscheidungen, sind inzwischen einige Konzeptionen und Instrumente, vor allem in der humanistischen Richtung, entstanden. Für besonders geeignet halte ich die *Transaktions-Analyse*, besonders die *Struktur-, Spiel-, und Skript-Analyse*, ferner die *Integrierte Persönlichkeitstheorie* von Epstein und im Anschluss daran meine eigene Weiterentwicklung dieses Modells.

---

[429] siehe Beispiel „Anja"

[430] Roth, 1997

[431] siehe Unterschied zwischen Phänomenbereich I und Phänomenbereich II

[432] Beispiel: „Türhüter-Skript"

Spezifische Techniken aus der *NLP*, wie z. B. *Rapport* herstellen, *Ankern*, *Reframing*, *Pacing*, *Leading*, sind sehr hilfreich, um den Lehr- und Lernprozess oszillierend zu gestalten. Die Möglichkeiten und Zugangsweisen des *Psychodramas*, wie z. B. *Rollentausch*, *Doppeln*, *Spiegeln* sind nicht nur für soziale Probleme, sondern auch für Sachthemen hoch interessante, lebendige und selbstorganisierende Methoden für den Unterricht.

Ganz besonders zu Beginn einer didaktischen Bewusstseinsgemeinschaft, z. B. in der 1. Klasse, in einem neuen Schuljahr mit neuen Klassen, sind die gegenseitigen Erwartungs-Erwartungen abzugleichen und entsprechende Normen, Regeln und Muster zu benennen, zu konstruieren zu kommunizieren und zu beachten, weil sich dort Anfangserwartungen bei Lehrenden und Lernenden sehr schnell zu Generalisierungen mit schlimmen Langzeitfolgen im Interaktionsgeschehen auswachsen können. Um diesen Gefahren zu entgehen, ist u. a. die Kenntnis von Chreoden-Typen und die Möglichkeiten einer Chreoden-Analyse hilfreich.

Chreoden-Analyse auf der Grundlage Humanistischer Konzepte

Chreoden als subjektiv kanalisierte Entwicklungslinien eines Lernenden, in denen die Prinzipien der *Selbsterhaltung*, *Selbstdifferenzierung* und *Selbstreferentialität* wesentliche Steuerungskomponenten sind, stellen die Grundbereiche dar. Jeder Lehrende sollte lernen, sich in sie hineinzuversetzen, so weit es nur geht.

Eine hohe *Empathiefähigkeit* kann durch biographische Selbstreflexion und durch dauernde Verständigungsbereitschaft erreicht werden.

Was wir zu Beginn einer didaktischen Ausbildung erreichen müssten, ist m. E. eine ganzheitliche Betrachtungsweise, in der die Dimensionen „Stoff" und „Zeit" keinesfalls die alleinige Dominanz mehr haben dürfen, sondern es ist eben die „Balance der Balance" das anzustrebende Ziel. Darin werden die wichtigsten möglichen und subjektiv zugänglichen Leitdifferenzen zur Chreoden-Beschreibung erarbeitet und in Typen von *Lern-Chreoden* - z. B. *Adaptions-Chreode*, *Aggressions-Chreode*, *aufgaben-orientierte Chreode*, *Abwehr-Chreode* usw. - zusammengeführt und vom Lehrenden für sich bereitgestellt, damit er für sein aktuelles didaktisches Verhalten solchen Chreoden gegenüber eine Basis gewinnen und es immer wieder neu ausloten und legitimieren kann.

Das *Chreoden-Denken* dürfte für eine zukünftige systemisch orientierte Subjektive Didaktik wohl eine der Hauptdimensionen werden:

- verstehen lernen, wie junge Menschen im Laufe ihrer Entwicklung angesichts ihres umgebenden Milieus sich ihre eigene Gestalt gegeben haben
- lernen, wie junge Menschen ihre eigenen Lebens- und Lernmuster und Lern-Programme selektiert, entwickelt und ausdifferenziert haben und darin durch Generalisierungen und Musterbildungen gefangen bzw. hypnotisch besetzt sind

Wir sind innerhalb der Unterrichtsforschung noch weit davon entfernt, solche Fragen hinreichend und vor allem für die Praxis ausreichend beantworten zu können.

Hier ergibt sich ein neues großes Feld für eine ganzheitliche Unterrichtsforschung.

Wir werden niemals die volle Entfaltung einer solchen Chreode beim Anderen sehen, erleben und vor allem nachvollziehen können.

Was wir tun können, ist, eine Rekonstruktion zu erstellen, die die wichtigsten Eckpunkte dieses Programms beschreibt. Es geht nicht um eine quantitative Vollständigkeit, sondern um eine Grundhaltung.

Eine Ausnahme für „totales Verstehen" kann sein, wenn wir „Morphische Resonanzen" im Sinne von Telepathie, kosmischem Bewusstsein oder transpersonaler Erfahrungen im Sinne einer Parallelisierung gegenseitig wahrnehmen. Dies kann durchaus im Bereich der Meditation und der mentalen Methoden bei entsprechender Qualifikation möglich werden. Im Normalfall benötigen wir Meta-Programme, die Chreoden leichter zugänglich machen können.

Jede Fachdidaktik und jede Ausbildung in beruflichen Feldern ist daran zu messen, wie weit sie vom „objektiven" Strukturdenken wegkommt und im Zusammenhang mit den fachspezifischen Chreoden ganzheitliche didaktische Morpheme und entsprechende Meta-Programme für Lern-Chreoden entwickelt.

Dann ist eine Chance gegeben, den Vermittlungsprozess zwischen den Lehrenden und den Lernenden transparenter und damit auch humaner zu gestalten. Diese Modellierungen könnten dann die Grundorientierung für den Interaktionsprozess zwischen angeboten Morphemen der Lehrenden und aktualisierten Chreoden der Lernenden abgeben, wobei dann in der Driftzone verschiedene Korridore gebildet werden können.

Die Chreoden-Entwicklung beim Einzelnen und in der Gruppe erfolgt gemäß der Strukturdetermination immer in Bezug auf die Autopoiese, d. h. die Selbsterhaltung des Individuums oder des sozialen Systems und dessen Anpassung im Milieu.

Wir stellen folgende Fragen:

> *Wo sind Entwicklungen erkennbar, wo sind plastische Bereiche, wo sind harte Grenzen ausgebildet worden, wo könnten didaktische Interventionen eine weitere innere Entwicklung induzieren?*
>
> *Wo ist es aussichtslos oder nur mit großem Aufwand möglich, Grundmuster und Grund-Lebenspläne umzubauen, vor allem bei geschädigten Lernenden mit schwer-angepassten Programmen?*
>
> *Wie reagiere ich als Lehrender mit meinen eigenen inneren Programmen?*

In Bezug auf die Habitualisierung von Gewohnheiten und Grammatiken ist der Aspekt der *Didaktischen Nische* ebenso bedeutsam:

> *Wo und wie haben sich in meiner Lernkultur besondere Nischen für jeden Schüler gebildet?*
>
> *Wo und wie hat sich der einzelne Schüler in meinem Unterricht gegenüber einem „objektiven" Standpunkt „eingerichtet", der nur nach einem allgemeinen Muster wahrnimmt und bewertet?*

Chreoden-Analyse auf der Grundlage der Transaktions-Analyse (TA)

Wir entwerfen in unserer Kindheit nach Auffassung der Transaktions-Analyse unsere eigene Lebensgeschichte. Sie hat einen Beginn, eine Mitte und ein Ende. Noch ehe wir richtig sprechen können, entstehen die Grundzüge ihres Verlaufs.

Meist bis zum Schul-Eintrittsalter wird unsere Lebensgeschichte mit vielen Einzelheiten ausdifferenziert. Bis zur Pubertät setzt sich diese Differenzierung, aber auch Revision fort. Dann ist unsere Lebensgeschichte als Grundprogramm im wesentlichen fertig entworfen. Solche „Entscheidungen" des Kindes beruhen nicht auf bewusstem Nachdenken; sie stammen aus Gefühlen und werden im Sinne autopoietischer Systeme selbstorganisiert vorgenommen. Sie sind nicht vergleichbar mit Entscheidungen, die ein Erwachsener mit voller Absicht und wachem Verstand und unter Prüfung der optimalen Möglichkeiten getroffen hat.

Auch als Erwachsene werden wir nach Auffassung der TA unbewusst diese Lebensgeschichte leben, ziemlich getreu danach handeln und versuchen, das, was wir in der Kindheit „beschlossen" haben, zu Ende zu bringen. Diese nicht-bewusste Lebensgeschichte wird in der TA als „Lebensskript" bezeichnet. Sie besitzt eine geheime Logik, die unser Verhalten und unsere Energien bestimmt.

Für die Didaktik, besonders für die Chreoden- Analyse und die Morphem- Bildung, ist dieses Lebensskript von großer Bedeutung, weil es für das Lernen- und auch für das Lehren - unbewusste „Handlungs- Imperative" ausgibt.

Relevante Botschaften für die Bildung von Skripts

Beispiele für Botschaften von Bezugspersonen, die als verinnerlichte Skript bei Lernenden wieder auftauchen:

Lerne nicht, du wirst dafür nur bestraft.	Ich bin ein Gewinner.	Ich werde eines Tages ein guter Lehrer, eine gute Lehrerin sein.
Lerne, da bekommst du Zuwendung.	Ich bin ein Verlierer.	Ich bin ein Versager.
Es lohnt sich, zu lernen; da kannst du am besten überleben.	Ich bin weder ein Gewinner noch ein Verlierer.	Ich tauge gerade noch für einen Lehrer.
Sprich in der Schule nicht; da kannst du schon nichts falsch machen.		

Handlungs-Imperative als innerer Zustand von Skripts bei Lernenden

Häufig anzutreffende Handlungs-Imperative, die bei Lernenden aus dem Lebensskript heraus gebildet worden sind, können u. a. sein:

Rechnen kann ich nicht.	Mit mir stimmt etwas nicht.	Ich bin schon dumm auf die Welt gekommen.
Ich und eine Fremdsprache lernen? Das schaff ich nie!		

Beispiel für Botschaften von Bezugspersonen als verinnerlichte Skripts bei Lehrenden

Vertrau Kindern nicht, sie sind faul.	Die Lehrer dürfen alles besser wissen, weil die Gesellschaft hinter ihnen steht.	Ich werde Lehrer, weil ich es besser machen will.
Vertrau Kindern, sie sind offen und neugierig.	Ich gebe grundsätzlich keine gute Note her, weil niemand die Wahrheit weiß.	So, wie meine erste Lehrerin war, will ich werden.
Schüler Vertrauen entgegenzubringen ist falsch, sie tricksen einen grundsätzlich aus.	Ich gebe grundsätzlich keine gute Note her, weil der nächste noch besser sein könnte.	Ich bin zwar enttäuscht vom Leben, aber als Lehrer bin ich gut aufgehoben.
Ich halte nichts von Theorien, alles ist Erfahrung.	Ich bin jetzt (endlich) Vertreter des Staates, ich kann jetzt Autorität ausüben.	

Mit solchen verinnerlichten Botschaften hängt der jeweilige Führungsstil im Unterricht eng zusammen.[433]

Die hypnotische Besetzung des Bewusstseins bei einer Schülerin durch Lehrerbotschaften

Beispiel für eine Chreoden-Analyse: „Anja"

Teil 1

Anja war von ihrer Grundstruktur der Chreodentyp „Ich bin o. k." (Postulatsebene 1. Ordnung). Sie hat in ihrer frühen Kindheit erfahren und beschlossen, dass sie auf sich verlassen kann und dass sie ihre Sache auch in Zukunft gut machen werden (Grundbotschaft seitens der Eltern: EL o. k.).
Anja kommt mit großer Freude und vielen Erwartungen in die Schule. Es gefällt ihr am Anfang auch ganz gut.
Doch dann passiert etwas, was aus ihrem Leben nicht mehr auszuradieren ist: Die Lehrerin sagt ihr im Laufe des ersten Schuljahres immer öfters, dass sie nicht richtig schreiben könne.
Sie versucht noch fleißiger zu werden, sie entwickelt eine großen Ehrgeiz, um die Erwartung ihrer Lehrerin zu erfüllen. Diese aber setzt ihre Mitteilung fort: *Anja, du kannst nicht richtig schreiben, bemühe dich doch.*
Doch Anja weiß nicht, was sie falsch macht, warum sie etwas falsch macht, und sie weiß auch nicht, welchen Weg sie zur Verbesserung gehen soll. Sie schreibt zwar ellenlange Seiten mit sogenannten „richtigen" Wörtern ab, aber sie begreift nicht, warum. Sie schreibt mechanisch ab. Die Lehrerin sagt ihr auch nicht, was sie beachten soll, damit es richtig werde, d. h. sie kann ihr keine dieser Chreode angepasste Logik der Rechtschreibung vermitteln, geschweige denn erklären.
Jetzt beginnt eine Selektion und Musterbildung im Sinne einer Türhüter-Chreode mit folgendem Verhaltens-Imperativ:

---

[433] siehe Führungsstil bei der Prozess-Steuerung, innere Repräsentation des Lehrerbildes

> *„Immer, wenn es in Zukunft um Rechtschreiben geht, weißt du, dass dieses Gebiet für dich zu kompliziert ist, also schalte ab."* Allmählich glaubt sie selbst, dass sie nicht richtig rechtschreiben kann, wenn sie so schreibt, wie sie schreibt.
> (Postulatsebene 1. Ordnung: Optimistische Chreode, Stigmatisierung führt zu einer hypnotischen Besetzung auf der 2. Postulatsebene)
> Sie beschließt als geheimen Plan, alles anders zu schreiben, als sie es schreiben würde, wenn sie es schriebe. Ihre Logik ist jetzt paradox:
> *„Schreibe alles so, wie du es nicht schreiben würdest."*
> Die Treffer sind nicht besser, aber auch nicht schlechter. Jetzt schreibt Anja aber auch Wörter „falsch", die sie vorher „richtig" geschrieben hat.
> Es kommt zu einer sehr angstvollen und hypnotischen Besetzung des Bewusstsein:
> *„Mit mir stimmt etwas nicht, aber kein Mensch kann mir erklären, was es ist, warum es ist. Es ist mein Schicksal."*

„Die Fähigkeit unseres Gehirns, anhand weniger ‚Eckdaten' eine komplette Wahrnehmungssituation zu erzeugen, ist eine Meisterleistung, denn hierzu ist nicht nur ein sehr schnelles unbewusstes Einschätzen der Situation nach bekannt - unbekannt und wichtig - unwichtig nötig, sondern ein großer Vorrat an Vorwissen, der nahezu augenblicklich aktiviert werden kann."[434]

Anjas Gehirn kann in Zukunft mit Hilfe weniger Eckdaten ihre Abwehr und Selektion gegenüber Deutsch und Rechtschreiben aktivieren.

> Beispiel für eine Chreoden-Analyse: „Anja"
> Teil 2
> Aufrechterhaltung des gewonnenen Gleichgewichts durch Anerkennung des Schicksals, aber dabei schlau bleiben: *Chreode des Pfiffikus.* (Postulatsebene 2. Ordnung)
> Anja weiß, dass sie einen guten Verstand hat. Sie beschließt, ab jetzt im Bereich des Rechtschreibens nichts mehr zu denken, weiterhin paradox zu schreiben, aber mit Hilfe des „kleinen Professors"[435].
> Sie schreibt von zuverlässigen Mitschülerin ab, so oft und so gut es geht. Sie wird unauffällig und still. Sie entwickelt eine Reihe von Mogelstrategien und versucht ihre Stigmatisierung leise bis still auszutragen, damit der Schein der netten und lernwilligen Schülerin aufrechterhalten wird.
> In allen anderen Fächern ist sie „gut", und daher lässt man sie im großen und ganzen in Ruhe. Sie leidet aber an diesem Schicksal. Sie trägt es mit bis an die Hochschule. Dort merkt sie, dass dieser hypnotische Fluch allmählich dünner wird, und sie kann allmählich freier schreiben.
> Da trifft es sich, dass sie einem amerikanischen Autor begegnet, der das gleiche Schicksal hatte und dieses in einem Buch nachgezeichnet hat. Als sie das Buch liest, entdeckt sie ihre eigene Geschichte der hypnotischen Besetzung durch Stigmatisierung. Von mir ermuntert, schreibt sie ihre Wissenschaftliche Arbeit über sich und schreibt sich auch ihre Ängste, Blockaden und Demütigungen vom Leibe.
> Plötzlich ist sie so frei, dass sie fast fehlerfrei schreiben kann. In einem Seminar mit dem Thema *Biographische Selbstreflexion* und *Chreoden-Analyse* kommt es dann zur Befreiung: Anja kann vor der ganzen Gruppe der Studierenden (80 Personen) ihre Geschichte unter Tränen erzählen.

---

[434] Roth, 1998, S. 268

[435] aus der TA: der schlaue und kluge Anteil eines Kindes

Sie hat ihre Chreoden 2. und 3. Ordnung wahrscheinlich nicht mehr nötig. Sie kehrt zurück zum Chreodentyp 1. Ordnung, aber mit den Erfahrungen einer entehrten und stigmatisierten Chreode, die latent immer noch vorhanden sein wird, weil sie inkorporiert ist.

Die Überlebens-Schlussfolgerung bei Anja heißt jetzt:
„Du kannst jetzt wieder frei leben, sei aber auf der Hut. Es könnte jemand anders kommen und dir wieder einen solchen Fluch anhängen."

Chreoden-Profile – Chreoden-Präferenzen

Die bisherigen Darstellungen können den Eindruck erwecken, als ob die einzelne Chreode isoliert von anderen wäre oder ob es nur eine gäbe. Dies ist natürlich nicht der Fall. Jeder Lehrende und Lernende hat ein ausdifferenziertes Chreoden-Profil, aber bezogen und aktualisiert auf Situationen und Erwartungs-Erwartungen.

Jede Chreode bei einem Lernenden stellt entweder ein allgemeines oder ein spezifisches Programm, Chreoden 1., 2. und 3. Ordnung, bereit. Je nach Situation, Fachunterricht, soziale Situation usw., werden aus den aktualisierten Programmen Muster des Verhaltens konstruiert, die zunächst hochkomplex und oft undurchschaubar erscheinen.

Dies kann man so erklären, dass Chreoden-Anteile einander überlagern und rekursiv miteinander verbunden sind. Im Beispiel „Anja" ist z. B. die Beschämungs-Chreode inkorporiert und daher immer latent vorhanden. Bei bestimmten Auslösern, z.. B. in der Situation „Rechtschreibung", wird sie dominant und zeigt sich in der Ausprägung einer körperlichen Schamstruktur mit Gesichtsröte und Pigmentierung am Hals.

Beispiel „Anja"
|Teil 3|

Für die Schülerin Anja sieht das Chreoden-Profil wie folgt aus:

Geographie: *„Ich bin interessiert."*

Deutsch: *„Ich bin schlecht. Im Schreiben von Aufsätzen wäre ich - glaube ich immer noch - ganz gut, aber die haben mir alles vermasselt."*

Mathematik: *„Ich verstehe die Mathematik, es macht mir Spaß!"*

Physik: *„Da bin ich still und mogle mich durch."*

Kunst: *„Ich bin kreativ."*

Religion: *„Ich weiß nicht, was ich glauben soll."*

Fremdsprachen: *„Ich bin super in Englisch und Französisch, ich bin viel in diesen Ländern und spreche gerne diese Sprachen."*

Märchen und Mythen als Skript-Modelle zur Erkennung von Chreoden-Anteilen

Für die Unterrichtsarbeit können auch Formen von Metaphern zur Erkennung einer Chreoden-Struktur behilflich sein. Manchmal genügen schon einige Elemente, den unbewussten Lebensplan bei sich und bei Lernenden zu erahnen.

Solche Metaphern können Märchen sein, in denen die archaischen Strukturen von Gefühlen und unbewusste Handlungs-Imperative deutlich ausgespielt werden. Es können aber auch Pflanzen und Tiere als Medium eine wichtige Rolle spielen, wenn der direkte Zugang zu den Lebensplänen verborgen bleibt oder der Lernende auf kognitiver Ebene keinen Zugang findet.

Beispiele eines metaphorischen Zugangs zu den Chreoden

Dazu sollen einige griechische Helden-Sagen dienen, die einen tragischen oder unglückseligen Verlauf beschreiben.

- *Das „Niemals"-Skript: („Tantalus"-Skript)*

Tantalus steht bis zu den Knien in einem See und sieht herrliche Früchte über sich hängen. Wenn er sich bückt, um zu trinken, schwindet das Wasser, und wenn er sich hochreckt, schnellt der Ast hoch.

Das Niemals-Skript funktioniert ähnlich: Auf Grund von elterlichen Verboten können solche Menschen niemals richtig genießen, wonach ihnen gelüstet.

Bei Lernenden taucht dieses Skript dann auf, wenn sie trotz lustvollen Verlangens z. B. Erfolge nicht genießen können. Überall sind sie vom elterlichen Fluch begleitet, verlockende Möglichkeiten nicht genießen zu dürfen. Manche Kinder können aus diesem Skript heraus nicht einmal einen vollständigen Satz sprechen, ihn also „genießen".

- *Das „Immer"-Skript: („Arachne"-Skript)*

Arachne wagte es, Athene zum Wettkampf in der Fertigkeit des Webens aufzufordern. Zur Strafe für dieses Wagnis wurde sie in eine Spinne verwandelt, die unaufhörlich Netze spinnen muss. Die Botschaft heißt: „Bitte schön, wenn du das willst, was nur mir zusteht, so kannst du den Rest deines Lebens damit verbringen."
Junge Leute müssen für ihre Taten büßen, die aber indirekt von den Eltern selbst induziert worden sind. Der Vater, der seinen Sohn wegen Haschisch-Gebrauchs fortjagt, mag sich in der Nacht darauf betrinken, um seinen Kummer zu vergessen.

Bei Lernenden kommt dieses Skript häufiger vor, als man denkt: „Weil du mir das angetan hast, z. B. schlechte Noten, wirst dafür immer büßen müssen."

Solche Sätze können Eltern zu Kindern, Lehrer zu Schülern, aber auch – heimlich - Schüler zu Lehrern sagen.

- *Das „Bis und bevor nicht"-Skript („Jason und Herakles"-Skript)*

Den beiden Helden wurden Aufgaben auferlegt, erst dann sollten sie erhalten, was ihnen gebührt.

Dieses Skript kommt häufig unter der Botschaft vor: „Erst, wenn du die Hausaufgaben gemacht hast, wenn du mich versorgst, dann bist du frei, erst wenn du in Latein gut bist, dann ..."

Schachtelsätze verraten manchmal dieses Skript, weil der Lernende ja alles korrekt machen muss, bevor er anfängt zu sprechen. Dann aber stolpert er über diesen Anspruch.

- *Das „Danach"-Skript („Damokles"-Skript)*

Damokles wollte das Glück eines Herrschers von Syrakus genießen. Er war überall von Luxus umgeben, zugleich aber schwebte ein Schwert, an einem Pferdehaar aufgehängt, über ihm.

Die Botschaft heißt: Ich kann das Glück eine Zeitlang genießen, aber dann wird das Übel, Unglück, Fluch über mich hereinbrechen.

- *Das „Immer und immer wieder"-Skript oder „Beinahe-Skript" („Sisyphos"-Skript)*

In der Unterwelt war Sisyphos aufgetragen worden, mit größter Anstrengung einen Felsen den Hügel hinaufzuwälzen. Jedes Mal, wenn er fast oben war, rollte der Brocken zurück.

Die Botschaft heißt: „Fast hätte ich es geschafft, wenn nur nicht ..."

Es werden oft Behauptungen aufgestellt, dann aber wieder zurückgenommen: „Ich habe gute Leistungen erzielt, aber wahrscheinlich nur bis zu einem bestimmten Grad."

- *Das unabgeschlossene Skript*

  Philemon und Baukis, zwei alte Leute, werden von den Göttern, die sie einmal unerkannterweise beherbergt hatten, nach ihrem Tod in Lorbeerbäume verwandelt. Die Skriptstruktur sieht so aus: Kinder erfüllen das Schicksal ihrer Eltern immer wieder, so lange, bis diese sterben. Dann haben sie selbst für sich nichts. Sie leben dann ohne eigenen Sinn und Zweck, sie erfüllen schlicht dieses Schicksal.

  Dies sind z. B. Schüler, die brav ihre Pflicht erfüllt haben und inzwischen leer sind, weil sie weit weg von ihren Eltern leben. Sie stabilisieren ihr Leben durch Routine und Klatsch.

Ein weiteres Beispiel kann verdeutlichen, welchen Rahmen die *Transaktions-Analyse* für die *Chreoden-Analyse* abgeben kann:

Beispiel: Rechtschreibung und Skript-Bildung

In ihren Untersuchungen zu Rechtschreibschwächen bei Kindern kommt H. Peters[436] mit Hilfe der Transaktions-Analyse zu folgenden Ergebnissen:

- Die Einschärfung „Sei nicht wichtig!" kann Dehnungs- und Schärfungs- Fehler zur Folge haben.
- Die Einschärfung „Sei kein Kind!" ist mit Fehlern bei leicht zu schreibenden Wörtern verbunden, wobei schwierige Wörter jedoch richtig geschrieben werden.
- Die Einschärfung „Werde nicht erwachsen!" ist mit Fehlern in der Unterscheidung von harten und weichen Konsonanten verbunden: d/t - b/p - g/k.
- Die Einschärfung „Fühle nicht!" ist mit Schwierigkeiten bei der Schreibung von f und v, ü, ä und ö verbunden.
- Bei Geschwisterrivalitäten findet sie Vertauschungen in der Buchstabenfolge, und bei Selbstbehauptungs-Problemen Fehler in der Groß- und Kleinschreibung.

Heidrun Peters stellte bei der Arbeit mit Legasthenikern fest, dass die Art der Rechtschreibfehler in Beziehung zu Skriptentscheidungen stehen. Die Anweisungen „Sei nicht gesund, nicht normal!", „Gehöre nicht dazu!", „Sei nicht wichtig!", „Denke nicht!", „Fühle nicht!", „Werde nicht erwachsen!", „Sei kein Kind!", „Sei kein Mädchen / Junge" und „Schaff's nicht!" gleichen eingebetteten Befehlen, die den Kindern im Familiensystem gegeben wurden.

Förderung von Legasthenikern ist demnach eher eine De-Hypnotisierung, ein Aufbau eines neuen Glaubenssystems (NLP), bzw. eine Neuentscheidung (TA) als ein bloßes Training in Rechtschreib- und Lesetechnik, was auch die geringen Erfolge herkömmlicher Programme zeigen. Jedenfalls kann die TA eine plausible Erklärung für die Entstehung solcher Hypnotisierungen geben.

Diese Ergebnisse sind selbstverständlich nicht im Sinne einer linear-kausalen Erklärung zu interpretieren, aber sie können auf bestimmte Drift-Konstellationen zutreffen. Solche Skripts sind die beste Strategie, die das Kind „ersinnen" kann, um zu überleben und in der Welt zurechtzukommen, die es oft als sehr feindselig erlebt und die ihm meist unverständlich ist. In unserem „Kind-Ich" - das sich auch im Erwachsenen erhält - sind wir der festen Meinung, dass jede Bedrohung für unser einmal entworfenes Weltbild auch eine Bedrohung für die Befriedigung unserer elementaren Bedürfnisse, ja sogar für unser Überleben ist. Wir werden aus diesem

---

[436] Peters, 1985, S. 59-73

Grund sehr bald die Realität auf diese Bedrohung hin überprüfen und dabei häufig aus diesem Muster heraus die Realität *verzerren*, damit sie in unser Skript passt.

Von außen gesehen empfinden dann andere, jemand habe eine falsche Wahrnehmung. In der TA wird dieser Vorgang als *Re-Definieren* bezeichnet. Wenn wir Kinder, aber auch Erwachsene als Lernende genau anschauen, so bemerken wir, dass dieses Re-Definieren einen Grundmechanismus für viele Missverständnisse im Lehr- und Lerngeschäft darstellt. Die Welt muss zu unserem Skript passen.

Sind Informationen nicht passend, werden sie entweder ignoriert, *Selektive Wahrnehmung*, oder ausgeblendet, verdrängt oder umgedeutet, *Discounting*. Wir blenden also auch Lernsituationen aus, die im Widerspruch zu unserem Lebensskript stehen.

Dieses Ausblenden macht uns Didaktikern große Schwierigkeiten, weil wir *nicht verstehen können, dass ein Lernender nicht verstehen kann*. Wir unterstellen dann sofort, dass der Lernende nicht lernen wolle. Dieser Teufelskreis ist in Schulen besonders deutlich, da dort die Machtstellung der Lehrenden dazu führen kann, dass die Kinder persönlich moralisch abgewertet und „fertiggemacht" werden, wenn sie nicht „funktionieren". Die Chreoden-Analyse ist ein Instrument, um diese verdeckten Strategien zu verstehen. Aus dieser Einsicht heraus lassen sich dann auch leichter didaktische Anreizstrukturen entwerfen. Vor allem aber müssen wir neue Methoden der Verständigung erfinden, um einander in dieser Hinsicht besser verstehen und akzeptieren zu können.

**Temporalisierung von Strukturellen Koppelungen
zwischen Chreoden und Morphemgestalten**

Ganz besonderes Augenmerk werden wir in Zukunft auf die zeitlich begrenzten Ankoppelungen der einzelnen Chreoden an die Morphem-Anreize des Lehrenden und deren Abfolge richten müssen. Was wir bisher oft als „Störungen" im didaktischen Geschäft gekennzeichnet haben, müssen wir auf der systemtheoretischen Grundlage als notwendige Anpassung des Individuums an das Milieu, das oft sehr grausam und rigide ist, ansehen: Folgen sind z. B. Ablenkbarkeit, Aggressionsverhalten, Unkonzentriertheit, Unlust, Körperbeschwerden, Unruhe, Gereiztheit.

Kein Schüler, Auszubildender, Teilnehmer an einem Unterricht ist so „böse", dass er dem Unterrichtsverlauf eines Lehrenden bewusst nicht folgen will.[437] Es sei denn, die sogenannten „Maschen und Spiele"[438] haben sich im Bildungs-Tauschmarkt durch Ritualisierung und Habitualisierung in einer Lernkultur im Laufe der didaktischen Formenbildung entwickelt und verfestigt.

---

[437] Z. B. geht doch kein Schüler morgens in die Schule mit der Absicht, in der dritten Stunde in der Mathematik-Arbeit eine 5 zu schreiben.

[438] siehe Transaktions-Analyse

Das autopoietische System organisiert sich nach folgenden Referenzen::

> *die innere Strukturdetermination*
> *der innere Imperativ des Überlebens*
> *die individuelle Anpassung an das Milieu*
> *die Vortheorien zum Stoff, zum Lehrenden und der Gruppe*
> *die Antizipationen für das zukünftige Überleben*
> *und in zunehmendem Maße: die multikulturellen sozialen „Gedächtnisse" der Lernenden.*[439]

Für die Unterrichtsgestaltung bedeutet dies, dass wir über völlig neue temporalisierte Formen des *Feedback*, der *Strukturellen Koppelung* und des Aufbaus eines *Konsensuellen Bereichs* nachdenken müssen.

Lern-Chreoden: Typisierung in der Zuordnung zu den Basis-Bereichen

Haben wir bis jetzt mehr die Bereiche und Aspekte einer Chreode besprochen, so geht es im Folgenden darum, eine gewisse Systematik einzuführen: Wir wollen einen Zusammenhang herstellen zwischen *Driftzone, Chreode, Kommunikation, Transaktion* und *Interpunktion*.

Folgende Beschreibungen von Chreoden-Typen sind das Ergebnis von Beobachtungen in Schulen und der Versuch einer Rekonstruktion. Sie sind jeweils schwerpunktmäßig beschrieben. Diese Typik muss noch weiter ausgebaut und empirisch, aber auch im hermeneutischen rekonstruktiven Sinn auf die *Eigenlogiken*, auf die jeweilige *Interpunktionen* in der Driftzone und auf die *Handlungsbereiche* in der Driftzone überprüft werden.

Diese Chreoden-Typen sind in der Driftzone meist in einer Kombination und in unterschiedlichen Kontexten erkennbar. Alle Chreoden-Typen haben einen *einengenden*, *fokussierenden* und *verhaltenssteuernden* Anteil. Sie sind sowohl *kognitiv* als auch *emotional* durch allmähliche Erfahrungen des autopoietischen Systems ausgetestet und liefern ein stabiles Verhaltensgerüst für den Lernenden in einer Schulkultur und in der Driftzone. Sie sind von außen her ohne professionelle Kompetenz und eigene biographische Selbstreflexion kaum veränderbar.

▪ *Die Türhüter-Chreode*
Diese Anfangs- und Selektionssituation hat Gerhard Roth in gehirnbiologischem Bezugsrahmen dargestellt und erforscht: Die präattentive Abschnitt der Wahrnehmung wird durch das sog. Raphe-System und vom Locus-coerulus-System in unserem Gehirn erfasst und nach zwei Kriterienpaaren vorsortiert: „bekannt – unbekannt" und „wichtig – unwichtig". Es wird alles, was die Sinnesorgane erfassen, mit den Gedächtnisinhalten und deren Bewertungs-Komponenten verglichen.

---

[439] wenn z. B. in einer Schulklasse oder einer Ausbildungsgruppe Lernende aus vielen verschiedenen Nationen mit deren jeweiligem kulturellen Hintergrund beisammen sind

Wird etwas präattentiv als „bekannt und unwichtig" im Sinne der Erhaltung des bisherigen Gleichgewichts und der Selbsterhaltung eingestuft, so dringt es überhaupt nicht oder nur sehr wenig in unser Bewusstsein ein. Auch Ereignisse, die sich ständig wiederholen oder die als Atmosphäre vorhanden sind, erleben wir in der Regel nicht mit vollem Bewusstsein, sondern es wird nach diesen Kriterien vorbewusst selektiert. Dies kann z. B. die Lehrersprache, alte bekannte Inhalte, eine ständige Moralsprache des Lehrenden, die Stigmatisierung eines Lernenden usw. sein. Wir haben uns daran gewöhnt. Diese Situation haben wir bei der Türhüter-Chreode. Sie selektiert nach bekannt - unbekannt, wichtig - unwichtig und, was im Lernprozess dazu kommt, nach dem Aspekt verstehbar – nicht verstehbar. Ist eine unterrichtliche Situation durch Ritualisierung oder durch Symbolisierung automatisiert oder zur Gewohnheit geworden, so nimmt das Bewusstsein diese Situation nicht mehr mit voller Aufmerksamkeit wahr, d. h. viele Muster beim Lehrenden und beim Lernenden laufen nach einer gewissen Zeit der Gewöhnung und Musterbildung automatisch ab, so auch die Muster der Selektion bei den Türhüter-Chreoden.[440] Es bedarf neuer Methoden, diese festgefahrenen Muster neu und anders zu aktivieren.[441]

Beispiel: Türhüter-Chreoden

Ethik-Klausur

Eine 13. Klasse hat im Ethik-Unterricht das Werk von Günther Anders bearbeitet.
Zum Abschluss soll eine Klausur geschrieben werden. Die Lehrerin schlägt vor, nicht wieder das alte Muster anzuwenden: Aufgabenstellung, danach die Bearbeitung, sondern eine neue Form auszuprobieren: Die Schülerinnen und Schüler sollen einen Brief an Günter Anders schreiben und ihn dann evtl. an ihn abschicken.

Folgende „Türhüter-Chreoden" tauchten bei den einzelnen Schülerinnen und Schülern auf:

O, was Neues!	Sie sagt gar nicht, wie viel Punkte sie erwartet - wie soll ich da eine Arbeit schreiben?
Was soll das? Soll das eine Klausur sein?	Das ist ja eine „gute" Methode: Sie kann dann die Noten machen, die sie will.
Spielerei - und das in einer Abiturklasse! Ob sie uns reinlegen will?	Ich weiß nicht, was sie will.
Das sind doch nur Mätzchen, um die Klausur zu verstecken, zu verharmlosen.	Sie sagt uns gar nicht, was wir tun sollen.
Toll - da kann ich auch von mir was sagen!	Das ist gefährlich, wenn ich entscheiden soll, wie ich die Arbeit schreibe.

---

[440] Roth, 1998, S. 228 f.

[441] z. B. Reframing

Schreiben wir dann auch wirklich einen Brief an Günter Anders?	Das haben wir noch nie gemacht - das kann ich nicht.
So eine kindische Spielerei!	Das hätten wir erst mal üben sollen.
Ich will genau wissen, was ich tun soll.	Immer muss sie mit was Neuem kommen - auf Teufel komm raus! Und wir sind die Opfer.
Das ist nur eine Täuschung.	Sie meint es ja richtig - aber wir können das doch noch nicht.
Was soll ich damit?	Schön, dass nicht wieder so eine blöde Abfrage-Arbeit kommt wie z. B. in Geschichte
Egal welche Form: Arbeit ist Arbeit.	Wir werden ja sehen, wie das dann wirklich läuft.
Das geht doch nicht!	Gut, da kann ich versuchen, meine Note zu heben.
Vielleicht will sie sich drücken!	Wenn man das früher schon eingeübt hätte, wäre das eine gute Sache.
Ob sie das ernst meint und auch wirklich durchhält?	

Die Situation wird erlebt als

Anregung	Gefahr	Überforderung
Verlockung	Chance	Bedrohung
	Hilfe	

Die Reaktionen auf diese Situation sind

Neugier	Ärger	Nicht-Verstehen
Lust	Vorwurf	Hilflosigkeit
Verunsicherung	Misstrauen	Selbst-Abwertung
Angst / Wut	Ablehnung	Missverständnis

Beispiel: Selbst-Beurteilung in Klasse 12, Deutschunterricht

In einem anderen Zusammenhang schlägt die Lehrerin vor, dass die Schülerinnen und Schüler die Beurteilung ihrer Klausur nicht von ihr erwarten, sondern selbst vornehmen sollen.

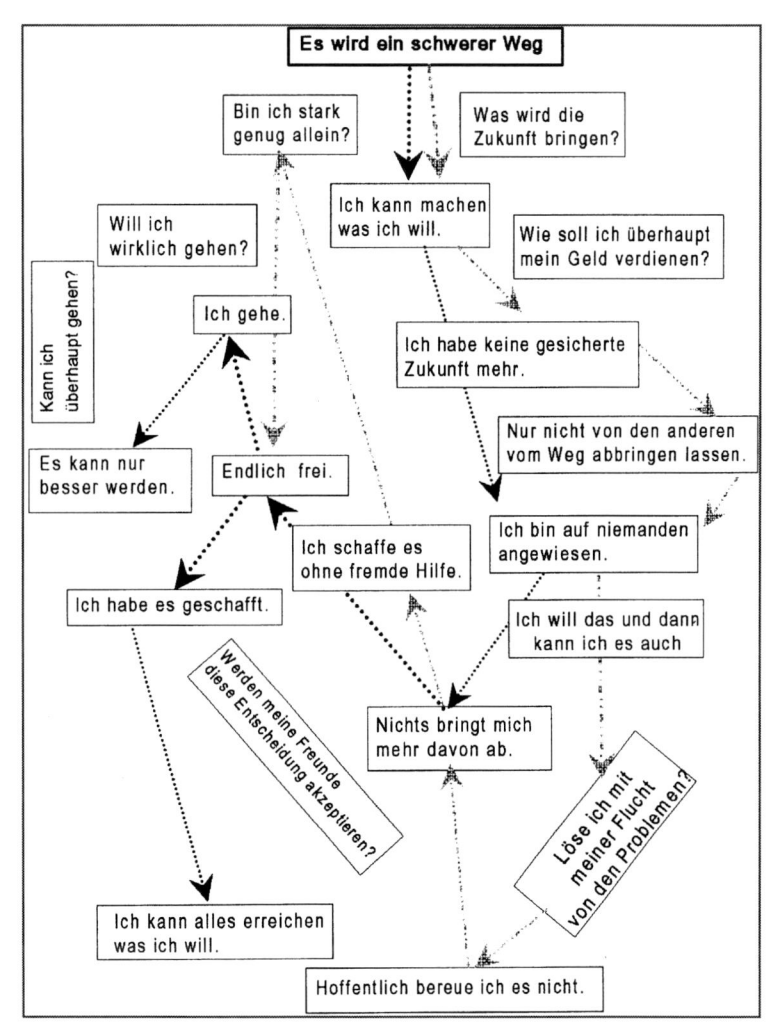

Abbildung 39: Chreoden-Analyse am Beispiel „Umgang mit Ungewissheit"
Skript-Botschaften der Einzelnen lösen bei diesem Thema unterschiedliche Driftmöglichkeiten aus.

Auf Grund verschiedener Skriptbotschaften löst das Thema unterschiedliche Driftmöglichkeiten aus. Sind Informationen für unser Skript nicht passend, werden sie entweder ignoriert oder durch selektive Wahrnehmung ausgeblendet und verdrängt oder sie werden durch Discounting umgedeutet oder redefiniert. Lernende - und auch Lehrende - blenden Lernsituationen aus, die im Widerspruch zum eigenen Lebensskript stehen. Dieses Ausblenden macht uns Didaktikern große Schwierigkeiten, weil wir nicht verstehen können, dass ein Lernender nicht verstehen kann.

Chreoden-Entwicklung im ICH-Bereich

Folgende Chreoden-Typen entwickeln sich auf der Basis der Primärstruktur und differenzieren sich im Laufe der Schulkarriere als kanalisierte Entwicklungslinien aus:

- ### *Die Schwamm-Chreode[442]*

Neugier ist angeboren und ein wichtiger Wachstumsfaktor, der zur Kreativität führt, wodurch sich menschliche Errungenschaften auszeichnen. Das Kind lernt frühzeitig auch symbolisierte Botschaften, etwa Lächeln, Stirnrunzeln, oder verbale Äußerungen als Streicheleinheiten für sich zu nutzen.

„Es [das Kind] registriert sie als Botschaft und verbucht sie zum Teil als nonverbale Überlebensnahrung, die ihm über längeren Durststrecken ohne Streicheleinheiten helfen sollen. [...] Unglücklicherweise sind genau diese sehr nützlichen Fähigkeiten, zu symbolisieren und Botschaften festzuhalten, auch dafür verantwortlich, dass sich ein Spongy (Schwamm) ausbildet, jenes anachronistische Gespenst, das im späteren Leben immer wieder mit Spunkys[443] Kreativität in Konflikt geraten wird."[444]

Dies hängt damit zusammen, dass Spongy völlig wahllos alle Arten von Streicheleinheiten registriert und aufbewahrt, seien sie positiv, verwirrend oder destruktiv. Ist Spongy stark ausgebildet - dies ist der Fall, wenn Eltern statt tatsächlicher Streicheleinheiten wie Körperkontakt usw. dem Kind nahezu nur symbolisierte Streicheleinheiten zukommen lassen -, so verdecken oft die verwirrenden oder destruktiven internalisierten Botschaften jene kreativen Ideen und Einfälle, die von den neugierigen Anteilen kommen.

Muster der Interaktion und Interpunktion dieser Chreode in der Driftzone
Chreoden mit starken „Schwamm"-Anteilen erscheinen oft sprunghaft neugierig, dann plötzlich destruktiv, zurückgezogen, traurig, depressiv. Chreoden vom Schwammtyp können Verwirrung dadurch auslösen, dass sie einmal sehr neugierig sind und den Lernprozess kreativ anpacken, dann aber plötzlich antriebslos, resignativ und zu anderen Schülern aggressiv sind.

Lehrende sind dann oft irritiert, weil sie auf Kreativität und Neugier bauen, dann aber durch Unterbrechungen und Lähmungen seitens der Chreode enttäuscht werden. Auf die Dauer entsteht in der Driftzone eine unsichere Allianz zwischen Erwartungs-Erwartungen. Bei der Chreode wiederholt sich das alte Schicksal: Verwünschungen sich selbst gegenüber entstehen und dieses „Versagen" wird als Fluch empfunden.

---

[442] „spongy" nach Fanita English

[443] „spunky" ist der kreative Anteil des Kind-Ichs

[444] English, 1991, S. 49

- **Die Ausbeuter-Chreode**

Chreoden dieses Typs haben allesamt etwas mit der Erfahrung zu tun, dass echte Gefühle während der Kindheit nicht ausgelebt werden durften. Sie wurden abgewertet oder bestraft. Ein ursprüngliches Gefühl wie z. B. Freude, Trauer, Wut wurde ersetzt durch ein so genanntes *Ersatzgefühl*[445].

Dieses erschien weniger bedrohlich und erlangte eher die Zuneigung der Eltern, wenn auch zu einem hohen Preis. Es ist ein gewohnheitsmäßiges Gefühl, das als Lieblingsgefühl eingeschaltet wird und eine andere Person ausbeutet.

Es gibt nur wenige Kulturen und Familien, die die Gefühlsskala von kleinen Kindern akzeptieren, vor allem nicht Gefühle von Eifersucht, Neid, Ärger, Wut, Trauer, Sexualität, Erregung oder das Streben nach Unabhängigkeit. Eltern sagen zu ihren Kindern, sie wären nicht nett, sie wären schlecht, und das Zeigen solcher Gefühle sei gefährlich oder falsch. Manchmal genügt ein Stirnrunzeln der geliebten Elternperson, und das Kind lernt, solche Gefühle nicht mehr zu zeigen.

Abgewertete Gefühlen werden mit einem „falschen" Etikett versehen.

> Wenn bspw. ein geliebtes Tier gestorben ist, heißt es: „Du bist müde und brauchst jetzt Schlaf" oder: „Du bist böse und gemein. Du weckst mit deinem Weinen deine Geschwister auf", damit die ursprünglichen Gefühle nicht wahrgenommen und ausgelebt werden. Sie müssen verleugnet werden, um die Streicheleinheiten der Eltern zu erreichen.

Wie ein Drogensüchtiger, der nach einem Schuss Ausschau hält, pendelt der Ausbeuter zwischen zwei Welten hin und her. Einerseits hält er Abstand zur sozialen Umwelt, weil er innerlich ganz damit beschäftigt ist, seine auf Ersatzgefühle reduzierte innere Welt in Ordnung zu halten und die für ihn mysteriösen, darunter liegenden Gefühle nicht ins Bewusstsein dringen zu lassen.

Andererseits sucht er ständig Partner, die seine Ersatzgefühle - Ratlosigkeit, Nervosität, Erschöpfung, Depression - und sein Verhalten - Märtyrerhaltung, permanentes Bedürfnis nach Rückversicherung, Klagen, Nörgeln, Jammern, geschäftige Wichtigtuerei, Klatschhaftigkeit, Strebertum, Aufsässigkeit, Pseudo-Fröhlichkeit, extreme Hilfsbereitschaft, anhaltende Verstimmung: „Das werde ich dir nie verzeihen", unechtes Zutrauen, Hoffnung auf Projektion: „Sei immer nett und brav", fassadenhafte Freundlichkeit, starke Schamgefühle - mit Streicheleinheiten belohnen."[446]

Eltern, die eine strenge, überfordernde und sehr kontrollierende Erziehung anwenden, entwickeln eine Grundeinstellung, die die TA mit „Ich bin nicht o. k. - Du bist o. k." bezeichnet. Daraus entstehen solche Ersatzgefühle, die mit den entsprechenden Ausbeutertransaktionen verbunden sind. Es gibt nach Fanita English hauptsächlich zwei Formen der Ausbeutung, um sich also um jeden Preis ein übermäßig großes Maß an Streicheleinheiten zu sichern:

Typ 1 - der hilflose Typ

Er eröffnet die Ausbeutungstransaktion aus dem Kind-Ich und erhofft sich eine Reaktion aus dem Eltern-Ich des Gegenübers: „Ach du Armer, ja, ja, die Welt ist schlimm ..."

---

[445] in der TA als „racket" bezeichnet

[446] nach English, 1991

Typ 2 - der freche, trotzige, befehlerische Typ
Er beginnt mit einem unechten Eltern-Ich-Zustand und sucht sich ein „angepasstes Kind" beim Anderen. Er bietet dem Opfer Hilfe an oder gibt Anweisungen, um dafür eine Dankeschön zu erhalten bzw. geheim oder offen zu erzwingen.

Bei Kindern, deren Erziehungsperson sehr ängstlich, sehr nachgiebig oder vernachlässigend war oder die sich selbst aufziehen mussten und daraus den Standpunkt entwickelt haben: „Ich bin o. k. - Du bist nicht o. k.", tendieren zum hilfreichen oder befehlerischen Typ.

Muster der Interaktion und Interpunktion in der Driftzone
Lehrende mit Ersatzgefühlen, häufiger im Typ 2 vorzufinden, induzieren bei Chreoden ähnlichen Typs kurzfristig Solidarität und scheinbare Harmonie. Chreoden vom Typ 1 sind häufiger bei Mädchen anzutreffen, während die vom Typ 2 sich eher bei Jungen finden. Da die Ausbeutungs-Transaktionen unterschiedlich verlaufen, kommt es auf Dauer zu erheblichen Störungen oder zu einem Dauerspiel im *Drama-Dreieck*, wenn der Lehrende selbst Ausbeutungs-Transaktionen vornehmen muss (meist von Typ 2). In diesem Falle erleben Lernende und Lehrende gegenseitig eine zunehmende diffuse Enttäuschung sowie eine große Unzufriedenheit im Laufe des Schuljahres oder Kurses.

Bei Chreoden dieses Typs kommt es darauf an, unbewusste und ungewusste Absichten zu erkennen, die unbedingte Suche nach Streicheleinheiten nicht als moralisch schlecht anzusehen, sondern den Grundmechanismus der Ausbeutung zu erkennen. Vor allem in der Leistungs-Interpretation sollte der - verständlicherweise - entstandene Ärger und die Enttäuschung bei Lehrenden, die nach jeder Ausbeutung mehr oder weniger deutlich gespürt wird, nicht zirkulär mit der kognitiven Leistung des Schülers verbunden werden und zu negativer Bewertung führen. Damit würde der Teufelskreis der eigenen Selbstabwertung und -bestrafung fortgesetzt.

Wichtig scheint mir, so schnell wie möglich die Einladung zum Spiel der Ausbeutung zu erkennen und, so gut es geht, nicht in dieses Spiel, zumindest nicht auf Dauer, einzusteigen.[447]

- ***Die hypnotisch besetzte Chreode***[448]
„Ganz gleich, was da draußen in der Gesellschaft passiert, ich bleibe, komme was wolle, bei meiner Entscheidung, den Anforderungen der Schule gerecht zu werden." Einmal getroffene Entscheidungen bleibt als hypnotische Figur der Generalisierung in bestimmten Lebenssituationen fest verankert.

- ***Die Chreode des „Alles oder Nichts": Überanspruch der Perfektion***
Menschen, die mit einem unbewussten, abgewehrten Idealanspruch leben müssen, fallen durch hektische Aktivität auf und sind meistens nach dem Ergebnis, einer Prüfung, Arbeit, Lernpaukerei, traurig-verstimmt. Eine andere paradoxe Logik ist damit verbunden: Die Flucht vor einem total verinnerlichten Perfektionsanspruch ist der Ersatz von Qualität durch Quantität. Ein Ziel wird immer mit hektischer Aktivität umkreist. Er / sie produziert und produziert, ist aber nicht befriedigt. Auf der Erlebnisebene äußert sich ein nicht integriertes Ideal als starr und fest. Es tritt auch als Störfaktor im emotionalen und körperlichen Kontexten auf: Atmung,

---

[447] Ausführlich dazu: English, 1991; siehe auch self science
[448] vgl. das Beispiel „Anja"

Nahrungsaufnahme, Verdauung und Schlaf werden gestört. Ruhe, Rückzug, Entspannung wären die Gegenpole. Die Jagd nach dem Ideal zerstört die Gegenwart.

Muster der Interaktion und Interpunktion in der Driftzone
Chreoden, die einem solchen Ideal unbewusst unterworfen sind, im schulischen Bereich meist dem Anspruch einer „Perfektion des Wissens", sind häufig anzutreffen. Sie erscheinen als sehr neugierig, wissen z. T. sehr viel, sind aber unzufrieden.

Sie eilen von einem Termin zum anderen, der Tagesplan ist voll durchgestylt, schlafen nicht, essen nebenbei, haben Angst vor Zurückstellung und Zurückweisung. Das unbewusste Ideal richtet sich oft gegen die eigene Person durch Aussprüche wie „Ich bin ein Angsthase, Dummkopf, Versager und Pechvogel" mit einer kritisierenden Stimme, als ob jemand über ihnen dies sagen würde.

Treffen Chreoden mit unbewusst abwehrenden Idealen auf einen Lehrenden mit ähnlicher Struktur, so ergeben sich hauptsächlich zwei Driftbereiche:

- Die eigene beobachtete hektische Aktivität beim Schüler wird zum Spiegel und der arme Schüler wird zur Zielscheibe der eigenen Aggression
- Der konsensuelle Bereich beider wird potenziert durch - oft nur kurz andauernde - gemeinsame Aktivitäten in Form von Projekten, Ideensammlungen, schulischen Unternehmungen, die aber immer für ihn selbst unbefriedigend enden. Im Unterschied dazu ist beim *integrierten Ideal* eine echte Befriedigung für alle Beteiligten erkennbar.

Trifft eine solche Chreode eines Lernenden auf einen Lehrenden, der auf der entsprechenden Referenzebene keine überzogenen Ideale verwirklichen muss, so erscheint der Lernende dem Lehrenden als hektisch, oberflächlich, dem deutschen Ideal nach „lieber weniger und gründlich" nicht entsprechend.

Viele Eltern unterwerfen Kinder sehr früh solchen Idealansprüchen in Bezug auf Wissensleistungen: „Er muss in der Schule gut sein", wobei sie gar nicht einschätzen können, was gut für ihr Kind sein kann.

- **Die Chreode des „Glashauses"**

In Familien, in denen alles schon durch Tradition und Reichtum – oft z. B. bei sogenannten „Neureichen" - geregelt ist und die ein linear funktionierendes Regelsystem aufgebaut haben, das ihnen stets gleich bleibend die gewonnenen oder erarbeiteten Privilegien erhalten soll, droht kindliche Naivität und Spontaneität eines Mitgliedes - vom Kleinkind bis zum Erwachsenen - diesen Zustand zu zerstören.

Es werden deshalb Mitglieder mit solchen Tendenzen abgeriegelt: Sie werden in ihrer Gefühlslage nicht ernst genommen, oder jegliche Kommunikation über solche „exotische" oder „verrückte", „schwierige" Ideen wird abgeschnitten: „Man kann da nichts machen." Das Kind lernt, die Vermeidung von Konflikten, die Aufschiebung von Entscheidungen über Liebe, Sexualität, Politik usw. als Ausdruck von Würde und Überlegenheit der Eltern anzuerkennen. Spontaneität, emotionale Gefühle wie Wut und Trauer werden nicht zugelassen, indem man sie als nicht existierendes Problem abtut. Es entsteht eine totale Einsamkeit im Bereich der Gefühle und des menschlichen Hier und Jetzt, eine künstliche Welt.

Muster der Interaktion und Interpunktion in der Driftzone
Chreoden, die diese Grundstruktur in die Schule - in der Grundschule oft sehr verborgen, weitaus deutlicher in den höheren Klassen - mitbringen, sind an einer gewissen Überlegenheit erkennbar, an Reichtumssymbolen wie Mode, Schmuck etc.,

an Zynismus, an einer durchsichtigen Isolation und teilweise auch nach innen gerichteten Aggressivität. Er oder sie muss sich besser dünken als die Anderen, „über Gefühle und menschliche ‚kleine' Probleme spricht man nicht", man ist innerlich vereinsamt und unsicher, ängstlich darauf wartend, ob nicht jemand einen aus seinem Glashaus befreien könnte.

Chreoden mit einem solchen linear-funktionalen Grundtenor können sehr distanziert wirken, sie sind dem Leben gegenüber hilflos, sie würden lieber nichts tun, als sich eine Blöße zu geben, lieber zynisch sein, als ein emotionales Risiko einzugehen. Im extremsten Fall würden sie lieber gleich tot sein, als die einmal errungene Sicherheit, symbolisiert durch Reichtum, Macht usw., durch das pulsierende Leben gefährden zu lassen.

Lehrende mit ähnlicher Grundstruktur haben eine enge Driftzone mit Chreoden gleicher Art: Sie beobachten sich, sie wissen – unbewusst - um ihr Glashaus und lassen sich meist, einander beobachtend, in Ruhe.

Chreoden dieses Typus können aber Lehrende auch aus dem verkümmerten Rest des „neugierigen Kindes" heraus als Versuchsobjekt herausfordern, doch Gefühle und Unregelmäßigkeiten zu zeigen, damit man wenigstens bei Anderen beobachten kann, was passiert, ohne aber selbst ein Risiko eingehen zu müssen.

Eine andere Version ist die Erhaltung einer sterilen Harmonie in der Lerngruppe um jeden Preis als Übertragung der eigenen Familiensituation: Der Träger einer solchen Chreode versucht jeden Tag, durch eigene Versuche, manchmal zusammen mit dem Lehrenden, Ordnung zu schaffen; gelingt dies nicht, wird er hektisch, aggressiv oder zynisch. Seine Wissbegier kreist um das bestehende, kontrollierbare Wissen, nicht um das dekonstruktive, unsichere Wissen, das Wissen, das auch einen anderen Bezugsrahmen haben kann.[449]

- ***Die Chreode der unterschiedlichen Temporalisierun, der Ungleichzeitigkeit***

Wir haben im Laufe der Entwicklung unseres Schulsystems durch strukturelle Maßnahmen ein immer perfekteres System von Zeitantreibern entwickelt. In 45 Minuten muss ein Thema abgeschlossen sein, in einer bestimmten Zeit muss eine Anzahl von Themen abgehandelt werden, es gibt sogar Pläne für die 1. Extemporalen usw. usw.

Dieser Tanz um die ja nicht zu vergeudende Zeit wird durch die immer häufiger in der Person anzutreffenden „Antreiber" verstärkt und gegenseitig als symmetrische Zeitachse angesehen, so lange, bis es nicht mehr geht. Der interne Antreiber „ Beeil´ dich" hat seine Ausformungen in sprachlichen Mustern, z. B.: „Gehen wir", „Ich will nur ganz kurz sagen", „Wir müssen uns jetzt aber beeilen", „Ich hab' keine Zeit", „Die Zeit fliegt davon" und dem beliebtesten Wort von Lehrern: „So!"

Die Entstehung dieser Antreiber fängt bei der Entwicklung von Skripts sehr früh an, d. h. in Form von kindlichen Programmen, die durch elterliche „Antreiber" internalisiert wurden: „Ich will es dir ja recht machen."[450]

Wir kennen viele solcher Erscheinungen bei Lehrenden, bei uns selbst und bei Lernenden. Dieser Typ von Chreoden fällt auf durch Nervosität, Ungeduld, sich rasch ändernde Körperhaltung, unruhigen Blick, trommelnde Finger usw.

---

[449] ausführlich in Schmidbauer, 1990

[450] siehe Transaktions-Analyse

Muster der Interaktion und Interpunktion in der Driftzone
Chreoden dieses Typus sind sehr schwer an ein Thema zu binden. Sie haben ständig den Handlungs-Imperativ: „Beeil' dich, du bist schon längst zu spät!" usw. Dabei versäumen sie die Gegenwart und können einen Stoff, ein Thema in seinen Dimensionen, Logiken usw. nicht erfassen, verstehen und erwerben.
In Prüfungen sind sie zerfahren, haben keine innere Ruhe zur Strukturierung und empfinden sich als „daneben", „neben der Kappe". Sie bleiben in Kombination mit der Logik des Assoziierens in angelernten Mustern stecken. Sie selbst sind dabei in einer inneren Unruhe und Unzufriedenheit gestimmt, weil sie merken, dass alles auf Quantität, Abhaken und Erledigen hinausläuft. Solche Schüler zeigen mitunter psychosomatische Erscheinungen wie Magenschmerzen, Kopfweh und unruhigen Schlaf.
Lehrende, die einen starken Antreiber in sich haben und den Mechanismus des Antreibers in ihrer fachdidaktischen Kombination, z. B. Mathematik, Naturwissenschaften , und in einem wenig kontingenten Unterrichtsstil in der Driftzone verwirklichen, könnte man als einen Art „Rattenfänger auf dem Eis" bezeichnen. Sie versammeln ihre Eistanz-Schüler oft durch exzellente Anfangsmorpheme. Dann ziehen sie ihre Kreise und hoffen, dass alle Eistanz-Schüler folgen werden. Es zieht sie selbst in den magischen Bann des Stoffes, der Logiken und der Strukturen. Sie merken aber nicht, dass einige bereits gestürzt sind, dass nach der ersten gedanklichen Pirouette bereits eine Anzahl von Schülern verloren wurde, bis sie dann fast am Schluss zurückschauen und merken, dass nur noch 2 oder 3 Schüler hinter ihnen sind. Sie sehen in der Ferne Grüppchen und Einzelne auf der Eisfläche, die sich unterhalten oder herumstehen. Werden die Einzelnen oder die Grüppchen auf ihre Interpunktionen reagieren?
Lehrende mit diesem Anteil verbreiten eine nervöse Stimmung, denn sie haben kaum Geduld für langsamere Chreoden. Sie konstruieren schnelle Zeitachsen, denen anders konnotierte Chreoden nicht folgen können. Diese entwickeln verschiedene Strategien: Flucht, Als-Ob-Verstehen, Fallen legen, abschalten.
Chreoden, die adaptiv ausgerichtet sind, versuchen diese „Beeil'-dich"-Antreiber mitzuspielen. Wer es schafft, der kann dann auf der Antreiberbühne spielen; wer es nicht schafft, steigt aus oder entwickelt selbstreferentielle Strategien oder gar späte *Episkripts*: Die drohende Tragödie des Versagens in diesem Zeitkarussell wird in einem geheimen, unbewussten Plan an jemand anderen weitergereicht. Der Andere wird zum Opfer gemacht oder als Sündenbock hingestellt.[451]
Der ständige Schwebezustand der Ungleichzeitigkeit erzeugt in einer Lerngemeinschaft eine eigenartige Stimmung zwischen Leistungsanforderungen und Enttäuschungen: Es entsteht eine Spirale von gegenseitiger Frustration und ständig neuen Versuchen, es doch noch zu schaffen.[452] Ständig prallen unterschiedliche zeitliche Bezugssysteme aufeinander. Dieser Chreodentyp erscheint mir charakteristisch für unsere Zeit!

---

[451] Siehe auch „Chreode der heißen Kartoffel", „Drama-Dreieck" in der TA

[452] viel Ähnlichkeit mit dem „Sisyphos"-Syndrom

▪ *Die Chreode des Wiederholungszwanges*

Wenn man Schüler und Lehrende beobachtet, wie sie immer wieder, trotz leidvoller Erfahrung, Verhaltensmuster und Einstellungen beibehalten und sogar noch stolz darauf sind, wenn sie sie bewusst wahrnehmen und sie trotzdem beibehalten. kann man als Lehrender vom Beobachterstandpunkt und vom Handeln 1 aus oft verzweifeln, wenn man sich bemüht, solchen Lernenden - oder Lehrenden in der Supervision - zu helfen. Von der Theorie der Autopoiese wissen wir, dass jedes lebende System ein selbstreferentielles, auf frühen Erfahrungen zirkulär aufbauendes System ist. Eingeschliffene Muster sind eingeschliffen, was sonst. Sie produzieren verdeckt und unbewusst die alten Erfahrungen und sind gegenüber neuen Erfahrungen resistent. Die Angst vor Neuem ist offenbar ein genauso mächtiger und grundlegender Mechanismus wie die Neugier. Es scheint, dass die Neugier in der frühen Kindheit vorherrscht und die gemachten Erfahrungen für die übrige Lebensphasen ausreichen sollen. Dies gilt auch für einen Teil der Lehrenden.

Die Sichtweise der Evolutionstheorie entspricht in unserer postmodernen Situation natürlich keinesfalls mehr den Anforderungen nach neuen Erfahrungen und dem daraus entstandenen Wissen. Das Festhalten an zerstörerischen Idealen und Erfahrungen aus der frühen Kindheit engt pulsierendes Leben ein und kann die im Laufe des Lebens entstehenden hochkomplexen Anforderungen nicht mehr befriedigen.

Muster der Interaktion und Interpunktion in der Driftzone

Wir alle unterliegen einem gewissen Wiederholungszwang.[453] Im Lehr- und Lernbereich werden wir darauf achten, welche Wiederholungsmuster der einzelne Lernende mitgebracht hat[454] und wir Lehrende selbst auch. Sobald solche Chreoden Kennzeichen von Mustern aufweisen, die kein neugieriges Verhalten mehr zeigen, sondern apathisch sind, die bei der Bildung neuer Bewusstseinsgemeinschaften in Klassen oder Lernkulturen nicht mehr auf neue Rituale und Kommunikationsmuster eingehen, ihre alten nicht-angepassten Muster zeigen und darin verharren, wäre eine professionelle systemische Beratung des Lehrenden für Veränderungsprozesse sinnvoll. Im Alltagsgeschäft ist es schwer, diese rigiden Grundmuster umzupolen.

Lehrende mit Wiederholungszwang nehmen solche Lernende sehr schnell wahr und sprechen über diese Grundmuster als „Ticks" und „Macken". Im Laufe eines Schuljahrs richten sich die Meisten ein. Treffen Lehrende und Lernende mit den gleichen rigiden Grundmustern aufeinander, gibt es nach unseren Beobachtungen zwei Driftbereiche:

- Einerseits entsteht ein hoher konsensueller Bereich in der Verwirklichung und ständigen Wiederholung des Musters: z. B. Waschzwang, Aufräumzwang, verstehende Solidarität beim Machen der immer gleichen „Fehler":
  „Wir sind halt so ..."
- Oder es entwickelt sich eine ständig oszillierende Kommunikation zwischen den Beiden in Richtung Kritik und Abwertung. „Ich habe dir doch schon 100 mal gesagt ..." Dabei merkt der Lehrende in diesem Fall gar nicht, dass er selbst das gleiche Muster in einer anderen Situation ebenso zwanghaft wiederholt.

---

[453] siehe Projektion und Übertragung

[454] siehe self science

Hier bedarf es einer Aufklärung bei den Lehrenden über die Entstehung von solchen zwanghaften Mustern, eines Trainings, z. B. in den Techniken der Dissoziation, der Herstellung von Rapport, des Reframing und des Einübens von alternativen didaktischen Verhaltensmustern.

- *Die Chreode der Nekrophilie*

Diese Chreode ist nur verständlich, wenn man die psychoanalytische Erklärung heranzieht: Das narzisstisch verwundete und vernachlässigte Kind zeigt als Folge einer schweren emotionalen Störung in dem symbiotischen Liebesbedürfnis zur Mutter auch im Lernverhalten ein in sich enttäuschtes, erstarrtes Ich. Es zieht alles an, was lebendig ist, um es in Unlebendiges umzuwandeln, es zu zerstören um der Zerstörung willen, und es zeigt ausschließliches Interesse an allem, was rein mechanisch ist. Es wird geradezu leidenschaftlich versucht, Lebendiges zu zerstören. Der frühe Verlust an Triebbefriedigung hat sich gedreht in die Lust zu allem, was mechanisch, tot oder krank ist. Nekrophile Jugendliche sind gerade in unserer technologischen Welt mit ihrer mechanischen Verführungen, z. B. schnelle Autos, Computer, bestens eingehüllt in diese Todesliebe.

Die emotionale Anziehung durch das Lebendige ist eng mit der Fähigkeit verbunden, andere Lebewesen als getrennt vom eigenen Selbst zu erkennen. Dies entspricht reiferen Formen des gesunden Narzissmus. Die gestörte Form ist bei Kindern und vor allem bei Jugendlichen deutlich erkennbar, wenn sie sich auffällig für die unbelebte Natur interessieren.

Auf der anderen Seite sind Fliegen, Motorradfahren, Segeln, Skifahren, Verschmelzen mit Wasser, Luft und Landschaft, Schwimmen, Bergsteigen, Klettern, weite einsame Reisen usw. ein Versuch, wieder in das symbiotische Paradies zurückzukehren, aus dem man sehr früh, oft sofort nach der Geburt, herausgeworfen worden ist.

Ein weiteres Kennzeichen von nekrophilen Chreoden, nicht frei lachen zu können. „Sie wirken auch im gewaschenen Zustand schmutzig"[455] und ihre sprachliche Repräsentation ist durch Wörter gekennzeichnet, die sich auf Exkremente und Zerstörung beziehen.

Muster der Interaktion und Interpunktion in der Driftzone

Chreoden diesen Typus sind eine erhebliche Belastung für eine frei fließende Bewusstseinskultur. Sie sind vor allem dann *aversiv*, wenn es um Spontaneität, Autonomie und Kongruenz in Hier- und Jetzt-Situationen geht, wenn man herzlich lachen, lernen und feiern will. Dort tauchen plötzlich völlig unpassende, zerstörerische Worte oder entsprechendes Verhalten auf. Sie müssen den verlorenen narzisstischen Urzustand der Verschmelzung, Symbiose und völligen Geborgenheit im Mutterleib wiederherstellen.

Andererseits sind es passende Chreoden in unserer technologisch orientierten Welt, wenn es um starres Wissen, um Festigkeit in einer Position und um Zuverlässigkeit in einer Behauptung geht, also um technologische Starrheit und Gesetzmäßigkeit. Es ist ein idealer Chreodentyp für unsere an Hyperpräzision glaubende Welt.

Im Unterricht sind diese nekrophilen Chreoden ein dumpfe Belastung, weil sie zu Ermahnungen, vernünftigen Reden und gut gemeinten Ratschlägen keine Resonanz erzeugen können. Sie bedürfen eines umfassenden Verständnisses ihrer Situation, die

---

[455] nach Schmidbauer, 1990, S. 204

sie selbst nicht erklären können. In fachdidaktischen Kontexten können solche Chreoden aufblühen, wo es um zerstörerische Bereiche geht: „schwarze" Literatur, entropische Gedanken und Megatechniken und Technologien, die über die Natur ihre Herrschaft angetreten haben, destruktive Philosophien.[456]

Lehrende mit nekrophilen Tendenzen können sehr viel Angst in der Driftzone erzeugen, vor allem bei Lernenden, die die zerstörerischen Ideen und Kommunikationen nicht kennen bzw. nicht abwehren können. Hier bedürfte es in der Lehrerfortbildung unbedingt einer Selbstaufklärung und kompetenter Hilfen für professionelles Handeln.[457]

Chreoden-Entwicklung im WIR-Bereich

Lernende wie Lehrende haben eine Strukturgeschichte. Diese entsteht im Rahmen der gesellschaftlichen Gesamtsituation und gemäß dem Prinzip der Äquifinalität lebender Systeme in vielfältiger Weise. Der von Bourdieu entwickelte Ansatz des Kulturellen Kapitals kann hier übernommen werden: Nach Bourdieu bedeutet Kapital eine Ansammlung von gesellschaftlich anerkannten Formen und Materialien. Es gibt dabei die ökonomische, kulturelle und soziale Version. Uns interessiert in erster Linie die Version des kulturellen Kapitals, weil sie auch die zunehmenden Tendenz zu einer Wissensgesellschaft gut abbilden kann.

Wie wir schon in der Betrachtung unserer gesamtgesellschaftlichen Situation und im speziellen der deutsche Bildungs-Tauschmarkt dargestellt haben, lässt sich das Bildungssystem und insbesondere die Schule mühelos in dieses Konzept einfügen.

Sie hat die gesellschaftliche Aufgabe einer Bildung von kulturellem Kapital. Dieser Mythos herrscht in unserer Gesellschaft vor und wird auch in der Bewusstseinsbildung der jungen Generation zum Hauptattraktor. Freilich bilden die einzelnen Lernenden in diesem Hauptmilieu vielfältige Formen und Bewusstseinsstrukturen aus. Dies sind die Chreoden-Typen des *inkorporierten*, *objektivierten* und *institutionalisierten* Kapitals, zunehmend aber auch die Chreode der Verweigerung bzw. Nichtanpassung an diesen Mythos.[458] Wir haben solche Chreoden unter dem Aspekt des Bildungs-Tauschmarktes ausführlich dargestellt.

Folgende Chreoden zu erkennen ist u. E. für Lehrende von besonderer Bedeutung, weil sonst häufig Enttäuschungen und Frustrationen entstehen können.[459]

▪ *Die Chreode der abgestuften Zugehörigkeit und begrenzten Aufmerksamkeit*

Wegen der generellen Antreibersituation in unserer Leistungsgesellschaft und im darin bestehenden Bildungs-Tauschmarkt, in der sich sehr viele Lernende befinden, entweder wegen ihrer bereits verinnerlichten Antreiber oder durch ständigen direkten und indirekten Druck seitens der Eltern oder Lehrenden, bleibt ihnen nichts Anderes übrig, als entweder das „Soll" mit allen Folgen zu erfüllen oder aber eine Ökonomie der „abgestuften Zugehörigkeit" zu entwickeln. Die Grundfrage heißt dann:

Wann, auf welchem Gebiet, in welchem Fach und in welcher sozialen Situation

---

[456] vgl. Satanskult, schwarze Kleidung, Punkfrisur

[457] siehe Übungen zu self science, Rapport, Dissoziation, Entdecken der positiven Absichten, Reframing, Übungen mit den Kopfbewohnern usw.

[458] Schneider, Die Zeit, Nr. 32, 3. 8. 2000, S. 9

[459] siehe „Enttäuschungslagen" in der Driftzone

setze ich welchen Grad an Energie ein?

Die Art der Zugehörigkeit kann unterschiedlich sein:

- soziale Zugehörigkeit
- kognitive Zugehörigkeit:
  gemeint ist die energetische Anteilnahme im Vermittlungsprozess
- gesellschaftliche Zugehörigkeit

Folgende Ausprägungen der abgestuften Zugehörigkeit haben wir bis jetzt identifiziert:

- ***Die kalte Chreode***

Möglichst geringer Aufwand für einen optimalen Aktienerwerb im Bildungs-Tauschmarkt ohne innere Beteiligung, geradlinig, nüchtern, nutzen-orientiert. Emotionale Anteile fehlen, von emotionaler Intelligenz ist kaum etwas zu entdecken.

> Beispiel: „Kalte Chreode"
>
> Man kann bei der Fernsehserie „Raumschiff Enterprise" bei Commander Data diese kalte Chreode gut wiedererkennen.[460] Danach ist diese Chreode hyperrational, kühl, nüchtern; Intelligenz hat nichts mit Emotion zu tun
>
> *„Data wünscht sich Gefühle, denn er weiß, dass ihm etwas Wesentliches abgeht. Er möchte Freundschaft, Loyalität empfinden; ihm fehlt wie dem Blechmann im Zauberer von OZ, ein Herz. Data kann technisch virtuos, aber ohne Leidenschaft musizieren und Gedichte schreiben, da ihm das lyrische Gespür fehlt, das mit dem Gefühl kommt, sind seine Hervorbringungen scheußlich. Aus Datas Sehnsucht nach Sehnsucht lernen wir, dass die höheren Werte des menschlichen Herzens - Glaube, Hoffnung, Hingebung, Liebe - dem kühlen kognitiven Blick völlig entgehen."[461]*

- ***Die partielle Chreode***

Ein Lernender will nur in ganz bestimmten Fächern, bei bestimmten Lehrenden oder in bestimmten Tauschmärkten echte Anteilnahme, alles andere bleibt „kognitives Geräusch". Diese Chreode passt ganz in unsere funktional differenzierte Gesellschaft, wie sie von den Soziologen Luhmann, Willke und Nassehi beschrieben worden ist.
Ich bin Mitglied vieler Teilsysteme in unserer Gesellschaft. Ich spiele meine Rolle entsprechend den Erwartungen und meiner eigenen Ressourcen, z. B. als Kellner, Familienmitglied, Schüler, Verteidiger im FC, Discofreund etc.

- ***Die Als-ob-Chreode***

Sie versucht, den Tauschmarkt zu benützen, aber sie kann nur Scheinformen entwickeln. Entweder kann sie den Morphemen des Lehrenden in deren epistemologischer Struktur nicht folgen, oder sie kann es aus internen strukturdeterminierten Aspekten nicht, z. B. wegen kognitiver Überforderung bzw. sie hat einen anderen Bezugsrahmen.

---

[460] wie Goleman sie eindrucksvoll beschrieben hat

[461] Goleman, 1995, S. 63

- *Die distanziert-soziale Chreode*
Diese Chreode versucht, neben dem kognitiven auch ein soziales Sparprogramm zu verwirklichen: kein Engagement, keine Verantwortung für Andere und keine unnötigen Streitereien, nicht auffallen. Der Träger dieser Chreode entscheidet ziemlich autonom, wann es sich lohnt, auch soziales Engagement zu zeigen.

Diese Chreoden-Typen der abgestuften Zugehörigkeit und begrenzten Aufmerksamkeit haben - oft unbewusst - beschlossen, in diesem teilweise sinnlosen und inzwischen oft absurden Bildungs-Tauschmarkt nur an ganz bestimmten Stellen ihre kostbaren Energien einzusetzen. Die restlichen bleiben der Freizeit oder dem Geldverdienen vorbehalten. Sie fällen also eine aktive Entscheidung für sich selbst innerhalb der vielen Möglichkeiten in unserer Gesellschaft und deren Optionen.

Dort, wo sie sich einsetzen, sind sie engagiert und autonom. Lehrende, die solche Chreoden-Typen entdecken und verstehen, haben ihre Freude daran, selbst wenn sie kontroverse Meinungen oder andere epistemologische Konstruktionen haben. Sie akzeptieren den Chreoden- Rahmen.

Chreoden-Entwicklung im SACH-Bereich

Selbstverständlich ist jede Chreode an eine Person gebunden, und daher ist es auch schwierig, von SACH-Chreoden zu sprechen: Gemeint sind jene kognitiven Programme, Muster und Logiken, die ein Lernender gemäß seiner Strukturdeterminiertheit bei Sachthemen benützen *muss*. Diese epistemologischen Muster stehen weder für die Lehrenden noch für die Lernenden bewusst zur Verfügung. Hier sollen die wichtigsten Logiken als individuelle Hauptprogramme von Verhalten dargestellt werden. Es können aber durchaus mehrere Chreoden untereinander vermischt sein, so dass es je nach Situation zu einer spezifischen Präferenzordnung kommen.

Diese Logiken werden wir an anderer Stelle im Zusammenhang mit einer Neubestimmung einer didaktischen Epistemologie ausführlich beschreiben.[462]

- *Die Chreode des Poppens*
Diese Chreode schließt in ihrer Eigenlogik erst einen Teil einer Aufgabe oder eines Problems ab, dann geht sie - darauf aufbauend - eine nächst höhere Aufgabe an.

Muster der Interaktion und Interpunktion in der Driftzone
Bei Kindern ist dieser Chreodentyp autonom, neugierig oder narzisstisch-individualistisch konnotiert. Wenig Kooperation mit anderen Chreoden, für die Morphem- und Unterrichtsgestaltung ein Gewinn, verführt Lehrende zu einer Fixierung auf den gegenseitig erzeugten hedonistischen Zustand.

Es entsteht ein hoher konsensueller Bereich zwischen Lehrenden und Lernenden, wenn sie die gleiche Logik besitzen.

- *Die Chreode des Pushens*
Diese Chreode kann sehr gut in einem Schwebezustand - geistig, sozial, sprachlich etc. – bleiben oder immer wieder auf den gleichen Zustand als Basis für neue Operationen zurückkommen. Alltagssprachlich heißt es dann: Er oder sie hat ein gutes Gedächtnis.

---

[462] siehe Kösel, Lernwelten, Band II

Muster der Interaktion und Interpunktion in der Driftzone
Typisch naturwissenschaftliche Arbeitsweise, ebenso eine Chreode, die geradezu ideal für Lehrende ist, die systematisch in einer neuen Unterrichtsstunde Wiederholungen einbauen.
Diese Chreode ist relativ stark narzisstisch besetzt, ganz auf den Gegenstand konzentriert. Für Lehrende, die mit schleifenbildenden Morphemen arbeiten, ist sie eine ideale Chreode auf der Sachebene.
Vorsicht bei zu großer Resonanz zu dieser Chreode, denn dann kommt häufig eine Ausblendung anderer Chreoden-Typen in der Driftzone zustande.
Hypnotischer Zustand zwischen Lehrenden und dieser Chreode bei Lernenden

- *Die Chreode des zirkulären Denkens*

Dieser Chreodentyp verrechnet immer das subjektiv Gegenwärtige mit dem Erinnerten, dem bereits Erfahrenen. Diese Erinnerungen können *linear* sein oder auch *assoziativ*, *affektiv*, *metaphorisch*.

Muster der Interaktion und Interpunktion in der Driftzone
Dieser Chreodentyp ist in allen Fächern vorzufinden. Er zeichnet sich durch relative Spontaneität, Langatmigkeit und durch unterschiedliche Logiken aus; manchmal sehr ausführliche Darstellung, narrative Schleifenbildung, assoziative Metaphoriken.
Solche Chreoden machen den Unterricht lebendig, sie sind aber Reiz-Chreoden für solche Lehrende, die ausgesprochen linear-kausal bzw. final denken müssen oder sich keine interne Zeit in der Driftzone nehmen können. Sie erzeugen bei ihnen durch entsprechende - vor allem dauernde - Interventionen Stress, Frustrationen, Kränkungen oder Lähmung.

- *Die Chreode der Rekursion*

Die Grundlogik ist: Verschachtele ein Thema, einen Stoff, ein Problem mit einer anderen Verschachtelung und dann wiederum mit einer Verschachtelung. Solche Chreoden können ein Thema in viele Referenzebenen, Dimensionen und Logiken bringen, die meist sogar jeweils nach Relevanz und Zugehörigkeit geordnet sind.

Muster der Interaktion und Interpunktion in der Driftzone
Solche Chreoden finden sich sehr häufig bei Computerspezialisten oder bei mathematischen, physikalischen oder sprachlichen – literarischen - Epistemologien.
Sie bieten für Morpheme, die auf dieser Logik aufbauen, ideale Voraussetzungen für strukturelle Koppelung und für die Bildung eines kognitiv-hedonistisch-dyadischen Regelkreises zwischen Lehrenden mit demselben Anteil.
Sie schließen aber immer auch andere Chreoden aus, die einem gänzlich anderen Typus angehören. Dieses Grundverhältnis kann auf die Dauer eine synreferentielle Grammatik in der Driftzone erzeugen, die bestimmte Chreoden-Typen ausschließt und zu negativen Interpunktionen in der Driftzone führt: Abschalten, Kränkungen, Rebellion, Lähmung.

- *Die Chreode der kognitiven Architektur*

Chreoden diesen Typs experimentieren anfangs mit dem angebotenen Stoff und suchen in der ersten Dominanz nach den dahinterliegenden Strukturen oder sie bauen sich selbst eine. Dabei werden verschiedene Logiken – z. B. Rekursion, Dimensionsanalyse, Wenn-dann-Relationen, Reduktion von Komplexität, Reihenfolge, inhärente Entschlüsselung - angewendet. Haben solche Chreoden eine innere Architektur gefunden oder konstruiert, so empfinden eine hedonistische Grundstimmung diesem Stoff oder Fach gegenüber und suchen immer neue Felder der Konstruktion und des Wissens.

So gibt es z. B. bei den Fremdsprachen ausgesprochene Architektur-Chreoden, die deshalb so erfolgreich sind, weil sie die Grundgrammatik der Sprache gefunden haben und dieser alles andere an- und unterordnen, wie z. B. Vokabellernen.[463] Bei solchen Chreoden ist es dann auch nicht mehr schwer, sehr schnell und erfolgreich bis zu 5 Sprachen aufzunehmen, was für Außenstehende mit anderen sprachlichen Chreoden-Strukturen erstaunlich erscheint. Sogenannte „hochbegabte" Lernenden haben meist eine klare Architektur ihres Wissens

Muster der Interaktion und Interpunktion in der Driftzone
Chreoden dieses Typs haben es leicht, in unserem Schulsystem zu überleben, weil sie selbst die Baumeister ihrer Architektur sind. Ihre analytischen Fähigkeiten werden durch unseren Mythos der Wissenschaftlichkeit und Analyse offen oder versteckt bestaunt. Sie haben einen hohen Anteil an Selbstorganisation und Autonomie, lernen ökonomisch und leicht. Sie werden von „weniger Begabten" oft als Helfer, Hausaufgabenhilfe oder als Retter in letzter Not, z. B. während der schriftlichen Prüfung auf der Toilette, um ihre Hilfe gebeten. Versagen sie diese Hilfe, dann können sie leicht als „Streber" etikettiert werden.

Lehrende, die diesem Typ selbst angehören, finden große Freude an solchen Lernenden. Sie sind unter sich und feiern ihre Eloquenz und Brillanz. Sie merken aber oft nicht, dass ein Teil der Lerngruppe nicht mehr folgen kann, abgeschaltet hat oder wie ein schwerer Ackergaul schwitzend hinterherlaufen muss. Solche Lehrende müssten unbedingt die anderen Chreoden-Typen mit berücksichtigen, die sonst oft hoffnungslos hinterherhinken oder ganz aussteigen.

- *Die Chreode der Metaphorik*

Heute wollen sich die meisten Menschen auf die Seite der „Sache" schlagen.

Objektivität, wissenschaftliches Denken, Sachlichkeit - das sind die modernen Mythen im Bereich von Lernen und Wissen: nackte Wahrheit, ohne allen Schmuck, so hat es Ranke schon verlangt,[464] wäre der aufgeklärte Stil. Als Ausdruck dieses Stils ist die Metaphern-Schelte anzusehen, die es schon seit dem 18. Jahrhundert gibt.[465]

Es gibt Chreoden, die diese Forderungen bestens erfüllen können, die auf der kühlen Seite des Verstandes und der Begrifflichkeit operieren. Sie erleben aber zugleich häufig ein Defizit, das mit Fließen, Menschlichkeit, Anschaulichkeit, Dichtung, Gemüt usw. zu tun hat.[466]

Es gibt aber auch Chreoden, die ausgesprochen oder versteckt mit dem metaphorischen Denken und Fühlen zutiefst verbunden sind und oft gar nicht anders denken und handeln können. Sie führen eher die Sprache der Emotion.

Muster der Interaktion und Interpunktion in der Driftzone
Solche Chreoden spüren aber häufig in der Schule, dass diese Art des Denkens in der

---

[463] siehe Beispiel „Anja"

[464] zitiert nach Blumenberg

[465] Kretzenbacher, H. L.: Zur Stilistik der Wissenschaftssprache, in: „Arbeitsgruppe", Wissenschaftssprachforschung, Berlin: Akademie der Wissenschaften, 1992

[466] siehe auch Chaostheorie, Synergetik, Flow-Theorie

Präferenzebene von Lehrenden mit hohem sprachlichem Sachlichkeitsanteil des Kognitiven, des Intellektuellen, des Objektiven und des Wissenschaftlichen höchstens an zweiter Stelle steht. Die narrative Dimension des metaphorischen Denkens ist dann in solchen Fällen eher Zierrat, unbewusst oft noch konnotiert mit Obskurismus, Okkultismus, Mythen und mit der evolutionärer Frühphase der Menschheit, mit „primitivem" Denken.
Andererseits leistet gerade die Metapher auch in der Wissenschaft große Dienste, wenn man nur an die physikalischen Forschungen, z. B. von Heisenberg, denkt.
Eine Metapher bringt Leben, Gefühle, Gemüt in den Unterricht und in die Kommunikation und unterstützt die Bildung einer ganzheitlichen emotionalen Intelligenz[467] in die Schule.
Ich plädiere für weit mehr metaphorische Anteile in der Morphem-Bildung, für die Betonung metaphorischer Darstellungen in der Leistungs-Interpretation und Bewertung, da sie auch unbedingt notwendige Stilelemente einer postmodernen Lernkultur sind. Hier gäbe es viel Entwicklungsarbeit in den jeweiligen Fachdidaktiken, in der Lehreraus- und -fortbildung. In einer systemisch-konstruktivistischen Didaktik stellt dieser Chreodentyp eine große Bereicherung dar, da er – oft unabsichtlich - *viable* Lernwege und eine Lernbrücke für andere Lernende bereitstellt.[468]
Wenn es heute um Schlüsselqualifikationen in den Bereichen „Sozialkompetenz", „Führungskompetenz" und „Konzeptkompetenz" geht, sind diese Chreoden-Typen in ihrer Struktur zu fördern und nicht als zweitrangige Qualifikation abzuwerten. Auch für den zukünftigen Arbeitsmarkt sind solche Chreoden-Typen wichtiger denn je: Die Träger dieser Chreoden sind einfühlsam, hervorragende Versteher für die Probleme anderer Menschen. Sie haben soziale Kompetenz, die in vielen Berufen des Tertiärbereichs, die mit Mitmenschlichkeit, Verantwortung und innerer Gelassenheit und Ruhe zu tun haben, z. B. im Bereich der beruflichen Bildung, dringend notwendig ist. Sie dürfen, bildungspolitisch gesehen, nicht als Merkmal der „niederen" Schularten angesehen werden!

- *Die Chreode der optimistischen Verleugnung*

Lernende, die im Laufe der Schulzeit, oft schon im 1. Schuljahr, bemerken, dass sie manches nicht verstehen, in einem Fach die dahinter liegende Logik nicht begreifen, die sich in ihrer Grundbefindlichkeit aber „o. k." fühlen, lernen allmählich Abwehrstrategien, die sie vor innerer Beschädigung schützen sollen. Sie drängen negative Gefühle ab: „O. k., das kann ich nicht, das begreife ich nicht, also schalte ich ab, wenn in der Schule dieses Fach, dieser Stoff oder diese Person angekündigt wird."
Es kann bereits in der Türhüter-Chreode eine solche Abwehr eingebaut sein, so dass keinerlei psychischer Aufwand mehr betrieben werden muss. Im Laufe des Schuljahrs oder der Schulzeit habitualisieren sich solche Abschottungen wie ein Panzer, der sich um jemanden herumgelegt hat. Es erschüttert ihn nichts mehr: weder Strafen noch Beschimpfungen, Abwertungen usw.
Trotzdem bleibt er nach außen kühl und gelassen. In anderen Situationen erlebt man Lernende mit dieser Chreode als durchaus optimistisch; sie geben sich stressfrei auch

---

[467] vgl. Goleman, 1995

[468] siehe Repräsentations-Typen

in altbekannten negativen Erfahrungssituationen. Sie verleugnen, dass ihnen diese dissoziative Gefühlslage - unangenehme Situation oder Person - etwas ausmacht.

Muster der Interaktion und Interpunktion in der Driftzone
Chreoden dieses Typs trifft man in Mathematik, im sprachlichen Bereich, z. B. beim Aufsatz, in der Rechtschreibung, und in künstlerischen Feldern an. Für Lernende kann es die erfolgreichste Methode einer emotionalen Selbstregulierung sein, wenn das Unbewusste die Entscheidung gefällt hat: „Diesen Stoff, dieses Fach oder die Person, die es vermittelt, verstehst du sowieso nicht, also schalte ab."
Verstehen Lehrende solche Chreoden-Typen nicht, weil sie glauben, sie wollten nicht, wären böse, rebellisch usw., kann es zu schwerer Deprivation bei diesen Lernenden und zu schweren Kränkungen bei Lehrenden kommen oder ständiger Krieg entstehen, wobei der Lehrende ständig an der „Burgmauer" des Lernenden scheitert. Meist bekommt der Lehrende – unbewusst - ein schlechtes Gewissen, weil er spürt, dass keinerlei Fortschritt zu erzielen und keine positive Relation zu diesem Lernenden auf der Schiene des Sachbereichs aufzubauen ist. Es gibt Fälle, wo der Lehrende über soziale Beschämung versucht, den Panzer zu knacken - vergeblich.
Im Erwachsenenalter müssen solche Chreoden in den negativ besetzten Feldern wie Mathematik, Sprache usw. von Grund auf andere Wege des Lernens gehen, z. B. in der beruflichen und betrieblichen Bildung, sonst tauchen die alten Muster, meist eine grundlegende Abwehr, eine Sachlage schriftlich festzuhalten, sofort auf.

- *Die Chreode des fernen Ziels*

Manche Kinder entscheiden auf Grund einer grundlegenden positiven Erfahrung, dass das Leben nur dann einen Sinn habe, wenn es sich auf ein Ziel hin ausrichte.
Viele große Künstler und, besonders in unserer Zeit, Spitzen-Sportler haben durch Ausdauer, Konzentration und unerschütterlichen Glauben an ein Ziel trotz erheblicher Rückschläge eine erfolgreiche Karriere gemacht. Sie haben die vielen Konkurrenten ausgeschaltet, nicht weil sie böse sind, sondern einem Muster folgend. Sie waren im Training ausdauernd, haben unendlich viele Stunden hart gearbeitet und hatten dabei ihr Ziel virtuell vor Augen. Das Gehirn konzentriert sich auf dieses Ziel und engt sich zugleich erheblich ein.
In der Schule sind solche Chreoden, die nur *ein* Ziel haben, öfters anzutreffen.
Viele Eltern unterstützen diese Fokussierung, weil sie an eine solche Karriere ihres Kindes glauben. Es ist ein Tanz auf Messers Schneide. Scheitert dieses Kind, bricht eine Welt zusammen. Hat es erfolgreiche Strecken hinter sich, so ist das Glück groß.

Muster der Interaktion und Interpunktion in der Driftzone
Im schulischen Bereich kann der Lehrende oder auch die Schule insgesamt solche Chreoden durchaus unterstützen, er hat aber auch eine große Beobachter-Aufmerksamkeit diesen Kindern gegenüber zu leisten, wenn man nicht nur vordergründig den Erfolg bestaunt, sondern auch die geheimen Gefährdungen bearbeiten will.

- *Die Chreode des vulgären Relativismus*

Den Grundtenor des vulgären Relativismus kann man so kennzeichnen: Man benütze die *Logik der Mehrfach-Interpretation* und die *Logik des Übergangs*, ohne dies dem Anderen mitzuteilen, wechsle blitzartig die Referenzebenen und die dazugehörigen Dimensionen. So kann man am besten die Kommunikation gestalten und überstehen, weil der Andere immer hinterherhinkt, da er ja die angebotenen Logiken zuerst entziffern muss. „Am besten ist es, wenn man plötzlich die Richtung der Gespräche ändert, ohne zu sagen, warum. Dann bist du immer Herr der Situation."

Eigentlich ist es ein Kampf um Macht und Anerkennung in der Kommunikation, der sehr häufig in akademischen Kreisen vorzufinden ist: Man nimmt an, durch möglichst schnelle und gedrehte Argumentationen könnte man seine Intelligenz und Schlagfertigkeit zeigen.

Muster der Interaktion und Interpunktion in der Driftzone
Diese Chreode lernen Schüler allmählich als Grundhaltung in ihrer schulischen Karriere, weil eine solche Logik - oft mit sprachlicher Eloquenz verbunden - insgeheim in unserer Gesellschaft, aber auch in der Leistungsbewertung unseres Bildungs-Tauschmarktes als Symbol von Wissen und Intelligenz relativ hoch gehandelt wird.

Solche Chreoden hinterlassen beim Anderen oft das Gefühl der Abwertung oder der Unechtheit. Man kann es aber nicht erklären, wenn der Bezugsrahmen nicht bekannt ist. Für den Träger dieses Programms ist meist eine tief verborgene Angst vor Verlust oder ein geringes Selbstwertgefühl die Ursache.

Treffen Lernende und Lehrende mit dieser Struktur aufeinander, so kann es ein Fest von sprachlichen Argumentationen rund um den Erdball geben, und am Ende weiß keiner mehr, wovon man eigentlich geredet hat.

Ist Asymmetrie zwischen Lehrenden oder Lernenden gegeben und wird diese Struktur angeboten, so kann es zu erheblichen Irritationen kommen: Der eine weiß nie, was der Andere jetzt für eine Argumentationsebene anpeilt. Man wird verunsichert und kann allmählich keine entsprechenden stabilen Muster der Interaktion mehr anbieten.

Dauert dieser Regelkreis an, so kann es bei einzelnen Schülern zu Lähmungen kommen; für die Lerngruppe kann es ein Schauspiel mit Beobachtern und Handelnden sein.

Hier wäre dringend eine Aufklärung bei Lehrenden nötig, die diese Logik unbewusst oder bewusst im Vermittlungsprozess benützen..[469]

- **Die Chreode des Redefinierens**

Redefinitionen haben den Sinn, an den eigenen destruktiven, aber vertrauten Grundmustern und Grundüberzeugungen festzuhalten, z. B. „Ich darf keine Schwächen zeigen, weil die anderen sonst auf mir herumhacken." Oder: „Sei auf der Hut, das Leben ist gefährlich."

Passen bestimmte Informationen oder Personen nicht in diesen Bezugsrahmen, so werden sie abgewehrt. Man schiebt die Schuld für die eigenen Gefühlen Anderen zu, oder diese Gefühle werden umgedeutet. Destruktive Grundüberzeugungen sind unbewusst, wenn an ihnen nicht reflektierend gearbeitet wird, und bleiben daher stabil. Sie sind für die Psyche vordergründig sehr ökonomisch, weil man sich nicht ständig neu auf Personen oder Situationen einstellen muss.

Andererseits sind sie aber im Lehr- und Lernprozess lästig, weil sie einen selbstreferentiellen Charakter haben und durch gegenläufige Argumentation des Anderen sofort umgedeutet werden oder weil sie die andere Person abwerten.

Auf der herkömmlichen Oberflächenstruktur der Kommunikation sind diese Redefinitionen nicht ohne weiteres veränderbar.

---

[469] siehe „Didaktischer Relativismus" und seine Logiken

In der aktuellen Kommunikation wird von „Redefinierern" viel Intelligenz und Witz mit Hilfe des „kleinen Professors", aufgewandt, um das eigene Bezugssystem aufrechtzuerhalten, aber auch um es zu verbergen. Bei der anderen Person entsteht oft ein dumpfes Unbehagen, weil sie das Gefühl hat, die eigenen Aussagen würden ihr im Munde verdreht.

Muster der Interaktion und Interpunktion in der Driftzone
Den Bezugsrahmen im schulischen Bereich aufrechtzuerhalten ist für den Redefinierer dann leicht, wenn der Lehrende diesen Mechanismus nicht durchschaut. Es gibt hauptsächlich zwei Arten des Re-Definierens bei Lern-Chreoden:

- Die eine versucht, durch Witze und Sprüche die destruktiven Grundüberzeugungen über sich selbst zu überspielen.
- Die andere Ausprägung ist die leugnend-aggressive Form. Dem anderen - Lehrenden oder Mitschüler - wird etwas durch Kritik, Feindseligkeit oder abwertende Sprüche unterstellt.

Träger von internalisierten destruktiven Grundüberzeugungen legen gegenüber Lehrenden in der direkten Kommunikation sogenannte Köder aus: „Wissen Sie, da kann man nichts machen", oder sie leugnen die Realität, z. B. „Worüber regen Sie sich eigentlich auf? Da war doch nichts!" Geht man auf dieses Spiel ein, so wird bagatellisiert, heruntergespielt, übersehen, geleugnet usw.
Innerhalb der Lerngruppe kann dann eine endlose Schleife entstehen. Wird dieses Spiel jeden Tag während eines Schuljahrs betrieben und spielt der Lehrende dabei mit, kann es zur Habitualisierung von Wir-Chreoden des Typus „Aggression" und zu gekreuzten Transaktionen mit allen destruktiven Folgen für die Bewusstseinsgemeinschaft in einer Klasse kommen.
Professionell gesehen, wäre hier eine Schulung des „Nichteinsteigens" sinnvoll, damit man in einer aktuellen Situation den ausgelegten Köder bemerkt und sich nicht in dieses Spiel verwickeln lässt. Auch das kontrollierte Aussteigen kann man trainieren.
In der Leistungs-Interpretation lösen solche Spiele oft Tragödien aus. Der Lehrende redefiniert die beobachtete Leistung durch eigene destruktive Grundmuster und setzt diese durch, während der Lernende den rigiden Unterrichtsstil - geringer Kontingenzkorridor in der Driftzone - und die Redefinition als Entwürdigung und als falsche Beurteilung ansehen muss.

Chreoden der neuronalen Repräsentation

Innerhalb der variantenreichen Repräsentationen in unserem Gehirn und unserem psychosomatischen Apparat gibt es besonders dominante Repräsentationen. Viele Lehrende und Lernenden bevorzugen visuelle Repräsentationen, häufig erkennbar an ihrer visuellen Sprache.
Sie haben eine reiche Unterstützung durch die vielen Grafikprogramme in der Computer-Software. Es ist eine Art architektonischer Such- und Strukturierungsvorgang, der Informationen überhaupt kommunizierbar macht.
Piktogramme, Grafiken, Formatierungsvorgänge werden in vielen Variationen angeboten, sie können aber auch selbst entwickelt werden. Dies erzeugt bei vielen Lernenden großen Spaß deshalb, weil sie in ihrer geistigen Selbstorganisation mit der eigenen Selbstreferentialität subjektive, eigene Werke schaffen können.
Ähnliches gilt für auditive Repräsentationen. So wird von der heutigen Generation Lernen häufig mit musikalischem Hintergrund und Strukturieren mit Figuren oder

Personen als Bedeutungsträgern belegt und verankert. Hier gäbe es eine Reihe von hervorragenden Konnotationen, wenn den Lehrenden in ihrer Morphemgestaltung dies deutlicher bewusst wäre.

Muster der Interaktion und Interpunktion in der Driftzone
Chreoden mit auditiven oder visuellen Repräsentationen erzeugen für ihre eigene kognitive Strukturbildung in Kombination mit bestimmten Logiken, z. B. Puschen, Rekursion, Metaphorik, ein reichhaltiges inneres Universum. Leider gibt es Lehrende, die diese eigenständigen Konstruktionen - oft unbewusst - als Konkurrenzprodukte ansehen und daher kritisieren müssen, statt die Lernenden in deren Aufbau zu unterstützen.
Auditive Chreoden haben in herkömmlichen Unterricht bei solchen Lehrenden eine Chance, die selbst diese Repräsentation bevorzugen. Allerdings muss dafür gesorgt werden, dass dann auch visuelle, kinästhetische und haptische Chreoden-Typen zumindest ab und zu eine Chance der Selbstorganisation erhalten. Hier sehe ich noch sehr viel Entwicklungsarbeit in der Unterrichtsforschung, aber auch in der Schulung der Wahrnehmung von Chreoden-Typen, ebenso in der fachdidaktischen Ausdifferenzierung auf der Grundlage von auditiven Grammatiken. Die NLP liefert dazu ein gutes Instrumentarium.
Lehrende, die die „reine Sache" als ihren Stil ansehen, also nur sprachlich-begrifflich arbeiten, tun sich oft sehr schwer mit solchen Chreoden, weil sie für sie eher Zierrat, nicht aber die Sache selbst darstellen. Solche Lehrende werten solche Produkte eher ab, genauso wie den Chreodentyp, der mehr metaphorisch besetzt ist.
Durch die überwiegend visuellen und auditiven Außenreize - entweder sprachlich oder visuell konnotiert - ergibt sich eine noch nie dagewesene Variation von Sinn und Struktur. Wir selektieren auf Grund unseres bisherigen Repräsentationsprofils unterschiedlich in eher visuelle, auditive, haptische, kinästhetische und / oder olfaktorische Figuren oder Muster. Diese Muster sind sehr früh, im Primärhabitus, entstanden und können daher als Grundbestanteil der Wahrnehmungs- und Handlungsstruktur eines autopoietischen Systems betrachtet werden.
Alle unsere Wahrnehmungen sind bereits durch Filter sortiert und eingeschränkt. Wenn wir alles wahrnehmen könnten, was da draußen ist, würde dies unsere Kapazität weit überschreiten, uns überfluten und zerstören. Wir konstruieren somit eine Landkarte von draußen. Umgekehrt wird unsere Leben durch diese Filter bestimmt, d. h. sie bestimmen auch unsere Verhaltens-Imperative und Handlungs-Muster in zwei Bereichen:

- im Bereich dessen, was wir sehen, denken und wie wir handeln
- im Bereich dessen, was wir nicht sehen werden, was wir ausschließen und selektieren

Neben den vielen anderen Filtern, z. B. Skripts, Erfahrungen, gibt es die sogenannten Repräsentations-Systeme, die im Konzept der Neurolinguistischen Programmierung (NLP) hervorragend ausgearbeitet wurden.

Es sind *neurologische*, *sozial-kulturelle* und *individuelle* Filter.

Diese Filter werden durch die 5 Sinne festgelegt:	
V = visuell	*sehen*
A = auditiv	*hören*
K = kinästhetisch	*sich bewegen, berühren, fühlen*
O = olfaktorisch	*riechen*
G = gustatorisch	*schmecken*

Das visuelle (V) System kann *äußerlich* genutzt werden, wenn wir die äußere Welt anschauen, oder *innerlich*, wenn wir uns mental etwas vorstellen.

Genauso kann das auditive System (A) in das Hören von *externen* oder *internen* Geräuschen unterteilt werden.

Das Gefühlssystem (K) umfasst ebenfalls zwei Dimensionen: *externe* Kinästhetik *taktile* Vorgänge wie Berührung, Fühlen von Temperatur und Feuchtigkeit; *interne* Kinästhetik schließt erinnerte Bereiche, Emotionen und innere Gefühle von Balance und Körperbewusstsein mit ein. Die interne Kinästhetik versorgt uns mit Feedback über unsere Bewegungen. Ohne sie könnten wir unseren Körper mit geschlossenen Augen im Raum nicht steuern.

In westlichen Kulturen werden hauptsächlich das visuelle, das auditive und das kinästhetische Repräsentationssystem genutzt.

Der *Tastsinn*, der *Geschmackssinn* (G, auch gustatorischer Sinn) und der *Geruch* (der olfaktorische Sinn, O), sind im Bereich des Lehrens und Lernens leider immer noch nicht als wichtig angesehen und werden oft im kinästhetischen Sinn mit eingeschlossen.

Wir benutzen ständig *alle* unsere Sinne. Bezüglich der inneren Wahrnehmung haben wir jedoch ein *bevorzugtes* Repräsentationssystem. Die Dominanz eines Speichersystems wird in den ersten Lebensmonaten geprägt. Wenn wir diese Strukturbildung im Bereich Lehren und Lernen betrachten.so ergeben sich sowohl für den Lehrenden als auch für den Lernenden Festlegungen, die die Wahrnehmungen zu einem bestimmten Profil strukturieren. Jeder gesunde Mensch hat die Fähigkeit, alle drei Repräsentations-Systeme zur Speicherung von Information zu benutzen. Trotz allem macht sich eine Dominanz bemerkbar. Die Dominanz zeichnet sich durch Gestik, Sprechtempo und durch die Verwendung bestimmter Wortprädikate aus.

> Besipiel: Repräsentations-Systeme
>
> Beispielsweise spricht ein Kinästhet (K) deutlich langsamer als ein visueller Mensch. Der Kinästhet ist ständig bemüht, seine gespeicherte Information aus seinem Gefühl oder in einer Bewegung abzurufen. Da Gefühle aber nicht gleichzeitig empfunden werden können, ist ein Kinästhet gezwungen, sie nacheinander abzurufen. Infolgedessen spricht er langsamer als ein Mensch mit visueller Dominanz. und legt sogar Sprechpausen ein.

Menschen mit visueller Dominanz (V) sprechen im Vergleich zu denen mit anderen Dominanzen sehr schnell, da es ihnen möglich ist, mehrere Bilder gleichzeitig abzurufen und sie teilweise sogar zu überlagern.

Ein Mensch mit auditiver Dominanz (A) neigt zu einer monotonen Sprechweise.

Wenn wir diese Perspektiven akzeptieren, muss auch die Bewertung von Wissens-Produkten und eine Leistungs-Interpretation auf der Grundlage individueller Repräsentationen bei den Lernenden stattfinden.

Reproduktion und Konstruktion von Wissen dürfen also nicht allein auf visuellem oder sprachlichem Weg stattfinden, sondern es sollten möglichst viele Repräsentationsmodi berücksichtigt werden. Hier wartet noch viel Entwicklungsarbeit auf die Didaktiker.

Die Konsequenzen für eine Subjektive Didaktik liegen auf der Hand: Bei der Chreoden-Analyse, bei der Frage nach der „Begabung", bei der Leistungsbewertung und bei der gesellschaftlichen Bewertung von Wissens-Produkten und Qualifikationen im Hinblick darauf, wer „wertvoller" ist: ein analytisch denkender Mensch oder einer, der mehr mit Bewegung und Metaphorik konnotiert ist.

In unserer bisherigen einseitigen Bevorzugung des visuell-auditiven Repräsentationstyps, unterstützt durch die einseitigen Instrumente der Begabungs-orientierung und -messung, haben wir die anderen Repräsentationstypen benachteiligt, und zwar in mehrfacher Hinsicht:

- die Selektion der Lernenden im Bildungssystem erfolgt zugunsten der AV-Typen und zu Ungunsten der VAK-, KAV- und AKV-Typen
- die Selektion nach Schularten

- *Die AVK–Chreode (auditiv–visuell–kinästhetisch)*

Menschen mit AVK-Chreoden lernen am besten durch Zuhören und Diskutieren oder durch Wiederholung des Gehörten. Sie verlangen viel verbale Aufmerksamkeit. Es ist wichtig, dass sie immer die Möglichkeit haben, Fragen zu stellen. Den Stoff behalten sie am besten, wenn er an eigene Erfahrungen anknüpft. Sie können trotz Hintergrundlärms recht gut arbeiten. Lesen und Schreiben lernen sie am besten mit einer Ganzheitsmethode, bei der sie Geschichten über eigene Erlebnisse schreiben und sich die Wörter im Kontext aneignen können.

Da das Schreiben der Buchstaben ihnen möglicherweise Schwierigkeiten bereitet, ist es günstig, wenn sie zunächst sehr groß schreiben dürfen. Wenn möglich, sollte ihnen der Lernstoff anhand kürzerer Texte oder mündlich vermittelt werden.

Im Klassenzimmer sollten bestimmte Flächen an der Wand von Bildern und Zetteln freigehalten werden. Ein Sitzplatz nahe am Fenster ist günstig. Solche Lernende müssen sich bewegen können.

Unterricht und Leistungs-Interpretation für AVK-Lernende

Lernenden mit AVK-Chreoden hilft es, wenn einer Lektion, einer Tätigkeit oder einem Vortrag ein mündlicher Abriss des Inhalts vorangeht. Hier gilt vor allem: Sie sollten das, was sie lernen sollen, laut mit eigenen Worten wiederholen dürfen, damit sie hören können, was sie denken. Dieses Bedürfnis kann auch für den Unterricht genutzt werden. Die Zusammenfassung von Gedanken, für sich selbst oder für eine Lerngruppe, gelingt AVK-Lernenden meist sehr gut. Sie sind meist auch gute „Hilfslehrer".

Lernende mit AVK-Chreoden lernen phonetisch lesen. Beim Schreiben brauchen sie

Anregung: Die Erarbeitung eines Textes sollte mit ihnen Schritt für Schritt erfolgen mit viel Anschauungsmaterial oder Übungen mit Visualisierungen, um ihre Phantasie anzuregen. Lehrende sollten praktische Arbeiten oder Versuche in kleinen Schritten erklären, so dass die Lernenden genügend Zeit haben, sie nachzuvollziehen, und sich nicht unter Druck gesetzt fühlen. Tests und Leistungsbewertungstechniken sollten so konstruiert werden, dass Lernende mit AVK-Dominanz z. B. die Logiken der *Linearität*, der *Rekursion*, des *Poppens* verwenden können.

- *Die KAV-Chreode (kinästhetisch-auditiv–visuell)*

Menschen mit KAV-Dominanz sind am erfolgreichsten in Verbindung mit praktischen, konkreten Erfahrungen. Am besten merken sie sich Dinge, die unmittelbar nützlich sind oder in irgendeiner Wiese an Erlebnisse anknüpfen.
Berührung, Geruch und Geschmack sind dabei besonders wichtig.
KAV-Lernende lernen sehr gut, wenn sie den Lernstoff verkörpern können. Sie brauchen immer wieder Pausen und müssen sich beim Zuhören bewegen können. Sie arbeiten gut in Gruppen. Lesen und schreiben lernen sie am besten mit einer Ganzheitsmethode: Wenn sie Erlebnisse aufschreiben und dann die Wörter, die sie geschrieben haben, im Kontext lernen, sind sie erfolgreich.
Mündliche Erklärungen fruchten bei ihnen mehr als schriftliche.

Unterricht und Leistungs-Interpretation für KAV-Lernende
Lehrende sollten solchen Lernenden erlauben, Dinge auszuprobieren. Auch das, was sie gelernt haben, zeigen sie besser in Diskussionen oder Sketchen als in schriftlichen Arbeiten. Handschrift und Rechtschreibung sind bei diesen Schülern Problempunkte.
Am besten ist es, wenn sie dabei ihren Körper und ihre Stimme so oft wie möglich einsetzen können. Lernende in der 1. Klasse bevorzugen das Schreiben mit sehr großen Buchstaben, eventuell an der Tafel oder an einer Staffelei, damit sie mit ihrem ganzen Körper arbeiten können. Buchstaben lassen sich auch üben, indem die Lernenden sie in der Luft, in den Sand oder mit Fingerfarbe auf Papier malen und dabei laut aufsagen.
Lernende mit KAV-Dominanz sitzen am besten am Fenster. Im Klassenzimmer sollten nicht alle Wände mit Bildern oder Zetteln bedeckt sein.
Sie lernen am leichtesten durch praktisches Tun: bei Exkursionen, anhand von Modellen und realen Gegenständen, die sie riechen, berühren und fühlen können. Sie sollten sehen können, worüber gesprochen wird. Lernsituationen sollten deshalb möglichst konkret sein und Bezug zum Leben der Lernenden haben. Erläuterungen mitten in einer Demonstration können bei ihnen zu Verwirrung führen. Sind Erklärungen nötig, sollten sie in kleinen Schritten gegeben und ihnen zusätzlich ein Modell oder eine Abbildung gezeigt werden.
Lernende mit KVA-Dominanz müssen sich bewegen können, wenn ihre visuelle Aufmerksamkeit gefordert ist. Für sie ist es besonders wichtig, Dinge auf eine Art lernen und wiedergeben zu können, die nicht nur Sprechen und Zuhören umfasst.
Allein durch Zuhören lernen sie kaum. Sie sollten sich Notizen machen, Lesekärtchen verwenden, zeichnen oder kritzeln, während sie zuhören oder lernen. Sie brauchen eine Gelegenheit, das Gelernte in Vorführungen oder Spielen zu demonstrieren, bei denen ihre Hände und ihr ganzer Körper beteiligt sind. Wenn sie etwas mündlich vortragen müssen, sollten sie Stichwortzettel und Anschauungsmaterial benutzen dürfen. Gezielte Berührungen kann ihnen die für sie typische Angst vor der Schule nehmen.

Mit kreativen Möglichkeiten können sie ihren mündlichen Wortschatz erweitern.
Besonders für Mathematik-Lehrer gilt, dass sie bei Lernenden mit KVA-Dominanz im Aufbau der mathematischen Architektur und auch in den Formen der Leistungs-Bewertung unbedingt ihre Eigenlogik und ihre Eigenzeit und ihr Bedürfnis nach möglichst viel Bewegung berücksichtigen sollten.

- *Die VKA-Chreode (visuell-kinästhetisch–auditiv)*

Menschen mit VKA-Dominanz brauchen im Unterricht Anschauungsmaterial und Gelegenheit, sich zu bewegen und zu erfahren.

Lernende mit dieser Dominanz brauchen sowohl schriftliche als auch mündliche Anleitungen. Wenn der Lehrende etwas vorträgt, sollte er vorher einen kurzen Abriss davon geben. Diese Lernenden sollten sich Notizen machen oder Mindmaps anfertigen. Dabei werden Wörter oder Symbole nicht linear zusammengestellt, sondern diese Lernenden haben eine eher assoziative Logik bei der Zusammenstellung ihrer Gedanken. Lehrende sollten selbstorganisiertes Lernen organisieren und zusammen mit diesen Lernenden Versuche und Demonstrationen für die Lerngruppe vorbereiten. Dabei brauchen sie Tabellen, Abbildungen und anderes Anschauungsmaterial. Im ersten und zweiten Schuljahr sollte man beim Lesen von einer Methode ausgehen, die das Sehen in den Vordergrund stellt.

Bildkärtchen sind für diese Lernenden gut. Das Leseverständnis der Schüler kann gefördert werden, indem man sie ermutigt, ihre natürliche Fähigkeit des Visualisierens einzusetzen, zum Beispiel, indem sie sich bildlich – z. B. in Form von Mindmaps, Metaphoriken, Tieren, Pflanzen - vorstellen, was sie gerade lesen.

Unterricht und Leistungs-Interpretation für VKA-Lernende
Lernende mit VKA-Dominanz lernen gut, wenn man ihnen ohne viele Erläuterungen zeigt, wie es geht, und sie dann selbst probieren lässt. Die Lernenden sollten mehrere Lösungswege für eine Aufgabe finden und lassen ihren eigenen Weg wählen dürfen
Lehrende sollten es akzeptieren, wenn solche Schüler sich plötzlich umentscheiden.
VKA-Lernende sollten ermutigt werden, eine Sportart auszuüben oder ein Hobby zu wählen, bei dem sie mit den Händen arbeiten können. Im Unterricht sollten sie die Chance bekommen, ihr Wissen statt in Form eines Referats auf andere Art zu demonstrieren, z. B. als Spiel, als Lerndrama oder als Lernmarkt.
Sie dürfen nicht zum Sprechen gedrängt werden und Zeit zum Überlegen bekommen. Bewegung hilft ihnen oft, die richtigen Worte zu finden.
Schreiben trägt zur Klärung ihrer Gedanken bei. Ermutigen Sie Lernende mit VKA-Dominanz zu kreativem Schreiben. Das gleiche gilt für die Konstruktion von Leistungs- und Bewertungssituationen. Konstruieren Sie Bewertungssituationen, in denen Bewegung, konstruktives Handeln und Nachdenken ermöglicht wird.

- *Die VAK –Chreode (visuell-auditiv-kinästhetisch)*

Menschen mit VAK-Dominanz lernen leicht, was sie selbst lesen und was sie gezeigt bekommen. Schüler diesen Typs lernen im 1. Schuljahr am besten phonetisch. Sie schreiben klar, präzise und weitgehend fehlerlos.
Sie sollten ermuntert werden, viele verschiedene Dinge zu schreiben, von persönlichen Erlebnissen bis zu Dialogen, Gedichten und Phantasiegeschichten.
Arbeitsblätter kommen bei ihnen gut an.
Schriftliche Anleitungen reichen für sie aus, obwohl durch Nachfragen sichergestellt werden sollte, dass sie alles verstanden haben. Die üblichen Tests sind für sie

durchaus geeignet. Arbeitsprojekte, Spiele und mündliche Berichte erfordern etwas Anstrengung und sollten gefördert werden.

Unterricht und Leistungs-Interpretation für VAK-Lernende
Die Arbeit in einer Gruppe mit Schülern desselben Musters müsste bei Lernenden mit VAK-Dominanz gut gelingen. Sie brauchen aber Zeit, um ihre Meinungen laut zu diskutieren und Argumente zu ordnen.

In den naturwissenschaftlichen Fächern und beim Sport sollte man ihnen neue Aufgaben erst zeigen und mit ihnen durchsprechen, ehe sie selbst „zur Tat schreiten".

Um strukturierte Bewegungsabläufe zu erlernen, brauchen sie die visuelle Vorstellung davon, wie ihr Körper bei der entsprechenden Übung aussehen wird. Außerdem ist ein Feedback nach der Übung wichtig. Lernende mit VAK-Dominanz wollen selbst lernen und brauchen eine breite Interpretations-Erlaubnis und Anerkennung für ihre Produkte.

Wegen der vielfältigen Ausprägungen der Repräsentationssysteme bei verschiedenen Lern-Chreoden verlaufen Lernprozesse sehr unterschiedlich.

Die Grundfrage für Lehrende, die dies anerkennen und aushalten können, lautet daher die Grundfrage:

> Welche Strukturellen Koppelungen kann ein Lernender mit meinem eigenen Repräsentationssystem aufbauen?

Die Chreoden der virtuellen Welt

Wir alle werden Zeugen und Mitakteure einer Entwicklung, die in eine neue globale Wissensgesellschaft führt.

Hat das Bildungssystem bisher noch staatliche Privilegien der Wissens-Konstruktion in Gestalt des Lehrplans, der Wissens-Distribution, die Entscheidung darüber, wer welches Wissen vermitteln darf, und der Wissenslegitimation, die Frage der Zertifizierung von Wissen, so bemerken wir, dass diese Privilegien laufend weggespült werden und erodieren. Dies sieh man daran, dass laufend Teilsysteme der Gesellschaft die ursprünglichen Aufgaben des Bildungssystems in einer transformierten Sicht übernehmen und neue didaktische Formen und auch eine neue Sprachlichkeit entwickeln mit Begriffen wie z. B. Portfolio, Portal usw.

Faszinierend sind die elektronischen Welten gerade im Kontrast zur Realität. Die Leichtigkeit, die freie Beweglichkeit und das ungebundenen Spiel mit Dimensionen und Gebilden erzeugen im synthetischen Bildraum einen schwerelosen Zustand.

Die virtuellen Körper haben ihre Trägheit, Widerständigkeit und Massivität verloren. Freie Mutationen treten an Stelle von Konstanz und die Inhalte sind beliebig modellierbar. Sie suggerieren Realität, aber alles könnte auch anders ein sein.[470]

Dagegen sind die Strukturen und Denkwege in der Schule immer noch zu oft starr, einseitig bestimmt und ontologisch auf den Lehrenden ausgerichtet.

Die Hypergeschwindigkeit des Datenstroms erzeugt ein Bewusstsein, dass alle Informationen sofort da sein, aber auch sofort wieder verschwinden können. Die Welt der elektronischen Medien ist, wie Welsch es formuliert, eine „Welt der Instantaneität". Es gibt nur den Gegensatz von Sein oder Nichtsein in der Gegenwart.

---

[470] nach Welsch

„Im Internet werden Datenverbände von einem Moment zum nächsten, zeugen sich fort, können kombiniert werden. Man kann das einzelne Dokument verändern, kann seine Darstellungsweise modifizieren, kann es mit anderen Dokumenten kreuzen und vielfältig vernetzen, (ohne jemanden fragen zu müssen, ob dies erlaubt ist oder nicht Anm. d. V) [...] Man denke etwa an Hypertext. Offensichtlich ist diese Medien-Ontologie anti-klassisch, von ganz anderer Art als die herkömmliche Dingontologie und deren Würdeform, die metaphysische Ontologie. Statt einer hierarchisch organisierten Welt entfaltet sie eine Welt von lateralen Anschlüssen, von Kreuzungen und Vernetzungen sowie von rhizomatischen Wucherungen und Transformationen. Anstelle von Stabilität dominiert Veränderlichkeit, statt Tiefe Oberfläche, statt Wirklichkeit Möglichkeit." [471]

Uns interessiert nun, welche selbstorganisierenden Entwicklungen bei den Lernenden zu beobachten sind und welche Eigenlogiken sie in dieser neuen Welt entworfen bzw. bereits habitualisiert haben:

- *Chreode der optimistischen Virtualität - Die Lästigkeit der wirklichen Dinge*
Chreoden diesen Typs sind Virtuosen in der Handhabung von Computerprogrammen und in der Erstellung eigener Webseiten. Sie beherrschen die Grund-Techniken der digitalen Welt. Hinzu kommt, dass sie einen eigenen ästhetischen und sprachlichen Habitus in dieser Welt entwickeln und kommunizieren. Der Alltag mit seinen lästigen Forderungen und Problemen wird an den Rand gedrängt. Man will ihn lieber nicht wahrnehmen oder auf ihn ein Minimum reduzieren. Wenn er nicht in den neuen Bezugsrahmen passt, wird er redefiniert. Ein Teil dieses lästigen Alltags ist auch die Schule, weil dort die virtuelle Welt vielfach fehlt oder es kaum Lehrer gibt, die sich darin genauso hedonistisch bewegen können wie die Jugendlichen.

- *Chreode der virtuellen Architektur*
Mit virtueller Architektur meinen wir z. B. blitzschnelle Übergänge, das Beherrschen der Logiken des Zappens und Pushens und die Vermischung der Bereiche von Realität, Simulation und medialer Selektion gemeint. Die dafür bereitstehenden Techniken aus der Computerwelt werden sehr schnell rezipiert und zur eigenen digitalen Kultur transferiert. Man denke z. B. an das Kopieren von Informationen, Musik und auch schulischen Dokumenten aus dem Internet auf den eigenen Computer. Es gibt eine ganze Reihe von Websites, wo Schüler sich ihre Hausaufgaben holen oder auch Nachhilfeunterricht bekommen können. Wie richten sich Lernende auf diesen Sachverhalt ein?

- *Chreode der virtuellen Logik*
Hauptkennzeichen diesen Typs sind: Infotainment, Pixel-Technik, die Leichtigkeit der Wirklichkeit, Vom Realismus zum Konstruktivismus, medieninduzierte Aufweichung der Wirklichkeit
Eine Vermischung von realer und virtueller Phantasie. In der Driftzone erscheinen solche Lernende manchmal überheblich und sprechen bewusst eine Insider-Sprache als soziales Symbol der Zugehörigkeit und des Status „auf der Höhe der Zeit sein".

---

[471] Welsch, 1997

- *Chreode der virtuellen Überlegenheit*
Lernende, die diesem Typ angehören, zeigen, wie beweglich sie sind, Mythos der Beweglichkeit vs. Trägheit, sie schweben in den Welten der Datennetze, Schweben vs. Widerständigkeit, sie können jederzeit die Wirklichkeit transformieren und sind keine Anhänger von konstanten aufbauenden und verlässlichen Strukturen, Transformierbarkeit vs. Konstanz, Verlässlichkeit.
Die Verarbeitungskapazität scheint ins Gigantische zu wachsen. Daraus entsteht das Gefühl einer Überlegenheit.

- *Chreode des künstlichen Paradieses*
Diese Chreode ist häufig in der Pubertätszeit anzutreffen: Die Sehnsucht nach Omnipotenz einerseits und Bestätigung in seiner Einmaligkeit, zugleich aber ein Gefühl von Unzulänglichkeit. Das Grundmuster ist dichotomische Bewertung: Die Rückkehr in die Stille gegen visuelle und semantische Betäubung, Besinnung auf die eigene Lebenszeit statt auf die mediale Zeit, Begreifenszeit vs. Informationszeit, Rückbindung an die Alltagserfahrungen i. S. „Event", der Gegensatz zwischen elektronischer Kommunikation und reiner Körperlichkeit und natürlicher Erfahrung.
Man kann solche Lernende auch als mentale und psychische „Nomaden" bezeichnen.

Chreoden der virtuellen Repräsentationen

Innerhalb der vielen Möglichkeiten und Kombinationen der Repräsentationen in unserem Gehirn und in unserem psychosomatischen Apparat nimmt jedes autopoietische System innerhalb der eigenen Strukturdeterminiertheit Selektionen vor.
Typ 1: Kinder selektieren nach dem Prinzip der inneren Architektur, d. h. sie versuchen überwiegend visuelle Figuren und Muster zu finden und zu ordnen. Sie haben darin eine reiche Unterstützung durch die vielen Piktogramme, Grafiken und Computer-Programme. Es ist eine Art von architektonischem Suchvorgang, in dem Informationen real visuell verankert und auch kommunizierbar gemacht werden. Muster selbst zu entwerfen oder aufzurufen macht diesen Kindern großen Spaß.
Typ 2: Visuelle und auditive Reize als Dauerangebot - überwiegend sprachlich und visuell - erscheinen bei anderen Kindern als Geräusch in einem fließenden Strom, ohne dass daraus innere Strukturen und Vernetzungen entstehen können. Es sind Inseln, Sprachfetzen und ein Jahrmarkt von Assoziationen und Eindrücken. Solche Kinder können während der Bildung des Primär-Habitus im internen Repräsentationssystem offenbar kein Gerüst von inneren zuverlässigen visuellen oder kinästhetischen Gestalten bilden. Wahrscheinlich entstehen daraus Blockaden und hypnotische Besetzungen, wenn solche Kindern zu wenige oder verwirrte Strukturen produzieren und dies von der Umwelt bestätigt bekommen. Später, in der Schule, erscheinen sie z. B. als Kinder mit Rechtschreibschwächen, Konzentrationsschwächen und sprachlichen Dissoziationen.

Chreoden-Typen in der Driftzone
23.01.2002 - v7

- **Türhüter**

- **virtuelle Repräsentationen**

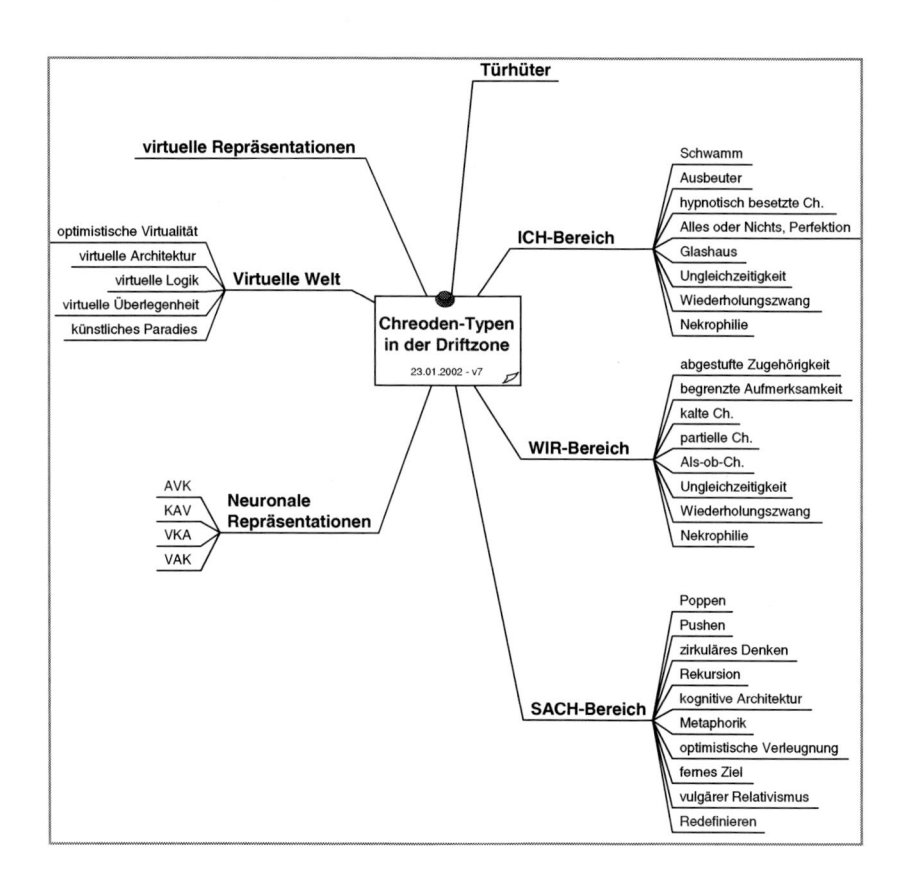

- **Virtuelle Welt**
  - optimistische Virtualität
  - virtuelle Architektur
  - virtuelle Logik
  - virtuelle Überlegenheit
  - künstliches Paradies

- **Neuronale Repräsentationen**
  - AVK
  - KAV
  - VKA
  - VAK

- **ICH-Bereich**
  - Schwamm
  - Ausbeuter
  - hypnotisch besetzte Ch.
  - Alles oder Nichts, Perfektion
  - Glashaus
  - Ungleichzeitigkeit
  - Wiederholungszwang
  - Nekrophilie

- **WIR-Bereich**
  - abgestufte Zugehörigkeit
  - begrenzte Aufmerksamkeit
  - kalte Ch.
  - partielle Ch.
  - Als-ob-Ch.
  - Ungleichzeitigkeit
  - Wiederholungszwang
  - Nekrophilie

- **SACH-Bereich**
  - Poppen
  - Pushen
  - zirkuläres Denken
  - Rekursion
  - kognitive Architektur
  - Metaphorik
  - optimistische Verleugnung
  - fernes Ziel
  - vulgärer Relativismus
  - Redefinieren

Abschluss

An dieser Stelle muss ich eine Zäsur machen.

Die Bereiche „Konstruktion von Wissen in Bildungssystemen" und „Wissens-Interpretation und Leistungs-Bewertung im Unterricht" sind für eine Theorie der Subjektiven Didaktik zentrale Themen. Im Band II der „Modellierung von Lernwelten" werde ich sie ausführlich bearbeiten und auf die Frage eingehen:

Wie kann gewonnenes Wissen interpretiert und im Bildungstauschmarkt bewertet werden?

Welche Rolle spielen „Wissen" und „Bildung" in unserer postmodernen Gesellschaft?

Welchen Sinn können die unterschiedlichen Wissenskonstruktionen für den Einzelnen haben?

Ich hoffe, dass Sie, liebe Leserin und lieber Leser, beim Gang durch die „Subjektive Didaktik" einige Aspekte gefunden haben, die für Sie persönlich bedeutsam erscheinen und Ihnen für Ihren eigenen didaktischen Weg Unterstützung bieten können.

Edmund Kösel

Literatur

Aebli, H. (1983), Zwölf Grundformen des Lehrens, Eine allgemeine Didaktik auf psychologischer Grundlage, Stuttgart

Albrow, M. Abschied vom Nationalstaat und Gesellschaft im globalen Zeitalter. Frankfurt/M. 1998

Altner, G. (Mitverf.) (1987), Das Ende der Geduld, C. F. v. Weizsäckers „Die Zeit drängt" in der Diskussion, München, Wien

Anders, G., Die Antiquiertheit des Menschen, München
Bd. 1 (1956), Über die Seele im Zeitalter der zweiten industriellen Revolution
Bd. 2 (1980), Über die Zerstörung des Lebens im Zeitalter der dritten industriellen Revolution

Arnold, R. (1994), Berufsbildung. Annäherung an eine evolutionäre Berufspädagogik, Hohengehren

Arnold, R., Müller, H. J. (1999), Kompetenzentwicklung durch Schlüsselqualifizierung, Hohengehren

Assmann, A., Harth, D. (Hrsg.) (1991), Mnemosyne. Formen und Funktionen der kulturellen Erinnerung, Frankfurt/M.

Aster, R. (1990), Schule und Kultur, Zur Rekonstruktion schulischer Wirklichkeit aus dem Blickwinkel von Schülern und Lehrern, Monographie einer Hauptschule als Beitrag zur ethnographischen Schulforschung, Frankfurt/M., Bern, New York, Paris

Aufschnaiter, S. v., Fischer, H. E., Schwedes, H., Kinder konstruieren Welten. Perspektiven einer konstruktivistischen Physikdidaktik, in: Schmidt, S. J. (1992,2), Kognition und Gesellschaft, Frankfurt/M., S. 380 - 425

Bach, G. R., Goldberg, H. (1991), Keine Angst vor Aggression, Die Kunst der Selbstbehauptung, Frankfurt/M.

Bachmann, A., Schaeffer, M. (Hrsg.) (1988), Neues Bewußtsein - neues Leben, Bausteine für eine menschliche Welt, München

Baecker, J., Borg-Laufs, M., Duda, L., Matthies, E. (1992), Sozialer Konstruktivismus, Eine neue Perspektive in der Psychologie, in: Schmidt, S. J. (Hrsg.) (1992, 2. Aufl.), Kognition und Gesellschaft, Der Diskurs des Radikalen Konstruktivismus, Band 1 und 2, Frankfurt/M.

Bandler, R., Grinder, J. (1985), Reframing - Ein ökologischer Ansatz in der Psychotherapie (NLP), Paderborn

Bank, S. P., Kahn, M. D. (1989), Geschwister-Bindung, Paderborn

Baraldi, C., Corsi, G., Esposito, E. (1997), GLU. Glossar zu Niklas Luhmann, Frankfurt/M.

Bardmann, Th., Kersting, H. u. a. (1991), Irritation als Plan - Konstruktivistische Einredungen, Aachen

Bateson, G. (1990), Geist und Natur - Eine notwendige Einheit, Frankfurt/M.

Bateson, G. (1992), Ökologie des Geistes, Anthropologische, psychologische, biologische und epistemologische Perspektiven, Frankfurt/M.

Beck, U. (1986), Risikogesellschaft. Auf dem Weg in eine andere Moderne, Frankfurt/M.

Beck, U. (1988), Die organisierte Unverantwortlichkeit, Frankfurt/M.

Bedersdorfer, H. W. (1988), Angstverarbeitung von Schülern. Bewältigung von Schulangst und ihre Beeinflussung durch ein pädagogisches Interventionsprogramm, München

Bell, D. (1979), Die nach-industrielle Gesellschaft, Frankfurt/M.

Benedetti, G., Rauchfleisch, U. (Hrsg.) (1989), Welt der Symbole. Interdisziplinäre Aspekte des Symbolverständnisses, Göttingen

Berger, P., Luckmann, T. (1969), Die gesellschaftliche Konstruktion der Wirklichkeit, Frankfurt/M.

Bertalanffy, L. v., (o. J.) Allgemeine Systemtheorie, Wege zu einer neuen mathesis universalis, in: Deutsche Universitätszeitung XII, 5 - 6, S. 9 - 12

Bettelheim, B. (1979, 3. Aufl.), Liebe allein genügt nicht, Stuttgart

Beyer, M. (1993), Brainland, Mind Mapping in Aktion, Paderborn

Boal, A. (1989), Theater der Unterdrückten, Frankfurt/M.

Bochumer Arbeitsgruppe für Sozialen Konstruktivismus und Wirklichkeitsprüfung, Materialien (1994 ff.), Ruhr-Universität Bochum

Bolz, N. (1993), „Wer hat Angst vorm Cyberspace? Eine kleine Apologie für gebildete Verächter."
in: K. H. Bohrer & K. Scheel (Hg.), Medien Neu? Über Macht, Ästhetik und Fernsehen.
Sonderheft Merkur, Jg. 47, Nr. 9–10, 1993, S. 897–904.

Bönsch, M. (1991), Variable Lernwege - Ein Lehrbuch der Unterrichtsmethoden, Paderborn, München, Wien, Zürich

Bönsch, M., Dedering, H. (Hrsg.) (1981), Konflikt als Paedagogicum - Bestandsaufnahme und Weiterentwicklung konfliktorientierter Didaktik, Frankfurt/M., Berlin, München, Wien

Böse, R., Schiepeck, G. (1989), Systemische Theorie und Therapie - Ein Handwörterbuch, Heidelberg

Bourdieu, P. (1987), Die feinen Unterschiede - Kritik der gesellschaftlichen Urteilskraft, Frankfurt/M.

Bourdieu, P. 1983, Ökonomisches Kapital, kulturelles Kapital, soziales Kapital, in: „Soziale Welt", Sonderband 2

Briggs, J., Peat, F. D. (1990), Die Entdeckung des Chaos. Eine Reise durch die Chaos-Theorie, München

Brockmann, J. (Hrsg.) (1990), Neue Realität - Das Bild einer neuen Wirklichkeit - von den bedeutendsten Vor-Denkern entworfen, München

Buchinger, K. (1997), Supervision in Organisationen. Heidelberg

Buddrus, V., (1995), Humanistische Pädagogik, Bad Heilbrunn

Bundesministerium für Bildung, Wissenschaft, Forschung und Technologie: Delphi-Studie: Potentiale und Dimensionen der Wissensgesellschaft. Auswirkungen auf Bildungsprozesse und Bildungsstrukturen. September 1998

Burow, O. A. (1993), Gestaltpädagogik, Trainingskonzepte und Wertungen, Paderborn

Büttner, C. (1988), Mit aggressiven Kindern leben, Weinheim

Büttner, C., Ende, A. (Hrsg.) (1987), Gefördert und mißhandelt - Kinderleben zwischen 1740 und heute, Weinheim, Basel

Capra, F. (1987, 2. Auflage), Das neue Denken - Aufbruch zum neuen Bewußtsein, München

Ciompi, L. (1992), Affektlogik - Über die Struktur der Psyche und ihre Entwicklung. Ein Beitrag zur Schizophrenieforschung, Stuttgart

Ciompi, L. (1992), Außenwelt - Innenwelt - Die Entstehung von Zeit, Raum und psychischen Strukturen, Göttingen

Cohn, R. (1988), Von der Psychoanalyse zur Themenzentrierten Interaktion - Von der Behandlung einzelner zu einer Pädagogik für alle, Stuttgart

Cohn, R., Terfurth, Chr. (1993), Lebendiges Lehren und Lernen - TZI macht Schule, Stuttgart

Coleman, J. (1986), Die asymmetrische Gesellschaft. Vom Aufwachsen mit unpersönlichen Systemen, Weinheim

Combe, A., Helsper, W. (1994), Was geschieht im Klassenzimmer. Perspektiven einer hermeneutischen Schul- und Unterrichtsforschung, Weinheim

Conrady, I., Haun-Just, M., von der Meden-Saiger, B. (1993), Lernen ohne Grenzen. Suggestopädie - Stand und Perspektiven, Bremen

Cornell, J. (1979), Mit Kindern die Natur erleben, Prien

Dahrendorf, R., (1992), Der moderne soziale Konflikt. Essays zur Politik der Freiheit, Stuttgart

Dalichow, J. (1989), Beziehung statt Erziehung, Freiburg/Br.

De Roeck, B. P. (1991), Gras unter meinen Füßen, Reinbek

Dehnbostel, P., Holz, H., Novak, H. (Hrsg.) (1995), Neue Lernorte und Lernortkombinationen als Innovation im Berufsbildungssystem, Bielefeld

Dehnbostel, P., Lezius. H. J., 1995. Didaktik moderner Berufsbildung, Bielefeld

Dell, P. F. (1988), Von systemischer zu klinischer Epistemologie. Von Bateson zu Maturana, in: Diederich, J. (1988), Didaktisches Denken

Denecke, F. W., 2001, 2. Aufl.), Psychische Struktur und Gehirn. Die Gestaltung subjektiver Wirklichkeiten, Stuttgart, New York

Dewey, J. (1993), Demokratie und Erziehung. Eine Einleitung in die philosophische Pädagogik, Basel, Weinheim

Diesbergen, C. (2000, 2. Aufl.), Radikal- konstruktivistische Pädagogik als problematische Konstruktion. Eine Studie zum Radikalen Konstruktivismus und seiner Anwendung in der Pädagogik, Bern, Berlin

Ditfurth, H. v. (1991), Der Geist fiel nicht vom Himmel - Die Evolution unseres Bewußtseins, München

Ditton, H. (1987), Familie und Schule als Bereiche des kindlichen Lebensraumes, Eine empirische Untersuchung, Frankfurt/M., Bern, New York, Paris

Dörner, D.(1992), Die Logik des Mißlingens. Strategisches Denken in komplexen Situationen, Reinbek

Dress, A., Hendrichs, H., Küppers, G. (Hrsg.) (1986), Selbstorganisation. Die Entstehung von Ordnung in Natur und Gesellschaft, München, Zürich

Dubs, R. (1995), Konstruktivismus. Einige Überlegungen aus der Sicht der Unterrichtsgestaltung,
in: Zs. f. Pädagogik Bd. 41, H 6

Duit, R. (1995), Zur Rolle der konstruktivistischen Sichtweise in der naturwissenschaftsdidakischen Lehr- und Lernforschung,
in: Zs. f. Pädagogik Bd. 41, H. 6, S. 905-924

Dürr, H. P., Zimmerli, W. (Hrsg.) (1989), Geist und Natur. Über den Widerspruch zwischen naturwissenschaftlicher Erkenntnis und philosophischer Welterfahrung, Bern, München, Wien

Dürr, H.-P. (1989), Naturwissenschaft und Wirklichkeit,
in: Dürr, H. P., Zimmerli, W. (Hrsg.) (1989), Geist und Natur, S. 27 ff.

Eilert, H. (Hrsg.) (1987), Kinderszenen - Geschichten aus 2 Jahrhunderten - Ein Lesebuch, Stuttgart

Engemann, F. Franz, M. Begabungen fördern. Hochbegabte Kinder in der Grundschule, Kultusministerium des Landes Baden-Württemberg

English, F. (1982), Es ging doch gut - Was ging denn schief? Beziehungen in Partnerschaft, Familie und Beruf, München

English, F. (1991), Transaktionsanalyse - Gefühle und Ersatzgefühle in Beziehungen, Hamburg

Epstein, S. (1983), Entwurf einer integrativen Persönlichkeitstheorie,
in: Filipp, S.-H. (1979), Selbstkonzeptforschung, Stuttgart

Ernest, P. (Hrsg.) (1994), Constructing mathemathical knowledge: Epistemology and mathematics education. London, Washington D C., The Falmer Press

Faßler, M. (1996), „Öffentlichkeiten im Interface"
in: Marsch, R. (Hrsg.) (1996), S. 309-323

Fatzer, G. (1987), Ganzheitliches Lernen - Humanistische Pädagogik und Organisationsentwicklung, Paderborn

Fatzer, G., Eck, C. D. (1990), Supervision und Beratung, Köln

Faulstich, P. (1998), Strategien betrieblicher Weiterbildung. Kompetenz und Organisation, München

Feilke, H., S. J. Schmidt (1995), „Denken und Sprechen. Anmerkungen zur strukturellen Kopplung von Kognition und Kommunikation" in: Trabant, J. (Hrsg.), Sprache denken. Positionen aktueller Sprachphilosophie. Frankfurt/M., S. 269 –297

Feller, A. (2002), Muster verbinden. Die Subjektive Didaktik im Kontext der Ökosophie, Bahlingen

Ferguson, M. (1982), Die sanfte Verschwörung. Persönliche und gesellschaftliche Transformation im Zeitalter des Wassermanns, Basel

Filipp, S.-H. (Hrsg.) (1979), Selbstkonzeptforschung, Stuttgart

Finkielkraut, A. (1989); Die Niederlage des Denkens; Reinbek

Fischer, A., Schratz, M. (1993), Schule leiten und gestalten. Mit einer neuen Führungskultur in die Zukunft, Innsbruck

Fischer, E. P. (2001), Die andere Bildung. Was man von den Naturwissenschaften wissen sollte. München

Fischer, H. R. (1991), Autopoiesis. Eine Theorie im Brennpunkt der Kritik, Heidelberg

Fischer, H. R., Retzer, A., Schweitzer, J. V. (1992), Das Ende der großen Entwürfe, Frankfurt/M.

Foerster, H. v. (1992), Erkenntnistheorien und Selbstorganisation, in: Schmidt, S. J. (1992, 2. Aufl.), Der Diskurs des Radikalen Konstruktivismus, Frankfurt/M., S. 133 – 159

Foerster, H. v. (1993), Wissen und Gewissen. Versuch einer Brücke. Hrsg. von S. J. Schmidt, Frankfurt/M.

Foerster, H. v. (1997), Lethologie. Eine Theorie des Erlernens und Erwissens angesichts von Unwißbarem, Unbestimmbaren und Unentscheidbarem, in. Voß, 1996, S.14-32.

Franger, G., Kneipp, H. (Hrsg.) (1987), Miteinander leben und feiern - Ausländische und deutsche Kinder feiern Feste, Frankfurt/M.

Frenzl, W., Pfeiffer, K. (2000), Der erste Schultag. Tips und Spielideen, Stuttgart

Frindte, W. (1992), Arbeitspapier Radikaler Konstruktivismus und Social Constructivism, Jena

Gardner, H. (1993), Der ungeschulte Kopf. Wie Kinder denken, Stuttgart

Gawain, S. (1992), Stell dir vor - kreativ visualisieren, Reinbek

Gebser, J. (1976), Vorlesungen und Reden zu „Ursprung und Gegenwart", Schaffhausen

Gehlen, A. (1966), Der Mensch. Seine Natur und seine Stellung in der Welt, Bonn, Frankfurt/M.

Geißler, K. A. (1994, 6. Aufl.), Anfangssituationen, Weinheim

Gerstenmaier, J., Mandl, H.(1995), Wissenserwerb unter konstruktivistischer Perspektive. in: Zs. f. Pädagogik, Bd. 41, H. 6, S. 867-888

Girgensohn-Marchand, B. (1992), Der Mythos Watzlawick und die Folgen. Eine Streitschrift gegen systemisches und konstruktivistisches Denken in pädagogischen Zusammenhängen, Weinheim

Glasersfeld, E. v. (1990), Die Unterscheidung des Beobachters: Versuch einer Auslegung, in: Riegas, V., Vetter, Chr. (1990), Zur Biologie der Kognition, Frankfurt/M., S. 281 – 296

Glotz, P, (1999), Bildung ist das Kapital der Wissensgesellschaft, Interview „Die Woche" Nr. 46, 12. 11. 1999

GLU: Baraldi, C., Corsi, G., Esposito, E. (1997), GLU. Glossar zu Niklas Luhmann, Frankfurt/M.

Goleman, D. (1995), Emotionale Intelligenz, München, Wien

Goodman, N. (1984), Weisen der Welterzeugung, Frankfurt/M

Gordon, T. (1991), Lehrer- Schüler-Konferenz. Wie man Konflikte in der Schule löst, München

Götschl, J. (1995), Offenheit und Selbstorganisation. Implikationen für Bildungsorientierung in der modernen Informationsgesellschaft, Graz

Goulding, M. M. (1988), „Kopfbewohner" oder: „Wer bestimmt dein Denken?" Wie man die Feindschaft gegen sich selbst mit Spaß und Leichtigkeit in Freundschaft verwandelt, Paderborn

Groß, P. (1994), Die Multioptionsgesellschaft, Frankfurt/M.

Gudjons, H. (2001, 7. Aufl.), Pädagogisches Grundwissen

Gudjons, H., Pieper, M., Wagener, B. (1986), Auf meinen Spuren. Das Entdecken der eigenen Lebensgeschichte, Hamburg (vergr.)

Gührs, M., Nowak, C., (1995, 3. Aufl.), Das konstruktive Gespräch, ein Leitfaden für Beratung, Unterricht und Mitarbeiterführung mit Konzepten der Transaktionsanalyse, Limmer-Verlag, Meezen

Gumin, H., Meier, H. (1985), Einführung in den Konstruktivismus, München

Haarmann, D. (Hrsg.) (1998), Wörterbuch Neue Schule. Die wichtigsten Begriffe zur Reformdiskussion, Weinheim

Halbwachs, M. (1985), Das Gedächtnis und seine sozialen Beziehungen, Frankfurt/M.

Halbwachs, M. (1991), Das kollektive Gedächtnis, Frankfurt/M.

Halpern, H. (1988), Abschied von den Eltern - Eine Anleitung für Erwachsene, die Beziehung zu den Eltern zu normalisieren, Hamburg

Heitmeyer, W. (Hrsg.) (1997)Bundesrepublik Deutschland: Von der Konsens- zur Konfliktgesellschaft.
Band 1: Was treibt die Gesellschaft auseinander?
Band 2: Was hält die Gesellschaft zusammen? Frankfurt/M.

Hejl, P. M. (1982), Sozialwissenschaft als Theorie selbstreferentieller Systeme, Frankfurt/M., New York

Hennig, C., Knödler, U. (1987), Problemschüler – Problemfamilien. Ein praktisches Lehrbuch zum systemischen Arbeiten mit schulschwierigen Kindern, München

Hentig, H. (1993), Die Schule neu denken, München

Heursen, G., (1997), Ungewöhnliche Didaktiken, Hamburg

Hofstadter, D. R. (1985, 4. Aufl.), Gödel, Escher, Bach - Ein endlos geflochtenes Band, Stuttgart

Hofstadter, D. R., Dennett, D. C. (1981), Einsicht ins Ich. Phantasien und Reflexionen über Selbst und Seele, Stuttgart

Holtappels, H. G. und Horstkemper, M. (Hrsg.) (1999) Neue Wege der Didaktik, Analyse und Konzepte zur Entwicklung des Lehrens und Lernens, München

Holzkamp, K. (1993), Lernen. Subjektwissenschaftliche Grundlegung, Frankfurt/M.

Hüholdt, J. (1984), Wunderland des Lernens - Lerntechniken, Lernmethoden, Lernmedien, Lernbiologie, Lernstrategie, Bochum

Hunfeld, F., Dreger, T. (1990), Magische Zeiten - Jugendliche und Okkultismus, Weinheim, Basel

Huschke-Rhein, R.: Systemisch-ökologische Pädagogik, Köln
Band 1 (1992), Systemisch-ökologische Wissenschaftslehre als Bildungslehre im Atomzeitalter
Band 2 (1991), Qualitative Forschungsmethoden und Handlungsforschung
Band 3 (1992), Systemtheorien für die Pädagogik, Umrisse einer neuen Pädagogik
Band 4 (1990), Zur Praxisrelevanz der Systemtheorien
Band 5 (1992), Systemisch-ökologische Praxis

Hüther, G. (2001, 2. Aufl.), Bedienungsanleitung für ein menschliches Gehirn,. Göttingen.

James, M., JONGEWARD, D. (1989), Spontan leben - Übungen zur Selbstverwirklichung, Reinbek

Jantsch, E. (19884), Die Selbstorganisation des Universums, München

Jonas, H. (1987), Macht oder Ohnmacht der Subjektivität - Das Leib-Seele-Problem im Vorfeld des Prinzips Verantwortung, Frankfurt/M.

Kaempfer, W. (1990), Die Zeit und die Uhren, Frankfurt/M.

Kaiser, A. (2000), 1000 Rituale für die Grundschule, Stuttgart

Kant, I. (1961), Grundlegung zur Metaphysik der Sitten, Stuttgart

Kant, I. (1963), Ausgewählte Schriften zur Pädagogik und ihrer Begründung, Paderborn

Kersting, H., Neumann-Wirsig, J. (1992), Supervision - Konstruktion von Wirklichkeiten, Aachen

Kjendsli, V. (1988), Kinder der Schande, Berlin

Klafki, W. (1993, 3. veränderte Aufl.), Neue Studien zur Bildungstheorie und Didaktik. Beiträge zur kritisch-konstruktiven Didaktik, Weinheim

Kleinewiese, E. (1987), Kreisgesicht -Symbole - Eine visuelle Darstellung der Funktion der Ich-Zustände, Transaktionsanalyse mit Kindern, Institut f. Komm.-Therapie, Kundrystr. 1, Berlin 41

Knorr-Cetina, K. (1984); Die Fabrikation von Erkenntnis, Zur Anthropologie der Naturwissenschaft; Frankfurt/M.

Koch-Priewe, B. (1986), Subjektive didaktische Theorien von Lehrern. Tätigkeitstheorie, bildungstheoretische Didaktik und alltägliches Handeln im Unterricht, Frankfurt/M.

Kösel, E. (1977), Die Ausbildung von Gruppenpädagogen,
in: Meyer, E. (1977), Handbuch Gruppenpädagogik- Gruppendynamik, Heidelberg

Kösel, E. (1981), Lehrerverhalten - didaktische Modellbildung - Planungshilfe,
in: Weber, A. (Hrsg.) (1981), Lehrerhandeln und Unterrichtsmethode, München, Paderborn, Seite 27 - 38

Kösel, E. (1995 a), Grundzüge einer Theorie der Lernortkombinationen auf systemtheoretischer Grundlage. Erfahrungen und Ergebnisse aus dem Modellversuch DELTA,
in: Dehnbostel, P., Holz, H., Novak, H. (Hrsg.) (1995), Neue Lernorte und Lernortkombinationen als Innovation im Berufsbildungssystem, Bielefeld

Kösel, E. (1995 b), Die Selbstorganisation auf der Lerninsel. Ergebnisse aus dem Modellversuch DELTA. Abschlussbericht, SD-Verlag, Bahlingen

Kösel, E. (1995 c), Psychodrama in der Schule und im Unterricht,
in: Buddrus, V., (1995), Humanistische Pädagogik, Bad Heilbrunn

Kösel, E. (1997 a, 3. Aufl.), Die Modellierung von Lernwelten. Handbuch zu einer Subjektiven Didaktik, Laub-Verlag, Elztal-Dallau

Kösel, E., (1997 b), Subjektive Didaktik, was heißt das? in: Zs. „Die Schweizer Schule", 6/1997

Kösel, E. (1999), Kindliche Lernwelten,
in: Seibert, N. (1999), Kindliche Lebenswelten, Bad Heilbrunn

Kösel, E. (2001 a): Die Konstruktion von Wissen in der Schule,
in: Schmidt, S. J. (2001), Lernen im Zeitalter des Internet. Grundlagen, Probleme, Perspektiven. Ergebnisse des internationalen Kongresses „Lernen im Zeitalter des Internet" im Jahre 2000. Bozen, S. 67-95

Kösel, E. (2001 b): ABC der Subjektiven Didaktik. SD-Verlag, Bahlingen

Kösel, E. (Hrsg.) (1989, 3. Aufl. 1996), Persönlichkeitsentwicklung in beruflichen Feldern auf der Grundlage des Psychodramas, SD-Verlag Bahlingen

Kösel, E., Dürr, U. (1995), Neuorientierung in der Didaktik der beruflichen Bildung.
in: Dehnbostel, P., Lezius. H. J., (1995), Didaktik moderner Berufsbildung, Bielefeld

Kösel, E., Feller, A. (1998), Die Schule neu erfinden. Epistemologische Grundzüge einer Subjektiven Didaktik,
in: Voß, R. (Hrsg.) (1998), Schulvisionen, Heidelberg, S. 168-180

Kösel, E., Kösel, S., (2002), Von der Transferforschung zur Resonanzforschung bei Modellversuchen, Bundesinstitut für Berufsbildung (BIBB), Bielefeld (i. V.)

Kösel, E., Lutz-Sikora, B, (2001), Leistungs-Interpretation und Leistungs-Bewertung im Bildungs-Tauschmarkt, Studienbriefe zur Subjektiven Didaktik A 3,1, SD-Verlag, Bahlingen

Kösel, E., Scherer, H. (1996) Konstruktionen über Wissenserwerb und Lernwege bei Lernenden
in: Voß, R. (1996), Die Schule neu erfinden. Systemisch-konstruktivistische Annäherungen an Schule und Pädagogik, Neuwied

Kösel, E., Scherer, H. (1999), „Schlüsselqualifikationen" – Die Illusion einer Realität, in: Arnold, R., Müller, H. J. (1999), Kompetenzentwicklung durch Schlüsselqualifikationen, Hohengehren, S. 137-150

Kösel, E., Schneider, J. (1972), Die Übung im Unterricht, Ravensburg

Koslowski, P., Löw, R., Spaemann, R. (1986), Moderne oder Postmoderne, Weinheim

Krapf, B. (1993, 2. Aufl.), Aufbruch zu einer neuen Lernkultur, Bern

Krappmann, L. (1988), Soziologische Dimension der Identität - Strukturelle Bedingungen für die Teilnahme an Interaktionsprozessen, Stuttgart

Kreibich, R. (1986), Die Wissensgesellschaft. Von Galilei zur High-Tech-Revolution, Frankfurt/M.

Kretzenbacher, H. L. (1992), Zur Stilistik der Wissenschaftssprache in: Arbeitsgruppe „Wissenschaftssprachforschung", Berliner Akademie der Wissenschaften

Krohn, W., Küppers, G. (1992), Die natürliche Ursache der Zwecke. Kants Ansätze zu einer Theorie der Selbstorganisation,
in: Rusch, G., Schmidt, S. J. (1992), Konstruktivismus, Ort, S. 34-59

Krohn, W., Küppers, G. (1992), Emergenz. Die Entstehung von Ordnung, Organisation und Bedeutung, Frankfurt/M.

Krüssel, H. (1993), Konstruktivistische Unterrichtsforschung. Der Beitrag des wissenschaftlichen Konstruktivismus und der Theorie der persönlichen Konstrukte für die Lehr- und Lern-Forschung, Frankfurt/M.

Laing, R. D. (1989), Das Selbst und die anderen, München

Langemaack, B. (1991), Themenzentrierte Interaktion, Einführende Texte rund ums Dreieck, München

Langemaack, B., Braune-Krickau, M. (1989), Wie die Gruppe laufen lernt. Anregungen zum Planen und Leiten von Gruppen, München

Lasch, C. (1987), Geborgenheit. Die Bedrohung der Familie in der modernen Welt, München

Laucken, U. (1974), Naive Theorien, Stuttgart

Leggewie, C. (1990), Multi-Kulti. Spielregeln für die Völkerrepublik, Berlin

Leinhofer, G. (1991), Verhalten als Botschaft. Auffälliges Verhalten von Kindern als Problem und Appell, Donauwörth

Leu, H. R. (1985), Subjektivität als Prozeß. Zur Analyse der Wechselwirkungen zwischen Individuum und Umwelt in sozialisationstheoretischen, berufs- und industriesoziologischen Ansätzen, München

Leutz, G. (1986), Das klassische Psychodrama nach J. L. Moreno, Berlin, Heidelberg, New York

Levi-Strauss, C. (1973), Das wilde Denken, Frankfurt/M.

Lorenzer, A. (1974), Sprachspiel und Interaktionsform, Frankfurt/M.

Löw, M. (1985), Eine Krähe hackt der anderen ..., Weinheim

Ludewig, K. (1995), Systemische Therapie, Stuttgart

Luhmann, N. (1985, 2. Aufl.), Soziale Systeme. Grundriß einer allgemeinen Theorie, Frankfurt/M.

Luhmann, N. (1993), Legitimation durch Verfahren, Frankfurt/M.

Luhmann, N. (1997), Die Gesellschaft der Gesellschaft, Frankfurt/M.

Luhmann, N. (2000), Organisation und Entscheidung, Opladen

Luhmann, N., Schorr, K. E., (1996), Zwischen System und Umwelt. Fragen an die Pädagogik, Frankfurt/M.

Lumma, K. (1988), Strategien der Konfliktlösung, Hamburg

Lütke, A. (Hrsg.) (1989), Alltagsgeschichte. Zur Rekonstruktion historischer Erfahrungen und Lebensweisen, Frankfurt/M., New York

Lyotard, J. F. (1987), Postmoderne für Kinder, Wien

Marotzki, W. (1991), Zur Aktualität der Bildungstheorie Wilhelm Flitners, in: Zs. f. Päd. 26, Beiheft 1991

Maturana, H. R., Varela, F. J. (1987), Der Baum der Erkenntnis, München

Menck, P. (1986), Unterrichtsinhalt oder ein Versuch über die Konstruktion der Wirklichkeit im Unterricht, Frankfurt/M., Bern, New York

Mertens, D. (1989), Schlüsselqualifikationen, in: Mitteilungen aus der Arbeitsmarkt- und Berufsforschung (7) 1, S. 36-34

Meuler, E. (1993), Die Türen des Käfigs. Wege zum Subjekt in der Erwachsenenbildung, München

Meyer, E. (1977), Handbuch Gruppenpädagogik - Gruppendynamik, Heidelberg,

Miller, A. (1979), Das Drama des begabten Kindes, Frankfurt/M.

Miller, A. (1981), Du sollst nicht merken, Frankfurt/M.

Miller, A. (1988), Am Anfang war Erziehung, Frankfurt/M.

Müller, K. E. (1987), Das magische Universum der Identität. Elementarformen sozialen Verhaltens. Ein ethnologischer Grundriß, Frankfurt/M.

Nadolny, S. (1988), Die Entdeckung der Langsamkeit, München

Nassehi, A. u. a. (Hrsg.) (1997), Soziologische Gesellschaftsbegriffe. Konzepte moderner Zeitdiagnosen, München

Neidhardt, W. (1977), Kinder, Lehrer und Konflikte. Vom psychoanalytischen Verstehen zum pädagogischen Handeln, München

Neill, D., Freiberger, P. (1993), Fuzzy-Logic. Die unscharfe Logik erobert die Technik, München

Neuweg, G. H. (1999), Könnerschaft und implizites Wissen, Münster

Nüse, R. (1995), Über die Erfindungen des radikalen Konstruktivismus. Kritische Gegenargumente aus psychologischer Sicht, Weinheim

O'Connor, J., Seymour, J. (1992), Neurolinguistisches Programmieren. Ein umfassender Überblick, Freiburg/Br.

Oelkers, J. (1985), Die Herausforderung der Wirklichkeit durch das Subjekt. Literarische Reflexion in pädagogischer Absicht, Weinheim, München

Oelkers, J., Tenorth, H.-E. (Hrsg.) (1987), Pädagogik, Erziehungswissenschaft und Systemtheorie, Weinheim, Basel

Offe, C. (1984), Arbeitsgesellschaft. Strukturprobleme und Zukunftsperspektiven, Frankfurt/M.

ORBAN, P. (1983), Die Reise der Helden. Die Seele auf der Suche nach sich selbst, München

Ornstein, R. E. (1989), Multimind. Ein neues Konzept des menschlichen Geistes, Paderborn

Overmann, M. (2000), Konstruktivistische Prinzipien der Lerntheorie und ihre didaktischen Implikationen,
in: „Fremdsprachenunterricht" 3, S. 208-210

Overmann, M. (2000), Konstruktivistische Prinzipien der Lerntheorie und ihre didaktischen Implikationen, Siegen

Padberg, F. (1996, 2. Aufl.), Didaktik der Arithmetik, Heidelberg

Pasemann, F. (1996), Repräsentation ohne Repräsentation. Überlegungen zu einer Neurodynamik modularer kognitiver Systeme,
in: Rusch, G., Schmidt, S. J., Breidbach, O. (Hg.) (1996), Innere Repräsentation. Neue Konzepte der Hirnforschung (DELFIN 1996), Frankfurt/M., S. 42-91

Pestalozzi, J. H. (1983), Meine Nachforschungen über den Gang der Natur in der Entwicklung des Menschengeschlechts. Hrsg. von A. Stenzel, Bad Heilbrunn

Peters, H. (1985), Das Konzept der Neuentscheidung im Förderunterricht mit Legasthenikern in: Zs. f. Transaktionsanalyse in Theorie und Praxis

Peterßen, W.-H., (2001, 6. Aufl.), Lehrbuch der Allgemeinen Didaktik, München

Petillon, H. (1987), Der Schüler. Rekonstruktion der Schule aus der Perspektive von Kindern und Jugendlichen, Darmstadt

Pfennig, J. (1988), Abschied von der Männlichkeit, München

Piaget, J. (1975), Der Aufbau der Wirklichkeit beim Kinde, Stuttgart

Pongs, A., (1999, 2000), In welcher Gesellschaft leben wir eigentlich? Gesellschaftskonzepte im Vergleich, München, Band 1, Band 2

Pöppel, E., Gehirn und Bewusstsein, Stuttgart 1983

Popper, K. R. (1987), Auf der Suche nach einer besseren Welt, München

Portele, G. (1989), Autonomie - Macht - Liebe, Frankfurt/M.

Postman, N. (1982), Das Verschwinden der Kindheit, Frankfurt/M.

Postman, N., (1997, 2. Aufl.), Keine Götter mehr. Das Ende der Erziehung, Berlin

Prigogine, I. (1985), Vom Sein zum Werden. Zeit und Komplexität in den Naturwissenschaften, München, Zürich

Probst, J. B. (1987), Selbst- Organisation. Ordnungsprozesse in sozialen Systemen aus ganzheitlicher Sicht; Berlin

Probst, J. B., Gomez, P. (Hrsg.) (1989), Vernetztes Denken. Unternehmen ganzheitlich führen, Wiesbaden

Ramsegger, J. (1992), Offener Unterricht in der Erprobung. Erfahrungen mit einem didaktischen Modell, Weinheim, München

Rautenberg, W., Rogoll, R. (1992), Werde, der du werden kannst. Persönlichkeitsanalyse durch Transaktionsanalyse, Freiburg/Br.

Reese-Schäfer, W. (1996), Luhmann zur Einführung, Hamburg

Reich, K. (1996), Systemisch-konstruktivistische Pädagogik, Neuwied

Reichel, G., Rabenstein, R., Thanhoffer, M. (1990, 7. Aufl.), Bewegung für die Gruppe, Münster

Riedl, R. (1991), Die Folgen des Ursachendenkens, in: Watzlawick, P. (Hrsg.) (1991), Die erfundene Wirklichkeit, München

Riedl, R., Wuketits, F. M. (Hrsg.) (1987), Die evolutionäre Erkenntnistheorie, Berlin, Hamburg

Riegas, V., Vetter, Chr. (1990), Zur Biologie der Kognition. Ein Gespräch mit Humberto R. Maturana und Beiträge zur Diskussion seines Werkes, Frankfurt/M.

Riemann, F. (1991)), Grundformen der Angst, München, Basel

Rifkin, J. (2000), Die Access-Gesellschaft, Frankfurt/M.

Rogers, C. R. (1987), Der neue Mensch, Stuttgart

Rogers, C. R. (1989), Entwicklung der Persönlichkeit, Stuttgart

Rogoll, R. (1991), Nimm Dich, wie du bist. Wie man mit sich einig werden kann, Freiburg/Br.

Rolff, H.-G., Zimmermann, P. (1985), Kindheit im Wandel. Eine Einführung in die Sozialisation im Kindesalter, Weinheim

Rorty, R. (1997, 4. Aufl.), Kontingenz, Ironie und Solidarität, Frankfurt/M.

Rosenmayr, L., Kolland, F. (Hrsg.) (1988), Arbeit - Freizeit - Lebenszeit, Grundlagenforschungen zu Übergängen im Lebenszyklus, Opladen

Roszak, Th. (o. J.), Der Verlust des Denkens. Über die Mythen des Computer-Zeitalters, München (vergr.)

Roth, G . (1998), Das Gehirn und seine Wirklichkeit. Kognitive Neurobiologie und ihre philosophische Konsequenzen, Frankfurt/M.

Roth, G. (1986), Selbstorganisation - Selbsterhaltung – Selbstreferentialität. Prinzipien der Organisation der Lebewesen und ihre Folgen für die Beziehung zwischen Organismus und Umwelt,
in: Dress, A., Hendrichs, H., Küppers, G. (Hrsg.) (1986), Selbstorganisation. Die Entstehung von Ordnung in Natur und Gesellschaft, München, Zürich

Roth, G. (1992/93), 100 Milliarden Nervenzellen. Gehirn und Geist, Studienbrief Funkkolleg Anthropologie

Roth, G., Das konstruktive Gehirn, Neurobiologische Grundlagen von Wahrnehmung und Erkenntnis,
in: Schmidt, S. J. (1992, 2. Aufl.), Kognition und Gesellschaft, Der Diskurs um den Radikalen Konstruktivismus, Band 2, Frankfurt/M.

Rumpf, H. (1987), Belebungsversuche. Ausgrabungen gegen die Verödung der Lernkultur, Weinheim

Rusch, G., Schmidt, S. J. & O. Breidbach (Hg.) (1996), Innere Repräsentation. Neue Konzepte der Hirnforschung (DELFIN 1996), Frankfurt/M.

Rusch, G., Schmidt, S. J. (1994) (Hrsg.), Piaget und der radikale Konstruktivismus, Frankfurt/M.

Rusch, S., Schmidt, S. J. (1992), Konstruktivismus - Geschichte und Anwendung, Frankfurt/M.

Rüthers, B. (1985), Die offene Arbeits-Gesellschaft. Regeln für soziale Beweglichkeit, Zürich, Osnabrück

Rüttinger, R., Kruppa, R. (1988), Übungen zur Transaktionsanalyse, Hamburg

Schaef, A. W. (1991), Im Zeitalter der Sucht. Wege aus der Abhängigkeit, München

Schiepeck, G. (1987), Systeme erkennen Systeme. Individuelle, soziale und methodische Bedingungen systemischer Diagnostik, München

Schlegel, L. (1988), Die Transaktionale Analyse. Ein kritisches Lehrbuch und Nachschlagewerk, Tübingen

Schlippe, A. v., Schweitzer, J. (1998, 5. Aufl.), Lehrbuch der systemischen Therapie und Beratung, Göttingen

Schmidbauer, W. (1990), Alles oder Nichts, Über die Destruktivität von Idealen, Reinbek

Schmidt, S. J. (1992, 2. Aufl.), Kognition und Gesellschaft, Der Diskurs um den Radikalen Konstruktivismus, Band 2, Frankfurt/M.

Schmidt, S. J. (1994, 2. Aufl. 1997), Kognitive Autonomie und soziale Orientierung. Konstruktivistische Bemerkungen zum Zusammenhang von Kognition, Kommunikation, Medien und Kultur, Frankfurt/M.

Schmidt, S. J. (1995), „Cyber als Oikos? Oder: Ernste Spiele",
in: Rötzer, F. (Hrsg.), Schöne neue Welten? Auf dem Weg zu einer neuen Spielkultur, München, 1995, S. 69-90

Schmidt, S. J. (1996), Die Welten der Medien. Grundlagen und Perspektiven der Medienbeobachtung, Braunschweig, Wiesbaden

Schmidt, S. J. (2001), Lernen im Zeitalter des Internets, Grundlagen, Probleme, Perspektiven. Ergebnisse eines internationalen Kongresses in Bozen, Bozen

Schreckling, J. (1985), Routine und Problembewältigung beim Unterrichten. Explorative Analysen handlungsbegleitender Kognitionen und Emotionen von Lehrern, München

Schüle, K. (1998), Paris sans fin. Ein konstruktivistisches, interaktives und unendliches Lehrwerk in Internet,
in: „Der fremdsprachliche Unterricht: Französisch", Jahrgang 1998, Heft 5, Seiten 2:22-25.

Schulz v. Thun, F., Miteinander reden, Reinbek
Bd. 1 (1991), Störungen und Klärungen
Bd. 2 (1992), Stile, Werte und Persönlichkeitsentwicklung
Bd. 3 (1998), Das innere Team und situationsgerechte Kommunikation

Schulze, G. (1993, 3. Aufl.), Die Erlebnisgesellschaft. Kultursoziologie der Gegenwart, Frankfurt/M., New York

Schwanitz, D. (1999), Bildung. Alles was man wissen muss, Frankfurt/M.

Schweitzer, J., Retzer, A., Fischer, H. R. (1992), Systemische Praxis und Postmoderne, Frankfurt/M.

Seibert, N. (1999), Kindliche Lebenswelten, Bad Heilbrunn

Sheldrake, R. (1989), Das schöpferische Universum. Die Theorie des morphogenetischen Feldes, München

Sheldrake, R. (1990), Das Gedächtnis der Natur. Das Geheimnis der Entstehung der Formen in der Natur, Bern, München, Wien

Siebert, H. (1997), Didaktisches Handeln in der Erwachsenenbildung. Didaktik aus konstruktivistischer Sicht, Neuwied

Siebert, H. (1999), Pädagogischer Konstruktivismus, Neuwied

Siebert. H. (1994), Lernen als Konstruktion von Lebenswelten, Frankfurt/M.

Simon, F. B. (1996, 2. Aufl.), Unterschiede, die Unterschiede machen. Klinische Epistemologie. Grundlage einer systemischen Psychiatrie und Psychosomatik, Frankfurt/M.

Simon, F. B. (1997), Lebende Systeme. Wirklichkeitskonstruktionen in der systemischen Therapie, Frankfurt/M.

Sodian, B. (1986), Wissen durch Denken? Über den naiven Empirismus im Denken von Vorschulkindern, Münster

Spencer-Brown, S. (1972), Laws of Form, George Allen u. Unwin, London

Spinner, 1994, Die Wissensordnung. Ein Leitkonzept für die dritte Grundordnung des Informationszeitalters, Opladen

Springer, S. P., Deutsch, G. (1987), Linkes und rechtes Gehirn. Funktionelle Asymmetrien, Heidelberg

Steffe, L. P. (1994), Interaction and childrens mathematics.
in: Ernest, P. (Hrsg.) (1994), Constructing mathemathical knowledge: Epistemology and mathematics education. London, Washington D.C., The Falmer Press, S. 8-32

Stegmüller, W. (1969), Hauptströmungen der Gegenwartsphilosophie, Stuttgart

Stehr, N. (1994), Arbeit, Eigentum und Wissen. Zur Theorie von Wissensgesellschaften, Frankfurt/M.

Steiner, C. M. (1982), Wie man Lebenspläne verändert, Paderborn

Stevens, J. O. (1991), Die Kunst der Wahrnehmung. Übungen der Gestalt Therapie, München

Stewart, I., Joines, V. (1991), Die Transaktionsanalyse, Freiburg/Br.

Stiller, E. (1997), Dialogische Fachdidaktik Pädagogik, Paderborn

Teml, H. (1991), Komm mit zum Regenbogen. Phantasiereisen für Kinder und Jugendliche. Entspannung, Lernförderung, Persönlichkeitsentwicklung, Linz

Terhart, E. (1999), Konstruktivismus und Unterricht. Gibt es einen neuen Ansatz in der Allgemeinen Didaktik?, in: Zs. f. Pädagogik, 45. Jg. 1999, H. 5, S. 629-647

Teubner, G. (1992), Die vielköpfige Hydra. Netzwerke als kollektive Akteure höherer Ordnung,
in: Krohn, W., Küppers, G. (1992), Emergenz. Die Entstehung von Ordnung, Organisation und Bedeutung, Frankfurt/M., S. 189-216

Thissen, F. (2000), Screen-Design. Handbuch, Berlin, Heidelberg

Tietgens, H. (1992), Reflexionen zur Erwachsenendidaktik, Bad Heilbrunn

Trabant, J. (Hrsg.) (Jahr), Sprache denken. Positionen aktueller Sprachphilosophie. Frankfurt/M.

Ulrich, H., Probst, G. J. B. (1991), Anleitung zum ganzheitlichen Denken und Handeln, Bern, Stuttgart

Vaihinger, H. (1911), Die Philosophie des Als Ob, Berlin

Varela, F. J., Thompson, C. (1992), Der mittlere Weg der Erkenntnis. Der Brückenschlag zwischen wissenschaftlicher Theorie und menschlicher Erfahrung, Bern, München, Wien

Vattimo, G. (1986), Jenseits vom Subjekt, Wien

Vattimo, G., Welsch, W. (1997), Medien – Welten - Wirklichkeiten, München

Vester, F. (1991), Denken - Lernen – Vergessen. Was geht in unserem Kopf vor, wie lernt das Gehirn, und wann läßt es uns im Stich? München

Vogt, L. (1997), Zur Logik der Ehre in der Gegenwartsgesellschaft, Frankfurt/M.

Voß, R. (1996), Die Schule neu erfinden. Systemisch-konstruktivistische Annäherungen an Schule und Pädagogik, Neuwied

Voß, R. (Hrsg.) (1998), Schulvisionen. Theorie und Praxis systemisch-konstruktivistischer Pädagogik, Heidelberg

Waddington, G. H. (1961), Die biologischen Grundlagen des Lebens, Braunschweig

Watzlawick, P. (1983), Anleitung zu Unglücklichsein, München

Watzlawick, P. (1986), Vom Schlechten des Guten oder Hekates Lösungen, München

Watzlawick, P. (Hrsg.) (1991), Die erfundene Wirklichkeit, Beiträge zum Konstruktivismus, München

Watzlawick, P. (Hrsg.) (1991), Die erfundene Wirklichkeit, München

Watzlawick, P., Beavin, J. H., Jackson, D. D. (1990), Menschliche Kommunikation - Formen, Störungen, Paradoxien, Bern, Stuttgart, Toronto

Weber, A. (Hrsg.) (1981), Lehrerhandeln und Unterrichtsmethode, München, Paderborn

Weber, W. (1991), Wege zum helfenden Gespräch. Gesprächspsychotherapie in der Praxis, München, Basel

Weizsäcker, C. F. v. (1980), Der Garten des Menschlichen. Beiträge zur geschichtlichen Anthropologie, München

Abbildungsverzeichnis

Abbildung 1: Charakteristika der Postmoderne 41
Abbildung 2: Konstruktion der Theorie der Subjektiven Didaktik 53
Abbildung 3: Das Prinzip der Rekursivität 64
Abbildung 4: Rollenkonfusion im Drama-Dreieck 103
Abbildung 5: Methodische Möglichkeiten des Psychodramas 107
Abbildung 6: Die Didaktische Landschaft 125
Abbildung 7: Ein Didaktisches Feld 127
Abbildung 8: Basis-Komponenten des Unterrichts - 131
Abbildung 9: Didaktische Spirale 133
Abbildung 10: Referenzbereich ICH 134
Abbildung 11: Segmentierung der Realitäts-Theorie der Person 142
Abbildung 12: Mein Zugangsrad zum ICH 150
Abbildung 13: Referenzbereich SACHE 155
Abbildung 14: Zugangsradzur SACHE 160
Abbildung 15: Referenzbereich WIR 169
Abbildung 16: Zugangsrad zur Sozialen Aneignung 177
Abbildung 17: Didaktisches Planen und Handeln 178
Abbildung 18: Sternförmige Strukturierung 183
Abbildung 19: Kreisförmige Strukturierung 183
Abbildung 20: Pfeilförmige Strukturierung 184
Abbildung 21: Spiralförmige Strukturierung 184
Abbildung 22: Dimensions-Analyse 184
Abbildung 23: Rückbezügliche Strukturierung 184
Abbildung 24: Vernetzte Strukturierung 185
Abbildung 25: Leitdifferenzen im Bereich der Prozess-Steuerung 188
Abbildung 26: Steuerungs-Dreieck für die Subjektive Balance 191
Abbildung 27: Prinzipien der Subjektiven Didaktik 197
Abbildung 28: Das Didaktische Morphem 229
Abbildung 29: Entscheidungs-Profil in den Basis-Bereichen 254
Abbildung 30: Morphem-Bildung – Sammeln, Ausschluss - Negation 265
Abbildung 31: Korridor-Bildung 269
Abbildung 32: Die Entwicklung von didaktischen Formen 283
Abbildung 33:. Dimensionen derr Morphem-Bildung 307
Abbildung 34: Korridor-Bildung durch Entscheidungen in der Driftzone .. 313
Abbildung 35: Chreoden-Entwicklungt 327
Abbildung 36: Die Struktur der Chreode 330
Abbildung 37: ICH-Chreoden 332
Abbildung 38: WIR-Chreoden 332
Abbildung 39: Chreoden-Analyse 387

Register

A

Abbildungs-Theorien 158
Abgeschlossenheit 57
Abwehr 140
Abwertung 244
Adaption 219
aktives Zuhören 101, 119
Alltagsgrammatik 153
Alltagshandeln 241
Als-ob-Didaktik 81, 220
Anja: Beispiel für ein Chreoden-Profil 380
Ankern von Ressourcen 111
Antreiber 104, 360
Appell-Allergie 118
Äquifinalität 161, 215
Äquilibration 217
Assimilation 198
auditives System 406
Aufmerksamkeit 316
Ausschluss 209
autonom 57
Autonomie 55, 57, 104, 205
Autopoiese 50, 54, 57, 64, 134, 152, 376; Prinzipien der A. 337

B

Balance 191, 225
Basis-Bereiche 384
Basis-Komponenten 123, 131, 156, 253
Basis-Theorien 49, 50, 54, 232
Bedeutung 170
Begabung 348
Beispiele: Chreoden-Analyse "Anja" 378; Entehrung 357; Erwartungs-Erwartungen 324; Ethik-Klausur 385; Kalte Chreode 397; Klassenteiler 32; Lebensskripts 224; Lehrer im Rigorosum 248; Leistungs-Interpretation 224; Leistungsmessung 163; Lernblockaden 224; metaphorischer Zugang zu Skripts 381; Prüfung 163; Rechtschreibung und Skript-Bildung 382; Repräsentations-Systeme 406; Resonanz-Phänomene 322; Selbst-Beurteilung 386; subjektive Epistemologie 220; Zeugnisse 163
Beobachter 16, 23, 42, 54, 56, 60, 166, 358, 374; der Lehrende als B. 373
Beobachtung 178, 373; B. 2. Ordnung 324
Berufsanfänger 304
Bewegungsintelligenz 350
Bewusstsein 290, 317
Bildung 165
Bildungsprodukte 164
Bildungssystem 88
Bildungs-Tauschmarkt 33, 123, 164, 165, 352, 353
Biographische Selbstreflexion 106, 114, 139, 288; Techniken der B. S. 151
Blinder Fleck 237, 287
Botschaften 104
Bühne 108

C

Chreode 156, 281, 294, 326, 327, 359, 368
Chreoden-Analyse 373, 375, 382, 387; Humanistische Konzepte 375; Transaktions-Analyse 376
Chreoden-Anteile 380
Chreoden-Denken 375
Chreoden-Empathie 374

Chreoden-Entwicklung 114, 327, 376
Chreoden-Profile 380
Chreoden-Struktur 160
Chreoden-Typen 327, 375, . "Glashaus"-Ch. 362, 391; Als-ob-Ch. 397; Ausbeuter-Ch. 389; AVK-Ch. 407; Ch. der "heißen Kartoffel" 340, 360; Ch. der abgestuften Zugehörigkeit 396; Ch. der Aggression 361; Ch. der Anpassung 353, 361, 362; Ch. der Anpassung an das Sinnsystem 367; Ch. der ästhetischen Fassade 367; Ch. der begrenzten Aufmerksamkeit 360, 396; Ch. der Depression 366; Ch. der Entehrung 356; Ch. der existenziellen Angst 366; Ch. der gekränkten Identität 363; Ch. der gesellschaftlich-nationalen Kränkung 364; Ch. der Gewalt 361; Ch. der Hilflosigkeit 343; Ch. der hypnotischen Besetzung 360; Ch. der Kriminalität 347; Ch. der legitimierten Entsolidarisierung 343; Ch. der linearen Moral 345; Ch. der Nichtanpassung 354; Ch. der organisierten Unverantwortlichkeit 343, 345; Ch. der Oszillation 347; Ch. der Perfektion 339, 362; Ch. der Randverletzung 353, 361; Ch. der Rebellion 343, 345; Ch. der Regression 361; Ch. der Stars 367; Ch. der Ungleichzeitigkeit 360; Ch. der unterschiedlichen Temporalisierung 392; Ch. der virtuellen Welt 410; Ch. der Wahl zwischen Repräsentationen 364; Ch. der Zugehörigkeit und Nichtzugehörigkeit 364; Ch. des Ausgeliefertseins 343; Ch. des fernen Zieles 362, 363, 402; Ch. des Gegenskripts 363; Ch. des kleinen Professors 362; Ch. des Null-Bock 345; Ch. des Pfiffikus 362; Ch. des Redefinierens 361; Ch. des Überlebens 363; Ch. des vulgären Relativismus 343; Ch. des Wechsels 361; Ch. des Wiederholungszwanges 340; die hypnotisch besetzte Ch. 357; der kognitiven Architektur 399; der Metaphorik 400; der Nekrophilie 395; der optimistischen Verleugnung 401; der optimistischen Virtualität 411; der Rekursion 399; der Überlebens-Schlussfolgerung 343; der virtuellen Architektur 411; der virtuellen Logik 411; der virtuellen Repräsentation 412; der virtuellen Überlegenheit 412; des "Hochbegabten" 349; des Alles oder Nichts 390; des kognitiven "Als-Ob" 358; des künstlichen Paradieses 412; des Poppens 398; des Pushens 398; des Redefinierens 403; des vulgären Relativismus 402; des Wiederholungszwanges 394; des zirkulären Denkens 399; stigmatisierte Ch. 357; distanziert-soziale Ch. 398; hypnotisch besetzte Ch. 390; ICH Chreoden 332; intuitiv adaptive Lern-Ch. 358; kalte Ch. 397; KAV-Ch. 408; Lern-Chreoden 127, 332; partielle Ch. 397; Schwamm-Chr. 388; sprachlich oder visuell angepasste Ch. 364; Struktur der Ch. 330; Türhüter-Ch. 385, 401; VAK–Ch. 409; VKA-Ch. 409; WIR-Chreoden 332
Code 171

D

Definitions-Macht 282
Dekonstruktion 168
Denken: ganzheitliches D. 63; linear-kausales D. 22

Didaktik: "objektive" D. 13; Abbild-D. 156, 243, 250; Als-ob-D. 61, 220; Ästhetik der D. 210; D. der Balance 270; D. der Verständigung 115Fassaden-D. 210; Humanistische D. 214; 221; Input-Output-D. 161, 221; Modellierungs-D. 216; präskriptive D. 210; systemisch-konstruktivistische D. 260: systemische Didaktik 48; Unschärfe-D. 278, Unterlassungs-D. 203, Vereinbarungs-D. 196, Widerspruchs-D.
didaktische Epistemologie 158
didaktische Ethik 80
Didaktisches Feld 280
Didaktische Formenbildung 122, 123, 283
Didaktische Handlung 287
Didaktische Landschaft 16, 123, 124, 280; Tiefenstruktur 124
Didaktische Reflexion 231
Didaktische Resonanz 128
Didaktische Spirale 110, 132
Didaktische Felder 16
Didaktischer Imperativ 243
Didaktischer Relativismus 256, 286
Didaktisches Feld 123, 124, 126
Didaktisches Handeln 230, 241
Didaktisches Morphem 16, 127, 326
Differenz-Begriff 178
Discounting 109, 383
doppelte Kontingenz 238, 291
Drama-Dreieck 102, 284, 298, 390; Rollen im D. 103
Driftbereiche 339
Driftzone 16, 127, 280, 301, 320, 323
dynamisches Gleichgewicht 225

E

Eigenlogik 163, 335, 336, 359
Eigenresonanz 129, 323
Eigenzeit 320
Eltern-Ich 97

Empathiefähigkeit 375
Entehrungen 356
Entscheidung: didaktische E. 302, 303
Entscheidungsprofil 131, 253
Enttäuschungslagen 323, 369
Episkript 393
Epistemische Resonanzen 323
Epistemologie 50, 68, 158
Erfahrung 152, 246
Erkennen 152
Ersatzgefühle 370, 389
Ersatz-Motivationen 103
Erwachsenen-Ich 99
Erwärmung 318
Erwartung 367
Erwartungs-Erwartung 224, 368
Erwartungsunsicherheit 368
Erziehungskompetenz 334
Ethik, didaktische Ethik 177, 194; 208
Exklusion 90

F

Fachdidaktik 156, 159, 160, 374, 393
Fachsprache 17
Fassadendidaktik 210
Feedback-Methoden 301
Flow-Theorie 130, 369
Fremdreferenz 240, 278, 338;
Fremdsprache 400
Führungsstil 192, 378
funktionale Differenzierung 89

G

ganzheitliche Methoden 150
Gefühls-System 406
Gegeneinschärfungen 104
Gehirn 75, 88, 317
Generalisierung 112, 243, 368
Gerechtigkeitsarbeit 53, 187
Gespräch: partnerzentriertes G. 115
Gestaltungs-Prozesse 112
Gruppe 108

H

Habitualisierung 376
Habitus 59, 205, 282; beruflicher H. 276; paradoxer Schul-H. 62
Habitus-Theorie 20, 51, 84
Handeln: 287, 302, 373; Alltags-H. 241; Ebenen des didaktischen H.s 244; Routine-H. 241; H1 241, H2 246, H3 246; H4 249
Handelnder 16, 60, 374
heuristische Theorie 50
Hilfs-Ich 108
Hochbegabung 400
Homomorphie 299
Homöostase 225, 292
Humanistische Konzepte: Chreoden-Analyse 375
Hunger nach Anerkennung 101
Hunger nach Zeitgestaltung 101
Hunger nach Zuwendung 100

I

Ich-Zustände 95
Identität 135
Identitäts-Begriff 178
Information 272, 290, 368
Inklusion 90
inkorporierte Strukturen 84
innere Landkarten 112
innerer Dialog 141
Input-Output-Didaktik 203
Integrierte Persönlichkeits-Theorie 372, 374
Intelligenz: multiple I. 350
Interpretations-Erlaubnis 217
Interpunktion 272
Intervention 161, 208
Intuition 159

K

Kernbildung 123, 304
Kind-Ich 96
Klima-Forschung 136
kognitive Dissonanz 119
kognitiver Zirkel 176
kognitives Geräusch 165, 285
Kommunikation 117, 207, 272, 290, 291, 332; unterrichtliche K. 273, 291, 296
Kommunikations-Theorie 51
kommunikative Fähigkeiten 120
Kompetenz 228; didaktische K. 239; Morphem-K. 240
Komplexität 52, 232; Reduktion von K. 332, 242, 243, 260
Konsensueller Bereich 177, 207
Konstruktion 168
Kontingenz 314, 323; doppelte K. 291
Kopfbewohner 141, 270, 323
Korridor-Bildung 260, 269, 302, 313
Korridore 242, 302, 306
Kultur: Normierungs-K. 214
kulturelles Kapital 356, 372; inkorporiertes k. K. 275; institutionalisiertes k. K. 275; objektiviertes k. K. 275

L

Lebende Systeme 16
Lebens-Ästhetik 365
Lehrerausbildung: 228; 2. Phase 233, 305
Lehrerbildung: 2. Phase der L. 233
Lehrplan 34, 159
Leistung 165, 218, 354
Leistungs-Beurteilung 221, 336
Leistungs-Interpretation 161, 163, 164, 221, 390
Leitdifferenz-Bildung 243
Leitdifferenzen 123, 178, 254, 373
Lern-Chreoden 354, 375
Lernen 15, 149, 152, 163; selbstorganisiertes L. 213
Lernkultur 15, 59, 103, 124, 210, 211, 226, 282, 291, 333; postmoderne L. 194
Lernzeit: individuelle L. 102

Logik: 408; Eigen-L. 336; paradoxe L. 339; Sollens-L. 336
Lust - Unlust-Balance 135, 198
Lust-Unlust-Balance 135, 136

M

Machtausübung 211
Magie: kollektive M. 276
Märchen 380
Mathematikunterricht 143, 156, 409
Menschenbild: M. der TA 94
Meta-Kommunikation 374
Metaphernbildung 244
Methoden 373; ganzheitliche M. 150
Milieu 58, 208, 359; Arbeitslosen-M. 365; das sprachliche M. 364; das Freundschafts-M. 366; männliches M. 361; multikulturelles M. 363; weibliches M. 360
Mitteilung 272, 290, 368
Modellbildung 52, 244
Modellierung 52; M. von Wissen 220
Modellierungs-Didaktik 162, 216
Modellierungs-Techniken 52
Morphem 124, 229, 327; Aspekte des M.s 229; Morphem-Bildung 114, 156, 197, 228, 229, 231, 233, 240, 253, 265, 266, 305, 307, 320
morphogenetische Felder 327
Mythen 166, 380

N

Nachricht: die 4 Seiten einer N. 117
Nähe und Distanz zur Information 197
Nebenfamilien-Milieu 359
Negation 170, 266, 293
Netzwerkarbeit 172
Neukonstruktion 168
Neurolinguistische Programmierung 51, 111, 140, 375, 405
neuronale Repräsentation 404
NLP 51, 111, 140, 375, 405
Normierung 211, 274, 316

O

Oberflächenwissen 168
Objektivität 152
Offener Unterricht 303
Ontologie 219
operationale Geschlossenheit 129, 322, 337
operative Logik 291
operative Naivität 237
Organisation 57
organismische Tendenz 137
Oszillation: didaktische O. 373 f.
over-protection 98

P

Paradoxie: 327; Sei-spontan-P. 118
Parallelisierung 128
partnerzentriertes Gespräch 115
Passfähigkeit 215
Patchwork-Familie 359, 361
Peer-group 366
Perturbation 55, 58, 64, 129, 210
Phänomenbereich I 231; Reflexion 231; Phänomenbereich II Planung 266
Plastizität: strukturelle P. 58
Politik 341, 343
Postmoderne 14, 21, 37, 41, 168
Postulate 93, 123, 370 370
Primärhabitus 59, 326
Primärstruktur 358, 359, 370, 388
Prinzip: P. der Äquifinalität 161, 215; P. der Balance 225; P. der gesellschaftlichen Repräsentanz 209; P. der Interpretations-Erlaubnis 217; P. der kulturellen Repräsentanz 209; P. der Leistungs-Beurteilung 221; P. der Leistungs-Interpretation 221; P. der Machtausübung 211; P. der Nähe und Distanz zur Information 197; P. der Normierung 211; P. der Passfähigkeit 215; P. der Rekursivität 64; P. der Selbstorganisation 203;

P. der Selbstreferentalität 203; P. der Selbststeuerung 203; P. der Strukturdeterminiertheit 203; P. der Strukturellen Koppelung 207; P. der subjektiven Epistemologie 217; P. der Temporalisierung 199; P. der Unterlassung 226; P. der Viabilität 161, 215, 217; P. der Zeitstrukturierung 199; P. der Zugehörigkeit 209; P. des Ausschlusses 209; P. des Konsensuellen Bereichs 207; P. der Nicht-Identität 52; P. Vollständigkeit 52
Prinzipien 123, 254; P. der Autopoiese 337; P. der Subjektiven Didaktik 197; P. des Lebendigen 64
Projektion 140
Prozessieren 301
Psychodrama 51, 106, 375

R

Radikaler Konstruktivismus 20, 50, 68, 158, 294
Randbildung 304, 321
Rapport-Techniken 111
Rationalität 305
Raum-Organisation 179
Realität 54, 74, 93
Realitäts-Theorie 92, 93, 135 ff., 160, 198, 255; Prinzipien zur Konstruktion 92
Recht 346, 347
Redefinition 237, 239, 244, 383
Reduktion von Komplexität 243, 260
Referenzbereich: ICH 134; SACHE 155; WIR 169
Referenz-Theorien 51, 92, 232
Reframing 111, 140
Reizhunger 100
Rekonstruktion 168
Rekursivität 64, 205
Relativismus: didaktischer R. 168, 237; solider R. 168; vulgärer R. 167

Repräsentanz 209
Repräsentations-Systeme 111, 112, 405
Resonanz 124, 127, 128, 129, 187, 280, 284, 321, 322; hedonistische R. 298; Resonanzbildung 128
Rituale 245
Routinehandeln 241

S

Schatten 97, 105
Schulentwicklung 335
Schulhabitus 59
Schwarze Pädagogik 31, 205
Sekundärhabitus 59, 335, 371
Selbst-Beurteilung 386
Selbstdifferenzierung 16, 337, 375
Selbsterhaltung 337, 375
Selbstkonzept 93, Selbstkonzept-Forschung 137
Selbstorganisation 16, 203, 226, 337, 358
Selbstreferentialität 64, 203, 205, 337, 375
Selbstreferenz 235, 278, 338; Reflexion durch S. 235
Selbststeuerung 203
Selbst-Theorie 93, 135, 136
Selbstwertgefühl 101, 136, 198
Selektion 216, 232, 290, 322
Selektive Wahrnehmung 383
self science 154
Sinn 123, 264, 290
Sinnes-Modalitäten 112
Skript 370, 377, 381; "Arachne"-S. 381; "Immer"-S. 381; "Tantalus"-S. 381; Beinahe-S. 381; Bis und bevor nicht-S. 381; Damokles-S. 381; Danach-S. 381; das unabgeschlossene S. 382; Immer und immer wieder-S. 381; Jason und Herakles-S. 381; Philemon und Baukis-S. 382; Sisyphos-S. 381
Skript-Analyse 95
Skript-Modelle 380

social science 174
Solipsismus 135
soziale Imperative 172, 187
Spiel-Analyse 95
Spontaneität 227
Sprache 60, 172, 208, 296; Macht der S. 119; professionelle S. 246
Sprache und Bewusstsein 248
Sprachstufen 247
Staat 343
Stegreif-Theater 106
Störungen 109, 189, 208, 226, 292, 383; St. der Kommunikation 117
Streichel-Sparwirtschaft 100
Struktur-Analyse 95
Strukturdeterminiertheit 55, 57, 203, 337, 364
Strukturelle Koppelung 51, 57, 115, 207, 208; Temporalisierung von s. K. 383
Strukturhunger 101
Subjektive Didaktik 15, 53, 203; Theoriebildung in der S. D. 233
subjektive Epistemologie 217
Substitute 258, 339
Supervision 114
Symbole 172
Symbolischer Interaktionismus 135, 172
Synreferentialität 128
Synreferenz 328
Synresonanz 323
System 50, 129, 170; autopoietisches S. 128; personales S., soziales S. 128; lebende S.e 128
systemischer Ansatz 16, 54
Systemtheorie 20, 158

T

TA 14, 151, 94, 141, 255, 372, 374, 382; Chreoden-Analyse 376
Taoismus 227
Temporalisierung 162, 167, 199, 202, 320; von strukturellen Koppelungen 383
Themenzentrierte Interaktion 51, 109
Themenzentriertes Theater 109
Theorie 51, 231
Theorie der Sache 156
Theorie der Subjektiven Didaktik 53, 232, 233
Theorie der Wechselwirkung 135
Theorie der Wirklichkeit 141
Theorie des Kapitals 275
Theorie lebender Systeme 50, 134
Theorie sozial-autopoietischer Systeme 50, 170
Theoriebewusstsein 231
Theorien: Alltags-Th.en 231; idiographische Th.en 232; nomologische Th.en 231; wissenschaftliche Th.en 231
Tiefenstruktur des Wissens 168
Tilgung 112, 243
Timeline–Analyse 152
Transaktion: symmetrische T. 298
Transaktionale Analyse 51
Transaktionen 272; komplementäre T. 298
Transaktions-Analyse 51, 94, 95, 141, 255, 372, 374, 382; Chreoden-Analyse 376
Transversale Vernunft 52
Türhüter-Chreode 384, 385
Türhüter-Chreoden 385
TZI 51, 109

U

Überlebens-Schlussfolgerungen 370
Übertragung 140
Umwelt 129, 170
Umwelt-Theorie 135
Unbestimmtheit 237
Universum: inneres 93
Unschärfe-Didaktik 278
Unsicherheit 239
Unsicherheitsabsorption 305
Unterlassung 203, 226, 302
Unterricht 14, 52, 129, 131, 165; Frontal-U. 299; kontingenter U. 293; Offener U. 303; Planung von U. 253;

selbstorganisierter U. 299; U. als soziales System 260
Unterrichtsforschung 136, 161, 162, 182
Unterscheidungskompetenz 90
Unterschied 153

V

Verantwortung 159, 160, 208
Vereinbarungs-Didaktik 196
Verhalten 56
Vernunft: transversale V. 47
Verständigungs-Didaktik 59, 60
Verstehen 272, 290, 368
Verzerrung 112, 243
Viabilität 161, 215, 217
visuelles System 406
Vortheorien 136, 137, 143, 153, 370
vulgärer Relativismus 336

W

Wahrnehmung 75, 152
Widerspiegelungs-Theorien 158
Widerspruchs-Didaktik 60
Widerstand 140
Wir-Chreoden 327, 328
Wirklichkeits-Konstruktion 52
Wirtschaft 343
Wissen 158, 167, 168, 219; emergentes W. 165; integriertes W. 165; Modellierung von W. 220; Oberflächenstruktur des W.s 168; reproduktives W. 165; Tiefenstruktur des W.s 168
Wissens-Konstruktion 164, 168

Z

Zeitabläufe 102
Zeitantreiber 392
Zeitdruck 304
Zeit-Strukturierung 181, 199
Zirkuläres Fragen 153
Zugangsrad: Z. zum ICH 150; Z. zur SACHE 160; Z. zur Sozialen Aneignung 177
Zugehörigkeit 209